长春统计年鉴

2014

长 春 市 统 计 局
国家统计局长春调查队 编

中国统计出版社
China Statistics Press

图书在版编目（CIP）数据

长春统计年鉴. 2014 / 长春市统计局 国家统计局长春调查队 编. －北京：中国统计出版社，2014. 9

ISBN 978－7－5037－7285－6

Ⅰ. ①长…

Ⅱ. ①长… ②国…

Ⅲ. ①统计资料－长春市－2014－年鉴

Ⅳ. ①C832. 341－54

中国版本图书馆 CIP 数据核字（2014）第 206630 号

长春统计年鉴—2014

作　者/长春市统计局 国家统计局长春调查队

责任编辑/陈越月　曹军飞　黄思念

装帧设计/王德宇

出版发行/中国统计出版社

地　址/北京市丰台区西三环南路甲 6 号　邮政编码/100073

电　话/邮购（010）63376909　书店（010）68783171

网　址/http：//csp. stats. gov. cn

印　刷/吉林华源印务有限公司

经　销/新华书店

开　本/890mm×1240 mm　1/16

字　数/1597 千字

印　张/34. 3

版　别/2014 年 9 月第 1 版

版　次/2014 年 9 月第 1 次印刷

定　价/300. 00 元

如有印装差错，由本社发行部调换

《长春统计年鉴——2014》编委会

《长春统计年鉴——2014》编辑人员

总　编　辑：　李　立

责任编辑：　曹军飞　黄思念

英文翻译：　方　铭

校　　对：　曹军飞　齐　激　刘艳秋　梅　虹　黄思念

承　　印：　吉林华源印务有限公司

编 者 说 明

一、《长春统计年鉴——2014》是一部全面反映长春市2013年经济和社会发展情况的资料性刊物。本书收录了2013年长春市经济和社会各方面大量的统计数据，以及重要年份的主要统计数据，是认识和研究长春市经济社会发展，指导经济工作和进行决策的经济类工具书。

二、全书共包括四部分。（一）特载，（二）县（市）区开发区经济，（三）统计资料，（四）主要统计指标解释。统计资料按其内容分为18个篇目，即(1) 综合；(2) 人口；(3) 单位从业人员与劳动报酬；(4) 固定资产投资；(5) 能源消费与库存；(6) 财政；(7) 物价；(8) 人民生活；(9) 城市建设；(10) 农业；(11) 工业；(12) 交通运输邮电通信业；(13) 建筑业；(14) 批发零售贸易和住宿餐饮业；(15) 对外经济贸易和旅游业；(16) 金融保险业；(17) 教育、科技及文化事业；(18) 体育、卫生及其他事业。

三、本书资料大部分来自于各专业年报资料，部分资料取自抽样调查。

四、本书中文字资料主要是统计部门人员撰写。

五、本书中所使用的价值量指标及构成，除已注明外，均按当年价计算，发展速度按可比价格计算。

六、本书采用国际统一标准计量单位。

七、书中符号使用说明："#"表示其中的主要项，"空格"表示该项指标数据不详或无该数据。

PREFACE

Ⅰ. *Changchun statistical yearbook*—2014 *is an annual statistical publication, which comprehensively reflects the conditions of economic and social development of changchun in* 2013. *We select various aspects of statistical data on economic and social development in* 2013 *and main statistical data in important years of changchun. It is an economic reference book for recognizing and researching on economic and social development of changchun guiding economic work and making decisions.*

Ⅱ. *This book covers the following four parts* 1. *Special reports.* 2. *Economy of counties* (*cities*) *and districts and developing area*; 3. *Statistical data*; 4. *Explanatory notes on main statistical indicators. Statistical data contains* 18 *lists of articles. That is* (1) *General survey* (2) *Population*, (3) *Employment and wages*, (4) *Investment in fixed assets*, (5) *Energy consumption and inventory*, (6) *Government finance*, (7) *Commodity price*, (8) *People's livehood*, (9) *City construction*, (10) *Agriculture*, (11) *Industry*, (12) *Transportation , post and telecommunications services*, (13) *Construction*, (14) *Wholesale , retail trade and hotels catering*, (15) *Foreign trade and tourism*, (16) *Finance and insurance*, (17) *Education*, *science and technology*, *culture* (18) *Sports , health care and others.*

Ⅲ. *The major data sources of this publication are obtained from annual statistical reports , and some from sample survey.*

Ⅳ. *Special reports and special topics are obtained from statistical departments and relative departments.*

Ⅴ. *The quantity of value indicators and composition used in this book are at current price except notes have made , growth rate is calculated by constant price.*

Ⅵ. *The units of measurement used in this book are internationally standard measurement units.*

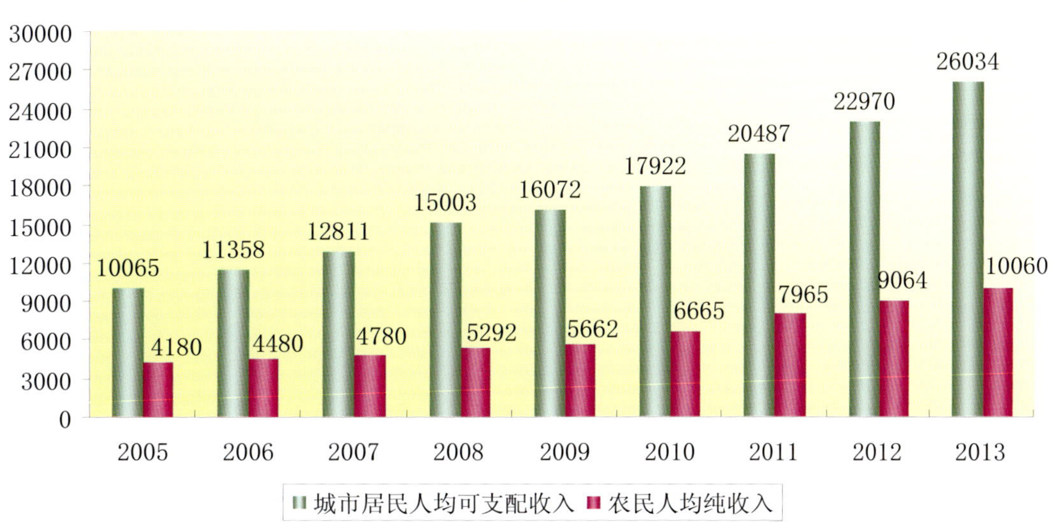
城乡居民收入（元）
30000
27000
24000
21000
18000
15000
12000
9000
6000
3000
0
10065
4180
11358
4480
12811
4780
15003
5292
16072
5662
17922
6665
20487
7965
22970
9064
26034
10060
2005
2006
2007
2008
2009
2010
2011
2012
2013
城市居民人均可支配收入
农民人均纯收入

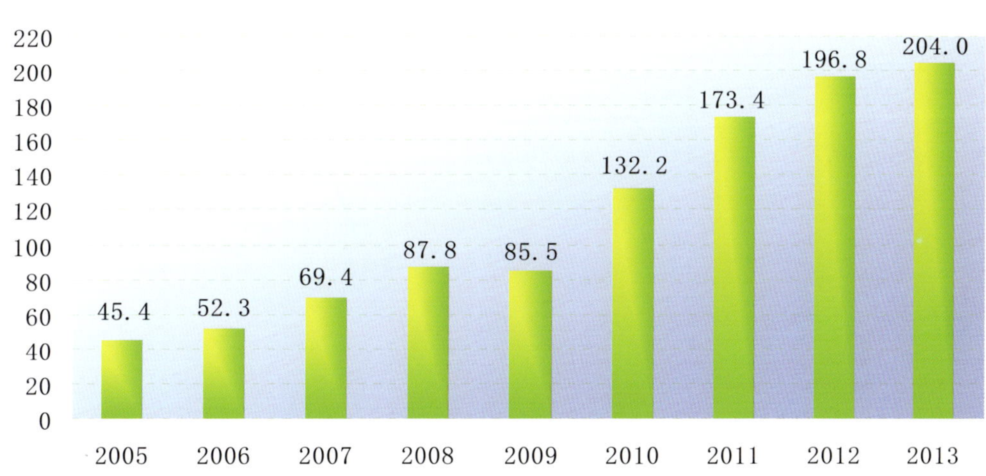
对外贸易进出口总额（亿美元）
220
200
180
160
140
120
100
80
60
40
20
0
45.4
52.3
69.4
87.8
85.5
132.2
173.4
196.8
204.0
2005
2006
2007
2008
2009
2010
2011
2012
2013

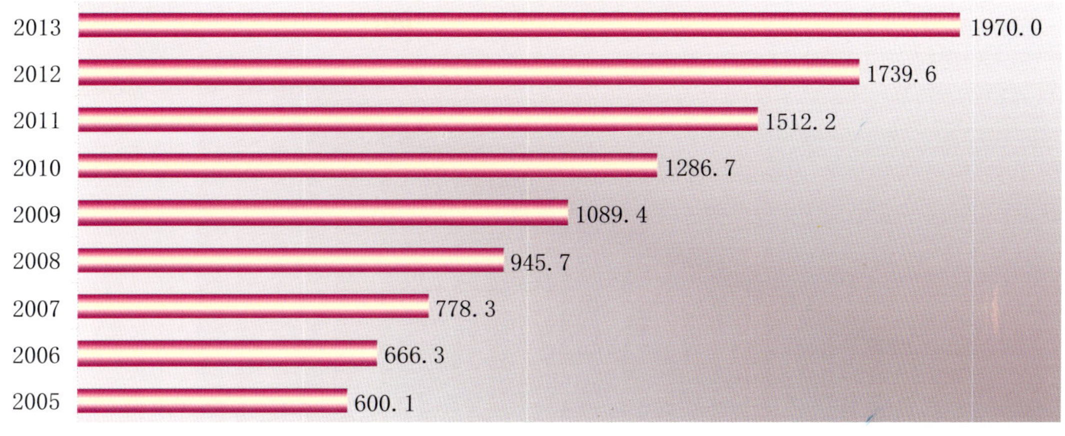
社会消费品零售总额（亿元）
2013
1970.0
2012
1739.6
2011
1512.2
2010
1286.7
2009
1089.4
2008
945.7
2007
778.3
2006
666.3
2005
600.1

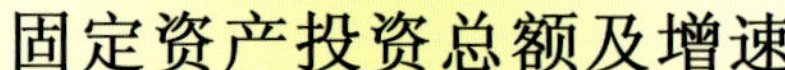

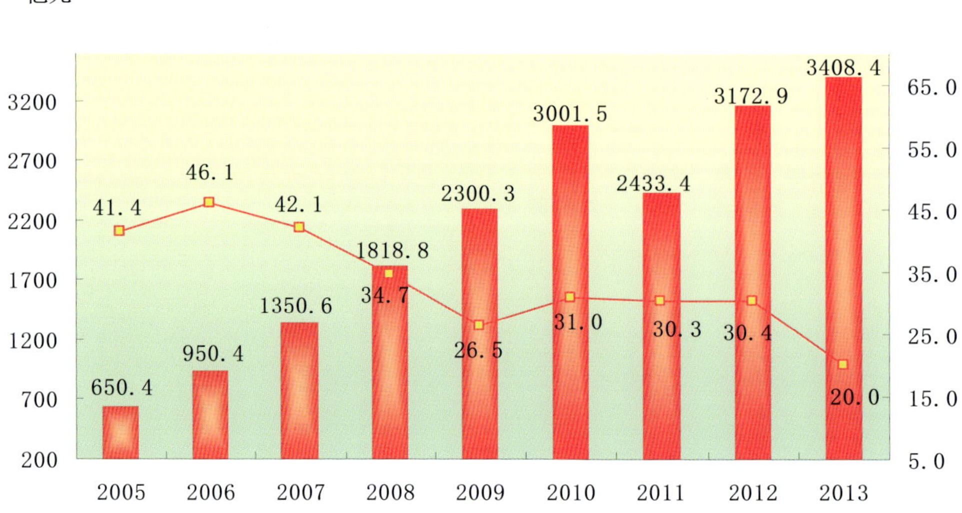

地区生产总值（亿元、当年价）

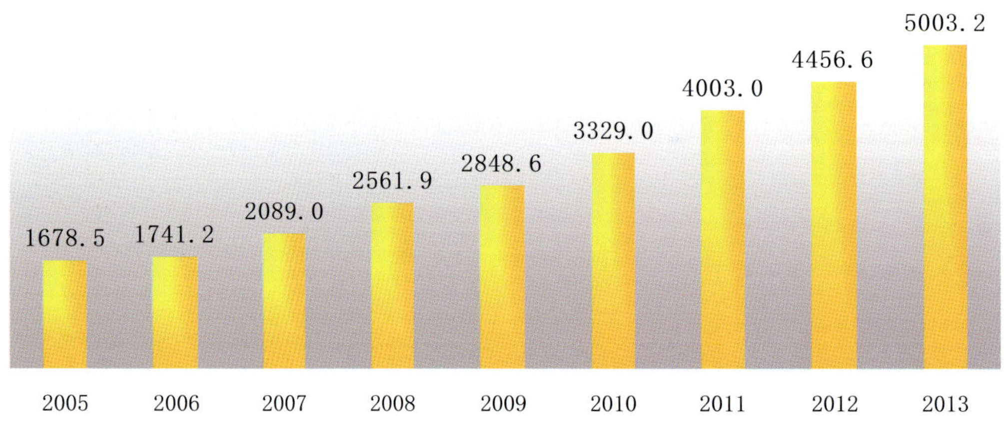

规模以上工业总产值（亿元）

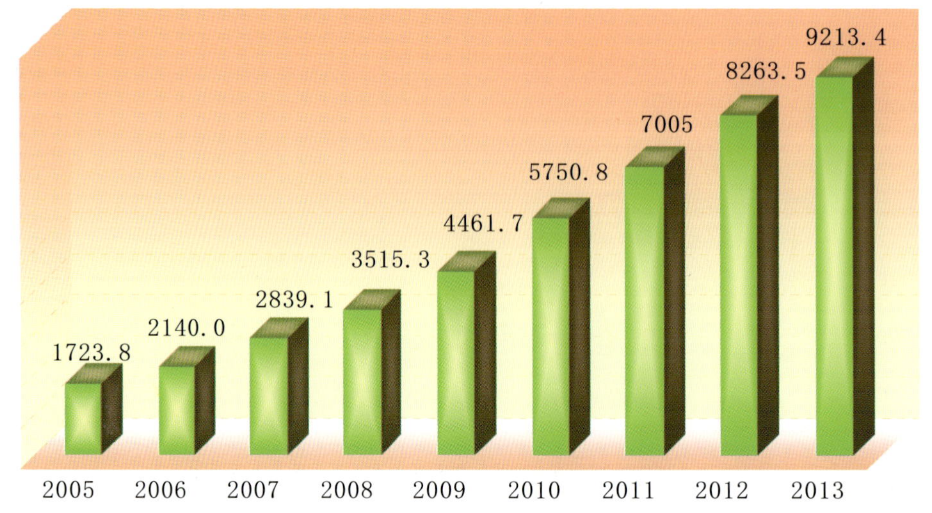

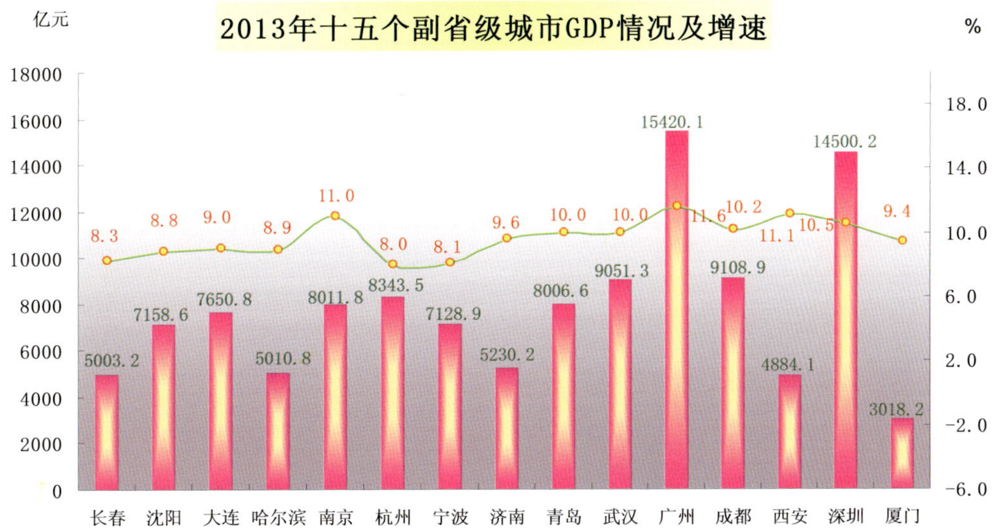

2013年十五个副省级城市GDP情况及增速
亿元
%
18000
16000
14000
12000
10000
8000
6000
4000
2000
0
18.0
14.0
10.0
6.0
2.0
-2.0
-6.0
5003.2
7158.6
7650.8
5010.8
8011.8
8343.5
7128.9
5230.2
8006.6
9051.3
15420.1
9108.9
4884.1
14500.2
3018.2
8.3
8.8
9.0
8.9
11.0
8.0
8.1
9.6
10.0
10.0
11.6
10.2
11.1
10.5
9.4
长春
沈阳
大连
哈尔滨
南京
杭州
宁波
济南
青岛
武汉
广州
成都
西安
深圳
厦门

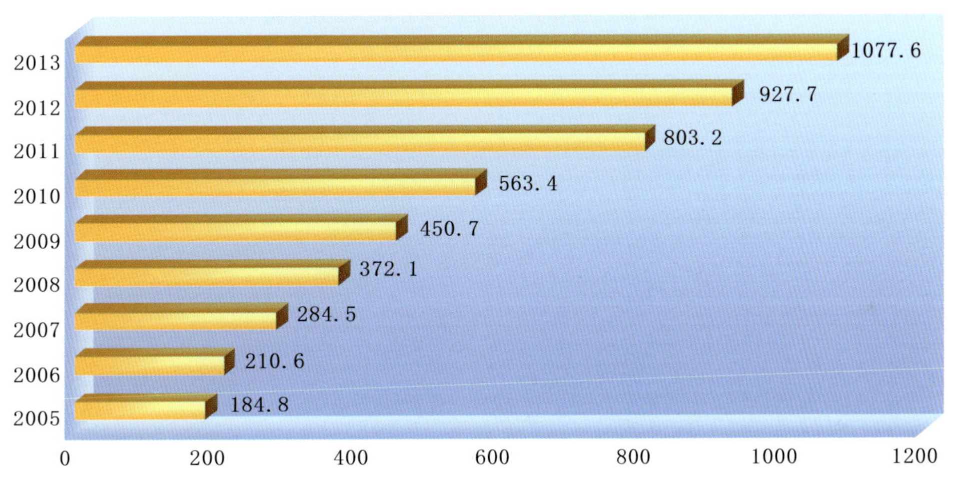

一般预算全口径财政收入（亿元）
2013
2012
2011
2010
2009
2008
2007
2006
2005
1077.6
927.7
803.2
563.4
450.7
372.1
284.5
210.6
184.8
0
200
400
600
800
1000
1200

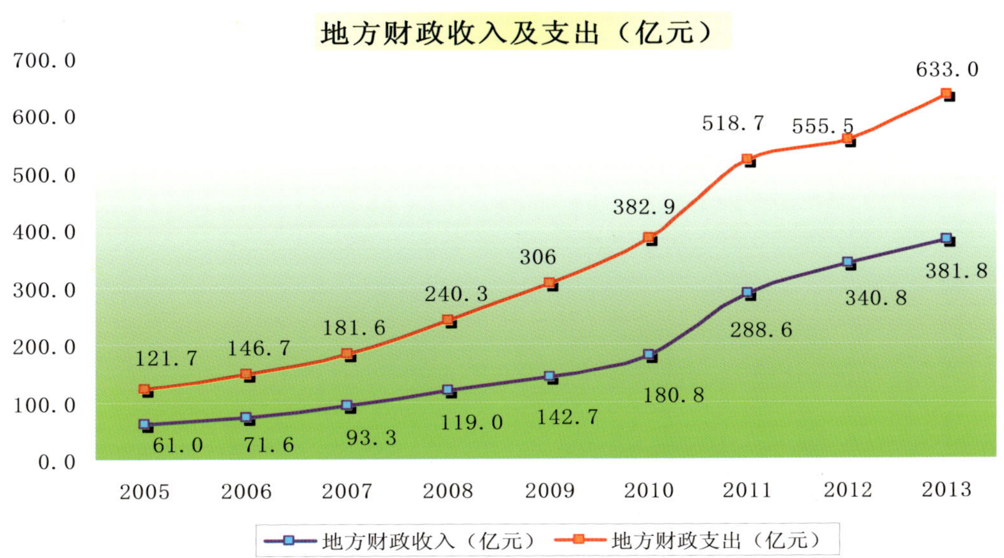

地方财政收入及支出（亿元）
700.0
600.0
500.0
400.0
300.0
200.0
100.0
0.0
121.7
146.7
181.6
240.3
306
382.9
518.7
555.5
633.0
61.0
71.6
93.3
119.0
142.7
180.8
288.6
340.8
381.8
2005
2006
2007
2008
2009
2010
2011
2012
2013
地方财政收入（亿元）
地方财政支出（亿元）

金融机构存贷款

2013
7866.5
3132.5
6543.15
2012
6643.3
2790.5
5828.3
2011
5619.1
2359.3
5251.0
2010
5038.4
2086.3
4616.8
2009
4354.2
1861.3
3863.7
2008
3064.7
1533.9
2859.2
2007
2598.4
1232.4
2452.0
2006
2396.2
1219.5
2194.8
2005
2007.6
1059.3
1846.2
0
1000
2000
3000
4000
5000
6000
7000
8000
9000
金融机构存款余额（亿元）
储蓄存款余额（亿元）
金融机构贷款余额（亿元）

居民消费价格总指数

%
109
107
105
103
101
99
97
95
101.7
101.3
103.7
104.4
99.8
103.6
105.5
102.3
103.0
2005
2006
2007
2008
2009
2010
2011
2012
2013

全市总人口
万人
770
760
750
740
730
720
710
731.5
739.3
745.9
752.5
756.5
758.9
761.8
756.9
752.7
2005
2006
2007
2008
2009
2010
2011
2012
2013

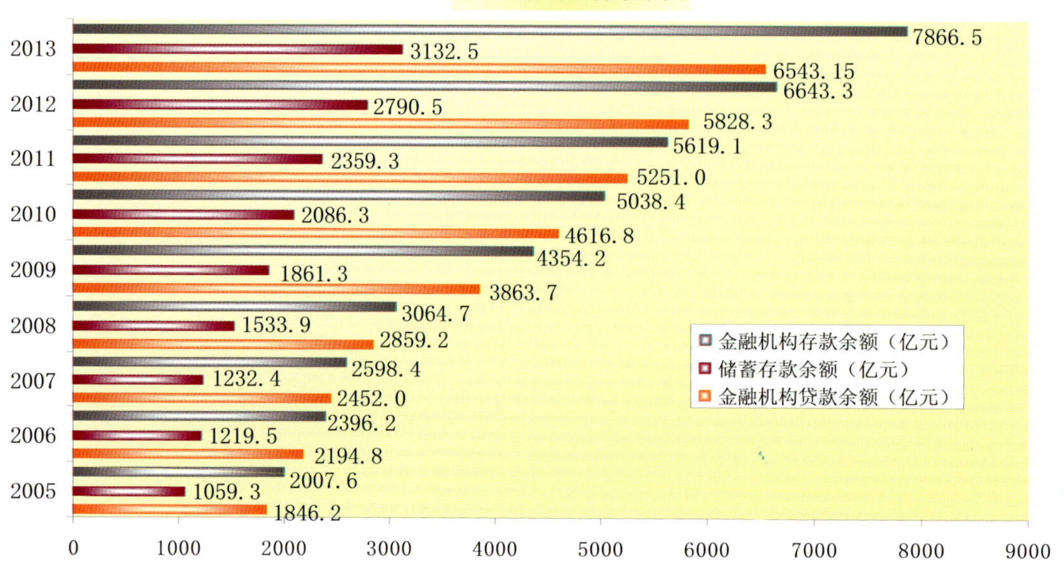

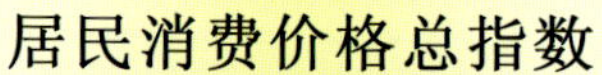

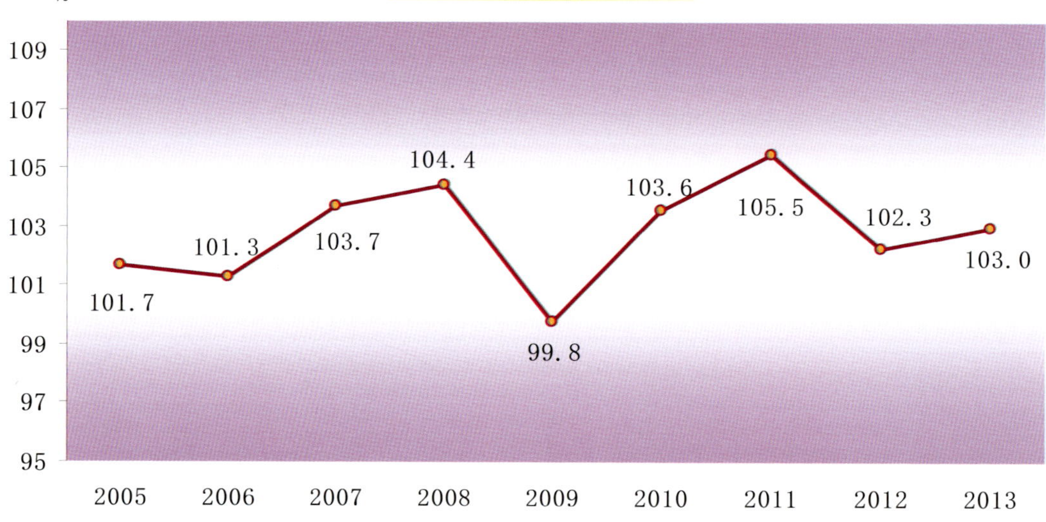

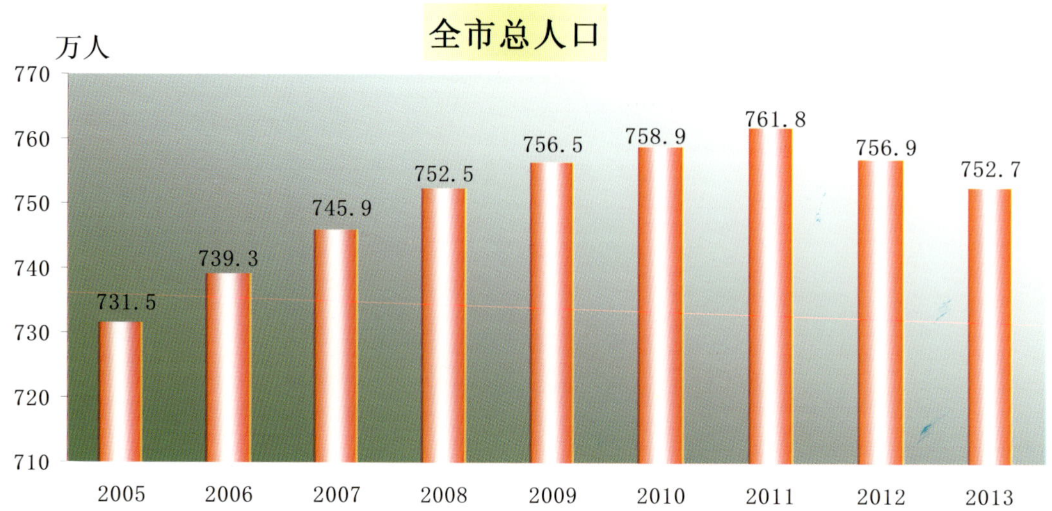

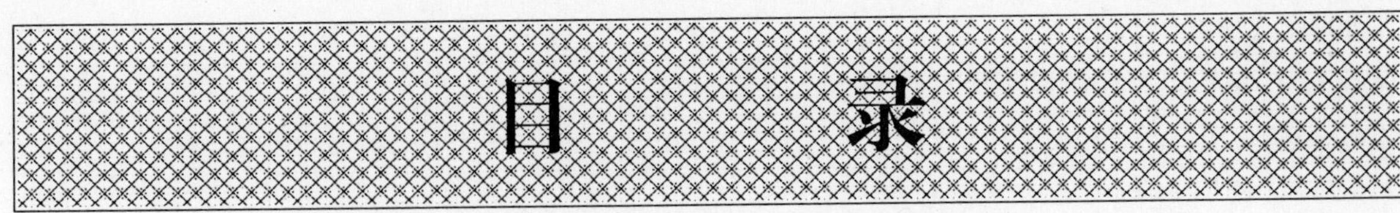

目　录

特　载

SPECIAL REPORT

政府工作报告 …… 1
REPORT ON THE WORK OF THE GOVERNMENT
2013年长春市国民经济和社会发展统计公报 …… 7
STATISTICAL COMMUNIQUE ON SOCIAL－ECONOMIC DEVELOPMENT OF CHANGCHUN IN 2013

县（市）区开发区经济

ECONOMY OF COUNTY（CITY）AND DISTRICT AND DEVELOPING AREA

农安县 …… 15
NONG'AN
九台市 …… 16
JIUTAI
榆树市 …… 18
YUSHU
德惠市 …… 20
DEHUI
南关区 …… 22
NANGUAN
宽城区 …… 22
KUANCHENG
朝阳区 …… 23
CHAOYANG
二道区 …… 23
ERDAO
绿园区 …… 24
LVYUAN
双阳区 …… 25
SHUANGYANG

经济技术开发区 …………………………………………………………………………………………………… 28
ECONOMIC AND TECHNICAL DEVELOPING AREA
净月开发区 …… 29
JINGYUE DEVELOPING AREA
高新技术产业开发区 ……………………………………………………………………………………………… 30
HIGH – TECHNICAL DEVELOPING AREA
汽车经济技术开发区 ……………………………………………………………………………………………… 32
AUTOMOTIVE ECONOMIC – TECHNOLOGICAL DEVELOPING AERA
莲花山开发区 ……………………………………………………………………………………………………… 33
LIAN HUA MAITAIN DEVELOPING AREA

STATISTICS

第一篇　综合
1. GENERAL SURVEY

1 – 1 行政区划 ……………………………………………………………………………………………………… 39
DIVISIONS OF ADMINISTRATIVE
1 – 2 自然概况 ……………………………………………………………………………………………………… 39
NATURAL CONDITIONS
1 – 3 1994 – 2013 年长春市社会经济主要指标 ……………………………………………………………… 40
MAIN INDICATORS OF SOCIETY AND ECONOMIC（1994 – 2013）
1 – 4 1994 – 2013 年长春市平均水平主要指标 ……………………………………………………………… 44
PER CAPITA MAIN INDICATORS（1994 – 2013）
1 – 5 长春市国民经济主要指标占全省比重 …………………………………………………………………… 45
PROPORTION OF CHANGCHUN' S NATIONAL ECONOMIC INDICATORS TO JILIN PROVINCE
1 – 6 按当年价格计算的地区生产总值 ………………………………………………………………………… 45
GROSS DOMESTIC PRODUCT（AT CURRENT PRICE）
1 – 7 2013 年长春市地区生产总值构成项目 …………………………………………………………………… 46
COMPOSITION OF GROSS DOMESTIC PRODUCTS（2013）
1 – 8 2012 – 2013 年长春市地区生产总值 …………………………………………………………………… 48
GROSS DOMESTIC PRODUCT（2012 – 2013）

第二篇　人口
2. POPULATION

2 – 1 1994 – 2013 年全市户数与人口 ………………………………………………………………………… 53
POPULATION AND HOUSEHOLDS（1994 – 2013）

2－2 2013 年县（市）区户数与人口 …… 53
POPULATION AND HOUSEHOLDS BY REGION IN 2013
2－3 1994－2013 年全市人口增减变动 …… 54
BASIC STATISTICS ON POPULATION CHANGING（1994－2013）
2－4 2013 年县（市）区人口增减变动 …… 54
BASIC STATISTICS ON POPULATION CHANGING BY REGION IN 2013
2－5 2013 年非农业人口增减人数 …… 55
BASIC STATISTICS ON NON－AGRICULTURAL POPULATION CHANGING IN 2013
2－6 1994－2013 年全市人口出生率、死亡率、自然增长率 …… 56
BIRTH RATE，DEATH RATE AND NATURAL GROWTH RATE（1994－2013）
2－7 2013 年县（市）区人口出生率、死亡率、自然增长率 …… 56
BIRTH RATE，DEATH RATE AND NATURAL GROWTH RATE BY REGION IN 2013
2－8 1994－2013 年镇人口 …… 57
POPULATION IN TOWNS（1994－2013）
2－9 2013 年县（市）区镇人口 …… 57
POPULATION IN COUNTY IN 2013

第三篇　单位从业人员与劳动报酬

3. EMPLOYMENT AND WAGE

3－1 1994－2013 年全市非私营单位在岗职工工资总额 …… 63
TOTAL WAGES OF STAFF AND WORKERS IN NON－PRIVATE UNITS（1994－2013）
3－2 1994－2013 年全市非私营单位在岗职工平均工资 …… 63
AVERGE WAGE OF STAFF AND WORKERS IN NON－PRIVATE UNITS（1994－2013）
3－3 全市非私营单位从业人员数 …… 64
NUMBER OF EMPLOYED PERSONS IN NON－PRIVATE UNITS
3－4 全市非私营单位从业人员工资总额 …… 70
TOTAL WAGES OF EMPLOYED PERSONS IN NON－PRIVATE UNITS
3－5 全市非私营单位从业人员平均工资 …… 76
AVERAGE WAGE OF EMPLOYED PERSONS IN NON－PRIVATE UNITS
3－6 全市非私营单位在岗职工人数 …… 78
NUMBER OF STAFF AND WORKERS IN NON－PRIVATE UNITS
3－7 全市非私营单位在岗职工工资总额 …… 84
TOTAL WAGES OF STAFF AND WORKERS IN NON－PRIVATE UNITS
3－8 全市非私营单位在岗职工平均工资 …… 90
AVERAGE WAGE OF STAFF AND WORKERS IN NON－PRIVATE UNITS

第四篇　固定资产投资

4. INVESTMENT IN FIXED ASSETS

4－1 1994－2013 年全社会固定资产投资总额 …… 97
TOTAL OF INVESTMENT IN FIXED ASSETS（1994－2013）

4-2 2013年长春市全社会固定资产投资完成情况综合表 …… 98
TABLE OF CHANGCHUN'S 2013 WHOLE SOCIETY FIXED ASSETS PROJECTS INVESTMENT COMPLETION STATUS
4-3 2013年长春市房地产开发投资完成情况 …… 100
BASIC CONDITIONS ON INVESTMENT OF REAL ESTATE DEVELOPMENT COMPLETED IN 2013
4-4 2013年长春市房地产面积综合表 …… 102
COMPREHENSIVE CONDITIONS ON CHANGCHUN REAL ESTATE IN 2013

第五篇　能源消费与库存
5. CONSUMPTION AND STORAGE OF ENERGY

5-1 工业企业能源购进、消费及库存情况（2013） …… 106
ENERGY PURCHASE CONSUMPTION AND INVENTORY OF INDUSTRY ENTERPRISES IN 2013
5-2 工业企业能源购进、消费与库存情况（能源合计） …… 108
ENERGY PURCHASE CONSUMPTION AND INVENTORY OF INDUSTRY ENTERPRISES IN (TOTAL OF ENERGY)

第六篇　财政
6. GOVERNMENT FINANCE

6-1 2013年全市一般预算全口径财政收入 …… 115
GOVERNMENT REVENUE BY REGION IN 2013
6-2 2013年全市地方级财政收入及一般预算财政支出 …… 116
THE CITY'S LOCAL FINANCIAL REVENUE AND GENERAL BUDGETARY FINANCIAL EXPENDITURE IN 2013

第七篇　物价
7. PRICE

7-1 2012-2013年长春市居民消费价格分类指数 …… 123
CONSUMER PRICE INDICES BY CATEGORY (2012-2013)
7-2 2012-2013年长春市商品零售价格分类指数 …… 124
RETAIL PRICE INDICES BY CATEGORY (2012-2013)
7-3 2013年长春市零售价格类指数 …… 125
RETAIL PRICE INDICES BY CATEGORY (2013)

第八篇　人民生活
8. PEOPLE'S LIVELIHOOD

8-1 城市住户基本情况 …… 131
BASIC STATISTICS ON URBAN HOUSEHOLDS
8-2 农村住户基本情况 …… 139
BASIC STATISTICS ON RURAL HOUSEHOLDS

第九篇　城市建设

9. GENERAL SURVEY OF CITY

9－1 长春市城区用气情况 …… 143
BASIC STATISTICS ON SUPPLY OF GAS IN CITY

9－2 长春市政设施情况 …… 144
BASIC STATISTICS ON PUBLIC UTILITIES

9－3 长春市园林绿化情况 …… 144
BASIC STATISTICS ON PARKS, GARDENS AND GREEN AREAS

9－4 长春市城区集中供热情况 …… 144
BASIC STATISTICS ON HEATING IN CITY

9－5 长春市城区自来水供应情况（公共供水） …… 145
BASIC STATISTICS ON TAP WATER SUPPLY IN CITY（WATER SUPPLY PUBLICLY）

9－6 长春市公共交通情况 …… 145
BASIC STATISTICS ON PUBLIC TRANSPORTATION

9－7 长春市主要年份市区房屋情况 …… 146
BASIC STATISTICS ON BUILDING CONSTRUCTION AND HOUSING

9－8 长春市主要年份全市供电情况 …… 146
BASIC STATISTICS ON ELECTRICITY SUPPLY IN CITY

第十篇　农业

10. AGRICULTURE

10－1 1994－2013 年农林牧渔业总产值（现价） …… 151
GROSS OUTPUT VALUE OF AGRICULTURE AT CURRENT PRICE（1994－2013）

10－2 1994－2013 年农作物播种面积 …… 151
TOTAL SOWN AREAS OF FARM CROPS（1994－2013）

10－3 农作物总播种面积 …… 152
TOTAL SOWN AREAS OF FARM CROPS

10－4 农作物总产量 …… 153
YIELD OF MAJOR FARM CROPS

10－5 农村基本情况及农业生产条件 …… 154
BASIC CONDITIONS OF RURAL GRASSROOTS UNTIS

10－6 林业生产情况 …… 160
BASIC STATISTICS ON FORESTRY PRODUCTION

10－7 畜牧业主要产品生产及存栏情况 …… 162
BASIC STATISTICS ON ANIMAL HUSBANDRY

10－8 农作物每公顷产量 …… 166
YIELD OF MAJOR FARM CROPS FOR UNIT AREA

10－9 水果生产情况 …… 167
BASIC STATISTICS ON FRUITS

10－10 渔业生产情况 …… 168
BASIC STATISTICS ON FISHERY
10－11 农林牧渔业总产值（现价） …… 168
GROSS OUTPUT VALUE OF FFAT（AT CURRENT PRICE）
10－12 农林牧渔业增加值（现价） …… 169
ADDED VALUE OF FFAF（AT CURRENT PRICE）

第十一篇　工业

11. INDUSTRY

11－1 2013 年长春市主要工业产品产量 …… 175
MAIN INDUSTRIAL PRODUCTS' OUTCOME OF CHANGCHUN IN 2013
11－2 规模以上工业企业主要经济指标（大行业）(2013) …… 176
MAIN ECONOMIC INDICATORS OF INDUSTRIAL ENTERPRISES ABOVE DESIGNATED SIZE IN 2013
11－3 规模以上工业企业主要经济指标（总表）(2013) …… 190
MAIN ECONOMIC INDICATORS OF INDUSTRIAL ENTERPRISES ABOVE DESIGNATED SIZE IN 2013

第十二篇　交通运输、邮电通信业

12. TRANSPORTATION，POST AND TELECOMMUNICATION

12－1 2013 年长春市机动车辆保有量 …… 223
NUMBER OF CIVIL MOTOR VEHICLE OWNED (2013)

第十三篇　建筑业

13. CONSTRUCTION

13－1 2013 年长春市建筑业企业施工房屋竣工面积表 …… 228
COMPLETED SPACE OF CONSTRUCTION ENTERPRISES IN 2013
13－2 2013 年长春市建筑业企业主要财务状况表 …… 230
MAIN FINANCIAL CONDITIONS OF CONSTRUCTION ENTERPRISES IN 2013
13－3 2013 年长春市建筑业企业生产情况指标 …… 238
PRODUCTIVE INDICATIONS ABOUT CONSTRUCTION ENTERPRISES IN 2013

第十四篇　批发零售贸易和住宿餐饮业

14. WHOLESALE RETAIL TRADES AND HOTELS CATERING

14－1 社会消费品零售总额（2013） …… 247
TOTAL RETAIL SALES OF CONSUMER GOODS (2013)
14－2 限额以上批发和零售业法人基本情况（2013） …… 248
GENERAL INFORMATION OF THE ABOVE－NORM WHOLESALE AND RETAIL (2013)
14－3 限额以上批发和零售业法人企业财务状况综合表（2013） …… 260
LIMITATION ABOVE WHOLESALE AND RETAIL BUSINESS AS A LEGAL PERSON
ENTERPRISE COMPREHENSIVE TABLE OF CHANGES IN FINANCIAL POSITION (2013)

14－4 限额以上批发和零售法人企业商品购进、销售和库存（2013） …… 320
TOTAL PURCHASE, SALES AND INVENTORY IN WHOLESALE AND RETAIL TRADE ABOVE DESIGNATED SIZE (2013)
14－5 限额以上住宿和餐饮法人企业基本情况（2013） …… 332
GENERAL INFORMATION OF THE ABOVE－NORM HOTELS AND CATERING（2013）
14－6 限额以上住宿业和餐饮业法人企业经营情况（2013） …… 338
COMPREHENSIVE CONDITIONS OF ENTERPNSES ABOVE DESIENATED SIZE IN HOTELS AND RESTAURANTS (2013)
14－7 限额以上住宿和餐饮业法人企业主要财务状况综合表（2013） …… 344
MAIN FRNANCIAL INDICATIONS OF ANTERPRISES ABOVE DESIGRATED SIZE IN HOTELS AND RESTAURANTS (2013)

第十五篇　对外经济贸易和旅游业

15. FOREIGN TRADE AND TOURISM

15－1 对外经济贸易指标 …… 397
FOREIGN TRADE AND ECONOMIC COOPERATION
15－2 2001－2013 长春市旅游经济情况 …… 398
DEVELOPMENT OF TOURISM（2001－2013）
15－3 主要出口商品情况 …… 400
MAIN EXPORT GOODS
15－4 主要进口商品情况 …… 401
MAIN IMPORT GOODS
15－5 外贸进出口总值分国别（地区）出口情况（2013） …… 402
BASIC CONDITIONS OF FOREIGN TRADE BY COUNTRY（2013）
15－6 外贸进出口总值分国别（地区）进口情况（2013） …… 403
BASIC CONDITIONS OF IMPORT IN FOREIGN TRADE BY COUNTRY（2013）
15－7 2013 年新批外商项目（企业）分类表 …… 404
NEW REGISTERED FOREIGN PROJECTS（ENTERPRISES）BY CATEGORY IN 2013

第十六篇　金融保险业

16. BANKING AND INSURANCE

16－1 主要年份城乡居民储蓄存款（人民币） …… 409
DEPOSITS OF URBAN AND RURAL RESIDENTS（RMB）
16－2 1994－2013 年保险费收入和赔款支出 …… 409
PREMIUM AND CLAIM OF INSURANCE（1994－2013）
16－3 2013 年全市金融机构信贷收支（人民币） …… 410
CREDIT FUNDS BALANCE SHEET OF FINANCIAL INSTITUTIONS（RMB）IN 2013
16－4 2013 年全市金融机构年末储蓄存款余额（人民币） …… 411
DEPOSITS BALANCE SHEET OF FINANCE INSTITUTIONS IN 2013（RMB）
16－5 2013 年全市保险业务状况 …… 411
BASIC STATISTICS ON INSURANCE IN 2013

第十七篇　教育、科技及文化事业

17. EDUCATION AND TECHNOLOGY CULTURE

17－1 长春市各级各类教育基本情况 …… 417

BASIC STATISTICS ON EDUCATION

17－2 中学概况 …… 418

BASIC STATISTICS ON SECONDARY SCHOOLS

17－3 小学概况 …… 419

BASIC STATISTICS ON PRIMARY SCHOOLS

17－4 幼儿园 …… 419

BASIC STATISTICS ON KINDERGARTENS

17－5 文化事业基本情况 …… 420

BASIC STATISTICS ON CULTURAL INSTITUTIONS

17－6 文化事业机构、人数 …… 421

INSTITUTIONS AND PERSONNEL IN CULTURE AND ART

17－7 2013 年全部工业企业基本情况 …… 422

BASIC CONDITIONS OF ALL INDUSTRIAL ENTERPRISES IN 2013

17－8 2013 年全部工业企业 R&D 人员 …… 434

BASIC STATISTICS ON R&D PERSONNEL OF ALL INDUSTRIAL ENTERPRISES IN 2013

17－9 2013 年全部工业企业 R&D 经费情况 …… 438

EXPENDITURE FOR R&D FUNDS OF ALL INDUSTRIAL ENTERPRISES IN 2013

17－10 2013 年全部工业企业全部 R&D 项目情况 …… 446

SUMMARY OF ALL R&D PROJECTS OF ALL INDUSTRIAL ENTERPRISES IN 2013

17－11 2013 年全部工业企业办科技机构情况 …… 450

BASIC CONDITIONS OF R&D INSTITUTIONS OF ALL INDUSTRIAL ENTERPRISES IN 2013

17－12 2013 年全部工业企业自主知识产权保护情况 …… 454

INDEPENDENT INTELLECTUAL PROPERTY RIGHTS OF ALL INDUSTRIAL ENTERPRISES AND RELEVANT CONDITIONS IN 2013

17－13 2013 年全部工业企业新产品开发、生产及销售情况 …… 458

NEW PRODUCT DEVELOPMENT, MANUFACTURING AND SALE OF ALL INDUSTRIAL ENTERPRISES IN 2013

17－14 2013 年全部工业企业政府相关政策落实情况 …… 462

IMPLEMENTATION OF GOVERNMENT'S RELEVANT POLICIES OF ALL INDUSTRIAL ENTERPRISES SIZE IN 2013

17－15 2013 年全部工业企业技术获取和技术改造情况 …… 464

BASIC STATISTICS ON TECHNOLOGICAL TRANSFORMATION TECHNOLOGY DEVELOPING OF ALL INDUSTRIAL ENTERPRISES SIZE IN 2013

17－16 2013 年全部工业企业限额以上 R&D 项目情况 …… 468

R&D PROJECTS STATUS ABOVE NORM OF ALL INDUSTRIAL ENTERPRISES IN 2013

第十八篇　体育、卫生及其他事业

18. SPORTS, PUBLIC HEALTH AND OTHERS

18 - 1 公共体育场 …… 475

STADIUMS AND GYMNASIUMS

18 - 2 卫生机构床位、人员数 …… 475

BEDS AND PERSONNEL IN HEALTH INSTITUTIONS

18 - 3 计划生育情况 …… 476

BASIC STATISTICS ON BIRTH CONTROL

18 - 4 节育情况 …… 477

BASIC CONDITION OF CONTRACEPTION

18 - 5 火灾基本情况 …… 477

BASIC STATISTICS ON FIRES

18 - 6 交通事故情况 …… 478

BASIC STATISTICS ON TRAFFIC ACCIDENTS

18 - 7 刑事案件情况 …… 478

BASIC STATISTICS ON PUBLIC ORDER

主要统计指标解释 …… 481

EXPLANATORY NOTES ON AMIN STATISTICAL INDICATORS

特载

SPECIAL REPORT

政府工作报告

——2013年12月18日在长春市第十四届人民代表大会第二次会议上

市长　姜治莹

各位代表：

现在，我代表市人民政府，向大会报告工作，请各位代表审议，并请市政协委员提出意见。

一、2013年工作回顾

今年是长春发展史上极不寻常的一年。面对错综复杂的外部环境和接踵而至的困难挑战，面对加快发展和改善民生的繁重任务，在市委的坚强领导下，在市人大、市政协的监督支持下，我们紧紧团结和依靠全市人民，顽强拼搏、砥砺奋进，全面推进改革开放和现代化建设，经济社会发展取得新的可喜成绩。

——经济运行稳中有进、质量提升。地区生产总值达到5003.2亿元，增长8.3%，全口径财政收入增长16.2%，首次突破千亿元大关。

——民生福祉显著增进、惠及城乡。幸福长春行动计划全面实施，又为群众办了一批好事、实事。城镇居民人均可支配收入增长13.3%，农民人均纯收入增长11%，城乡居民储蓄存款余额增长11.3%，这些体现群众收入水平的指标均高于经济增速、上年增速，发展成果更多地为人民群众所共享。

——各项事业纵深推进、成效显著。改革开放不断深化，城市建设实现突破，社会事业全面进步，生态文明建设稳步实施，社会大局继续保持和谐稳定。

各位代表，在今年这样极其特殊的形势下，我们为巩固和发展全市稳增长、惠民生、促和谐的生动局面，突出狠抓了以下七个方面的工作：

(一)统筹三次产业，全力稳增长、调结构、增效益迈出了新步伐

坚持调整优化经济结构、提升发展质量效益，狠抓三次产业融合发展、互促共进，不仅稳定了当期增长，也为长远发展奠定了基础。

工业支撑有力。全面加大对重点企业扶持力度，全年产值超亿元企业达到639户，产值超10亿元企业达到66户。实施投资3000万元以上工业项目1250个，大众发动机、轿股变速箱、丰越RAV4、百克疫苗、富士康新材料、新力LED光源等一批项目建成投产，产业结构不断调整优化。大力推进科技创新，新增高新技术企业31户，省级以上企业技术中心达到96户，转化重大科技成果130余项，突破共性关键技术300余项。500余种新产品实现规模化生产，新产品产值率达到47%；工业企业实现利润728.4亿元，增长16.5%；工业增加值率提高1个百分点，万元增加值能耗降低4%。工业增长质量和效益稳步提升，对全市经济稳增长起到了决定性的支撑作用。

服务业繁荣活跃。出台并落实了促进服务业转型升级的若干政策，服务业增加值突破2000亿元。商贸流通体系日益完善，社会消费品零售总额增长13.2%。旅游业总收入685.8亿元，增长25.1%。房地产业健康发展，施工面积增长39.6%。引进一批区域性总部、研发中心，软件、服务外包、电子商务等高端服务业迅速成长，医疗、教育、会展、购物等区域性服务能力进一步强化。长春金融总部基地启动建设，汇丰银行落户长春，吉林股权交易所挂牌营业，富奥股份上市，小额贷款公司超过100家。服务业与工业契合度进一步加深，为促进全市经济稳增长发挥了不可替代的拉动作用。

农业转型步伐加快。实施农作物高光效栽培示范49.3万亩，推广玉米保护性耕作158万亩，建设万亩高产示范片区120个。大型农业机械数量增长41.5%，玉米、水稻机收率分别提高5.5和6个百分点。农业大户、专业合作社、家庭农场快速增加，土地流转面积比例达到21%，规模经营水平稳步提高。战胜春季低温内涝、夏季寡照多雨等不利因素，粮食产量再创历史新高。新增科学储粮仓5万套。加快实施现代畜牧业提升计划，新建标准化养殖小区204个，畜牧业产值增长8.4%。皓月清真产业园区建设顺利推进。农业基础地位得到进一步巩固加强。

(二)强化项目拉动增量带动，城区、开发区、县域“三大板块”取得了新发展

坚持扩大增量、优化总量，依托“三大板块”，狠抓招商引资和项目建设，为长春加快发展打牢基础、积蓄后劲。全市实际利用内资、外资均增长20%以上，投资超亿元、超10亿元的项目均增加50%以上，全社会固定资产投资增长20%。

城区、开发区、县域齐头并进、竞相发展的态势日趋明显。城区成为服务业的主战场，投资超亿元服务业项目达到730余个，服务业税收占城区财政收入比例达65%以上。开发区成为产业集聚的主力军，市直五个开发区为全市贡献了70%的工业产值、60%的财政收入，是全市发展当之无愧的中坚力量。县域成为产城融合的主阵地，县城和重点乡镇建设不断加快，完成工业投资680亿元，财政收入突破100亿元。“三大板块”相互促进、协调发展的局面初步形成。汽开区与农安合作启动建设烧锅零部件合作区，高新区与德惠合作的长德新区、经开区与九台合作的经九合作区稳步发展，正在形成国家级开发区带动县域发展的新格局。农安合隆、德惠米沙子、九台卡伦等县域开发区项目建设不断提速，正在与主城区

融为一体。莲花山度假区迅速崛起，二道物流、九台空港建设全面铺开，长吉一体化进程不断加快。

（三）坚持深化改革开拓创新，发展活力、动力和潜力实现了新提升

坚持以改革添活力、增动力，狠抓重点领域和关键环节的改革攻坚，为全市发展提供了坚强保障和有力支撑。

做好“减法”，增强活力。继续深化行政审批制度改革，取消下放行政许可及审批项目123项，审批规定时限进一步压缩。积极开展交通运输、文化创意、鉴证咨询、研发服务等重点行业营业税改增值税试点，为企业税负降低、经济结构调整、发展方式转变提供制度支持，最大限度地激发市场活力。做好“加法”，注入动力。大力发展民营经济，出台鼓励发展民营经济50条政策，为小微企业和个体工商户减免税收13.6亿元，全市注册登记私营企业、个体工商户数量分别增长12.3%、24.7%，民营经济主营业务收入增长16%。兴隆综合保税区通过国家考核验收、正式封关运营，长春拥有了直通世界的对外开放平台。

做好“乘法”，激发潜力。企业注册登记实行“非禁即入”、“先照后证”，九台国家级农村金融体制机制改革实验区启动实施，农村集体土地确权登记发证基本完成，集体林权制度配套改革全面启动，城建投融资体制改革扎实推进，这些关键性环节的破冰改革，必将极大地释放发展潜力，形成具有乘数作用的放大效应。

（四）奋力克难攻坚重点推进，城市建设、改造和管理取得了新突破

坚持以新型城镇化为引领，狠抓城市建设改造和市容市貌管理，实现了突破性的重大进展，城市承载能力和整体形象明显提升。

道路建设强力推进。“两横三纵”快速路克服了工期紧、任务重、投资高、难点多、压力大等诸多不利因素，在全市人民的支持下，实现了主线贯通、简易通车，改写了城市道路交通史，也标志着长春正式进入立体交通时代。昼夜兼程地完成了236条主次干道的大中修。地铁1、2号线建设顺利推进。54路有轨既有线路改造竣工通车，西延长线实现贯通。

公用设施不断完善。3座净水厂改续建工程进展顺利，城区西部供水紧张状况明显缓解。新增供热能力1550万平方米。改造供热、供水地下管网490公里。加快建设6座污水处理厂，伊通河城区段基本完成污水截留。新建续建百花园等公园14个，新建绿地39块，新植街路40条，新增城市绿地600公顷。

城市环境持续改善。强化空气污染综合整治，启动天然气替代燃煤供热试点，撤并改造分散采暖锅炉164座，淘汰治理黄标车5500台，开展道路降尘除尘作业，推行大田秸秆禁烧政策。持续深入地开展市容环境整治攻坚，尽最大努力消除城市建设改造对市容环境的影响和冲击。

规划管理明显加强。认真落实城市总体规划、土地利用总体规划，规划和土地管理水平进一步提高。科学调度城建重点工程施工时序，从严整治机动车非法营运等管理顽疾，全面加大交通组织疏导力度，确保城市交通在极端困难情况下能够维持正常运转。

特别需要指出的是，在今年城市管理和交通拥堵面临前所未有的压力下，全市人民给予了最大限度的包容和理解，更加坚定了我们建设好、管理好这座城市的信心和决心。

（五）致力建设幸福长春，全心全意为群众办实事、做好事、解难题收获了新成果

坚持把民生作为第一目标，今年全市75%的新增财力投入到民生领域，比上年提高了5个百分点。

就业水平稳步提高。积极扶持高校毕业生、农村转移劳动力、城镇困难就业人员就业，城镇登记失业率始终保持在4%以下。职工月最低工资标准增长14.8%，达到1320元。城镇居民人均可支配收入、农民人均纯收入分别达到26034元、10060元。

养老保障日益完善。养老保险扩面取得重大突破，职工参保率达到93.5%，城乡居民参保率达到90%，基本实现城乡养老保险全覆盖。企业退休人员养老金人均提高181元，实现“九连增”。进一步提高了养老机构建设与运营补贴标准，新增养老床位1200张。

大病保险初步建立。新农合、居民医保各有40种大病列入保障范围，最高报销比例分别达到80%和85%。城镇居民医保50种常规病种实行定额治疗，11种大病实现低自付治疗。居民、职工医保门诊报销限额分别提高50%、66.7%，新农合年度报销封顶线提高25%。

居住条件不断改善。扎实推进保障性住房建设，建成公租房6000套、廉租房4000套，综合整治老旧散小区36个，完成老旧楼宇“暖房子”改造1000万平方米。拆除棚户区91.8万平方米，建设回迁房1.3万套。房地产交易市场落成开业。

居民出行更加便捷。改造居民巷道1000余条。新建公交候车亭114座，更新增加公交车500台。新建农村公路1512.1公里，通屯率达到65%。扎实推进167个省级新农村示范村建设。绿化美化村屯384个。解决43.1万农村人口饮水安全问题。

食品安全得到强化。取缔无证无照食品生产经营者260户，查处食品药品违法违规案件8300余件。290个食品安全快检站（室）投入使用，对市场流通食品高密度抽检。药品质量监管可追溯体系初步建立，对药品批发企业实施电子监管。

各类教育均衡发展。新建改建公办幼儿园15所，新增幼教学位4000个。新建3所城乡结合部九年一贯制学校，标准化改造60所中小学校园设施。城区中小学生均公用经费上调200元。52个大学区建立教育资源共享机制，首批623名教师交流轮岗。建立了农民工子女入学“绿色通道”，1万余

名学生受益。启动城区适龄未入学残障儿童送教上门试点。国家职业教育综合改革试点稳步推进。免除2.5万名农村及涉农专业中职学生学费。

健康服务深入实施。启动了第二轮"健康长春行动计划",顺利通过国家基本公共卫生服务专项考核。受世界卫生组织邀请,长春在第八届全球健康促进大会上做经验介绍。5家市级公立医院实施基本药物制度,取消药品销售加成。免费实施孕前优生健康检查及乙肝病毒母婴传播阻断工程,出生人口素质进一步提高。

文化惠民扎实推进。国家公共文化服务体系示范区通过验收,县(区)、乡、村群众文化基础设施达到国家规定标准。历史文化遗产保护实现重大突破,伪满皇宫等8处18项不可移动文物被核定为全国重点文物保护单位。群众艺术馆、朝鲜族艺术馆开工建设,博物馆、规划展览馆完成主体工程。新建城市社区健身路径94套,为10个乡镇及100个行政村安装健身器材。"全国文明城市"创建工作不断取得新成果。

社会救助惠及城乡。开展了万户特困户结对救助活动。城乡最低生活保障标准、农村五保供养标准均提高7%以上。实行城乡低保及低保边缘家庭中小学生营养午餐补贴制度,惠及贫困学生2.3万人。城市、农村"三无一靠"成年重度残疾人生活补贴标准分别提高33%和50%。城区"三无"、农村五保等困难群体在定点医疗机构就医基本实现"先住院、后付费"。办理困难群众法律援助案件2900余件,基本做到"应援尽援"。

(六)深刻汲取惨痛教训,深入持续地查隐患、抓整治、保安全积累了新经验

坚持"生命至上、安全第一",深刻汲取"6·3"特大火灾事故教训,痛定思痛、举一反三,全力狠抓了安全隐患大检查、大整改、大演练活动。

强化了责任落实。全面落实安全生产主体的第一责任,3.5万人员密集型单位开展应急安全演练,14.6万有固定经营场所企业建立安全隐患自查自报机制,企业负责人及安全管理人员普遍接受安全知识培训。

强化了能力建设。深入开展企业安全生产标准化建设,煤矿、非煤矿山、危险化学品三个高危行业安全设施、管理水平均达到三级以上标准。581栋城区D级危房居民全部迁出并予以过渡安置。改造高危燃气管网240公里,完成燃气入户安检81万户。

强化了安全监管。先后成立293个专家组、1.2万个督查组对全市安全生产责任单位进行地毯式排查,累计排查整改隐患6.3万项,治理消除重大隐患385项,关闭取缔企业358户,118户重大危险源单位全部落实监管措施。

强化了长效机制。制定出台并严格落实安全发展战略指导意见、强化企业安全生产主体责任、安全生产分类分级管理等一系列制度措施,努力从源头消除安全隐患,建立安全发展的长效机制。

强化了治安整治。深入开展社会治安综合整治,110刑事警情、治安警情、"两抢"案件数量分别下降17.45%、43.39%、42.2%,有重大影响案件全部告破,命案破案率保持在95%以上。新增治安高清监控探头2800余个。

强化了社会治理。加快幸福社区建设,全面推行"人性化、网格化、信息化"服务管理模式,城区社区用房均超过500平方米。村委会换届工作圆满完成。南关区、双阳区基层平安创建经验在全省推广。长春被授予全国社会管理综合治理最高荣誉"长安杯"。

(七)严格依法行政转变职能,政府转作风、强服务、提效能取得了新成效

坚持转变职能、转变作风。自觉接受人大及其常委会的法律监督、工作监督和政协的民主监督,坚持重大事项向人大报告、与政协协商制度。认真听取各民主党派、工商联以及无党派人士的意见建议。办理人大议案4件、人大代表建议226件、政协提案322件。

狠抓了"四风"整治。全面开展以"为民、务实、清廉"为主题的群众路线教育实践活动,深入查摆和整改形式主义、官僚主义、享乐主义和奢靡之风问题。从严落实中央"八项规定",清理2543名吃空饷人员,取消67个公款出国团组,精简500余个会议,取消"吉OA"公安专段车号牌。政府作风建设取得了阶段性成效。

强化了效能建设。充分利用信访机构接待、市长公开电话、局长接待日、读报读网制度等各种渠道,掌握群众诉求、解决群众困难。认真组织"三满意"机关创建、"万人评议机关"活动,加大涉软案件查处力度,经济发展软环境进一步优化。强化依法治市,严格依法行政,坚持从严治政,法治政府建设取得新进展。深入开展"情系驻长官兵、共爱革命功臣"活动,双拥工作取得新成效。

国家安全、审计、质监、统计、民族、宗教、外事、侨务、供销、气象、地震、档案、保密、人防、地方志、红十字等工作都取得了新成绩。

各位代表,回顾一年来的工作,我们取得这样的成绩殊为不易。这是省委、省政府高度重视、亲切关怀的结果,是市委科学决策、正确领导的结果,是市人大、市政协有效监督、大力支持的结果,是全市上下同心同德、团结奋斗的结果。实践再一次雄辩地证明,只要我们始终在省委、省政府和市委的坚强领导下,紧紧团结依靠全市广大人民群众,任何艰难险阻都挡不住我们前进的脚步。在此,我代表市人民政府,向全市各族人民致以亲切的问候和崇高的敬意!向人大代表、政协委员,各民主党派、工商联和无党派人士、人民团体,向驻长部队指战员、武警官兵和中省直单位,向所有关心和支持长春的港澳台同胞、海外侨胞及国际友人表示衷心的感谢!

在肯定成绩的时候,我们也清醒地认识到,经济社会发展

和政府工作中还存在许多问题和困难:经济总量偏小、结构不尽合理,调结构、转方式任务繁重而紧迫;科技成果转化率不高,科技创新对发展的支撑带动作用发挥得不够;资源环境压力明显增大,空气污染等环境问题开始显性化;机动车数量持续高速增长,道路需求与供给矛盾依然比较突出;安全基础设施相对薄弱,安全事故高发势头还没有从根本上得到遏制;城乡居民收入总体水平不高,部分群众生活还很困难;政府职能转变不够,廉政建设需要进一步加强。这些问题需要我们认真面对并着力加以解决。

二、2014 年工作安排

明年是新一轮改革攻坚的起步之年,实施"十二五"规划的关键之年。纵观国内国际形势,经济下行、政策趋紧造成的外部发展环境依然复杂严峻,改善民生、维护稳定带来的内部发展压力仍然非常巨大,但我们有信心、有条件、有能力克服困难、应对挑战。我们的信心和力量来自市委对形势的科学判断和准确把握;来自已经制定并实施的应对挑战着眼长远的一系列政策措施;来自全面深化改革释放迸发的强大动力;来自工业化、城镇化快速推进催生的巨大需求;来自连续多年高强度投资积蓄的强劲发展势能;来自长春人民坚忍不拔、发奋图强的伟大力量。我们坚信,只要我们抓住机遇而不丧失机遇、奋力作为而不无所作为,就一定能够化危为机、克难而上,抢抓机遇、乘势快上,更好地战胜各种困难和挑战、更快地增强发展活力和动力,把长春全面振兴的大业不断推向新高度、实现新跨越!

明年政府工作的总体要求是:深入学习贯彻落实党的十八届三中全会、省委十届三次全会和市委十二届四次全会精神,紧紧围绕主题主线,围绕建设幸福长春、率先全面建成小康社会目标,围绕科学发展、改善民生、建好城市、促进和谐工作大局,围绕城市转型升级新任务,坚持稳中求进工作总基调,把改革创新贯穿于经济社会发展各个领域各个环节,以改革创新促发展、促转型,努力推动经济建设、政治建设、文化建设、社会建设、生态文明建设取得新成效。

明年全市经济社会发展的主要预期目标是:地区生产总值增长10%,全口径财政收入增长11.5%,固定资产投资增长13%,规模以上工业增加值增长11%,服务业增加值增长10%,社会消费品零售总额增长10%,城镇居民人均可支配收入增长12%,农民人均纯收入增长13%,万元GDP能耗降低3%。

这里要着重说明,在社会主义市场经济条件下,政府提出地区生产总值增长速度目标,是一个预期性、指导性指标,是提出财政预算、社会就业、群众收入等经济指标的重要依据。由于国内外经济环境和市场变化影响,最终实现的增长速度与预期目标可能会有一定的差距。提出增长速度10%的目标,综合考虑了需要和可能等多种因素,既着眼于保持经济平稳较快发展,实现经济发展质量和效益得到提高又不会带来后遗症的速度,更注重引导各方面把主要精力和工作重点放到改革创新和转变发展方式上来,推动经济社会又好又快发展。为此,我们要抓好以下八项重点工作:

(一)以改革创新统领经济社会发展,加快推动城市转型升级

坚定不移地全面深化改革,积极破除一切妨碍科学发展的体制机制弊端,逐步把发展转到创新发展、统筹发展、绿色发展、开放发展、安全发展的轨道上来,努力打造长春经济社会发展的升级版。

遵循顶层设计抓落实。对于制定市场准入负面清单、建立城乡统一建设用地市场、完善地方税收体系、行政执法体制、收入分配调控体制机制等涉及面广、需要国家决策部署的改革,提前做好工作准备,积极开展政策对接,全面抓好贯彻落实,确保这些改革措施落到实处、取得成效。

围绕既定任务抓推进。对于基础教育、公立医院、文化管理体制、城建投融资体制、城市管理体制、国有资产管理体制、厂办大集体、社会组织管理体制、事业单位招聘制度、被征地农民养老保险制度、食品药品安全监管体制等方向明确、路径清晰的改革,要稳扎稳打、全力推进、尽快突破。

确定自选动作抓试点。对于创办地方性金融机构、产学研协同创新机制、不动产统一登记、城乡双向一体化、构建新型农业经营体系、农民财产权抵押担保转让、粮食收储仓储融资服务等需要深入摸索实践的改革,要试点先行、大胆探索、争取主动。

突出重点领域抓突破。全力抓好突出发展民营经济综合配套改革示范区试点,围绕市场准入、市场监管、公平竞争、金融服务等关键环节进行综合配套改革,使各项改革措施协同配合、良性互动、形成共振,为民营经济大发展快发展探索新途径、提供新动力。

(二)狠抓工业项目不动摇,依靠增量调整产业结构、转变发展方式

坚定不移地把发展工业的关键点敲定在工业项目上,以项目促转型、以项目增后劲。明年,工业投资计划安排1800亿元以上。不管遇到多大困难,都要坚决完成这项任务。

围绕龙头企业上项目。全力支持一汽、长客、大成等龙头企业强化自主创新、加快扩能步伐、集聚配套企业,壮大汽车、轨道客车、农产品加工支柱产业,加快建设三大世界级产业基地。

依托新兴产业上项目。谋划实施抗癌新药、高铁轮对、高温传感器、高氮合金、新能源客车、生物酶制剂、聚乳酸、LED大屏幕、商用飞机零部件等100个重点项目,加快发展医药健康、装备制造等优势产业,生物、光电信息、新能源、新能源汽车、新材料、节能环保等战略性新兴产业,尽快把生物、光电信息培育成新的优势产业。

凭借科技优势上项目。转化民用小卫星等100项关键核

心技术，培育100个科技创新“小巨人”企业。进一步调整产品结构，提高产品附加值，工业增加值率提高1个百分点以上。

突出园区载体上项目。全力推动开发区转型升级，每个以工业为主的开发区都要提高投资强度、科技含量、投入产出比、集约发展水平，都要构建有品牌、有规模、有影响力的产业集群。

强力推进招商上项目。大力实施长吉图开发开放和长吉一体化战略，着力引进世界和国内500强企业，实施一批骨干支撑型重大项目，实际利用外资增长12%，利用内资增长15%。积极开拓国际市场，推动外贸出口稳步增长。兴隆综合保税区投入实质性运营。

（三）大力发展服务业，加快构建工业、服务业“双拉动”格局

坚定不移地促进服务业与其它产业深度融合，以服务业跨越提升，支撑工业转型升级。

加快提升生产性服务业。启动建设一汽物流产业园区，构建现代物流产业体系。抓好国家城市共同配送试点，降低城市物流成本。加快建设长春金融总部基地，力争一批金融企业入驻开业。积极发展中小型金融机构，促进融资担保机构规范发展。力争引进2家域外金融机构。企业上市要有新的更大突破。

改造提升传统服务业。加快建设南部新城核心区、长东北核心区、净月生态大街、西客站核心区、经开南区、汽车公园周边、莲花山度假区、铁北环铁商圈、吉林大路沿线、双阳奢岭等一批服务业聚集区。加强商贸流通体系建设，扩大城乡居民消费需求，培育新兴消费热点。保持房地产业健康发展态势。积极培育新兴服务业。做大汽车服务、楼宇经济、服务外包产业，积极扶持数字动漫、影视传媒、民间工艺等文化产业，推动服务业全面扩容、提档升级。推动“智慧长春”建设，提升信息服务能力，促进信息消费。稳步发展会展经济。抓紧构建大旅游发展格局，旅游业总收入增长25%以上。

（四）突出以城带乡、以工促农，积极推动县域经济加快振兴、城乡一体化发展

坚定不移地加快构建新型城乡发展格局，抓住扩权强县的有利契机，全力推动县域经济突破跃升。

加快推进县域工业化。充分发挥国家级开发区的带动作用，加快建设长德新区、经九合作区、烧锅零部件合作区。推动农安合隆、德惠米沙子、九台卡伦加速与主城区融合，承接城市产业转移。四县（市）都要全力实施工业化，都要培育有特色的产业集群，确保工业投资增长15%以上。

加快推进县域城镇化。着力建设县城和一批重点乡镇，完善基础设施，发展社会事业，增强人口接纳能力，努力提高城镇化发展质量。推广莲花山度假区新型城镇化模式，逐步把符合条件的农业转移人口转为城镇居民，积极推进以人为核心的城镇化。大力提高城镇建成区人口密度，节约集约利用土地、能源、水等资源。

加快推进农业现代化。抓好16个现代农业示范区建设。集成推广保护性耕作、高光效栽培等技术措施，努力提高粮食综合生产能力和效益水平。农作物耕种收综合机械化水平提高2个百分点，土地流转面积比例提高3个百分点。加快“菜篮子”工程建设。继续实施现代畜牧业提升计划，新建扩建标准化养殖小区200个。继续实施三座大型灌区改造和德惠五大围堤除险加固。更新改造农防林600公顷。新建科学储粮仓2.5万套。

（五）坚持建设管理并重，全面加快绿色宜居森林城建设

坚定不移抓好城市建设管理，在继续抓好城市道路建设的基础上，把更多的精力转到旧城改造、生态建设和城市管理上来。重点实施“五大工程”：

实施路网改造建设工程。“两横三纵”快速路正式投入运行。加快建设地铁1、2号线。续建大众物流通道、解放物流通道、南部新城路网、机场快速路。启动建设吉林大路、南湖大路、河东路等延长线，拓宽改造皓月大路、西湖大路。打通一批卡脖路、断头路。

实施棚户区改造攻坚工程。力争用5年左右时间基本完成建成区内176处成片棚户区、209块零星（夹馅）棚户区及危倒房改造。这项任务的实施，不仅能够改善10.5万户居民居住条件，还可以从整体上提升城市面貌。

实施城市绿化美化工程。力争用3年时间通过国家森林城考核验收。年内高标准恢复“两横三纵”快速路周边绿地，提升伊通河城区段绿化水平，新建续建14个公园，新增城市绿地600公顷，植树造林3000公顷。

实施生产要素保障工程。五水厂竣工投入运行。建设天然气高压外环管网。新增供热能力1000万平方米。实施北郊污水处理、串湖污水处理新建扩建工程。进一步改善伊通河、饮马河等水系水质。继续推进生活垃圾焚烧发电厂、餐厨垃圾处理厂建设。

实施城市综合整治工程。全面实施新一轮的150天市容环境综合整治，努力实现城市管理水平的全面提升。坚持最严格的耕地保护制度，加强土地节约集约利用，严肃查处违法用地行为。

（六）纵深推进幸福长春行动计划，全力增进民生福祉改善人民生活

明年，我们要在强化政府基本公共服务的基础上，进一步加大民生投入，突出办好16件群众关心的难事、大事，不断提高城乡群众的幸福感和满意度。

实施就业富民。新增就业岗位12万个。对就业困难人员实行托底安置。零就业家庭至少一人就业。引导扶持1万人创业，推动创业成为富民的重要途径。努力增加低收入者收入，逐步扩大中等收入者比重，努力缩小城乡居民收入差

距。

突出保障安民。稳步提高城乡养老保险参保率。解决6.3万名被征地农民养老保险问题。制定出台进一步发展养老服务业的优惠政策，力争年内新增养老床位4000张。城区低保家庭老、少、病、残人员低保补助标准上浮50%。建立支出型、急难型贫困家庭临时救助机制。

抓好安居乐民。继续实施"暖房子"工程，配套改造30个老旧散小区。新建廉租房600套、公租房1700套、棚户区回迁安置房1.8万套。通过市场化专业服务、业主自治相结合的方式解决物业弃管问题，尽快实现基本物业服务全覆盖。

突出环境助民。实施天然气替代燃煤工程，从严整治城市扬尘和工业污染排放，加快淘汰黄标车、燃煤小锅炉，可吸入颗粒物年均值下降10%左右。综合治理石头口门、新立城水库周边环境，确保水源地水质安全。开展农村环境卫生整治行动，167个村环境卫生设施达到省级新农村示范村标准。

开展服务便民。接收改造220座二次供水泵站。解决20万农村人口饮水安全问题。改造150公里高危燃气管网、100公里供热管网、100公里供水管网。更新一批公交车辆，科学设置公交线路，逐步提高公交智能化水平。新建一批过街天桥。启动建设一批立体停车场。

推动教育利民。采取以奖代补等多种方式，积极扶持面向大众、收费较低的普惠性民办幼儿园。创建30所新优质学校，100所公办中小学校园设施实现标准化，城区学校常规教学和信息技术装备全部达标，公办校教师合理交流轮岗比例争取达到10%，不断提高教育均衡发展水平。进一步健全家庭经济困难学生资助体系，不让一个孩子因贫失学。

强化医疗为民。居民医保大病保障病种由40种扩大到60种，低自付病种由11种扩大到21种。建立城乡医疗救助中心，把低保群众就医医药费自付比例降到10%以下。2/3以上的村设立公立卫生室，药品销售实现零差率。组织城乡医疗机构为468家养老机构实施对口医疗服务。

促进文化惠民。巩固扩大国家公共文化服务体系示范区创建成果，满足群众基本文化需求。图书馆、文化馆免费开放服务基本实现标准化、规范化。城区建设10条健身步道、安装50套健身路径。为10个乡镇及100个行政村安装健身器材。群众艺术馆、朝鲜族艺术馆、博物馆建成竣工，规划展览馆投入使用。

（七）全面加强城市安全建设，创新社会治理长效机制和工作体系

坚定不移地树立"大安全"理念，围绕创建平安长春，全力推动安全发展。

全面强化责任监管。毫不松懈地开展安全隐患大检查、大整改、大演练活动，坚决做到减少一般事故、防范较大事故、遏制重大事故、杜绝特大事故。突出消防安全整治，强化公共消防设施建设，全力整改重大火灾隐患。

切实强化社会治理。扎实开展基层平安创建活动，健全完善社会治安综合治理体系。严厉打击各类刑事犯罪，坚决做到黄赌毒必治、黑恶势力必除，命案破案率保持在90%以上，进一步提高人民群众的安全感。

突出强化公共安全。严把驾驶员培训考试关口，从严整治机动车行车秩序。对住宅电梯实行分类管理，完成高层弃管电梯改造。加快地震监测网络建设，强化建设工程地震安全性管理，不断提高防灾减灾能力。

大力强化食品安全。深入创建食品安全城市，争取首批进入"国家食品安全示范城市"行列。推进食品药品监管信息化和技术支撑能力建设，尽快建成肉菜流通追溯体系，提升食品安全监管水平。

（八）加强政府自身建设，着力打造务实、高效、为民、廉洁政府

坚定不移地加强服务型政府建设，全面畅通"四大通道"，以政府职能的大转变，促进各项重点工作的大落实。

自觉接受监督，畅通"民主通道"。坚持向人大报告工作制度，认真落实人大及其常委会的决议、决定。积极支持政协履行政治协商、民主监督和参政议政职能，主动听取各民主党派、工商联、无党派人士意见。认真办理好人大代表议案、建议和政协提案，不断提高落实率。

简化行政审批，畅通"效能通道"。进一步削减地方行政审批事项，不符合现行法律规定、利用"红头文件"设定的管理、收费、罚款项目一律取消。创新行政监管方式，强化事中事后监管，认真负责地管好该管的事。把政府性债务纳入全口径预算管理，着力控制和化解债务风险。严格控制机构编制总量，财政供养人员只减不增。强化行政问责和监督。

关切民意诉求，畅通"民声通道"。继续开展"大排查、大走访、大接访"活动，进一步完善民情恳谈日、局长接待日制度，充分利用市长公开电话、读报读网等有效载体，掌握民情、化解矛盾、促进和谐。全面开展社会稳定风险评估。逐步完善人民调解、行政调解、司法调解联动工作体系，建立调处化解矛盾纠纷的综合机制。

整合信息平台，畅通"服务通道"。按照"人性化、网格化、信息化"的要求，改进社会治理方式。整合应急处置、公共服务、城市运行等领域信息资源，建设社会管理服务信息平台。继续开展幸福社区创建活动，40%以上社区办公用房面积达到1000平方米。深入实施"六五"普法规划。普遍建立法律顾问制度。加强政行风建设。

深入持久地开展"全国文明城市"创建活动，推动城市文明程度不断提升。推进军民融合深度发展，争创全国双拥模范城"八连冠"。

同时，我们还要继续做好国家安全、审计、工商、质监、统计、民族、宗教、外事、侨务、供销、气象、档案、保密、人防、地方志、红十字等各项工作。

各位代表，明年的任务艰巨而繁重，我们肩负的使命光荣而重大。

我们一定要转变工作作风，直面困难，敢于担当，真抓实干，雷厉风行，以朝气蓬勃、昂扬向上的精神状态狠抓落实、成就事业。

我们一定要坚持解放思想，以改革创新的精神统领各项工作，冲破思想观念的障碍，突破利益固化的藩篱，破除体制机制的弊端，让改革红利竞相迸发、充分涌流。

我们一定要密切联系群众，始终把人民利益摆在第一位，坚持不懈地为群众办实事、解难题、谋福祉，让发展振兴成果更多更公平地惠及广大人民群众。

我们一定要强化反腐倡廉，从源头预防腐败，规范行政权力运行，不断加强队伍建设，努力赢得人民的信赖支持，建设让人民满意放心的政府。

各位代表，新的一年马上就要开始了，我们即将踏上充满希望的新征程。让我们紧密团结在以习近平同志为总书记的党中央周围，在市委的坚强领导下，万众一心，开拓奋进，共同创造长春更加美好的明天！

2013年长春市国民经济和社会发展统计公报

全市人民在市委、市政府的正确领导下，深入学习实践科学发展观，认真贯彻落实各项宏观调控政策，积极应对复杂多变的国际国内经济环境，扎实推进各项工作，国民经济实现平稳较快增长，各项社会事业全面进步，民生状况不断改善，为全面建成小康社会奠定了良好基础。

一、综合

初步核算，全年实现地区生产总值5003.2亿元，按不变价格计算，比上年增长8.3%。其中，第一产业增加值332.0亿元，比上年增长3.5%；第二产业增加值2658.7亿元，增长9.4%；第三产业增加值2012.5亿元，增长7.8%。三次产业结构为6.7∶53.1∶40.2。对经济增长的贡献率分别为：2.7%、59.5%、37.8%。人均生产总值达到66286元（按户籍年平均人口数计算），比上年增长8.3%，折合10872美元。

地区生产总值（亿元、当年价）

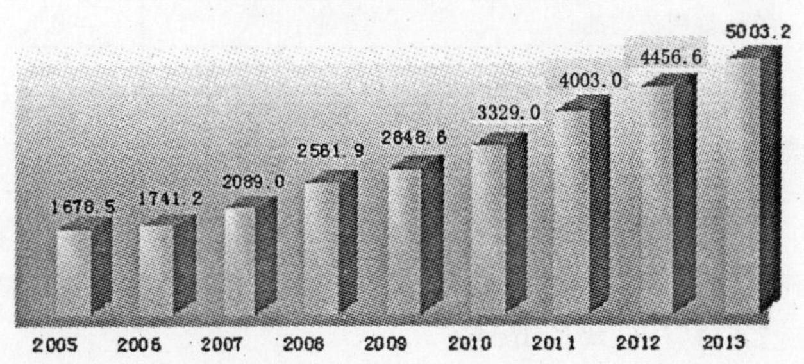

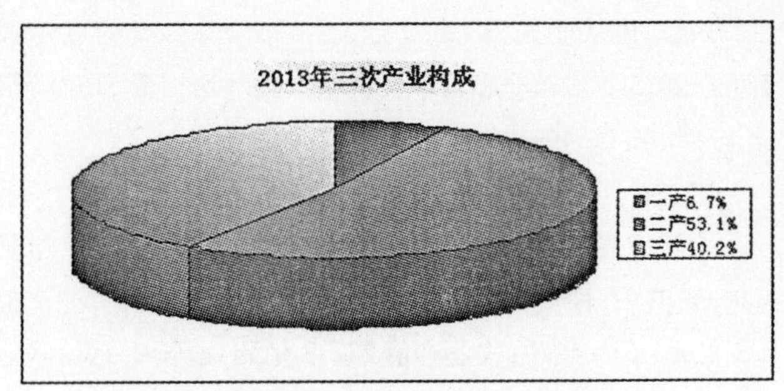

全市一般预算全口径财政收入1077.6亿元，增长16.2%。全市地方财政收入381.8亿元，增长12.0%，其中，税收收入309.2亿元，增长11.7%。地方财政支出633.0亿元，增长13.9%，其中，教育支出96.2亿元，下降6.4%；社会保障和就业支出72.0亿元，增长16.8%；医疗卫生支出46.2亿元，增长15.3%；交通运输支出17.3亿元，增长21.2%。全口径财政收入占GDP的比重为21.5%，比上年提高0.7个百分点。

全年居民消费价格总指数为103.0%，增幅比上年扩大0.7个百分点，分八大类看，衣着、娱乐教育文化用品及服务、居住价格比上年有所上涨，食品、烟酒、家庭设备用品及维修服务、医疗保健和个人用品、交通和通讯价格有所下降。

工业品出厂价格上涨0.4%，其中：生产资料价格上涨0.8%，生活资料价格上涨0.1%。工业生产者购进价格上涨0.2%。

居民消费价格指数

单位：%

指　标	2012年	2013年
居民消费价格总指数	102.3	103.0
服务项目价格指数	101.3	102.8
消费品价格指数	102.7	103.0
食　品	105.4	104.0
烟酒	101.4	100.3
衣　着	101.1	104.9
家庭设备用品及维修服务	101.2	100.7
医疗保健和个人用品	101.0	100.9
交通和通讯	99.6	99.0
娱乐教育文化用品及服务	101.6	103.7
居住	100.9	103.8
商品零售价格指数	101.8	101.3

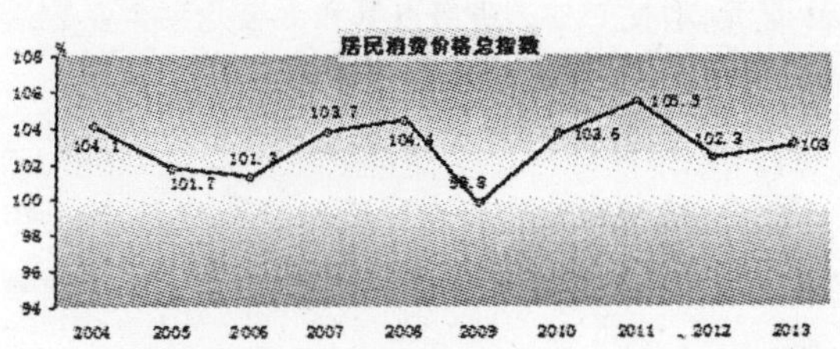

全市从业人员总数已达到439.9万人,增长13.9%。其中,城镇单位从业人员126.2万人,从事个体劳动的有48.2万人。2013年城镇非私营单位就业人员平均工资51564元,比上年增长11.4%。

二、农 业

全年完成农林牧渔业总产值602.7亿元,比上年增长4.9%。其中,种植业产值307.2亿元,增长6.9%;林业产值2.3亿元,下降40%;牧业产值272.3亿元,增长3.1%;渔业产值5.2亿元,增长16.98%;农林牧渔服务业产值15.7亿元,增长3.5%。

全年农作物总播种面积134.0万公顷,比上年减少0.3%。粮食总产量达到984.4万吨,比上年增加73.2万吨。其中,玉米产量791.6万吨,增长6.4%;水稻产量152.9万吨,增加20.3%。猪出栏614.8万头,增长2.0%;牛出栏125.2万头,增长2.5%;羊出栏36.3万只,增长2.8%;家禽出栏2.5亿只,减少3.8%。肉蛋牛奶产量分别达到116.4万吨、31.5万吨和6.6万吨,分别下降1.8%、7.1%和2.9%。

主要农副产品产量

指标	单位	2013年	比上年增长%
粮食总产量	万吨	984.4	8.0
蔬菜总产量	万吨	267.0	5.0
肉类总产量	万吨	116.4	-1.8
禽蛋总产量	万吨	31.5	-7.1
牛奶总产量	万吨	6.6	-2.9
出栏生猪	万头	614.8	2.0
出栏家禽	亿只	2.5	-3.8

全年农业机械总动力为555万千瓦,比上年增长8%。

全市蔬菜耕地面积为74300公顷、蔬菜总产值63.96亿元,分别比上年增长2.8%和6.9%。全市有效使用绿色食品标志产品83个,有机食品35个,无公害农产品304个,认定无公害农产品基地88个,面积56.9万亩。

全年落实国家粮食直补、农资综合直补、农机购置补贴和重大技术补贴资金共25.8亿元。全市高标准建设省级新农村示范村167个,落实新农村建设项目5大类167项,获得省新农村建设项目补助资金2899万元;重点打造了合隆镇陈家店村、卡伦镇任家村、龙嘉镇红光村、合心镇新农家村4个新农村建设标杆村和一批样板村群。

全市农产品加工业规上企业产值实现1570亿元,比上年增长15.4%。新开工建设3000万元以上项目105个,完成投资293亿元,增长11%。省级以上和市级龙头企业数量分别发展到89户和177户。

三、工业 建筑业

全年完成规模以上工业增加值2103.3亿元,比上年增长10.2%。规模以上工业企业万元增加值综合能源消耗降低率为8.6%。

全年完成规模以上工业总产值9213.4亿元,比上年增长10.7%。汽车制造业累计完成产值5492.6亿元,增长11.4%,占规模以上工业总产值的59.6%;农副食品加工业完成产值1399.6亿元,增长10.7%,占规模以上工业总产值的15.2%;生物与医药工业完成产值114.1亿元,增长17.8%,占1.2%;光电子信息工业完成产值112.2亿元,增长8%,占1.2%;建材工业完成产值642.5亿元,增长13.4%,占7%;能源工业完成产值533.2亿元,增长0.9%,占5.8%;装备制造业完成产值514.1亿元,增长8.7%,占5.6%。51户重点工业企业完成工业总产值8263.5亿元,占规模以上工业总产值的比重达到89.7%。

规模以上工业总产值(亿元)

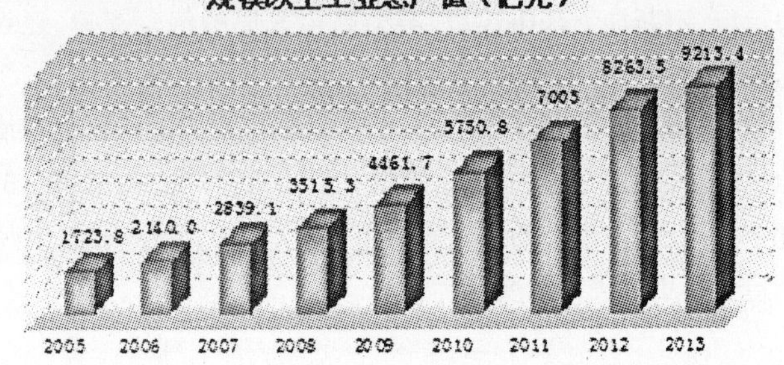

2013年主要工业产品产量

产品	单位	产量	比上年增减%
汽车	万辆	224.7	20.3
#轿车	万辆	162.9	12
#公路客车	万辆	4.6	-17.3
#载货汽车	万辆	17.9	13.7
铁路客车	辆	2418	-4.2
变压器	万千伏安	348.4	-36.4
子午线轮胎	万条	349.4	-9.9
电子元件	万只	148487.2	-12
中小型拖拉机	台	2810	46.4
工业自动调节仪表与控制系统	台	40841	10.3
金属切削机床	台	70	-73.7
发电量	亿千瓦时	244.4	-7.8
水泥	万吨	2134.5	26.8
原煤	万吨	428.4	-26.5
焦炭	万吨	42.4	-18.9
钢材	万吨	50.3	-7.5
卷烟	万支	1779400	-4.3
啤酒	万吨	34.3	4.8
中成药	吨	3168.4	-24.5
饲料	万吨	366.7	0.2
精炼食用植物油	万吨	11	-40.8
软饮料	万吨	86.1	36
农用塑料薄膜	吨	20599	12.8
服装	万件	739.1	

全年实现主营业务收入9279.2亿元,比上年增长6.8%;利税总额1301.2亿元,增长18.8%;盈亏相抵后实现利润总额728.4亿元,增长16.5%。

全年建筑业完成增加值436.5亿元,比上年增长6%。资质以上建筑业完成总产值1022.2亿元,比上年增长9.7%。实现工程结算收入986亿元,增长13.5%。

四、固定资产投资

全年完成全社会固定资产投资总额3408.4亿元,比上年增长20%。其中:房地产开发投资613.6亿元,下降5.6%。新增固定资产2572.3亿元。固定资产交付使用率为77.4%,比上年提高2个百分点。房屋面积竣工率为26.6%,比上年下降1.9个百分点。

从各产业完成投资情况看,第一产业投资38.3亿元,增长18.5%;第二产业投资1580.5亿元,增长20%;第三产业投资1705.7亿元,增长19.9%。从投资主体看,国有经济投资981.7亿元,增长36.4%;非国有经济投资2342.8亿元,增长14.2%,占全社会固定资产投资的比重为70.5%。全市工业投资1550亿元,增长19%,对全社会投资增长的贡献率达67.9%。民间投资2238.3亿元,增长18.1%。

全市商品房施工面积5638.1万平方米,比上年增长10%。商品房竣工面积1008.1万平方米,增长10.3%。商品房销售面积847.1万平方米,下降6.7%。商品房销售额510.4亿元,增长1.5%。空置面积497.4万平方米,增长55.3%。

2013年,二手房成交5.1万套,成交面积461.9万平方米,比上年增长38.5%;其中:二手住房成交4.9万套,成交面积404.8万平方米,增长57.4%。

五、国内贸易

全年实现社会消费品零售总额1970.0亿元,比上年增长13.2%。分行业看,批发零售贸易业零售额1779.2亿元,增长13.5%。其中:限额以上批发零售贸易业零售额827.4亿元,增长8.2%;限额以下批发零售贸易业零售额951.8亿元,增长17.5%。住宿和餐饮业零售额190.9亿元,增长10.8%。其中:限额以上住宿餐饮业零售额25.8亿元,下降6.7%;限额以下住宿餐饮业零售额165.1亿元,增长13.9%。

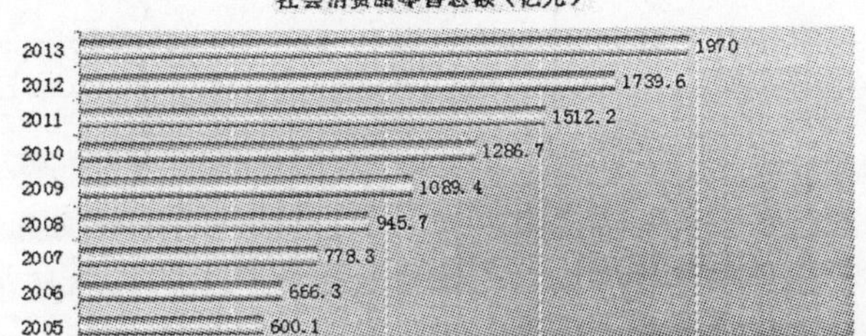

2013年,我市限额以上批发和零售企业汽车类零售额214.8亿元,增长1.5%;粮油、食品、饮料、烟酒类零售额98.9亿元,增长23.3%;服装鞋帽针纺织品类零售额142.9亿元,下降0.2%;金银珠宝类零售额32.0亿元,增长35%;家用电器和音像器材类零售额58.1亿元,增长20.0%;石油及制品零售额119.2亿元,下降0.8%。

六、对外经济 旅游 会展

全年实现进出口总额204亿美元,比上年增长3.7%。其中,进口171.1亿美元,增长2.0%;出口32.9亿美元,增长13.4%。在出口企业中:一般贸易企业出口25.9亿美元,增长27.0%;加工贸易企业出口6.9亿美元,下降18.9%。

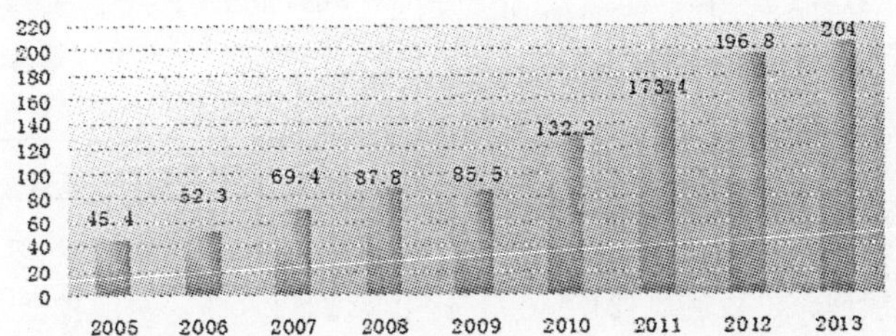

全年新批外资项目(企业)35个,全年实际利用外资44.4亿美元,比上年增长20.6%。其中,直接利用外资9.4亿美元,增长10.4%。

全年来长旅游人数达到4229.5万人次,比上年增长15.7%。其中,接待入境游客37.8万人次,比上年增长6.1%;接待国内旅游者4191.7万人次,增长15.8%。全年旅游总收入685.8亿元,增长25.1%。旅游外汇收入24305.9万美元,增长8.6%。

全市共举办各类会展活动286项,展会直接收入36亿元,带动其他相关产业收入378亿元,分别比上年增长20%和21%。

七、交通邮电业

全年公路货物周转量346.9亿吨公里,增长11%;旅客周转量为53.5亿人公里,增长5.1%。民航完成货邮吞吐量6.8万吨,增长2.8%;完成旅客吞吐量673.3万人,增长15.7%。2013年末全市民用汽车保有量101.9万辆,增长16.2%。其中,私人汽车保有量83.8万辆,增长18.6%。

2013年完成邮电业务总量74.6亿元,增长2.8%。其中:邮政业务总量5.1亿元,增长13%;电信业务总量69.5亿元,增长2.1%。全年特快专递完成73万件,下降15%;邮政储蓄平均余额227.8亿元,增长12%。全市市话年末达到152.1万户,下降2.5%;农话年末达到25.6万户,下降5.3%。移动电话年末达到1126.1万户,增长0.7%。互联网用户已经达到617.2万户,下降3.6%,其中宽带用户101.2万户,增长10%。

八、金融 证券 保险

截至2013年末,全市拥有银行30家,保险公司28家,本地和异地驻长证券公司28家。

金融机构本外币各项存款余额7866.5亿元,比年初增长18.3%。其中,单位存款余额4112.9亿元,增长21.1%;储蓄存款余额3132.5亿元,增长12.2%。全市金融机构本外币各项贷款余额6543.2亿元,比年初增长12.2%。

2013年金融机构本外币存贷款及其增长速度

单位:亿元

指　　标	2013年	比年初增长%
各项存款余额	7866.5	18.3
其中:单位存款	4112.88	21.1
储蓄存款	3132.54	12.2
其中:人民币	3107.2	12.2
各项贷款余额	6543.15	12.2
其中:短期贷款	1794.7	22.0
中长期贷款	4566.42	9.6

全市证券公司28家,其中本地证券公司2家,异地证券公司26家,拥有股票交易网点53个。A股上市企业18家。股民帐户数达到133.5万户,比上年增长2.6%。全市有价证券成交总额5113.5亿元,比上年增长53.5%。其中,股票交易成交额3527.0亿元,增长44.4%;国债成交额1430.5亿元,增长93.2%;基金成交额44.5亿元,增长15.8%。

全市拥有保险公司28家,全年保费收入106.6亿元,比上年增长19.1%。其中,财产险保费收入48.6亿元,增长24.8%;人身险保费收入58.0亿元,增长14.7%。全年赔付总金额44.8亿元,增长41.5%。其中,财产险赔付金额28.0亿元,增长38.3%;人身险赔付金额16.8亿元,增长47.4%。

九、城建

2013年末,全市完成道路新建和扩建长度159.23公里,全市道路总面积达到6759.96万平方米,道路长度达到3009.47公里,人均道路面积18.73平方米。

2013年,全市水厂日综合生产能力为117万立方米/日,城区使用自来水人数达423万人。全市人工煤气和天然气供气总量分别达到13073和36296万立方米;液化石油气供气总量达到3万吨。城区使用煤气、天然气、石油液化气户数达到127万户。城区集中供热面积达到15831万平方米。

到2013年末,全市公园绿地面积达到10468公顷,建成区绿化覆盖面积达到10901公顷,建成区绿化覆盖率达到41.5%。

十、科技 质量技术监督 教育

全年专利申请量由上年的6165件增加到7106件,增长15.3%。全年通过鉴定、验收和认定的科技成果209项,获得市以上科技进步奖励成果238项。其中:获国家级奖励3项,省级奖励187项。

2013年末,在全市各级各类科技人员中,“两院”院士32人。全市拥有独立科学研究与技术开发机构91个。其中,自然科学和技术领域研究与开发机构59个,社会科学与人文领域研究与开发机14个,科技信息与文献领域机构3个。全市民营科技企业技术合同成交额达26.03亿元,累计技术合同成交额245.72亿元。市科技管理部门共投人科技经费8083万元。全市新认定高新技术企业31户。

全市有法定产品质量检验机构6个,法定计量技术机构6个。全年共定期监督检验产品1497批次。受理委托检验17638批次。国家和省的监督抽查产品质量平均合格率分别达到90.1%和89.54%。

2013年,长春市各级各类教育学校(园)2575所,其中:在长普通高校37所,成人高校8所,中等职业学校104所,普通高中68所,普通初中264所,职业初中3所,小学1345所,特殊教育10所,工读学校1所,幼儿园735所。

全市各级各类学校(园)招生人数43.5万人,其中:在读研究生1.6万人,普通本专科11.3万人,成人本专科4.8万人,中等职业学校1.8万人,普通高中招生4.6万人,初中阶段招生6.3万人,小学招生6.5万人,特殊教育学校招生170人,入园儿童6.6万人。

全市各级各类学校在校(园)人数145.1万人,其中在读研究生4.9万人,普通本专科在校生40.2万人,成人本专科生10万人,中等职业学校在校生6.2万人,普通高中在校生14万人,初中阶段在校生18.6万人,小学在校生39.5万人,特殊教育在校生0.11万人,在园儿童11.6万人。

全市各类教育学校专任教师9.8万人。其中:普通高等学校专任教师2.6万人,成人高校专任教师0.12万人,中等职业学校专任教师0.56万人,普通高中专任教师0.95万人,初中阶段专任教师2万人,小学专任教师2.8万人,特殊教育学校专任教师330人,幼儿园专任教师0.81万人,小学适龄儿童入学率达99.98%。

十一、文化 卫生 体育

2013年全市共有文化(文物)事业机构228家,其中艺术表演团体3家,艺术表演场馆6家,公共图书馆12家,艺术馆、文化馆12家,文化站161家,文化艺术科技、科研机构2家,文物保护研究机构1家,文物保护管理机构4家,其他文化事业4家,其他文化企业1家,博物馆7家,文化市场管理机构14家。公共图书馆总藏量474万册,其中少儿图书馆藏量81万册。

全市共有国家综合档案馆11个,馆藏档案139万卷、114万件,开放档案16万卷、7万件。

2013年,全市有各类文化经营场所1160家,其中互联网上网服务营业场所705家(连锁67家),文化娱乐场所247家,演出场所26家,音像制品经营场所181家,古玩(美术品)经营店1家。其中市区(含开发区)文化经营场所710家,其中互联网上网服务营业场所413家(连锁67家),文化娱乐场所158家,演出场所14家(其中市直6家),古玩(美术品)经营店1家。

长影集团全年共生产故事片17部,科教片12部。2013年,全市有广播电台5座,节目10套,中波发射台和转播台2座,转播台7座,广播人口覆盖率为100%;电视台5座,节目9套,电视人口覆盖率为100%。

2013年末,全市卫生医疗机构4224个,增长3.28%。其中:医院、卫生院299所,下降0.99%,拥有医疗床位4.49万张,比上年增长6.15%。卫生技术人员为4.35万人,比上年增长1.4%。每千人拥有执业医师和执业助理医师2.45人。

2013年末,市辖区建成社区卫生服务中心53家,城区人口覆盖率达到95%,377.4万农民参加了新型合作医疗,常住人口参合率达到99.7%,共筹集资金13.2亿元,已有132.8万参合农民受益,支付补偿金12.9亿元,占筹资总额的97.7%。

全年成功承办了国际乒联世界巡回赛中国乒乓球公开赛、瓦萨国际越野滑雪赛、世界杯自由式滑雪赛等国际国内大型体育赛事10项次。举办了市青少年短道、速滑、篮球等省市各级各类体育赛事200项次。我市代表团参加了十二届全国冬季运动会3大项9分项91小项角逐,夺得金牌29枚、银牌16枚、铜牌20枚、金牌总数列全国第二的优异成绩,继续保持了我市冬季项目全国前列位置。

以“健康长春——体育伴随你我他”为主题,开展全民健身活动1300项次,公布了《长春市民体质状况报告》。投入资金900万元,为城区安装94套健身路径,为10个乡镇、100个行政村安装健身器材。全年体育彩票销售14.4亿元,占全省销售比例的43.5%。

十二、环境保护

2013年末,全市烟尘控制区面积327.71平方公里,环境噪声达标区面积236.46平方公里,区域环境噪声平均值控制在55.2分贝,道路交通噪声平均值控制在68.9分贝,噪声达标区覆盖率78%以上,达到全国文明城市A类标准。

全市开展生态示范区试点面积1.9万平方公里,达到了幅员面积的91.4%,国家级生态示范区建成率达到100%。

全年城区空气污染指数(API)为90;空气环境质量优良级天数231天,占总天数的63.3%,其中,优级天数24天,占6.6%;良级天数207天,占56.7%;空气首要污染物总悬浮颗粒物(PM10)年日均值每立方米129微克,比上年上升42微克;二氧化硫年日均值每立方米44微克,比上年下降14微克;二氧化氮年日均值每立方米44微克,与上年持平;饮用水源水质达标率100%。

十三、人口 人民生活 社会保障

2013年末,全市户籍总人口为752.7万人。其中,市区人口363.8万人,四县(市)人口388.9万人。全市人口出生率为9.17‰。

2013年,城市居民人均可支配收入达到26034元,比上年增长13.3%;人均消费性支出21929元,增长28.8%。农村居民人均纯收入10060元,增长11%。

2013年底,全市城镇企业职工基本养老保险参保人数达到188.3万人,比上年增长4.8%。其中,在职职工133.5万人,增长5.9%;城镇失业保险参保人数达到90万人,增长3.4%。全年征缴养老保险基金100.1亿元,增长12.7%;征缴失业保险基金10.8亿元。全年共为54.8万名离退休人员发放养老金108.9亿元,增长19%;为7.1万名失业人员发放失业金3.1亿元。

2013年城镇医疗保险参保人数达到245.8万人,工伤和生育保险参保人数分别达到118.4万人和112.6万人。全年共开发就业岗位14.9万个,实现城镇新增就业13.1万人,安置下岗失业人员实现在就业6.1万人,其中大龄就业困难对象再就业1.4万人。全市就业困难群体从事公益性岗位人员稳定在2.2万人以上,当年扶持151户零就业家庭实现就业。创建充分就业社区280个。累计实现农村劳动力转移就业119.9万人次。到年底,城镇登记失业率为3.63%。

截止到年末,全市城市居民共有7.59万户、13.78万人享受最低生活保障;农村居民共有10.57万户、15.65万人享受最低生活保障。累计全年发放城乡低保资金6.82亿元。

全市建设保障性住房2407套、建筑面积13.78万平方米、总投资额62108万元。其中:建设廉租住房607套、建筑面积2.78万平方米、投资额12108万元;建设公共租赁住房1800套、建筑面积11万平方米、投资额50000万元。

全市在民政部门注册养老服务机构共有286家,总床位数24198张。其中:国家办养老机构6家,社会力量投资兴办的养老机构182家。农村社会福利服务中心98所。全年销售社会福利彩票14.82亿元。募集善款4882万元,总支出慈善募捐款3236万元,受助群众达3万人次。

注:1、本公报各项统计数据为初步统计数。

2、本公报行业数据系有关部门(行业)提供。

3、本公报长春市生产总值、各产业增加值绝对数按现价计算,增长速度按可比价格计算。

县(市)区开发区经济

ECONOMY OF COUNTY(CITY) AND DISTRICT

【农安县】2013年,县委、县政府团结带领广大干部群众,深入贯彻落实党的十八大、十八届二中、十八届三中全会精神,紧紧围绕经济强县和幸福农安建设目标,戮力同心,强化措施,狠抓落实,较好地完成了县十七届人大二次会议确定的各项目标,经济社会实现了持续健康全面展。

一、综合 全年经济实现又好又快增长,产业结构日益优化。经过核算,全年实现地区生产总值352.6亿元,按不变价格计算比上年增长10.1%。分产业看,第一产业增加值93.0亿元,按不变价格计算增长3.5%;第二产业增加值107.8亿元,按不变价格计算增长13.6%;第三产业增加值151.8亿元,按不变价格计算增长11.4%。三次产业结构之比为26.3:30.6:43.1。按常住人口计算,全县人均地区生产总值达到30419元,比上年增长14.4%。

二、农业 今年以来,全县持续开展高产创建活动,加大农业科技投入,农业农村发展持续向好、稳中有进,粮食生产再创历史新高,实现六连增。全县农机总动力达到185万千瓦,拖拉机保有量达到9.2万台,其中:大型拖拉机达到8074台,新增609台,占农机保有量的9.1%;新增大型玉米收割机420台,位居全省第一。玉米机械化收获率可达到54%,主要粮食作物耕种收综合机械化水平达到87%左右。城乡居民收入差距继续缩小,农村改革向纵深推进,农民收入不断增加,生活有新的改善。

全年实现农业(第一产业)增加值93.0亿元,比上年增长3.5%。全年粮食播种面积36.2万公顷,比上年增长0.05%,其中:玉米播种面积33.8万公顷,比上年增长0.9%;经济作物播种面积3.2万公顷,比上年下降0.7%。

全年粮食产量320.3万吨,比上年增长2.6%。其中:玉米产量300.6万吨,比上年增长3.8%;大豆产量1.6万吨,比上年下降23.9%;水稻产量10.9万吨,比上年下降9.4%。

全年油料总产量1.6万吨,比上年下降29.9%。其中:葵花籽产量1万吨,比上年下降9.1%;蔬菜产量36.7万吨,比上年增长40.9%;瓜果产量8.3万吨,比上年下降1.4%。

全年完成造林面积854公顷,比上年下降2.7%。全年实现牧业总产值75.8亿元,比上年增长12.8%。全年水产品产量0.5万吨,比上年下降0.4%。

三、工业和建筑业 今年以来,全县工业经济在保稳求进中优化升级。注重招商和项目质量,引进建设了富士康、旺旺、职教园、铁骑力士、华润天然气、海外制药、一汽试车场等一批大项目。

全年实现规模以上工业总产值233.6亿元。全年实现规模以上工业增加值67.7亿元,比上年增长21.1%,增幅比上年提高14.4个百分点。全县规模以上企业共95户,比上年增加6户。在规模以上工业中,食品加工业、石油化工业增加值分别增长12.9%和21.3%。全县共有建筑业企业12家,比上年增长2家。全年实现建筑总产值7.0亿元,比上年增长18.6% 。

四、固定资产投资 一年来,全县继续加大投资力度、强化投资进度、优化投资结构,深入开展招商引资攻坚战,全力推进富士康、旺旺、职教园、铁骑力士等重点项目的建设。以大项目带动大发展,全县固定资产投资保持了平稳较快的增长态势。全年全社会固定资产投资完成208.0亿元,比上年增长33.3% 。其中:工业投资151.4亿元,增长68.2%,占全社会固定资产投资的72.8%;城镇固定资产投资完成198.4亿元,比上年增长37.5%。全年完成房地产开发投资9.7亿元,比上年下降18%。房屋建筑施工面积296万平方米;其中房屋建筑竣工面积204万平方米。

五、贸易 全县现代化物流业不断发展,市场经济繁荣,物流业发展速度加快。吉刚农安汽贸城、金泰钢材物流市场正式投入运营,吉林光彩长城大型农产品商贸物流、哈拉海万隆物流园、农安农用车物流综合交易市场、合隆开发区长春汇通物流项目等正在建设中。物流业建设为服务业发展增加了新动力促进了居民消费,批发和零售业、住宿和餐饮业等增长速度继续加快,贸易业的流通规模和现代化程度继续增强。全年实现社会消费品零售总额104.9亿元,比上年增长13.1%;其中,限额以上零售额4.0亿元,限额以下零售额100.9亿元。

六、财政和金融业 全年认真落实财税扶持政策,研究制定农安县支持民营经济发展的措施,加大财政对结构调整和产业升级的支持力度,打造我县经济中长期稳定发展的基础。细化政府性预算编制,完善政府性预算管理。财政资金拨付流程更加高效便捷,更加公开透明,财政资金管理更加科学化。

全年完成财政总收入23.7亿元,比上年增长6.4%,完成年度调整预算的101.2%;地方级财政收入13.4亿元,比上年增长8.1%,完成年度调整预算的98.3%;全县公共财政预算支出43.3亿元,比上年增长8.5%。

分部门看,国税部门完成10.0亿元,比上年增收3474万元,比上年增长3.6%,完成年度调整预算的104.9%;地税部门完成10.3亿,比上年增收8362万元,比上年增长8.8%,完成年度调整预算的99.1%;财政部门完成3.4亿元,比上年增收2329万元,比上年增长7.3%,完成年度调整预算的97.3%。

从主要税种收入完成情况看,增值税(100%部分)完成2.1亿元,同比下降18.1%;营业税完成3.4亿元,同比增长31.5%;企业所得税(100%部分)完成1.5亿元,同比增长18.2%;个人所得税(100%部分)完1863万元,同比增长54.9%;耕地占用税完成2.7亿元,同比下降7.5%;消费税完成6.7亿元,同比增长8.2%。

金融:全县年末金融机构人民币各项存款余额192.2亿元,比年初增长16.6%;其中单位存款余额37.1亿元,比年初增长13.2%。城乡居民储蓄存款152.7亿元,比年初增长17.8。金融机构各项贷款余额137.9亿元,与上年相比增长30.4%;其中,短期贷款余额88.0亿元,比上年增长44.5%;中长期贷款余额50.0元,比年初增长17.8%。

七、教育、卫生和民政 全县教育、卫生和民政事业取得快速进步。县级公立医院实行全部药品零差价率销售。依法依规实施医院药品采购、使用和管理。县中医院晋升二甲医院。新农合实现全覆盖。改革新农合资金付费机制,新农合参合率达到99.99%。实施省义务教育初步均衡县建设并通过了省评估验收。加强校园标准化建设。继续深化校舍安全工程,新三中、第二幼儿园建成即将投入使用。城乡文化繁荣发展。县文化活动中心"三馆"投入使用,逐步实现功能化。国家级全民健身中心申报成功,顺利通过国家公共文化服务示范区验收。

全县共有6所高级中学、40所初级中学、1所职业中学、304所小学和69所幼儿园。教育从业人员共12583人。全县所有在校学生113129人。其中高级中学12826人;初级中学29567人;职业中学1903人;小学55685人;幼儿园12979人。

年末全县共有卫生机构(医院+乡村卫生所)33处,其中医院7处;乡镇卫生所26处。全县共有卫生技术人员2999人,每万人(常住人口)拥有卫生技术人员26.2人。拥有医院床位数2365张,每千人(常住人口)拥有床位2.01张。

今年启动建设回迁楼12万平方米,统建廉租房2900平方米,改造D级危房306户,实施暖房子工程80万平方米。爱心超市及分店运行良好,救助城镇低保户9258户。城乡低保做到应保尽保,城镇低保人数保持在14000人左右,并提高低保补助金标准,月人均享受低保补助金250元;农村低保人数达到30000人,年人均享受低保金1100元。病残退转军人及老兵遗属优抚安置100%。开展城乡医疗救助活动,救助人数达到5500人,救助金达到1600万元。

八、人口与人民生活 县委、县政府坚持将改善民生作为第一追求,将民生工作做为深化优质服务的一条主线,紧紧围绕满足群众需要,全面推进全县各部门民生工作扎实有序开展。"幸福农安"建设行动计划稳步实施,人民生活水平明显改善,幸福指数不断提高 。

2013年末,全县户籍总人口达到1149481人,比上年同期减少1.68%。其中,农业人口918771人,非农业人口230710人。全县人口出生率6.39‰,人口死亡率5.06‰,人口自然增长率1.29‰。

全县年末在岗职工35465人,在岗职工年平均工资34608元,比上年增长11.8%。全年城镇居民人均可支配收入18110元,比上年增长1.1%,农民人均纯收入10487元,比上年增长17.7%。

九、城市建设 全县开发楼房156万平方米,其中县城101平方米,乡镇55万平方米,南部新城开发面积达到165公顷。南部新城古城街南段、兴隆路东段、滨河北路、宝塔街南段4条道路建成通车,进一步完善了路网结构,四横六纵的路网大框架基本形成。合隆特色城镇化示范镇建设快速推进,13.6公里合隆至烧锅快速路启动建设;44.3公里农松公路建成通车。继续抓好国家级卫生城创建工作,成功举办国际雕塑作品展,城市品味和对外影响力进一步提升。

【九台市】九台市位于吉林省中部,东经125°24′50″~126°29′50″,北纬43°50′30″~44°31′30″,属长白山与松辽平原过渡地带,四季分明。东及东北与舒兰市和榆树市为界;南及东南同永吉县接壤;西与长春市为邻;西南同双阳毗连;北及西北均界德惠市。周边境线381.5公里,幅员3375.27平方公里。其中,耕地面积185110公顷,林地面积56089公顷,水域面积22726.6公顷。九台市位于吉林省长春市和吉林市中间,处于长春市和吉林市之间的交通走廊地带和长吉经济圈的核心位置,九台火车站西距长春市火车站50公里,东至吉林市火车站75公里。长春龙嘉国际机场坐落境内。长吉高速公路、长吉北线公路、长图铁路纵贯境内。长图铁路在九台设有7个编组站,已经开工建设的长吉城际高速铁路在九台留有出口,预计在2014年上半年长吉城际铁路九台南站正式开通运营。九台市地表结构为"三山一水六分田",域内有"一江三河"(松花江、饮马河、雾开河、沐石河),总储水量8亿立方米,长春市最重要的水源地石头口门水库坐落在境内。2013年全年降雨量704.9毫米。年平均气温5.6℃,最高32.8℃,最低-28.9℃,正常无霜期149天,年积温3265.2℃。全市共有12个建制镇,2个民族乡,4个街道。总人口82.8万人。九台市苗木花卉种类繁多远销全国各地,被称为"北方苗木花卉之乡"。矿藏种类较多,储量大,品位高。煤、沙、矿泉水、沸石、钠基膨润土资源丰富。有年产300万吨优质煤的龙家堡煤田,4台66万千瓦的华能九台电厂。耕地土质肥沃,是国家主要的商品粮基地,盛产玉米、水稻、大豆、高粱、谷子,以及油料、甜菜、瓜果、蔬菜等作物,是各种杂粮、杂豆的高产区域。

2013年九台市以科学发展观为指导,紧紧抓住推进长吉一体化的机遇,紧紧围绕"三化三动"和"三城并进,二三产业并举"的发展战略,加快推进工业化、城镇化和农业现代化进程,合力拼搏,开拓创新,经济社会呈现出良好的发展态势。

一、综合经济实力显著增强 产业结构得到优化

2013年,全市地区生产总值达3642245万元,按可比价格计算比上年增长9.3%。其中,第一产业增加值达394239万元,比上年增长3.3%;第二产业增加值达1923879万元,比上年增长12.7%;第三产业增加值达1325260万元,比上年增长5.90%。第一产业对经济增长的贡献率为10.8%,第二产业对经济增长的贡献率为52.8%,第三产业对经济增长的贡献率为36.4%,非农产业比重为88.7%。三次产业结构10.8:52.8:36.4经济发展保持了第二产业拉动为主,第一、第二产业协同发展的格局。城镇居民人均可支配收入达18078.92元,比上年增长11.0%。农民人均纯收入达10492.37元,比上年增长18.1%。

二、农村经济迅猛发展 农业生产条件明显改善

2013年,全市农林牧渔业总产值达753463万元,按可比价格计算比上年增长10%;实现农业增加值393107万元,按可比价格计算比上年增长3.3%。农林牧渔业增加值占地区生产总值的比重为10.8%。农民人均纯收入达10492.37元,比上年增长18.1%。2013年粮食作物播种面积达到172195公顷,粮食产量达到28.17亿斤。畜牧小区通过改、扩、新建达361个,猪、牛、羊、禽出栏数分别达到128万头、28.3万头、1.9万只和3545万只。肉类总产量达到22万吨,其中猪肉产量为11.4万吨,牛肉产量3.39万吨,家禽肉产量达到7.2万吨。牧业集约化生产经营的规模和档次进一步提高。

2013年,九台市收回被蚕食林地56000亩,完成造林60000亩,栽植苗木700万株,共投入资金450万元。农机装备能力持续增长,农机总动力达到83万千瓦;拖拉机保有量达到3万台;大中型拖拉机达到7809台;联合收割机达994台。农机化生产工作,共完成机械整地231万亩;机械播种252万亩;机械收获157.4万亩;耕、种、收综合机械化水平达80.6%。新型农机合作组织规模不断壮大,农机户达2.9万户,农机专业合作社达316户,农机专业合作组织发展规模和服务农机化发展能力显著增强。

三、工业经济增势强劲 运行质量和效益稳步提高

2013年末,全市共有规模以上工业企业205户,规模以上工业企业总资产达191亿元。全年规模以上工业实现总产值437亿元,比上年增长22.8%;全市工业形成了以机械加工、农副产品加工、生物制药、矿产能源、建材材料五个行业为主导产业,这五大主导产业占规上工业总产值的77%左右。全市实现工业增加值128亿元,其中规上工业实现增加值91亿元,按可比价格计算,比上年增长19.47%;实现利润39.6亿元,比上年增长105.36%;完成销售收入423亿元,比上年增长20.04%;实现税金17.7亿元,比上年增长59.45%;工业产品产销率达97.02%,比上年增长4.92%。

四、商贸经济繁荣 居民消费水平显著提高

2013年实现社会消费品零售总额101.7亿元,比上年增长13 %。分地域看,城镇实现消费品零售额68.9亿元,比上年增长12.7 %;乡村实现消费品零售额32.8亿元,比上年增长13.9 %。分行业看,批发和零售业实现零售额85.6亿元,比上年增长13.2 %;住宿和餐饮业实现零售额16.1亿元,比上年增长12.6%。

五、财政收入稳步增长支出结构趋优 金融经济运行总体平稳

2013年,全市全口径财政收入完成23.8亿元,比上年增长2.3%,其中,税收收入实现21.1亿元,比上年增长3.4%。全市地方级财政收入完成15.9亿元,比上年增长5.4%,其中地方级税收收入完成12.9亿元,比上年增长5.6%。2013年全市财政一般预算支出完成43.6亿元,比上年增长14.2%。其中:一般公共服务支出2.78亿元,教育支出6.77亿元,社会保障和就业支出7.6亿元,医疗卫生支出4.03亿元,城乡社区事务支出4.9亿元,农林水事务支出5.47亿元。

2013年,金融机构人民币各项存款余额156.59亿元,比上增长14.3%,其中居民储蓄存款12.75亿元,比上年增长59%,人民币各项贷款余额79.88亿元,比上年增长19.6%。

六、固定资产投资力度加大 城乡面貌大为改观

2013年末,九台市全社会固定资产投资(500万元及以上项目)项目507个,完成全社会固定资产投资额255亿元,比上年增长42%,其中房地产完成投资14.9亿元,同比增长57%。全年新增固定资产166.3亿元。按建设性质分:新建项目完成投资额38亿元,扩建项目完成投资额141亿元,改建和技术改造项目完成投资额38.7亿元;按构成分:投资用于建筑工程148.4亿元,投资用于安装工程7.2亿元,投资用于设备工器具购置80.07亿元,投资用于其它费用4.53亿元;按国民经济行业分:第一产业完成投资额5.82亿元;第二产业完成投资额139.12亿元,其中工业完成投资额135.21亿元,第三产业完成投资额95.27亿元。在第三产业中交通运输、仓储和邮政业完成投资额24.2亿元,水利、环境和公共设施管理业完成投资额3.2亿元,公共管理和社会组织完成投资额3.65亿元,房地产业完成投资额14.91亿元。

2013年,九台市开工基础设施建设项目12个,总投资29776万元。重点实施了3项道路工程项目,总投资14042万元。主要工程有:曙光大街改造工程,投资11379万元,道路长3946米,面积12.2万平方米,同时配套实施曙光大街供电(部分)、通讯线路入地等项目,道路工程在10月1日通车,已铺设入地共用管道4500余米。长通路南段改造工程,投资588万元,改造道路582米,面积8600平方米,已通车使用。巷路改造工程,投资2075万元,改造巷道及宅前路8.68万平方米。供水排水项目。共总投资11117万元;其中煤矿棚户区供水项目,投资9403万元,铺设供水管线21.5千米(其中至棚户区14千米),现已竣工使用。曙光大街供水改造项目,投资98万元,铺设管线818米,已完工使用。宇光能源外网配套项目,计划投资1616万元,铺设给水管线2330米、污水管线2440米,建永久泵站一座,已完成50%。

九台市新修农村水泥路62公里,清理路边沟914公里,硬化路边沟5.1万延长米,清运垃圾39.1万立方米,建设垃圾堆放点(池或箱)7129个,建立垃圾填埋点223处,在屯外设置柴草堆放点1726处,2013年的柴草垛全部堆放于屯外。新安装太阳能路灯196盏,电能路灯445盏,植树29.76万株,种植花草326万株,绿化19.2万平方米。

七、社会事业繁荣进步 发展成果惠及民生 社会事业协调发展

2013年全市中学数35所,在校学生28260人,专任教师2339人,中等职业教育学校1所,在校学生722人,专任教师142人,小学数200所,在校学生38124人,专任教师4480人。2013年,九台市教育项目建设总投入1.5亿元,校安工程及其附属工程建设项目全面完成。新建食堂、宿舍设备采购安装进展顺利,解决了17000名学生的就餐和6900名学生的住宿问题。投资1100万元,全市中小学教育教学装备水平基本达到省定标准。信息化工作成效显著,完成了双网入校园工程。九台市实验幼儿园正式开园运行,成为九台市龙头型省级标准的幼儿园;10所乡镇中心园和村小校带园新建、改建项目全面启动,优质学前教育资源逐步扩大。九台市城乡新建群众健身活动场地16处;15处乡镇、社区健身器材已经发放到位;建设农村文化大院30个;完成了新州社区文化阅览室、居民活动室和体育场地建设;开展以"欢乐家园 幸福九台"为主题的大型文体活动52次。开展了以"书香九台"为主题的系列读书活动6次,"送书下乡"活动3次。发放图书1200余册次,流通图书115000余册次。推进了群众性文体活动开展模式。全市各类文体团队共38个,人数190人。文体志愿者队伍达到1200人。

2013年,全市有医院、卫生院37所,医院床位3087张。卫生技术人员数3159人,其中执业医师(助理)1190人,全市卫生防疫人员数225人。2013年,九台市共有561722人参合,参合人数占常住农业人口的99.2%,较2012年增加了1340人。共筹集参合基金19660.3万元,扣除大病保险基金(2190.7万元)后年度可支配基金为17469.6万元。2013年参合农民中共有101424人次在各级定点医疗机构就诊并受益,共计支出参合基金17402.4万元,占年度可支配基金总额的99.6%,结余资金67.4万元。2013年,共发放城乡低保、医疗救助、临时救助、慈善救助等社会救助资金13570万元,比2012年增长39%。建立了城乡低保标准和救助水平与城乡居民收入同步增长机制,一年内两次为城乡低保提标,共发放城乡低保金11494.75万元,比2012年增长87%。

2013年,全市民用汽车拥有量42545辆,公路客运量1165万人,旅客周转量50245万人/公里,完成货运量1460万吨,货物周转量314454万吨/公里。邮电局所20个,邮政业务总量4217万元,电信业务总量28100万元。本地固定电话用户18.7万户,移动电话55.1万户,国际互联网用户6.14

万户。有线电视用户11.73(吉视传媒45360户,广电72000户)万户。全年申请专利32件,全年专利授权数为28件。

2013年末,全市总人口为82.8万人,其中非农业人口为19万人,出生人口为6143人,出生率为7.4‰。死亡人口为4232人,死亡率5.1‰,人口自然增长率为2.3‰。

2013年,九台市城镇非私营单位从业人员为3.97万人,单位从业人员劳动报酬为15.31亿元,比上年增长13.6%;在岗职工工资总额为15.25亿元,比上年增长13.47%;城镇非私营单位在岗职工平均工资为35034元,比上年增长12.4%。新开发城镇用工岗位8900个,完成目标的105%;城镇新增就业6500个,完成目标的108%;大龄就业困难对象"4050"人员再就业425人,完成目标的142%;创业促就业成功项目230个,完成目标的153%,带动就业2698人;灵活就业补贴发放6440人、1880万元,发放率100%;为561人发放小额担保贷款3595万元,完成目标的120%,

2013年,九台市人民在市委、市政府的正确领导下,在社会各界的和关怀和支持下,通过自己的努力拼搏,使经济社会快速发展,创造了辉煌成绩。

【榆树市】榆树市位于吉林省东北部,处于长春、吉林、哈尔滨三市构成的三角区中心,享有"松辽平原第一仓"和"鱼米之乡"的美誉,连续九年被国家授予"全国粮食生产标兵县(市)"荣誉称号;连续七年荣获"全国最具投资潜力中小城市百强"荣誉称号。全市幅员面积4712.49平方公里。全市辖15个建制镇、9个乡、4个街道。总人口1275964人,总户数441107户。

综合

2013年,全市生产总值实现3671842万元,按不变价格计算,比上年增长6.1%。其中:第一产业增加值实现1009173万元,按不变价格计算,比上年增长3.7%;第二产业增加值实现1007943万元,按不变价格计算,比上年增长11.8%,其中:工业增加值实现693415万元,比上年增长11.9%,建筑业增加值实现314528万元,比上年增长11.6%;第三产业增加值实现1654726万元,按不变价格计算,比上年增长4.1%。

连续八年跻身全国最具投资潜力中小城市百强,被评为全国生态文明先进市、绿色宜居城市、农业标准化示范市,获得全省县域综合评比三等奖。

农业

农业生产稳步增长,粮食总产量再创新高。全市总播种面积391126公顷。其中:粮食播种面积378542公顷,比上年增加449公顷。水稻播种面积71931公顷,玉米播种面积293961公顷,大豆播种面积3853公顷,马铃薯播种面积8721公顷。蔬菜播种面积10889公顷,瓜类播种面积1040公顷,烤烟播种面积516公顷,药材播种面积139公顷。粮食总产量达到3334212吨,其中玉米2270906吨,水稻879254吨,大豆29189吨,薯类154205吨。我市连续十年获得"全国粮食生产标兵县(市)"的荣誉称号。农业总产值实现1814947万元,比上年增长7.2%,其中:种植业产值1016011万元,比上年增长3.1%,林业产值3432万元,牧业产值743454万元,比上年增长13.8%,渔业产值10747万元,比上年增长14.5%,农林牧渔服务业产值41303万元,比上年增长3.5%。

园艺特产业不断发展。总面积达到5.4万公顷,产值达到72.2亿元。新建大棚7000栋,蔬菜园区发展到97个,产值实现51.2亿元。

2013年末,全市生猪存栏1073897头,比上年增长8.2%,牛存栏707297头,比上年增长5.6%,羊存栏100892只,比上年增长7.9%。奶类总产量29657吨。禽蛋总产量77112。肉类总产量251919吨。

工业和建筑业

2013年,全口径工业总产值实现3222291万元,比上年增长12%。增加值实现693415万元,按不变价格计算,比上年增长11.9%。规模以上工业企业发展到65户,总产值实现1633126万元,比上年增长22.5%,增加值实现276495万元,按不变价格计算,比上年增长19.3%。

2013年,全市建筑业增加值实现314528万元,按不变价格计算,比上年增长11.6%。全市有资质建筑企业6户,产值实现37222万元。

民营经济

2013年,全市民营经济户数发展到18536户,比上年增长11.2%,从业人员达到283014人,比上年增长7.6%。民营经济总产值实现9940187万元,比上年增长16.3%。利润总额实现761106万元,比上年增长11.1%,实交税金85677万元,比上年增长1.8%,民营经济增加值实现2718360万元,按不变价格计算,比上年增长16.4%。民营经济增加值占全市生产总值的比重达到75.1%。

固定资产投资

2013年,全市共引进内资34.68亿元,引进外资6613.3万美元。全社会固定资产投资完成额1962018万元,比上年增长26.4%,其中:工业固定资产投资完成额1315016万元,比上年增长43.9%。城镇固定资产投资完成额1962018万元,比上年增长26.4%,其中:工业固定资产投资完成额1315016万元,比上年增长43.9%。房地产开发投资完成额11193万元。

棚户区改造步伐加快,改造棚户区8个,新建楼房126万平方米;分配廉租房510套,发放廉租补贴702万元。实施城市危房改造工程,拆除危楼13栋,拆除危房1515户。实施供暖改造工程,改造"暖房子"196栋100万平方米,

交通运输及邮电业

总投资1.3亿元,完成科铁西线改造35.6公里。总投资1300万元,改善福天线12.42公里,改善九大线2公里。总投资4200万元,养护京哈线榆树段10.96公里。总投资1.8亿元,新建农村公路420公里。总投资700万元,完成9座危险桥新建改建工程。新建的4200多平方米运政综合服务楼已经封顶。投资80万元,新建了松花江五棵树海事码头和刘家福利村、五棵树十八盘两处渡口,提升了水上运输安全基础。客运集团公司投资608万元,新购置中高档客车28台。公交公司投资1200万元,新购置更换环保节能的燃气公交车53台,室内公交车辆车况完好率达到95%。

2013年,邮电业务总量达到44498万元,比上年增长5.6%,本地电话用户总数达到122256户,其中:农村电话用户总数达到76965户,其中:住宅用户65675户;市内电话用户达到45291户,其中:住宅用户42259户。移动电话用户总数达到712785部,互联网上网用户53786户。

国内贸易

2013年,全市社会消费品零售额实现1063216万元,比上年增长13.4%。其中:批发、零售贸易业零售额实现829445万元,比上年增长14.2%,住宿、餐饮业零售额实现233771万元,比上年增长10.5%。

财政和金融

2013年,全市一般预算全口径财政收入138952万元,比上年增长8.1%,市本级一般预算财政收入107000万元,比上年增长6.8%,财政支出总计455647万元,比上年增长12.5%。2013年,金融机构各项存款余额1650500万元,比上年增长18.9%,其中:城乡居民储蓄存款余额1280872万元,比上年增长17.4%;金融机构各项贷款余额1380475万元,比上年增长25.6%。

科学技术和教育

认真抓好"东北平原中部(吉林)春玉米、水稻丰产高效技术集成与研究"项目的实施工作。切实加强在建项目的实施和管理工作。在项目实施过程中推广了"土地托管"的种植经营模式,统一购买农资商品,统一播种、统一管理,统一销售。这一模式得到省农科院的专家高度认可。认真组织实施了省、国家科普惠农兴村计划项目。积极帮助企业申报科技项目。通过科技之春、送科技下乡、赶科普大集等多种形式,开展科技培训,向广大农民传授各种使用新技术,加快科技成果转化步伐。以科普宣传日、科技活动周、防震减灾宣传日等大型科普活动为载体,以节能减排、低碳环保为主题,由科协、科技局牵头,会同民政局、昌盛社区、地震台等部门等部门开展大型科普宣传活动。

教育坚持以推进均衡发展为中心,以提高基础教育质量为重点,统筹发展各类教育。加强队伍建设,整体提升教师队伍素质。加大投入,大力改善办学条件。全年中小学基础设施建设总投资13442万元,新建校舍39校43栋59116.31平方米,其中投资6350万元的新城区九年一贯制学校已经主体封闭,投资1800万元的五棵树高中新校舍已经投入使用。以强化招生秩序、强化中高考管理、强化师德师风建设、强化安全稳定工作为重点,着力促进教育公平。在全市中小学开展了"道德讲堂"活动,加强未成年人思想道德建设。

文化体育和卫生

文体基础设施得到普遍提高。6月19日,国家体育总局和发改委举办的全国体育设施建设规划培训现场会在榆树召开,来自全国各地160多人参加会议。争取国家体育总局和吉林省体育局建设资金100万元,对原体育场地进行了维修提升。基层公共文体基础设施得到提升。投资20万元,购置30台电脑、30套电脑桌椅及相关设施,为文化馆建设标准的电子阅览室。投资100多万元维修图书馆,投资45万元购置了新书和新设备,增加了图书馆的图书藏量,使馆内图书藏量达到了6万册。投资155万元,完善了28个乡镇街文化站和社区文化活动室设施。全市共建设了25个单项体育协会、11个文化产业协会,各乡镇街成立了单项文体协会分会,形成了覆盖城乡的文体组织网络。8月份在五棵树举办了榆树市"农民文化活动月"启动暨送戏下乡启动仪式,全年送戏下乡65场。组织参加吉林省第六届二人转·戏剧小品艺术节,选送原创二人转《杜十娘后传》、《清心汤》两个作品参加演出。其中二人转《清心汤》荣获吉林省第六届二人转·戏剧小品艺术节最高奖项"艺术节大奖",《杜十娘后传》获综合剧目二等奖。

广播电视充分利用无线、有线、多路微波等技术手段,紧紧围绕把握中心、服务大局、贴近群众和关注民生这一主题,切实找准工作切入点和着力点。新闻内容向群众贴近。在及时有效宣传市委、市政府中心工作的基础上,精办时政新闻,增加社会新闻,扩大经济新闻,强化民生新闻。开辟了《记者走基层》、《春耕生产进行时》、《粮仓九连冠》等各类专栏。《大粮仓》栏目更好地服务于三农。开办了《真情乐动》、《生活大本营》、《彩虹城堡》三档收费性栏目,取得较好的经济效益和社会效益。在省、市广播台共发稿205件,在中国之声等国家级媒体发稿9件;在省、市电视台发稿109件,在中央电视台发稿10件。"两台"节目在省市评比中,有35件获得一、二、三等奖。2013年末,我市城乡网络数字用户达到21.5万户。

卫生系统立足服务、合理创收,以保证单位运行为出发点,合理兼顾群众和职工利益,做到医疗机构管理、收入两手抓,把搞好服务与增收保运行有机地结合起来。村所建设和村所基药试点工作正式启动。全市居民健康档案建档率、各种慢病规范管理率均在地区平均水平之上,居民累计建档1184289份,建档率91%。2013年我市新农合参合992398人,参合率达到99%。取缔市区无证诊所53家。按照《吉林省乡镇卫生院预防接种门诊建设标准》的要求,遵循科学设置、规范化管理的原则,达到乡镇预防接种门诊全覆盖。

食品药品监督、技术质量监督、工商行政管理、行政执法、卫生防疫、酒类管理等部门积极履行行政执法职能,积极开展"安全建设年"活动,深入开展源头打假工作,加大对医药、食品卫生质量监督检查管理和治理力度,有效地控制了假冒伪劣产品流入市场,保护了消费者合法权益,整顿和规范了市场经济秩序。

人口和人民生活

2013年末,全市总人口达到1275964人。其中,农业人口1070308人,非农业人口205656人。全市总户数441107户,其中农业户数325136户。人口自然增长率3.22‰。

2013年,城镇居民人均可支配收入17852元,比上年增长10.1%;全市非私营单位在岗职工年平均工资31812元,比上年增长15.9%;农民人均纯收入实现10854元,比上年增长17.2%。

劳动就业和社会保障

2013年,市委、市政府积极实施扩大就业的发展战略,推进全民创业促就业进程。开发城镇创业、就业岗位8015个,新增城镇就业人员7158人,城镇失业人员再就业2358人,就业困难人员再就业280人,扶持182名大学生实现成功创业。转移农村劳动力50.41万人,实现劳务经济收入88亿元。

参加基本养老保险职工44507人,参加基本医疗保险职工83369人,参加失业保险职工39869人,城镇居民最低生活保障34142人,农村居民最低生活保障59415人,参加农村合作医疗保险992398人,城镇居民医疗保险参保188043人,城镇居民参加养老保险6564人,参加新型农村社会养老保险

393642人。

生态环境保护

继续实施"蓝天工程",大气环境质量稳步提升。市区全年空气质量优良天数突破337天。巩固"碧水工程"成果,集中式饮用水和境内流域水质保持安全稳定。保证水源地水质基本指标达标率实现100%。持续打造"安静工程",区域噪声功能不断改善。实施《榆树市城区声环境适用功能区划标准》,加强了对建筑工地夜间施工扰民的监管力度,从根本上遏制噪声扰民。深入推进"生态工程",生态建设与农村环保迈上新台阶。成功创建省级生态村6个,长春市级生态村10个,榆树市级生态村24个。

【德惠市】2013年,全市地区生产总值实现360亿元,同比增长4.8%;一般预算全口径财政收入实现17.17亿元,同比下降3.3%。其中,地方级财政收入实现12.04亿元,同比增长2.3%;固定资产投资实现206亿元,同比增长5%;社会消费品零售总额实现105亿元,同比增长11%;城镇居民人均可支配收入达到18744元,同比增长10.6%;农村居民人均可支配收入达到10507元,同比增长11%。

——项目建设成果突出。招商引资有新成效。通过开展"招商引资突破年"活动,共引进项目242个,其中亿元以上项目32个。引进内资115亿元,实际利用外资8068万美元。重大项目有新进展。健全重大项目推进机制,全力破解资金和用地等"瓶颈"问题,全市新建、续建各类项目285个。其中,超3000万元项目213个,超亿元项目34个,超10亿元项目5个。产业集聚有新提升。德惠经济开发区新建、续建项目33个,总投资183亿元。泉德秸秆综合利用等续建项目推进顺利。山东德泰机械制造集团汽车锻造件项目已试生产。韩资高新产业园、中小企业孵化基地等项目主体工程完工。米沙子工业集中区吉林省弘扬木制品有限公司包装箱加工等5个新建项目开工建设,蓝天密封等12个续建项目具备投产条件,洽谈项目18个。大成(德惠)生化工业区年产20万吨70%赖氨酸硫酸盐等项目稳步推进。朱城子食品加工产业园完成了长春汇商健康产业园和环保建材产业园基础设施规划,引进项目11个,总投资54.9亿元。吉林达利公司功能性饮料及食品生产线项目建成投产。万宝化工产业园成功引进了吉林珈士濠有限公司玄武岩纤维加工、吉林昆仑利用压缩天然气和吉林昆仑能源液化天然气项目,总投资14.2亿元。布海汽车配件产业园进入规划设计阶段,一汽四环零部件项目二期开工建设。项目供地有新保障。完成征地总量800公顷,实现供地总量1000公顷,增减挂钩周转指标250公顷。农村土地整治重大工程建设项目通过了省国土资源厅专家组的验收。我市被国土资源部评为国土资源节约集约模范市。

——城市功能明显提升。城乡规划进一步科学。启动了城市总体规划修编,对城市定位、规模和布局进行了综合研究,将饮马河规划为"城中河"。基础设施进一步完善。东风路、光明街等10条市政道路竣工通车,总铺装面积14万平方米。完成了育才街、康平街等街路的路灯安装,怀惠街以北老城区基本消灭了"黑街路"。对保障小区、政务大厅等5条城市供水老旧管线进行了维修改造。管道天然气铺设3公里,新安装9780户。住邦·万晟城市商务综合体、绿都大酒店主体基本完工,新东方购物中心开工建设,欧亚购物中心成功落户。投资2.4亿元的农村电网改造升级工程竣工投运。"暖房子"改造60万平方米,城乡楼房开发80万平方米。管理水平进一步提高。全面加强城乡环境综合整治工作,城乡环境明显改善。房屋征收工作开展顺利,城市规划区内征收有证照标准房屋3.3万平方米。对102国道城区段、松柏路等区域进行了绿化,对德惠路、明珠广场等主要街路及景点进行了精品彩化,共栽植花卉52万株。撤并供热企业6家,铺设供热管网22.7公里,陈旧管网改造21.5公里。改造农村危桥12座,建设城区公交站棚20个。更新更换出租车123台,实现了三年完成出租车更新目标。加强了饮用水源地、重点排污企业和重金属行业的检查与整治,完成了农村环境联片整治和污染减排年度工作任务。

——农村经济全面繁荣。粮食获得大丰收。建设粮食高产示范片25个,高光效新型栽培技术示范面积15万亩,玉米保护性耕作面积32万亩,粮食总产量达45.9亿斤,再创历史新高。园艺特产业种植面积稳定在35万亩,新建棚室蔬菜3000亩,落实烤烟6000亩。申报了2个吉林省"特产之乡",有5家企业的农产品有望登上《全国名优特新农产品目录》。畜牧业逆境发展。科学应对禽流感和"6·3"火灾事故的负面影响,出台了扶持家禽产业稳定发展的意见,引导7家金融机构与21户牧业龙头企业进行对接,免收家禽养殖加工企业产品检验标识费260万元。新建、扩建养殖小区(场)40个。农产品加工业稳步推进。与中国优质农产品开发服务协会签订了合作协议,新增市级重点龙头企业10户,农产品加工业销售收入实现420亿元,同比增长16%。农业防灾抗灾能力不断提升。针对强降雨多、上游水库加大放流、外洪内涝并存的严重形势,动员组织全市力量,全面落实防汛责任制,全力抗洪抢险和排除内涝,使灾害损失降到了最低。完成了松沐灌区节水改造、现代农业建设项目和农村饮水安全年度工程。植树造林179公顷,绿化村屯50个。购置各类农机具3406台(套),农机总动力达到106.8万千瓦,综合农机化水平达到70.4%,完成了100万亩深松整地任务。气象灾害防御水平和为农服务能力不断加强,在春耕春播和防汛工作中发挥了重要作用。积极争取资金,修建农民科学储粮仓8000套。农村管理得到加强。农村土地承包经营权确权登记国家试点县工作取得积极进展。土地流转面积达到51.2万亩。农民合作社发展到2160个,新增543个。新农村建设深入推进。深入实施"一带十村"、"三十村示范、三百村提升"工程,申报省级示范村项目31个,新建农村户用沼气池1900个。米沙子镇被确定为"全国发展改革试点镇"。

——民营经济势头强劲。出台了包括60条优惠政策的《关于突出发展民营经济的实施细则》,成立了中小企业服务中心,开展了机关干部联系民营企业活动,与省建行等金融部门共同组织召开了银企对接会。大力支持农村信用社组建农村商业银行,现已正式挂牌运营。民营经济主营业务收入实现1108.5亿元,同比增长15.9%;实缴税金11.1亿元,同比增长11.8%;企业户数2083户,同比增长10.7%;从业人员24.6万人,同比增长7.6%。

——财政工作顶压前行。面对国家宏观经济发展增速放缓和各种减收因素增多的严峻形势,积极采取综合措施,加大征管征缴力度,地方级财政收入在前所未有的压力下实现了稳步增长。在支出上,优先保障了工资和各项民生事业等支出,全年共支出37.3亿元,同比增长8.8%。在监管上,强化了对专项资金、乡镇财政资金、国有资产、政府主权债务以及政府投资项目的管理。在改革上,财政绩效管理试点范围进一步扩大,国库管理收支动态监控系统和"公务卡"管理系统逐步完善。政府采购程序更加规范,采购规模不断扩大。

——民生成果惠及于民。实施了《建设幸福德惠行动计划》,除个别因政策调整等因素影响的实事外,全部完成既定任务。"十件惠民实事"完成年度目标。(1)"引松入德"工程完成了德惠净水厂建设,铺设管线46公里,已具备试水条件。(2)新政务服务中心办公楼投入使用。(3)德环路北段8公里改建工程完成路基建设等年度任务。(4)10万平方米棚户区改造、20万平方米回迁房完成主体工程。1.3万平方米廉租房全部完工。改造农村危房2160户,其中D级危房1884户。(5)西部新城高铁站前配套设施工程,标志性景观建筑一层封顶,德惠西公路综合客运站二层完工。(6)改建60公里哈大高铁施工便道工程完成设计、环评等前期工作。140公里通屯道路工程上级主管部门批复的42公里全部完成。(7)将城区弃管小区430个楼院纳入物业管理范畴,对其中100个楼院进行了绿化、美化和初级物业管理。(8)东部新城文化广场启动工程完成了立项、环评等前期工作。(9)原第一小学、第三小学整合新建工程启动工作完成了新址选址。(10)饮马河城区段生态治理和城市防洪启动工程初步设计省水利厅已批复。就业规模进一步扩大。开发就业岗位7675个,城镇新增就业7149人,下岗失业人员再就业3037人。劳务输出37万人次,劳务经济总收入38亿元。社会保障能力不断提高。城镇企业职工养老保险参保人数46373人,失业保险参保人数37262人,"两金"支出5.66亿元。将被征地农民纳入城乡居民社会养老保险范畴,城乡居民养老保险参保35.1万人。新型农村合作医疗参合率95.5%。启动了城镇职工大额补充保险和城镇居民大病保险,城镇基本医疗保险实现了全覆盖。推进了医疗保险市级统筹,实现了定点医疗机构即时结算。发放城乡低保金8598万元,为低保户、五保户、重点优抚对象发放医疗救助金1022万元。提高了分散供养和集中供养人员标准,全市所有公办福利中心增设了生活设施。发放了2012年机关事业单位干部职工津补贴。对水毁倒塌的84户和损坏的195户房屋进行了重建补建。完成残疾人危房改造73户。教育事业全面发展。大力实施素质教育,教育水平进一步提高。朱城子、米沙子中心幼儿园、第六小学新建教学楼投入使用。投入近3000万元,对全市中小学教育装备、食堂设备和图书进行了配备。启动实施低保家庭中小学生营养餐补贴计划,惠及学生2000余名。中小学生交通安全得到有效保障,全市上线运营的95台校车全部安装了GPS视频监控系统,受益学生1万人。调整了城区初中学区,继续实行电脑派位阳光分班,促进了教育公平。教育工作得到了省政府教育督导团的充分肯定。卫生事业全面加强。医疗卫生体制改革深入推进,公共卫生服务能力不断提升,累计建立居民健康档案64.5万份,11项公共卫生服务全面开展。各基层医疗机构实施基本药物制度成效显著,零差率销售基本药物1317万元,同比增长15%。传染病防控机制进一步完善,传染病发病率同比下降36%。中医药工作荣获"全国农村中医药工作先进单位"称号。"省级卫生城"创建成果得到提升,已向国家申报创建"国家级卫生城市"。文化事业日益繁荣。实施了农家书屋、文化信息资源共享、数字电影放映等工程,文体基础设施不断完善。强化了对网吧和娱乐场所的监管,文化事业健康发展。文物工作取得了历史性突破,境内的秦汉古长城遗址和边岗乡揽头窝堡遗址被确定为国家级文物保护单位,中东铁路附属建筑被确定为第七批省级文物保护单位。公共文化服务体系建设工作明显加强,群众性文体活动蓬勃开展。广电工作稳步提升。坚持正确舆论导向,宣传主题更加突出。农村有线电视铺设主干线220公里,新发展用户2100户,数字整转1万户。人口计生工作不断巩固。细化和完善了"五星级幸福家庭"标准,"提高家庭发展能力,创建幸福家庭"活动继续保持全国领先地位。加强了人口计生监管工作,主要工作指标全部完成。科技工作成效显著。积极开展地震预防工作和系列科普活动,提升了公众的科学素养。我市被国家知识产权局确定为国家知识产权示范创建城市。

——社会环境和谐稳定。强化了安全生产工作。"6·3"火灾事故发生后,坚决贯彻落实国家、省市的要求部署,集中全市力量,全力开展抢险救援、伤员救治、危化品处置、环境监测、畜产品处理、赔偿抚恤、死者安葬、维护稳定等各项工作,尽最大努力把事故损失和影响降到了最低。深刻反思,吸取教训,在全市迅速启动实施了安全隐患大检查、大整改、大演练行动,对排查出的隐患坚决做到"零容忍",共出动执法人员4470人次,检查生产经营企业11632家,排查安全隐患11949项,基本整改到位,全市安全生产形势趋于向好。强化了信访工作。落实信访责任制,大力推进信访工作体制机制建设,制定出台了《深化市长接待日工作意见》,开展了集中解决信访突出问题活动,信访数量大幅下降,信访工作取得了显著成效。强化了社会综合治理。全年共侦破各类刑事案件1321起,抓获网上逃犯191人,命案破案率达93%。以市殡仪馆投入使用为契机,对封建丧葬陋习进行了集中整治。食品安全监督保障体系建设项目全面完成,在全省县级城市中率先举办了"四级食品安全事故应急演练",农村集体聚餐"3+1"监管模式在全省进行了推广,德大公司被授予国家级禽肉出口示范区,人民街被长春市命名为长春地区首条食品安全示范街。我市获得省政府首批命名、长春地区唯一的"省级食品安全示范县"荣誉称号。

——行政效能不断提高。认真贯彻执行市人大及其常委会的各项决议决定,认真听取政协的协商意见。自觉接受人大法律监督、工作监督和政协的民主监督。共办理人大代表意见、建议58件,政协委员提案61件,答复率均达100%。全力支持工会、共青团、妇联、工商联等群团组织工作,桥梁纽带作用得到较好发挥。"六五"普法和"五五"依法治市工作深入开展,安置帮教、法律援助等工作不断加强。完善了重大项目"绿色通道"和"直通车"管理办法,探索了网上办公模式,行政审批效率不断提高。市长公开电话、政府门户网站功能不断提升,依法行政、政务公开扎实推进,纠风治乱、执法监察和政行风建设不断增强,经济发展软环境明显改善。深入开展以狠刹"四风"为主要内容的机关作风专项整顿活动,对超标准用车和办公用房进行了专项整治。

【南关区】2013年,在区委的领导、区政府正确领导下,积极转变经济发展方式,突出"服务业立区",着力提高经济运行质量,全区经济和社会发展情况良好。

一、综合

初步核算,全年国内生产总值224.41亿元,比上年增长12.3%。其中,第一产业增加值0.20亿元,比上年增长4.1%;第二产业增加值29.15亿元,增长20%;第三产业增加值195.06亿元,增长11.2%。第一产业增加值占国内生产总值的比重为0.1%,第二产业增加值比重为13%,第三产业增加值比重为86.9%。

全年全口径财政收入47.22亿元,比上年增加7.22亿元,增长18%;其中区本级财政收入9.7亿元,增加2.31亿元,增长21.6%。

二、农业

全区耕地面积606公顷。全年粮食作物总产量1830吨,其中玉米22吨。全年肉类总产量512吨,其中猪肉产量484吨;牛肉产量21吨。农林牧渔业总产值完成2587万元,其中农业产值33万元,牧业产值1927万元。

三、工业和建筑业

区属规模以上工业企业鼎丰真食品有限公司实现工业总产值7455万元,按可比口径增长4%。全年三级以上资质建筑业企业201户,比上年增加25户,实现建筑业总产值109.72亿元,按可比口径计算,增长54.9%。

四、固定资产投资和招商引资

全年全社会固定资产投资167亿元,比上年增长20.11%。其中,房地产开发投资114亿元,比上年增长20.42%。全年招商引资引进内资31.07亿元,同比增长4%,利用外资6100万美元,同比增长22%。

五、商贸和服务业

传统商贸业规模档次不断提升,经营业态日趋丰富,全区社会消费品零售总额完成116.38亿元,同比增长14%。现代服务业发展迅速,以金融业为代表的高端业态快速集聚,银行、信托、保险等各类机构入驻已达188户;楼宇经济和总部经济不断壮大,已建成达效商务楼宇35座,入驻企业2,500余户。

六、民营经济

民营经济进一步发展壮大,新增民营企业2280户,私营企业户数达到11380户,增长25%,个体工商户达到18350户,增长15%,民营增加值完成172.5亿元,增长15%。

【宽城区】宽城区位于长春市北部,辖宽城经济开发区、宽城工业集中区、兰家镇和十个街道办事处,区域面积238平方公里。

2013年宽城区以建设"幸福宽城"为目标,以项目建设、园区发展、城市改造、民生改善等工作为重点,经济和社会发展全区经济和社会各项事业取得大发展。

一、综合

综合实力进一步增强。经初步核算,全年实现地区生产总值218亿元,比上年增长9.0%。其中第一产业增加值1.8亿元,比上年增长3.9%;第二产业增加值65.8亿元,比上年增长13.9%;第三产业增加值150.4亿元,比上年增长7.2%。产业结构得到进一步优化,三次产业比重分别为0.8%:30.2%:69.0%。

全口径财政收入完成32.3亿元,比上年增长3.0%,地方财政收入完成8.6亿元,比上年增长7.5%。全年税收收入完成29.7亿元,比上年增长4.0%。其中增值税完成5.3亿元,比上年减少18.6%;营业税完成11.6亿元,比上年增长22.7%;企业所得税完成6.2亿元,比上年减少4.4%。地方财政支出20.6亿元,比上年增长9.1%。其中教育事业费支出4.9亿元,比上年增长减少2.0%;社会保障和就业支出1.9亿元,比上年增长27.9%;医疗卫生支出1.8亿元,比上年增长44.7%;一般公共服务支出4.8亿元,比上年增长9.9%;城乡社区事务支出2.5亿元,比上年减少11.4%。

二、农业

全年农作物播种面积5527公顷,其中粮食播种面积3756公顷,蔬菜播种面积1763公顷,分占总播种面积的67.96%和31.9%。2013年,粮食总产量6984吨,蔬菜产量4.4万吨。

2013年全区畜牧业生产受各方面条件的影响,发展有所下降。畜禽肉总产量3680吨,其中猪牛羊肉产量3438吨,活牲畜(马、驴)产品产量21头,生牛奶产量700吨,禽蛋产量1385吨,肉猪出栏3.8万头,家禽出栏192千只。

三、工业

2013年,由于规模以上工业销售额提高到2000万元,我区规模以上工业企业变为35户,完成工业总产值32.4亿元,比上年增长10.85%;产品销售收入完成30.5亿元;实现利润总额1.1亿元。

四、固定资产投资

2013年全社会固定资产投资完成226亿元,比上年增长20.9%。

五、国内贸易

2013年全年实现社会消费品零售总额217.1亿元,比上年增长14.3%。

六、招商引资

2013年招商引资工作成效显著。实际利用外资6677万美元,比上年增长20.1%;引进内资项目261个,引进内资总额52.6亿元。其中投资亿元以上项目32个,占项目总数的12.3%;在引进内资项目中,工业项目27个,占项目总数的10.3%。

七、城市建设

2013年全区城市基础建设改造步伐加快,改造效果显著。市、区两级政府投入资金28737万元,完成大、中修道路109条,新建道路面积159.65万平方米,并为社区铺设方砖步道总面积0.82万平方米。2013年末,全区道路总面积达433.6万平方米,道路总长度达227.5公里,道路完好率达91.1%。

城市绿化水平不断提高。绿化面积达972.4公顷,绿化覆盖率达38.5%。

八、科技、教育

2013年,全区列入市级各类科技发展计划项目12项;获得市级科技进步奖7项;共有高新技术企业6户;企业中通过ISO系列标准认证的有50家;全年专利授权数512件;全年科学技术支出2540万元,比上年增长36.0%。

教育工作稳步推进,教育事业健康有序发展。全区共有初中11所,在校学生0.96万人;小学27所,在校学生2.04万人;职业高中1所,在校学生0.13万人。义务教育发展指标持续巩固,小学适龄儿童入学率达100.0%,毕业率达到100.0%;小学毕业升入初中比例为100.0%,毕业率达到100.0%。教师队伍素质再度提高,在专任教师中,中学专任教师本科以上学历者占96%,比上年提高1.4个百分点;小学专任教师专科以上学历者占97.6%,比上年提高0.9个百分点。

九、文化、卫生和体育

2013年图书馆藏书15万册,全年接待读者15.5万人次。

2013年末,全区共有区属卫生医疗机构272家,可开放床位数1795张,平均每千人拥有病床数为4张,病床使用率达到40%。全区卫生技术人员1967人,其中注册执业医师869人。全年诊疗人次数为109.5千人次。

体育事业蓬勃发展。2013年,全区体育场所拥有量达到20个,社区体育设施拥有量达到112件,举办群众性体育活动28次,参加群众性体育活动人数达14.2万人次。

十、环境保护

2013年全区环境保护事业持续发展,生活垃圾无害化处理27.8万吨,烟尘控制区总面积78.51平方公里,烟尘控制区覆盖率达100.0%,烟尘排放达标率96.0%,环境噪声达标区覆盖率77.0%,清洁能源使用率92.0%。

十一、人口与人民生活

2013年末,全区总户数15.9万户,户籍总人口为38.1万人,其中男性为18.8万人,女性为19.3万人,非农人口32.2万人。全区人口出生率6.29‰,死亡率4.06‰,自然增长率2.23‰。

农村居民人均纯收入7315元,比上年增长8%。

2013年,全区开发各类用工岗位1.55万个,新增1.4万人员就业,其中安置下岗失业人员实现再就业0.96万人,城镇登记失业率控制在4.0%。

2013年末,全区有51212名企业退休人员实行了社会化管理,社会化管理率达100.0%。全区共有1万人得到最低生活保障,全年共发放保障金5303万元。全区重点优抚对象597人,发放抚恤款775万元。通过活动募集善款162万元,全区共有社会福利机构41家,床位1859张。

【朝阳区】今年以来,面对复杂多变的经济形势,全区上下团结一致,克服困难,求真务实,真抓实干,从GDP的各项指标来看,全区经济呈现平稳较快增长态势,实现了年初既定的"稳增长"目标要求。

一、全年经济总体运行情况

2013年度,全区GDP完成381.8亿元,按可比价计算,同比增长7.9%。

今年,朝阳区经济延续稳健增长态势,在去年高基数、高增幅的基础上,保持了7.9%的增速。第一产业增加值完成2.0亿元,同比增长3.5%;第二产业增加值完成106.8亿元,同比增长17.3%;第三产业增加值完成273.0亿元,同比增长4.4%。

从三次产业结构看,三次产业增加值比重为0.5:28.0:71.5。从三次产业对经济增长的贡献看,第一产业对经济增长的贡献为0.2%;第二产业对经济增长的贡献为59.1%,拉动GDP上涨4.7个百分点;第三产业对经济增长的贡献为40.7%,拉动GDP上涨3.2个百分点。

二、各行业发展状况

(一)工业生产总量扩大,产销衔接状况稳定

2013年度,全区工业增加值完成69.2亿元,同比增长17.0%,工业对经济增长的贡献率为38.3%,拉动GDP增长3.0个百分点。

截止到12月份,全区规模以上工业企业完成总产值137.7亿元,同比增长15.1%,工业产品销售率为98.7%,比上年同期上升1.7个百分点。特别是今年新增的8户企业对规上工业的增速起到了决定作用,其中,仅长春一汽四环特必克制动有限公司一家企业当年就完成产值10.5亿元。

(二)建筑业生产延续良好态势

2013年度,建筑业累计完成产值198.4亿元,同比增长24.7%,实现增加值37.6亿元,同比增长17.9%,拉动经济增长1.6个百分点。

截至2013年末,我区资质以上建筑企业已签订的合同总额为319.4亿元,同比增长15.1%,增幅较2012年提高3.6个百分点。其中,新签合同额为192.8亿元,同比增长15.8。

从我区建筑企业注册类型上看,非国有企业的建筑业产值总量占资质以上建筑企业产值总量的92.8%,成为拉动建筑业增长的主要力量。

(三)商贸业呈现繁荣景象

2013年度,朝阳区社会消费品零售额实现550.2亿元,同比增长14.5%,增速高于全市1.3个百分点。其中,批发零售业实现增加值55.6亿,同比增长8.5%;住宿餐饮业实现增加值25.0亿,同比增长10.6%。

(四)固定资产投资实现快速增长

2013年度,全区实现固定资产投资226.0亿元,比上年同期增长20.9%。其中,工业投资累计完成60.0亿元,同比增长9.1%,占全区固定资产投资的26.5%,为全区经济增长做出了积极贡献。

注:文章中涉及的各产业、行业增加值的同比增速均按照不变价计算。

【二道区】二道区现辖6个街道、1个物流园区、1个镇共有35个社区、8个行政村,面积452.02平方公里。总人口为305,896人,其中非农人口为279,474人,人口自然增长率为0.9‰。区内交通便利,哈大高速、102国道、长吉南线、长吉北线、长营、长哈、长沈、双九等公路,长-双-烟铁路均经过二道区,是长春市向北延伸和向省内周边城市地区辐射的出入口。全省唯一的内陆港座落区内,有48条铁路专用线和数十座仓储库。

2013年,二道区国民经济继续平稳快速的增长态势,全区年度生产总值(GDP)增速位次保持长春市五城区第一,高出长春市4.1个百分点。

全年二道区经济运行基本情况及特点

(一)生产总值(GDP)平稳增长

全年我区GDP完成138.7亿元,现价增长13.3%,按可比口径同比增长12.4%。其中第一产业达到0.2亿元,按可比口径同比增长4%,第二产业达到48.3亿元,按可比口径同比增长16.1%。其中工业为32.7亿元,同比增长16.9%。

建筑业达到15.6亿元,按可比口径同比增长14.4%;第三产业达到90.2亿元,按可比口径同比增长10.5%。三次产业比重为0.2:34.8:65。

全年分产业GDP完成情况

	完成数绝对值(亿元)	增速(%)
GDP	138.7	13.3
第一产业	0.2	4
第二产业	48.3	16.1
工业	32.7	16.9
建筑业	15.6	14.4
第三产业	90.2	10.5

五城区GDP增幅排名,我区排在第一;南关区生产总值达到224.4亿元,增幅12.3%,排在第二;绿园区生产总值达到201.3亿元,增幅10.1%,排在第三;宽城区生产总值达到218亿元,增幅9%,排在第四;朝阳区生产总值达到381.8亿元,增幅7.9%,排在末位。

全年五城区国内生产总值及增速排名

城区	完成数(亿元)	同比增长(%)	位次
二道区	138.7	12.4	1
宽城区	218	9	4
朝阳区	381.8	7.9	5
南关区	224.4	12.3	2
绿园区	201.3	10.1	3

(二)区属规模工业稳步增长

全年44户区属规模以上工业实际完成总产值26.5亿元,为年计划30亿元的88.3%,比上年同期下降9.6%;完成利润1.2亿元,同比下降6.9%;全区工业用电量完成2436.6万千瓦时,同比下降13.3%。

(三)固定资产投资运行情况

全年,我区固定资产投资累计完成143.1亿元,同比增长21.2%。其中:全区工业投资完成16亿元,占全区投资额的11.2%;三产投资完成127.1亿元,同比增长12.7%,占全区总投资额88.8%。三产中,房地产投资完成66.5亿元,占三产投资额的52.3%,其他三产投资完成60.6亿元,占三产投资额的47.7%。

在投资中,第三产业投资比重增大。二道区加快第三产业发展的对策在投资领域中明显体现,对全区经济增长的贡献较为突出。其中:三产数据主要来源于房地产投资、基础设施及道路建设和一些农民回迁房等工程项目。三产投资的稳步增长,对带动全区经济增长起到了关键作用。

全年我区投资总量增速在五城区排在第二;绿园区投资总量完成223.5亿元,同比增长21.5%,排在第一;朝阳区投资总量完成226.6亿元,同比增长21.2%,并列排在第二;南关区投资总量完成157.3亿元,同比增长21%,排在第四;宽城区投资总量完成226亿元,同比增长20.9%,排在末位。

全年五城区投资完成情况表

城区	完成数(亿元)	同比增长(%)	五城区排名
绿园区	223.5	21.5	1
二道区	143.1	21.2	2
朝阳区	226.6	21.2	2
南关区	157.3	21	4
宽城区	226	20.9	5

(四)消费品市场日趋繁荣

我区全年完成社会消费品零售总额169.7亿元,同比增长15.8%,增速排名五城区第一,高出长春市增幅2.6个百分点。其中:限额以上实现社会消费品零售额43.95亿元,同比增长24.4%;限额以下实现社会消费品零售额125.76亿元,同比增长2.5%。

全年长春市五城区全口径社会消费品零售总额完成情况

城区	完成数(亿元)	同比增长(%)	位次
二道区	169.7	15.8	1
宽城区	217.1	14.3	3
朝阳区	550.2	14.5	2
南关区	116.4	14.3	3
绿园区	91.3	14.2	5

全年我区的社会消费品零售额在五城区中增速排在第一位,绝对值排在第三位;朝阳区完成550.2亿元,同比增长14.5%,排名第二;南关区完成116.4亿元,同比增长14.3%,排名第三;宽城区完成217.1亿元,同比增长14.3%,并列排名第三;绿园区完成91.3亿元,同比增长14.2%,排名末位。

(注:本文中生产总值、各行业增加值增长速度和贡献率均按不变价计算,其他经济指标绝对值及增长速度均按现价计算。)

【**绿园区**】2013年,全区人民在区委区政府的正确领导下,全面落实科学发展观,坚持改革创新,锐意开拓进取,加快转变经济发展方式,积极维护社会和谐,全区经济社会保持又好又快发展,各项事业发展再上新台阶。

一、综合

国民经济持续快速发展,综合经济实力明显增强。2013年,全区实现生产总值201.3亿元,比上年同期增长10.1%,其中,第一产业完成增加值3.9亿元,比上年同期增长3.7%;第二产业完成增加值133.3亿元,比上年同期增长10.2%;第三产业完成增加值64.1亿元,比上年同期增长10.4%。三次产业比重为1.9:66.2:31.9。

二、农业

2013年,全区实现农林牧渔业总产值87508万元,比上年同期增长23.3%。其中,农业产值59991万元,比上年同期增长47.7%;林业产值26万元,比上年同期下降150.8%;牧业产值23776万元,比上年同期增长4.1%;农林牧渔服务业产值3709万元,比上年同期增长3.6%。

2013年全年粮食播种面积4505公顷,粮食总产量达38725吨。蔬菜播种面积5298公顷,总产量187412吨。葡萄发展到109公顷,花卉苗木3公顷。全区完成造林面积36.7

公顷,栽植各类苗木4.6万株。规模饲养户达到60户。肉类总产量达到6341吨,比上年增长4.1%;禽蛋产量9834吨,比上年同期增长8.7%。

三、工业、建筑业

工业经济快速发展,整体水平明显提高。2013年,全区实现区属口径工业总产值268.4亿元,比上年同期增长16.6%;完成全口径工业增加值112.6亿元,比上年同期增长9.5%,其中全口径规模以上工业增加值完成104.8亿元,比上年同期增长9.7%。工业产销衔接良好,产品产销率达到100.2%。

建筑业稳步发展。随着城市建设规模的不断扩大、棚户区改造的不断加快,为建筑业带来了良好的发展机遇。2013年建筑业完成增加值20.7亿元,比上年同期增长13.9%。

四、固定资产投资

固定资产投资增势强劲。2013年,全区固定资产投资整体呈现出投资快速增长、投资规模扩大、投资结构改善的发展态势。2013年,全区固定资产投资开工项目191个,其中工业项目169个。完成全社会固定资产投资185亿元,同比增长21.5%,其中完成工业投资87亿元,同比增长26.8%。

五、国内贸易、国外贸易

2013年,全区实现社会消费品零售额88.9亿元,比上年同期增长14.2%。组织了同心服装厂、紫玉木兰、光大集团等8户外贸企业参加113届广交会,促进我区外贸出口企业扩大出口。外贸进出口总额完成8亿美元,同比增长15%,其中出口额完成9100万美元,同比增长12%。

六、城市建设取得新进展

2013年,投资15亿元,完成自立西街、万有街等53条道路大中修工程。投资4072万元对6个"老旧散"小区按照"八有"标准,实施综合性改造。计划投资1.72亿元,改造246栋、建筑面积约为118万平方米的老旧散楼宇。现有120栋、建筑面积约为55平方米的楼宇主体已经完工。完成同心花园、绿园安居南区等41个小区200条巷道改造任务,柏油路面8.3万平方米,方砖7.3万平方米。完成青龙路、万有街等街路排水管线改造及绿园安居小区、133厂等小区排水管网改造工程,总长度超过2公里。我区修建的保障性住房二期11栋990套主体全部竣工。

七、招商引资

2013年,按照区内指标,到位内资105亿元,同比增长13%;到位外资6600万美元,同比增长20%。按市定指标,到位内资42亿元,同比增长24%;引入域外资金32亿元,同比增长18.5%。今年共引进项目60个,其中工业项目35个,地产项目16个,城市综合体项目3个,物流项目2个,农产品深加工项目4个,计划总投资390亿元,其中亿元以上项目50个,亿元以上工业项目28个。

八、财政

2013年,全区努力抓税源建设,强化税收征管,科学调度资金,严控各项支出,促使财政收入保持了较快的增长速度。2013年全区财政收入完成44.0亿元,同比增长21.9%。区本级财政留用收入完成6.6亿元,同比增长2.5%。

九、人口、就业与人民生活

2013年末,全区常驻人口达到60.4万人,其中农业人口8.5万人,人口出生率1.81‰,人口自然增长率0.56‰。城镇人均可支配收入达到25720元,同比增长12.1%,农民人均纯收入达到10240元,同比增长13.0%。年末在岗职工平均工资50113元,同比增长8.3%。

【双阳区】双阳区位于长春市东南部,是长春市幅员最广、人口密度最小、生态环境最佳、自然资源最丰富、发展空间和发展潜力最大的新城区。东濒饮马河与永吉县隔河相望,南与磐石市为邻,西与伊通县接壤,北与南关区、二道区相连。区政府驻西双阳大街599号,距离长春市中心城区37公里,距长春龙嘉国际机场60公里。全区幅员1677.42平方公里,占长春市区总面积的46.8%。全区辖1个乡、3个镇、4个街道。总人口37.89万人,其中,农业人口27.95万人。有满族、回族、朝鲜族、蒙古族等20个少数民族。有民族乡1个,民族村17个。

一、经济总量

初步核算,全区实现地区生产总值189.83亿元,按可比价格计算,比上年增长9.6%。分产业看,第一产业实现增加值18.79亿元,增长3.4%;第二产业实现增加值93.21亿元,增长13.6%;第三产业实现增加值77.82亿元,增长6.4%。按户籍年平均人口数计算,人均生产总值达到49818元,比上年增长12.0%。三次产业的结构比例为9.9:49.1:41.0,非农产业比重达到90.1%,比上年提升0.5个百分点。第二、三产业对经济增长的贡献率分别为69.4%和26.9%,拉动经济增长分别达到6.7和2.6个百分点。

表1:双阳区生产总值

单位:亿元

	2013年	比上年增长(%)
地区生产总值	189.83	9.6
第一产业	18.79	3.4
第二产业	93.21	13.6
工业	71.37	13.4
建筑业	21.84	14.4
第三产业	77.82	6.4
#交通运输、仓储及邮政业	16.83	5.7
批发和零售业	16.84	13.4
住宿和餐饮业	8.28	15.6
房地产业	5.98	4.4

图1:2009—2013年地区生产总值及其增长速度

二、财政收入与支出

全区公共财政预算全口径收入达到150148万元,比上年增长15.3%;地方财政收入78794万元,增长9.3%;区本级财政收入 48718 万元,增长 20.4%;全年税收收入 29657 万元,增长 3.0%。全区公共财政预算支出 226782 万元,比上年增长 25.9%。

图 2:2009—2013 年全口径财政收入和区本级财政收入

表 2:2013 年财政一般预算支出情况

单位:万元

	2013 年	比上年增长(%)
公共财政预算支出	226782	25.9
一般公共服务	17606	-7.0
教育	47946	2.0
社会保障和就业	32021	7.5
医疗卫生	21141	21.5
节能环保	5782	39.8
城乡社区事务	35805	85.7
农林水事务	33945	67.6

三、农业

全年实现农林牧渔业增加值 18.69 亿元,按可比价格计算,比上年增长 4.1%。其中实现种植业增加值 9.08 亿元,增长 6.2%;林业增加值 0.09 亿元,增长 12.5%;牧业增加值 8.74 亿元,增长 2.8%;渔业增加值 0.36 亿元,下降 12.2%;农林牧渔服务业增加值 0.42 亿元,与去年持平。

全区粮食作物播种面积为 89135 公顷。其中:玉米播种面积 71150 公顷;水稻播种面积 11323 公顷;大豆播种面积 261 公顷。全年粮食总产量 55.25 万吨,比上年增长 14.5%。其中:玉米产量为 47.51 万吨,比上年增长 25.0%;水稻产量为 7.18 万吨,比上年下降 23.4%;大豆产量为 0.10 万吨,比上年下降 73.0%。

图 3:2009—2013 年粮食产量

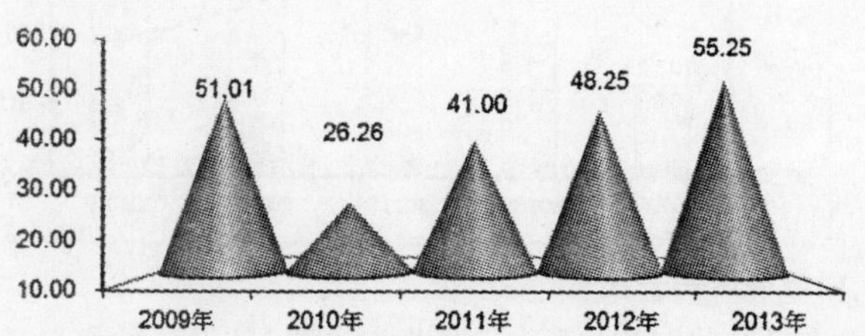

全区牛、猪、禽、鹿存栏分别达到 15.3 万头、8.7 万头、17.6 万头,比上年分别增长 1.3%、1.2%、2.9%。牛、猪、禽出栏分别为 8.5 万头、20.1 万头、2093 千只,分别增长 1.2%、5.2%、2.0%。

表 3:主要农副产品产量

指　标	单位	2013 年	比上年增减(%)
粮食总产量	万吨	55.25	14.5
蔬菜总产量	万吨	8.4	2.4
肉类总产量	吨	39149	16.9
禽蛋总产量	吨	54374	-16.8
牛奶总产量	吨	2200	-5.6
鹿茸总产量	公斤	50469	9.4

截至 2013 年末,全区农机总动力达到 35.5 万千瓦,比上年增长 5.3%。主要农业机械与设备均有增加,拥有大中型拖拉机 2373 台,比上年增加 190 台;小型拖拉机 10787 台,比上年增加 315 台。农田有效灌溉面积达到 1.1 万公顷,与去年持平。全年农村用电量达到 2.97 亿千瓦时,增长 0.3%。

四、工业和建筑业

2013 年,全口径工业实现增加值 71.37 亿元,增长 13.4%。工业增加值占全区生产总值的比重达到 37.6%。

区属规模以上工业企业达到 36 户,其中超亿元企业 12 户,分别比上年增加 6 户和 2 户。总产值实现 34.34 亿元,比上年增长 21.6%。其中啤酒制造业、煤炭开采业、建材业、医药制造业分别实现产值 2.1 亿元、1.1 亿元、5.9 亿元、3.6 亿元。

图 4:2009—2013 年区属规模以上工业产值及增速

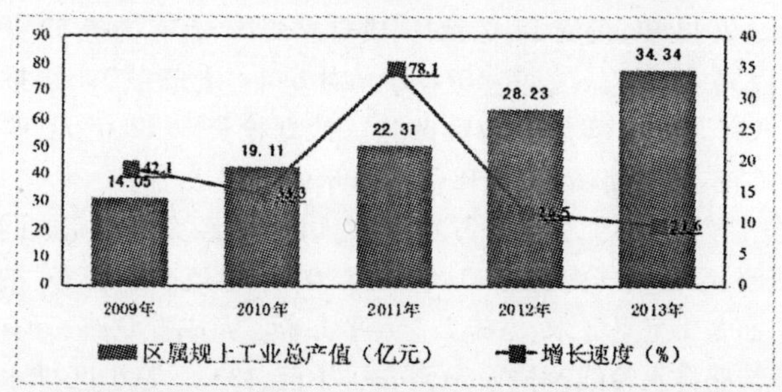

2013 年,区属规模以上工业累计实现主营业务收入 33.3 亿元,比上年增长 24.7%;实现利税 3.0 亿元,比上年增长 76.5%。

规模以上民营工业企业达到 29 户,实现产值 22.1 亿元,比上年增长 60.1%,增幅高于区属规模以上工业增速 38.5 个百分点;规上民营工业企业产值占区属规模工业的比重达到 64.4%,比上年提高 15.6 个百分点。实现利润 1.4 亿元,比上年增长 3.7 倍。

全年区属规上工业企业每万元产值综合能耗为 0.34 吨标准煤,比上年下降 15.0%。

全年建筑业实现增加值 21.84 亿元,增长 14.4%。全区具有资质等级的总承包和专业承包建筑业企业 27 家,完成总产值 18.39 亿元,增长 14.6%;房地产开发经营企业 14 家。

五、固定资产投资

截至到 12 月末,全区固定资产投资开工项目共有 198 个,完成投资 168.3 亿元,比上年增长 26.4 %。其中工业项目 115 个,完成投资 100.1 亿元,比上年增长 26.6%。

表4:2013年全社会固定资产投资

单位:亿元

	2013年	比上年增长(%)
固定资产投资完成额	168.3	26.4
#第一产业	15.5	106.7
第二产业	100.1	25.4
第三产业	52.7	15.1
#城镇固定资产投资	159.2	32.6
农村非农户固定资产投资	—	—
房地产开发	9.1	-15.0

全区计划投资亿元以上的重大项目14个,完成投资58.57亿元,占全区投资总额的34.8%。

落户在经开区(包括双营乡)和文开区(包括奢岭街)内的项目85个,共完成固定资产投资102.3亿元,占全区投资总额的60.8%。

六、贸易、交通和邮电

全年社会消费品零售总额51.0亿元,比上年增长14.3%。人均社会消费品零售总额13450元,比上年增长15.5%。

表5:2013年社会消费品零售总额

单位:亿元

	2013年	比上年增长(%)
社会消费品零售总额	51.0	14.3
#城镇市场	30.0	14.8
农村市场	21.0	13.5
#批发零售贸易业	43.7	13.4
住宿餐饮业	7.3	19.6

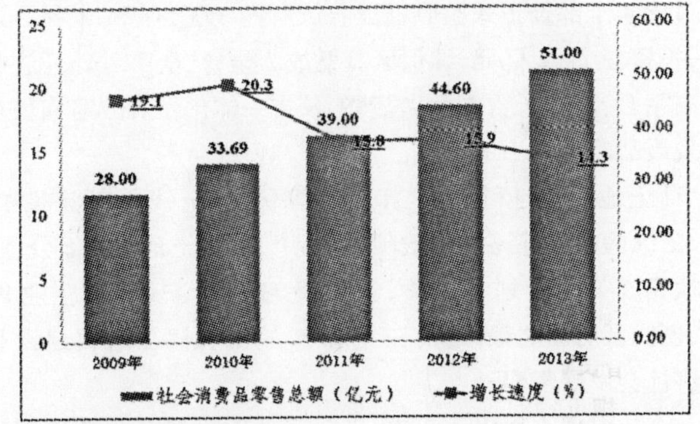

图5:2009—2013年社会消费品零售总额及其增长速度

我区全社会公路旅客周转量、货物周转量分别为5.03亿人公里、21.15亿吨公里,分别比上年增长1.6%和3.3%。全区等级公路总里程达到2117公里;铁路营业里程93公里。年末全区民用汽车保有量为0.8万辆,比上年末下降19.6%。

全年完成邮电营业总收入29544万元,比上年增长15.2%。其中:邮政营业收入1728万元、电信营业收入27816万元,分别增长19.0%和14.9%。全区固定电话用户达到5.4万户,其中:城市电话用户3.1万户,乡村电话用户2.3万户,固定电话普及率达到14部/百人;全区移动电话用户46.8万户,比上年增长3.1%,移动电话普及率达到117部/百人;互联网宽带接入用户4.0万户,比上年增长21.1%。

七、金融

截至2013年末,全区金融机构各项存款余额87.09亿元,比年初增加2.50亿元;其中储蓄存款余额59.66亿元,比年初增加0.87亿元;金融机构各项贷款余额57.56亿元,比年初增加6.34亿元。

表6:2013年金融机构存贷款余额

单位:亿元

指　标	2013年年末数	比上年同期增长%
各项存款余额	87.09	14.0
#储蓄存款	59.66	14.5
各项贷款余额	57.56	26.8
短期贷款	31.76	35.0
中长期贷款	24.03	41.4

八、教育

2013年末,全区小学111所,招生3292人,在校生18797人,学龄儿童入学率为100%。普通初中24所,招生3146人,在校生9067人。全区中等职业学校2所,招生162人;在校生548人。普通高中2所,招生1764人;在校生为5205人。初中毕业生升入普通高中的比例达到57.07%,比上年上升1.76个百分点。

全区有幼儿园56所,其中:私营幼儿园41所;在园幼儿(包括学前班)8083人,比上年增加316人。

九、文化和卫生

2013年末,全区有线电视用户达到7.6万户,比上年增加0.7万户。其中,城镇有线电视用户达到3.5万户,增加0.3万户,城镇有线电视覆盖率、入户率分别达到100%、88%;农村有线电视用户达到4.1万户,增加0.4万户,有线电视覆盖率、入户率分别达到95%、81%。

截至2013年末,全区共有卫生机构368个,其中医院、卫生院14个。全区共有卫生技术人员944人,其中医生740人,注册护士673人。医院和卫生院床位1290张。

十、人口、人民生活和社会保障

截至2013年末,全区户籍总户数为13.91万户,总人口达到37.89万人。全区出生人口3222人,人口出生率为8.46‰;全区死亡人口1184人,人口死亡率为3.11‰;全区人口自然增长率为5.35‰。

表7:2013年末双阳区户籍人口构成情况

		单　位	2013年末
全区户籍总户数		万户	13.91
全区户籍总人口		万人	37.89
按性别分	男	万人	19.29
	女	万人	18.60
按户籍性质分	农业	万人	27.95
	非农业	万人	9.94
按年龄段分	18岁以下	万人	5.88
	18—35岁	万人	9.36
	35—60岁	万人	16.27
	60岁以上	万人	6.38

2013年,全区非私营单位在岗职工平均工资达到

36168元/年,比上年增加3989元,增长12.4%。年末基本养老保险参保人数达到173785人,比上年末减少4.5%,其中参保职工为19017人,离退休人员为13117人,农村参保人数为141685人;职工基本医疗保险参保人数达到35988人;失业保险参保人数达到11900人,年末享受失业保险金人数为476人;工伤保险参保人数达到31495人,增长6.8%;生育保险参保人数达到36407人;城镇居民基本医疗保险参保人数为113252人;农村新型合作医疗参合人数263045人,参合率100%,共筹集资金9713.9万元,参合农民中已有47490人受益,支付补偿资金8290.6万元。

全年享受政府最低生活保障的城镇居民达到14936人,与上年持平;享受政府最低生活保障的农村居民达到13058人,比上年增加582人。城市低保月标准达到330元;农村低保年标准达到2000元,与上年持平。全年共发放最低生活保障金6315万元,比上年增长0.2%。

年末全区各类收养性社会福利单位拥有床位1224张,收养各类人员950人。城镇建立各种社区服务设施810个。全年销售社会福利彩票4538万元,直接接收社会捐赠款204.7万元,受益1149人次。

年末城镇新增就业人员7585人,比上年增长2.9%。年末城镇登记失业率为4%。农村劳动力转移就业122720人,比上年增长2.7%。

【经济技术开发区】[综述]2013年,是长春经济技术开发区结构调整、蓄势待发、夯实基础、转型发展的关键之年。一年来,面对国内外宏观经济增速放缓、下行压力不断加大等不利局面,我们坚持"稳中求进"主基调,按照"转型升级、二次创业"的目标要求,牢固树立经营理念,着力提升发展质量,取得了可喜的成绩。2013年,全年实现地区生产总值575.5亿元,同比增长15.1%;市列工业产值1213亿元,同比增长13%;一般预算全口径财政收入70.3亿元,同比增长20.7%;实际利用外资14.8亿美元,同比增长20.4%;实际利用内资105.2亿元,同比增长15.8%;固定资产投资500亿元,同比增长30%,其中:工业投资237亿元,同比增长9.2%。

[招商引资]全区上下实现了招商理念的"四个转变",即:由注重追求数量向数量与质量并重转变、由注重投资规模向规模与产出效益并重转变、由注重引进工业项目向工业与现代服务业项目并重转变、由注重增量拉动向增量扩张与存量扩能并重转变。在"四个转变"招商理念的指导下,围绕综保区金字招牌,全年组织、策划、参与各类经贸活动36项。招商重点瞄准投资额度大、有重大影响力和辐射带动作用的项目,签约了际华与意大利奥克提尼集团合作的城市综合体项目、华润高端医药冷链项目、中海油吉林能源项目、中储发展物流基地项目、九三大豆深加工项目、新力光源项目、新浪吉林网络传媒项目及中海地产、吴中地产、吉林森工等一批优质项目,我区荣获2013年全市招商引资工作先进单位称号。此外,谋划、在谈了一批具有战略意义的项目,重点有:阿里巴巴集团"菜鸟"网络物流基地及跨境电子商务项目、聚乳酸产业园项目、意大利马瑞利发动机车灯和高压喷油咀项目、德国罗泰克微型直升机项目、德国波雄扫雪车项目、美国百威啤酒项目、飞利浦电子产品出口加工基地项目、浙江万向集团项目、德国GRG集团高端装备产业园、台湾中亚精密仪器出口基地项目、马士基集装箱堆场项目等。

[项目建设]全年开工项目150个:大成集团5万吨秸秆糖、20万吨赖氨酸(含50万吨玉米淀粉)、20万吨麦芽糖(含60万吨玉米淀粉、3万吨麦芽糊精)、12万吨变性淀粉、研究院等5个搬迁改造项目已启动建设;与美国ADM公司合作做膳食纤维、食品添加剂项目,与丹麦诺威信深度合作的酶制剂项目,与长春应化所、上海交大合作,用秸秆生产乳酸、聚乳酸等3个在谈项目进展顺利。九三大豆是当年签约、当年建设、当年竣工项目,建设工程及设备安装已全部完成,有望实现日加工大豆5000吨、年产值近百亿元。一汽通用轻客X82项目整车资质申请已上报至国家发改委,有望实现批量生产。新力光源项目正式投产,该项目作为我区重点工程,未来可有望带动形成新的支柱产业。大陆汽车电子二期扩建项目厂房已竣工交付使用。一汽丰田6ZR发动机成功下线。金鹰智谷项目已经正式投产。际华集团项目10万平方米物流园基本建成,招商局物流、中外运物流、普洛斯物流项目正在有序推进。

[支柱产业]2013年,全区三大支柱产业加快发展,汽车及零部件产业实现产值528.5亿元,扣除富奥因素,同比增长20.6%。富维-江森、一汽丰田、奥托立夫、博泽、邦迪等一大批零部件企业发展形势向好,产值增速达到20%以上。生物化工产业实现产值566.3亿元,同比增长9.8%。大成集团克服搬迁改造、市场低迷等不利影响,完成产值550亿元,同比增长10%。现代服务业实现增加值145亿元,同比增长6%。全年31个重点服务业项目全部开工建设,全区省级服务业综合改革试点企业增至6个。

[保税区建设]保税区一期围网内1.5平方公里一次性通过国家十部委正式验收,已经试运行。现已有34个项目入驻,投资额72.2亿元,综保区日益成为全省、全市对外开放的最高平台,成为长吉图发展战略、长吉一体化发展战略和长东北发展战略最有力的支撑。

[土地征收与利用]全年实施综保区、金钱一期、铁路站场、三纵两横快速路等征收项目34个,征收土地190.6公顷,超额完成年初计划82.6%;完成民宅1362户;完成企业94户,创我区历年之最,超前三年总和,有力保障了项目建设和经济社会发展需要。

全年实现土地出让金38.4亿元。其中,出让经营性用地130.4公顷,为历年之最;实现经营性用地出让金36亿元,也为历年之最。此外,全年取得土地使用批复320公顷(和上年持平);土地收储按照"集中时间、集中地块"的收储原则,大力推行"先收购后补偿"等收储模式,全年完成收储项目14个,面积67公顷,是上年的1.5倍。

[城市建设与管理]本着"轻重缓急、有保有压、量力而行、项目优先、释放土地"的原则,基础设施建设更符合实效要求、更加注重投入产出效益。高标准建设了回迁楼,金色家园二期回迁楼7栋558套住房达到回迁入住条件;新建南区二期回迁楼开工14栋,已部分完成主体5层。高标准建设了

一批标准厂房(保税区3栋、良辰工业园5栋、专用车园区2栋、新兴产业园区2栋标准厂房和2栋研发中心相继建设完成),新增面积14.36万平方米,有效满足了招商需求。高标准完成道路的建设及维修维护,全年完成续建道路10条(其中,综保区及配套区9条),完成道路大修6条、中修23条、小修85条,全区路网体系进一步通畅。综保区一期围网内的主副卡口、海关商检查验中心、仓库、电子信息平台等建设工作如期完成,综保区软硬件设施得到完善。此外,国家生态工业示范园获得国家批准正式开始建设。同时,坚持建管同步,全面抓好市容环境综合整治。创新思路设立了"环卫交管协勤员",实行了"网格化管理"的无缝隙对接,城市管理精细化水平不断提高。

[行政管理与服务]按照"整合资源、提高效率,理顺关系、衔接顺畅,依法设置、权责一致,精简机构、突出重点"四条原则,对全区机构进行了调整,机构由原来的61个调整为49个,精简掉12个,精简率达19.7%,有效解决了机构设置多而部门人员少、职能交叉和衔接不畅问题,各部门工作职能更加清晰,体制机制释放出新的活力。深入开展了"企业大走访"活动。更加主动、热情关注区内企业发展,全面推行服务企业的"四位联动"模式(机关各部门、驻区机构、两街一镇、社区),建立了常态化的走访机制,多次深入大成、九三、新力光源、邦迪、采埃孚、李尔等重点企业现场办公,帮助企业研究解决发展中的现实问题。全年共集中走访企业128户/次,受理企业各类求助问题308件,回复率100%,企业满意率95%以上,企业普遍对管委会的服务给予高度赞誉和好评,全区服务企业氛围日益浓厚。

[社会管理与民生]群众反映强烈信访问题得到有效解决。建立和完善了信访工作制度,强化了一把手负责制,逐案包案落实领导责任,全年共接待来信来访1386批次、13349人次,排查出120件信访不稳定因素,研究处理了27件信访疑难案件,妥善解决了一大批群众普遍关注的热点、难点问题,如:筹措近5亿元资金,解决了建区20年来由于征用土地造成的集体土地补偿等历史欠账问题;研究出台了《关于解决60岁以上被征地农民过渡养老保障问题的意见》,有效化解了2006年5月1日以前被征地农民的养老保障问题。

社会保障水平不断提高。积极推进城市低保发放、医保扩面、新农合等工作,圆满完成市里下达的指标任务。教育发展环境稳步提升。实施了中小学校舍维修和教育装备标准化建设两大工程,进一步整合了城乡教育资源,促进了我区义务教育均衡发展。

【净月开发区】2013年是实施"十二五"规划承前启后的关键年,也是净月区作为国家级高新区建设起步的一年。全区上下在党工委、管委会的正确领导下,沉着应对、稳中求进,克服了全球经济持续低迷、国内经济下行压力不断加大、宏观形势复杂多变等不利影响,着力推动区域经济发展,扎实推进"幸福净月"建设工程,全区经济和社会各项事业保持了快速健康的发展态势。

一、综合实力显著提升

全区营业总收入实现1608亿元,比去年增长22.3%;地区生产总值完成576亿元,增长20%;服务业增加值完成392.8亿元,增长21.7%;三次产业比重为1.4:30.4:68.2;全口径财政收入完成95.6亿元,增长20.4%;固定资产投资完成381亿元,增长21.3%;实际利用内资完成80.9亿元,增长22.5%;实际利用外资完成2.7亿美元,增长20%;规模以上工业总产值完成100亿元,增长17.6%;新增就业人数1.4万人;农民人均收入达11900元,增长8.2%。主要经济指标完成或超额完成了年初制定的计划目标和市政府下达的责任目标。

二、主导产业发展迅速

总部经济业态加速集聚。以东北亚总部经济园区为主体,目前已引进一汽金融总部、一汽进出口总部、中石化东北总部、沃尔玛吉林总部、江西泰豪区域总部、吉林森工金融总部、吉视传媒总部、省烟草总部等20余家高端总部,将成为全省首个千亿级总部经济集群。

软件信息业发展势头强劲。组织承办了信息经济促进净月创新型生态城建设研讨会、第三届车载信息服务产业年会、2013中韩智慧城市创新交流活动,为软件信息产业发展搭建了新平台;吉林省数据灾备中心业务全面展开,已承接一汽集团、吉林银行、吉林省地税局、吉林省公安厅、黑龙江省交通厅等IT服务项目;NTT数据中心服务外包业务持续快速拓展,已与日本三菱、夏普等知名企业建立了长期合作关系;吉视传媒与中国移动吉林有限公司签署了战略合作协议,视频、数据、通信、信息服务等领域合作逐步开展。

文化产业影响力大幅提升。成功举办了2013年净月潭瓦萨国际滑雪节、净月潭国际森林徒步节、第十二届农博会等大型赛事和展会活动;依托喜来登酒店,承载了2013中国物流与采购信息化推进大会、安利企业年会等商务活动300余场次,喜来登累计接待宾客2万余人,实现营业收入近亿元,区域旅游会展品牌影响力持续放大。吉广国家广告创意文化产业示范园、知合国际动漫产业园、宇成文化百艺园等项目建设快速推进,为文化产业发展注入了新动力。

三、创新体系建设快速起步

创新资源快速集聚。美国微软公司成功入区,联合软通动力、启明信息共同组建了微软全球首家汽车行业创新中心;与软通动力达成合作意向,将建设面向东北亚的软件研发及服务外包中心;实施"535"人才计划,面向海内外建立了6个人才信息库,入库人才已达到5000余人,与"欧美同学会"等人才机构建立了10余个人才发展服务联盟。

孵化器建设全面启动。围绕加速新兴产业发展的载体建设,与上海绿地集团合作的东北亚地区超大型科技孵化园项目即将启动,与清华控股集团合作的清华金融科技园合作洽谈工作积极推进。净月高新技术创业服务中心和启明孵化公司顺利通过了省级科技企业孵化器认定,孵化服务能力稳步提升。

科技金融平台建设初见成效。与国家发改委、长春市政府共同设立了规模2.5亿元的中投长春国家光电信息创业投资基金,与市科技局组建了吉林省科技小额贷款公司,与吉林省科技厅共同筹划建立吉林省净月科技创新股权投资基金,强化了科技创新的资金保障。

创新支持政策体系不断完善。制定出台了《净月高新技术产业开发区创新发展专项资金管理办法》、《净月高新区关于支持企业技术创新的政策》、《净月高新区支持投融资发展的政策》、《净月高新区关于支持高技术服务业发展的政策》等7个文件,创新创业和高端产业发展的政策环境进一步优化。

四、社会事业稳步发展

基础教育实力稳步提升。投入1670万元,高标准建设了3所公办幼儿园;着手筹建新城大街小学、二十四中学,对全区109万平米校舍进行加固重建;投入1133万元,配备师生班车103辆,实现区域学生班车全覆盖。

就业服务力度不断加强。举办招聘会42场,城镇新增就业1.47万人,下岗人员再就业2230人,全区城镇登记失业率控制在3.8%以内;利用第四届创博会,征集创业项目150个,实现项目意向对接120人次,累计发放创业小额贷款21笔,金额达145万元。

社会保障工作深入开展。城乡居民养老保险参保人数达42587人,在全省率先实现了城乡居民养老保险基本全覆盖;城镇居民医疗保险参保人数达到41094人,新农合参保人数达到62823人,社保扩面任务进展顺利;投入1978万元,救助各类困难群众8568人次,民政救助体系平稳运行。

安全生产监管力度不断加大。累计排查企业5768户次,投入整改资金532.3万元,查改安全隐患2612处,有效遏制了安全事故的发生;全面整治火灾隐患,共检查835次,整改570处,进行消防培训5000余次,进行消防演练55次,全区无重特大火灾发生。

【高新技术产业开发区】2013年,在省市的正确领导下,高新区努力克服宏观形势趋紧、经济下行压力增大等不利因素,坚定不移地落实"转方式、调结构、稳增长、惠民生"的总体要求,坚定不移地深入实施新一轮发展战略,全区经济社会继续保持平稳较快发展。

(一)综合经济实力稳步提升。2013年,全区营业总收入实现4251亿元,同比增长17.4%;地区生产总值实现928亿元,同比增长15.9%;工业总产值实现3966亿元,同比增长16.6%;固定资产投资完成500亿元,同比增长21.7%;全口径财政收入、一般预算财政收入分别实现550.7亿元和95.8亿元,按可比口径分别增长20.1%和12.1%。主要经济指标增速高于省市平均水平。

经济总量跨上新台阶。经过两年的重塑基础、三年的优质快速发展,全区营业总收入迈上4000亿元的新台阶,地区生产总值占全市比重达18.6%,比2008年增加4.5个百分点;工业总产值比2008年净增2653亿元,占全市比重达43.4%,拉动全市工业经济增长6.8个百分点,经济发展龙头作用进一步凸显。

财政实力显著增强。由于工业支撑有力、服务业日趋活跃,财税收入快速增长,全口径财政收入是2008年的4.4倍,占全市比重达51.7%;一般预算财政收入是2008年的3.6倍,区本级可用税收是2008年的12.3倍,财力的增强提高了投入能力,促进了民生改善和产业发展,经济发展步入良性循环轨道。

资源储备较为充足。坚持科学谋划、理性开发、统筹运营,截至2013年底,全区形成总资产超千亿元;抢抓机遇,超前整理,南北区尚有符合规划用地3600公顷,长德新区37平方公里起步区已进入项目落位成熟期,具备了充足的发展空间。

综合排名稳步晋升。在"国家高新区评价指标体系"综合排名中,长春高新区由2008年的第20位上升到第16位,可持续发展能力由第24位上升到第4位,我们已经进入全国先进国家高新区的前列。

(二)招商引资和项目建设成效显著。围绕构建优势产业链,着力引进建设产业配套类、园区平台类、龙头基地型项目,为加快发展打牢基础、积蓄后劲。

优质项目集中落位。深入开展产业化招商,严格项目入区评审,确保项目质量和土地集约利用。2013年新引进落位万邦产业园、上海宇培电子商务等一批优质项目,引进内资105亿元、利用外资13.47亿美元,同比分别增长14.9%和20.4%。五年来累计引进落位产业化项目215个,其中世界500强企业投资项目22个、央企合作项目24个、外商投资项目19个。

项目建设快速推进。采取层层包保、简化程序、条块联动、跟踪服务等综合措施,不断加快项目建设。2013年新建续建项目187个,其中亿元以上项目123个、5亿元以上项目61个、10亿元以上项目41个,开工面积624万平方米。列入全市150个重大项目计划的25个项目,有21个开工建设,项目带动、投资拉动的势头强劲。

力促项目投产运营。一汽富晟汽车零部件产业园、长航液压扩能搬迁等一批项目基本建成,英利模具、高榕生物等一批项目实现投产。近年来已累计有134个产业项目建成投入运营,2013年实现产值330亿元、利税52.8亿元,有效带动了经济总量不断壮大。

(三)优势主导产业集群发展。积极培育战略性新兴产业和高端服务业,促进产业结构优化升级。截至2013年末,剔除一汽大众因素,全区二三产业比由2008年的87.5:12.5调整到77.1:22.9,第三产业增加值提高10.4个百分点。

先进装备制造企业发展到371户,实现产值3783亿元,是2008年的2.7倍。汽车电子产业园被评为国家级汽车电子产业基地,已入驻18户企业,全区汽车电子企业发展到150余户;加快发展新能源汽车产业,与中国北车长客股份合作,规划建设了纯电动客车整车生产基地,已经开始试生产。

生物医药企业发展到108户,实现产值58亿元,是2008年的4.1倍,占全市47%。修正药业产值突破10亿元,长生生物、金赛药业等一批企业成长为"小巨人"企业;以生物医药板块为主的长春高新股份,股价由2008年最低点的4.68元/股,最高达到131.5元/股,一度成为沪深两市第一高价股,股票市值也由6.15亿元增加到172.7亿元,增长28倍,不仅使国有资产大幅增值,也有效带动了医药产业快速发展。

光电子企业发展到99户，实现产值15亿元，是2008年的1.5倍。希达电子、新产业光电等骨干企业市场份额不断提高，规划了长东北核心区LED产业园，台湾颖霆、山西光宇等一批项目正式落位，正着力打造立足东北、辐射东北亚的千亿级LED产业基地。

新材料新能源企业发展到118户，实现产值101亿元，是2008年的1.6倍。吉林森工、中科英华等企业产能稳步增长，启动建设了高氮合金材料研发中心项目，正在积极引进玄武岩、气化吉林装备产业园等项目，加快建设全省新材料新能源产业集聚区。

文化创意和软件服务外包企业发展到600余户，比2008年增加300户，实现营业收入120亿元，是2008年的3倍。东北亚文化创意科技园、吉林动漫游戏原创产业园等文化特色园区竞相发展，先后获批七个国家级园区或基地；吉林省国家电子商务产业园加快建设，电子商务产业日益兴起。我区被评为国家级文化与科技融合示范基地、现代服务业数字内容产业化基地和文化产业示范基地。

（四）科技创新体系日趋完善。建设创新平台，集聚创新要素，国家级创新型科技园区通过中期验收，国家知识产权示范园区、国家专利导航实验区正式获批，全区国家级园区和基地累计达30个。

长东北科技创新中心初具规模。地理所生态农业平台投入使用，光电子平台主体冷封闭，新材料平台正在安装设备；中科院创新集群建设深入推进，新引进高水平研发机构31个，全区研发机构达168个；北湖科技园34栋高标准孵化厂房基本建成，吸引20余户高科技企业入驻，吉林省集成创新综合体确定落位；中俄科技园龙北分园开始规划建设。长东北科技创新中心的功能不断完善，地位日益突出。

企业创新主体作用明显增强。区内企业研发投入占销售收入比重达4.5%，比2008年提高2.5个百分点；全区新认定高新技术企业16户，总量达91户，占全市52%、全省30%；发明专利突破500项，五年累计授权发明专利1244项，获得省级以上名牌产品20个，国家驰名商标14项。区内5户企业被评为国家火炬计划重点高新技术企业，45户企业列入“长春市百强创新企业”，中科应化、迪瑞医疗包揽了2013年市科学技术进步两个特等奖。

人才特区建设深入推进。先后有三批54名高端人才入选“长白慧谷”英才计划，共给予1600多万元的资金扶持；有5人被评为“吉林省高级专家”，12人入选省“两创”人才计划，8人获得“长春市有突出贡献专家”荣誉称号；全区高端创新人才达到3万多人，占全市的60%以上。东北亚人才研究基地正式揭牌，“人才特区”已成为省市人才队伍建设的一张名片。

金融服务体系不断完善。有效整合金融资源、强化政策扶持、拓展服务内涵，全面构建起信贷—股权—上市的“梯形融资模式”，建立了沃顿财富广场和磐谷金融中心两个金融集聚平台。全区集聚各类金融服务机构100余家，其中股权投资机构发展到48家，注册资金超过60亿元，实现中小型科技企业股权投资6.12亿元，有效解决了企业融资难问题。全区储备拟上市或挂牌新三板企业45家，具备申报条件的25家，差旅天下网络技术公司成为全国首批、全省首家在新三板挂牌的企业。区内中小企业已经进入登陆资本市场融资发展的活跃期，在全国资本市场构筑长春高新区板块的梦想将逐步成为现实。

（五）城市建设与管理水平显著提升。加快基础设施、功能配套和生态环境建设，全面构筑了新的资源禀赋优势，成功申报国家智慧城市建设试点。2013年，南北两区完成53项道路建设工程，铺装面积58.6万平方米，绿化面积185万平方米；五年来南北两区累计投入建设资金400多亿元，修建道路135条、总长238公里，完成铺装面积532万平方米，绿化面积905万平方米。

南区55平方公里基础设施及配套日益完善。建成了一批精品街路、广场、公园和高档社区，水电气热等公共服务设施不断完善，实施了数字化、网格化、精细化管理，城市功能全面提升，南部城市副中心的作用日趋彰显，已经成为一座区域环境优良、城市特色突出、文化氛围浓厚、产业支撑有力的现代化科技新城。

北区京哈铁路以东56平方公里基础设施及配套实现全覆盖。远达大街、北湖大桥、绕城互通式立交桥等重大交通工程建成使用，成为长春北部内外联通的重要枢纽；长春北湖国家湿地公园对外开放，成功举办了消夏啤酒节、草莓音乐节等大型文化活动，成为全市旅游品牌；东北亚黄金纽带文化产业园核心项目基本完成，举行了大雄宝殿装藏仪式、佛教圣地行等活动，影响力不断扩大；吉林省都市低碳旅游示范区总体规划方案获批，已经确定市场化投资主体。长东北核心区与现代化国际性中心城区标准越来越近。

长德新区“长春东北新城”框架全面拉开。累计投入建设资金125亿元，37平方公里起步区“七横、五纵”主干路网已经形成，基础设施、公用配套、园林绿化等重点工程全面铺开，水电气热等配套设施基本全覆盖，尚德华园百万平方米社区全面竣工，数字化管理平台启动建设，招商和项目建设势头良好，民生事业同步跟进，国家级开发区带动县域发展的新模式获得成功，呈现出广阔的发展前景。

（六）幸福高新建设扎实推进。全力为群众办实事、解难题，2013年落实民生实事76件，五年累计实施民生计划429项，群众生活环境和条件明显改善。

社会保障体系逐步完善。被征地农民养老保险与全市新政策接轨，成为全市唯一免费参保区域、唯一参保全覆盖区域、唯一女性55岁即可领取保障金的区域；统筹抓好新农合、城镇居民医疗等社保扩面工作，加强低保和社会救助，较好解决了群众后顾之忧。

安居乐业工程深入实施。切实保障被征地农民和困难群体住房，2013年有146户低保家庭获得廉租房，五年累计建成回迁住宅125万平方米；积极拓宽就业渠道，2013年开发就业岗位6807个，五年累计开发就业岗位13.4万个，被征地农民就业水平稳步提高。

公共服务设施加快建设。北师大附属学校、吉林省第二医院、吉林省第六医院正式落位建设；东师附小益田幼儿园在全市颇有影响,硅谷医院与北京阜外医院合作办医声望大增,奥体中心“一场三馆”建设进展顺利,奋进社区卫生服务中心成为全省示范。

“平安高新”建设进一步加强。加强安全生产监管,扎实开展“大排查、大整改、大演练”行动,落实企业、行业、属地“三位一体”的责任机制,确保没有大的安全事故发生;认真梳理信访问题,强化责任落实,重点解决了一批历史遗留问题,有效化解了一些个体访和群体访;充分发挥公检法在依法治区中的职能作用,进一步完善“人性化、网格化、信息化”的社会服务管理模式,保持社会和谐稳定。

(七)区域发展软环境持续优化。着力加强企业服务效能建设,形成较强的区域发展软实力。

体制机制不断调整完善。适应新形势、新变化、新情况,按照责权利相统一的原则,进一步调整理顺体制机制,下放职能权限,强化责任落实。积极探索市场化融资新模式,对现有资源、资产进行摸底评估、科学匹配,组建了龙翔集团公司和创投集团公司,并具备了一定的融资能力,为全面实施市场化运作奠定了扎实基础。

企业服务水平有效提升。进一步健全企业服务网络,完善项目落位、建设、运营“三段式”接续服务,务实性开展“三联三促”活动,帮助企业解决实际困难。提升服务大厅功能,构建优质高效的审批服务链条。近年来制定有关扶持产业、企业发展政策100多项,2013年兑现各类政策扶持资金7500万元,五年累计兑现17.2亿元。连续多年被国内权威机构评为“中国最具吸引力和投资潜力园区”。

【汽车经济技术开发区】2013年,是汽车区建设发展取得重大突破的一年。面对复杂宏观形势和融资难、征拆难的挑战,全区广大干部职工积极进取,克难攻坚,圆满完成了年初确定的各项目标任务,实现了全区经济社会事业健康发展。

——坚持迎难而上,经济实力稳步提升

顶住宏观经济下行的巨大压力,汽车区经济始终保持平稳较快发展。全年GDP完成505亿元,同比增长15.3%;区属工业总产值91.7亿元,同比增长27.3%;全口径财政收入90.3亿元,同比增长23.3%;全社会固定资产投资完成501亿元,同比增长21%;实际利用内资110亿元,同比增长15%;实际利用外资6.04亿美元,同比增长20%。其中,固定资产投资总量、实际利用内资总量、区属规上工业产值增速、财政收入增速等四项指标列全市第一位。

——坚持创新求变,招商引资成效明显

大力开展招商引资活动。组织“长三角”招商活动,星宇车灯、宁波雪龙等项目签约落位。专题开展了赴天津重点配套企业推介活动,普利司通轮胎等10户企业确立了投资意向。同时,还专门组织了江浙专项招商活动。全年共引进重点项目70个,计划总投资365亿元,预计可实现产值420亿元。

——坚持克难攻坚,项目建设扎实推进

新建项目积极推进。以一汽大众EA211发动机项目为龙头,一汽铸造搬迁、世纪华通汽车零部件等一批重点工业项目相继开工建设,全年新建工业项目40个。

续建项目步伐加快。一汽乘用车研究所、轴齿工业园等一批项目进展顺利,已形成整体规模。曲轴连杆、有色铸造等项目进入设备安装调试阶段。

投产项目不断增加。一汽大众EA888发动机、曼胡默尔滤清器、亚普汽车油箱等15个项目相继投产,预计达产后可实现产值100亿元。

服务企业不断加强。开展了服务民营经济发展活动,制定了汽车区突出发展民营经济实施意见。强化企业素质,全省企业素质提升现场会在我区召开。

——坚持统筹建设,承载能力不断提升

积极推进物流通道建设。腾飞大路绕城高速公路立交桥、解放物流通道建设积极推进。飞跃路下穿铁路隧道、富民大街下穿绕城高速公路涵洞全面通车,甲二街全线贯通,乙三街与长沈路实现连通,环外区域路网初步形成。

配套设施扎实推进。污水处理厂及污水截流干管工程全面完成,已通水试运行。一次变、轴齿二次变投入使用,大众二次变正在调试设备,完成线路敷设27.6公里。供水设施完成管线13.4公里。完成天然气储气站和调压站建设。

——坚持协调发展,城市建设加快推进

完善了我区总体发展思路。丰富了“一轴两翼”总体规划的内涵,明确了全力“做大做强做稳做全”汽车产业,建设长春西南城市副中心的具体目标和思路,汽车区打造世界级汽车产业基地、创建汽车人的幸福家园的愿景蓝图更加清晰。

努力改造建成区。深入开展了春冬季150天市容环境综合整治行动。对高力汽贸城、汽配商街等重点区域进行了综合整治。强化市容管理,开展了广告牌匾、占道经营、露天烧烤等清理活动。加强市政维护,翻修改造一汽厂区及东风大街等道路和设施,粉刷锦程大街两侧楼宇48栋。加大绿化美化力度,新植树木10000余株,新增绿化面积10.5万平米。

加快推进新区建设。核心区保利项目开工建设,西湖中铁项目已经摘牌,万达国际广场项目进入规划论证阶段。马自达中国总部投入使用。新区商服业已经形成了良好的氛围。

——坚持强化落实,服务一汽扎实有效

积极支持一汽配套体系建设。加强与一汽项目对接,围绕一汽配套需求强化招商,进一步减小配套半径,降低一汽的生产成本。

全力推进一汽项目建设。坚持项目调度会制度,及时帮助解决项目建设中及投产后的各种问题。对项目实行领办、代办服务,全年代办、领办120次,走访企业52次。

——坚持统筹发展,民生事业成效显著

以创建汽车人的幸福家园为统领,民生行动计划全面完成。

就业工作扎实开展。全年城镇登记失业率控制在3.1%,解决零就业家庭比率达到100%。

社保工作稳步推进。城镇居民基本养老保险、城镇居民医疗保险、新农保、新农合参保人数稳步增加,圆满完成全年任务。

社会救助不断加大。深入开展了助残、助学、助医等扶贫助困活动,全年累计为困难群体发放低保金及各类补助近千万元。

安居工程扎实推进。启动建设了前程家园、东风家园回迁住宅。解决了部分低保家庭廉租房问题,为低保家庭发放租赁住房补贴25万元。

教育事业蓬勃发展。全面促进教育均衡优质发展,全省区域协作教师继续教育新体制推进会在我区召开。加强教育投入,新建七小、四中等4所学校塑胶操场,改善了二十二中、西新小学等农村学校办学条件。教育教学质量进一步提高,我区中高考继续保持我市同类校前列。

健康卫生工作深入推进。加强基层卫生服务阵地建设,为每村配备了专职村医,完善了医疗设施。加强了传染病防治和食品安全监管。全面做好计生奖励和生殖、优生健康检查等工作,计划生育工作扎实推进。

文化体育工作不断活跃。积极推进国家公共文化服务体系示范区创建工作。成功承办了长春市纪念中国汽车工业60周年活动,举办了第四届群众艺术节。改善了13个社区、7个村的文化体育设施。大力开展全民健身运动,成立了区老年体协,开展了各种主题活动20余次。

——坚持齐抓共管,社会管理不断深入

加强街道社区工作。积极推进街道职能下沉,街道干部到社区兼职,实现了"街、区"管理服务一体化。探索开展了街道社会服务管理信息平台建设。社区建设不断深入,社区网格进一步规范和完善,东风街道通过了"全国和谐社区建设示范街道"验收和公示,锦程社区被评为首批"全国社工服务标准化示范社区"。

平安建设成效明显。强化公共安全、交通安全、消防安全、食品安全等工作。重视安全生产工作,深入开展了安全隐患大排查、大整改活动,建立和完善了安全责任机制。我区获得长春市群众安全感满意度测评开发区第一名。

做好社会稳定工作。圆满完成重大活动期间信访维稳工作。深入推进积案化解工作,积极开展了领导接访、局长接待日和包保积案活动。妥善处理市长公开电话和群众来信来访,营造了和谐稳定的社会环境。

精神文明创建活动持续深入。圆满完成了文明城复检工作。扎实推进"道德讲堂"活动,弘扬了中华民族传统美德。加强法制建设,双拥优抚和老龄工作不断推进。

农村工作有序推进。圆满完成村"三委"换届选举工作。农牧业稳定发展,农民人均收入实现8000元。失地农民就业和农民稳定工作不断深入,农村各项事业稳步发展。

——坚持强化管理,自身建设不断加强

深入开展党的群众路线教育实践活动。牢牢把握"照镜子、正衣冠、洗洗澡、治治病"的总要求,突出为民务实清廉主题,聚焦解决"四风"问题,全力抓好学习教育、听取意见,查摆问题、开展批评,整改落实、建章建制三个环节,扎实推进各项工作。班子和党员领导干部深入查找了思想和工作中存在的问题,通过党内民主生活会开展批评与自我批评,深挖思想根源,有针对性地制定了整改措施。重点针对干部作风、部门职能交叉、公务用房等方面进行了集中整治。第一批教育实践活动取得了实实在在的效果,促进了作风的转变。

党建工作不断加强。大力推进"红旗党建"工程,通过创建"三个一流"红旗机关党支部等"五创建"活动,基层党建工作水平不断提高。新立社区等被选树为我市党建工作示范单位。

队伍建设进一步加强。加强干部培训,坚持举办"周六课堂"活动,全年组织培训12次、2500人次。大力开展调查研究活动,在全区形成了研究思考的风气。重视人才工作,积极向省市推荐优秀人才。

软环境建设不断深入。开展了清理规范行政权力和窗口服务专项整治活动。加大服务企业力度,开展了部门企业对接包保活动,建立了动态联系企业和"直通车"服务制度。积极开展了"万人评议机关"活动。加强诚信建设,深入开展了"四诚信"评选活动。

加强党风廉政建设。强化廉政教育,建立了"预防职务犯罪教育基地"。加强制度建设,建立和完善了《廉政谈话制度》等多项制度。全区上下形成了风清气正、廉洁从政的风气。

群团组织作用得到有效发挥。工会、共青团、妇联和统战等工作继续保持全市前列,通过维护权益、困难帮扶、活动引领,增强了凝聚力和吸引力。各驻区机构围绕开发区大局,在各自的领域为我区经济社会发展做出了积极贡献。

2014年,我们将在市委市政府的正确领导下,团结一心,抢抓机遇,以创新的思维、拼搏的精神投入到工作中,为实现打造世界级汽车产业基地、创建汽车人的幸福家园目标贡献智慧和力量!

【莲花山开发区】长春莲花山生态旅游度假区位于长春东部,北起经开区和九台市界,南至净月区和双阳区界,西起长春市主城区,东接吉林市永吉县,规划控制面积417平方公里,实际管辖面积362平方公里,辖劝农山镇、泉眼镇、四家乡"两镇一乡",人口约4.9万。区域自然资源丰富,有长春市周边最大的天然次生林,森林面积达120平方公里;区域水网密布,沟谷纵横,有雾开河等主要河系8条,水域及湿地面积达50多平方公里,森林和水域面积占全区总面积超50%。

自成立以来,长春莲花山生态旅游度假区以生态文明、美丽中国为战略指导,以国家级生态旅游示范区为建设标准,始终把生态建设和环境保护放在首要位置,坚持用生态经济的基本理念谋划经济发展,积极开发莲花山森林物种、河流湿地、山地丘陵、特色农业四大优势旅游资源,注重生态旅游示范效应,实现莲花山生态和旅游协调、可持续发展。

2013年,全区上下围绕"抓建设、强管理、保稳定、促发展"这一中心工作,奋力拼搏,真抓实干,度假区发展保持了高速度、高质量、高效率的良好势头,全年GDP实现1.94亿元,增长13.5%;投资完成28亿元,增长33.3%;全口径财政收入实现2.3亿元,增长13%。

全区的主干道路和慢行系统基本完成了建设改造,东自由大路与市区连接段也已经打通,一张布局合理、衔接顺畅道路网络已经初步形成,为未来发展奠定了基础。

全区提出了"做好农村存量集体建设用地开发利用一篇

文章,解决土地流转、宅基地换房、农民长远就业三个问题,实现全域新型城镇化一个目标”的城镇化新路径,得到了省、市高度评价,被确定为全省城镇化建设试点莲花山模式。

全区依法拆除违法建筑7600多平方米,清除抢栽树苗8500多平方米,有效维护了建设秩序;在重点路段设置限高栏、施画了交通标识,加强了巡查管护和违法处罚,减轻了超载超重大货车对道路造成的危害;开展了安全隐患排查整治,排查单位、场所1400多处,以此为契机关停了北方塑料织造有限公司等多户污染企业。

全区植树造林和退耕还林100多公顷,完成荒山治理近百公顷,利用2814渔场建设了荷花湿地公园,在劝农大街两侧种植了400公顷花海,营了良好的休闲环境,推动了都市观光农业的发展。同时,积极申报国家级生态旅游示范区,通过了国家和省旅游、环保部门的评审验收。

全区在稳步推进香港世茂、长春亚泰、长春华正莲花溪谷、省建设集团现代农庄等项目建设的同进,成功引入金鹰集团大型高端商业综合体项目,总投资近50多亿元,建成后将带动人气、商气、财气迅速集聚。

全区制定了《2013年建设幸福莲花山行动计划》,办了64件民生实事。同时,认真做好信访、市长公开电话、局长接待日等工作,为老百姓解决了一大批实际困难。

统计资料
STATISTICS

◎ 综合
GENERAL SURVEY

第一篇　综　　合

长春位于北半球中纬地带，欧亚大陆东岸的中国东北平原腹地，地处东经124°18'－127°02'，北纬43°05'－45°15'，市中心座落在东经125°19'，北纬43°43'。气候为中温带大陆性季风气候，素有“塞北春城”的美誉。

长春市地域辽阔，土地资源丰富，全境面积20593.5平方公里，其中市区面积3583平方公里。下辖南关、宽城、二道、朝阳、绿园、双阳六个城区及农安、德惠、九台、榆树四个县（市）。2013年末，全市总人口752.9万人，其中市区人口363.8万人，四县（市）人口388.9万人。

国民经济持续快速增长，综合实力明显增强。全年实现国内生产总值5003.2亿元，按可比价格计算，比上年增长8.3%。其中，第一产业增加值332.0亿元，比上年增长3.5%；第二产业增加值2658.7亿元，增长9.4%；第三产业增加值2012.5亿元，增长7.8%。人均国内生产总值达到66286元，比上年增长8.3%。国民经济主要指标快速增长，各项社会事业健康发展。2013年，全市规模以上工业企业完成产值9213.4亿元，比上年增长10.7%，固定资产投资总额达到3408.4亿元，比上年增长20%，社会消费品零售总额实现1970.0亿元，比上年增长13.2%，进出口总额204亿美元，比上年增长3.7%，城乡人民生活质量进一步提高，总体达到小康水平，城市居民人均可支配收入和农民人均纯收入分别达到26034元和10060元。

1-1 行政区划
DIVISIONS OF ADMINISTRATIVE

单位：个 unit

		城市 Urban area		农村 Rural area		
		街道办事处 Street agency	社区居民委员会 Residents committee	乡政府 Township government	镇政府 Town government	村民委员会 Villager committee
总计	Total	68	321	30	67	1677
市区	District	56	268	5	12	294
南关区	Nanguan	15	57	1		3
宽城区	Kuancheng	10	57		1	20
朝阳区	Chaoyang	10	53		2	24
二道区	Erdao	8	35	1	3	34
绿园区	Luyuan	9	54		3	22
双阳区	Shuangyang	4	12	1	3	134
县（市）	County	12	53	25	51	1383
九台市	Jiutai	4	15	2	12	310
榆树市	Yushu	4	12	9	15	388
农安县	Nong' an		16	10	12	377
德惠市	Dehui	4	10	4	12	308

农村中：总计中乡政府包括高新技术开发区2个，镇政府包括净月开发区3个，经济开发区1个，村民委员会，包括净月开发区26个，经济开发区10个，高新开发区12个，汽车产业园9个。

Ⅰ、In rural area:In the Total row,township governments include 2 in High-Tech Development Zone,town governments include 3 in Jingyue Development Zone, 1 in Economic development Zone, villager committees include 26 in Jingyue Development Zone, 10 in Economic development Zone, 12 in High-Tech Development Zone, 9 in Automobile Industry Park.

1-2 自然概况
NATURAL CONDITIONS

		单位 Unit	长春市 Changchun	榆树市 Yushu	九台市 Jiutai	农安县 Nong' an	德惠市 Dehui
一、土地资源	Land resources						
1、国土面积	Area of territory	平方公里sq·km	20593.50	4712.49	3371.52	5429.22	3460.85
2、耕地面积	Area of cultivated land	公顷 ha	1307043	390521	184852	377202	215892
二、水力资源	Water resources						
1、地表水资源量	Surface water volume	亿立方米 100million cu·m	25.14	4.99	4.91	3.16	5.22
2、地下水资源量	Ground water volume	亿立方米 100million cu·m	22.90	4.25	4.30	5.93	3.34
三、林木资源	Forest resources						
1、森林面积	Forest area	万公顷10000ha	5.13	3.90	6.61	5.08	2.47
2、森林覆盖率	Forest coverage rate	%	14.30	12.50	21.53	11.48	11.48

1-3 1994-2013年长春市社会经济主要指标
MAIN INDICATORS OF SOCIETY AND ECONOMIC(1994-2013)

年份 Year	年末总人口（万人）		从业人员（万人）		地区生产总值（亿元）			
	Population (10000person)	#市区 District	Employment (10000person)	#职工 Staff and workers	Gross domestic products (100million yuan)	#第一产业 Primary industry	#第二产业 Secondary industry	#第三产业 Tertiary industry
1994	657.5	223.7	336.4	136.7	305.7	58.2	152.4	95.1
1995	667.3	270.0	345.0	133.9	365.5	72.4	164.6	128.5
1998	676.8	274.2	346.2	131.9	434.9	92.7	191.0	151.2
1997	683.8	278.8	351.2	129.9	491.2	101.9	212.3	177.0
1998	686.9	282.7	334.6	105.1	569.6	109.9	242.1	217.6
1999	691.2	286.6	350.3	102.8	683.7	117.8	288.5	277.4
2000	699.6	292.8	311.4	96.9	803.2	109.7	352.6	340.9
2001	705.7	298.0	327.4	92.7	928.9	121.2	416.3	391.4
2002	712.5	303.9	329.4	90.4	1060.8	131.1	483.6	446.1
2003	718.2	310.0	334.7	89.0	1226.7	140.4	575.4	510.9
2004	724.1	314.7	376.1	88.4	1415.6	150.6	680.6	584.4
2005	731.5	337.2	353.9	83.7	1503.2	161.5	701.9	639.8
2006	739.3	348.8	326.4	83.8	1736.8	162.0	848.1	726.7
2007	745.9	358.1	329.4	84.1	2089.1	200.0	1033.4	855.7
2008	752.5	360.8	336.8	85.6	2501.3	217.8	1251.2	1032.3
2009	756.5	362.3	346.8	87.0	2848.6	223.9	1442.8	1181.9
2010	758.9	362.8	366.4	89.0	3329.0	252.7	1719.9	1356.4
2011	761.8	364.8	384.6	92.4	4003.0	290.1	2092.7	1620.2
2012	756.9	363.0	386.3	96.9	4456.6	317.1	2291.9	1847.6
2013	752.7	363.8	439.9	120.8	5003.2	332.0	2658.7	2012.5

1-3续表1 continued1

单位：亿元 unit:100million yuan

年份 Year	工业总产值 Gross industrial output value	农业总产值 Gross agricultural output value	固定资产投资总额 Investment in fixed assets	房地产开发 Real estate	建筑业总产值 Gross output value of construction
1994	486.5	68.0	96.1	23.1	42.7
1995	487.3	144.5	108.7	22.6	51.4
1996	475.8	172.9	120.6	19.3	57.8
1997	496.4	176.8	106.0	14.0	64.1
1998	502.4	198.9	141.7	16.2	66.6
1999	596.6	200.9	194.4	25.2	78.1
2000	749.7	106.8	235.2	30.3	113.1
2001	954.7	223.9	285.0	48.5	140.3
2002	1202.1	242.1	320.5	60.8	162.4
2003	1510.2	259.2	389.6	77.7	198.7
2004	1712.7	281.5	460.0	90.4	224.8
2005	1728.9	272.9	650.4	106.6	276.4
2006	2140.0	289.0	950.4	174.2	344.0
2007	2839.1	340.6	1350.6	259.5	428.0
2008	3515.3	405.2	1818.8	352.9	511.4
2009	4461.7	418.4	2300.3	443.9	569.5
2010	5884.2	474.7	3001.5	542.8	669.8
2011	7005.0	523.8	2433.4	666.4	787.0
2012	8263.5	562.5	3172.9	649.7	971.8
2013	9213.4	602.7	3408.4	613.6	1022.2

1-3续表2 continued2

单位：亿元 unit:100million yuan

年份 Year	全市财政收入 Government revenue	#地方财政收入 Local government revenue	地方财政支出 Local government expenditures	金融机构存款余额 Balance of deposits of financial institutes	金融机构贷款余额 Balance of loans of financial institution
1994	30.2	10.2	21.6	199.6	310.0
1995	36.5	12.1	25.7	354.8	432.6
1996	45.0	17.0	29.8	465.4	534.1
1997	49.8	18.5	35.1	542.4	631.8
1998	56.5	21.9	37.7	581.2	744.9
1999	67.4	27.1	48.1	885.0	1082.2
2000	76.0	30.4	51.1	1013.2	1243.8
2001	97.4	36.3	59.0	1158.4	1344.8
2002	103.9	37.8	70.1	1403.6	1492.5
2003	134.8	46.0	85.8	1615.2	1629.6
2004	149.8	50.7	100.8	1766.3	1791.5
2005	184.8	61.0	121.7	2065.8	1893.5
2006	210.6	71.6	146.7	2396.2	2194.8
2007	284.5	93.3	181.6	2598.4	2452.0
2008	372.1	119.0	240.3	3064.7	2859.2
2009	450.7	142.7	306.0	4354.2	3863.7
2010	563.4	180.8	382.9	5038.4	4616.8
2011	803.2	288.6	518.7	5619.1	5251.0
2012	927.7	340.8	555.5	6643.3	5828.3
2013	1077.6	381.8	633.0	7866.5	6543.2

1-3续表3 continued3

年份 Year	职工工资总额（亿元） Wages (100million yuan)	在岗职工年平均工资（元） Annual average wage of employed persons (yuan)	年末储蓄存款余额（亿元） Balance of deposits at year end (100million yuan)	社会销售品零售总额（亿元） Total value of retail trade (100million yuan)	商品零售价格指数（%） Overall retail price index	居民消费品价格总指数（%） Overall consumer price index
1994	57.6	4271	165.3	101.8	120.5	122.9
1995	66.3	5013	243.2	131.8	114.4	115.9
1996	83.3	6370	331.9	171.4	106.1	110.9
1997	90.8	7052	388.6	204.5	101.5	104.2
1998	84.6	7869	411.7	237.9	98.3	100.6
1999	90.0	8618	480.4	268.3	96.4	98.6
2000	95.5	9752	533.7	311.2	97.5	98.8
2001	104.6	11090	608.1	358.3	100.7	102.3
2002	123.6	12869	713.9	402.2	98.7	99.7
2003	124.4	13867	831.4	438.3	100.7	101.0
2004	139.3	15722	910.4	495.3	102.7	104.1
2005	150.3	17742	1059.3	600.1	101.3	101.7
2006	167.7	19955	1174.6	666.3	101.4	101.3
2007	203.1	24190	1202.1	778.3	102.2	103.7
2008	230.1	26969	1507.3	945.7	105.6	104.4
2009	265.1	30448	1861.3	1089.4	100.6	99.8
2010	318.0	35723	2086.3	1286.7	104.6	103.6
2011	379.5	41473	2359.3	1512.2	104.8	105.5
2012	448.2	46674	2790.5	1739.6	101.8	102.3
2013	642.3	51564	3132.5	1970.0	101.3	103.0

注：从2009年，在岗职工年平均工资改为城镇非私营单位在岗职工年平均工资。

Note: the annual average income of current employees in 2009 is annual average income of current employees in urban non-private companies or orgnizations.

1-3续表4

continued4

年份 Year	货物运输量（万吨） Freight traffic (10000ton)	旅客发送量（万人次） Passenger traffic (10000 person-time)	邮电业务总量（1990年不变价格）（万元） Volume of post and telecommunication services(10000 yuan)
1994	6450.0	4657.0	51561.0
1995	7232.0	4848.0	53056.0
1996	9363.0	4794.0	107927.0
1997	9397.0	4023.0	139600.0
1998	9326.0	4799.0	200000.0
1999	9533.0	4848.4	284000.0
2000	8334.0	1937.0	433564.4
2001	8693.0	2743.0	316487.5
2002	10773.0	7668.0	328971.0
2003	10892.0	6999.0	356593.4
2004	11576.0	7631.2	365994.2
2005	9601.3	5086.6	414432.8
2006	9943.0	5360.0	466281.5
2007	10485.2	5697.3	503000.0
2008	12452.5	6046.1	574881.3
2009	8812.6	9974.5	955116.4
2010	9763.1	10502.4	1333221.0
2011	12308.3	10239.0	1348253.0
2012	15479.4	11783.2	1435164.0
2013	17475.8	12388.6	746475.5

注：从2001年开始，将邮电业务总量改为邮电业务收入。

Note:Since 2001 post and telecommunication service have changed into revenue of post and telelcommunication services

1-3续表5

continued5

年份 Year	外贸出口商品总额（亿美元） Exports ($100 million)	吸收外资Foreign capital absorbed 签订合同项目（个） Contracts (unit)	吸收外资Foreign capital absorbed 签订合同金额（亿美元） Amount of contractssigned ($100 million)	吸收外资Foreign capital absorbed 实际吸收外资金额（亿美元） Real amount of foreigncapital absorbed ($100 million)	接待海外旅游者人数（万人/次） Tourists overseas (10000 person-times)
1994	11.30	215	5.90	0.80	3.1
1995	1.40	323	5.90	1.80	3.0
1996	1.50	127	3.10	0.70	3.3
1997	5.00	130	2.20	0.70	3.5
1998	3.70	146	2.10	2.90	3.4
1999	6.00	150	5.10	3.30	4.5
2000	7.60	161	5.10	3.60	5.5
2001	9.80	125	4.60	5.10	6.6
2002	12.70	119	4.00	6.30	7.6
2003	15.50	118	3.90	7.50	6.9
2004	8.30	132	13.20	9.00	8.3
2005	12.70	139	5.10	11.70	11.0
2006	10.90	149	7.20	14.10	15.1
2007	15.10	123	6.80	16.90	20.0
2008	16.40	67	5.12	20.30	21.7
2009	10.90	47	4.50	24.30	21.7
2010	20.00	80	7.90	26.70	25.0
2011	22.70	44	5.20	30.80	30.2
2012	29.00	42	8.50	36.80	35.7
2013	32.90	35	3.80	44.40	37.8

1-3续表6 continued6

年份 Year	全市科技成果（项） Major achievements in science and technology (item)	高等学校在校人数（万人） Students in higher education (10000person)	小学在校学生数（万人） Students in primary Schools (10000person)	学龄儿童入学率（%） Enrollment rate of school-age children(%)
1994	464	6.7	67.3	100.00
1995	231	7.1	69.0	99.80
1996	427	7.4	72.0	99.89
1997	245	7.7	73.8	99.85
1998	561	8.2	72.8	99.95
1999	522	9.9	69.9	99.86
2000	458	12.9	65.2	99.70
2001	498	15.6	60.0	97.00
2002	615	19.6	55.3	98.97
2003	723	23.1	51.5	99.50
2004	637	26.1	50.5	99.90
2005	692	29.1	47.6	99.96
2006	694	30.8	46.1	99.94
2007	677	33.1	45.4	99.98
2008	985	35.0	44.5	99.99
2009	1225	35.9	43.1	99.99
2010	143	36.5	42.2	99.99
2011	252	37.7	40.4	99.98
2012	235	38.8	40.2	99.98
2013	209	40.2	39.5	99.98

注：2010年的全市科技成果要通过鉴定、验收和认定为准。

Note: the major achievements in science and technology of 2010 are to be confirmed after appraisal, acceptance and determination.

1-3续表7 continued7

年份 Year	卫生机构数（个） Health agencies (unit)	#医院 Hospitals	医院病床（万张） Beds in hospitals (10000 beds)	卫生技术人员（万人） Medical technical personel (10000person)	#医生 Doctors
1994	802	274	2.2	3.7	1.5
1995	830	303	2.4	3.8	1.6
1996	399	303	2.3	3.6	1.6
1997	642	304	2.3	3.8	1.6
1998	608	298	2.2	3.7	1.6
1999	672	294	2.4	3.7	1.6
2000	648	285	2.3	3.5	1.6
2001	660	291	2.2	3.6	1.6
2002	1498	298	2.4	3.4	1.4
2003	1554	298	2.3	3.5	1.5
2004	1642	294	2.3	3.4	1.4
2005	1659	288	2.4	3.3	1.4
2006	1832	320	2.6	3.5	1.6
2007	1941	320	2.7	3.6	1.6
2008	1923	313	2.9	3.6	1.6
2009	1920	309	3.4	3.7	1.7
2010	3853	310	3.7	4.0	1.8
2011	4153	306	3.9	4.0	1.8
2012	4092	302	4.2	4.3	1.8
2013	4224	299	4.5	4.4	1.8

1-4 1994-2013年长春市平均水平主要指标
PER CAPITA MAIN INDICATORS(1994-2013)

年份 Year	人均生产总值（元） Per capita Gross domestic product (yuan)	城市居民人均可支配收入（元） Per capita Urban resident disposable income (yuan)	农村居民人均纯收入（元） Per capita net income of rural resident (yuan)	每一农业人口占有耕地面积（亩） Per capita Cultivated land of rural population(ha)
1994	4618	2756	1300	4.3
1995	5455	3456	1841	4.3
1996	6472	4164	2245	4.2
1997	7223	4702	2280	4.2
1998	8312	4751	2520	4.5
1999	9923	5110	2560	4.1
2000	11550	5568	2568	4.0
2001	13220	6339	2785	4.1
2002	14959	6963	3147	4.1
2003	17147	7905	3411	4.1
2004	19630	8900	3906	4.0
2005	20654	10065	4180	4.0
2006	23618	11358	4480	4.2
2007	28133	12811	4780	4.3
2008	33384	15003	5292	4.2
2009	37753	16072	5662	4.3
2010	43936	17922	6665	4.2
2011	52649	20487	7965	4.4
2012	58691	22967	9064	4.4
2013	66286	26034	10060	4.4

1-4续表1 continued1

年份 Year	每一农业人口生产粮食（公斤） Per capita grainp roduced of rural population(kg)	每一工业职工创造产值（万元） Per capita output value of industrial workers (10000yuan)	每一工业职工实现利税（元） Per capita pre-tax profits of industrial workers (yuan)	每万人口拥有医疗床位数（张） Beds in hospital per 10000 population owned (bed)
1994	1700.0	6.6	5302.4	36.0
1995	1800.0	5.3	5459.2	38.0
1996	1900.0	7.8	4886.9	36.0
1997	1600.0	7.6	5238.5	35.2
1998	2070.0	11.7	9809.0	35.0
1999	1895.0	18.1	1835.9	34.7
2000	1277.0	21.5	29350.0	32.8
2001	1561.8	27.2	35584.0	34.0
2002	1718.1	36.6	50975.6	31.0
2003	1569.1	43.1	55457.1	32.0
2004	1982.9	56.8	55249.2	32.0
2005	1945.4	52.2	33939.4	32.0
2006	1967.4	61.7	49596.5	32.8
2007	1798.9	80.0	85353.9	32.5
2008	2198.7	86.7	87189.3	36.2
2009	1728.1	105.0	124423.5	40.0
2010	1842.0	122.6	162558.6	44.0
2011	1855.0	174.7	243566.1	48.8
2012	2074.9	171.1	224244.3	51.2
2013	2246.5	186.7	248576.4	55.9

1-5 长春市国民经济主要指标占全省比重
PROPORTION OF CHANGCHUN′S NATIONAL ECONOMIC INDICATORS TO JILIN PROVINCE

		全省 Total	长春 Changchun	长春占全省比重（%） Proportion (%)
土地面积（万平方公里）	Land area(10000sq·km)	18.7	2.1	11.2
年末总人口（万人）	Population at year-end(10000 person)	2751.3	752.7	27.4
地区生产总值（亿元）	Gross domestic products(100million yuan)	12981.5	5003.2	38.5
#第三产业（亿元）	Tertiary industry(100million yuan)	4613.9	2012.5	43.6
财政收入（亿元）	Government revenue(100 million yuan)	1157.0	381.8	33.0
工业增加值（亿元）	Gross industrial added value(100million yuan)	6080.3	2103.3	34.6
全社会固定资产投资总额(亿元)	Total investment in fixed assets(100million yuan)	10129.3	3408.4	33.6
社会消费品零售总额(亿元)	Total retail trade of consumer goods(100million yuan)	5426.6	1970.0	36.3
进出口商品总额(亿美元)	Total export and import($100million)	258.5	204.0	78.9
出口商品总额（亿美元）	Export($100million)	67.6	32.9	48.7
接待外国旅游人数(万人次)	Tourists overseas(10000person-time)	110.4	37.8	34.2

1-6 按当年价格计算的地区生产总值
GROSS DOMESTIC PRODUCT(AT CURRENT PRICE)

单位：万元 unit:10000yuan

		绝对额 Absolute number		构成（%） properation	
		2012	2013	2012	2013
地区生产总值	Gross domestic product	44566446	50031808	100	100
第一产业	Primary industry	3170902	3320499	7.1	6.7
第二产业	Secondary industry	22918758	26586503	51.4	53.1
第三产业	Terinary industry	18476786	20124806	41.5	40.2
国（地区）外净要素收入	Net factor income from other areas	1960249	2171956		
国民生产总值	Gross national income	46526695	52203764		

1-7 2013年长春市地区生产总值构成项目

单位：万元

		增加值 Added value
地区生产总值	Gross domestic product	50031808
第一产业	Primary industry	3320499
第二产业	Secondary industry	26586503
工业	Industry	22221393
建筑业	Construction	4365110
第三产业	Terinary industry	20124806
交通运输、仓储及邮政业	Transportation storage, post and telecommunication	2451433
交通运输和仓储业	Transportation and storage	2381285
邮政业	Post services	70148
信息传输、计算机服务和软件业	Information computer and software	1420573
电信和其他信息传输服务业	Telecommunication and other	1147904
批发和零售业	Wholesale, retailtrade	4743528
批发业	Wholesale	773643
零售业	Retail trade	3969885
住宿和餐饮业	Hotel and catering service	886967
住宿业	Hotels	260738
餐饮业	Catering services	626229
金融业	Finance	1756709
银行业	Banking	1539706
证券业	Securities	56497
保险业	Insurance	41621
其他金融活动	Other finance services	118885
房地产业	Real estate	1186233
房地产管理业	Real estate management	73217
房地产开发与经营业	Real estate developing	651708
城市居民自有住房	Urban households owned	290615
农村居民自有住房	Rural households owned	170693
租赁和商务服务业	Lease and service	1802715
科学研究、技术服务和地质勘查业	Scientific research and polytechnic services	766135
水利、环境和公共设施管理业	Water conservancy, environment and public services	160488
居民服务和其他服务业	Resident sevices	945403
教 育	Education	1584123
卫生、社会保障和社会福利业	Health care, sports and social welfare	632383
文化、体育和娱乐业	Culture, sports and recreation services	622964
公共管理和社会组织	Public management and social organization	1165152

COMPOSITION OF GROSS DOMESTIC PRODUCTS(2013)

unit:10000yuan

劳动者报酬 Wages	生产税净额 Net taxes on production	补贴 Subsidies	固定资产折旧 Depreciation in fired assets	营业盈余 Operation surplus
20060352	11593757	402546	8863026	9514673
3057423	23427	745	239649	
9787908	8628207	219069	5018578	3151810
7235546	8057955	218300	4739503	2188389
2552362	570252	769	279075	963421
7215021	2942123	182732	3604799	6362863
571959	182051	161535	891275	806148
527121	178684	161535	882075	793405
44838	3367		9200	12743
373221	116232		438883	492237
296020	76784		420890	354210
1421308	1538255		362468	1421497
169467	449515		64276	90385
1251841	1088740		298192	1331112
218042	77132		177124	414669
75404	26182		143995	15157
142638	50950		33129	399512
496433	207168		81845	971263
350656	147067		69907	972076
30201	19396		4484	2416
84262	22851		5324	-70816
31314	17854		2130	67587
138619	396239		492004	159371
46570	11048		10466	5133
92049	385191		20230	154238
			290615	
			170693	
441579	189090		424761	747285
357083	52900		111594	244558
83625	6188		27131	43544
231427	101347		52342	560287
1269154	13078		208733	93158
463538	11788	21197	107106	49951
281671	21011		79460	240822
867362	29644		150073	118073

1-8 2012-2013年长春市地区生产总值
GROSS DOMESTIC PRODUCT(2012-2013)

单位：万元 unit:10000yuan

		2012		2013	
		绝对额 Absolute number	比上年增长% Indices (per=100)	绝对额 Absolute number	比上年增长% Indices (per=100)
地区生产总值	Gross domestic product	44566446	12.0	50031808	8.3
第一产业	Primary industry	3170902	4.3	3320499	3.5
第二产业	Secondary industry	22918758	13.1	26586503	9.4
工业	Industry	19224837	12.1	22221393	10.0
建筑业	Construction	3693921	18.8	4365110	6.0
第三产业	Terinary industry	18476786	11.8	20124806	7.8
交通运输、仓储及邮政业	Transportation storage, post and telecommunication	2236734	8.9	2451433	8.4
交通运输和仓储业	Transportation and storage	2176676	8.8	2381285	8.3
邮政业	Post services	60058	13.4	70148	12.7
信息传输、计算机服务和软件业	Information computer and software	1297631	12.7	1420573	7.9
电信和其他信息传输服务业	Telecommunication and other	1046986	12.7	1147904	8.0
批发和零售业	Wholesale, retailtrade	4361330	11.1	4743528	7.6
批发业	Wholesale	713893	11.4	773643	7.2
零售业	Retail trade	3647437	11.1	3969885	7.6
住宿和餐饮业	Hotel and catering service	825831	9.0	886967	8.1
住宿业	Hotels	242102	13.0	260738	6.5
餐饮业	Catering services	583729	7.3	626229	8.9
金融业	Finance	1534116	20.6	1756709	13.7
银行业	Banking	1345897	24.8	1539706	13.6
证券业	Securities	49075	-19.2	56497	14.5
保险业	Insurance	41434	-9.8	41621	-0.1
其他金融活动	Other finance services	97710	13.2	118885	20.8
房地产业	Real estate	1154597	11.9	1186233	3.4
房地产管理业	Real estate management	70643	7.9	73217	9.6
房地产开发与经营业	Real estate developing	636505	18.1	651708	1.6
城市居民自有住房	Urban households owned	282070	5.8	290615	4.9
农村居民自有住房	Rural households owned	165379	3.7	170693	5.1
租赁和商务服务业	Lease and service	1626999	18.9	1802715	8.1
科学研究、技术服务和地质勘查业	Scientific research and polytechnic services	705465	5.7	766135	7.8
水利、环境和公共设施管理业	Water conservancy, environment and public services	148600	6.1	160488	6.8
居民服务和其他服务业	Resident sevices	854795	9.2	945403	8.2
教 育	Education	1464069	6.3	1584123	7.1
卫生、社会保障和社会福利业	Health care, sports and social welfare	585042	10.7	632383	6.8
文化、体育和娱乐业	Culture, sports and recreation services	579664	20.7	622964	5.7
公共管理和社会组织	Public management and social organization	1101913	12.1	1165152	4.7

统计资料

STATISTICS

◎ 人口

POPULATION

长春统计年鉴

CHANGCHUN STATISTICAL YEARBOOK

2014

第二篇　人　　口

2013 年，我市户籍人口总数为 752.7 万人，比上年减少 0.56 %。农业人口为 417.6 万人，非农业人口为 335.1 万人。总人口中，男性为 378.9 万人，女性为 373.8 万人，分别占人口总数的 50.33 %和 49.67%。户籍人口出生率、死亡率、自然增长率分别为 9.17‰、4.07‰和 5.10‰ 。

2-1 1994-2013年全市户数与人口
POPULATION AND HOUSEHOLDS(1994-2013)

年份 Year	总户数(户) Households	总人口(人) Population (person)	按地区分 By region		按性别分 By sex		按农业、非农业分 By agriculture	
			市区 City	县(市) County	男 Male	女 Female	农业 Agriculture	非农业 Non-agriculture
1994	1700389	6574999	2237074	4337925	3360547	3214452	4027014	2547985
1995	1729366	6672912	2699569	3973343	3405570	3267342	4054554	2618358
1996	1774578	6767781	2741731	4026050	3448350	3319431	4099379	2668402
1997	1797299	6837875	2788071	4049804	3479853	3358022	4115644	2722231
1998	1828540	6868673	2826890	4041783	3494777	3373896	4101391	2767282
1999	1887580	6912278	2866357	4045921	3516229	3396049	4100246	2812032
2000	1955634	6996354	2928250	4068104	3557370	3438984	4117996	2878358
2001	2005838	7057321	2980185	4077136	3586780	3470541	4120995	2936326
2002	2047139	7125055	3039375	4085680	3624060	3500995	4122300	3002755
2003	2071834	7182348	3100132	4082216	3650591	3531757	4051808	3130540
2004	2108261	7240845	3147366	4093479	3674807	3566038	4061950	3178895
2005	2189007	7314959	3372215	3942744	3706329	3608630	4104222	3210737
2006	2236543	7392561	3487724	3904837	3743788	3648773	4136041	3256520
2007	2317389	7459463	3581301	3878162	3770314	3689149	4169834	3289629
2008	2394247	7525303	3608314	3916989	3799417	3725886	4206770	3318533
2009	2437362	7565065	3623220	3941845	3815302	3749763	4229060	3336005
2010	2474784	7588921	3627536	3961385	3823596	3765325	4243699	3345222
2011	2556925	7617663	3648045	3969618	3835334	3782329	4167543	3450120
2012	2592938	7569037	3629752	3939285	3811781	3757256	4140626	3428411
2013	2661310	7526708	3638156	3888552	3788511	3738197	4176181	3350527

2-2 2013年县(市)区户数与人口
POPULATION AND HOUSEHOLDS BY REGION IN 2013

		总户数(户) Households	总人口(人) Population (person)	按性别分 By sex		按农业、非农业分 By agriculture	
				男 Male	女 Female	农业 Agriculture	非农业 Non-agriculture
总计	Total	2661310	7526708	3788511	3738197	4176181	3350527
市辖区合计	Total district	1346796	3638156	1801503	1836653	1038741	2599415
南关区	Nanguan	251998	702029	341382	360647	98524	603505
宽城区	Kuancheng	232162	597436	297571	299865	233605	363831
朝阳区	Chaoyang	261429	743484	363454	380030	94956	648528
二道区	Erdao	215197	559824	277895	281929	211460	348364
绿园区	Lvyuan	246956	656512	328358	328154	120706	535806
双阳区	Shuangyang	139054	378871	192843	186028	279490	99381
县(市)合计	Total county	1314514	3888552	1987008	1901544	3137440	751112
农安县	Nong' an	355276	1083913	555899	528014	862240	221673
九台市	Jiutai	249626	697514	356479	341035	522631	174883
榆树市	Yushu	268505	831161	422192	408969	682261	148900
德惠市	Dehui	441107	1275964	652438	623526	1070308	205656

2-3 1994-2013年全市人口增减变动

BASIC STATISTICS ON POPULATION CHANGING(1994-2013)

单位:人

unit:person

年份 Year	年平均人口 Average population per year	增加 Increase		减少 Decrease	
		出生 Birth	迁入 Immigrant	死亡 Death	迁出 Emigration
1994	6542683	79918	131550	35214	106767
1995	6623955	83252	118949	32824	87836
1996	6720346	89655	178698	34376	145431
1997	6802828	70108	110922	33726	82135
1998	6853272	51611	99196	34105	85125
1999	6890472	51275	123089	37263	104941
2000	6954316	72167	118519	38603	87096
2001	7026838	51263	119192	32918	85365
2002	7091188	51915	131735	32551	86590
2003	7153702	47149	138354	31981	94280
2004	7211597	64439	125259	34353	96285
2005	7277902	70680	143362	53076	121278
2006	7353760	71912	129371	32829	100289
2007	7426012	79787	121634	32566	105044
2008	7525303	78697	89565	22929	78840
2009	7545184	77521	83531	37155	82833
2010	7576993	79004	74714	50097	79334
2011	7603292	71132	81991	39044	85109
2012	7593350	77423	68445	93736	100629
2013	7547872	69230		30727	

2-4 2013年县(市)区人口增减变动

BASIC STATISTICS ON POPULATION CHANGING BY REGION IN 2013

单位：人

unit:person

		年平均人口 Average population per year	增加 Increase		减少 Decrease	
			出生 Birth	迁入 Tmmigrant	死亡 Death	迁出 Emigration
全市总计	Total	7547872	69230		30727	
市辖区合计	Total district	3633954	35134		19654	
南关区	Nanguan	701910	6852		4178	
宽城区	Kuancheng	594573	6029		3173	
朝阳区	Chaoyang	745446	6672		4041	
二道区	Erdao	557196	5633		3452	
绿园区	Lvyuan	653783	6726		3626	
双阳区	Shuangyang	381045	3222		1184	
县(市)合计	Total county	3913918	34096		11073	
农安县	Nong' an	1094117	9427		2406	
九台市	Jiutai	698968	5933		2481	
榆树市	Yushu	1291856	10727		4272	
德惠市	Dehui	828977	8009		1914	

2-5 2013年非农业人口增减人数
BASIC STATISTICS ON NON-AGRICULTURAL POPULATION CHANGING IN 2013

单位：人　　unit:person

		全市 Total	市区 District	县(市) County (city)
一、年末非农业人口数	Total at year-end	3350527	2599415	751112
二、本年增加的非农业人口	Increase of population this year	110282	88108	22174
1. 出生	Birth	30197	25205	4992
2. 非农业人口迁入	Settle in	42223	36131	6092
3. 农业人口转非农业人口	From agricultural population to non-agricultural	9466	5910	3556
①招生	Recruit students	911	911	
②聘用	Recruit workers	438	197	241
③征用土地	Requisition land	237	237	
④投靠亲属	Run to Relative	3465	2265	1200
⑤落户小城镇	Settle in small town	1138		1138
⑥投资购房	Investment in housing purchase	3279	2300	979
⑦其他	Others			
4. 自港、澳、台和国外迁入	Settle in from Hongkong Macao Taiwan and foreign	36	35	1
5. 退出现役	Demobilized soldier	1064	922	142
6. 刑满释放解除劳教	Release after serving a sentence	60	44	16
7. 其他	Others	27236	19861	7375
三、本年减少的非农业人口	Decrease of population	181051	82570	98481
1. 死亡	Death	21088	15972	5116
2. 非农业人口迁出	Emigration	49583	41682	7901
3. 迁往港、澳、台和国外	To Hongkong Macao Taiwan and foreign	230	219	11
4. 服现役	Join the army	546	422	124
5. 服刑及劳教	Arrest and reeducation through labour			
6. 其他	Others	109604	24275	85329

2-6 1994-2013年全市人口出生率、死亡率、自然增长率
BIRTH RATE, DEATH RATE AND NATURAL GROWTH RATE(1994-2013)

年份 Year	出生率(‰) Birth rate	死亡率(‰) Death rate	自然增长率(‰) Natural growth rate
1994	12.21	5.38	6.83
1995	12.56	4.95	7.61
1996	13.34	5.11	8.22
1997	10.30	4.95	5.34
1998	7.53	4.97	2.55
1999	7.44	5.40	2.03
2000	10.38	5.55	4.83
2001	7.30	4.68	2.61
2002	7.32	4.59	2.73
2003	6.59	4.47	2.12
2004	8.94	4.76	4.17
2005	9.71	7.29	2.42
2006	9.77	4.46	5.31
2007	10.74	4.39	6.36
2008	10.50	3.06	7.44
2009	10.30	4.92	5.35
2010	10.43	6.61	3.82
2011	9.36	5.14	4.22
2012	10.20	12.34	-2.14
2013	9.17	4.07	5.10

2-7 2013年县(市)区人口出生率、死亡率、自然增长率
BIRTH RATE, DEATH RATE AND NATURAL GROWTH RATE BY REGION IN 2013

		出生率(‰) Birth rate	死亡率(‰) Death rate	自然增长率(‰) Natural growth rate
总计	Total	9.17	4.07	5.10
市辖区合计	Total districts	9.67	5.41	4.26
南关区	Nanguan	9.76	5.95	3.81
宽城区	Kuancheng	10.14	5.34	4.80
朝阳区	Chaoyang	8.95	5.42	3.53
二道区	Erdao	10.11	6.20	3.91
绿园区	Lvyuan	10.29	5.55	4.74
双阳区	Shuangyang	8.46	3.11	5.35
县(市)合计	Total counties cities	8.71	2.83	5.88
农安县	Nong' an	8.62	2.20	6.42
九台市	Jiutai	8.49	3.55	4.94
榆树市	Yushu	8.30	3.31	4.99
德惠市	Dehui	9.66	2.31	7.35

2-8 1994-2013年镇人口
POPULATION IN TOWNS(1994-2013)

年份 Year	镇数 Towns(个)	总户数 Households (户)	总人口(人) Population(person)	
			合计 Total	#非农业人口 Non-agriculture
1994	73	625490	2517378	480921
1995	69	557599	2291863	319459
1996	71	589036	2381214	328492
1997	71	599342	2412099	334127
1998	71	609599	2407593	332771
1999	74	645686	2462254	337720
2000	74	676750	2498310	345006
2001	74	801526	2929795	355492
2002	75	822162	2965038	366485
2003	75	823632	2986758	441370
2004	75	850008	3065440	485870
2005	68	932803	3220173	476417
2006	67	911694	3159614	434312
2007	71	1036920	3462174	482436
2008	66	989184	3239889	446073
2009	66	997561	3247261	451788
2010	66	999720	3230214	430396
2011	65	1021572	3221512	522597
2012	66	1038391	3216956	426242
2013	66	1059305	3182354	415838

2-9 2013年县(市)区镇人口
POPULATION IN COUNTY IN 2013

		镇数 Towns (个)	总户数 Households (户)	总人口(人) Population(person)	
				合计 Total	#非农业人口 Non-agriculture
总计	Total	66	1059305	3182354	415838
市辖区合计	Total districts	21	297672	823989	119518
南关区	Nanguan	3	22909	69968	12847
宽城区	Kuancheng	5	95956	271859	46482
朝阳区	Chaoyang	2	18509	48098	4407
二道区	Erdao	5	73756	205221	31943
绿园区	Lvyuan	3	37667	88462	16784
双阳区	Shuangyang	3	48875	140381	7055
县(市)合计	Total counties (cities)	45	761633	2358365	296320
农安县	Nong' an	11	251606	722244	210441
九台市	Jiutai	9	132273	417589	19895
榆树市	Yushu	15	242402	760652	43269
德惠市	Dehui	10	135352	457880	22715

统计资料

STATISTICS

◎ 单位从业人员与劳动报酬

EMPLOYMENT AND WAGE

第三篇　单位从业人员与劳动报酬

2013 年,全市城镇非私营单位从业人员为 126.20 万人,比上年末增加 26.22 万人,增长 26.23%。从经济类型划分上看,国有和集体经济单位所占比重继续下降,其他经济类型单位所占比重仍在上升。2013 年末,我市城镇非私营国有单位从业人员人数为 57.98 万人,占 45.94 %;集体经济单位从业人数 2.08 万人,占 1.65 %;其他经济单位从业人数 66.14 万人,占 52.41 %。

2013 年,全市城镇非私营单位从业人员工资总额为 581.84 亿元,比上年同期增长 26.75 %,其中,国有经济单位 307.59 亿元,增长 25.69 %;集体经济单位 5.96 亿元,同比减少 25.59 %;其他经济单位 268.29 亿元,同比增长 30.05 %。

2013 年全市城镇非私营单位就业人员平均工资 51564 元,比上年增长 11.44 %;在岗职工平均工资 52351 元,比上年增加 5677 元,增长 12.16%。

2013 年从业人数(工资总额)增加较多,系将原属于乡镇企业的规模以上法人单位纳入劳动工资统计范围所致。

3-1 1994-2013年全市非私营单位在岗职工工资总额

TOTAL WAGES OF STAFF AND WORKERS IN NON-PRIVATE UNITS(1994-2013)

单位：千元 unit:1000yuan

年份 Year	国有 State-owned		集体 Collective owned		其他 Others	
	全市 Total	#市区 District	全市 Total	#市区 District	全市 Total	#市区 District
1994	4472521	3742455	1011722	860025	276867	249663
1995	5220027	4423964	1045689	910067	364802	323990
1996	6569798	5592362	1251084	1086908	507483	451905
1997	7123101	6032678	1294877	1121163	658380	572053
1998	6574523	5616192	1040812	929690	932068	838951
1999	6871783	5828124	912084	824582	1348814	1246909
2000	7375814	6281248	960764	883329	1606900	1500715
2001	7529152	6478360	853190	792029	2074950	1920863
2002	8778127	7497443	883896	811997	2700222	2558936
2003	9191194	7846909	797041	722583	3033574	2882323
2004	10061498	8630697	773975	693387	3704129	3539419
2005	10136616	8818260	624595	540620	4273860	4039930
2006	10907523	9476019	623169	549543	5236869	4937691
2007	13691045	11857798	629786	557273	6677494	6352869
2008	15018507	12463127	645458	550119	8034251	7486086
2009	15713196	13553638	745397	607174	10577684	10128067
2010	18110165	15780837	784564	630033	13518177	12892878
2011	20578244	17725860	692474	555296	16679583	15997321
2012	22905754	19417457	718829	526708	17619377	16752500
2013	30758894	26931567	596468	351133	26828912	25114186

3-2 1994-2013全市非私营单位在岗职工平均工资

AVERGE WAGE OF STAFF AND WORKERS IN NON-PRIVATE UNITS(1994-2013)

单位：元 unit:yuan

年份 Year	国有 State-owned		集体 Collective-owned		其他 Others	
	全市 Total	#市区 District	全市 Total	#市区 District	全市 Total	#市区 District
1994	4966	5196	2977	3088	4839	4818
1995	5478	5941	3474	3600	5305	5242
1996	6844	7498	4547	4717	7027	7079
1997	7472	8151	5076	5313	8382	8358
1998	7205	8119	4452	4883	7436	7646
1999	7866	8835	4345	4893	9009	9240
2000	8526	9807	4814	5576	10220	10438
2001	11569	13270	7005	7307	12177	12888
2002	11100	13341	5215	6345	13066	13682
2003	11802	14275	5227	6472	13786	14456
2004	13659	16866	5576	6833	14910	15800
2005	18901	21570	9563	9577	17389	18314
2006	21837	25072	10925	10923	18455	19436
2007	27112	31231	11862	11990	21599	22737
2008	30535	34928	13143	13335	23854	24902
2009	33688	38584	15579	14603	28204	29357
2010	38428	44146	19129	18113	34143	35508
2011	43419	49180	23852	23830	40646	41815
2012	49732	55727	29417	28126	44353	45385
2013	60522	67299	33300	28913	45844	46859

3-3 全市非私营单位从业人员数

单位：人

		总计 Total	
		全市 Total	#市区 District
总计	Total	1262016	1091982
中央单位	Centre unit	246611	239605
省属单位	Provincial unit	104904	98902
市属单位	Unit belong to city	87031	84552
县及县以下单位	Unit below county	140407	41247
(一)农、林、牧、渔业	Farming, forestry, animal husbandry and fishery	11690	2092
1.农业	Farming	1140	564
2.林业	Forestry	1369	330
3.畜牧业	Animal husbandry	682	65
4.渔业	Fishery	40	40
5.农、林、牧、渔服务业	Farming, forestry, animal husbandry and fishery services	8459	1093
(二)采矿业	Mining industry	5760	3102
1.煤炭开采和洗选业	Coal mining and dressing	2669	48
2.石油和天然气开采业	Extraction of petroleum and natural gas	695	658
3.黑色金属矿采选业	Minging and dressing of ferrous metals		
4.有色金属矿采选业	Mining and dressing of nonferrous metals	64	64
5.非金属矿采选业	Mining and dressing of nonmetal mineral products		
6.开采辅助活动	Mining auxiliary activities	2332	2332
7.其他矿采选业	Others		
(三)制造业	Manufacturing	402468	377745
1.农副食品加工业	Food processing	31823	18985
2.食品制造业	Food manufacturing	6634	3004
3.饮料制造业	Beverage manufacturing	4745	2708
4.烟草制品业	Tobacco processing	1456	1456
5.纺织业	Textile industry	1376	1376
6.纺织服装、鞋、帽制造业	Garments, shoes and hats	3029	3004
7.皮革、毛皮、羽毛(绒)及其制品业	Leather, furs, down and related products	76	76
8.木材加工及木、竹、滕、棕草制品业	Timber, bamboo, cane, palm and straw products	8554	8172
9.家具制造业	Furniture	607	607
10.造纸及纸制品业	Paper making and paper products	151	151
11.印刷业和记录媒介的复制	Printing and record medium reproduction	4141	3590
12.文教、工美、体育和娱乐用品制造业	Culture and education、Industrial art、Sports and entertainment products manufacturing	700	700
13.石油加工、炼焦及核燃料加工业	Petroleum processing coking and nuclear processing	814	438
14.化学原料及化学制品制造业	Raw chemical material and chemical products	7409	6083
15.医药制造业	Medical and pharmacutical products	13214	12550
16.化学纤维制造业	Chemical fiber manufacturing	32	32
17.橡胶和塑料制品业	Rubber and Plastic products	5836	5068
18.非金属矿物制品业	Nonmetal mineral products	8311	7227
19.黑色金属冶炼及压延加工业	Smelting and pressing of ferrous metals	1538	1538
20.有色金属冶炼及压延加工业	Smelting and pressing of non-ferrous metals	261	261
21.金属制品业	Metal products	4682	4413
22.通用设备制造业	Ordinary machinery	7471	7154
23.专用设备制造业	Special purpose equipment	5507	5434
24.汽车制造业	Automobile industry	245705	245508

NUMBER OF EMPLOYED PERSONS IN NON-PRIVATE UNITS

unit:person

国有 State-owned		集体 Collective-owned		其他 Others	
全市 Total	#市区 District	全市 Total	#市区 District	全市 Total	#市区 District
579794	465147	20762	14926	661460	611909
246611	239605				
104904	98902				
87031	84552				
140407	41247				
10687	1363	114	39	889	690
679	120	17		444	444
1330	291	39	39		
426	8			256	57
				40	40
8252	944	58		149	149
170	170			5590	2932
48	48			2621	
114	114			581	544
8	8			56	56
				2332	2332
151313	150861	3953	3475	247202	223409
46	46	365	365	31412	18574
416	416	26	26	6192	2978
		5	5	4740	2703
1456	1456				
10	10	11	11	1355	1355
49	49	135	110	2845	2845
33	33			43	43
		159	120	8395	8052
		1	1	606	606
				151	151
204	204	711	508	3226	2878
		27	27	673	673
				814	438
39	39	17	17	7353	6027
608	579			12606	11971
				32	32
90	90	177	27	5569	4951
804	804	91	91	7416	6332
152	152	73	73	1313	1313
				261	261
		86	86	4596	4327
860	860	252	252	6359	6042
826	826	54	31	4627	4577
145290	145283	598	598	99817	99627

3-3续表1 continued1

		总计 Total	
		全市 Total	#市区 District
25.铁路、船舶、航空航天和其他运输设备制造业	Railway、Ship、aerospace and other Transportation Equipment	23139	23071
26.电气机械及器材制造业	Electric equipment and machinery	4663	4625
27.计算机、通信及其他电子设备制业	Computer and Telecommunication equipment adn other electronic equipment	3369	3369
28.仪器仪表制造业	Instruments, meters	7023	7023
29.其他制造业	Others	150	70
30.废弃资源综合利用业	Comperehensive untilization of waste resources	52	52
31.金属制品、机械和设备修理业	Metal products、machinery、Equipment repair industry		
(四)电力、燃气及水的生产和供应业	Electric power, gas and water production and supply	68830	62535
1.电力、热力的生产和供应业	Eleatrlc Power, and Head Power Production and Supply	61281	56444
2.燃气生产和供应业	Production and supply of gas	2014	2014
3.水的生产和供应业	Production and supply of water	5535	4077
(五)建筑业	Construction	154498	142897
1.房屋和土木工程建筑业	Building and civil construction	84990	77507
2.建筑安装业	Installment	39965	36041
3.建筑装饰业	Decoration	15965	15771
4.其他建筑业	Others	13578	13578
(六)批发和零售业	Wholesale and retail trade	56006	49475
1.批发业	Wholesale	19878	18000
2.零售业	Retail trade	36128	31475
(七)交通运输、仓储及邮政业	Transportation, storage, post and telecommunication	46136	41713
1.铁路运输业	Railway transportation	109	109
2.道路运输业	Highway transportation	25618	23365
3.水上运输业	Waterway		
4.航空运输业	Air transportation	4787	4787
5.管道运输业	Pipeline transportation	1085	1085
6.装卸搬运和其他运输服务业	Handling and other transportation services	1022	1022
7.仓储业	Storage	5297	3918
8.邮政业	Post services	8218	7427
(八)住宿和餐饮业	Hotel and catering services	19819	19490
1.住宿业	Hotels	12532	12361
2.餐饮业	Catering services	7287	7129
(九)信息传输、软件和信息技术服务业	Information transmission、software、information technology services	37272	35127
1.电信、广播电视和卫星传输服务	Telecommunication、radio and television and satellite transmission services	31279	29134
2.互联网相关服务	Internet and related service	604	604
3.软件和信息技术服务业	Software and information technology services	5389	5389
(十)金融业	Finance	41873	35547
1.货币金融服务业	Monetary and financial services	30787	24864
2.资本市场服务业	Capital market services	2826	2826
3.保险业	Insurance	7987	7584
4.其他金融活动	Other finance services	273	273
(十一)房地产业	Real estate	29547	27812
其中：1.房地产开发经营	Real estate developing and management	10203	9510
2.房地产管理	Real estate management	16279	15843
3.房地产中介服务	Medium services	1090	1052
(十二)租赁和商务服务业	Leasing and services	30512	29421

单位：人 unit:person

国有 State-owned		集体 Collective-owned		其他 Others	
全市 Total	#市区 District	全市 Total	#市区 District	全市 Total	#市区 District
		422	422	22717	22649
126	126	728	690	3809	3809
268	268			3101	3101
20	20			7003	7003
				150	70
16	16	15	15	21	21
15818	11755			53012	50780
11338	8407			49943	48037
18	18			1996	1996
4462	3330			1073	747
13217	12784	1513	1391	139768	128722
5746	5746	409	409	78835	71352
6991	6558	756	634	32218	28849
245	245	214	214	15506	15312
235	235	134	134	13209	13209
7232	5452	664	427	48110	43596
6234	4604	431	278	13213	13118
998	848	233	149	34897	30478
21371	18717	177	177	24588	22819
				109	109
10000	9502	143	143	15475	13720
4660	4660			127	127
				1085	1085
346	346			676	676
2320	955	34	34	2943	2929
4045	3254			4173	4173
5565	5451	529	529	13725	13510
4804	4736	301	301	7427	7324
761	715	228	228	6298	6186
12096	10376	7	7	25169	24744
11782	10062			19497	19072
109	109			495	495
205	205	7	7	5177	5177
15661	12979	2671		23541	22568
13018	10676	2671		15098	14188
841	841			1985	1985
1680	1340			6307	6244
122	122			151	151
3076	2424	183	183	26288	25205
54	2	11	11	10138	9497
1361	1361	167	167	14751	14315
38		5	5	1047	1047
9653	8913	797	797	20062	19711

3-3续表2 continued2

		总计 Total	
		全市 Total	#市区 District
1.租赁业	Leaseing	452	452
2.商务服务业	Services	30060	28969
(十三)科学研究、技术服务业	Scientific research technical services	42035	39239
1.研究与试验发展	Scientific research	10876	10876
2.专业技术服务业	Technical services	29446	27032
3.科技交流和应用服务业	Science and technology popularization and Application Services	1713	1331
(十四)水利、环境和公共设施管理业	Water conservancy, environment and public services	28143	21761
1.水利管理业	Water conservancy	5561	2513
2.生态保护和环境管理业	Ecological protection and Environment governance industry	284	192
3.公共设施管理业	Public management	22298	19056
(十五)居民服务、修理和其他服务业	Resident services、repair and other services	6517	6333
1.居民服务业	Resident services	1398	1214
2.机动车、电子产品和日常产品修理业	Motor vehicle、Electronics and daily consumer products repairing	1020	1020
2.其他服务业	Other social services	4099	4099
(十六)教育	Education	127337	82505
其中:1.初等教育	Primary education	35610	11423
2.中等教育	Secondary education	43539	24224
3.高等教育	Higher education	41198	41198
(十七)卫生和社会工作	Health and social work	55618	42652
1.卫生	Health care	54394	41623
2.社会工作	Social work	1224	1029
(十八)文化、体育和娱乐业	Culture, sports and recreation services	17721	16079
1.新闻出版业	News publishing	7477	7477
2.广播、电影、电视和影视录音制作业	Broadcast、TV、movies and video recording industry	3876	3082
3.文化艺术业	Culture and art	4225	3426
4.体育	Sports	1377	1337
5.娱乐业	Recreation services	766	757
(十九)公共管理、社会保障和社会组织	Public management、social security、social organization	80234	56457
其中:1.中国共产党机关	Chinese communist party	2667	2040
2.国家机构	State organs	74176	51715
3.人民政协和民主党派	Political consultation and democratic party	594	501
4.社会保障	Social security	934	636
5.群众团体、社会团体和其他成员组织	The community、social organization and other members	1796	1498

单位：人 unit:person

国有 State-owned		集体 Collective-owned		其他 Others	
全市 Total	#市区 District	全市 Total	#市区 District	全市 Total	#市区 District
35	35			417	417
9618	8878	797	797	19645	19294
31319	28556	281	278	10435	10405
10570	10570	6	6	300	300
19678	17297	275	272	9493	9463
1071	689			642	642
18788	12817	5912	5558	3443	3386
5356	2429	121		84	84
219	184			65	8
13213	10204	5791	5558	3294	3294
1528	1344	744	744	4245	4245
687	503	355	355	356	356
248	248	48	48	724	724
593	593	341	341	3165	3165
119707	74875	346	346	7284	7284
34813	10626	314	314	483	483
41477	22162	1	1	2061	2061
37838	37838			3360	3360
50020	38909	2583	796	3015	2947
48999	38083	2583	796	2812	2744
1021	826			203	203
12553	11078	102	73	5066	4928
3764	3764	50	50	3663	3663
3208	2541			668	541
3995	3236	29		201	190
1244	1204			133	133
342	333	23	23	401	401
80020	56323	186	106	28	28
2667	2040				
73990	51609	186	106		
594	501				
934	636				
1768	1470			28	28

3-4 全市非私营单位从业人员工资总额

单位：千元

		总计 Total	
		全市 Total	#市区 District
总计	Total	66000410	59958640
中央单位	Centre unit	19994745	19662636
省属单位	Provincial unit	5289716	5057893
市属单位	Unit belong to city	4117349	4038207
县及县以下单位	Unit below county	4965958	1729686
(一)农、林、牧、渔业	Farming, forestry, animal husbandry and fishery	371408	91371
1. 农业	Farming	36285	22021
2. 林业	Forestry	37892	11523
3. 畜牧业	Animal husbandry	21120	2192
4. 渔业	Fishery	1640	1640
5. 农、林、牧、渔服务业	Farming, forestry, animal husbandry and fishery services	274471	53995
(二)采矿业	Mining industry	336066	197852
1. 煤炭开采和洗选业	Coal mining and dressing	138340	1211
2. 石油和天然气开采业	Extraction of petroleum and natural gas	33934	32849
3. 黑色金属矿采选业	Minging and dressing of ferrous metals		
4. 有色金属矿采选业	Mining and dressing of nonferrous metals	3807	3807
5. 非金属矿采选业	Mining and dressing of nonmetal mineral products		
6. 开采辅助活动	Minging auxiliary activities	159985	159985
7. 其他矿采选业	Others		
(三)制造业	Manufacturing	23817797	23039205
1. 农副食品加工业	Food processing	1113738	682640
2. 食品制造业	Food manufacturing	181365	89427
3. 酒、饮料和精致茶制造业	Wine、drinks and Refined tea Industry	227042	139023
4. 烟草制品业	Tobacco processing	135969	135969
5. 纺织业	Textile industry	38630	38630
6. 纺织服装、服饰业	Textile and garment、Clothing industry	88186	87931
7. 皮革、毛皮、羽毛(绒)及其制品和制鞋业	Leather、furs、feather and their products	1481	1481
8. 木材加工及木、竹、滕、棕草制品业	Timber, bamboo, cane, palm and straw products	86112	74915
9. 家具制造业	Furniture	13622	13622
10. 造纸及纸制品业	Paper making and paper products	3658	3658
11. 印刷业和记录媒介的复制	Printing and record medium reproduction	129799	117277
12. 文教、工美、体育和娱乐用品制造业	Culture and education、Industrial art、Sports and entertainment products manufacturing	29061	29061
13. 石油加工、炼焦及核燃料加工业	Petroleum processing coking and nuclear processing	27882	17684
14. 化学原料及化学制品制造业	Raw chemical material and chemical products	387870	349278
15. 医药制造业	Medical and pharmacutical products	527513	508415
16. 化学纤维制造业	Chemical fiber manufacturing	1228	1228
17. 橡胶和塑料制品业	Rubber adn Plastic products	239665	215769
18. 非金属矿物制品业	Nonmetal mineral products	285132	249853
19. 黑色金属冶炼及压延加工业	Smelting and pressing of ferrous metals	68435	68435
20. 有色金属冶炼及压延加工业	Smelting and pressing of non-ferrous metals	11591	11591
21. 金属制品业	Metal products	188455	183655
22. 通用设备制造业	Ordinary machinery	351195	345734
23. 专用设备制造业	Special purpose equipment	217442	216136
24. 汽车制造业	Automobile industry	17253579	17251545

TOTAL WAGES OF EMPLOYED PERSONS IN NON-PRIVATE UNITS

unit:1000yuan

国有 State-owned		集体 Collective-owned		其他 Others	
全市 Total	#市区 District	全市 Total	#市区 District	全市 Total	#市区 District
34410006	30530660	658453	410651	30931951	29017329
19994745	19662636				
5289716	5057893				
4117349	4038207				
4965958	1729686				
333260	61942	3204	1477	34944	27952
17688	3867	443		18154	18154
36415	10046	1477	1477		
12321	385			8799	1807
				1640	1640
266836	47644	1284		6351	6351
8560	8560			327506	189292
1211	1211			137129	
6854	6854			27080	25995
495	495			3312	3312
				159985	159985
12406066	12396366	118395	107111	11293336	10535728
1315	1315	5412	5412	1107011	675913
8467		845	845	172053	88582
		238	238	226804	138785
135969	135969				
201	201	242	242	38187	38187
1396	1396	2257	2002	84533	84533
999	999			482	482
		4994	4222	81118	70693
		13	13	13609	13609
				3658	3658
6523	6523	23207	17837	100069	92917
		1527	1527	27534	27534
				27882	17684
1353	1353	274	274	386243	347651
22483	21462			505030	486953
				1228	1228
4271	4271	4030	280	231364	211218
21309	21309	1919	1919	261904	226625
2600	2600	1400	1400	64435	64435
				11591	11591
		2420	2420	186035	181235
23444	23444	6801	6801	320950	315489
30556	30556	1058	836	185828	184744
12117779	12117567	15564	15564	5120236	5118414

3-4续表1 continued1

		总计 Total	
		全市 Total	#市区 District
25.铁路、船舶、航空航天和其他运输设备制造业	Railway、Ship、aerospace and other Transportation Equipment Manufacturing	1561055	1560166
26.电气机械及器材制造业	Electric equipment and machinery	197778	196863
27.通信设备计算机及其他电子设备制业	Computer and telecommunication equipment and other electronic equipment	121767	121767
28.仪器仪表制造业	Instruments, meters	323741	323741
29.其他制造业	Others	2826	1731
30.废弃资源综合利用业	Comperhensive utilization of waste resoruces	1980	1980
31.金属制品、机械和设备修理业	Mteal products、machinery、Equipment repair industry		
(四)电力、燃气及水的生产和供应业	Electric power, gas and water production and supply	4249773	3965437
1.电力、热力生产和供应业	Eleatrlc Power, and Head Power Production and Supply	3926871	3665506
2.燃气生产和供应业	Production and supply of gas	104381	104381
3.水的生产和供应业	Production and supply of water	218521	195550
(五)建筑业	Construction	6871592	6261732
1.房屋建筑业	Building construction	4437008	3919414
2.土木工程建筑业	Civil construction	1277859	1189345
3.建筑安装业	Installment	574471	570719
4.建筑装饰业其他建筑业	Decoration and Others	582254	582254
(六)批发和零售业	Wholesale and retail trade	2092213	1885117
1.批发业	Wholesale	876205	803957
2.零售业	Retail trade	1216008	1081160
(七)交通运输、仓储及邮政业	Transportation, storage, post and telecommunication	2031221	1917136
1.铁路运输业	Railway transportation	9789	9789
2.道路运输业	Highway transportation	949582	899401
3.水上运输业	Waterway		
4.航空运输业	Air transportation	438533	438533
5.管道运输业	Pipeline transportation	83047	83047
6.装卸搬运和其他运输代理业	Handling and other transportation services	39377	39377
7.仓储业	Storage	176751	144163
8.邮政业	Post services	334142	302826
(八)住宿和餐饮业	Hotel and catering services	563972	555997
1.住宿业	Hotels	375615	371016
2.餐饮业	Catering services	188357	184981
(九)信息传输、软件和信息技术服务业	Information、softwaer、information technology service	1912286	1838555
1.电信、广播电视和卫星传输服务	Telecommunication、radio and television and satellite transmission services	1630360	1556629
2.互联网和相关服务	Internet and telated service	24954	24954
3.软件和信息技术服务业	Software and information technology services	256972	256972
(十)金融业	Finance	3687108	3329362
1.货币金融服务业	Monetary and financial services	3136874	2790103
2.资本市场服务业	Capital market services	211730	211730
3.保险业	Insurance	303030	292055
4.其他金融活动	Other finance services	35474	35474
(十一)房地产业	Real estate	1337881	1294281
其中:房地产开发与经营业	Real estate developing and management	690656	668856
房地产管理	Real estate management	514141	505826
房地产中介服务	Medium services	48699	47367
(十二)租赁和商务服务业	Leasing and services	1206080	1185969

单位：千元unit:1000yuan

国有 State-owned		集体 Collective-owned		其他 Others	
全市 Total	#市区 District	全市 Total	#市区 District	全市 Total	#市区 District
		21128	21128	1539927	1539038
3645	3645	24451	23536	169682	169682
22575	22575			99192	99192
644	644			323097	323097
				2826	1731
537	537	615	615	828	828
916386	761631			3333387	3203806
735784	595385			3191087	3070121
1925	1925			102456	102456
178677	164321			39844	31229
505571	500129	31013	28247	6335008	5733356
248830	248830	6906	6906	4181272	3663678
234491	229049	10871	8105	1032497	952191
12763	12763	9559	9559	552149	548397
9487	9487	3677	3677	569090	569090
395900	320033	15912	11045	1680401	1554039
353549	287340	11672	8312	510984	508305
42351	32693	4240	2733	1169417	1045734
1153976	1076635	4303	4303	872942	836198
				9789	9789
438356	424491	3431	3431	507795	471479
434548	434548			3985	3985
				83047	83047
14134	14134			25243	25243
74543	42383	872	872	101336	100908
192395	161079			141747	141747
161420	159504	14153	14153	388399	382340
135775	134679	8940	8940	230900	227397
25645	24825	5213	5213	157499	154943
625374	568765	309	309	1286603	1269481
612172	555563			1018188	1001066
5355	5355			19599	19599
7847	7847	309	309	248816	248816
1450887	1304398	162145		2074076	2024964
1345169	1208058	162145		1629560	1582045
32031	32031			179699	179699
59463	50085			243567	241970
14224	14224			21250	21250
113013	98459	4110	4110	1220758	1191712
1164	24	265	265	689227	668567
47867	47867	3698	3698	462576	454261
1332		147	147	47220	47220
375664	361675	24240	24240	806176	800054

3-4续表2 continued2

		总计 Total	
		全市 Total	#市区 District
1. 租赁业	Leaseing	15090	15090
2. 商务服务业	Services	1190990	1170879
(十三)科学研究、技术服务	Scientific research technical services	2478158	2394104
1. 研究与试验发展	Scientific research	674257	674257
2. 专业技术服务业	Technical services	1725860	1653868
3. 科技推广和应用服务业	Science and technology popularization and application services	78041	65979
(十四)水利、环境和公共设施管理业	Water conservancy, environment and public services	754711	617695
1. 水利管理业	Water conservancy	188758	117830
2. 环境管理业	Environment	11702	8563
3. 公共设施管理业	Public management	554251	491302
(十五)居民服务和其他服务业	Resident services and other services	200415	194864
1. 居民服务业	Resident services	71444	65893
2. 机动车、电子产品和日用产品修理业	Motor vehicle、Electronics and daily consumer products repairing	33633	33633
3. 其他服务业	Other social services	95338	95338
(十六)教育	Education	6325022	4657196
其中:1. 初等教育	Primary education	1397888	512339
2. 中等教育	Secondary education	1898459	1164136
3. 高等教育	Higher education	2741304	2741304
(十七)卫生和社会工作	Health and social work	3115137	2729208
1. 卫生	Health care	3070023	2689985
2. 社会工作	Social work	45114	39223
(十八)文化、体育和娱乐业	Culture, sports and recreation services	690798	640694
1. 新闻出版业	News publishing	273106	273106
2. 广播、电视、电影和影视录音制作	Broadcast、TV、movies and video recording industry	148448	123742
3. 文化艺术业	Culture and art	178564	154838
4. 体育	Sports	59657	58227
5. 娱乐业	Recreation services	31023	30781
(十九)公共管理、社会保障和社会组织	Public administration、social security、social organizations	3958772	3162865
其中:1. 中国共产党机关	Chinese communist party	152018	129343
2. 国家机构	State organs	3632816	2881550
3. 人民政协和民主党派	Political consultation and democratic party	35049	31683
4. 社会保障	Social security	49131	40003
5. 群众团体、社会团体和宗教组织	Multitude organizations social organizations and religious organizations	87594	78122

单位：千元unit:1000yuan

国有 State-owned		集体 Collective-owned		其他 Others	
全市 Total	#市区 District	全市 Total	#市区 District	全市 Total	#市区 District
1531	1531			13559	13559
374133	360144	24240	24240	792617	786495
1916088	1832794	24856	24843	537214	536467
661628	661628	120	120	12509	12509
1206977	1135745	24736	24723	494147	493400
47483	35421			30558	30558
538930	413856	125155	115173	90626	88666
183177	115315	3066		2515	2515
9454	8275			2248	288
346299	290266	122089	115173	85863	85863
78589	73038	23198	23198	98628	98628
46204	40653	14621	14621	10619	10619
8466	8466	848	848	24319	24319
23919	23919	7729	7729	63690	63690
6028403	4360577	12538	12538	284081	284081
1360122	474573	11360	11360	26406	26406
1812534	1078211	36	36	85889	85889
2610539	2610539			130765	130765
2931482	2599728	82203	30339	101452	99141
2892935	2567072	82203	30339	94885	92574
38547	32656			6567	6567
523048	478247	2033	1720	165717	160727
162841	162841	958	958	109307	109307
122235	102209			26213	21533
170147	147044	313		8104	7794
55508	54078			4149	4149
12317	12075	762	762	17944	17944
3947389	3154323	10686	7845	697	697
152018	129343				
3622130	2873705	10686	7845		
35049	31683				
49131	40003				
86897	77425			697	697

3-5 全市非私营单位从业人员平均工资

单位：元

		总计 Total	
		全市 Total	#市区 District
总计	Total	51564	54420
(一)农、林、牧、渔业	Farming, forestry, animal, husbandry and fishery	31701	43676
(二)采矿业	Mining industry	55210	57432
(三)制造业	Manufacturing	60547	62487
(四)电力、热力、燃气及水生产和供应业	Electric power, heat, gas and water production and supply	62092	63803
(五)建筑业	Construction	37422	38202
(六)批发和零售业	Wholesale and retail trade	37756	38562
(七)交通运输、仓储及邮政业	Transportation, storage, post and telecommunication	43647	45517
(八)住宿和餐饮业	Hotels and catering services	27782	27899
(九)信息传输、软件和信息技术服务业	Information transmission、software、information technology services	51151	52175
(十)金融业	Finance	90679	96801
(十一)房地产业	Real estate	45721	46928
(十二)租赁和商务服务业	Leasing and services	38535	39251
(十三)科学研究、技术服务业	Scientific research technical services	59813	61967
(十四)水利、环境和公共设施管理业	Water conservancy, environment and public facilities management	27083	28726
(十五)居民服务、修理和其他服务业	Resident service、repair and other service	31661	31706
(十六)教育	Education	49823	56777
(十七)卫生和社会工作	Health and social work	57124	65658
(十八)文化、体育和娱乐业	Culture, sports and recreation services	37943	38680
(十九)公共管理社会保障和社会组织	public administration、social security、social organization	49150	55813

AVERAGE WAGE OF EMPLOYED PERSONS IN NON-PRIVATE UNITS

unit:yuan

国有 State-owned		集体 Collective-owned		其他 Others	
全市 Total	#市区 District	全市 Total	#市区 District	全市 Total	#市区 District
60183	66822	31737	27477	44994	46064
31044	44595	28105	37872	40304	42096
49480	49480			55378	57852
86340	86547	29710	30377	45963	47470
58845	66212			63049	63256
35217	35918	20983	20831	37755	38574
55193	59342	23679	25391	35326	36093
53791	57262	24174	24174	35048	36138
28171	28611	22976	22976	27834	27831
50959	53911	44143	44143	51247	51436
93751	101771	61187		92038	93848
36944	40871	24909	24909	46884	47657
38538	40159	29170	29170	38910	39261
62259	65429	90058	91000	51755	51833
28931	32649	21571	21144	26368	26233
51806	54792	30524	30524	24335	24335
50452	58481	36768	36768	39893	39893
60022	68896	31800	38259	32642	32612
41075	42477	20129	23889	30854	30714
49136	55788	57452	74009	31682	31682

3-6 全市非私营单位在岗职工人数

单位：人

		总计 Total	
		全市 Total	#市区 District
总计	Total	1058784	900075
中央单位	Centre unit	186466	180248
省属单位	Provincial unit	98069	92221
市属单位	Unit belong to city	75189	72831
县及县以下单位	Unit below county	135535	37821
(一)农、林、牧、渔业	Farming, forestry, animal husbandry and fishery	11682	2084
1. 农业	Farming	1139	563
2. 林业	Forestry	1369	330
3. 畜牧业	Animal husbandry	682	65
4. 渔业	Fishery	40	40
5. 农、林、牧、渔服务业	Farming, forestry, animal husbandry and fishery services	8452	1086
(二)采矿业	Mining industry	5191	2652
1. 煤炭开采和洗选业	Coal mining and dressing	2550	48
2. 石油和天然气开采业	Extraction of petroleum and natural gas	683	646
3. 黑色金属矿采选业	Minging and dressing of ferrous metals		
4. 有色金属矿采选业	Mining and dressing of nonferrous metals	60	60
5. 非金属矿采选业	Mining and dressing of nonmetal mineral products		
6. 开采辅助活动	Minging auxiliary activities	1898	1898
7. 其他矿采选业	Others		
(三)制造业	Manufacturing	325021	302868
1. 农副食品加工业	Food processing	29410	18639
2. 食品制造业	Food manufacturing	6541	2959
3. 酒、饮料和精致茶制造业	Wine、drinks and Refined tea Industry	4584	2708
4. 烟草制品业	Tobacco processing	1173	1173
5. 纺织业	Textile industry	1283	1283
6. 纺织服装、服饰业	Textile and garment、Clothing industry	2991	2966
7. 皮革、毛皮、羽毛(绒)及其制品和制鞋业	Leather、furs、feather and their products	76	76
8. 木材加工及木、竹、滕、棕草制品业	Timber, bamboo, cane, palm and straw products	7252	6870
9. 家具制造业	Furniture	607	607
10. 造纸及纸制品业	Paper making and paper products	151	151
11. 印刷业和记录媒介的复制	Printing and record medium reproduction	4107	3556
12. 文教、工美、体育和娱乐用品制造业	Culture and education、Industrial art、Sports and entertainment products manufacturing	700	700
13. 石油加工、炼焦及核燃料加工业	Petroleum processing coking and nuclear processing	807	431
14. 化学原料及化学制品制造业	Raw chemical material and chemical products	6868	5542
15. 医药制造业	Medical and pharmacutical products	12639	11975
16. 化学纤维制造业	Chemical fiber manufacturing	32	32
17. 橡胶和塑料制品业	Rubber adn Plastic products	5249	4481
18. 非金属矿物制品业	Nonmetal mineral products	7922	6863
19. 黑色金属冶炼及压延加工业	Smelting and pressing of ferrous metals	1281	1281
20. 有色金属冶炼及压延加工业	Smelting and pressing of non-ferrous metals	244	244
21. 金属制品业	Metal products	4200	4200
22. 通用设备制造业	Ordinary machinery	6769	6452
23. 专用设备制造业	Special purpose equipment	5299	5226
24. 汽车制造业	Automobile industry	178991	178794

NUMBER OF STAFF AND WORKERS IN NON-PRIVATE UNITS

unit:person

国有 State-owned		集体 Collective-owned		其他 Others	
全市 Total	#市区 District	全市 Total	#市区 District	全市 Total	#市区 District
496078	383940	17781	12065	544925	504070
186466	180248				
98069	92221				
75189	72831				
135535	37821				
10680	1356	114	39	888	689
679	120	17		443	443
1330	291	39	39		
426	8			256	57
				40	40
8245	937	58		149	149
164	164			5027	2488
48	48			2502	
108	108			575	538
8	8			52	52
				1898	1898
104425	103973	3856	3378	216740	195517
46	46	365	365	28999	18228
416		26	26	6099	2933
		5	5	4579	2703
1173	1173				
10	10	11	11	1262	1262
49	49	135	110	2807	2807
33	33			43	43
		159	120	7093	6750
		1	1	606	606
				151	151
204	204	707	504	3196	2848
		27	27	673	673
				807	431
39	39	17	17	6812	5486
608	579			12031	11396
				32	32
90	90	174	24	4985	4367
657	657	91	91	7174	6115
152	152	71	71	1058	1058
				244	244
		86	86	4114	4114
734	734	238	238	5797	5480
740	740	54	31	4505	4455
99064	99057	598	598	79329	79139

3-6续表1continued1

		总计 Total	
		全市 Total	#市区 District
25.铁路、船舶、航空航天和其他运输设备制造业	Railway、Ship、aerospace and other Transportation Equipment Manufacturing	21911	21843
26.电气机械及器材制造业	Electric equipment and machinery	3892	3854
27.通信设备计算机及其他电子设备制业	Computer and telecommunication equipment and other electronic equipment	3170	3170
28.仪器仪表制造业	Instruments, meters	6670	6670
29.其他制造业	Others	150	70
30.废弃资源综合利用业	Comperhensive utilization of waste resoruces	52	52
31.金属制品、机械和设备修理业	Mteal products、machinery、Equipment repair industry		
(四)电力、燃气及水的生产和供应业	Electric power, gas and water production and supply	63124	57289
1.电力、热力生产和供应业	Eleatrlc Power, and Head Power Production and Supply	55839	51295
2.燃气生产和供应业	Production and supply of gas	2014	2014
3.水的生产和供应业	Production and supply of water	5271	3980
(五)建筑业	Construction	96661	90489
1.房屋建筑业	Building construction	41237	38350
2.土木工程建筑业	Civil construction	32848	29757
3.建筑安装业	Installment	12979	12785
4.建筑装饰业其他建筑业	Decoration and Others	9597	9597
(六)批发和零售业	Wholesale and retail trade	52940	46605
1.批发业	Wholesale	18618	16900
2.零售业	Retail trade	34322	29705
(七)交通运输、仓储及邮政业	Transportation, storage, post and telecommunication	36183	32132
1.铁路运输业	Railway transportation	109	109
2.道路运输业	Highway transportation	19019	16862
3.水上运输业	Waterway		
4.航空运输业	Air transportation	4690	4690
5.管道运输业	Pipeline transportation	1028	1028
6.装卸搬运和其他运输代理业	Handling and other transportation services	857	857
7.仓储业	Storage	4954	3654
8.邮政业	Post services	5526	4932
(八)住宿和餐饮业	Hotel and catering services	18327	18001
1.住宿业	Hotels	12168	12000
2.餐饮业	Catering services	6159	6001
(九)信息传输、软件和信息技术服务业	Information、softwaer、information technology services	27811	26114
1.电信、广播电视和卫星传输服务	Telecommunication、radio and television and satellite transmission services	22255	20558
2.互联网和相关服务	Internet and telated service	604	604
3.软件和信息技术服务业	Software and information technology services	4952	4952
(十)金融业	Finance	35919	30025
1.货币金融服务业	Monetary and financial services	28206	22540
2.资本市场服务业	Capital market services	2749	2749
3.保险业	Insurance	4719	4491
4.其他金融活动	Other finance services	245	245
(十一)房地产业	Real estate	25478	23789
其中:房地产开发与经营业	Real estate developing and management	9829	9182
房地产管理	Real estate management	12635	12199
房地产中介服务	Medium services	1087	1049
(十二)租赁和商务服务业	Leasing and services	25318	24249

单位：人unit:person

国有 State-owned		集体 Collective-owned		其他 Others	
全市 Total	#市区 District	全市 Total	#市区 District	全市 Total	#市区 District
		348	348	21563	21495
126	126	728	690	3038	3038
248	248			2922	2922
20	20			6650	6650
				150	70
16	16	15	15	21	21
13346	9593			49778	47696
9033	6245			46806	45050
18	18			1996	1996
4295	3330			976	650
6649	6223	1137	1015	88875	83251
779	779	93	93	40365	37478
5467	5041	746	624	26635	24092
196	196	214	214	12569	12375
207	207	84	84	9306	9306
6489	4858	639	402	45812	41345
5625	4144	407	254	12586	12502
864	714	232	148	33226	28843
14263	11885	177	177	21743	20070
				109	109
4216	3718	143	143	14660	13001
4563	4563			127	127
				1028	1028
206	206			651	651
2116	830	34	34	2804	2790
3162	2568			2364	2364
5473	5359	495	495	12359	12147
4712	4644	268	268	7188	7088
761	715	227	227	5171	5059
9494	8088	7	7	18310	18019
9181	7775			13074	12783
109	109			495	495
204	204	7	7	4741	4741
14282	11827	2561		19076	18198
12143	9867	2561		13502	12673
841	841			1908	1908
1198	1019			3521	3472
100	100			145	145
3047	2402	183	183	22248	21204
46	1	11	11	9772	9170
1354	1354	167	167	11114	10678
38		5	5	1044	1044
9328	8606	781	781	15209	14862

3-6续表2 continued2

		总计 Total	
		全市 Total	#市区 District
1.租赁业	Leaseing	432	432
2.商务服务业	Services	24886	23817
(十三)科学研究、技术服务	Scientific research technical services	37734	34955
1.研究与试验发展	Scientific research	10438	10438
2.专业技术服务业	Technical services	25668	23271
3.科技推广和应用服务业	Science and technology popularization and application services	1628	1246
(十四)水利、环境和公共设施管理业	Water conservancy,environment and public services	22768	16390
1.水利管理业	Water conservancy	5559	2511
2.环境管理业	Environment	280	192
3.公共设施管理业	Public management	16929	13687
(十五)居民服务和其他服务业	Resident services and other services	4032	3848
1.居民服务业	Resident services	1388	1204
2.机动车、电子产品和日用产品修理业	Motor vehicle、Electronics and daily consumer products repairing	1020	1020
3.其他服务业	Other social services	1624	1624
(十六)教育	Education	122368	78253
其中:1.初等教育	Primary education	35065	11166
2.中等教育	Secondary education	42070	23162
3.高等教育	Higher education	38536	38536
(十七)卫生和社会工作	Health and social work	52901	40004
1.卫生	Health care	51688	38986
2.社会工作	Social work	1213	1018
(十八)文化、体育和娱乐业	Culture, sports and recreation services	16706	15064
1.新闻出版业	News publishing	7249	7249
2.广播、电视、电影和影视录音制作业	Broadcast、TV、movies and video recording industry	3435	2641
3.文化艺术业	Culture and art	4092	3293
4.体育	Sports	1340	1300
5.娱乐业	Recreation services	590	581
(十九)公共管理、社会保障和社会组织	Public administration、social security、social organizations	78620	55264
其中：1.中国共产党机关	Chinese communist party	2661	2034
2.国家机构	State organs	72822	50782
3.人民政协和民主党派	Political consultation and democratic party	594	501
4.社会保障	Social security	838	540
5.群众团体、社会团体和宗教组织	Multitude organizations social organizations and religious organizations	1649	1351

单位：人unit:person

国有 State-owned		集体 Collective-owned		其他 Others	
全市 Total	#市区 District	全市 Total	#市区 District	全市 Total	#市区 District
35	35			397	397
9293	8571	781	781	14812	14465
27727	24981	178	175	9829	9799
10132	10132	6	6	300	300
16528	14164	172	169	8968	8938
1067	685			561	561
15563	9592	3866	3512	3339	3286
5354	2427	121		84	84
219	184			61	8
9990	6981	3745	3512	3194	3194
1414	1230	744	744	1874	1874
679	495	355	355	354	354
248	248	48	48	724	724
487	487	341	341	796	796
115751	71636	346	346	6271	6271
34268	10369	314	314	483	483
40103	21195	1	1	1966	1966
36059	36059			2477	2477
47593	36528	2409	632	2899	2844
46583	35713	2409	632	2696	2641
1010	815			203	203
11984	10509	102	73	4620	4482
3609	3609	50	50	3590	3590
3070	2403			365	238
3864	3105	29		199	188
1208	1168			132	132
233	224	23	23	334	334
78406	55130	186	106	28	28
2661	2034				
72636	50676	186	106		
594	501				
838	540				
1621	1323			28	28

3-7 全市非私营单位在岗职工工资总额

单位：千元

		总计 Total	
		全市 Total	#市区 District
总计	Total	58184274	52396886
中央单位	Centre unit	16975992	16667097
省属单位	Provincial unit	5105812	4879483
市属单位	Unit belong to city	3764881	3687684
县及县以下单位	Unit below county	4872780	1657874
(一)农、林、牧、渔业	Farming, forestry, animal husbandry and fishery	371246	91209
1.农业	Farming	36249	21985
2.林业	Forestry	37892	11523
3.畜牧业	Animal husbandry	21120	2192
4.渔业	Fishery	1640	1640
5.农、林、牧、渔服务业	Farming, forestry, animal husbandry and fishery services	274345	53869
(二)采矿业	Mining industry	303118	169629
1.煤炭开采和洗选业	Coal mining and dressing	133615	1211
2.石油和天然气开采业	Extraction of petroleum and natural gas	31242	30157
3.黑色金属矿采选业	Minging and dressing of ferrous metals		
4.有色金属矿采选业	Mining and dressing of nonferrous metals	3731	3731
5.非金属矿采选业	Mining and dressing of nonmetal mineral products		
6.开采辅助活动	Minging auxiliary activities	134530	134530
7.其他矿采选业	Others		
(三)制造业	Manufacturing	20180225	19452553
1.农副食品加工业	Food processing	1061263	670330
2.食品制造业	Food manufacturing	177794	87820
3.酒、饮料和精致茶制造业	Wine、drinks and Refined tea Industry	223503	139023
4.烟草制品业	Tobacco processing	128098	128098
5.纺织业	Textile industry	36228	36228
6.纺织服装、服饰业	Textile and garment、Clothing industry	86978	86723
7.皮革、毛皮、羽毛(绒)及其制品和制鞋业	Leather、furs、feather and their products	1481	1481
8.木材加工及木、竹、藤、棕草制品业	Timber, bamboo, cane, palm and straw products	75528	64331
9.家具制造业	Furniture	13622	13622
10.造纸及纸制品业	Paper making and paper products	1742	1742
11.印刷业和记录媒介的复制	Printing and record medium reproduction	128674	116152
12.文教、工美、体育和娱乐用品制造业	Culture and education、Industrial art、Sports and entertainment products manufacturing	29061	29061
13.石油加工、炼焦及核燃料加工业	Petroleum processing coking and nuclear processing	27781	17583
14.化学原料及化学制品制造业	Raw chemical material and chemical products	337267	298675
15.医药制造业	Medical and pharmacutical products	512046	492948
16.化学纤维制造业	Chemical fiber manufacturing	1228	1228
17.橡胶和塑料制品业	Rubber adn Plastic products	214799	190903
18.非金属矿物制品业	Nonmetal mineral products	275137	240310
19.黑色金属冶炼及压延加工业	Smelting and pressing of ferrous metals	56237	56237
20.有色金属冶炼及压延加工业	Smelting and pressing of non-ferrous metals	9511	9511
21.金属制品业	Metal products	173656	173656
22.通用设备制造业	Ordinary machinery	312090	306629
23.专用设备制造业	Special purpose equipment	209113	207807
24.汽车制造业	Automobile industry	13961961	13959927

TOTAL WAGES OF STAFF AND WORKERS IN NON-PRIVATE UNITS

unit:1000yuan

国有 State-owned		集体 Collective-owned		其他 Others	
全市 Total	#市区 District	全市 Total	#市区 District	全市 Total	#市区 District
30758894	26931567	596468	351133	26828912	25114186
16975992	16667097				
5105812	4879483				
3764881	3687684				
4872780	1657874				
333134	61816	3204	1477	34908	27916
17688	3867	443		18118	18118
36415	10046	1477	1477		
12321	385			8799	1807
				1640	1640
266710	47518	1284		6351	6351
6960	6960			296158	162669
1211	1211			132404	
5254	5254			25988	24903
495	495			3236	3236
				134530	134530
9903340	9893640	112351	101067	10164534	9457846
1315	1315	5412	5412	1054536	663603
8467		845	845	168482	86975
		238	238	223265	138785
128098	128098				
201	201	242	242	35785	35785
1396	1396	2257	2002	83325	83325
999	999			482	482
		4994	4222	70534	60109
		13	13	13609	13609
				1742	1742
6523	6523	23127	17757	99024	91872
		1527	1527	27534	27534
				27781	17583
1353	1353	274	274	335640	297048
22483	21462			489563	471486
				1228	1228
4271	4271	3967	217	206561	186415
16532	16532	1919	1919	256686	221859
2600	2600	1361	1361	52276	52276
				9511	9511
		2420	2420	171236	171236
19454	19454	6492	6492	286144	280683
28615	28615	1058	836	179440	178356
9635249	9635037	15564	15564	4311148	4309326

3-7续表1 continued1

		总计 Total	
		全市 Total	#市区 District
25.铁路、船舶、航空航天和其他运输设备制造业	Railway、Ship、aerospace and other Transportation Equipment Manufacturing	1520985	1520096
26.电气机械及器材制造业	Electric equipment and machinery	174976	174061
27.通信设备计算机及其他电子设备制业	Computer and telecommunication equipment and other electronic equipment	114809	114809
28.仪器仪表制造业	Instruments, meters	309851	309851
29.其他制造业	Others	2826	1731
30.废弃资源综合利用业	Comperhensive utilization of waste resoruces	1980	1980
31.金属制品、机械和设备修理业	Mteal products、machinery、Equipment repair industry		
(四)电力、燃气及水的生产和供应业	Electric power,gas and water production and supply	4113944	3842617
1.电力、热力生产和供应业	Eleatrlc Power, and Head Power Production and Supply	3793946	3544320
2.燃气生产和供应业	Production and supply of gas	104381	104381
3.水的生产和供应业	Production and supply of water	215617	193916
(五)建筑业	Construction	4739642	4259363
1.房屋建筑业	Building construction	2709113	2292955
2.土木工程建筑业	Civil construction	1091175	1030806
3.建筑安装业	Installment	511270	507518
4.建筑装饰业其他建筑业	Decoration and Others	428084	428084
(六)批发和零售业	Wholesale and retail trade	2016056	1814326
1.批发业	Wholesale	846682	779116
2.零售业	Retail trade	1169374	1035210
(七)交通运输、仓储及邮政业	Transportation,storage,post and telecommunication	1650792	1544924
1.铁路运输业	Railway transportation	9789	9789
2.道路运输业	Highway transportation	679281	630498
3.水上运输业	Waterway		
4.航空运输业	Air transportation	434961	434961
5.管道运输业	Pipeline transportation	80354	80354
6.装卸搬运和其他运输代理业	Handling and other transportation services	36823	36823
7.仓储业	Storage	169220	138188
8.邮政业	Post services	240364	214311
(八)住宿和餐饮业	Hotel and catering services	522104	514201
1.住宿业	Hotels	364829	360302
2.餐饮业	Catering services	157275	153899
(九)信息传输、软件和信息技术服务业	Information、softwaer、information technology services	1640300	1577354
1.电信、广播电视和卫星传输服务	Telecommunication、radio and television and satellite transmission services	1371435	1308489
2.互联网和相关服务	Internet and telated service	24954	24954
3.软件和信息技术服务业	Software and information technology services	243911	243911
(十)金融业	Finance	3470271	3122507
1.货币金融服务业	Monetary and financial services	2992871	2651022
2.资本市场服务业	Capital market services	208151	208151
3.保险业	Insurance	235165	229250
4.其他金融活动	Other finance services	34084	34084
(十一)房地产业	Real estate	1257723	1215743
其中：房地产开发与经营业	Real estate developing and management	670063	649883
房地产管理	Real estate management	456271	447956
房地产中介服务	Medium services	48459	47127
(十二)租赁和商务服务业	Leasing and services	971448	951589

单位：千元unit:1000yuan

国有 State-owned		集体 Collective-owned		其他 Others	
全市 Total	#市区 District	全市 Total	#市区 District	全市 Total	#市区 District
		15575	15575	1505410	1504521
3645	3645	24451	23536	146880	146880
20958	20958			93851	93851
644	644			309207	309207
				2826	1731
537	537	615	615	828	828
868920	721017			3245024	3121600
689588	554771			3104358	2989549
1925	1925			102456	102456
177407	164321			38210	29595
258172	252814	25098	22332	4456372	3984217
26688	26688	3033	3033	2679392	2263234
212042	206684	10421	7655	868712	816467
10805	10805	9559	9559	490906	487154
8637	8637	2085	2085	417362	417362
374892	303535	15509	10642	1625655	1500149
334712	273013	11281	7921	500689	498182
40180	30522	4228	2721	1124966	1001967
862051	791529	4303	4303	784438	749092
				9789	9789
187399	173534	3431	3431	488451	453533
430976	430976			3985	3985
				80354	80354
12387	12387			24436	24436
70520	39916	872	872	97828	97400
160769	134716			79595	79595
158839	156923	13174	13174	350091	344104
133194	132098	7967	7967	223668	220237
25645	24825	5207	5207	126423	123867
583453	534301	309	309	1056538	1042744
570268	521116			801167	787373
5355	5355			19599	19599
7830	7830	309	309	235772	235772
1375820	1235641	159900		1934551	1886866
1283176	1147668	159900		1549795	1503354
32031	32031			176120	176120
47081	42410			188084	186840
13532	13532			20552	20552
111611	97578	4110	4110	1142002	1114055
631	12	265	265	669167	649606
47706	47706	3698	3698	404867	396552
1332		147	147	46980	46980
363943	350144	23646	23646	583859	577799

3-7续表2 continued2

		总计 Total	
		全市 Total	#市区 District
1.租赁业	Leaseing	14435	14435
2.商务服务业	Services	957013	937154
(十三)科学研究、技术服务	Scientific research technical services	2351292	2267628
1.研究与试验发展	Scientific research	662325	662325
2.专业技术服务业	Technical services	1614699	1543097
3.科技推广和应用服务业	Science and technology popularization and application services	74268	62206
(十四)水利、环境和公共设施管理业	Water conservancy, environment and public services	653482	516605
1.水利管理业	Water conservancy	188618	117690
2.环境管理业	Environment	11563	8563
3.公共设施管理业	Public management	453301	390352
(十五)居民服务和其他服务业	Resident services and other services	161978	156427
1.居民服务业	Resident services	71284	65733
2.机动车、电子产品和日用产品修理业	Motor vehicle、Electronics and daily consumer products repairing	33633	33633
3.其他服务业	Other social services	57061	57061
(十六)教育	Education	6161464	4503801
其中:1.初等教育	Primary education	1389071	506959
2.中等教育	Secondary education	1850528	1122694
3.高等教育	Higher education	2640027	2640027
(十七)卫生和社会工作	Health and social work	3029364	2645018
1.卫生	Health care	2984444	2605989
2.社会工作	Social work	44920	39029
(十八)文化、体育和娱乐业	Culture, sports and recreation services	667544	617440
1.新闻出版业	News publishing	264179	264179
2.广播、电视、电影和影视录音制作业	Broadcast、TV、movies and video recording industry	142855	118149
3.文化艺术业	Culture and art	175576	151850
4.体育	Sports	58681	57251
5.娱乐业	Recreation services	26253	26011
(十九)公共管理、社会保障和社会组织	Public administration、social security、social organizations	3922281	3133952
其中:1.中国共产党机关	Chinese communist party	151884	129209
2.国家机构	State organs	3602308	2858620
3.人民政协和民主党派	Political consultation and democratic party	35049	31683
4.社会保障	Social security	47385	38257
5.群众团体、社会团体和宗教组织	Multitude organizations social organizations and religious organizations	83643	74171

单位：千元unit:1000yuan

国有 State-owned		集体 Collective-owned		其他 Others	
全市 Total	#市区 District	全市 Total	#市区 District	全市 Total	#市区 District
1531	1531			12904	12904
362412	348613	23646	23646	570955	564895
1814264	1731360	19267	19254	517761	517014
649696	649696	120	120	12509	12509
1117196	1046354	19147	19134	478356	477609
47372	35310			26896	26896
476548	351474	88922	78940	88012	86191
183037	115175	3066		2515	2515
9454	8275			2109	288
284057	228024	85856	78940	83388	83388
76374	70823	23198	23198	62406	62406
46092	40541	14621	14621	10571	10571
8466	8466	848	848	24319	24319
21816	21816	7729	7729	27516	27516
5915699	4258036	12538	12538	233227	233227
1351305	469193	11360	11360	26406	26406
1779945	1052111	36	36	70547	70547
2543782	2543782			96245	96245
2854621	2524012	78220	26578	96523	94428
2816268	2491550	78220	26578	89956	87861
38353	32462			6567	6567
509355	464554	2033	1720	156156	151166
159198	159198	958	958	104023	104023
119704	99678			23151	18471
167327	144224	313		7936	7626
54587	53157			4094	4094
8539	8297	762	762	16952	16952
3910898	3125410	10686	7845	697	697
151884	129209				
3591622	2850775	10686	7845		
35049	31683				
47385	38257				
82946	73474			697	697

3-8 全市非私营单位在岗职工平均工资

单位：元

		总计 Total	
		全市 Total	#市区 District
总计	Total	52351	55286
中央单位	Centre unit		
省属单位	Provincial unit		
市属单位	Unit belong to city		
县及县以下单位	Unit below county		
(一)农、林、牧、渔业	Farming, forestry, animal, husbandry and fishery	31704	43727
(二)采矿业	Mining industry	55323	57476
(三)制造业	Manufacturing	60471	62398
(四)电力、热力、燃气及水生产和供应业	Electric power, heat, gas and water production and supply	62421	64027
(五)建筑业	Construction	38795	39380
(六)批发和零售业	Wholesale and retail trade	38077	38910
(七)交通运输、仓储及邮政业	Transportation, storage, post and telecommunication	43863	45676
(八)住宿和餐饮业	Hotels and catering services	27725	27844
(九)信息传输、软件和信息技术服务业	Information transmission、software、information technology services	50898	51909
(十)金融业	Finance	95361	102698
(十一)房地产业	Real estate	46612	47896
(十二)租赁和商务服务业	Leasing and services	38311	39042
(十三)科学研究、技术服务业	Scientific research technical services	60465	62707
(十四)水利、环境和公共设施管理业	Water conservancy, environment and public facilities management	28945	31852
(十五)居民服务、修理和其他服务业	Resident service、repair and other service	31860	31912
(十六)教育	Education	50373	57767
(十七)卫生和社会工作	Health and social work	57818	66845
(十八)文化、体育和娱乐业	Culture, sports and recreation services	38610	39448
(十九)公共管理社会保障和社会组织	public administration、social security、social organization	49603	56378

AVERAGE WAGE OF STAFF AND WORKERS IN NON-PRIVATE UNITS

unit:yuan

国有 State-owned		集体 Collective-owned		其他 Others	
全市 Total	#市区 District	全市 Total	#市区 District	全市 Total	#市区 District
60522	67299	33300	28913	45844	46859
83334	84386				
51188	51977				
47820	48302				
35893	44125				
31047	44668	28105	37872	40309	42106
49480	49480			55495	57900
84856	85060	28904	29483	46407	47956
60083	67284			63093	63303
36704	37494	20948	20781	39155	39745
56367	60771	24045	26083	35537	36328
53916	57331	24174	24174	35236	36266
28179	28622	22520	22520	27760	27754
50989	53948	44143	44143	50855	51025
94693	102240	61187		100503	103010
36839	40884	24909	24909	47951	48758
38493	40109	29318	29318	38603	38969
62760	66009	91913	92916	52591	52676
30741	36800	23675	23211	26526	26399
54184	57770	30524	30524	24291	24291
51059	59536	36768	36768	38048	38048
60733	70091	32362	41855	32193	32083
41396	42873	20129	23889	31908	31785
49589	56354	57452	74009	31682	31682

统计资料

STATISTICS

◎ 固定资产投资

INVESTMENT IN FIXED ASSETS

第四篇　固定资产投资

全年完成全社会固定资产投资总额3408.4亿元,比上年增长20.0%。其中:房地产开发投资613.6亿元,下降5.6%。新增固定资产2572.3亿元。固定资产交付使用率77.4%,比上年提高2个百分点。房屋面积竣工率为17.9%,比上年下降12.1个百分点。

从各产业完成投资情况看,第一产业投资38.3亿元,增长18.5%;第二产业投资1580.5亿元,增长20.0%;第三产业投资1705.7亿元,增长19.9%。从投资主体看,国有经济投资981.7亿元,增长36.4%;非国有经济投资2342.8亿元,增长14.2%,占全社会固定资产投资的比重为70.5%。全市工业投资1550.0亿元,增长19.0%,对全社会投资增长的贡献率67.9%。民间投资2238.3亿元,增长18.1%。

全市商品房施工面积5638.1万元平方米,比上年增长10.0%。商品房竣工面积1008.1万平方米,增长10.3%。商品房销售面积847.1万平方米,增长68.4%。商品房销售额510.4亿元,增长1.5%。空置面积497.4万平方米,增长55.3%。

4-1 1994-2013年全社会固定资产投资总额
TOTAL OF INVESTMENT IN FIXED ASSETS(1994～2013)

单位：万元 unit:10000 yuan

年 份 Year	固定资产投资总额 Total	基本建设 Captial construction	更新改造 Innovation	其他投资 Others	房地产投资 Real estate	城镇私人建房 Urban private	农村集体 Rural collective	农村私人建房 Rural private
1994	961008	430701	154463	29646	230840	26215	63305	25838
1995	1086570	474862	215382	38785	226138	26035	76430	28938
1996	1205555	573973	236484	38160	192506	32001	101995	30436
1997	1060320	454696	200814	33009	139689	38482	160878	32752
1998	1416535	507416	254283	61878	161594	59228	336181	35955
1999	1944338	701282	354519	39754	251955	63317	494290	39221
2000	2352422	850330	437508	56032	303296	74460	584810	45986
2001	2850446	1054118	529811	69078	485481	86464	572943	52551
2002	3204576	1202562	607447	75480	608399	99532	556648	54508
2003	3896440	1479758	930996	65672	777020	72022	515059	55913
2004	4599564	1860133	1317651	93188	903503	57896	307072	60121
2005	6504218			4994859 (城镇固定资产投资)	1066262	43097		400000 (农村固定资产投资)
2006	9504180			7156604 (城镇固定资产投资)	1742021			605555 (农村固定资产投资)
2007	13506330			9567890 (城镇固定资产投资)	2594979			1343461 (农村固定资产投资)
2008	18187804			13626977 (城镇固定资产投资)	3528921		611906	420000
2009	23002699			16917007 (城镇固定资产投资)	4439252			1646440 (农村固定资产投资)
2010	30014500			21928211 (城镇固定资产投资)	5427566			2658723 (农村固定资产投资)
2011	24334400			16938878 (固定资产项目投资)	6664177			731345 (农村农户投资)
2012	31729190			24539071 (固定资产项目投资)	6496535			693584 (农村农户投资)
2013	34084100			27109378 (固定资产投资)	6135822			838900 (农村农户投资)

注：1. 2005年固定资产投资总额中城镇固定资产投资包括以前年度的基本建设、更新改造、其他投资；农村固定资产投资包括以前年度的农村集体、农村私人建房投资。

1. Urban fixed assets investment includes capital construction, innovation, other investment, and rural fixed assets investment contains rural colletive, rural private house construction investment in prior years.

4-2 2013年长春市全社会固定资产投资完成情况综合表

单位：万元　　　　unit:10000yuan

指标名称	Item	全社会 The whole country	固定资产项目投资 Fixed Assets Projects	房地产开发投资 Real Estate
一、计划投资	Investment			
1.计划总投资	Total	73658749	40635708	33023041
其中：本年新开工项目	There in new star this year	26354395	26354395	
2.自开始建设累计完成投资	Accumulation	55782609	33714282	22068327
二、自年初累计完成投资	Accumulation this year	33245200	27109378	6135822
其中：国有经济控股	State Holding	10478829	9776501	702328
其中：住宅	House	4841054	470131	4370923
1.按控股类型分	Grouped by Type of Owning			
国有控股	State-owned	9225389	9042023	183366
集体控股	Collective-owned	49683	49683	
私人控股	Privato-Dwned	7625467	5780278	1845189
港澳台商控股	Hongkong.Macao and Taiwna-Owned	534409	120671	413738
外商控股	Foraign-owned	510963	482786	28177
2.按建设性质分	Grouped by type of construction			
(1)新建	New Construction	11843897	11843897	
(2)扩建	Expansion	4794296	4794296	
(3)改建和技术改造	Reconstruction and technical reformation	8251526	8251526	
3.按构成分	Grouped by Structure			
建筑工程	Construction Projects	18607166	14320018	4287148
安装工程	Installation Projects	1782369	1574751	207618
设备工具器具购置	Purchase of Equipment tools and instruments	10014677	9976949	37728
其他费用	Other cost	2839574	1236246	1603328
4.按国民经济行业分	Grouped by sector			
(一)农、林、牧、渔业	Agriculture	383225	383225	
(二)采矿业	Mining industry	164136	164136	
(三)制造业	Manufacture	14999599	14999599	
(四)电力、燃气及水的生产和供应业	Electric power,gas and water production and supply	336268	336268	
(五)建筑业	Construction	304791	304791	
(六)批发和零售业	Wholesale and retail trade	2245244	2245244	
(七)交通运输、仓储和邮政业	Transport,storage, post and telecommunication	1612926	1612926	
(八)住宿和餐饮业	Hotels and catering	44400	44400	
(九)信息传输、软件和信息技术服务业	Information transmission、software、information technology services	94180	94180	

TABLE OF CHANGCHUN'S 2013 WHOLE SOCIETY FIXED ASSETS PROJECTS INVESTMENT COMPLETION STATUS

单位：万元 unit:10000yuan

指标名称	Item	全社会 The whole country	固定资产项目投资 Fixed Assets Projects	房地产开发投资 Real Estate
(十)金融业	Finance	64777	64777	
(十一)房地产业	Real estate	6989952	854130	6135822
(十二)租赁和商务服务业	Leasing and business services	315471	315471	
(十三)科学研究、技术服务业	Science technical services	474427	474427	
(十四)水利、环境和公共设施管理业	Conservancy, environment and public utilities management	4249137	4249137	
(十五)居民服务和其他服务业	Resident services and others	47333	47333	
(十六)教育	Education	301393	301393	
(十七)卫生和社会工作	Health and social work	214691	214691	
(十八)文化、体育和娱乐业	Culture sport and arts	124829	124829	
(十九)公共管理和社会组织	Government and social organization	278421	278421	
三、新增固定资产	Newly increased	25722852	21826720	3896132
四、项目个数(个)	The numner of projects			
1. 施工项目个数	The number of construction projects	2196	2196	
其中：本年新开工	There in new star this year	2012	2012	
2. 本年投产项目个数	Number of under construction	1952	1952	
五、房屋建筑面积	Floor space of construction			
1. 施工面积	Floor space under construction	85979331	29598443	56380888
其中：住宅	House	43079247	2445406	40633841
2. 竣工面积	Floor space completed	22837983	12756787	10081196
其中：住宅	House	8276657	588201	7688456
六、本年资金来源合计	Total funds sources	37112612	27386185	9726427
1. 上年未结余资金	Balance of cost year	1749526	147629	1601897
2. 本年资金来源小计	Subtotal of sources	35363086	27238556	8124530
(1)国家预算资金	State Budgetary Funds	506531	506531	
其中：中央预算资金	The Central Budget	4005	4005	
(2)国内贷款	Domestic loans	3411851	2598755	813096
(3)债券	Bond			
(4)利用外资	Usage of foreign funds	119219	67715	51504
其中：外商直接投资	Direct foreign investment	76255	56245	20010
(5)自筹资金	Fund raising	26723896	23869260	2854636
其中：企、事业单位自有资金	Own funds	16433837	14706064	1727773
其中：股东投入资金	include: shareholder investment	258739	6888	251851
其中：借入资金	include: borrowed money	526970	30848	496122
(6)其他资金来源	Other sources	4601589	196295	4405294

4-3 2013年长春市房地产开发投资完成情况

单位：万元 unit:10000yuan

指标名称Item		总计 Total	其中：地方 Local	其中：地市县属 Prefecture
计划总投资	Total	33023041	32125258	31577848
自开始建设累计完成投资	Accumulative investment acyully completed since starting ofconstrution	22068327	21389559	21052828
本年计划投资	Planned investment			
本年完成投资	Completed investment	6135822	5930401	5885826
其中：本月完成投资	Investment completed this month	146947	146947	143992
土地开发投资额	Land developing			
配套工程投资	Auxiliary project	32118	32118	32118
国有经济控股	State -owned economic proprietary	702328	496907	452332
内资企业	Domestic funds	5693907	5488486	5443911
国有企业	State-owned	183366	116791	79216
集体企业	Collective-owned			
股份合作企业	Cooperative			
联营企业	Joint owned			
国有联营企业	State joint			
集体联营企业	Collective joint			
国有与集体联营企业	State and collective joint			
其他联营企业	Other joint			
有限责任公司	Limited liability company	3497809	3358963	3351963
国有独资公司	State owned solely	144079	13320	13320
其他有限责任公司	Others	3353730	3345643	3338643
股份有限公司	Share holding	167543	167543	167543
私营企业	Private	1845189	1845189	1845189
私营独资企业	Private-funded	266296	266296	266296
私营合伙企业	Private parthnership			
私营有限责任公司	Private limited liability corporations	1464528	1464528	1464528
私营股份有限公司	Private share-holding corporations ltd.	114365	114365	114365
其他企业	Other			
港澳台商投资企业	Funded from Hongkong, Macao and Taiwan	413738	413738	413738
与港澳台商合资经营企业	Joint venture	173577	173577	173577
与港澳台商合资合作经营企业	Cooperative			
港澳台商独资经营企业	Sole tunds	240161	240161	240161
港澳台商投资股份有限公司	Share holding			
外商投资企业	Foreign investment	28177	28177	28177
中外合资经营企业	Joint venture	9933	9933	9933

BASIC CONDITIONS ON INVESTMENT OF REAL ESTATE DEVELOPMENT COMPLETED IN 2013

单位：万元 unit:10000yuan

指标名称Item		总计 Total	其中：地方 Local	其中：地市县属 Prefecture
中外合作经营企业	Cooperative			
外资企业	Sole investment	18244	18244	18244
外商投资股份有限公司	Share holding			
按构成分：建筑工程	Construction Projects	4287148	4160476	4128183
安装工程	Installation Projects	207618	173511	166861
设备工器具购置	Purchase of Equipment tools and instruments	37728	37661	37661
其他费用	Other cost	1603328	1558753	1553121
其中：旧建筑物购置费	Purchase of old	27285	27285	27285
土地购置费	Durchase of land	1309968	1265393	1265393
住宅投资	House in vestment	4370923	4205767	4162040
其中：90平米以下住房	House below 90sq.m	1759103	1673478	1660402
其中：144平米以上住房	House above 144sq.m	721108	719050	715367
别墅、高档公寓	Villa and high-grade flat	356864	356864	355920
办公楼	Office buildings	312729	312719	312719
商业营业用房	Buniness houses	851102	824013	823195
其他	Others	601068	587902	587872
本年新增固定资产	Newly increased fixed assets	3896132	3896132	3896132
一、本年资金来源合计	Total funds sources	9726427	9536395	9368757
1 上年末结余资金	Balance of last year	1601897	1550053	1539666
2 本年资金来源小计	Subtotal fund sources	8124530	7986342	7829091
(1)国内贷款	Domestic loans	813096	811096	776096
银行贷款	Bank loans	427953	427953	427953
非银行金融机构贷款	Non-financial institution loans	385143	383143	348143
(2)利用外资	Usage of foreign funds	51504	51504	51504
其中：外商直接投资	Direct foreign investment	20010	20010	20010
(3)自筹资金	Fund raising	2854636	2789618	2789618
其中：自有资金	Own funds	1727773	1682755	1682755
股东投入资金	shareholder investment	251851	251851	251851
借入资金	borrowed money	496122	496122	496122
(4)其他资金来源	Other sources	4405294	4334124	4211873
其中：定金及预付款	Subscription and advanced payment	2982966	2921953	2834310
其中：个人按揭贷款	Personal mortgage loans	967886	957729	923121
二、本年各项应付款合计	Total payment	568735	515503	502052
其中：工程款	Project	371650	351596	343183

4-4 2013年长春市房地产面积综合表

单位：万元、平方米

指标名称	Item	合计 Total	住宅 House	90㎡以下住房 House below 90㎡
房屋施工面积	Floor space under construction	56380888	40633841	17029561
其中：本年新开工面积	Started area	14189356	10229171	5000711
房屋竣工面积	Floor space completed	10081196	7688456	3310085
其中：不可销售面积	Floor space of not sold	749954	513351	345650
出租房屋面积	Areas for renting	309096	301	
商品房销售面积	Sale areas of commercial houses	8470622	7625025	3441970
其中：现房销售面积	Areas of current houses	1639000	1319396	720926
其中：期房销售面积	Areas of future houses	6831622	6305629	2721044
商品房屋销售额	Sale of commercial house	5104304	4368116	1691255
其中：现房销售额	Sale of current houses	853909	597307	280205
其中：期房销售额	Sale of fucure houses	4250395	3770809	1411050
待售面积	No-purchase	4973586	3208412	1336179
其中： 待售1-3年面积	1 to 3 years	1130246	780302	402379
其中： 待售3年以上面积	Above 3 years	1255956	798331	282049

COMPREHENSIVE CONDITIONS ON CHANGCHUN REAL ESTATE IN 2013

unit:10000yuan, sq·m

144㎡以上住房 House over 144㎡	别墅、高档公寓 Villa and top-grade flat	办公楼 Officebuilding	商业营业用房 Commericalhouse	其他房屋 Others
5847256	2814316	2631774	7406012	5709261
962321	456988	746094	1643300	1570791
874878	386241	152311	1391082	849347
52201	52201		209788	26815
		33748	275047	
953224	541380	158438	439489	247670
67953	26454	36889	158629	124086
885271	514926	121549	280860	123584
791592	522895	108232	442304	185652
47673	28567	28003	128405	100194
743919	494328	80229	313899	85458
475087	177441	136861	1052955	575358
113068	84965	6583	207552	135809
150949	47327	62459	301397	93769

统计资料

STATISTICS

◎ 能源消费与库存

GONSUMPTION AND STORAGE OF ENERGY

5-1 工业企业能源购进、消费及库存情况(2013)

能源名称	Item	计量单位	Unit	企业单位数(个) Enterprises	年初库存量 Inventory
原煤	Coal	吨	ton	478	2918138.06
其中：1.无烟煤	Anthracite	吨	ton	29	7882.29
2.炼焦烟煤	Bituminous coal for coking	吨	ton	3	2.00
3.一般烟煤	Normal bituminous coal	吨	ton	440	1328659.21
4.褐煤	Brown coal	吨	ton	15	1581594.56
洗精煤	Fine coal washing	吨	ton	3	
其他洗煤	Other coal washing	吨	ton	2	355.00
煤制品	Coal products	吨	ton	16	106.20
焦炭	Coke	吨	ton	6	56.00
其他焦化产品	Other coke products	吨	ton		
焦炉煤气	Coal gas	万立方米	10000cu·m	2	
高炉煤气	Blast furnace gas	万立方米	10000cu·m	1	
转炉煤气	Revolving gas	万立方米	10000cu·m		
发生炉煤气	Producer gas	万立方米	10000cu·m		
天然气	Natural gas	万立方米	10000cu·m	65	92.53
液化天然气	Liquefied natural gas	吨	ton	4	
煤层气	Coal seam gas	吨	ton		
原油	Crude oil	吨	ton	6	6501.95
汽油	Gasoline	吨	ton	567	668.38
煤油	Kerosene	吨	ton	9	17.99
柴油	Diesel oil	吨	ton	349	2618.32
燃 料 油	Fuel oil	吨	ton	4	665.00
液化石油气	Liquefied petroleum gas	吨	ton	2	
炼厂干气	Coking gas	吨	ton		
石脑油	Naphtha	吨	ton		
润滑油	Lubricating oil	吨	ton		
石蜡	Paraffin wax	吨	ton		
溶剂油	Solvent oil	吨	ton	1	121.92
石油焦	Petroleum coke	吨	ton		
石油沥青	Petroleum asphalt	吨	ton		
其他石油制品	Other oil products	吨	ton	2	
热力	Heat	百万千焦	million kilo-joule	99	
电力	Electricity	万千瓦时	10000kwh	1053	
煤矸石用于燃料	Coal gangue for fuel	吨	ton		
城市生活垃圾用于燃料	Urban domestic waste for fuel	吨	ton	1	
生物质废料用于燃料	Biomass waste for fuel	吨	ton	1	
余热余压	Waste heat and waste pressure	百万千焦	million kilo-joule		
其它工业废料用于燃料	Other industrial waste for fuel	吨	ton		
其它燃料	Other fuel	吨标准煤	ton of SCE	8	25331.54
能源合计	Total of energy	吨标准煤	ton of SCE	1055	

ENERGY PURCHASE CONSUMPTION AND INVENORY OF INDUSTRIAL ENTERPRISES IN 2013

购进量 Purchase		消费量 Consumption					期末库存量 Inventory at the year-end
实物量 Physical quality	金额(千元) Sum	合计 Total	1. 工业生产消费 For production	用于原材料 For raw materials	2. 非工业生产消费 Non-industrial production	合计中:运输工具消费 Conveyance consumption	
26254455.47	9749213.43	26773554.51	26612578.27	207628.27	160976.29		2297170.57
49813.02	34237.44	55184.50	49260.99	1630.00	5923.51		3103.93
557.00	367.00	575.00	569.00		6.00		
16514594.37	6670407.63	16478814.67	16363251.94	205998.27	115562.78		1261961.34
9689491.08	3044201.36	10238980.34	10199496.34		39484.00		1032105.30
618288.00	629910.91	618288.00	618288.00				
2548.64	2054.00	2754.78	1806.95		947.83		209.14
11961.15	6778.44	11961.35	5542.35		6419.00		106.00
25678.07	72337.47	25553.07	25553.07				150.00
251.59	2762.89	7942.83	7942.83				
9.10	69.80	9.10	9.10				
27875.72	672798.19	32709.60	30595.18	322.60	2114.42	11.89	
32.77	147.75	62.77	36.73		26.04		
633800.10	3039890.68	634888.02	634830.00		58.02		5416.00
53070.95	366512.38	56065.07	36031.18	752.94	20033.81	14752.92	913.62
248.14	2597.93	258.03	246.27		11.76	11.76	28.13
68871.48	502748.70	69420.23	38493.79	747.90	30926.59	25934.85	2073.37
931.60	6932.12	992.60	992.60				604.00
43.22	326.23	43.22	39.98		3.24		
50.49	474.60	172.41	172.41	172.41			
25.88	267.20	25.88	25.88				
17711719.18	845561.86	26075540.32	17041191.07		9034349.26		
1428329.23	8491897.18	1683913.18	1613561.92		70351.22	1129.00	
460887.00		460887.00	460887.00				
		201425.00	201425.00				
102632.33	65863.25	67668.85	67428.56		240.29		33305.49
		19784380.10	19179182.56		605197.56		

5-2 工业企业能源购进、消费与库存情况(能源合计)

能源名称	Name of Energy	计量单位	unit	企业单位数(个) Enterprises (unit)	工业生产消费量 Consumption industrial producing	加工转换投入合计 Total input in processing and transformation
原煤	Coal	吨	ton	478	24754997.47	21008267.94
其中：1.无烟煤	Anthracite	吨	ton	29		
2.炼焦烟煤	Bituminous coal for coking	吨	ton	3		
3.一般烟煤	Normal bituminous coal	吨	ton	440	14742931.39	12607888.39
4.褐煤	Brown coal	吨	ton	15	10012066.08	8400379.55
洗精煤	Fine coal washing	吨	ton	3	617520.00	617520.00
其他洗煤	Other coal washing	吨	ton	2		
煤制品	Coal products	吨	ton	16		
焦炭	Coke	吨	ton	6	24137.26	
其他焦化产品	Other coke products	吨	ton			
焦炉煤气	Coal gas	万立方米	10000cu·m	2	7942.83	
高炉煤气	Blast furnace gas	万立方米	10000cu·m	1		
转炉煤气	Revolving gas	万立方米	10000cu·m			
发生炉煤气	Producer gas	万立方米	10000cu·m			
天然气(气态)	Natural gas	万立方米	10000cu·m	65	14722.43	89.80
液化天然气(液态)	Liquefied natural gas	吨	ton	4		
煤层气(煤田)	Coal seam gas	吨	ton			
原油	Crude oil	吨	ton	6	628997.00	628997.00
汽油	Gasoline	吨	ton	567	1581.23	325.96
煤油	Kerosene	吨	ton	9	79.50	
柴油	Diesel oil	吨	ton	349	13312.50	2814.58
燃料油	Fuel oil	吨	ton	4	797.00	797.00
液化石油气	Liquefied petroleum gas	吨	ton	2		
炼厂干气	Coking gas	吨	ton			
石脑油	Naphtha	吨	ton			
润滑油	Lubricating oil	吨	ton			
石蜡	Paraffin wax	吨	ton			
溶剂油	Solvent oil	吨	ton	1		
石油焦	Petroleum coke	吨	ton			
石油沥青	Petroleum asphalt	吨	ton			
其他石油制品	Other oil products	吨	ton	2		
热力	Heat	百万千焦	million kilo-joule	99	8209261.15	
电力	Electricity	万千瓦时	10000kwh	1053	710507.88	
煤矸石用于燃料	Coal gangue for fuel	吨	ton			
城市生活垃圾用于燃料	Urban domestic waste for fuel	吨	ton	1	460887.00	460887.00
生物质废料用于燃料	Biomass waste for fuel	吨	ton	1	201425.00	201425.00
余热余压	Waste heat and waste pressure	百万千焦	million kilo-joule			
其它工业废料用于燃料	Other industrial waste for fuel	吨	ton			
其它燃料	Other fuel	吨标准煤	ton of SCE	8	63730.67	63730.67
能源合计	Total of energy	吨标准煤	ton of SCE	1055	16214103.94	12510983.16

ENERGE PURCHASE CONSUMPTIEN AND INVENORY OF INDUSTRY ENTERPRISE (TOTAL OF ENERGY)

火力发电 Thermal power	供热 Heating	原煤入选 Physical Coal	炼焦 Coking	炼油 Petroleum Refining	制气 Gas Production	天然气液化 Natural Liquefied Gas	加工型煤 Processing Coal	能源加工转换产出 Output in Processing and transformation of energy
14684066.96	6288883.98		35317.00					
8901957.41	3670613.98		35317.00					
5782109.55	2618270.00							
			617520.00					
								424402.00
								17676.35
36.53	53.27							
				628997.00				
67.56	258.40							255295.00
1977.81	836.77							205468.00
640.00	157.00							
								89700.00
								74194503.95
								2443563.44
460887.00								
201425.00								
63730.67								
7447784.34	3583618.78		580994.93	898585.11				6882823.16

统计资料

STATISTICS

◎财 政

GOVERNMENT FINANCE

第六篇　财　政

2013 年，在市委、市政府的领导下，财政部门积极宏观经济放缓和减税政策释放的双重影响，战胜增收乏力和刚性支出有增无减的双重考验，围绕全市经济社会发展目标，按照稳中求进的主基调，克服困难，圆满完成了各项工作任务。

一、财政收入平稳增长，圆满完成全年预算任务

2013 年，全市一般预算全口径财政收入完成 1077.6 亿元，增长 16.2%，完成年度预算的 102.6%，突破千亿元重要指标节点。其中，市本级全口径财政收入完成 477.6 亿元，增长 25.1%；各城区及开发区全口径财政收入完成 521.4 亿元，增长 11.0%；四县（市）全口径财政收入完成 78.6 亿元，增长 3.2%。

2013 年，全市地方级财政留用收入完成 381.8 亿元，增长 12.0%，比全省平均增幅高 0.9 个百分点。在地方级财政留用收入中，增值税完成 40.1 亿元，增长 29.1%；营业税完成 54.2 亿元，增长 6.4%；企业所得税完成 50.2 亿元，增长 14.1%；城市维护建设税完成 41.7 亿元，增长 22.7%；房产税完成 11.2 亿元，增长 13.6%；耕地占用税完成 22.3 亿元，增长 2.7%；契税完成 36.4 亿元，增长 6.7%。

二、财政支出稳步增长，民生及重点项目支出得到优先保障

2013 年，全市财政支出完成 633 亿元，比上年增加 77.5 亿元，增长 13.9%。自年初以来，财政部门按照市委、市政府的部署和要求，本着有保、有压的原则，进一步调整和优化支出结构，助力全市经济和各项事业健康发展。积极落实各项惠民政策，确保各项补贴及时到位。进一步加大了民生支出力度。2013 年，文化体育与传媒支出完成 12.4 亿元，增长 71.1%；社会保障和就业支出完成 72 亿元，增长 16.8%；医疗卫生支出完成 46.2 亿元，增长 15.3%；城乡社区事务支出完成 101 亿元，增长 36.8%。

6-1 2013年全市一般预算全口径财政收入
GOVERNMENT REVENUE BY REGION IN 2013

单位：万元 unit:10000 yuan

		绝对值 Absolute number	同比增减(%) Increasing rate year on year
全市收入总计	Total	10775858	16.2
1. 市本级	City level	4776345	25.1
2. 区合计	Total	5213742	11.0
南关区	Nanguan	472168	18.0
宽城区	Kuancheng	322555	3.0
朝阳区	Chaoyang	641818	9.5
二道区	Erdao	338122	5.5
绿园区	Lvyuan	440353	21.9
双阳区	Shuangyang	150148	15.3
经济开发区	Economic and technical developing area	692667	-1.1
高新开发区	High-technical developing area	956734	4.9
净月开发区	Jingyue developing area	272670	23.2
汽车开发区	Xinxin developing area	903419	23.3
莲花山度假区	Lianhua Mountain resort	23088	12.9
3. 县(市)合计	Total city and county	785771	3.2
榆树市	Yushu	138952	8.1
农安县	Nong' an	236755	6.4
德惠市	Dehui	171650	-3.3
九台市	Jiutai	238414	2.3

6-2 2013年全市地方级财政收入及一般预算财政支出

单位：万元

		绝对值 Absolute number	同比增减(%) Increasing rate year on year
一、税收收入	Revenue Income	3091500	11.7
增值税	Value added tax	400830	29.1
营业税	Business tax	542273	6.4
企业所得税	Enterprises income tax	502189	14.1
企业所得税退税	Income tax rebate		
个人所得税	Individual income tax	104415	6.7
资源税	Resourcex Tax	5765	0.9
固定资产投资方向调节税	Fixed assets investment adjustment tax		
城市维护建设税	Tax on the city maintenance and construction	417364	22.7
房产税	Tax on real estate	112133	13.6
印花税	Stamp tax	66154	13.6
城镇土地使用税	Tax on use of urban land	111136	2.2
土地增值税	Land value-added tax	200811	-1.7
车船税	Tax on the use of vehicles and ships	39514	15.2
耕地占用税	Tax on the use of cultivated land	223190	2.7
契税	Contract tax	363781	6.7
烟叶税	Tabacoo leaf tax	1945	83.8
其他税收收入	Other Income		
二、非税收入	Non-yevenue Income	726678	13.4
专项收入	Special income	206341	17.9
行政事业性收费收入	Income aom administrative fees	194742	-11.4
罚没收入	Penalty and confiscafe income	86749	-4.1
国有资本经营收入	state-owned assets income	41064	-22.3
国有资源(资产)有偿使用收入	State resources inlome	191021	111.6
其他收入	Others	6761	-44.3
本年收入合计	Total	3818178	12.0

THE CITY'S LOCAL FINANCIAL REVENUE AND GENERAL BUDGETARY FINANCIAL EXPENDITURE IN 2013

unit：10000yuan

		绝对值 Absolute number	同比增减(%) Increasing rate year on year
一、一般公共服务	General publil services	727421	9.5
二、外交	Dip lomaly		
三、国防	Defense	23451	33.7
四、公共安全	Social Security	321956	11.3
五、教育	Education	962203	-6.4
六、科学技术	Science and technolgy	78825	79.8
七、文化体育与传媒	Education and the media	123701	71.1
八、社会保障和就业	Social security and employment	720474	16.8
九、医疗卫生	Medical and health	462045	15.3
十、节能环保	Energy conservation and environmental protection	235318	-8.3
十一、城乡社区事务	Urban and rural community services	1010667	36.8
十二、农林水事务	Agriculture, forestry, water affairs	417241	17.3
十三、交通运输	Transport	172769	21.2
十四、资源勘探电力信息等事务	Affairs of Mining, Power and Information	268787	93.3
十五、商业服务等事务	Management of Grain & Oil Reserves	83760	40.8
十六、金融监管等事务支出	Financial Supervision	1732	-0.1
十七、地震灾后恢复重建支出	Rebuild after earthquake		
十八、支援其他地区支出	Support in other areas of expenditure		
十九、国土资源气象等事务支出	Land and Resources and Meteorology	67146	42.8
二十、住房保障支出	Housing Security	156357	-11.9
二十一、粮油物资等管理事务	Administrative affairs such as cereals and oil supplies	24569	87.9
二十二、债务付息支出	Debit Interest	454876	-2.4
二十三、其他支出	Others	16370	-35.1
本年支出合计	Total	6329668	13.9

统计资料 STATISTICS

◎ 物 价 PRICE

2014

第七篇 物 价

据国家统计局长春调查队调查数据显示：2013 年，长春市居民消费价格（CPI）同比上涨3.0%，涨幅较上年同期扩大0.7个百分点。各月CPI涨幅由低到高，中期冲高后，后期逐步回落。其中，服务类价格上涨2.8%；消费品价格上涨3.0%；扣除食品、烟酒和能源后的价格上涨2.2%；非食品类价格上涨2.5%。从居民消费价格八大类涨跌构成看，全年呈“七升一降”格局。其中，食品类价格上涨4.0%；烟酒类价格上涨0.3%；衣着类价格上涨4.9%；家庭设备用品及维修服务类价格上涨0.7%；医疗保健及个人用品类价格上涨0.9%；娱乐教育文化用品及服务类价格上涨3.7%；居住类价格上涨3.8%；交通和通信类价格下降1.0%。

7-1 2012-2013年长春市居民消费价格分类指数
CONSUMER PRICE INDICES BY CATEGORY (2012-2013)

		2012	2013
居民消费价格总指数	General consumer price index	102.3	103.0
一、食品	Food	105.4	104.0
粮食	Grain	106.0	103.7
淀粉及制品	Starch and related products	94.1	97.2
干豆类及豆制品	Soybean products	100.8	102.4
油脂类	Oil and fat	108.4	96.8
肉禽及其制品	Meat and poultry	106.1	107.3
蛋类	Eggs	94.4	106.3
水产品类	Aquatic products	107.9	102.1
菜类	Vegetables	110.2	108.7
调味品	Seasoning	103.3	104.3
糖类	Sugar	100.6	98.5
茶及饮料	Tea and drink	98.7	99.2
干鲜瓜果	Dried and fresh fruits	109.9	100.3
糕点饼干面包	Cakes、cookes and bread	101.7	103.3
液体乳及乳制品	Milk and milk products	103.0	104.9
在外用膳食品	Catering food	103.5	102.2
其他食品	Processing services	98.4	101.9
二、烟酒及用品	Tobacco, alcohol and articles	101.4	100.3
烟草	Tobacco	99.3	100.2
酒	Alcohol	104.2	100.5
三、衣着	Clothing	101.1	104.9
服装	Garments	101.9	103.9
衣着材料	Textiles	104.3	98.1
鞋袜帽	Shoes socks and hats	99.0	107.5
衣着加工服务费	Processing services	113.8	101.9
四、家庭设备用品及维修服务	Household facilites	101.2	100.7
耐用消费品	Durable consumer goods	99.6	101.3
室内装饰品	Interior decorations	100.1	98.7
床上用品	Bed daily articles	104.8	102.2
家庭日用杂品	Daily articles	100.9	99.7
家庭服务及加工维修服务	Maintain services	113.0	101.2
五、医疗保健和个人用品	Medical care and personal articles	101.0	100.9
医疗保健类	Medicine care	100.5	100.4
个人用品及服务	Personal articles and services	102.3	102.2
六、交通和通信	Transportation and telecommunication	99.6	99.0
交通	Transportation	101.3	99.5
通信	Telecommunication	97.6	98.4
七、娱乐教育文化用品及服务	Recreation education and culture	101.6	103.7
文娱用耐用消费品及服务	Recreation durable goods	97.8	98.2
教育	Education	102.2	105.8
文化娱乐类	Cultural goods	101.3	101.1
旅游	Tourism	104.8	103.4
八、居住	Residence	100.9	103.8
建房及装修材料	Housing	103.1	101.7
租房	Renting house	107.6	104.6
自有住房	Self-house	99.5	103.0
水、电、燃料	Water electricity and fuel	101.6	106.4

7-2　2012-2013年长春市商品零售价格分类指数
RETAIL PRICE INDICES BY CATEGORY (2012-2013)

(以上年同期为100　preceding year＝100)

		2012	2013
商品零售价格总指数	Retail price indices	101.8	101.3
一、食品	Food	104.9	104.0
1.粮食	Grain	106.0	103.7
2.淀粉及制品	Starch and related products	94.1	97.2
3.干豆类及豆制品	Soybean products	100.8	102.4
4.油脂	Oil and fat	108.4	96.8
5.肉禽及其制品	Meat poultry	106.1	107.3
6.蛋	Eggs	94.4	106.3
7.水产品	Aquatic products	107.9	102.1
8.菜	Vegetables	110.2	108.7
9.调味品	Seasoning	103.3	104.3
10.糖	Sugar	100.6	98.5
11.干鲜瓜果	Dried and fresh fruits	109.9	100.3
12.糕点饼干面包	Cakes cookies and bread	101.7	103.3
13.液体乳及乳制品	Milk and milk products	103.0	104.9
14.在外用膳食品	Catering food	103.5	102.2
15.其他食品	Other food	98.4	101.9
二、饮料、烟酒	Beverage, tobacco and alcohol	101.2	100.2
三、服装、鞋帽	Clothing, shoes and hats	101.0	104.7
四、纺织品	Textiles	104.3	101.0
五、家用电器及音像器材	Households facilities	98.4	99.6
六、文化办公用品	Official articles	99.4	99.3
七、日用品	Daily articles	99.9	100.5
八、体育娱乐用品	Sports and recreation articles	99.5	98.0
九、交通、通信用品	Transport and telecommunication	97.2	95.4
十、家具	Furniture	100.7	101.4
十一、化妆品	Cosmetics	100.5	104.4
十二、金银珠宝	Jeweliery	102.0	88.6
十三、中西药品及医疗保健用品	Traditional chinese and medical care	100.3	100.8
十四、书报杂志及电子出版物	Newspapers, magazines and electronic publishing	100.4	100.6
十五、燃料	Fuels	103.4	102.4
十六、建筑材料及五金电料	Construction materials and hardware	102.8	101.6

7-3 2013年长春市零售价格类指数
RETAIL PRICE INDICES BY CATEGORY(2013)

类别及名称 Item	指数 Index	类别及名称 Item	指数 Index
商品零售价格总指数General index	101.3	3.音像器材Audiovisual products	99.8
一、食品类Food	104.0	六、文化办公用品Official articles	99.3
1.粮食Grain	103.7	七、日用品Daily articles	100.5
2.淀粉及制品Starch and related products	97.2	1.日用百货Daily articles	102.0
3.干豆类及豆制品Soybean products	102.4	2.日用杂品Small articles	99.1
4.油脂Oil and fat	96.8	3.洗涤用品Washing appliance	100.2
5.肉禽及其制品Meat poultry	107.3	4.其它日用品Others	100.3
6.蛋Eggs	106.3	八、体育娱乐用品Sports goods and cultural appliance	98.0
7.水产品Aquatic products	102.1	1.体育用品Sports goods	98.2
8.菜Vegetables	108.7	2.娱乐用品Cultural appliance	98.0
9.调味品Seasoning	104.3	九、交通、通信用品Transport and telecommunication	95.4
10.糖Sugar	98.5	1.交通运输机械Transports	95.4
11.干鲜瓜果Dried and fresh fruits	100.3	2.通信器材Telecommunication	94.7
12.糕点饼干面包Cakes cookies and bread	103.3	十、家具Furniture	101.4
13.液体乳及乳制品Milk products	104.9	十一、化妆品Cosmetics	101.4
14.在外用膳食品Catering food	102.2	十二、金银珠宝Jewellery	88.6
15.其他食品Other food	101.9	十三、中西药品及医疗保健用品Medicines and equipment	100.8
二、饮料、烟酒Beverage,tobacco and liquor	100.2	1.医疗器具及用品Equipment	106.2
1.茶及饮料Tea	99.2	2.中药材及中成药Chinese medicines	99.2
2.烟草Tobacco	100.2	3.西药Western medicines	101.1
3.酒Alcohol	100.5	4.保健品及器具Appliance	101.1
三、服装、鞋帽类Clothing, shoes and hats	104.7	十四、书报杂志及电子出版物Newspapers books and eleetronil publishing	100.6
1.服装Clothing	103.9	1.教材及参考书Books	100.7
2.鞋袜帽Shoes socks and hats	107.2	2.书报杂志Newspapers	100.7
3.其它Others	100.8	3.电子音像制品Electronic audiovisual products	100.0
四、纺织品类Textiles	101.0	十五、燃料Fuel	102.4
1.衣着材料Clothing	98.1	1.煤炭及制品Coal and products	101.6
2.床上用品Beds	103.0	2.石油及制品Oil and products	102.5
五、家用电器及音像器材Households facilities	99.6	十六、建筑材料及五金电料Construction materials and hardware	101.6
1.家庭设备Households facilities	101.2	1.建筑装璜材料Construction	102.0
2.文娱用耐用消费品Recreational durable goods	97.5	2.五金电料Hardware	99.6

统计资料

STATISTICS

◎ 人民生活

PEOPLE'S LIVELIHOOD

第八篇　人民生活

2013 年长春市城市居民家庭人均总收入 27378 元,同比增长 12.0%。其中,工资性收入拉动人均可支配收入 7.5 个百分点;经营性收入拉动 2.6 个百分点;转移性收入拉动 2.3 个百分点。人均消费性支出 21930 元,同比增长 22.8%。人民消费水平不断攀升,生活质量不断提高。

生活质量的提高,消费模式的改变,特别是网购这种消费形式,正不断提升居民的消费水平。在 2013 年消费支出八大项结构中,各项支出均呈增长态势:

(一)恩格尔系数创历史最低。长春市城市居民恩格尔系数呈逐年下降态势,2013 年恩格尔系数 27.8%(二)需求及购买的多样化促使衣着支出增长。人均衣着支出 2399 元,同比增长 9.9%,占消费支出的 10.9%。

(三)追求生活质量促使居住支出增加。人均居住支出 2526 元,同比增长 22.5%,占消费支出的 11.5%。

(四)交通和通信支出增幅最高。由于生活水平的提高,汽车城展现出了显著的优势,电脑、手机、网络迅速普及。交通和通信支出增长迅猛,全年人均支出达 3659 元,同比增长 77.6%,占消费支出的 16.7%,位居消费支出份额的第二位。

(五)重视教育文化,享受娱乐服务。2013 年长春市城市居民教育文化娱乐支出 3095 元,增幅 29.6%。占消费支出的 14.1%,位居消费支出份额的第三位。

2013 年,长春市农村居民全年人均纯收入 10060 元,同比增长 11.0%。其中:工资性收入 2881 元,占全年人均纯收入的 28.6%;家庭经营纯收入 6184 元,占 61.5%;财产性纯收入 169 元,占 1.7%;转移性纯收入 826 元,占 8.2%。

2013 年,长春市农村居民生活消费支出 6542 元,同比增长 11.7%。其中食品消费支出 2309 元,占生活消费支出的 35.3%;居住消费支出 1099 元,占生活消费支出的 16.8%;交通和通讯消费支出 836 元,占生活消费支出的 12.8%;医疗保健消费支出 714 元,占生活消费支出的 10.9%;文化教育娱乐消费支出 608 元,占生活消费支出的 9.3%;衣着消费支出 504 元,占生活消费支出的 7.7%;家庭设备.用品消费支出 247 元,占生活消费支出的 3.8 %;其他商品和服务消费支出 225 元,占生活消费支出的 3.4%。

8-1 城市住户基本情况
BASIC STATISTICS ON URBAN HOUSEHOLDS

		单位	Unit	合计 Total
一、居民收入				
（一）家庭总收入	Household income	元/人	yuan/person	27378.10
其中：可支配收入	Disposable income	元/人	yuan/person	26033.88
(一)工资性收入	Income	元/人	yuan/person	16808.53
1.工资及补贴收入	Wages and subsidies	元/人	yuan/person	
2.其他劳动收入	Others	元/人	yuan/person	
(二)经营净收入	Business income	元/人	yuan/person	2403.03
(三)财产性收入	Property income	元/人	yuan/person	193.11
(四)转移性收入	Transfer income	元/人	yuan/person	7973.42
（二）城镇居民人均可支配收入	Urban disposable income per capita	元/人	yuan/person	26033.88
（三）城镇居民人均现金消费支出	Urban cash payment per capita	元/人	yuan/person	21928.87
其中：(1)食品	Food	元/人	yuan/person	6093.24
(2)衣着	Garments	元/人	yuan/person	2398.70
(3)居住	Residence	元/人	yuan/person	2525.85
(4)家庭设备用品及服务	Household facilities and services	元/人	yuan/person	1217.57
(5)医疗保健	Health care	元/人	yuan/person	2094.87
(6)交通和通信	Transportation and telecommunication	元/人	yuan/person	3658.89
(7教育文化娱乐服务	Education and recreation service	元/人	yuan/person	3094.73
二、居民生活	Living of residents	—		
每百户居民家庭拥有：	For every 100 households own:	—		
（1）家用汽车	Family car	辆	unit	24.10
（2）家用电脑	Computer	台	unit	80.84
（3）固定电话	Telephone	部	sub	49.64
（4）移动电话	Mobile phone	部	sub	213.52
（5）电冰箱（柜）	Fridge	台	unit	96.99
（6）彩色电视机	Colour TV set	台	unit	112.59
（7）钢琴	Piano	架	unit	
（8）照相机	Camera	架	unit	43.44
（9）摄像机	Pick up camera	架	unit	11.37
（10）洗衣机	Washing machine	台	unit	100.18
三、城镇居民人均住房建筑面积	Urban housing floor area per capita	平方米	sq·m	30.14
四、家庭总支出	Household expenditure	元/人	yuan/person	27362.82
(一)消费性支出	Consumption	元/人	yuan/person	21928.87
消费支出	Consumption	元/人	yuan/person	21928.87
一、食品	Food	元/人	yuan/person	6093.24
(一)粮油类	Grain and oils	元/人	yuan/person	941.07
1.粮食	Grain	元/人	yuan/person	579.88
数量	Quantity	千克/人	kg/person	89.27
(1)大米	Rice			
数量	Quantity	千克/人	kg/person	50.11
金额	Amount	元/人	yuan/person	285.70

8-1续表1 continued1

		单位 Unit		合计 Total
(2)面粉	Flour	元/千克	yuan/kg	
数量	Quantity	千克/人	kg/person	17.91
金额	Amount	元/人	yuan/person	96.86
(3)其他粮食及制品	Other grain	元/人	person	197.33
数量	Quantity	千克/人	kg/person	21.25
2.淀粉及薯类	Tubers	元/人	yuan/kg	86.00
数量	Quantity	千克/人	kg/person	22.85
3.干豆类及豆制品	Soybeans products	元/人	yuan/person	82.20
4.油脂类	Oil and fat	元/人	yuan/person	193.00
数量	Quantity	千克/人	kg/person	15.20
(1)食用植物油	Vegetable oil	元/千克	yuan/kg	
数量	Quantity	千克/人	kg/person	15.10
金额	Amount	元/人	yuan/person	191.60
(2)食用动物油	Animal oil	元/人	yuan/person	1.40
(二)肉禽蛋水产品类	Meat, poultry and aquatic	元/人	yuan/person	1448.96
1.肉类	Meat	元/人	yuan/persom	949.27
数量	Quantity	千克/人	kg/person	27.62
(1)猪肉	Pork	元/千克	yuan/kg	
数量	Quantity	千克/人	kg/person	17.21
金额	Amount	元/人	yuan/person	470.48
(2)牛肉	Beef	元/千克	yuan/kg	
数量	Quantity	千克/人	kg/person	3.91
金额	Amount	元/人	yuan/person	211.04
(3)羊肉	Mutton	元/千克	yuan/kg	
数量	Quantity	千克/人	kg/person	1.47
金额	Amount	元/人	yuan/person	79.85
(4)其他肉及制品	Others	元/人	yuan/person	187.89
数量	Quantity	千克/人	kg/person	5.03
2.禽类	Poultry	元/人	yuan/person	113.99
数量	Quantity	千克/人	kg/person	4.93
(1)鸡	Chicken	元/千克	yuan/kg	
数量	Quantity	千克/人	kg/person	3.05
金额	Amount	元/人	yuan/person	63.99
(2)鸭	Duck	元/千克	yuan/kg	
数量	Quantity	千克/人	kg/person	0.27
金额	Amount	元/人	yuan/person	4.63
(3)其他禽类及制品	Other poultry	元/人	yuan/person	45.37
数量	Quantity	千克/人	kg/person	1.62
3.蛋类	Eggs	元/人	yuan/kg	103.67
数量	Quantity	千克/人	kg/person	10.79
(1)鲜蛋	Fresh eggs	元/千克	yuan/kg	
数量	Quantity	千克/人	kg/person	10.23
金额	Amount	元/人	yuan/person	95.27
(2)蛋制品	Eggs products	元/人	yuan/person	8.40
数量	Quantity	千克/人	kg/person	0.56
4.水产品类	Aquatic	元/人	yuan/person	282.02
(1)鱼	Fish	元/千克	yuan/kg	
数量	Quantity	千克/人	kg/person	7.66
金额	Amount	元/人	yuan/person	148.70

8-1续表2 continued2

		单位 Unit		合计 Total
(2)虾	Shrimp	元/千克	yuan/kg	
数量	Quantity	千克/人	kg/person	0.94
金额	Amount	元/人	yuan/person	49.66
(3)其他水产品及制品	Others	元/人	yuan/kg	83.66
数量	Quantity	千克/人	kg/person	2.18
(三)蔬菜类	Vegetables	元/人	yuan/person	606.56
1.鲜菜	Vegetables	元/千克	yuan/kg	
数量	Quantity	千克/人	kg/person	118.20
金额	Amount	元/人	yuan/person	556.95
2.干菜	Driedvegetables	元/人	yuan/kg	38.96
3.菜制品	Vegetable products	元/人	yuan/person	10.65
(四)调味品	Seasoning	元/人	yuan/person	93.88
(五)糖烟酒饮料类	Sugar tobacco and liquor	元/人	yuan/person	587.52
1.糖类	Suagar	元/人	yuan/person	37.87
2.烟草类	Tobacco	元/人	yuan/person	276.96
3.酒类	Alcohol	元/人	yuan/kg	148.30
数量	Quantity	千克/人	kg/person	11.63
(1)白酒	Distilled spirit	元/千克	yuan/kg	
数量	Quantity	千克/人	kg/person	2.31
金额	Amount	元/人	yuan/person	73.78
(2)果酒	Wine	元/千克	yuan/kg	
数量	Quantity	千克/人	kg/person	0.18
金额	Amount	元/人	yuan/person	8.34
(3)啤酒	Beer	元/千克	yuan/kg	
数量	Quantity	千克/人	kg/person	9.13
金额	Amount	元/人	yuan/person	61.49
(4)其他酒	Others	元/人	yuan/person	4.69
数量	Quantity	千克/人	kg/person	
4.饮料	Beverage	元/人	yuan/person	124.40
(1)碳酸饮料	Soda pop	元/千克	yuan/kg	
数量	Quantity	千克/人	kg/person	
金额	Amount	元/人	yuan/person	
(2)瓶装饮用水	Water bottled	元/千克	yuan/kg	
数量	Quantity	千克/人	kg/person	
金额	Amount	元/人	yuan/person	16.30
(3)茶叶	Tea	元/千克	yuan/kg	
数量	Quantity	千克/人	kg/person	0.17
金额	Amount	元/人	yuan/person	30.38
(4)其他饮料	Others	元/人	yuan/person	77.72
(六)干鲜瓜果类	Dried and fresh fruits	元/人	yuan/person	672.82
1.鲜果	Fresh fruits	元/千克	yuan/kg	
数量	Quantity	千克/人	kg/person	57.65
金额	Amount	元/人	yuan/person	466.28

8-1续表3 continued3

		单位 Unit		合计 Total
2.鲜瓜	Melon	元/千克	yuan/kg	
数量	Quantity	千克/人	kg/person	10.17
金额	Amount	元/人	yuan/person	82.29
3.其它干鲜瓜果类及制品	Other fresh fruits and products category	元/人	yuan/person	124.25
(七)糕点、奶及奶制品	Cake and milk products	元/人	yuan/person	363.04
1.糕点	Cake	元/千克	yuan/kg	
数量	Quantity	千克/人	kg/person	5.49
金额	Amount	元/人	yuan/person	117.50
2.奶及奶制品	Milk and its products	元/人	yuan/person	245.54
(1)鲜乳品	Milk	元/千克	yuan/kg	
数量	Quantity	千克/人	kg/person	14.96
金额	Amount	元/人	yuan/person	118.80
(2)奶粉	Milk powder	元/千克	yuan/kg	
数量	Quantity	千克/人	kg/person	0.37
金额	Amount	元/人	yuan/person	66.80
(3)酸奶	Sour milk	元/千克	yuan/kg	
数量	Quantity	千克/人	kg/person	2.75
金额	Amount	元/人	yuan/person	32.71
(4)其他奶制品	Other milk products	元/人	yuan/person	27.22
(八)其他食品	Others	元/人	yuan/person	94.10
(九)饮食服务	Catering services	元/人	yuan/person	1285.28
1.食品加工服务费	Food processing	元/人	yuan/person	2.13
2.在外饮食	Catering services	元/人	yuan/person	1283.15
二、衣着	Garment	元/人	yuan/person	2398.70
(一)服装	Garment	元/件	yuan/piece	
金额	Amount	元/人	yuan/person	1730.49
(二)衣着材料	Cloth material	元/人	yuan/person	12.78
(三)鞋类	Shoes	元/双	yuan/pair	
数量	Quantity	双/人	pair/person	3.11
金额	Amount	元/人	yuan/person	548.94
(四)其他衣着用品	Other clothing	元/人	yuan/person	99.32
(五)衣着加工服务费	Processing serivce	元/人	yuan/person	7.18
三、居住	Residence	元/人	yuan/person	2525.85
(一)住房	House	元/人	yuan/person	743.50
1.租赁房房租	Rent	元/人	yuan/person	450.11
2.住房装潢支出	Decoration expenses	元/人	yuan/person	177.79

8-1续表4 continued4

		单位 Unit		合计 Total
3.维修用建筑材料	Building material	元/人	yuan/person	108.18
4.其他住房支出	Others	元/人	yuan/person	7.42
(二)水电燃料及其他	waterfuel and others	元/人	yuan/person	1610.45
1.水	Water	元/吨	yuan/ton	
数量	Quantity	吨/人	ton/person	49.04
金额	Amount	元/人	yuan/person	152.35
2.电	Electricty	元/度	yuan/degree	
数量	Quantity	度/人	degree/person	705.44
金额	Amount	元/人	yuan/person	370.60
3.燃料	Fuel	元/人	yuan/person	201.71
(1)煤炭	Coal	元/千克	yuan/kg	
数量	Quantity	千克/人	kg/person	0.15
金额	Amount	元/人	yuan/ person	0.25
(2)罐装液化石油气	Liqufied gas	元/千克	yuan/kg	
数量	Quantity	千克/人	kg/person	1.70
金额	Amount	元/人	yuan/person	13.91
(3)管道液化石油气	Petroleum gas	元/千克	yuan/kg	
数量	Quantity	千克/人	kg/person	
金额	Amount	元/人	yuan/person	
(4)管道煤气	Pipe gas	元/立方米	yuan/cu.m	
数量	Quantity	立方米/人	cu.m/person	37.06
金额	Amount	元/人	yuan/ person	67.44
(5)管道天然气	Pipe gas	元/立方米	yuan/cu.m	
数量	Quantity	立方米/人	cu.m/person	48.89
金额	Amount	元/人	yuan/ person	117.48
(6)柴油	Pipe gas	元/升	yuan/cu.m	
数量	Quantity	立方米/人	cu.m/person	
金额	Amount	元/人	yuan/person	
(7)其他燃料	Other fuel	元/人	yuan/person	2.64
4.取暖费	Heating costs	元/人	yuan/person	862.63
5.其它相关支出	Other related expenses	元/人	yuan/person	23.16
(三)居住服务费	Services	元/人	yuan/person	171.90
1.物业管理费	Realty management	元/人	yuan/person	137.44
2.维修服务费	Maintain services	元/人	yuan/person	27.05
3.其它居住服务费	Others	元/人	yuan/person	7.42
四、家庭设备用品及服务	Household facilities and services	元/人	yuan/person	1217.57
(一)耐用消费品	Durable consumer goods	元/人	yuan/person	453.02
1.家具	Furniture	元/人	yuan/person	153.21
2.家庭设备	Household facilities	元/人	yuan/person	299.81
(1)洗衣机	Washing machine	元/台	yuan/unit	
数量	Quantity	台/百户	unit/100h	0.03
金额	Amount	元/人	yuan/person	64.16

8-1续表5 continued5

		单位	Unit	合计 Total
(2)电冰箱	Fridge	元/台	yuan/unit	
数量	Quantity	台/百户	yuan/100h	0.02
金额	Amount	元/人	yuan/person	53.26
(3)微波炉	Micro-wave oven	元/台	yuan/unit	
数量	Quantity	台/百户	unit/100h	0.01
金额	Amount	元/人	yuan/person	2.52
(4)空调器	Air conditioner	元/台	yuan/unit	
数量	Quantity	台/百户	unit/100h	
金额	Amount	元/人	yuan/person	5.29
(5)淋浴热水器	Shower	元/台	yuan/unit	
数量	Quantity	台/百户	unit/100h	0.02
金额	Amount	元/人	yuan/person	28.27
(6)消毒碗柜	Sterilized cupboard	元/台	yuan/unit	
数量	Quantity	台/百户	unit/100h	
金额	Amount	元/人	yuan/person	
(7)洗碗机	Washing bowl machine	元/台	yuan/unit	
数量	Quantity	台/百户	unit/100h	
金额	Amount	元/人	yuan/person	
(8)其他家庭设备	Others	元/人	yuan/person	146.31
(二)室内装饰品	Interior decoration	元/人	yuan/person	64.67
(三)床上用品	Bed articles	元/人	yuan/person	110.88
(四)家庭日用杂品	Daily use articles	元/人	yuan/person	469.03
(五)家具材料	Furniture materials	元/人	yuan/person	3.63
(六)家庭服务	Households services	元/人	yuan/person	116.34
1.家政服务	Domestic economy	元/人	yuan/person	99.15
2.加工维修服务费	Repair	元/人	yuan/person	17.19
五、医疗保健	Health care	元/人	yuan/person	2094.87
(一)医疗器具	Medical appliance	元/人	yuan/person	19.91
(二)保健器具	Health care appliance	元/人	yuan/person	35.04
(三)药品费	Medicineexpenses	元/人	yuan/person	663.78
(四)滋补保健品	Nourishing medicine	元/人	yuan/person	124.73
(五)医疗费	Health care services	元/人	yuan/person	1282.65
(六)其他医疗保健支出	Others	元/人	yuan/person	
六、交通和通讯	Transportation and telecommunication	元/人	yuan/person	3658.89
(一)交通	Transportation	元/人	yuan/person	2647.39
1.家庭交通工具	Household use	元/人	yuan/person	1435.32
(1)摩托车	Motorcycle	元/辆	yuan/unit	
数量	Quantity	辆/百户	unit/100h	
金额	Amount	元/人	yuan/person	
(2)助力车	Vehicle	元/辆	yuan/unit	
数量	Quantity	辆/百户	unit/100h	
金额	Amount	元/人	yuan/person	11.61
(3)家用汽车	Family car	元/辆	yuan/unit	
数量	Quantity	辆/百户	unit/100h	0.02
金额	Amount	元/人	yuan/person	1406.59
(4)其他交通工具	Others	元/人	yuan/person	17.12
2.车辆用燃料及零配件	Fuel and parts	元/人	yuan/person	493.84
(1)燃料	Fuel	元/人	yuan/person	458.27

8-1续表6 continued6

		单位 Unit		合计 Total
其中：汽油.单价	Gas	元/升	yuan/liter	
数量	Quantity	升/人	liter/person	61.91
金额	Amount	元/人	yuan/person	453.84
其中：柴油.单价	Gas	元/升	yuan/liter	
数量	Quantity	升/人	liter/person	0.35
金额	Amount	元/人	yuan/person	2.52
(2)零配件	Parts	元/人	yuan/person	35.57
(3)其他	Others	元/人	yuan/person	
3.交通工具服务支出	Traffic service	元/人	yuan/person	211.84
(1)维修费	Upkeep	元/人	yaun/person	53.36
(2)车辆使用税费	Tax and expenses	元/人	yuan/person	121.64
(3)其它车辆使用费用	Other vehicle expenses	元/人	yuan/person	36.84
4.交通费	Traffic	元/人	yuan/person	506.39
(1)飞机	Airplane	元/人	yuan/person	126.99
(2)火车	Railway	元/人	yuan/person	117.45
(3)长途汽车	Long-distance	元/人	yuan/person	21.72
(4)市内公共交通	Bus	元/人	yuan/person	128.87
(5)出租汽车费	Taxi	元/人	yuan/person	102.88
(6)其他交通费用	Others	元/人	yuan/person	8.47
(二)通信	Telecommunication	元/人	yuan/person	1011.50
1.通信工具	Mean of telecommunication	元/人	yuan/person	307.43
(1)电话机	Telephone	元/部	yuan/sub	
数量	Quantity	部/百户	sub/100h	0.02
金额	Amount	元/人	yuan/person	17.06
(2)移动电话	Mobile phone	元/部	yuan/sub	
数量	Quantity	部/百户	sub/100h	0.17
金额	Amount	元/人	yuan/person	278.84
(3)其他通信工具	Others	元/人	yuan/person	11.53
2.通信服务	Services	元/人	yuan/person	704.07
(1)电信费	Telecommunication	元/人	yuan/person	693.22
其中：上网费	Therein internet costs	元/人	yuan/person	169.66
(2)邮费	Postage	元/人	yuan/person	3.04
(3)其他通信服务	Others	元/人	yuan/person	7.81
七、教育文化娱乐服务	Education and recreation service	元/人	yuan/person	3094.73
(一)文化娱乐用品	Recreational articles	元/人	yuan/person	459.45
1.彩色电视机	Colour TV set	元/台	yuan/set	
数量	Quantity	台/百户	set/100h	0.03
金额	Amount	元/人	yuan/person	89.02
2.家用电脑	Computer	元/人	yuan/person	86.64
(1)整机电脑	Computer	元/台	yuan/set	
数量	Quantity	台/百户	unit/100h	
金额	Amount	元/人	yuan/person	
(2)计算机外部设备	Computer peripheral equipment	元/人	yuan/person	
(3)各种零配件及耗材	Parts	元/人	yuan/person	
3.组合音响	Hi-Fi stereo component systern	元/台	yuan/set	
数量	Quantity	台/百户	set/100h	0.00
金额	Amount	元/人	yuan/person	1.27
4.摄像机	Pick up camera	元/架	yuan/unit	
数量	Quantity	架/百户	unit/100h	0.00
金额	Amount	元/人	yuan/person	5.94
5.照相机	Camera	元/架	yuan/unit	
数量	Quantity	架/百户	unit/100h	0.01
金额	Amount	元/人	yuan/person	27.28

8-1续表7 continued7

		单位 Unit		合计 Total
6. 钢琴	Piano	元/架	yuan/unit	
数量	Quantity	架/百户	unit/100h	
金额	Amount	元/人	yuan/person	
7. 其他中高档乐器	Musical instrument	元/件	yuan/unit	
数量	Quantity	件/百户	unit/100h	
金额	Amount	元/人	yuan/person	5.03
8. 健身器材	Fitness equipment	元/件	yuan/set	
数量	Quantity	件/百户	set/100h	
金额	Amount	元/人	yuan/person	1.42
9. 电子辞典	Electronic dictionary	元/部	yuan/unit	
数量	Quantity	部/百户	unit/100h	
金额	Amount	元/人	yuan/person	
10. 音像制品及软件	Audio-visual products and software	元/人	yuan/person	5.24
11. 体育用品	Sport apparatus	元/人	yuan/person	26.08
12. 书报杂志	Newspaper and magazine	元/人	yuan/person	47.16
13. 纸张文具	Paper stationery	元/人	yuan/person	23.07
14. 其他文娱用品	Others	元/人	yuan/person	141.30
(二)文化娱乐服务	Services	元/人	yuan/person	927.51
1. 参观游览	Tourism	元/人	yuan/person	41.02
2. 健身活动	Fitness	元/人	yuan/person	37.50
3. 团体旅游	Group tourism	元/人	yuan/person	628.00
4. 其它文娱活动	Other activities	元/人	yuan/person	202.36
5. 文娱用品修理服务费	Repair services	元/人	yuan/person	18.64
(三)教育	Education	元/人	yuan/person	1707.76
1. 教材	Teaching material	元/人	yuan/person	35.53
(1)课本及参考书	Textbook	元/人	yuan/person	
(2)教育软件	Teaching software	元/人	yuan/person	
(3)其它教材	Others	元/人	yuan/person	
2. 教育费用	Teaching expenses	元/人	yuan/person	1672.23
(1)非义务教育学杂费	Non-compulsory education	元/人	yuan/person	184.17
(2)义务教育学杂费	Compulsory education	元/人	yuan/person	109.50
(3)托幼费	Baby-sitting fees	元/人	yuan/person	452.17
(4)成人教育费	PTAs charges	元/人	yuan/person	82.66
(5)家教费	Family education	元/人	yuan/person	
(6)培训班	Training course	元/人	yuan/person	484.60
(7)学校住宿费	School accommodation	元/人	yuan/person	
(8)其他教育费用	Others	元/人	yuan/person	359.13
八、其它商品和服务	Daily consumer goods and services	元/人	yuan/person	845.02
(一)其它商品	Daily consumer goods	元/人	yuan/person	458.26
1. 金银珠宝饰品	Jewelry	元/人	yuan/person	172.49
2. 手表	Watch	元/只	yuan/unit	
数量	Quantity	只/人	unit/person	
金额	Amount	元/人	yuan/person	30.44
3. 理发美容用具	Haircut and beauty products	元/人	yuan/person	
4. 化妆品	Cosmetics	元/人	yuan/person	162.62
5. 其他杂品	Others	元/人	yuan/person	92.71
(二)服务	Services	元/人	yuan/person	386.76
1. 旅馆住宿费	Hotel	元/人	yuan/person	29.29
2. 理发洗澡费	Haircut and bathing	元/人	yuan/person	113.28
3. 美容费	Beauty	元/人	yuan/person	75.52
4. 其他服务	Others	元/人	yuan/person	168.67

8-2 农村住户基本情况
BASIC STATISTICS ON RURAL HOUSEHOLDS

		单位 Unit	合计 Total
一、全年纯收入	Annual net income	元/人 yuan/person	10059.98
(一)工资性收入	Sallary	元/人 yuan/person	2881.21
(二)家庭经营纯收入	Net income of family business	元/人 yuan/person	6183.66
(三)财产性纯收入	Net income from property	元/人 yuan/person	168.75
(四)转移性纯收入	Property transfer income	元/人 yuan/person	826.35
(五)生活消费支出	Living expenditure	元/人 yuan/person	6541.89
1.食品消费支出	Food expenditure	元/人 yuan/person	2308.92
2.衣着消费支出	Clothing expenditure	元/人 yuan/person	504.35
3.居住消费支出	Housing expenditure	元/人 yuan/person	1099.17
4.家庭设备.用品消费支出	Household appliances expenditure	元/人 yuan/person	246.37
5.交通和通讯消费支出	Traffic and communication expenditure	元/人 yuan/person	835.75
6.文化教育.娱乐消费支出	Culture, education and entertainment expenditure	元/人 yuan/person	608.40
7.医疗保健消费支出	Healthcare expenditure	元/人 yuan/person	714.33
8.其他商品和服务消费支出	Other commodities and services expenditure	元/人 yuan/person	224.61

统计资料

STATISTICS

◎ 城市建设

GENERAL SURVEY OF CITY

9-1 长春市城区用气情况
BASIC STATISTICS ON SUPPLY OF GAS IN CITY

		单 位 Unit	2011	2012	2013
一、人工煤气	Gas				
生产能力	Production capacity of coal gas	万立方米/日10000cu·m·day	80	80	80
储气能力	Gas storage capacity	万立方米10000cu·m	20	20	20
供气管道长度	Length of gas pipeline	公里km	1529	1568	1540
供气总量	Total gas supply	万立方米10000cu·m	15044.63	14641.39	13072.83
其中：家庭用量	Households	万立方米10000cu·m	7264.72	7493.67	7106.05
用气户数	Households access to gas	户 Household	549027	553383	481702
其中：家庭用户	Households	户 Household	460000	538655	481655
用气人口	Population	万人 10000 persons	135.94	156.49	139.96
二、天然气	Natural gas				
储气能力	Gas storage capacity	万立方米10000cu·m	25	25	25
供气管道长度	Length of gas supply	公里km	1924	2063	2542
供气总量	Total gas supply	万立方米10000cu·m	24765.26	29974.54	36296.66
其中：家庭用量	Households	万立方米10000cu·m	7531.14	9345.21	11171.38
用户总数	Households access to gas	户Household	504679	517896	577922
用气人口	Population	万人10000 persons	159.6	162.2	185.07
三、液化石油气	Liquefied Petroleum gas				
储气能力	Gas storage capacity	吨 Ton	6000	6000	6000
供气管道长度	Length of gas pipeline	公里 km			
供气总量	Total gas supply	吨 Ton	72505.87	68563.04	32555.76
其中：家庭用量	Households	吨 Ton	9436.23	9034.56	7523.64
用气户数	Households	户Household	134506	121432	93456
用气人口	Population	万人10000persons	43.72	35.37	30.19
四、燃气普及率	Percentage of population access to gas	%	98	98.08	98.4

9-2 长春市政设施情况
BASIC STATISTICS ON PUBLIC UTILITIES

		单位	unit	2011	2012	2013
道路长度	Length of paved roads	公里	km	2681.62	2850.24	3009.47
道路面积	Area of paved roads	万平方米	10000sq·m	5912.62	6456.58	6759.96
桥梁数	Bridges	座	set	244	259	263
路灯数	Street lights	盏	unit	219582	233933	237242
排水管道长度	Length of exhaust piping	公里	km	4179.53	4644.52	4853.3
污水排放量	Volume of waste water discharged	万立方米	10000cu·m	23901	24465.7	26327
污水处理厂座数	Number of factory for waste water ischarged	座	set	6	6	7
污水处理厂污水处理能力	Capacity of wasted water discharged	万立方米/日	10000cu·m/day	74.3	74.3	84.3
污水处理总量	Volume of waste water treatment	万立方米	10000cu·m	20855	21076	20858

9-3 长春市园林绿化情况
BASIC STATISTICS ON PARKS, GARDENS AND GREEN AREAS

		单位	unit	2011	2012	2013
绿化覆盖面积	Total area of green land	公顷	ha	15580	15525	12568
其中：建成区	Finished area	公顷	ha	15195	15220	12287
园林绿地面积	Total area of parks and gardens	公顷	ha	13395	13007	10772
其中：建成区	Finished area	公顷	ha	13119	12979	10727
公共绿地面积	Public green areas	公顷	ha	4470	4966	5018
公园个数	Parks	个	unit	30	38	46
公园面积	Area of parks	公顷	ha	1103	1200	1108

9-4 长春市城区集中供热情况
BASIC STATISTICS ON HEATING IN CITY

		单位	unit	2011	2012	2013
供热能力(热水)	Heating capacity (water)	兆瓦	Mega watts	11545	14274	17221.8
供热能力(蒸汽)	Heating capacity (steam)	吨/小时	ton/hour	999	116	116
供热总量(热水)	Volume supplied(water)	万吉焦	10000gigajoules	6100	6598	7976.85
供热总量(蒸汽)	Volume supplied(steam)	吨/小时	ton/hour	993	106.2	106.2
管道长度(热水)	Length of pipeline(water)	公里	km	3425	5106.41	5184.55
管道长度(蒸汽)	Length of pipeline (steam)	公里	km	40	33.2	33.2
供热面积	Heated area	万平方米	10000sq·m	12817.8	13305.9	16071.8

9-5 长春市城区自来水供应情况(公共供水)
BASIC STATISTICS ON TAP WATER SUPPLY IN CITY (WATER SUPPLY PUBLICLY)

		单位 unit		2013
年底自来水生产能力	Production capacity of tap water	万立方米/	10000cu·m/day	119
年末供水管道长度	Length of water supply pipeline	公里	km	2175
供水总量	Volume of water supply	万立方米	10000 cu·m	35472
生产运营用水	For productive use	万立方米	10000 cu·m	6186
居民家庭用水	For residential use	万立方米	10000 cu·m	8229
售水量	Volume of sale	万立方米	10000 cu·m	22809
用水户数	Households access to tap water	户	Household	1097344
其中：家庭用户	Households	户	Household	995856
用水人口	Population access to tapwater	万人	10000persons	359
人均日生活用水量	Per capita comsumption of tapwater	升	liter	131

9-6 长春市公共交通情况
BASIC STATISTICS ON PUBLIC TRANSPORTATION

		单位 unit		2013
一、汽车	Automobile			
运营车数	Operating automobile	辆	unit	5121
公共汽车	Buses	辆	unit	5121
标准运营车数	Number of standard operating	标台	unit	5651
运营线路网长度	Length of road	公里	km	5117
客运总量	Passengers traffic	万人次	10000person-times	78045
公共汽车	Buses	万人次	10000person-times	78045
其中：小公共汽车	Mini buses	万人次	10000person-times	9170
从业人数	Employment	人	person	
二、出租汽车	Taxi			
出租车数量	Number of taxi	辆	unit	22702
三、轨道交通	Orbital transport			
（一） 轻轨	Light trolley			
运营车数	Operating automobile	列	train	351
运营线路网长度	Length of road	公里	km	47
客运总量	Passengers traffic	万人次	10000person-times	6668
（二）有轨电车	Trolley			
运营车数	Number of trolley operating	辆	unit	29
标准运营车数	Number of standard operating	标台	unit	58
运营线路网长度	Length of road	公里	km	8
客运总量	Passengers traffic	万人次/天	10000person-times/day	567

9-7 长春市主要年份市区房屋情况
BASIC STATISTICS ON BUILDING CONSTRUCTION AND HOUSING

		2010	2011	2012	2013
实有房屋建筑面积(万平方米)	Floor space of building(10000sq·m)	12554.0	12839.6	13083.7	15230.0
#私房(万平方米)	Private building (10000sq·m)	6753.3	7346.2	7822.4	8289.2
实有住宅建筑面积(万平方米)	Floor space of housing (10000sq·m)	8032.1	8513.3	8868.2	9522.6
#私房(万平方米)	Private building (10000sq·m)	6123.2	6658.6	7067.2	7481.4

9-8 长春市主要年份全市供电情况
BASIC STATISTICS ON ELECTRICITY SUPPLY IN CITY

		2010	2011	2012	2013
年底发电设备容量总计(千瓦)	Total of power station production(kw)	4123914	4748914	4754914	4879914
年底供电设备容量(千伏安)	Total available for supply(1000kwva)	11693350	12252400	14168450	15150650
全年供电量(万千瓦小时)	Annual supply electricity(10000kwh)	1356167	1481731	1564269	1673210
#自供(万千瓦小时)	By power station (10000kwh)	59513	47180	28190	15097
网供(万千瓦小时)	From electicity net (10000kwh)	1356167	1481731	1564269	1673210
全年用电量(万千瓦小时)	Total electricity consumption(10000kwh)	1586471	1698834	1790291	1885731
#工业用电(万千瓦小时)	Industry(10000kwh)	864074	897440	1005025	1061479
农业用电(万千瓦小时)	Agriculture (10000kwh)	28741	31401	23250	25556
城乡人民生活用电(万千瓦小时)	Residential consumption(10000kwh)	346156	396362	310668	296246
送配电线路长度(公里)	Length of electric wire (km)	4841.6	5131.8	5609.1	6120.0
#输电线路(公里)	Electric wire (km)	4841.6	5131.8	5609.1	6120.0

统计资料

STATISTICS

◎ 农 业

AGRICULTURE

第十篇　农　业

2013 年，全年完成农林牧渔业总产值 602.7 亿元，同比增长 4.9%。其中：种植业产值 307.2 亿元，增 6.9%；林业产值 2.3 亿元，下降 40%；牧业产值 272.3 亿元，增长 3.1%，渔业产值 5.2 亿元，增长 17.0%；农林牧渔服务业产值 15.7 亿元，增长 3.5%。

全年农作物总播种面积 134.0 万公顷，同比下降 0.3%。粮食播种面积 124.5 万公顷，同比持平。粮食总产量达到 984.4 万吨，比上年增加 73.2 万吨。其中，玉米产量 791.6 万吨，增长 6.4%；水稻产量 152.9 万吨，增长 20.3%。蔬菜产量 267 万吨，同比增加 5.0%。猪出栏 614.8 万头，增长 2.0%；牛出栏 125.2 万头，增长 2.5%；羊出栏 36.3 万只，增长 2.8%；家禽出栏 2.5 亿只，减少 3.8%。肉类总产量 116.4 万吨，减少 1.8%。禽蛋产量 31.5 万吨，同比减少 7.1%。牛奶产量 6.6 万吨，同比减少 2.9%。

10-1 1994-2013年农林牧渔业总产值(现价)

GROSS OUTPUT VALUE OF AGRICULTURE(at current price)(1994-2013)

单位：亿元 unit:100million yuan

年份 Year	农林牧渔业总产值 Total	农业产值 Farming	林业产值 Forestry	牧业产值 Animal husbandry	渔业产值 Fishery
1994	108.2	71.9	0.5	35.2	0.6
1995	144.5	8.9	0.7	53.7	1.1
1996	172.9	99.3	0.5	71.9	1.2
1997	176.8	94.0	0.7	80.8	1.3
1998	198.9	108.2	0.6	88.6	1.5
1999	200.9	92.9	0.5	105.8	1.7
2000	197.6	83.8	1.0	111.7	1.1
2001	223.9	108.0	0.5	114.4	1.0
2002	242.1	115.9	0.6	124.8	0.8
2003	259.2	116.7	1.1	139.2	1.0
2004	281.5	126.6	0.8	152.2	0.7
2005	272.9	130.8	2.1	137.3	1.5
2006	289.0	142.2	1.7	142.3	1.5
2007	340.6	160.3	0.9	176.2	1.8
2008	405.2	171.4	1.9	228.0	2.4
2009	418.4	185.3	1.9	216.2	2.2
2010	474.7	213.4	3.2	242.3	2.4
2011	523.8	248.6	2.8	254.5	3.7
2012	562.5	284.1	3.8	255.2	4.2
2013	602.7	307.2	2.3	272.3	5.2

10-2 1994-2013年农作物播种面积

TOTAL SOWN AREAS OF FARM CROPS (1994-2013)

单位：公顷 unit:ha

年份 Year	农作物总播种面积 Total sown area	粮食作物 Grain crops		经济作物 Economic crops		其他作物 Other crops	
		播种面积 Sown area	占总播种面积(%) Percentage	播种面积 Sown area	占总播种面积(%) Percentage	播种面积 Sown area	占总播种面积(%) Percentage
1994	1115798	969219	86.9	36343	3.3	110236	9.8
1995	1120203	977304	87.2	31446	2.8	111453	10.0
1996	1124429	979061	87.1	32938	2.9	112430	10.0
1997	1122817	986045	87.8	27594	2.5	109178	9.7
1998	1122996	984485	87.7	21828	1.9	116683	10.4
1999	1121587	965869	86.1	26567	2.3	129151	11.6
2000	1121046	951131	84.8	38134	3.4	131781	11.8
2001	1114286	935373	84.0	42796	3.8	136117	12.2
2002	1109100	914514	82.5	41467	3.7	153119	13.8
2003	1106395	919045	83.1	169589	15.3	17761	1.6
2004	1139211	1012244	88.9	121564	10.7	5403	0.4
2005	1130795	1002871	88.7	119566	10.6	8358	0.7
2006	1140257	1006930	88.3	127143	11.2	6184	0.5
2007	1150344	1020703	88.7	122352	10.6	7289	0.6
2008	1189764	1097197	92.2	88768	7.5	3799	0.3
2009	1260099	1155556	91.7	100687	8.0	3856	0.3
2010	1257193	1150479	91.5	102575	8.2	4139	0.3
2011	1333060	1220935	91.6	107762	8.1	4363	0.3
2012	1344118	1245338	92.7	95585	7.1	3195	0.2
2013	1340272	1245453	92.9	94819	7.1	1402	0.1

注：经济作物包括：油料、甜菜、烟叶、药材、蔬菜。

Note:Economic crops include:Oil-bearing, sugar beet, tobacco leaf, medical material and vegetables.

10-3 农作物总播种面积
TOTAL SOWN AREAS OF FARM CROPS

单位：公顷 unit:ha

		全市 Total	市辖区 District		榆树市 Yushu	农安县 Nong'an	九台市 Jiutai	德惠市 Dehui
			合计 Total	#双阳区 Shuangyang				
农作物总播种面积	Sown area	1340272	145398	88670	391126	393663	185238	224847
一、粮食作物合计	Grain crops	1245453	130251	83943	378542	361813	172195	202652
(一)谷物	Corn	1205008	128541	82486	365968	352253	165129	193117
1.稻谷	Rice	172572	15733	11323	71931	11993	23531	49384
其中：粳稻	Geng rice	171745	15733	11323	71931	11993	23480	48608
糯稻	Glutinous rice	827					51	776
2.小麦	Wheat	300					300	
3.玉米	Corn	1028989	112771	71150	293961	337545	141160	143552
4.谷子	Millet	412	18	13	51	340	3	
5.高粱	Sorghum	2707	12		25	2375	114	181
6.其它谷物	Others	28	7				21	
(二)豆类合计	Beans	16451	514	261	3853	3505	3392	5187
其中：大豆	Soybean	14679	512	261	3853	3341	2115	4858
绿豆	Mung beans	152	1			86	8	57
红小豆	Red beans	920	1			78	780	61
(三)薯类(折粮)	Tubers	23994	1196	1196	8721	6055	3674	4348
其中：马铃薯	Potato	23479	1184	1184	8721	5695	3670	4209
二、油料合计	Oilbearing crops	94819	15147	4727	12584	31850	13043	22195
1.花生	Peanuts	5940			139	4289	33	1479
2.芝麻	Sesame	1797				1760	12	25
3.葵花子	Sunflower seed	179			139	40		
三、麻类合计	Fiber crops	3644				2489	21	1134
线麻	Line fiber	10					3	7
四、烟叶合计	Tobacco	3					3	
1.烤烟叶	fluecured tobacco leaf	8128			516	6150	825	637
2.晒烟	Suncured tobacco	1466			516		315	635
五、药材类合计	Crude drugs	230	10				220	
六、蔬菜(含菜用瓜)	Vegetable and melon	69926	14823	4727	10924	16785	9528	17866
七、瓜果类	Melon	9387	888	266	1040	4626	1165	1668
其中：西瓜	Watermelon	3780	233	9	336	2393	290	528
甜瓜	Muskmelon	5566	634	257	689	2233	870	1140
草莓	strawberry							
八、其它农作物	Other crops	1402	255	199			609	538
其中：青饲料	Forage	197	191	191			6	

10-4 农作物总产量
YIELD OF MAJOR FARM CROPS

单位：吨　　unit:ton

		全市 Total	市辖区 District 合计 Total	#双阳区 Shuangyang	榆树市 Yushu	农安县 Nong'an	九台市 Jiutai	德惠市 Dehui
一、粮食作物合计	Grain crops	9843699	716181	552500	3334212	3203199	1083512	1506595
(一)谷物	Corn	9470149	709588	546977	3150818	3136947	1030200	1442596
1.稻谷	Rice	1529750	97436	71793	879254	109345	139042	304673
其中：粳稻	Geng rice	1524746	97436	71793	879254	109345	138694	300017
糯稻	Glutinous rice	5004					348	4656
2.小麦	Wheat	867					867	
3.玉米	Corn	7916346	611853	475139	2271106	3006660	889750	1136977
4.谷子	Millet	2669	55	45	408	2191	15	
5.高粱	Sorghum	20379	24		250	18751	408	946
6.其它谷物	Others	138	20				118	
(二)豆类合计	Beans	74236	2049	979	29189	16433	10372	16193
其中：大豆	Soybean	67661	1327	979	29189	15680	6075	15390
绿豆	Mung beans	550	1			340	26	183
红小豆	Red beans	2395	2			413	1826	154
(三)薯类(折粮)	Tubers	299314	4544	4544	154205	49819	42940	47806
其中：马铃薯	Potato	294971	4504	4504	154205	46969	42910	46383
二、经济作物	Economic crops							
(一) 油料	Oilbearing crops	19560			278	15945	134	3203
1.花　生	Peanuts	6256				6140	56	60
2.芝　麻	Sesame	378			278	100		
3.葵花子	Sunflower seed	12461				9705	78	2678
(二) 生麻	Raw hemp	30					15	15
生大麻	Raw hemp	15					15	
(三) 烟叶（未加工烟草）	Tobacco leaves (unmanufactured)	21186			1583	16452	1745	1406
烤烟（未去梗烤烟叶）	Cured tobacco (flue-cured tobacco not stemmed)	3450			1583		465	1402
(四) 中草药材	Chinese medicinal herbs							
(五) 蔬菜和食用菌	Vegetables and edible fungi	2670269	355491	84114	729571	366865	511174	707168
(六) 瓜果类	Melon	248468	19927	4017	46817	82770	46794	52160
其中:西　瓜	Watermelon	106554	6319	162	21528	48911	12483	17313
香　瓜	Muskmelon	139796	11990	3855	24995	33859	34205	34747

10-5 农村基本情况及农业生产条件

		单位 Unit		全市 Total
一、农村基层组织情况	Rural grassroots units			
乡(镇)个数	Township governments	个	unit	97
其中：镇个数	Town governments	个	unit	67
村民委员会个数	Villagers' committees	个	unit	1677
二、农村基础设施	Rural social basic facilities			
自来水受益村数	Villages access to tap water	个	unit	670
通汽车村数	Villages access to automobile	个	unit	1663
通电话村数	Villages access to telephone	个	unit	1672
三、乡村人口与从业人员	Number of rural laborers and population			
乡村户数	Number of rural households	户	household	1204412
乡村人口数	Rural population	人	person	4384228
1.男	Male	人	person	2314062
2.女	Female	人	person	2070166
乡村劳动力资源数	Rural labourers	人	person	2516252
1.男	Male	人	person	1367809
2.女	Female	人	person	1148443
乡村从业人员数	Rural labourer	人	person	2185160
1.男	Male	人	person	1204451
2.女	Female	人	person	980709
其中：农业从业人员	Agriculture	人	person	1321546
四、农业用地情况	Agricultural land situation			
1、耕地	Cultivated land	公顷	ha	1257526
2、园地	Gardon plot	公顷	ha	11521
3、林地	Woodland	公顷	ha	107439
4、草地	Grassland	公顷	ha	33698
5、设施农业用地	Agricultrual facilities	公顷	ha	19670
五、农业主要能源及物耗	Energy and material consumption			
1. 农村用电量	Electricity consumption	千千瓦小时	1000KWH	1238657
2.农用化肥施用量(实物量)	Consumptin of chemical fertilizers	吨	ton	1038448
氮肥	Nitrogenous fertilizer	吨	ton	464124
(1)硫酸铵	Sulphuric acid ammonia	吨	ton	21244
(2)硝酸铵	Nitric acid ammonia	吨	ton	34358
(3)尿素	Urea	吨	ton	371578
(4)碳酸氢铵	Carbonic acid hyorrogtn ammonia	吨	ton	24415
(5)氨水	Ammonia water	吨	ton	
(6)其他	Others	吨	ton	12529
磷肥	Phosphate fertilizer	吨	ton	120570
钾肥	Potash fertilizer	吨	ton	57350
复合肥	Compound fertilizer	吨	ton	396404
3.农用塑料薄膜使用量	Volume of use of plastic film	吨	ton	10984
其中：地膜使用量	Volume of use of mulching film	吨	ton	4908
地膜覆盖面积	Coverage of mulching film	公顷	ha	27922
4.农用柴油使用量	Volume of diesel used	吨	ton	129167
5.农药使用量	Volume of pesticide	吨	ton	9579

BASIC CONDITIONS OF RURAL GRASSROOTS UNITS

市辖区 District		榆树市 Yushu	农安县 Nong'an	九台市 Jiutai	德惠市 Dehui
合计 Total	#双阳区 Shuangyang				
21	4	24	22	14	16
16	3	15	12	12	12
294	134	388	377	310	308
176	89	186	159	77	72
282	134	388	377	310	306
289	134	388	377	310	308
232367	72285	308920	273805	186399	202921
768960	273512	1133702	1015724	654318	811524
409485	146080	596220	543131	340771	424455
359475	127432	537482	472593	313547	387069
452930	161756	596745	630148	383829	452600
242079	85935	326284	345315	205069	249062
210851	75821	270461	284833	178760	203538
385165	135542	545480	534811	339944	379760
206770	73640	300890	303537	184072	209182
178395	61902	244590	231274	155872	170578
213334	101903	318732	344171	227166	218143
137846	86695	374151	377312	154009	214208
937	314	6220	1700	2191	473
28604	26783	12507	25751	29479	11098
386	386	7487	25825		
1628	543	16300	345	547	850
406475	296724	218262	245523	177116	191281
134496	73781	309652	265830	164783	163687
51848	21443	140994	128807	61356	81119
1689	133	7978	1797	4758	5022
4047	1266	14345	11890	4076	
38127	14146	106834	114368	43983	68266
4305	4255	7012		5491	7607
3680	1643	4825	752	3048	224
8204	3805	34583	35751	18544	23488
4141	1507	15159	11348	16937	9765
70303	47026	118916	89924	67946	49315
2430	900	3646	1693	1310	1905
734	330	1445	1140	630	959
3995	1247	4975	7583	2037	9332
12143	6543	43939	36248	17160	19677
1756	955	2668	1384	2284	1487

10-5续表1

		单位 Unit		全市 Total
六、农业机械化情况	Agricultural machinery			
(一)农业机械总动力	Power of agricultural machinery	千瓦	kw	5548103
1.柴油发动机动力	Diesel power	千瓦	kw	5168005
2.汽油发动机动力	Gasoline power	千瓦	kw	28972
3.电动机动力	Electric power	千瓦	kw	351126
(二)拖拉机配套机械及种植业机械	Tractors and planting machinery			
拖拉机	Tractors	台/千瓦	unit/kw	185374/3489850
其中：大中型拖拉机	Large and medium tractors	台/千瓦	unit/kw	107069/2691842
小型拖拉机	Mini tractors	台/千瓦	unit/kw	78305/798008
大中型拖拉机配套农具	Tractor towing farming machinery	台(套)	unit	165004
小型拖拉机配套农具	Mini tractor towing farm machinery	台(套)	unit	279230
种植业机械	Planting machinery	台	unit	65027
农用排灌动力机械	Irrigating machinery	台/千瓦	unit/kw	82226/568512
其中：柴油机	Diesel machinery	台/千瓦	unit/kw	56220/434581
电动机	Electric machinery	台/千瓦	unit/kw	26006/133931
农用水泵	Pump	台	unit	99505
机动喷雾(粉)机	Sprayer	台/千瓦	unit/kw	4337/8674
其中：联合收割机	Compound harvesters	台/千瓦	unit/kw	7651/382837
机动割晒机	Motoried harvesters	台/千瓦	unit/kw	61/201
(三)农产品初加工动力及作业机械	Farming products processing machinery	台/千瓦	unit/kw	
其中：柴油机	Diesel machinery	台/千瓦	unit/kw	10089/105935
电动机	Electric machinery	台/千瓦	unit/kw	23294/211975
粮食加工机械	Grain	台(套)	unit	29351
油料加工机械	Oil plants	台(套)	unit	1211

continued1

市辖区 District		榆树市 Yushu	农安县 Nong'an	九台市 Jiutai	德惠市 Dehui
合计 Total	#双阳区 Shuangyang				
621982	355005	1371808	1650381	834097	1069835
552392	308963	1285838	1615196	758278	956302
1770	1671	11650	2276	4682	8594
67820	44371	74320	32909	71138	104939
19450/313191	13160/200812	40213/892555	65891/1219090	30201/478908	29619/586106
4854/175154	2373/104649	27688/758035	51000/1043826	8042/280542	15485/434285
14596/138037	10787/96162	12525/134520	14891/175264	22159/198366	14134/151821
4285	2816	36360	70202	23402	30755
31341	25098	77269	62707	39886	68027
5769	4346	22555	21686	6463	8554
13329/84778	8229/51804	17516/129129	9919/69032	12462/82043	29000/203530
6253/48336	3653/28238	15086/116615	6957/53778	6924/53523	21000/162330
7076/36441	4576/23566	2430/12515	2962/15254	5538/28521	8000/41200
13434	8234	3956	13700	26915	41500
140/280	110/220	82/164	2518/5036	1231/2462	366/732
582/30833	500/26681	1982/125822	2554/96905	911/46503	1622/82774
12/39				49/162	
693/7276	151/1586	520/5460	4215/44258	4056/42588	605/6353
3431/31222	2269/20648	6506/59205	1894/17235	4513/41068	6950/63245
3152	2267	8656	5610	4593	7340
90	18	87	828	96	110

10-5续表2

		单位 Unit		全市 Total
(四)畜牧养植机械	Animal husbandry machinery	台/千瓦	unit/kw	18521/127543
饲草料加工机械	Feed pulverizer	台/千瓦	unit/kw	17606/117432
(五)运输机械	Transportation	辆/千瓦	coach/kw	
农用运输车	Truck	辆/千瓦	coach/kw	34906/590853
(六)农田基本建设农机械	Capital construction farming machinery	辆/千瓦	coach/kw	347/17697
(七)农机化作业情况	Agriculture mechanization conditions			
机耕面积	Machine-cultivated land	千公顷	1000ha	1037
机播面积	Machine-sowed land	千公顷	1000ha	1098
机电灌溉面积	Machine-irrigated land	千公顷	1000ha	176
机械植保面积	Machine-protected land	千公顷	1000ha	964
机收面积	Machine-harvested land	千公顷	1000ha	546
水稻播机插面积	Machine-planted rice land	千公顷	1000ha	107
水稻机收面积	Machine-harvested rice land	千公顷	1000ha	130
玉米机播面积	Machine-sowed corn land	千公顷	1000ha	977
玉米机收面积	Machine-harvested corn land	千公顷	1000ha	416
七、耕地情况	Cultivated land			
(一)年初耕地总资源	Area of land at year beginning	公顷	ha	1311196
(二)年内增加	Area of increasing land	公顷	ha	2445
其中：新开荒地	Newly open up wasteland	公顷	ha	1830
园地改为耕地	Garden to land	公顷	ha	615
(三)年内减少耕地面积	Area of decreasing land	公顷	ha	3608
其中：国家基建占地	Occupation of construction	公顷	ha	1115
其他基建占地	Occupation of other capital construction	公顷	ha	1458
退耕还林还草占地	Occupation of return from cultivated land to forest and grass	公顷	ha	417
耕地改为园地	Land to garden	公顷	ha	618
(四)年末耕地总资源	Area of land at year-end	公顷	ha	1310033
1. 常用耕地面积	Area of cultivated land	公顷	ha	1307043
其中：水田	Paddy fields	公顷	ha	169818
水浇地	Irrigated fields	公顷	ha	15344
2. 临时性耕地	Temporary land	公顷	ha	2990
其中：25度以上陡坡耕地	Slope over 25 degree	公顷	ha	1853

continued2

市辖区 District		榆树市 Yushu	农安县 Nong'an	九台市 Jiutai	德惠市 Dehui
合计 Total	#双阳区 Shuangyang				
2588/17387	2124/14292	5335/37041	7028/47636	747/6017	2823/19462
2522/16822	2058/13727	5297/35331	6457/43068	720/4802	2610/17409
7402/128708	2102/33190	6090/99972	8617/146078	6857/122394	5940/93701
54/2754	47/2397	124/6324	17/867	65/3315	87/4437
114	74	261	336	153	173
99	70	306	368	168	157
10	5	72	15	22	57
75	55	290	248	183	168
29	26	180	189	58	90
12	8	54	8	18	15
12	9	60	6	22	30
88	61	252	355	150	132
17	16	120	183	36	60
141216	86695	389633	377510	185578	217259
33		1500	897		15
33		1500	282		15
			615		
1476		589	1095	433	15
740			375		
119		220	699	405	15
20		369		28	
597			21		
139773	86695	390544	377312	185145	217259
138576	86695	390521	377202	184852	215892
14601	11323	71190	11510	23133	49384
5958	236	4310	4971	105	
1197		23	110	293	1367
600			110	293	850

10-6 林业生产情况

指标名称 Item		单位 Unit		全市 Total	农安 Nong'an	九台 Jiutai
1. 当年造林面积	Areas of afforestation	公顷	ha	4746	426	2000
2. 迹地更新面积	Areas of renewly cutover	公顷	ha	2512	210	200
3. 零星(四旁)植树	Odd pieces of planting	百株	100plant	93920	48600	10000
4. 育苗面积	Areas of grow seedlings	公顷	ha	293	78	5
5. 幼林抚育实际面积	Areas of young trees	公顷	ha	7204	3960	2500
6. 成林抚育面积	Areas of forest fostered	公顷	ha	1780	1180	600
7. 木材产量	Timber yield	立方米	cu·m	204188	92130	4000
8. 天然和人工林的果实	Natural and plantation of fruit	吨	ton			

BASIC STATISTICS ON FORESTRY PRODUCTION

榆树 Yushu	德惠 Dehui	双阳区 Shuangyang	朝阳区 Chaoyang	宽城区 Kuancheng	南关区 Nanguan	二道区 Erdao	绿园区 Lvyuan	莲花山开发区 Lian hua maitain development zone	净月开发区 Jing yue developmet zone
	179	1600		12		2	10	266	251
71	2030		1						
	35120		200						
22	8	150					30		
133				12			133	333	133
36120	58180	8605		285				1500	3368

10-7 畜牧业主要产品生产及存栏情况

		单位 Unit		全市 Total
一、畜禽存栏	Live stock and poultry on hand			
猪	Pig	头	head	3808213
其中：能繁殖母猪	of which: productive sow	头	head	688187
牛	Cattle	头	head	2029071
1.肉牛	Beef cattle	头	head	1800080
2.奶牛	Dairy cattle	头	head	51157
3.役用牛	Work cattle	头	head	177834
羊	Sheep	只	head	563001
1.山羊	Goat	只	head	135874
2.绵羊	Sheep	只	head	427127
活家禽	Live poultry	千只	1000heads	120456
其中：活鸡	of which: live chicken	千只	1000heads	113338
其中：肉鸡	of which: broiler	千只	1000heads	72538
其中：蛋鸡	of which:layer	千只	1000heads	40800
二、畜禽出栏	Live stock and poultry on hand			
猪	Pig	头	head	6148066
牛	Cattle	头	head	1252371
羊	Sheep	只	head	362970
1.山羊	Goat	只	head	69230
2.绵羊	Sheep	只	head	293740
活家禽	Live poultry	千只	1000heads	250386
其中：活鸡	of which: live chicken	千只	1000heads	216958
三、畜禽产品产量	Live stock and poultry products production	吨	ton	
猪肉	Pork	吨	ton	554321
牛肉	Beef	吨	ton	163212
羊肉	Mutton	吨	ton	5270
1.山羊肉	chevon	吨	ton	939
2.绵羊肉	Sheep meat	吨	ton	4331
禽肉	Poultry meat	吨	ton	417744
其中：鸡肉	of which: chicken meat	吨	ton	375323
禽蛋	Poultry egg	吨	ton	315091
其中：鸡蛋	of which: chicken eggs	吨	ton	304313
生牛奶	Raw milk	吨	ton	66281

BASIC STATISTICS ON ANIMAL HUSBANDRY

市辖区 District 合计 Total	#双阳区 Shuangyang	榆树市 Yushu	农安县 Nong'an	九台市 Jiutai	德惠市 Dehui
185303	86880	1073897	1178252	580802	789959
38081	19857	240010	222843	76382	110871
178070	153321	707297	373500	393655	376549
142480	129893	680596	353450	383624	239930
9054	1359	26701	3190	10031	2181
26536	22069		16860		134438
22509	13082	100892	346536	18712	74352
12982	10249	55483	36670	9464	21275
9527	2833	45409	309866	9248	53077
19625	8052	17731	20678	31822	30600
16251	8052	16250	20016	30900	29921
3518	55	7070	13509	26806	21635
12733	7997	9180	6507	4094	8286
371916	200881	1370689	1872534	1181290	1351637
105235	85228	417752	280431	280181	168772
22045	14373	56668	230099	18713	35445
11122	8332	27235	9575	3069	18229
10923	6041	29433	220524	15644	17216
5040	2093	30020	71430	33000	110896
3131	567	28455	70100	30207	85065
31927	16805	133709	160324	98218	130143
15341	12372	48777	44865	33210	21019
350	186	612	3458	287	563
165	102	312	149	46	267
185	84	300	3309	241	296
9221	3971	68821	138808	61200	139694
11456	3012	58200	125344	60200	120123
90695	54374	77112	17002	40012	90270
83396	50123	75421	16023	39521	89952
14106	2200	28657	3012	18121	2385

10-7续表1

		单位 Unit		全市 Total
一、活牲畜出栏产量（除猪、牛、羊外）	Live cattle market production (pig, cattle and sheep excluded)	吨	ton	12350
其中:役用畜	of which: draught animals	吨	ton	1068
1.马	Horses	吨	ton	3466
2.驴	Donkeys	吨	ton	970
3.骡	Mules	吨	ton	960
4.鹿	Deers	吨	ton	
二、家兔	Domestic rabbits	吨	ton	8685
三、其他肉产量	Other meat	吨	ton	2447
四、其他奶产量	Other milk	吨	ton	135
五、山羊毛产量	Wool of goat	公斤	kg	140
1.山羊粗毛	Goat shag	公斤	kg	139
2.山羊绒	Cashmere	公斤	kg	1
六、绵羊毛产量	Sheep wool	公斤	kg	442808
其中：细羊毛	of which: Fine wool	公斤	kg	61203
半细羊毛	Medium fine wool	公斤	kg	376857
七、天然蜂蜜产量	Natural honey	吨	ton	287
八、其他禽蛋产量	Other poultry egg	公斤	kg	261530
九、鹿茸产量	Pilos antler	公斤	kg	67015
十、貂皮产量	Mink	张	sheet	20439
十一、蚕茧产量	Cocoon	公斤	kg	
十二、活牲畜存栏（除猪、牛、羊外）	Live stock on hand (pig, cattle and sheep excluded)	头	head	378931
其中:役用畜	of which: draught animals	头	head	54062
1.马	Horses	头	head	105700
2.驴	Donkeys	头	head	26274
3.骡	Mules	头	head	33070
4.鹿	Deers	头	head	213887
5.家兔	Domestic rabbits	头	head	2417709
十三、活牲畜出栏（除猪、牛、羊外）	Live stock on market (pig, cattle and sheep excluded)	头	head	85708
其中:役用畜	of which: draught animals	头	head	10933
1.马	Horses	头	head	30129
2.驴	Donkeys	头	head	11882
3.骡	Mules	头	head	9838
4.鹿	Deers	头	head	
5.家兔	Domestic rabbits	头	head	4352480

continued1

市辖区 District		榆树市 Yushu	农安县 Nong'an	九台市 Jiutai	德惠市 Dehui
合计 Total	#双阳区 Shuangyang				
6519	5815	3205	1095	829	702
176	149		191		701
219	78	2242	520	27	458
68	39	352	439	23	88
34	32	612	136	22	156
2		184	7808	686	5
90	72	516	1817		24
12	2		84		39
1			124	15	
1			124	14	
				1	
4750		238140	2148	20	197750
2				1	61200
		238140	2148	19	136550
11	7	138	96	37	5
			10530		251000
56172	50469	1524	5375	3937	7
		15918		4521	
194271	178799	81330	52115	10967	40248
3656	2729		20593		29813
4026	1600	50189	24727	1798	24960
1245	666	7643	13487	402	3497
1414	463	15529	5112	1061	9954
187586	176070	7969	8789	7706	1837
350		46005	2292189	75325	3840
36784	31943	29280	12229	670	6745
1804	1580		2389		6740
1798	788	18702	5209	222	4198
777	462	4448	5499	264	894
356	330	6129	1521	184	1648
600		97807	3905862	342971	5240

10-8 农作物每公顷产量
YIELD OF MAJOR FARM CROPS FOR UNIT AREA

单位：公斤/公顷　　unit:kg/ha

		全市 Total	市辖区 District		榆树市 Yushu	农安县 Nong'an	九台市 Jiutan	德惠市 Dehui
			合计 Total	#双阳区 Shuangyang				
一、粮食作物合计	Grain crops	7904	5498	6582	8808	8853	6292	7434
(一)谷物	Corn	7859	5520	6631	8610	8905	6239	7470
1.稻谷	Rice	8864	6193	6340	12224	9117	5909	6169
其中：粳稻	Geng rice	8878	6193	6340	12224	9117	5907	6172
糯稻	Glutinous rice	6051					6824	6000
2.小麦	Wheat	2890					2890	
3.玉米	Corn	7693	5426	6678	7726	8907	6303	7920
4.谷子	Millet	6478	3056	3462	8000	6444	5000	
5.高粱	Sorghum	7528	2000		10000	7895	3579	5227
6.其它谷物	Others	4929	2857				5619	
(二)豆类合计	Beans	4513	3986	3751	7576	4688	3058	3122
其中：大豆	Soybean	4609	2592	3751	7576	4693	2872	3168
绿豆	Mung beans	3618	1000			3953	3250	3211
红小豆	Red beans	2603	2000			5295	2341	2525
(三)薯类(折粮)	Tubers	12475	3799	3799	17682	8228	11688	10995
其中：马铃薯	Potato	12563	3804	3804	17682	8247	11692	11020
二、经济作物	Economic crops							
(一)油料	Oilbearing crops	3293			2000	3718	4061	2166
1.花　生	Peanuts	3481				3489	4667	2400
2.芝　麻	Sesame	2112			2000	2500		
3.葵花子	Sunflower seed	3420				3899	3714	2362
(二)生麻	Raw hemp	3000					5000	2143
生大麻	Raw hemp	5000					5000	
(三)烟叶（未加工烟草）	Tobacco leaves(unmanufactured)	2607			3068	2675	2115	2207
烤烟（未去梗烤烟叶）	Cured tobacco (flue-cured tobacco not stemmed)	2353			3068		1476	2208
(四)中草药材	Chinese medicinal herbs							
(五)蔬菜和食用菌	Vegetables and edible fungi	38187	23982	17794	66786	21857	53650	39582
(六)瓜果类	Melon	26469	22440	15102	45016	17892	40167	31271
其中：西　瓜	Watermelon	28189	27120	18000	64071	20439	43045	32790
香　瓜	Muskmelon	25116	18912	15000	36277	15163	39316	30480

10-9 水果生产情况
BASIC STATISTICS ON FRUITS

		单位 Unit	全市 Total	市辖区 District		榆树市 Yushu	农安县 Nong' an	九台市 Jiutan	德惠市 Dehui
				合计 Total	#双阳区 Shuangyan				
一、水果产量合计	Output of fruits	吨ton	61010	4123	120	17987	4925	9071	24904
1.苹果	Apple	吨ton	6798	69		1938	87	3946	758
其中：红富士苹果	Hong fu shi apple	吨ton	32	32					
国光苹果	Guoguang apple	吨ton	113	20			87		6
2.梨	Pear	吨ton	3208	81		1027	107	1229	764
其中：苹果梨	Apple pear	吨ton	780	14			107	129	530
雪花梨	Snow pear	吨ton	141	40				49	52
鸭梨	Ya pear	吨ton	203	7				14	182
3. 其他园林水果	Others	吨ton	51004	3973	120	15022	4731	3896	23382
其中：山楂	Haw	吨ton	122	32		16		65	9
桃	Peach	吨ton	30			14	12	1	3
葡萄	Grape	吨ton	41048	3531	120	9614	4593	805	22505
二、食用坚果	Edible nuts	吨ton	31					31	
其中：核桃	of which: Walnut	吨ton	9					9	
板栗	Chinese chestnut	吨ton							
松子	Pine nut	吨ton	3					3	
三、水果面积	Area of fruit trees	公顷ha	6811	228	9	2163	1700	934	1786
1.苹果	Apple	公顷ha	767	9		344	3	277	134
其中：红富士苹果	Hong fu shi apple	公顷ha	2	2					
国光苹果	Guoguang apple	公顷ha	8	3			3		2
2.梨	Pear	公顷ha	908	21		635	17	152	83
其中：苹果梨	Applepear	公顷ha	89				17	27	45
雪花梨	Snowpear	公顷ha	15	7				1	7
鸭梨	Ya pear	公顷ha	47	9				7	31
3.葡萄	Grape	公顷ha	3802	147	9	438	1664	45	1508
4.山楂	Haw	公顷ha	174	10		13		150	1
5.桃	Peach	公顷ha	12			9	2		1
6.其它	Others	公顷ha	1148	41		724	14	310	59

10-10 渔业生产情况
BASIC STATISTICS ON FISHERY

		单位 Unit	全市 Total	市辖区 District 合计 Total	#双阳区 Shuangya	榆树市 Yushu	农安县 Nong' an	九台市 Jiutan	德惠市 Dehui
一、水产品产量	Output to aquatic	吨 ton	24281	3492	3492	5024	5470	4795	5500
#国营	State-owned	吨 ton	8279	1684	703	2055	2900	1438	202
1.养殖产量	Artificially cultured	吨 ton	22422	3492	3492	4806	4659	4556	4909
2.捕捞产量	Naturally grown	吨 ton	1859			218	811	239	591
二、养殖面积	Areas of artificially	公顷ha	26539	4023	2382	4344	8348	7769	2055
#国营	State owned	公顷ha	20863	2930	772	2810	7840	7031	252

10-11 农林牧渔业总产值(现价)
GROSS OUTPUT VALUE OF FFAF(at current price)

单位：万元 unit:10000yuan

		全市 Total	市辖区 District 合计 Total	#双阳区 Shuangyan	榆树市 Yushu	农安县 Nong' an	九台市 Jiutan	德惠市 Dehui
农林牧渔业总产值	Total	6026568	547122	312777	1814947	1657754	753463	1253282
一、农业产值	Farming	3072202	255975	144831	1016011	836794	396264	567158
1.谷物及其他作物	Cereals and others	2229730	155055	119306	788869	702820	239738	343248
(1)谷物	Cereal	2068822	153349	117793	735797	640516	222519	316641
(2)薯类	Tubers	68413	1014	1014	33154	13376	9261	11608
(3)油料	Oil-bearing	13585			302	10519	87	2677
(4)豆类	Beans	35709	670	492	14682	8335	4077	7945
(5)麻类	Fiber crop	5					5	
(6)烟草	Tobacco	43174			4934	30074	3789	4377
(7)其他农作物	Other crops	7	7	7				
2.蔬菜园艺作物	Vegetables	698460	89375	23080	197986	99756	130903	180440
3.水果 坚果 饮料作物	Fruits nuts and beverage crops	144012	11545	2445	29156	34218	25623	43470
二、林业产值	Forestry	22883	2402	1846	3432	10098	1086	5865
(一)林木的培育和种植	Plants	2784	273	204	23	1404	709	375
(二)竹木采运	Wood cutting and transport	19269	1299	812	3409	8694	377	5490
(三)林产品的采集	The collection of frest products	830	830	830				
三、牧业产值	Animal husbandry	2723089	258210	150390	743454	757860	330216	633349
(一)牲畜饲养	Animals	436977	41443	33348	132071	120040	88474	54949
1.牛的饲养	Cattle	398727	37479	31691	119162	109605	81132	51349
2.羊的饲养	Sheep and goats	13884	474	215	1894	9012	783	1721
3.奶产品	Milk products	22797	3473	1442	10172	1414	6559	1179
4.毛绒产品	Wool	1569	17		843	9		700
(二)猪的饲养	Hogs	1148927	99174	39879	315941	338420	146047	249345
(三)家禽饲养	Poultry	1123154	107457	68063	293820	298214	94608	329055
(四)其他畜牧业	Other livestock	14031	10136	9100	1622	1186	1087	
四、渔业产值	Fishery	51643	7247	7247	10747	11200	10428	12021
五、农林牧渔服务业	Farming, forestry, animal husbandry and fishery services	156751	23288	8463	41303	41802	15469	34889

10-12 农林牧渔业增加值(现价)
ADDED VALUE OF FFAF(at current price)

单位：万元 unit:10000 yuan

		全市 Total	市辖区 District		榆树市 Yushu	农安县 Nong' an	九台市 Jiutan	德惠市 Dehui
			合计 Total	#双阳区 Shuangya				
一、农林牧渔业总产值	Gross output value of FFAF	6026568	547122	312777	1814947	1657754	753463	1253282
二、中间消耗	Intermediate consumption	2706069	238610	125912	806274	729896	359224	572065
1.农业	Farming	1101836	102360	54037	364636	283773	152188	198879
2.林业	Forestry	11307	1276	985	2301	3301	680	3749
3.牧业	Animal husbandry	1489028	119089	63009	409880	421495	193539	345025
4.渔业	Fishery	26342	3622	3622	5486	6052	5166	6016
5.服务业	Service	77556	12263	4259	23971	15275	7651	18396
三、农林牧渔业增加值	Added value of FFAF	3320499	308512	186865	1008673	927858	394239	681217
1.农业	Farming	1970366	153615	90794	651375	553021	244076	368279
2.林业	Forestry	11576	1126	861	1131	6797	406	2116
3.牧业	Animal husbandry	1234061	139121	87381	333574	336365	136677	288324
4.渔业	Fishery	25301	3625	3625	5261	5148	5262	6005
5.服务业	Services	79195	11025	4204	17332	26527	7818	16493

统计资料

STATISTICS

◎工 业

INDUSTRY

第十一篇 工 业

2013年,我市工业经济运行总体状态良好,主要情况和特点如下(以下数据为2013年1－12月快报数据):

一、工业生产稳中有进,经济总量再创新高

2013年,全市规模以上工业企业完成工业总产值9213.4亿元,比上年增长10.7%,完成工业增加值2103.3亿元,按可比价格计算,比上年增长10.2%。

(一)工业生产迈上新台阶。2013年全市工业产值总量和工业增加值总量分别跨入9000亿元和2000亿元区间,工业生产实现双跨越,实现历史性突破,全年月均产值达到767.8亿元,比上年高74.3亿元。

(二)重点产业健康发展。2013年,全市七大重点产业保持健康发展态势,汽车、食品、医药和建材等四大产业达到11%以上的增长。全年七大产业累计完成产值8808.3亿元,比上年增长10.6%,占全市比重95.6%,净增产值845.8亿元,拉动全市工业增长10.2个百分点,占全市工业增长贡献率达到94.9%。其中,汽车产业稳步增长,累计实现总产值5483.8亿元,比上年增长11.5%,占全市比重59.5%,达到年初以来最好水平;食品产业完成总产值1399.6亿元,比上年增长10.7%,占全市比重为15.2%;建材产业完成产值642.5亿元,比上年增长13.4%;电子产业完成产值112.2亿元,比上年增长8%;生物医药产业完成产值122.8亿元,比上年增长14.8%。装备制造产业恢复增长,完成产值514.1亿元,比上年增长8.7%,能源产业受经济增速放缓产量下降,完成产值533.3亿元,比上年增长0.9%。

(三)重点企业成为支撑力量。2013年,全市重点企业对工业形成有力支撑,亿元以上企业达到了637户,比上年增加了85户,完成产值8988.6亿元,比上年增长11.7%,占全市工业产值比重的97.6% 。其中,全市10亿元以上企业达到65户,完成总产值7458.2亿元,比上年增长11%,占全市工业产值比重81%,净增产值736.3亿元,拉动全市工业增长8.8个百分点,对全市工业增长贡献率达到82.6%。

(四)重点产品产销顺畅。2013年,全市工业产品保持较好的生产形势,重点工业产品产销态势良好,全年工业品产销率98.84%,比上年提高0.41个百分点。汽车是拉动全市工业经济增长的主要产品,2013年,汽车产销量分别为224.7万辆和221.9万辆,累计产销率98.8%,比上年分别增长20.3%和19.5%,分别高于全国5.5个百分点和5.6个百分点。乘用车产品持续保持稳定增长状态,累计产销量分别为184.7万辆和182.3万辆,比上年分别增长17.5%和17.1%,从车型看,迈腾产销量19.4万辆和18.7万辆,比上年增长11.4%和7.8%;速腾产销量27.7万辆和27.1万辆,比上年增长41.8%和38.2%;奥迪产销量41.9万辆和41.1万辆,比上年增长25.7%和25%。2013年,全市铁路客车产量为2418辆,其中动车组产量624辆。全年生产水泥2134.5万吨,比上年增长26.8%,其中,亚泰集团水泥产销量分别为1700.7万吨和1690.9万吨,产销率达99.4%。

(五)地方工业稳步增长。2013年,我市市属工业呈现稳步增长态势,累计完成产值4235.5亿元,比上年增长9.3%,占全市工业比重46%。其中,14个责任单位累计完成产值3790.9亿元,比上年增长8.9%,占全市工业比重41.1%,净增产值309.8亿元,拉动全市工业增长3.7个百分点,对全市工业增长贡献率达到34.8%。

二、工业经济效益大幅度增长,运行质量不断提高

2013年,全市工业经济效益水平稳步提升,工业经济运行质量明显提高。

(一)主营业务收入稳步增长。2013年,全市工业主营业务收入达到9579.2亿元,比上年增长10.3%,与产值增速基本同步。在全市工业主营业务收入增长中,重点企业发挥了带动作用。主营业务收入前30户企业,共实现主营业务收入7511.9亿元,比上年增长11.9%,高全市平均增幅1.6个百分点。

(二)企业盈利能力不断增强。2013年,全市规模以上企业经济效益大幅度提高,工业利税、利润保持快速增长,企业盈利能力不断增强。实现利税总额1301.2亿元,比上年增长18.8%,实现利润728.4亿元,比上年增长16.5%。盈利企业盈利额758.4亿元,比上年增长15.8%,其中:盈利在亿元以上企业49户,实现利润655.3亿元,比上年增长17.7%,占全市利润总额比重90%。

(三)经济效益综合指数持续增长。2013年,全市工业经济效益综合指数达到403.82%,比上年提高20.32个百分点,说明我市工业经济效益较上年有大幅度提高。其中,总资产贡献率达到22.16%,比上年提高2.42个百分点;资产负债率59.76%,比上年上升0.22个百分点;成本费用利润率8.79%,比上年提高0.81个百分点。

(四)企业亏损面亏损额实现双降。2013年,全市亏损企业数为116户,亏损面10.7%,比上年下降1.1个百分点,亏损企业亏损额30亿元,比上年下降0.5%。

11-1 2013年长春市主要工业产品产量
MAIN INDUSTRIAL PRODUCTS' OUTCOME OF CHANGCHUN IN 2013

产品	Products	单位	Unit	累计 Accumulative total
汽车	Vehicles	万辆	10000coach	2246947
#轿车	Cars	万辆	10000coach	1629074
#公路客车	Buses and cars	万辆	10000coach	45997
#载货汽车	Truck	万辆	10000coach	179291
铁路客车	Train	辆	coach	1794
摩托车	Motor cycle	万辆	10000coach	
发动机	Engine	万千瓦	10000KWH	263714662
电动工具	Electrical tools	万台	10000unit	
变压器	Transformer	万千伏安	10000KVA	3484220
子午线轮胎	Meridian tyre	万条	10000item	3494447
电子元件	Electronic components	万件	10000pcs	
彩色电视机	Televisions	台	unit	
中小型拖拉机	Medium and small tractors	台	unit	2810
工业自动调节仪表与控制系统	Automatic Meter and System	台	unit	40841
金属切削机床	Metal-catting Machine Tools	台	unit	70
发电量	Generated energy	亿千瓦时	100millions KWH	2443563
水泥	Cement	万吨	10000ton	21345252
原煤	Raw coal	万吨	10000ton	4284368
焦炭	Coke	万吨	10000ton	424402
钢材	Steels	万吨	10000ton	503056
卷烟	Cigarette	万支	10000box	1779400
啤酒	Beer	万吨	10000ton	343213
白酒	Wine	万吨	10000ton	135361
中成药	Chinese medicine	吨	ton	3168
淀粉	Starch	万吨	10000ton	
饲料	Forage	万吨	10000ton	308289
精炼食用植物油	Vegetable oil	万吨	10000ton	109562
软饮料	Soft drink	万吨	10000ton	861212
农用塑料薄膜	Plastic products	吨	ton	20599
鲜、冷藏肉	refrigerated meat	万吨	10000ton	778221
天然原油	natural crude oil	万吨	10000ton	216850
天然气	Gas	万立方米	10000cu·m	61030
煤气生产量	The gas production	万立方米	10000cu·m	17676
自来水生产量	Tap water production	亿立方米	100millions·m	35818
服装	Clothing	万件	10000pcs	739

11-2 规模以上工业企业主要经济指标(大行业)(2013)

单位：万元

		企 业 单位数(个) Enterprises (unit)	亏损企业 Loss-suffering enterprises
总计	Total	1108	119
煤炭开采和洗选业	Coal mining and dressing	9	6
石油和天然气开采业	Extraction of petroleum and natural gas	1	
黑色金属矿采选业	Minging and dressing of ferrous metals		
有色金属矿采选业	Mining and dressing of nonferrous metals		
非金属矿采选业	Mining and dressing of nonmetal mineralproducts	3	
开采辅助活动	Mining auxiliary activities	2	1
其他采矿业	Others		
农副食品加工业	Food processing	148	7
食品制造业	Food manufacturing	37	7
酒、饮料和精制茶制造业	Wine、Drinks and refined tea industry	31	7
烟草制品业	Tobacco processing	1	
纺织业	Textile industry	6	1
纺织服装、服饰业	Textile and garment、Clothing industry	11	1
皮革、毛皮、羽毛(绒)及其制品业	Leather furs down and related products	1	
木材加工及木、竹、藤、棕、草制品业	Timber, bamboo, cane, palm and straw products	18	3
家具制造业	Furniture	19	
造纸及纸制品业	Paper making and paper products	10	
印刷业和记录媒介的复制	Printing and record medium reproduction	24	2
文教、工美、体育和娱乐用品制造业	Culture and education、industrial art、sports and entertainment products manufacturing	4	
石油加工、炼焦及核燃料加工业	Petroleum processing coking and nuclear processing	8	
化学原料及化学制品制造业	Raw chemical material and chemical products	46	4
医药制造业	Medical and pharmacutical products	56	8
化学纤维制造业	Chemical fiber manufacturing	1	
橡胶和塑料制品业	Rubber and Plastic products	41	3
非金属矿物制品业	Nonmetal mineral products	74	6
黑色金属冶炼及压延加工业	Smelting and pressing of ferrous metals	11	1
有色金属冶炼及压延加工业	Smelting and pressing of non-ferrous metals	1	
金属制品业	Metal products	54	3
通用设备制造业	Ordinary machinery	56	9
专用设备制造业	Special purpose equipment	41	3
汽车制造业	Automobile industry	246	29
铁路、船舶、航空航天和其他运输设备制造业	Railway、Ship、aerospace and other Transportation Equipment Manufacturing	24	2
电气机械及器材制造业	Electric equipment and machinery	52	2
计算机、通信及其他电子设备制业	Computer and Telecommunication equipment and other electronic equipment	16	1
仪器仪表制造业	Instruments, meters	13	2
其他制造业	Others	6	
废弃资源综合利用业	Comperehensive untilization of waste resources	2	
金属制品、机械和设备修理业	Metal products、machinery、Equipment repair industry		
电力、热力的生产和供应业	Production and supply of electric power and heat power	31	9
燃气生产和供应业	Production and supply of gas	2	
水的生产和供应业	Production and supply of water	2	2

MAIN ECONOMIC INDICATORS OF INDUSTRIAL ENTERPRISES ABOVE DESIGNATED SIZE IN 2013

unit:10000yuan

工业总产值 (当年价格) Gross industrial output value (current price)	工业销售产值 (当年价格) Sale revenue (current price)		年初存货 Stock in year beginning	
		出口交货值 Export enterprises		产成品 Finished goods
92280427.0	91021140.4	1362109.6	7478570.6	2572948.5
239244.3	240833.1		9162.8	7447.1
2363.7	2363.7			
70861.7	70588.3		385.9	258.2
245540.6	244111.6		25346.3	25346.3
11586612.9	11318358.4	363801.2	251260.3	117481.6
1276836.5	1079591.3	13416.9	176610.3	43773.6
700875.3	696662.1		64899.6	12947.2
442082.9	436615.4		177612.9	3736.1
77127.0	73559.0		12102.4	7901.2
189909.4	206291.4	7995.1	80566.4	54969.7
18690.6	16486.8	16486.8	2406.6	2015.5
424762.2	417067.7	2631.5	66299.3	32674.0
241744.4	228613.4	6730.9	6810.2	1731.0
138104.3	129920.1		3604.4	771.3
226338.6	218492.6		12317.8	4103.2
73447.4	70282.7	14059.6	3675.3	1550.5
457723.0	456689.1		137170.5	96326.3
1312861.9	1358918.5	20834.6	219435.2	79259.2
1048197.2	999939.1	72957.3	124345.9	32608.6
6068.2	3626.0		156.3	145.4
804800.8	789302.9	2241.8	48228.3	17073.6
5294302.1	5269593.9		782327.0	749651.3
543833.8	535199.4		42198.8	22032.8
21725.7	22869.2		1624.8	467.0
789553.7	771912.4		80973.6	18950.7
950394.2	923285.7	870.0	61485.5	20377.6
708321.1	684708.6	22695.2	71549.6	20364.1
55268484.4	54725316.3	462742.3	3811603.3	1117514.9
2723209.5	2737822.6	308830.9	972690.6	16944.1
707026.6	685845.5	20947.4	94165.9	32549.3
257505.7	243124.5	7120.9	23580.9	8330.0
138963.1	146355.1	17747.2	30199.7	12316.4
71460.8	66533.8		1565.4	1526.0
74469.7	74469.7		880.9	244.6
4894867.8	4846667.4		56134.7	1583.6
182284.2	159291.4		22970.5	7976.5
69831.7	69831.7		2222.7	

11-2续表1 continued1

		资产总计 Total	流动资产合计 Current assets	应收帐款 Accounts receivable
总计	Total	66714405.7	36817193.4	6277680.9
煤炭开采和洗选业	Coal mining and dressing	312604.5	70776.8	15409.9
石油和天然气开采业	Extraction of petroleum and natural gas	1677.4	483.6	276.1
黑色金属矿采选业	Minging and dressing of ferrous metals			
有色金属矿采选业	Mining and dressing of nonferrous metals			
非金属矿采选业	Mining and dressing of nonmetal mineralproducts	10730.0	2059.9	321.7
开采辅助活动	Mining auxiliary activities	862341.7	120209.3	3611.3
其他采矿业	Others			
农副食品加工业	Food processing	2795717.4	1016305.2	251477.2
食品制造业	Food manufacturing	1186309.8	601896.8	82437.2
酒、饮料和精制茶制造业	Wine、Drinks and refined tea industry	447944.9	184963.3	26176.8
烟草制品业	Tobacco processing	437591.2	326220.2	55339.1
纺织业	Textile industry	88906.7	47590.4	10023.2
纺织服装、服饰业	Textile and garment、Clothing industry	287033.3	213282.6	29191.2
皮革、毛皮、羽毛(绒)及其制品业	Leather furs down and related products	11512.0	3453.6	794.3
木材加工及木、竹、藤、棕、草制品业	Timber、bamboo、cane、palm and straw products	414366.4	189115.8	13745.4
家具制造业	Furniture	96817.0	37651.7	8440.8
造纸及纸制品业	Paper making and paper products	31000.8	12476.1	3665.8
印刷业和记录媒介的复制	Printing and record medium reproduction	122728.9	54345.9	12581.5
文教、工美、体育和娱乐用品制造业	Culture and education、industrial art、sports and entertainment products	23102.7	10115.1	2700.6
石油加工、炼焦及核燃料加工业	Petroleum processing coking and nuclear processing	216045.0	120461.6	10745.3
化学原料及化学制品制造业	Raw chemical material and chemical products	1238317.5	743381.6	155184.8
医药制造业	Medical and pharmacutical products	1649167.2	920820.7	142830.9
化学纤维制造业	Chemical fiber manufacturing	2543.4	663.0	189.7
橡胶和塑料制品业	Rubber and Plastic products	580309.6	250579.0	99207.4
非金属矿物制品业	Nonmetal mineral products	4938747.9	2792075.9	263287.2
黑色金属冶炼及压延加工业	Smelting and pressing of ferrous metals	214191.1	115855.3	36685.9
有色金属冶炼及压延加工业	Smelting and pressing of non-ferrous metals	5615.1	2632.5	718.0
金属制品业	Metal products	447060.6	190338.7	47195.1
通用设备制造业	Ordinary machinery	588409.8	387150.4	109436.0
专用设备制造业	Special purpose equipment	391814.1	246132.3	95926.5
汽车制造业	Automobile industry	36707285.0	24065665.7	3113453.3
铁路、船舶、航空航天和其他运输设备制造业	Railway、Ship、aerospace and other Transportation Equipment Manufacturing	3640104.9	2507058.5	1204942.4
电气机械及器材制造业	Electric equipment and machinery	495504.9	343415.3	117492.0
计算机、通信及其他电子设备制造业	Computer and Telecommunication equipment and other electronic equipment	238812.5	105848.1	25065.6
仪器仪表制造业	Instruments, meters	253682.7	130942.0	34796.2
其他制造业	Others	30018.1	8797.7	1622.5
废弃资源综合利用业	Comperehensive untilization of waste resources	38392.7	24709.7	3152.5
金属制品、机械和设备修理业	Metal products、machinery、Equipment repairindustry			
电力、热力的生产和供应业	Production and supply of electric power and heat power	7351956.1	835880.1	283055.5
燃气生产和供应业	Production and supply of gas	352693.6	97336.5	11792.6
水的生产和供应业	Production and supply of water	203349.2	36502.5	4709.4

单位：万元 unit:10000yuan

资产总计Total assets							
流动资产合计 Current assets			固定资产合计 Fixed assets	固定资产原价 Original value of fixed assets	累计折旧 Accumulated depreciation		在建工程 Project under construction
存货 Inventory	产成品 Finished goods	在产品 Goods in process				本年折旧 Depreciation of the year	
7705603.7	2867321.1	972849.2	21721039.7	34233657.1	13516897.3	2676114.6	3243355.3
9183.7	5186.8	-70.2	166011.1	261880.7	113917.4	13743.1	38773.3
			1125.4	1545.7	420.3		
814.0	269.9		4918.6	5426.3	507.7	232.0	
30794.2	10309.4		716601.8	1057076.7	488850.6	65616.9	70810.0
353745.0	206920.0	12834.8	1662067.6	2129777.2	516370.9	105076.7	88239.3
187230.6	51653.0	2538.4	389331.1	508667.0	227159.1	173556.8	66343.2
71663.0	11516.2	1657.3	221397.9	297632.7	90157.1	20396.4	11847.2
222570.8	4598.5	680.5	93796.1	157541.5	68581.3	8793.2	4836.0
14211.5	8341.5	88.2	39565.2	31061.0	11561.6	1797.7	20151.6
89527.4	67395.2	3051.8	44732.5	50860.8	20967.9	2406.3	10431.2
2244.8	1571.4		8058.4	10058.4	2000.0	974.6	
60878.2	24878.6	4644.2	117821.9	216375.5	99487.7	10569.0	39130.7
11769.3	8205.2	983.4	37591.2	53892.3	18731.6	6082.0	20745.0
5384.6	1950.5	69.1	17455.5	26189.8	9320.5	1980.0	3.4
14879.0	6303.5	3720.3	49884.3	71890.5	33369.0	4534.2	13675.9
3973.1	1306.6	20.0	11612.5	18356.1	6743.6	2152.6	
34022.9	6599.4	2179.2	68545.6	88321.8	20576.9	3946.1	12268.0
183446.0	75060.0	22561.6	360480.0	487871.6	135033.4	31989.4	23821.1
175622.9	52851.2	23053.2	443713.9	544526.5	149478.4	33524.5	89046.1
128.6	115.7	12.9	531.5	1033.4	501.9	90.8	
44362.7	20853.9	6770.7	289846.2	381320.7	125766.0	26700.7	11189.9
773939.4	165910.4	425434.7	1459781.9	2538986.2	1084217.1	373502.4	116522.0
40636.5	22714.4	525.3	91187.0	109787.4	41613.3	9052.6	10108.1
1701.6	680.8		2586.9	4926.7	2339.8	290.7	
81929.7	24372.1	9535.7	221615.5	273929.5	76168.6	13771.2	16975.4
72034.8	27218.3	10426.0	142807.0	319474.0	181263.6	18797.4	8346.3
81265.7	30296.7	13875.0	122605.5	196124.6	76111.7	12571.6	5501.1
4309093.6	1947918.1	98824.5	7928760.4	13271853.7	5477326.0	1008042.0	1596868.7
565799.5	19294.4	303900.4	867752.8	1040966.0	287212.9	74058.9	33548.2
86937.1	38133.6	2120.7	120690.5	188713.6	84624.8	14144.3	5229.3
28700.1	10750.6	5150.3	110924.9	140753.8	35872.0	8371.5	7687.1
34860.0	10603.2	10781.3	43576.4	61136.4	18454.4	3128.8	53093.2
2444.9	1497.5	110.8	20220.4	22921.1	3713.2	439.6	
1388.0	254.7		13673.9	6743.9	1408.0	48.3	
79467.1	1468.7	7359.7	5551568.4	9177034.7	3793110.0	597784.3	778476.5
26730.7	321.1	9.4	121990.7	122298.3	13252.1	13009.8	78085.0
2222.7			156209.2	356701.0	200706.9	14938.2	11602.5

11-2续表2 continued2

		负债合计 Liabilities	流动负债合计 Current liabilites	应付账款 Account payable
总计	Total	39454570.3	30162208.3	12102149.3
煤炭开采和洗选业	Coal mining and dressing	181099.6	121031.5	25186.6
石油和天然气开采业	Extraction of petroleum and natural gas	1236.4	1236.4	129.7
黑色金属矿采选业	Minging and dressing of ferrous metals			
有色金属矿采选业	Mining and dressing of nonferrous metals			
非金属矿采选业	Mining and dressing of nonmetal mineralproducts	2808.9	1375.0	1270.0
开采辅助活动	Mining auxiliary activities	469249.1	415700.1	20561.0
其他采矿业	Others			
农副食品加工业	Food processing	1864042.0	1056737.1	213016.7
食品制造业	Food manufacturing	695980.3	403244.1	107096.2
酒、饮料和精制茶制造业	Wine、Drinks and refined tea industry	309913.1	285356.2	39833.8
烟草制品业	Tobacco processing	218891.3	218891.3	72513.9
纺织业	Textile industry	76652.0	76652.0	12195.1
纺织服装、服饰业	Textile and garment、Clothing industry	170079.5	105892.0	32453.0
皮革、毛皮、羽毛(绒)及其制品业	Leather furs down and related products	2993.1	2993.1	
木材加工及木、竹、藤、棕、草制品业	Timber, bamboo, cane, palm and straw products	221138.3	188751.3	13099.4
家具制造业	Furniture	47140.5	44501.3	4926.3
造纸及纸制品业	Paper making and paper products	15066.6	10597.9	5321.8
印刷业和记录媒介的复制	Printing and record medium reproduction	63996.5	53646.0	8565.5
文教、工美、体育和娱乐用品制造业	Culture and education、industrial art、sports and entertainment products	7680.1	6973.2	1412.9
石油加工、炼焦及核燃料加工业	Petroleum processing coking and nuclear processing	158985.9	160814.4	33570.4
化学原料及化学制品制造业	Raw chemical material and chemical products	742515.0	611300.2	115825.1
医药制造业	Medical and pharmacutical products	863593.3	747766.6	104824.3
化学纤维制造业	Chemical fiber manufacturing	20.5	20.5	
橡胶和塑料制品业	Rubber and Plastic products	303500.0	242417.1	64217.2
非金属矿物制品业	Nonmetal mineral products	3526778.8	1664872.4	256845.6
黑色金属冶炼及压延加工业	Smelting and pressing of ferrous metals	101582.9	87879.1	49670.8
有色金属冶炼及压延加工业	Smelting and pressing of non-ferrous metals	2637.8	2637.8	855.6
金属制品业	Metal products	266228.1	210041.0	54069.9
通用设备制造业	Ordinary machinery	354203.7	279016.2	67893.8
专用设备制造业	Special purpose equipment	176410.1	149336.6	42244.3
汽车制造业	Automobile industry	20171580.7	16929959.8	8649609.2
铁路、船舶、航空航天和其他运输设备制造业	Railway、Ship、aerospace and other Transportation Equipment Manufacturing	2588360.9	2372253.2	847284.0
电气机械及器材制造业	Electric equipment and machinery	279754.4	242223.7	85547.8
计算机、通信及其他电子设备制业	Computer and Telecommunication equipment and other electronic equipment	128768.3	67905.4	12274.7
仪器仪表制造业	Instruments, meters	87393.5	46780.1	8095.4
其他制造业	Others	5348.2	3507.2	1016.9
废弃资源综合利用业	Comperehensive untilization of waste resources	25536.0	25486.6	4241.3
金属制品、机械和设备修理业	Metal products、machinery、Equipment repair industry			
电力、热力的生产和供应业	Production and supply of electric power and heat power	5078266.4	3170922.1	1110914.6
燃气生产和供应业	Production and supply of gas	172995.1	119409.0	32144.0
水的生产和供应业	Production and supply of water	72143.4	34080.8	3422.5

单位：万元 unit:10000yuan

非流动负债合计 Non-Current liabilites	所有者权益合计 Ownership interests	实收资本 Paid-up capital	国家资本 State	集体资本 Collective	法人资本 Corporation	个人资本 Private	港澳台资本 From HongKong Macao and Taiwan	外商资本 Foreign
8808611.3	27146637.2	10091483.0	3169938.0	2109725.7	1929355.2	1524475.5	411757.2	883955.9
59868.1	131532.5	43264.4	5200.0	13237.4	2286.9	7511.1		
	400.0	400.0			80.0	320.0		
375.5	5451.5	5451.5	1500.0			3951.5		
53548.9	393092.5	487523.6	483635.5		1565.8	2322.3		
774436.3	892350.7	454463.3	4000.0	12927.1	126142.2	82492.2	107700.0	112193.3
226290.7	485800.2	160319.7			34060.6	18808.6	92941.6	14508.9
1384.9	119658.5	2977516.9	50000.0	1994200.0	68396.5	850932.1		13988.3
	218699.9	63769.4			63769.4			
	12255.8	18249.5			6927.5	8182.3	2839.7	
18026.5	116841.7	29475.3			15670.5	12024.8		1660.0
	8518.9	300.0			300.0			
31514.3	192895.2	56214.3	17726.3	50.0	33578.4	4859.6		
2587.0	62917.4	13793.0			9349.6	4205.0		238.4
4108.6	15856.1	5451.0			4471.0	980.0		
6719.7	58354.6	19941.2	317.2	373.4	12080.6	7130.0	20.0	20.0
706.8	15422.6	6110.0			6100.0	10.0		
9000.0	44354.2	33094.0		18366.0	5230.0	8748.0		750.0
127409.6	492325.2	216526.1	1325.2	1200.0	137983.8	16881.6	3006.5	57297.0
96917.3	781437.9	382361.2	100000.0	5110.0	108367.2	49290.5	17673.9	84996.7
	2522.9	1261.4				1261.4		
50152.8	275111.3	164860.1	11278.1	479.8	42320.0	9774.1	99708.1	300.0
1830459.8	1408938.6	292740.8	37120.7	500.0	71234.5	177087.9	4045.1	1200.0
8117.4	88614.7	43731.1	13233.5	300.0	19638.9	700.1		9858.6
	2977.3	2110.6	633.2					1477.4
43285.2	182726.3	137054.5	56940.0	100.0	44834.8	29005.7	6174.0	0.0
67154.3	231716.0	149635.0	66136.3	9500.0	20101.2	17881.6		36015.9
7447.0	214594.6	66658.6	8701.4	5766.5	19282.6	8369.0		24539.1
3094748.5	16546416.6	1978033.6	718012.7	21306.6	625993.3	101148.7	35265.4	458539.6
230810.4	1051743.7	335668.9	52905.5	19884.5	233116.6	13120.2		15898.9
6855.8	211953.1	93934.4	1300.0	500.0	12121.8	31014.3		47998.3
55618.8	102059.2	37411.0	6600.0	1766.8	20705.6	7618.6		720.0
33039.5	165807.1	28468.5		3977.6	4528.2	12165.4		1755.5
	24669.4	6744.3			1343.8	5400.5		
	12835.3	1550.0			450.0	1100.0		
1876378.9	2264881.4	1584244.4	1387141.2	180.0	124361.9	30178.4	42382.9	
53586.1	179698.5	53062.0	100.0		52962.0			
38062.6	131205.8	140089.4	140089.4					

11-2续表3 continued3

		营业收入 Operation revenue	主营业务收入 Main operation income
总计	Total	101060685.2	96153693.0
煤炭开采和洗选业	Coal mining and dressing	176946.9	173583.4
石油和天然气开采业	Extraction of petroleum and natural gas	2441.0	2363.7
黑色金属矿采选业	Minging and dressing of ferrous metals		
有色金属矿采选业	Mining and dressing of nonferrous metals		
非金属矿采选业	Mining and dressing of nonmetal mineralproducts	80884.4	80884.4
开采辅助活动	Mining auxiliary activities	267306.9	248454.9
其他采矿业	Others		
农副食品加工业	Food processing	11283873.5	11190917.1
食品制造业	Food manufacturing	1061462.1	1058186.1
酒、饮料和精制茶制造业	Wine、Drinks and refined tea industry	684718.8	675172.3
烟草制品业	Tobacco processing	448774.1	437883.2
纺织业	Textile industry	69982.7	69253.4
纺织服装、服饰业	Textile and garment、Clothing industry	153548.3	149693.2
皮革、毛皮、羽毛(绒)及其制品业	Leather furs down and related products	16486.8	16486.8
木材加工及木、竹、藤、棕、草制品业	Timber, bamboo, cane, palm and straw products	371882.4	361676.0
家具制造业	Furniture	230087.2	229405.5
造纸及纸制品业	Paper making and paper products	126936.2	126571.8
印刷业和记录媒介的复制	Printing and record medium reproduction	216771.4	215004.8
文教、工美、体育和娱乐用品制造业	Culture and education、industrial art、sports and entertainment products	70282.7	70282.7
石油加工、炼焦及核燃料加工业	Petroleum processing coking and nuclear processing	440289.8	440289.8
化学原料及化学制品制造业	Raw chemical material and chemical products	1213708.8	1192052.2
医药制造业	Medical and pharmacutical products	861759.5	860746.3
化学纤维制造业	Chemical fiber manufacturing	2023.9	2023.9
橡胶和塑料制品业	Rubber and Plastic products	778615.7	755230.3
非金属矿物制品业	Nonmetal mineral products	5246649.7	4782792.9
黑色金属冶炼及压延加工业	Smelting and pressing of ferrous metals	449656.1	442149.2
有色金属冶炼及压延加工业	Smelting and pressing of non-ferrous metals	22869.2	22767.2
金属制品业	Metal products	761054.6	755203.3
通用设备制造业	Ordinary machinery	919605.6	914343.4
专用设备制造业	Special purpose equipment	679637.3	666137.4
汽车制造业	Automobile industry	65158990.8	61106871.8
铁路、船舶、航空航天和其他运输设备制造业	Railway、Ship、aerospace and other Transportation Equipment Manufacturing	2819154.5	2794848.2
电气机械及器材制造业	Electric equipment and machinery	697127.6	690373.0
计算机、通信及其他电子设备制业	Computer and Telecommunication equipment and other electronic equipment	233607.4	228294.0
仪器仪表制造业	Instruments, meters	143013.2	140805.7
其他制造业	Others	66534.7	66534.7
废弃资源综合利用业	Comperehensive untilization of waste resources	83328.9	81418.0
金属制品、机械和设备修理业	Metal products、machinery、Equipment repair industry		
电力、热力的生产和供应业	Production and supply of electric power and heat power	4989931.3	4874820.0
燃气生产和供应业	Production and supply of gas	161701.8	161701.8
水的生产和供应业	Production and supply of water	69039.4	68470.6

单位：万元　unit:10000yuan

营业成本 Operating costs	主营业务成本 Main operation cost	营业税金及附加 Business taxes and extra charges	主营业务税金及附加 Main operation taxes and extra charges	其他业务收入 Other business revenue	其他业务利润 Other business profit
84112989.0	79853129.7	2815151.4	2806725.9	4906992.2	1099670.0
109415.2	105623.9	3029.1	3012.9	3363.5	-427.8
1765.0	1760.2	5.0	5.0	77.3	72.5
74177.2	74177.2	357.1	357.1		
172150.5	147867.4	25329.3	25145.6	18852.0	1662.5
10694865.1	10369868.2	34353.8	34330.1	92956.4	1067.9
939144.9	935649.3	3997.3	3970.7	3276.0	-708.8
569265.5	562406.6	19230.5	19230.5	9546.5	3031.9
141625.1	126303.6	200554.7	200554.7	10890.9	-4430.6
63062.3	62228.7	205.1	171.1	729.3	
121939.0	119074.8	702.1	627.1	3855.1	428.4
13519.2	13519.2	65.9	65.9		
311767.8	306650.1	4809.4	3995.8	10206.4	7427.8
191557.2	191557.2	2598.2	2598.2	681.7	681.7
103944.1	103197.5	563.2	563.2	364.4	67.0
183148.7	182593.0	906.0	903.4	1766.6	1495.5
58116.7	58116.7	262.3	262.3		
364051.8	364051.8	34453.0	34453.0		2122.7
1002480.0	982113.6	4954.7	4953.1	21656.6	-358.5
482576.1	482330.7	6128.1	6104.9	1013.2	184.5
1047.4	1047.4	1.5	1.5		
680310.2	657669.5	4178.2	4143.1	23385.4	1558.0
4697711.9	4290736.7	38496.2	36521.1	463856.8	7718.0
405259.2	401504.7	1782.5	1782.5	7506.9	68.7
22369.7	21411.9	43.5	43.5	102.0	-7.4
668873.8	651077.8	4671.5	4644.5	5851.3	4940.3
738475.6	733652.3	4890.4	4647.9	5262.2	2260.2
546746.5	530574.3	4597.7	4597.7	13499.9	967.3
52457396.8	49195922.7	2354904.0	2352240.4	4052119.0	1039026.9
2274883.9	2257536.9	25342.8	24777.0	24306.3	5723.5
573072.9	564253.0	4411.7	4411.7	6754.6	875.3
176246.5	172023.8	1445.0	1055.9	5313.4	4465.4
103880.9	102054.0	1035.7	920.1	2207.5	10.3
51822.3	51822.3	960.6	960.6		
77404.4	75816.5	169.7	153.5	1910.9	
4832202.4	4750459.9	24306.9	23111.6	115111.3	19414.9
139242.3	139242.3	915.5	915.5		
67470.9	67234.0	493.2	493.2	568.8	331.9

11-2续表4 continued4

		财务费用 Financial cost	利息收入 Interest income	利息支出 Interest expenditure
总计	Total	572052.3	132684.2	747780.8
煤炭开采和洗选业	Coal mining and dressing	5874.3	55.8	5870.0
石油和天然气开采业	Extraction of petroleum and natural gas	0.1		
黑色金属矿采选业	Minging and dressing of ferrous metals			
有色金属矿采选业	Mining and dressing of nonferrous metals			
非金属矿采选业	Mining and dressing of nonmetal mineralproducts	221.6	13.0	145.0
开采辅助活动	Mining auxiliary activities	8850.2	34.2	8863.1
其他采矿业	Others			
农副食品加工业	Food processing	59996.8	71.8	50610.5
食品制造业	Food manufacturing	33741.4	139.1	31103.6
酒、饮料和精制茶制造业	Wine、Drinks and refined tea industry	4108.0	164.4	4460.4
烟草制品业	Tobacco processing	4318.4	75.4	4179.3
纺织业	Textile industry	289.5	1.9	170.5
纺织服装、服饰业	Textile and garment、Clothing industry	2716.1	14.3	2577.7
皮革、毛皮、羽毛(绒)及其制品业	Leather furs down and related products	272.0		190.4
木材加工及木、竹、藤、棕、草制品业	Timber, bamboo, cane, palm and straw products	10405.8	393.9	10072.2
家具制造业	Furniture	4588.5	667.9	4560.2
造纸及纸制品业	Paper making and paper products	1248.4		857.7
印刷业和记录媒介的复制	Printing and record medium reproduction	3993.9	2306.1	1588.4
文教、工美、体育和娱乐用品制造业	Culture and education、industrial art、sports and entertainment products	874.9		620.4
石油加工、炼焦及核燃料加工业	Petroleum processing coking and nuclear processing	4637.4	421.1	4982.7
化学原料及化学制品制造业	Raw chemical material and chemical products	19032.5	1868.2	21316.6
医药制造业	Medical and pharmacutical products	18301.8	326.8	16510.9
化学纤维制造业	Chemical fiber manufacturing	4.0		1.2
橡胶和塑料制品业	Rubber and Plastic products	7000.3	1175.7	9007.8
非金属矿物制品业	Nonmetal mineral products	147519.3	1384.4	145711.9
黑色金属冶炼及压延加工业	Smelting and pressing of ferrous metals	2713.9	331.0	2516.5
有色金属冶炼及压延加工业	Smelting and pressing of non-ferrous metals	66.3		61.2
金属制品业	Metal products	14448.1	89.6	11498.0
通用设备制造业	Ordinary machinery	8068.6	2849.3	8857.2
专用设备制造业	Special purpose equipment	10977.9	1213.7	8605.8
汽车制造业	Automobile industry	-61942.3	114866.2	139520.8
铁路、船舶、航空航天和其他运输设备制造业	Railway、Ship、aerospace and other Transportation Equipment Manufacturing	53836.8	1343.9	48640.7
电气机械及器材制造业	Electric equipment and machinery	9967.9	16.7	6261.1
计算机、通信及其他电子设备制业	Computer and Telecommunication equipment and other electronic equipment	2083.9	158.6	1872.8
仪器仪表制造业	Instruments, meters	906.4	-346.6	1308.0
其他制造业	Others	403.2		201.4
废弃资源综合利用业	Comperehensive untilization of waste resources	429.7	123.2	55.8
金属制品、机械和设备修理业	Metal products、machinery、Equipment repair industry			
电力、热力的生产和供应业	Production and supply of electric power and heat power	189508.6	2751.9	191990.8
燃气生产和供应业	Production and supply of gas	2199.4	85.8	2285.2
水的生产和供应业	Production and supply of water	388.7	86.9	705.0

单位：万元 unit:10000yuan

销售费用 Marketing expenses	管理费用 Management expenses	税金 Tax	营业利润 Operating profit	资产减值损失 Impairment of Assets	公允价值变动收益 Fair Value Gain	投资收益 Investment income	补贴收入 Subsidies revenue
4168104.9	3886394.1	139826.7	7215713.9	157469.7	2793.1	594500.4	247034.3
4085.8	40639.0	953.6	15088.1				281.4
	607.7	25.3	63.4				
399.0	588.2	86.3	1680.5				
830.2	22297.9	680.7	-19454.1	631.5		-6230.4	
640409.4	208885.9	5528.0	411948.0	-770.6	138.6	54.6	5179.7
61800.8	41129.8	1820.2	-11838.6	37.3		-5664.4	579.0
36575.3	21155.0	2951.3	18494.8	-0.6		224.1	200.0
11337.3	32010.9	1279.0	59294.5			366.8	106.8
1672.8	2621.1	109.8	2745.6	111.0			
11666.5	13070.7	226.2	3269.9	2.4		118.3	19511.8
362.7	453.4		1813.6				
17184.8	26124.0	1523.8	10131.6	-70.8	-21.6	6150.8	5608.0
10621.1	8061.7	409.5	20664.1	84.0			
3019.2	3625.7	36.5	13343.6	44.6			
6131.8	12380.9	748.8	13994.9	-2.9			107.6
1627.3	2179.5	7.8	8568.0	38.3			150.0
5123.0	6293.8	340.7	30810.1	26.7			
34601.1	61120.6	2145.3	99221.3	3466.0		1990.0	1763.0
134506.4	97883.1	2990.1	124687.3	6972.1	4795.8	3634.8	1051.0
3.0	5.8	2.5	40.0				
18855.5	36531.7	3360.2	41838.2	28.0		147.0	45143.0
110508.7	178035.6	11355.2	104950.7	9729.8		38829.0	22241.2
6086.9	8963.1	729.4	23848.3	193.3			
	738.5	125.2	499.5				
15138.4	33005.5	1543.8	45512.2	2756.9			800.4
21268.3	37916.6	1726.3	111156.4	830.6		-139.4	590.0
21657.7	34121.5	2154.4	71060.3	103.9		7.2	280.0
2875465.3	2543036.1	77941.9	5848250.9	70376.7	-2060.3	539708.8	97971.7
52528.7	187483.5	7879.5	206258.3	19438.0		364.8	1834.0
19393.9	41982.4	1312.6	48778.7	648.7		177.3	261.1
9059.4	25658.6	649.7	30819.9	-48.7		-7.0	3036.9
5083.3	12348.1	371.6	21866.2	391.6			514.1
2671.2	2833.4	39.0	7955.9				
223.5	3110.3	119.8	1688.0	-70.5		112.1	
3039.4	116527.3	6786.0	-127904.2	41293.4		14633.6	39671.0
18342.2	6715.4	326.1	-1431.2				
6825.0	16251.8	1540.6	-24000.8	1229.0	-59.4	22.4	152.6

11-2续表5 continued5

		营业外收入 Norbusiness revenue	营业外支出 Norbusiness expenditure	利润总额 Profit
总计	Total	525995.0	123101.3	7531489.4
煤炭开采和洗选业	Coal mining and dressing	451.6	1214.2	13725.7
石油和天然气开采业	Extraction of petroleum and natural gas	0.1	0.1	63.4
黑色金属矿采选业	Minging and dressing of ferrous metals			
有色金属矿采选业	Mining and dressing of nonferrous metals			
非金属矿采选业	Mining and dressing of nonmetal mineralproducts			1331.7
开采辅助活动	Mining auxiliary activities	101.8	1711.8	-21064.1
其他采矿业	Others			
农副食品加工业	Food processing	5998.5	3391.7	381824.6
食品制造业	Food manufacturing	2966.2	3460.3	-12473.1
酒、饮料和精制茶制造业	Wine、Drinks and refined tea industry	1061.6	995.1	18628.0
烟草制品业	Tobacco processing	224.7	2460.0	57059.2
纺织业	Textile industry	238.0	115.3	2868.3
纺织服装、服饰业	Textile and garment、Clothing industry	19759.4	4533.3	18496.0
皮革、毛皮、羽毛(绒)及其制品业	Leather furs down and related products			1813.6
木材加工及木、竹、藤、棕、草制品业	Timber, bamboo, cane, palm and straw products	7048.8	138.4	17042.1
家具制造业	Furniture	202.1	691.6	20142.5
造纸及纸制品业	Paper making and paper products	8.6	615.8	12736.4
印刷业和记录媒介的复制	Printing and record medium reproduction	933.5	256.3	14672.1
文教、工美、体育和娱乐用品制造业	Culture and education、industrial art、sports and entertainment products	2.0	456.3	8113.7
石油加工、炼焦及核燃料加工业	Petroleum processing coking and nuclear processing	265.9	135.9	30940.1
化学原料及化学制品制造业	Raw chemical material and chemical products	15121.6	943.6	114062.5
医药制造业	Medical and pharmacutical products	19023.7	3257.9	140584.0
化学纤维制造业	Chemical fiber manufacturing	5.0		45.0
橡胶和塑料制品业	Rubber and Plastic products	46868.8	526.5	43586.8
非金属矿物制品业	Nonmetal mineral products	22526.8	5374.9	121979.3
黑色金属冶炼及压延加工业	Smelting and pressing of ferrous metals	51.6	374.8	23525.1
有色金属冶炼及压延加工业	Smelting and pressing of non-ferrous metals	102.0	109.5	492.0
金属制品业	Metal products	2236.7	2853.4	44851.0
通用设备制造业	Ordinary machinery	2729.5	923.2	111908.0
专用设备制造业	Special purpose equipment	1745.5	579.9	72663.1
汽车制造业	Automobile industry	227184.7	60636.9	6006444.8
铁路、船舶、航空航天和其他运输设备制造业	Railway、Ship、aerospace and other Transportation Equipment Manufacturing	10259.9	9363.0	207132.7
电气机械及器材制造业	Electric equipment and machinery	1197.5	1217.6	48737.5
计算机、通信及其他电子设备制业	Computer and Telecommunication equipment and other electronic equipment	5614.3	2351.6	33999.4
仪器仪表制造业	Instruments, meters	1158.6	304.2	22720.7
其他制造业	Others			7955.9
废弃资源综合利用业	Comperehensive untilization of waste resources	10.6	37.7	1660.9
金属制品、机械和设备修理业	Metal products、machinery、Equipment repair industry			
电力、热力的生产和供应业	Production and supply of electric power and heat power	127788.2	14068.4	-14452.6
燃气生产和供应业	Production and supply of gas	2832.0		1400.8
水的生产和供应业	Production and supply of water	275.2	2.1	-23727.7

单位：万元 unit:10000yuan

应交所得税 Income tax payable	亏损企业亏损总额 Total loss of loss-suffering enterprises	利税总额 Pre-tax profits	应交税金及附加 Taxes and extra charges	本年应付职工薪酬 Wages payable of the year	本年应交增值税 Value added
1629472.3	349474.8	13637313.0	7875122.6	3543042.5	3290672.2
4945.8	7279.2	38041.3	30215.0	62847.1	21286.5
18.4		118.7	99.0	188.8	50.3
		2102.5	857.1	1749.4	413.7
2496.4	31049.7	6986.6	31227.8	22261.7	2721.4
5173.0	3901.7	604305.9	233182.3	119818.5	188127.5
4027.3	63510.0	10884.1	29204.7	37159.6	19359.9
2474.0	7326.1	48922.4	35719.7	33835.8	11063.9
14302.9		303538.4	262061.1	14288.2	45924.5
850.4	1205.0	4125.7	2217.6	3422.8	1052.3
896.8	770.0	23361.1	5988.1	16677.6	4163.0
453.4		2539.0	1178.8	440.2	659.5
4615.3	586.0	31357.1	20454.1	33845.3	9505.6
2926.2		29581.2	12774.4	8580.4	6840.5
2398.5		17094.5	6793.1	3686.1	3794.9
2862.2	203.1	20171.0	9109.9	9461.1	4592.9
2049.6		11275.7	5219.4	3265.6	2899.7
1659.5		72979.9	44040.0	3913.2	7586.8
17044.2	2969.0	167828.5	72955.5	38635.3	48811.3
24205.1	35231.6	191726.1	78337.3	75532.2	45014.0
		47.7	5.2	573.8	1.2
8476.0	4646.7	63162.9	31412.3	34147.2	15397.9
38071.9	963.8	200935.1	128382.9	179614.1	40459.6
5132.4	146.9	34264.4	16601.1	6242.3	8956.8
126.0		905.2	664.4	583.9	369.7
9057.5	15947.0	70837.6	36587.9	35058.1	21315.1
26602.3	5685.4	155680.7	72101.3	42029.3	38882.3
15275.4	1918.6	104666.6	49433.3	30824.2	27405.8
1384466.0	67058.3	10670665.8	6126628.9	1911861.1	2309317.0
29054.9	6166.0	410071.1	239872.8	174221.3	177595.6
10314.8	3797.7	77673.8	40563.7	28067.8	24524.6
8364.9	237.3	45079.3	20094.5	20212.8	9634.9
3833.7	43.2	28727.9	10212.5	16393.2	4971.5
352.5		10347.5	2783.1	978.1	1431.0
339.9		3284.6	2083.4	3888.9	1454.0
-3394.9	65104.8	186632.9	204476.6	530792.7	176778.6
		6343.8	5269.1	11206.2	4027.5
	23727.7	-18953.6	6314.7	26738.6	4280.9

11-2续表6 continued6

		全部从业人员年平均人数(万人) Annual averageof employment (10000person)	总资产贡献率(%) Ratio of TotalAssets to Industry Value
总计	Total	49.07	21
煤炭开采和洗选业	Coal mining and dressing	1.04	14
石油和天然气开采业	Extraction of petroleum and natural gas		7
黑色金属矿采选业	Minging and dressing of ferrous metals		
有色金属矿采选业	Mining and dressing of nonferrous metals		
非金属矿采选业	Mining and dressing of nonmetal mineral products	0.03	21
开采辅助活动	Mining auxiliary activities	0.25	2
其他采矿业	Others		
农副食品加工业	Food processing	3.73	23
食品制造业	Food manufacturing	0.95	4
酒、饮料和精制茶制造业	Wine、Drinks and refined tea industry	0.77	12
烟草制品业	Tobacco processing	0.14	70
纺织业	Textile industry	0.13	5
纺织服装、服饰业	Textile and garment、Clothing industry	0.46	9
皮革、毛皮、羽毛(绒)及其制品业	Leather furs down and related products	0.01	24
木材加工及木、竹、藤、棕、草制品业	Timber, bamboo, cane, palm and straw products	0.90	10
家具制造业	Furniture	0.24	35
造纸及纸制品业	Paper making and paper products	0.12	58
印刷业和记录媒介的复制	Printing and record medium reproduction	0.28	16
文教、工美、体育和娱乐用品制造业	Culture and education、industrial art、sports	0.11	51
石油加工、炼焦及核燃料加工业	Petroleum processing coking and nuclear processing	0.13	36
化学原料及化学制品制造业	Raw chemical material and chemical products	0.77	15
医药制造业	Medical and pharmacutical products	1.49	13
化学纤维制造业	Chemical fiber manufacturing	0.01	2
橡胶和塑料制品业	Rubber and Plastic products	0.69	12
非金属矿物制品业	Nonmetal mineral products	0.85	7
黑色金属冶炼及压延加工业	Smelting and pressing of ferrous metals	0.14	17
有色金属冶炼及压延加工业	Smelting and pressing of non-ferrous metals	0.01	17
金属制品业	Metal products	0.75	18
通用设备制造业	Ordinary machinery	0.74	27
专用设备制造业	Special purpose equipment	0.72	29
汽车制造业	Automobile industry	24.01	29
铁路、船舶、航空航天和其他运输设备制造业	Railway、Ship、aerospace and other Transportation Equipment Manufacturing	2.31	13
电气机械及器材制造业	Electric equipment and machinery	0.57	17
计算机、通信及其他电子设备制业	Computer and Telecommunication equipment and other electronic equipment	0.39	20
仪器仪表制造业	Instruments, meters	0.30	12
其他制造业	Others	0.04	35
废弃资源综合利用业	Comperehensive untilization of waste resources	0.04	8
金属制品、机械和设备修理业	Metal products、machinery、Equipment repair industry		
电力、热力的生产和供应业	Production and supply of electric power and heat power	5.42	5
燃气生产和供应业	Production and supply of gas	0.19	2
水的生产和供应业	Production and supply of water	0.36	-9

单位：万元 unit:10000yuan

资产负债率(%) Ratio of Assetsto Industrial value(%)	流动资产周转率(次/年) Times of Annual Tumover of circulating Funds (time/year)	成本费用利润率(%) Ratio of Profits to cost(%)	全员劳动生产率 (元/人·年) Overall labour productivity	产品销售率(%) Proportion of Products sold(%)
59.14	2.74	8.12		98.64
57.93	2.50	8.58		100.66
73.71	5.05	2.67		100.00
26.18	39.27	1.77		99.61
54.42	2.22	-10.32		99.42
66.67	11.10	3.29		97.68
58.67	1.76	-1.16		84.55
69.19	3.70	2.95		99.40
50.02	1.38	30.14		98.76
86.22	1.47	4.24		95.37
59.25	0.72	12.38		108.63
26.00	4.77	12.42		88.21
53.37	1.97	4.66		98.19
48.69	6.11	9.38		94.57
48.60	10.17	11.39		94.07
52.14	3.99	7.13		96.53
33.24	6.95	12.92		95.69
73.59	3.66	8.14		99.77
59.96	1.63	10.21		103.51
52.37	0.94	19.17		95.40
0.81	3.05	4.24		59.75
52.30	3.11	5.87		98.07
71.41	1.88	2.38		99.53
47.43	3.88	5.56		98.41
46.98	8.69	2.12		105.26
59.55	4.00	6.13		97.77
60.20	2.38	13.89		97.15
45.02	2.76	11.84		96.67
54.95	2.71	10.39		99.02
71.11	1.12	8.06		100.54
56.46	2.03	7.56		97.00
53.92	2.21	15.96		94.42
34.45	1.09	18.59		105.32
17.82	7.56	13.78		93.11
66.51	3.37	2.05		100.00
69.07	5.97	-0.28		99.02
49.05	1.66	0.84		87.39
35.48	1.89	-26.09		100.00

11-3 规模以上工业企业主要经济指标(总表)(2013)

单位：万元

		企　业 单位数(个) Enterprises (unit)	亏损企业 Loss-suffering enterprises
总　计	Total	1108	119
一、按登记注册类型分组：	Grouped by type registered		
内资企业	Domestic funds	950	95
国有企业	State-owned	15	5
中央企业	Centre enterprises	5	1
地方企业	Local enterprises	10	4
集体企业	Collective-owned	7	2
股份合作企业	Share holding cooperative	1	1
联营企业	Joint ownership		
国有联营企业	State joint ownership enterprises		
集体联营企业	Collective-owned		
国有与集体联营企业	State-collective joint		
其他联营企业	Others		
有限责任公司	Limited company	323	52
国有独资公司	State-owned	15	4
其他有限责任公司	Others	308	48
股份有限公司	Share holding	61	8
私营企业	Private	523	25
私营独资企业	Solely Owned	21	
私营合作企业	Private partnership	1	
私营有限责任公司	Limited company	484	23
私营股份有限公司	Private	17	2
其他企业	Others	20	2
港、澳、台商投资企业	Funded from Hongkong, Macao and Taiwan	28	5
合资经营企业(港或澳、台资)	Funded from Hongkong, Macao and Taiwan	16	2
合作经营企业(港或澳、台资)	Cooperative	1	
港澳台商独资经营企业	Solely owned	9	3
港澳台商投资股份有限公司	Funded from Hongkong, Macao and Taiwan	2	
其他港澳台商投资企业	Others		
外商投资企业	Foreign funded	130	19
中外合资经营企业	Joint Venture	78	10
中外合作经营企业	Cooperative	3	
外资企业	Foreign funded	46	9
外商投资股份有限公司	Share holding	2	
其他外商投资企业	Others	1	
二、按经济组织类型分组	Grouped by ownership		
独资企业	Solely owned enterprises	98	19
国有企业	State-owned	15	5
集体企业	Collective-owned	7	2
私营独资企业	Solely Owned	21	

MAIN ECONOMIC INDICATORS OF INDUSTRIAL ENTERPRISES ABOVE DESIGNATED SIZE IN 2013

unit:10000yuan

工业总产值（当年价格）Gross industrial output value (current price)	工业销售产值（当年价格）Sale revenue (current price)	出口交货值 Export enterprises	年初存货 Stock in year beginning	产成品 Finished goods
92280427.0	91021140.4	1362109.6	7478570.6	2572948.5
73806613.2	72658697.6	797173.0	6409102.6	2271963.2
42780681.2	42336359.1	279146.1	3119490.2	823890.4
42565651.5	42125629.1	279146.1	3099665.3	817462.1
215029.7	210730.0		19824.9	6428.3
57126.1	59985.2		2320.2	1269.7
1321.7	2113.1		1380.5	1296.3
10564438.4	10284346.2	50466.3	787835.8	348772.2
3984911.2	3948824.5	1899.1	32534.4	8101.1
6579527.2	6335521.7	48567.2	755301.4	340671.1
11686679.5	11568522.9	381912.8	1981738.8	906614.3
8530232.9	8224429.5	85647.8	508705.9	187189.8
192187.7	188218.3		6177.3	2478.4
8181.9	8181.9		18.2	0.0
8017856.4	7722377.3	77703.0	463375.2	168353.4
312006.9	305652.0	7944.8	39135.2	16358.0
186133.4	182941.6		7631.2	2930.5
7001860.3	6819450.7	297021.0	234865.6	115343.2
478957.7	498129.8	17882.3	74207.5	25956.8
4520.1	6917.3		484.3	
6430349.9	6227060.0	279138.7	147729.7	76942.3
88032.6	87343.6		12444.1	12444.1
11471953.5	11542992.1	267915.6	834602.4	185642.1
8396835.0	8361438.9	17747.4	451000.9	116215.7
174288.6	215427.0	0.0	73390.9	61.1
2075775.8	2139645.0	151136.0	217008.7	52745.8
665931.8	665931.8	99032.2	33089.0	299.6
159122.3	160549.4	0.0	60112.9	16319.9
51536120.7	50951267.6	709420.8	3492726.1	957326.6
42780681.2	42336359.1	279146.1	3119490.2	823890.4
57126.1	59985.2		2320.2	1269.7
192187.7	188218.3		6177.3	2478.4

11-3续表1 continued1

		资产总计 Total	流动资产合计 Current assets	应收帐款 Accounts receivable
总　计	Total	66714405.7	36817193.4	6277680.9
一、按登记注册类型分组:	Grouped by type registered			
内资企业	Domestic funds	56191251.5	30342636.3	3936881.1
国有企业	State-owned	29158838.8	18741102.8	911954.2
中央企业	Centre enterprises	28641010.9	18599721.0	894727.7
地方企业	Local enterprises	517827.9	141381.8	17226.5
集体企业	Collective-owned	32936.5	20331.2	7545.4
股份合作企业	Share holding cooperative	9827.7	5157.7	1752.7
联营企业	Joint ownership			
国有联营企业	State joint ownership enterprises			
集体联营企业	Collective-owned			
国有与集体联营企业	State-collective joint			
其他联营企业	Others			
有限责任公司	Limited company	10390260.8	3113591.7	971133.6
国有独资公司	State-owned	4903290.6	495998.9	137125.9
其他有限责任公司	Others	5486970.2	2617592.8	834007.7
股份有限公司	Share holding	12925648.9	6630935.7	1626249.3
私营企业	Private	3594276.0	1789775.6	412706.1
私营独资企业	Solely Owned	51030.1	20324.4	5608.2
私营合作企业	Private partnership	1199.0	149.0	30.0
私营有限责任公司	Limited company	3312273.1	1644270.3	363365.7
私营股份有限公司	Private	229773.8	125031.9	43702.2
其他企业	Others	79462.8	41741.6	5539.8
港、澳、台商投资企业	Funded from Hongkong, Macao and Taiwan	2744886.3	1149260.1	383900.7
合资经营企业(港或澳、台资)	Funded from Hongkong, Macao and Taiwan	597286.0	292350.3	111107.5
合作经营企业(港或澳、台资)	Cooperative	5071.8	2207.1	354.4
港澳台商独资经营企业	Solely owned	2053856.1	784305.7	251265.2
港澳台商投资股份有限公司	Funded from Hongkong, Macao and Taiwan	88672.4	70397.0	21173.6
其他港澳台商投资企业	Others			
外商投资企业	Foreign funded	7778267.9	5325297.0	1956899.1
中外合资经营企业	Joint Venture	4890445.9	3370614.3	1147615.2
中外合作经营企业	Cooperative	398440.3	174351.7	10137.1
外资企业	Foreign funded	1835146.7	1287544.9	562169.0
外商投资股份有限公司	Share holding	509256.2	403901.4	210106.7
其他外商投资企业	Others	144978.8	88884.7	26871.1
二、按经济组织类型分组	Grouped by ownership			
独资企业	Solely owned enterprises	33131808.2	20853609.0	1738542.0
国有企业	State-owned	29158838.8	18741102.8	911954.2
集体企业	Collective-owned	32936.5	20331.2	7545.4
私营独资企业	Solely Owned	51030.1	20324.4	5608.2

单位：万元 unit: 10000yuan

资产总计Total assets							
流动资产合计 Current assets			固定资产合计 Fixed assets	固定资产原价 Original value of fixed assets	累计折旧 Accumulated depreciation	本年折旧 Depreciation of the year	在建工程 Project under construction
存货 Inventory	产成品 Finished goods	在产品 Goods in process					
7705603.7	2867321.1	972849.2	21721039.7	34233657.1	13516897.3	2676114.6	3243355.3
6589247.7	2536286.2	896531.1	18479950.9	29432881.6	11684797.0	2177781.3	2993565.7
3559460.0	1570347.5	8590.9	6928940.5	11641081.0	4766669.9	828804.7	1385245.9
3540093.1	1563922.5	7222.9	6566088.5	11002196.6	4456347.0	798640.3	1359275.9
19366.9	6425.0	1368.0	362852.0	638884.4	310322.9	30164.4	25970.0
2626.4	1074.1	89.4	10942.8	21904.8	10976.2	649.9	971.9
1894.0	1013.2		4670.0	6122.6	1452.6	183.3	15.1
750527.3	300731.0	76635.5	5476425.5	9093196.1	3810972.7	549149.8	1057004.7
61640.8	6720.2	8909.8	3510178.7	6302525.4	2853929.7	370546.0	739642.5
688886.5	294010.8	67725.7	1966246.8	2790670.7	957043.0	178603.8	317362.2
1640645.4	351294.3	782878.2	4670251.3	6773052.8	2493596.7	663108.1	431445.9
612312.5	304052.0	24084.9	1358071.0	1859383.7	588473.6	132739.0	116678.5
7635.9	2002.8	1962.5	29702.1	33955.0	4830.3	1686.3	128.6
22.5	18.2						
564652.8	280812.1	18321.9	1251583.3	1715180.7	545202.0	121496.4	114302.5
40001.3	21218.9	3800.5	76785.6	110248.0	38441.3	9556.3	2247.4
21782.1	7774.1	4252.2	30649.8	38140.6	12655.3	3146.5	2203.7
232460.0	125846.2	15628.7	1411274.3	1744224.7	479080.2	207572.5	83922.9
82715.5	32935.5	8198.6	257560.3	301263.2	91114.9	17329.3	43134.1
1310.4			1979.1	3718.5	1910.7	230.4	171.3
131128.8	75771.3	7430.1	1141027.9	1424789.0	380201.7	189285.2	39421.7
17305.3	17139.4		10707.0	14454.0	5852.9	727.6	1195.8
883896.0	205188.7	60689.4	1829814.5	3056550.8	1353020.1	290760.8	165866.7
470077.5	128345.1	41974.7	1128196.0	1796845.0	737529.5	139375.9	102800.5
97941.2	4835.6	29.7	146871.2	262340.5	148694.8	78134.4	33656.6
232814.1	56794.1	17379.1	428520.3	782087.8	376682.9	56000.4	28232.8
30045.1	744.5	1305.9	75199.4	142535.1	68398.1	14243.5	1062.4
53018.1	14469.4	0.0	51027.6	72742.4	21714.8	3006.6	114.4
3933665.2	1705989.8	35452.0	8539133.6	13903817.6	5539361.0	1076426.5	1454000.9
3559460.0	1570347.5	8590.9	6928940.5	11641081.0	4766669.9	828804.7	1385245.9
2626.4	1074.1	89.4	10942.8	21904.8	10976.2	649.9	971.9
7635.9	2002.8	1962.5	29702.1	33955.0	4830.3	1686.3	128.6

11-3续表2 continued2

		负债合计 Liabilities	流动负债合计 Current liabilites	应付账款 Account payable
总　计	Total	39454570.3	30162208.3	12102149.3
一、按登记注册类型分组:	Grouped by type registered			
内资企业	Domestic funds	32985335.1	25043156.2	9621994.5
国有企业	State-owned	15992496.2	12847048.9	6390194.5
中央企业	Centre enterprises	15641661.3	12626652.3	6354453.5
地方企业	Local enterprises	350834.9	220396.6	35741.0
集体企业	Collective-owned	7905.2	5737.6	1169.0
股份合作企业	Share holding cooperative	5448.5	5162.9	3527.1
联营企业	Joint ownership			
国有联营企业	State joint ownership enterprises			
集体联营企业	Collective-owned			
国有与集体联营企业	State-collective joint			
其他联营企业	Others			
有限责任公司	Limited company	6437737.5	4709097.2	1556965.1
国有独资公司	State-owned	3092817.6	2115318.6	769188.4
其他有限责任公司	Others	3344919.9	2593778.6	787776.7
股份有限公司	Share holding	8712925.3	5951871.8	1305656.8
私营企业	Private	1793494.2	1497098.9	361126.0
私营独资企业	Solely Owned	17516.2	4453.8	1196.4
私营合作企业	Private partnership	72.0	72.0	
私营有限责任公司	Limited company	1646379.0	1382162.4	332658.7
私营股份有限公司	Private	129527.0	110410.7	27270.9
其他企业	Others	35328.2	27138.9	3356.0
港、澳、台商投资企业	Funded from Hongkong, Macao and Taiwan	1955778.2	1048054.6	382491.9
合资经营企业(港或澳、台资)	Funded from Hongkong, Macao and Taiwan	342954.7	310572.3	127048.7
合作经营企业(港或澳、台资)	Cooperative	1412.6	1395.0	352.3
港澳台商独资经营企业	Solely owned	1590109.7	714786.1	248117.5
港澳台商投资股份有限公司	Funded from Hongkong, Macao and Taiwan	21301.2	21301.2	6973.4
其他港澳台商投资企业	Others			
外商投资企业	Foreign funded	4513457.0	4070997.5	2097662.9
中外合资经营企业	Joint Venture	2826096.7	2625476.9	1497131.4
中外合作经营企业	Cooperative	141053.4	89831.5	16429.6
外资企业	Foreign funded	1223568.0	1032950.2	423113.5
外商投资股份有限公司	Share holding	245341.5	245341.5	156025.8
其他外商投资企业	Others	77397.4	77397.4	4962.6
二、按经济组织类型分组	Grouped by ownership			
独资企业	Solely owned enterprises	18831595.3	14604976.6	7063790.9
国有企业	State-owned	15992496.2	12847048.9	6390194.5
集体企业	Collective-owned	7905.2	5737.6	1169.0
私营独资企业	Solely Owned	17516.2	4453.8	1196.4

单位：万元 unit:10000yuan

非流动负债合计 Non-Current liabilites	所有者权益合计 Ownership interests	实收资本 Paid-up capital	国家资本 State	集体资本 Collective	法人资本 Corporation	个人资本 Private	港澳台资本 From HongKong Macao and Taiwan	外商资本 Foreign
8808611.3	27146637.2	10091483.0	3169938.0	2109725.7	1929355.2	1524475.5	411757.2	883955.9
7611600.9	23108345.8	8023365.3	2935768.7	2109725.7	1427957.7	1496686.5	10831.9	3667.8
3145447.2	13166342.6	1216712.1	1149942.7	1500.0	65269.4			
3015009.0	12999349.7	1047866.6	984097.2		63769.4			
130438.2	166992.9	168845.5	165845.5	1500.0	1500.0			
612.2	25031.3	2418.3	222.9	2045.4	150.0			
285.6	4379.2	5000.0				5000.0		
1546764.1	3898372.8	4709761.7	1196674.0	2027167.1	402669.8	1058094.7	10811.9	1987.8
977498.0	1810315.6	1001044.6	978263.0	300.0	22481.6			
569266.1	2088057.2	3708717.1	218411.0	2026867.1	380188.2	1058094.7	10811.9	1987.8
2737980.6	4206095.6	1489047.8	587219.1	34711.4	652501.0	198794.1		
178730.8	1765943.4	579879.5	210.0	44301.8	299857.0	227762.3	20.0	1680.0
3783.0	32437.6	16577.4			4970.9	11154.5		
	1127.0	130.0	30.0	20.0	20.0	20.0	20.0	20.0
160471.0	1632138.1	516603.4	80.0	40882.0	287456.8	180928.2		1660.0
14476.8	100240.7	46568.7	100.0	3399.8	7409.3	35659.6		
1780.4	42180.9	20545.9	1500.0		7510.5	7035.4		
906263.1	786920.6	494903.9	68671.1		44926.4	10400.0	354276.8	16629.6
32380.4	252260.6	174859.1	68671.1		43028.3	9400.0	43125.3	10634.4
17.6	3659.2	1000.0				1000.0		
873865.1	463629.7	313234.7					307239.5	5995.2
	67371.1	5810.1			1898.1		3912.0	
290747.3	3251370.8	1573213.8	165498.2		456471.1	17389.0	46648.5	863658.5
202368.0	2020508.5	936228.4	118511.2		414045.7	17389.0	3925.9	368346.8
411.4	257387.3	89314.7	46987.0		345.9		27382.9	14598.9
87967.9	641979.0	453242.7			42079.5		15339.7	386284.8
	263914.6	64405.9						64405.9
	67581.4	30022.1						30022.1
4111675.4	14329420.2	2002185.2	1150165.6	3545.4	112469.8	11154.5	322579.2	392280.0
3145447.2	13166342.6	1216712.1	1149942.7	1500.0	65269.4			
612.2	25031.3	2418.3	222.9	2045.4	150.0			
3783.0	32437.6	16577.4			4970.9	11154.5		

11-3续表3 continued3

		营业收入 Operation revenue	主营业务收入 Main operation income
总　计	Total	101060685.2	96153693.0
一、按登记注册类型分组:	Grouped by type registered		
内资企业	Domestic funds	82524484.1	77899773.7
国有企业	State-owned	52445396.3	48688469.7
中央企业	Centre enterprises	52226713.8	48479413.1
地方企业	Local enterprises	218682.5	209056.6
集体企业	Collective-owned	58160.7	58160.7
股份合作企业	Share holding cooperative	2113.1	2113.1
联营企业	Joint ownership		
国有联营企业	State joint ownership enterprises		
集体联营企业	Collective-owned		
国有与集体联营企业	State-collective joint		
其他联营企业	Others		
有限责任公司	Limited company	10430815.6	10165147.4
国有独资公司	State-owned	4019410.7	3996792.1
其他有限责任公司	Others	6411404.9	6168355.3
股份有限公司	Share holding	11535194.2	10974510.3
私营企业	Private	7867826.5	7826614.7
私营独资企业	Solely Owned	176004.8	171649.2
私营合作企业	Private partnership	7520.0	7520.0
私营有限责任公司	Limited company	7384471.0	7348092.5
私营股份有限公司	Private	299830.7	299353.0
其他企业	Others	184977.7	184757.8
港、澳、台商投资企业	Funded from Hongkong, Macao and Taiwan	6862172.5	6812195.9
合资经营企业(港或澳、台资)	Funded from Hongkong, Macao and Taiwan	545068.1	507058.9
合作经营企业(港或澳、台资)	Cooperative	6918.3	6917.3
港澳台商独资经营企业	Solely owned	6226576.1	6214609.7
港澳台商投资股份有限公司	Funded from Hongkong, Macao and Taiwan	83610.0	83610.0
其他港澳台商投资企业	Others		
外商投资企业	Foreign funded	11674028.6	11441723.4
中外合资经营企业	Joint Venture	8458887.0	8270080.0
中外合作经营企业	Cooperative	215556.2	215427.0
外资企业	Foreign funded	2164103.1	2128370.2
外商投资股份有限公司	Share holding	667306.2	667296.8
其他外商投资企业	Others	168176.1	160549.4
二、按经济组织类型分组	Grouped by ownership		
独资企业	Solely owned enterprises	61070241.0	57261259.5
国有企业	State-owned	52445396.3	48688469.7
集体企业	Collective-owned	58160.7	58160.7
私营独资企业	Solely Owned	176004.8	171649.2

单位：万元 unit:10000yuan

营业成本 Operating costs	主营业务成本 Main operation cost	营业税金及附加 Business taxes and extra charges	主营业务税金及附加 Main operation taxes and extra charges	其他业务收入 Other business revenue	其他业务利润 Other business profit
84112989.0	79853129.7	2815151.4	2806725.9	4906992.2	1099670.0
67724360.2	63866749.8	2491592.0	2485152.3	4624710.4	1063305.0
41406679.7	38630067.4	2259548.9	2259310.0	3756926.6	980051.2
41214063.5	38442740.3	2258033.4	2257996.0	3747300.7	976005.6
192616.2	187327.1	1515.5	1314.0	9625.9	4045.6
47987.8	47987.8	403.0	403.0		1.5
1402.6	1402.6	23.9	23.9		
9364034.2	9130451.6	57302.4	53853.2	265668.2	40059.1
3928721.6	3923342.3	15615.7	14475.6	22618.6	16426.9
5435312.6	5207109.3	41686.7	39377.6	243049.6	23632.2
10176008.5	9392262.7	93840.2	91733.7	560683.9	34517.9
6565062.3	6501903.5	79803.2	79158.1	41211.8	8529.6
155410.2	151739.3	1435.0	1356.2	4355.6	884.5
6392.0	6392.0	75.2	75.2		
6132516.0	6103300.7	77046.2	76631.9	36378.5	7209.3
270744.1	240471.5	1246.8	1094.8	477.7	435.8
163185.1	162674.2	670.4	670.4	219.9	145.7
6527911.4	6474743.8	28326.9	28278.1	49976.6	7636.8
442403.1	401932.9	2860.8	2846.5	38009.2	7694.6
4493.9	4493.0	55.1	55.1	1.0	
6016742.5	6004046.0	24809.3	24774.8	11966.4	-57.8
64271.9	64271.9	601.7	601.7		
9860717.4	9511636.1	295232.5	293295.5	232305.2	28728.2
7328028.2	7024511.3	271440.3	270069.0	188807.0	26011.9
163388.0	163388.0	1224.7	1224.7	129.2	129.2
1707718.6	1670011.4	17601.3	17035.6	35732.9	2577.7
504399.5	504399.5	4658.9	4658.9	9.4	9.4
157183.1	149325.9	307.3	307.3	7626.7	
49334538.8	46503851.9	2303797.5	2302879.6	3808981.5	983457.1
41406679.7	38630067.4	2259548.9	2259310.0	3756926.6	980051.2
47987.8	47987.8	403.0	403.0		1.5
155410.2	151739.3	1435.0	1356.2	4355.6	884.5

11-3续表4 continued4

		财务费用 Financial cost	利息收入 Interest income	利息支出 Interest expenditure
总 计	Total	572052.3	132684.2	747780.8
一、按登记注册类型分组:	Grouped by type registered			
内资企业	Domestic funds	500256.6	113184.1	655501.9
国有企业	State-owned	-59638.2	95269.1	125766.4
中央企业	Centre enterprises	-65523.7	94968.2	119533.7
地方企业	Local enterprises	5885.5	300.9	6232.7
集体企业	Collective-owned	-103.6		126.0
股份合作企业	Share holding cooperative	0.6		
联营企业	Joint ownership			
国有联营企业	State joint ownership enterprises			
集体联营企业	Collective-owned			
国有与集体联营企业	State-collective joint			
其他联营企业	Others			
有限责任公司	Limited company	175663.0	7376.1	176239.5
国有独资公司	State-owned	88214.4	2319.5	89271.6
其他有限责任公司	Others	87448.6	5056.6	86967.9
股份有限公司	Share holding	287062.6	5459.1	283065.5
私营企业	Private	95567.6	5015.1	69662.4
私营独资企业	Solely Owned	1091.8	12.9	248.3
私营合作企业	Private partnership	2300.0	2300.0	
私营有限责任公司	Limited company	86771.7	2637.2	64875.9
私营股份有限公司	Private	5404.1	65.0	4538.2
其他企业	Others	1704.6	64.7	642.1
港、澳、台商投资企业	Funded from Hongkong, Macao and Taiwan	47844.2	1701.4	48227.3
合资经营企业(港或澳、台资)	Funded from Hongkong, Macao and Taiwan	4770.3	559.7	4144.2
合作经营企业(港或澳、台资)	Cooperative	48.1		46.0
港澳台商独资经营企业	Solely owned	43219.1	926.5	43875.8
港澳台商投资股份有限公司	Funded from Hongkong, Macao and Taiwan	-193.3	215.2	161.3
其他港澳台商投资企业	Others			
外商投资企业	Foreign funded	23951.5	17798.7	44051.6
中外合资经营企业	Joint Venture	7515.2	11419.3	20647.5
中外合作经营企业	Cooperative	7901.0	91.1	8276.5
外资企业	Foreign funded	12141.0	3590.3	12706.1
外商投资股份有限公司	Share holding	-5692.1	2693.3	267.3
其他外商投资企业	Others	2086.4	4.7	2154.2
二、按经济组织类型分组	Grouped by ownership			
独资企业	Solely owned enterprises	-3289.9	99798.8	182722.6
国有企业	State-owned	-59638.2	95269.1	125766.4
集体企业	Collective-owned	-103.6		126.0
私营独资企业	Solely Owned	1091.8	12.9	248.3

单位：万元 unit:10000yuan

销售费用 Marketing expenses	管理费用 Management expenses	税金 Tax	营业利润 Operating profit	资产减值损失 Loss from asset devaluation	公允价值变动收益 Changes in fair value of the proceeds	投资收益 Investment income	补贴收入 Subsidies revenue
4168104.9	3886394.1	139826.7	7215713.9	157469.7	2793.1	594500.4	247034.3
3396093.0	3083827.4	116802.4	6295723.4	137721.3	2763.2	594220.9	241766.3
2625565.8	1760416.8	58791.9	4919962.5	52169.1	-2155.4	511820.8	100297.5
2614624.6	1727291.8	56621.4	4943933.0	50267.5	-2096.0	511698.0	96678.5
10941.2	33125.0	2170.5	-23970.5	1901.6	-59.4	122.8	3619.0
908.2	4071.3	804.3	4351.7	7.1			
295.4	701.2		-412.0				
229580.1	438696.7	20386.7	375653.3	13123.1	4940.2	38426.0	47768.1
8940.0	95175.0	4982.5	-44354.5	9094.0	4795.8	18198.9	23624.0
220640.1	343521.7	15404.2	420007.8	4029.1	144.4	20227.1	24144.1
332640.0	602107.3	26738.0	324290.0	72273.4	-21.6	43819.4	88357.2
203538.7	272809.4	9940.2	665572.2	143.8		154.7	5343.5
3030.6	3899.4	129.1	9863.9	9.5			
1850.0	2975.0	71.0	110.0				
190834.2	254047.7	9188.2	643689.4	473.9		154.7	4106.0
7823.9	11887.3	551.9	11908.9	-339.6			1237.5
3564.8	5024.7	141.3	6305.7	4.8			
525904.2	102163.8	3860.0	130797.4	4119.9		-5645.4	2028.0
15019.3	41359.4	1774.8	39353.6	2888.5			2028.0
878.9	1317.8	97.1	126.5				
507496.0	56602.7	1776.7	78436.2	577.0		-5645.4	
2510.0	2883.9	211.4	12881.1	654.4			
246107.7	700402.9	19164.3	789193.1	15628.5	29.9	5924.9	3240.0
134423.1	376106.5	12410.3	528419.5	14032.8	29.9	7083.0	1029.5
14350.1	5919.2	425.0	22233.5	2.9			
68719.8	205286.1	5874.2	148992.3	2380.5		-1211.0	1807.5
27119.3	108681.3	67.5	53312.6				
1495.4	4409.8	387.3	36235.2	-787.7		52.9	403.0
3205720.4	2030276.3	67376.2	5161606.6	55143.2	-2155.4	504964.4	102105.0
2625565.8	1760416.8	58791.9	4919962.5	52169.1	-2155.4	511820.8	100297.5
908.2	4071.3	804.3	4351.7	7.1			
3030.6	3899.4	129.1	9863.9	9.5			

11-3续表5 continued5

		营业外收入 Norbusiness revenue	营业外支出 Norbusiness expenditure	利润总额 Profit
总　计	Total	525995.0	123101.3	7531489.4
一、按登记注册类型分组:	Grouped by type registered			
内资企业	Domestic funds	446566.8	107711.5	6587921.0
国有企业	State-owned	162448.5	48412.9	5033998.0
中央企业	Centre enterprises	154645.6	47770.5	5050808.0
地方企业	Local enterprises	7802.9	642.4	-16810.0
集体企业	Collective-owned	0.8	183.5	4113.5
股份合作企业	Share holding cooperative		12.9	-412.0
联营企业	Joint ownership			
国有联营企业	State joint ownership enterprises			
集体联营企业	Collective-owned			
国有与集体联营企业	State-collective joint			
其他联营企业	Others			
有限责任公司	Limited company	155833.4	28563.7	502089.1
国有独资公司	State-owned	109036.5	16834.4	47764.4
其他有限责任公司	Others	46796.9	11729.3	454324.7
股份有限公司	Share holding	113419.9	22156.2	370888.2
私营企业	Private	14689.9	8328.4	671166.9
私营独资企业	Solely Owned	470.8	296.2	9832.8
私营合作企业	Private partnership	400.0		510.0
私营有限责任公司	Limited company	12152.9	7531.5	647749.7
私营股份有限公司	Private	1666.2	500.7	13074.4
其他企业	Others	174.3	53.9	6077.3
港、澳、台商投资企业	Funded from Hongkong, Macao and Taiwan	3390.0	3850.2	130326.8
合资经营企业(港或澳、台资)	Funded from Hongkong, Macao and Taiwan	2534.7	3236.6	38651.7
合作经营企业(港或澳、台资)	Cooperative	0.9	6.4	121.0
港澳台商独资经营企业	Solely owned	814.4	561.6	78678.6
港澳台商投资股份有限公司	Funded from Hongkong, Macao and Taiwan	40.0	45.6	12875.5
其他港澳台商投资企业	Others			
外商投资企业	Foreign funded	76038.2	11539.6	813241.6
中外合资经营企业	Joint Venture	52187.9	6285.0	572172.9
中外合作经营企业	Cooperative	1292.1	25.1	23500.5
外资企业	Foreign funded	21268.1	5099.2	159560.6
外商投资股份有限公司	Share holding	841.7	85.4	54068.9
其他外商投资企业	Others	448.4	44.9	3938.7
二、按经济组织类型分组	Grouped by ownership			
独资企业	Solely owned enterprises	185002.6	54553.4	5286183.5
国有企业	State-owned	162448.5	48412.9	5033998.0
集体企业	Collective-owned	0.8	183.5	4113.5
私营独资企业	Solely Owned	470.8	296.2	9832.8

单位：万元 unit:10000yuan

应交所得税 Income tax payable	亏损企业亏损总额 Total loss of loss-suffering enterprises	利税总额 Pre-tax profits	应交税金及附加 Taxes and extra charges	本年应付职工薪酬 Wages payable of the year	本年应交增值税 Value added
1629472.3	349474.8	13637313.0	7875122.6	3543042.5	3290672.2
1437191.0	189681.4	11782672.0	6748744.4	2904263.8	2703159.0
1211558.9	28813.5	9228602.2	5464955.0	1278582.1	1935055.3
1208109.9	852.8	9234321.5	5448244.8	1235837.4	1925480.1
3449.0	27960.7	-5719.3	16710.2	42744.7	9575.2
651.5	188.5	6207.3	3549.6	2716.8	1690.8
	412.0	-204.1	207.9	1262.6	184.0
67373.9	54895.9	836498.4	422169.9	808988.2	277106.9
4376.7	9381.2	201232.3	162827.1	457441.7	137852.2
62997.2	45514.7	635266.1	259342.8	351546.5	139254.7
62625.0	94438.7	756658.7	475133.5	581150.7	291930.3
94442.9	10809.0	946889.3	380105.5	225988.8	195919.2
1115.3		13096.9	4508.5	4227.3	1829.1
		585.2	146.2	12.0	
91412.5	10742.5	913024.0	365875.0	210774.5	188228.1
1915.1	66.5	20183.2	9575.8	10975.0	5862.0
538.8	123.8	8020.2	2623.0	5574.6	1272.5
22376.8	75355.1	361501.4	257411.4	100026.3	202847.7
10668.0	10811.1	61897.5	35688.6	44032.1	20385.0
76.7		635.3	688.1	1045.6	459.2
8543.9	64544.0	282537.6	214179.6	52634.9	179049.7
3088.2		16431.0	6855.1	2313.7	2953.8
169904.5	84438.3	1493139.6	868966.8	538752.4	384665.5
125954.9	50314.7	1136570.4	702762.7	395977.2	292957.2
2410.7		35097.8	14433.0	3130.3	10372.6
41376.3	34123.6	242140.6	129830.5	110687.6	64978.7
162.6		73376.5	19537.7	22672.3	14648.7
		5954.3	2402.9	6285.0	1708.3
1263245.9	127669.6	9772584.6	5817023.2	1448848.7	2182603.6
1211558.9	28813.5	9228602.2	5464955.0	1278582.1	1935055.3
651.5	188.5	6207.3	3549.6	2716.8	1690.8
1115.3		13096.9	4508.5	4227.3	1829.1

11-3续表6 continued6

		全部从业人员年平均人数(万人) Annual averageof employment (10000person)	总资产贡献率(%) Ratio of TotalAssets to Industry Value
总　计	Total	49.1	21.4
一、按登记注册类型分组:	Grouped by type registered		
内资企业	Domestic funds	40.3	21.9
国有企业	State-owned	14.8	31.8
中央企业	Centre enterprises	14.0	32.3
地方企业	Local enterprises	0.8	
集体企业	Collective-owned	0.1	19.2
股份合作企业	Share holding cooperative		-2.1
联营企业	Joint ownership		
国有联营企业	State joint ownership enterprises		
集体联营企业	Collective-owned		
国有与集体联营企业	State-collective joint		
其他联营企业	Others		
有限责任公司	Limited company	11.8	9.7
国有独资公司	State-owned	4.6	5.9
其他有限责任公司	Others	7.3	13.1
股份有限公司	Share holding	6.6	8.0
私营企业	Private	6.8	28.1
私营独资企业	Solely Owned	0.1	26.1
私营合作企业	Private partnership		-143.0
私营有限责任公司	Limited company	6.3	29.4
私营股份有限公司	Private	0.3	10.7
其他企业	Others	0.2	10.8
港、澳、台商投资企业	Funded from Hongkong, Macao and Taiwan	1.9	14.9
合资经营企业(港或澳、台资)	Funded from Hongkong, Macao and Taiwan	0.7	11.0
合作经营企业(港或澳、台资)	Cooperative		13.4
港澳台商独资经营企业	Solely owned	1.1	15.9
港澳台商投资股份有限公司	Funded from Hongkong, Macao and Taiwan		18.5
其他港澳台商投资企业	Others		
外商投资企业	Foreign funded	6.9	19.5
中外合资经营企业	Joint Venture	4.2	23.4
中外合作经营企业	Cooperative	0.1	10.9
外资企业	Foreign funded	2.1	13.7
外商投资股份有限公司	Share holding	0.4	13.9
其他外商投资企业	Others	0.1	5.6
二、按经济组织类型分组	Grouped by ownership		
独资企业	Solely owned enterprises	18.2	29.8
国有企业	State-owned	14.8	31.8
集体企业	Collective-owned	0.1	19.2
私营独资企业	Solely Owned	0.1	26.1

单位：万元 unit:10000yuan

资产负债率(%) Ratio of Assetsto Industrial value(%)	流动资产周转率(次/年) Times of Annual Tumover of circulating Funds (time/year)	成本费用利润率(%) Ratio of Profitsto cost(%)	全员劳动生产率(元/人·年) Overall labour productivity	产品销售率(%) Proportion of Products sold(%)
59.1	2.7	8.1		98.6
58.7	2.7	8.8		98.4
54.9	2.8	11.0		99.0
54.6	2.8	11.1		99.0
67.8	1.6	-6.9		98.0
24.0	2.9	7.8		105.0
55.4	0.4	-17.2		159.9
62.0	3.4	4.9		97.4
63.1	8.1	1.2		99.1
61.0	2.5	7.5		96.3
67.4	1.7	3.3		99.0
49.9	4.4	9.4		96.4
34.3	8.7	6.0		97.9
6.0	50.5	3.8		100.0
49.7	4.5	9.7		96.3
56.4	2.4	4.4		98.0
44.5	4.4	3.5		98.3
71.3	6.0	1.8		97.4
57.4	1.9	7.7		104.0
27.9	3.1	1.8		153.0
77.4	7.9	1.2		96.8
24.0	1.2	18.5		99.2
58.0	2.2	7.5		100.6
57.8	2.5	7.3		99.6
35.4	1.2	12.3		123.6
66.7	1.7	8.0		103.1
48.2	1.7	8.5		100.0
53.4	1.9	2.4		100.9
56.8	2.9	9.7		98.9
54.9	2.8	11.0		99.0
24.0	2.9	7.8		105.0
34.3	8.7	6.0		97.9

11-3续表7 continued7

		企　业 单位数(个) Enterprises	亏损企业 Loss-suffering enterprises
港澳台商独资经营企业	Solely owned	9	3
外资企业	Foreign funded	46	9
合作、合伙企业	Cooperation and partnership	27	3
股份合作企业	Share holding cooperative	1	1
国有联营企业	State joint ownership enterprises		
集体联营企业	Collective-owned		
国有与集体联营企业	State-collective joint		
其他联营企业	Others		
私营合伙企业	Private partnership	1	
合作经营企业(港或澳、台资)	Cooperative	1	
中外合作经营企业	Cooperative	3	
其他企业(内资)	Others	20	2
其他港澳台商投资企业	Others		
其他外商投资企业	Others	1	
股份有限公司	Share holding	82	10
股份有限公司(内资)	Share holding (domestic)	61	8
私营股份有限公司	Private	17	2
港澳台商投资股份有限公司	Funded from Hongkong Macao and Taiwan	2	
外商投资股份有限公司	Share holding	2	
有限责任公司	Limited company	901	87
国有独资公司	State-owned	15	4
私营有限责任公司	Limited company	484	23
合资经营企业(港或澳、台资)	Funded from Hongkong, Macao and Taiwan	16	2
中外合资经营企业	Joint Venture	78	10
其他有限责任公司	Others	308	48
三、在总计中：亏损企业	Making loss enterprises	119	119
在总计中：国有控股企业	State share holding	97	25
农村工业	Rural industry	6	1
轻工业	Light-Industry	398	38
重工业	Heavy industry	710	81
在总计中：大型企业	Grouped by size of enterprises	49	9
中型企业	Medium-sized enterprises	162	27
小型企业	Small-sized enterprises	897	83

单位：万元 unit:10000yuan

工业总产值（当年价格）Gross industrial output value (current price)	工业销售产值（当年价格）Sale revenue (current price)		年初存货 Stock in year beginning	
		出口交货值 Export enterprises		产成品 Finished goods
6430349.9	6227060.0	279138.7	147729.7	76942.3
2075775.8	2139645.0	151136.0	217008.7	52745.8
533568.0	576130.3		143018.0	20607.8
1321.7	2113.1		1380.5	1296.3
8181.9	8181.9		18.2	
4520.1	6917.3		484.3	
174288.6	215427.0		73390.9	61.1
186133.4	182941.6		7631.2	2930.5
159122.3	160549.4		60112.9	16319.9
12752650.8	12627450.3	488889.8	2066407.1	935716.0
11686679.5	11568522.9	381912.8	1981738.8	906614.3
312006.9	305652.0	7944.8	39135.2	16358.0
88032.6	87343.6		12444.1	12444.1
665931.8	665931.8	99032.2	33089.0	299.6
27458087.5	26866292.2	163799.0	1776419.4	659298.1
3984911.2	3948824.5	1899.1	32534.4	8101.1
8017856.4	7722377.3	77703.0	463375.2	168353.4
478957.7	498129.8	17882.3	74207.5	25956.8
8396835.0	8361438.9	17747.4	451000.9	116215.7
6579527.2	6335521.7	48567.2	755301.4	340671.1
2782360.2	2493000.6	48785.8	470615.8	144180.6
58892753.5	58281695.0	615186.8	5240495.9	1740949.6
58385.4	61625.0		5081.0	1255.0
16885066.4	16380944.3	546330.3	955575.5	300323.6
75395360.6	74640196.1	815779.3	6522995.1	2272624.9
65833106.7	65050004.2	1120609.8	4725333.7	1111154.3
9668282.4	9563136.2	113106.6	1126722.6	432458.9
16779037.9	16408000.0	128393.2	1626514.3	1029335.3

11-3续表8 continued8

		资产总计 Total	流动资产合计 Current assets	应收帐款 Accounts receivable
港澳台商独资经营企业	Solely owned	2053856.1	784305.7	251265.2
外资企业	Foreign funded	1835146.7	1287544.9	562169.0
合作、合伙企业	Cooperation and partnership	638980.4	312491.8	44685.1
股份合作企业	Share holding cooperative	9827.7	5157.7	1752.7
国有联营企业	State joint ownership enterprises			
集体联营企业	Collective-owned			
国有与集体联营企业	State-collective joint			
其他联营企业	Others			
私营合伙企业	Private partnership	1199.0	149.0	30.0
合作经营企业(港或澳、台资)	Cooperative	5071.8	2207.1	354.4
中外合作经营企业	Cooperative	398440.3	174351.7	10137.1
其他企业(内资)	Others	79462.8	41741.6	5539.8
其他港澳台商投资企业	Others			
其他外商投资企业	Others	144978.8	88884.7	26871.1
股份有限公司	Share holding	13753351.3	7230266.0	1901231.8
股份有限公司(内资)	Share holding (domestic)	12925648.9	6630935.7	1626249.3
私营股份有限公司	Private	229773.8	125031.9	43702.2
港澳台商投资股份有限公司	Funded from Hongkong Macao and Taiwan	88672.4	70397.0	21173.6
外商投资股份有限公司	Share holding	509256.2	403901.4	210106.7
有限责任公司	Limited company	19190265.8	8420826.6	2593222.0
国有独资公司	State-owned	4903290.6	495998.9	137125.9
私营有限责任公司	Limited company	3312273.1	1644270.3	363365.7
合资经营企业(港或澳、台资)	Funded from Hongkong, Macao and Taiwan	597286.0	292350.3	111107.5
中外合资经营企业	Joint Venture	4890445.9	3370614.3	1147615.2
其他有限责任公司	Others	5486970.2	2617592.8	834007.7
三、在总计中：亏损企业	Making loss enterprises	5757683.4	2016713.8	514501.4
在总计中：国有控股企业	State share holding	48131862.7	26542865.4	3117013.8
农村工业	Rural industry	29031.0	15809.1	4452.9
轻工业	Light-Industry	7776053.5	3681872.9	702999.5
重工业	Heavy industry	58938352.2	33135320.5	5574681.4
在总计中：大型企业	Grouped by size of enterprises	46168238.8	25691292.9	3565403.1
中型企业	Medium-sized enterprises	8413224.7	4448237.8	1457012.8
小型企业	Small-sized enterprises	12132942.2	6677662.7	1255265.0

单位：万元 unit:10000yuan

资产总计Total assets							
流动资产合计 Current assets			固定资产合计 Fixed assets	固定资产原价 Original value of fixed assets	累计折旧 Accumulated depreciation		在建工程 Project under construction
存货 Inventory	产成品 Finished goods	在产品 Goods in process				本年折旧 Depreciation of the year	
131128.8	75771.3	7430.1	1141027.9	1424789.0	380201.7	189285.2	39421.7
232814.1	56794.1	17379.1	428520.3	782087.8	376682.9	56000.4	28232.8
175968.3	28110.5	4281.9	235197.7	383064.6	186428.2	84701.2	36161.1
1894.0	1013.2		4670.0	6122.6	1452.6	183.3	15.1
22.5	18.2						
1310.4			1979.1	3718.5	1910.7	230.4	171.3
97941.2	4835.6	29.7	146871.2	262340.5	148694.8	78134.4	33656.6
21782.1	7774.1	4252.2	30649.8	38140.6	12655.3	3146.5	2203.7
53018.1	14469.4		51027.6	72742.4	21714.8	3006.6	114.4
1727997.1	390397.1	787984.6	4832943.3	7040289.9	2606289.0	687635.5	435951.5
1640645.4	351294.3	782878.2	4670251.3	6773052.8	2493596.7	663108.1	431445.9
40001.3	21218.9	3800.5	76785.6	110248.0	38441.3	9556.3	2247.4
17305.3	17139.4		10707.0	14454.0	5852.9	727.6	1195.8
30045.1	744.5	1305.9	75199.4	142535.1	68398.1	14243.5	1062.4
1867973.1	742823.7	145130.7	8113765.1	12906485.0	5184819.1	827351.4	1317241.8
61640.8	6720.2	8909.8	3510178.7	6302525.4	2853929.7	370546.0	739642.5
564652.8	280812.1	18321.9	1251583.3	1715180.7	545202.0	121496.4	114302.5
82715.5	32935.5	8198.6	257560.3	301263.2	91114.9	17329.3	43134.1
470077.5	128345.1	41974.7	1128196.0	1796845.0	737529.5	139375.9	102800.5
688886.5	294010.8	67725.7	1966246.8	2790670.7	957043.0	178603.8	317362.2
496620.4	193441.0	55001.8	3170298.8	4386488.4	1664336.1	372981.4	294175.3
5392879.0	1927000.8	809069.2	15473991.4	25396312.0	10451732.2	1877452.0	2578827.0
3714.5	1431.2		11878.5	20085.5	8571.4	794.6	14.1
1197559.0	443906.3	50551.4	3328915.5	4505422.6	1453565.4	390558.3	346837.9
6508044.7	2423414.8	922297.8	18392124.2	29728234.5	12063331.9	2285556.3	2896517.4
4785777.9	1836494.2	362632.2	14811104.1	24037785.4	9753590.7	1688870.5	2465394.2
1087459.8	379318.0	101212.6	3028817.3	4300134.5	1532736.2	310901.0	409191.1
1832366.0	651508.9	509004.4	3881118.3	5895737.2	2230570.4	676343.1	368770.0

11-3续表9 continued9

		负债合计 Liabilities	流动负债合计 Current liabilites	应付账款 Account payable
港澳台商独资经营企业	Solely owned	1590109.7	714786.1	248117.5
外资企业	Foreign funded	1223568.0	1032950.2	423113.5
合作、合伙企业	Cooperation and partnership	260712.1	200997.7	28627.6
股份合作企业	Share holding cooperative	5448.5	5162.9	3527.1
国有联营企业	State joint ownership enterprises			
集体联营企业	Collective-owned			
国有与集体联营企业	State-collective joint			
其他联营企业	Others			
私营合伙企业	Private partnership	72.0	72.0	
合作经营企业(港或澳、台资)	Cooperative	1412.6	1395.0	352.3
中外合作经营企业	Cooperative	141053.4	89831.5	16429.6
其他企业(内资)	Others	35328.2	27138.9	3356.0
其他港澳台商投资企业	Others			
其他外商投资企业	Others	77397.4	77397.4	4962.6
股份有限公司	Share holding	9109095.0	6328925.2	1495926.9
股份有限公司(内资)	Share holding (domestic)	8712925.3	5951871.8	1305656.8
私营股份有限公司	Private	129527.0	110410.7	27270.9
港澳台商投资股份有限公司	Funded from Hongkong Macao and Taiwan	21301.2	21301.2	6973.4
外商投资股份有限公司	Share holding	245341.5	245341.5	156025.8
有限责任公司	Limited company	11253167.9	9027308.8	3513803.9
国有独资公司	State-owned	3092817.6	2115318.6	769188.4
私营有限责任公司	Limited company	1646379.0	1382162.4	332658.7
合资经营企业(港或澳、台资)	Funded from Hongkong, Macao and Taiwan	342954.7	310572.3	127048.7
中外合资经营企业	Joint Venture	2826096.7	2625476.9	1497131.4
其他有限责任公司	Others	3344919.9	2593778.6	787776.7
三、在总计中：亏损企业	Making loss enterprises	4620390.2	3287774.1	840605.9
在总计中：国有控股企业	State share holding	28707520.5	21641729.0	9027503.3
农村工业	Rural industry	10780.8	9010.7	1568.5
轻工业	Light-Industry	4612269.1	3205928.9	676468.7
重工业	Heavy industry	34842301.2	26956279.4	11425680.6
在总计中：大型企业	Grouped by size of enterprises	27497865.7	21543622.8	9563885.8
中型企业	Medium-sized enterprises	4758332.1	3937133.6	1374651.3
小型企业	Small-sized enterprises	7198372.5	4681451.9	1163612.2

单位：万元 unit:10000yuan

非流动负债合计 Non-Current liabilites	所有者权益合计 Ownership interests	实收资本 Paid-up capital	国家资本 State	集体资本 Collective	法人资本 Corporation	个人资本 Private	港澳台资本 From HongKong Macao and Taiwan	外商资本 Foreign
873865.1	463629.7	313234.7					307239.5	5995.2
87967.9	641979.0	453242.7			42079.5		15339.7	386284.8
2495.0	376315.0	146012.7	48517.0	20.0	7876.4	13055.4	27402.9	44641.0
285.6	4379.2	5000.0				5000.0		
	1127.0	130.0	30.0	20.0	20.0	20.0	20.0	20.0
17.6	3659.2	1000.0				1000.0		
411.4	257387.3	89314.7	46987.0		345.9	0.0	27382.9	14598.9
1780.4	42180.9	20545.9	1500.0		7510.5	7035.4		
	67581.4	30022.1						30022.1
2752457.4	4637622.0	1605832.5	587319.1	38111.2	661808.4	234453.7	3912.0	64405.9
2737980.6	4206095.6	1489047.8	587219.1	34711.4	652501.0	198794.1		
14476.8	100240.7	46568.7	100.0	3399.8	7409.3	35659.6		
	67371.1	5810.1			1898.1		3912.0	
	263914.6	64405.9						64405.9
1941983.5	7803280.0	6337452.6	1383936.3	2068049.1	1147200.6	1265811.9	57863.1	382629.0
977498.0	1810315.6	1001044.6	978263.0	300.0	22481.6			
160471.0	1632138.1	516603.4	80.0	40882.0	287456.8	180928.2		1660.0
32380.4	252260.6	174859.1	68671.1		43028.3	9400.0	43125.3	10634.4
202368.0	2020508.5	936228.4	118511.2		414045.7	17389.0	3925.9	368346.8
569266.1	2088057.2	3708717.1	218411.0	2026867.1	380188.2	1058094.7	10811.9	1987.8
1274906.7	1134293.9	4565292.2	905878.6	2038499.2	380682.6	943121.1	99115.6	182360.1
7012000.7	19382145.3	6734570.4	2912149.5	2021131.5	758996.4	1000383.6		37406.8
214.7	18222.3	3218.0		1642.0	100.0	1476.0		
1201812.8	3108505.5	4353943.5	305684.7	2013090.3	467694.5	1050113.5	231987.1	259022.0
7606798.5	24038131.7	5737539.5	2864253.3	96635.4	1461660.7	474362.0	179770.1	624933.9
5892743.9	18659519.5	3529362.3	2050034.6	20974.7	898500.6	20440.7	226904.0	312507.7
687936.9	3679297.2	1968111.9	945126.4	45395.1	312547.3	136087.7	113927.7	398095.0
2227930.5	4807820.5	4594008.8	174777.0	2043355.9	718307.3	1367947.1	70925.5	173353.2

11-3续表10 continued10

		营业收入 Operation revenue	主营业务收入 Main operation income
港澳台商独资经营企业	Solely owned	6226576.1	6214609.7
外资企业	Foreign funded	2164103.1	2128370.2
合作、合伙企业	Cooperation and partnership	585261.4	577284.6
股份合作企业	Share holding cooperative	2113.1	2113.1
国有联营企业	State joint ownership enterprises		
集体联营企业	Collective-owned		
国有与集体联营企业	State-collective joint		
其他联营企业	Others		
私营合伙企业	Private partnership	7520.0	7520.0
合作经营企业(港或澳、台资)	Cooperative	6918.3	6917.3
中外合作经营企业	Cooperative	215556.2	215427.0
其他企业(内资)	Others	184977.7	184757.8
其他港澳台商投资企业	Others		
其他外商投资企业	Others	168176.1	160549.4
股份有限公司	Share holding	12585941.1	12024770.1
股份有限公司(内资)	Share holding (domestic)	11535194.2	10974510.3
私营股份有限公司	Private	299830.7	299353.0
港澳台商投资股份有限公司	Funded from Hongkong Macao and Taiwan	83610.0	83610.0
外商投资股份有限公司	Share holding	667306.2	667296.8
有限责任公司	Limited company	26819241.7	26290378.8
国有独资公司	State-owned	4019410.7	3996792.1
私营有限责任公司	Limited company	7384471.0	7348092.5
合资经营企业(港或澳、台资)	Funded from Hongkong, Macao and Taiwan	545068.1	507058.9
中外合资经营企业	Joint Venture	8458887.0	8270080.0
其他有限责任公司	Others	6411404.9	6168355.3
三、在总计中：亏损企业	Making loss enterprises	2683866.8	2530995.7
在总计中：国有控股企业	State share holding	68492102.0	64043316.7
农村工业	Rural industry	58257.7	58257.7
轻工业	Light-Industry	16117811.7	15985450.0
重工业	Heavy industry	84942873.5	80168243.0
在总计中：大型企业	Grouped by size of enterprises	75405547.6	71303597.1
中型企业	Medium-sized enterprises	9579947.1	9364363.5
小型企业	Small-sized enterprises	16075190.5	15485732.4

单位：万元　unit:10000yuan

营业成本 Operating costs	主营业务成本 Main operation cost	营业税金及附加 Business taxes and extra charges	主营业务税金及附加 Main operation taxes and extra charges	其他业务收入 Other business revenue	其他业务利润 Other business profit
6016742.5	6004046.0	24809.3	24774.8	11966.4	-57.8
1707718.6	1670011.4	17601.3	17035.6	35732.9	2577.7
496044.7	487675.7	2356.6	2356.6	7976.8	274.9
1402.6	1402.6	23.9	23.9		
6392.0	6392.0	75.2	75.2		
4493.9	4493.0	55.1	55.1	1.0	
163388.0	163388.0	1224.7	1224.7	129.2	129.2
163185.1	162674.2	670.4	670.4	219.9	145.7
157183.1	149325.9	307.3	307.3	7626.7	
11015424.0	10201405.6	100347.6	98089.1	561171.0	34963.1
10176008.5	9392262.7	93840.2	91733.7	560683.9	34517.9
270744.1	240471.5	1246.8	1094.8	477.7	435.8
64271.9	64271.9	601.7	601.7		
504399.5	504399.5	4658.9	4658.9	9.4	9.4
23266981.5	22660196.5	408649.7	403400.6	528862.9	80974.9
3928721.6	3923342.3	15615.7	14475.6	22618.6	16426.9
6132516.0	6103300.7	77046.2	76631.9	36378.5	7209.3
442403.1	401932.9	2860.8	2846.5	38009.2	7694.6
7328028.2	7024511.3	271440.3	270069.0	188807.0	26011.9
5435312.6	5207109.3	41686.7	39377.6	243049.6	23632.2
2537261.8	2340885.5	39471.1	39332.3	152871.1	8962.2
55522607.5	52057652.1	2625695.6	2621017.6	4448785.3	1038651.0
50721.2	50721.2	368.3	368.3		
14313488.0	13951970.9	275229.8	275044.7	132361.7	3407.6
69799501.0	65901158.8	2539921.6	2531681.2	4774630.5	1096262.4
62235420.4	58807879.5	2622366.8	2619365.1	4101950.5	1042583.6
8071214.1	7775410.4	93723.7	91460.2	215583.6	29179.3
13806354.5	13269839.8	99060.9	95900.6	589458.1	27907.1

11-3续表11 continued11

		财务费用 Financial cost	利息收入 Interest income	利息支出 Interest expenditure
港澳台商独资经营企业	Solely owned	43219.1	926.5	43875.8
外资企业	Foreign funded	12141.0	3590.3	12706.1
合作、合伙企业	Cooperation and partnership	14040.7	2460.5	11118.8
股份合作企业	Share holding cooperative	0.6		
国有联营企业	State joint ownership enterprises			
集体联营企业	Collective-owned			
国有与集体联营企业	State-collective joint			
其他联营企业	Others			
私营合伙企业	Private partnership	2300.0	2300.0	
合作经营企业(港或澳、台资)	Cooperative	48.1		46.0
中外合作经营企业	Cooperative	7901.0	91.1	8276.5
其他企业(内资)	Others	1704.6	64.7	642.1
其他港澳台商投资企业	Others			
其他外商投资企业	Others	2086.4	4.7	2154.2
股份有限公司	Share holding	286581.3	8432.6	288032.3
股份有限公司(内资)	Share holding (domestic)	287062.6	5459.1	283065.5
私营股份有限公司	Private	5404.1	65.0	4538.2
港澳台商投资股份有限公司	Funded from Hongkong Macao and Taiwan	-193.3	215.2	161.3
外商投资股份有限公司	Share holding	-5692.1	2693.3	267.3
有限责任公司	Limited company	274720.2	21992.3	265907.1
国有独资公司	State-owned	88214.4	2319.5	89271.6
私营有限责任公司	Limited company	86771.7	2637.2	64875.9
合资经营企业(港或澳、台资)	Funded from Hongkong, Macao and Taiwan	4770.3	559.7	4144.2
中外合资经营企业	Joint Venture	7515.2	11419.3	20647.5
其他有限责任公司	Others	87448.6	5056.6	86967.9
三、在总计中：亏损企业	Making loss enterprises	132084.7	1886.5	125037.2
在总计中：国有控股企业	State share holding	315627.2	106899.8	506936.0
农村工业	Rural industry	311.5		151.8
轻工业	Light-Industry	139676.8	3909.1	121403.4
重工业	Heavy industry	432375.5	128775.1	626377.4
在总计中：大型企业	Grouped by size of enterprises	182715.2	110218.3	373081.3
中型企业	Medium-sized enterprises	123236.3	10695.4	127729.9
小型企业	Small-sized enterprises	266100.8	11770.5	246969.6

单位：万元 unit:10000yuan

销售费用 Marketing expenses	管理费用 Management expenses	税金 Tax	营业利润 Operating profit	资产减值损失 Impairment of Assets	公允价值变动收益 Changes in fair value of the proceeds	投资收益 Investment income	补贴收入 Subsidies revenue
507496.0	56602.7	1776.7	78436.2	577.0		-5645.4	
68719.8	205286.1	5874.2	148992.3	2380.5		-1211.0	1807.5
22434.6	20347.7	1121.7	64598.9	-780.0		52.9	403.0
295.4	701.2		-412.0				
1850.0	2975.0	71.0	110.0				
878.9	1317.8	97.1	126.5				
14350.1	5919.2	425.0	22233.5	2.9			
3564.8	5024.7	141.3	6305.7	4.8			
1495.4	4409.8	387.3	36235.2	-787.7		52.9	403.0
370093.2	725559.8	27568.8	402392.6	72588.2	-21.6	43819.4	89594.7
332640.0	602107.3	26738.0	324290.0	72273.4	-21.6	43819.4	88357.2
7823.9	11887.3	551.9	11908.9	-339.6			1237.5
2510.0	2883.9	211.4	12881.1	654.4			
27119.3	108681.3	67.5	53312.6				
569856.7	1110210.3	43760.0	1587115.8	30518.3	4970.1	45663.7	54931.6
8940.0	95175.0	4982.5	-44354.5	9094.0	4795.8	18198.9	23624.0
190834.2	254047.7	9188.2	643689.4	473.9		154.7	4106.0
15019.3	41359.4	1774.8	39353.6	2888.5			2028.0
134423.1	376106.5	12410.3	528419.5	14032.8	29.9	7083.0	1029.5
220640.1	343521.7	15404.2	420007.8	4029.1	144.4	20227.1	24144.1
105585.0	283212.8	14070.6	-383565.1	48266.1	4736.4	-3989.5	24143.1
2922776.7	2481347.9	94010.2	5286652.7	142212.7	2618.8	572041.7	181420.9
1843.0	2762.6	838.8	3716.0				
952493.6	508326.8	19899.5	704198.2	9877.3	4875.0	-1243.4	71702.2
3215611.3	3378067.3	119927.2	6511515.7	147592.4	-2081.9	595743.8	175332.1
3500189.7	2636117.6	81033.1	5650449.2	127694.2	-2177.0	544872.5	124707.7
234062.3	602139.5	27935.8	670127.7	13999.5	4801.6	9998.9	86428.7
433852.9	648137.0	30857.8	895137.0	15776.0	168.5	39629.0	35897.9

11-3续表12 continued12

		营业外收入 Norbusiness revenue	营业外支出 Norbusiness expenditure
港澳台商独资经营企业	Solely owned	814.4	561.6
外资企业	Foreign funded	21268.1	5099.2
合作、合伙企业	Cooperation and partnership	2315.7	143.2
股份合作企业	Share holding cooperative		12.9
国有联营企业	State joint ownership enterprises		
集体联营企业	Collective-owned		
国有与集体联营企业	State-collective joint		
其他联营企业	Others		
私营合伙企业	Private partnership	400.0	
合作经营企业(港或澳、台资)	Cooperative	0.9	6.4
中外合作经营企业	Cooperative	1292.1	25.1
其他企业(内资)	Others	174.3	53.9
其他港澳台商投资企业	Others		
其他外商投资企业	Others	448.4	44.9
股份有限公司	Share holding	115967.8	22787.9
股份有限公司(内资)	Share holding (domestic)	113419.9	22156.2
私营股份有限公司	Private	1666.2	500.7
港澳台商投资股份有限公司	Funded from Hongkong Macao and Taiwan	40.0	45.6
外商投资股份有限公司	Share holding	841.7	85.4
有限责任公司	Limited company	222708.9	45616.8
国有独资公司	State-owned	109036.5	16834.4
私营有限责任公司	Limited company	12152.9	7531.5
合资经营企业(港或澳、台资)	Funded from Hongkong, Macao and Taiwan	2534.7	3236.6
中外合资经营企业	Joint Venture	52187.9	6285.0
其他有限责任公司	Others	46796.9	11729.3
三、在总计中：亏损企业	Making loss enterprises	50108.7	11683.3
在总计中：国有控股企业	State share holding	386697.0	91879.6
农村工业	Rural industry		2000.0
轻工业	Light-Industry	105563.0	21688.0
重工业	Heavy industry	420432.0	101413.3
在总计中：大型企业	Grouped by size of enterprises	329092.6	86139.2
中型企业	Medium-sized enterprises	130957.5	17712.1
小型企业	Small-sized enterprises	65944.9	19250.0

单位：万元 unit:10000yuan

利润总额 Profit	应交所得税 Income tax payable	亏损企业亏损总额 Total loss of loss-suffering enterprises	利税总额 Pre-tax profits	应交税金及附加 Taxes and extra charges	本年应付职工薪酬 Wages payable of the year	本年应交增值税 Value added
78678.6	8543.9	64544.0	282537.6	214179.6	52634.9	179049.7
159560.6	41376.3	34123.6	242140.6	129830.5	110687.6	64978.7
33735.5	3026.2	535.8	50088.7	20501.1	17310.1	13996.6
-412.0		412.0	-204.1	207.9	1262.6	184.0
510.0			585.2	146.2	12.0	
121.0	76.7		635.3	688.1	1045.6	459.2
23500.5	2410.7		35097.8	14433.0	3130.3	10372.6
6077.3	538.8	123.8	8020.2	2623.0	5574.6	1272.5
3938.7			5954.3	2402.9	6285.0	1708.3
450907.0	67790.9	94505.2	866649.4	511102.1	617111.7	315394.8
370888.2	62625.0	94438.7	756658.7	475133.5	581150.7	291930.3
13074.4	1915.1	66.5	20183.2	9575.8	10975.0	5862.0
12875.5	3088.2		16431.0	6855.1	2313.7	2953.8
54068.9	162.6		73376.5	19537.7	22672.3	14648.7
1760663.4	295409.3	126764.2	2947990.3	1526496.2	1459772.0	778677.2
47764.4	4376.7	9381.2	201232.3	162827.1	457441.7	137852.2
647749.7	91412.5	10742.5	913024.0	365875.0	210774.5	188228.1
38651.7	10668.0	10811.1	61897.5	35688.6	44032.1	20385.0
572172.9	125954.9	50314.7	1136570.4	702762.7	395977.2	292957.2
454324.7	62997.2	45514.7	635266.1	259342.8	351546.5	139254.7
-349474.8	-8393.1	349474.8	-238493.4	116658.9	311388.9	71510.3
5581119.0	1332152.7	149785.9	10679786.8	6524830.7	2470480.0	2472972.2
1716.0	33.7	12.4	3115.1	2271.6	2027.1	1030.8
710599.4	76333.8	136279.2	1342532.2	728166.1	384838.5	356703.0
6820890.0	1553138.5	213195.6	12294780.8	7146956.5	3158204.0	2933969.2
5858809.2	1329315.8	226487.3	11186047.5	6737587.2	2534664.7	2704871.5
739101.5	126234.0	64045.2	1108881.1	523949.4	480571.4	276055.9
933578.7	173922.5	58942.3	1342384.4	613586.0	527806.4	309744.8

11-3续表13 continued13

		全部从业人员年平均人数(万人) Annual averageof employment (10000person)	总资产贡献率(%) Ratio of TotalAssets to Industry Value
港澳台商独资经营企业	Solely owned	1.1	15.9
外资企业	Foreign funded	2.1	13.7
合作、合伙企业	Cooperation and partnership	0.5	9.2
股份合作企业	Share holding cooperative		-2.1
国有联营企业	State joint ownership enterprises		
集体联营企业	Collective-owned		
国有与集体联营企业	State-collective joint		
其他联营企业	Others		
私营合伙企业	Private partnership		-143.0
合作经营企业(港或澳、台资)	Cooperative		13.4
中外合作经营企业	Cooperative	0.1	10.9
其他企业(内资)	Others	0.2	10.8
其他港澳台商投资企业	Others		
其他外商投资企业	Others	0.1	5.6
股份有限公司	Share holding	7.4	8.3
股份有限公司(内资)	Share holding (domestic)	6.6	8.0
私营股份有限公司	Private	0.3	10.7
港澳台商投资股份有限公司	Funded from Hongkong Macao and Taiwan		18.5
外商投资股份有限公司	Share holding	0.4	13.9
有限责任公司	Limited company	23.0	16.6
国有独资公司	State-owned	4.6	5.9
私营有限责任公司	Limited company	6.3	29.4
合资经营企业(港或澳、台资)	Funded from Hongkong, Macao and Taiwan	0.7	11.0
中外合资经营企业	Joint Venture	4.2	23.4
其他有限责任公司	Others	7.3	13.1
三、在总计中：亏损企业	Making loss enterprises	4.9	-2.0
在总计中：国有控股企业	State share holding	27.0	23.0
农村工业	Rural industry	0.1	11.3
轻工业	Light-Industry	9.4	18.8
重工业	Heavy industry	39.7	21.7
在总计中：大型企业	Grouped by size of enterprises	30.4	24.8
中型企业	Medium-sized enterprises	9.1	14.6
小型企业	Small-sized enterprises	9.5	13.0

单位：万元 unit:10000yuan

资产负债率(%) Ratio of Assetsto Industrial value(%)	流动资产周转率(次/年) Times of Annual Tumover of circulating Funds (time/year)	成本费用利润率(%) Ratio of Profits to cost(%)	全员劳动生产率(元/人·年) Overall labour productivity	产品销售率(%) Proportion of Products sold(%)
77.4	7.9	1.2		96.8
66.7	1.7	8.0		103.1
40.8	1.9	6.1		108.0
55.4	0.4	-17.2		159.9
	50.5	3.8		100.0
27.9	3.1	1.8		153.0
35.4	1.2	12.3		123.6
44.5	4.4	3.5		98.3
53.4	1.9	2.4		100.9
66.2	1.7	3.6		99.0
67.4	1.7	3.3		99.0
56.4	2.4	4.4		98.0
24.0	1.2	18.5		99.2
48.2	1.7	8.5		100.0
58.6	3.2	7.0		97.8
63.1	8.1	1.2		99.1
49.7	4.5	9.7		96.3
57.4	1.9	7.7		104.0
57.8	2.5	7.3		99.6
61.0	2.5	7.5		96.3
80.3	1.3	-11.4		89.6
59.6	2.6	9.1		99.0
37.1	3.7	3.1		105.6
59.3	4.4	4.5		97.0
59.1	2.6	8.9		99.0
59.6	2.9	8.6		98.8
56.6	2.2	8.2		98.9
59.3	2.4	6.2		97.8

统计资料
STATISTICS

◎ 交通运输、邮电通信业
TRANSPORTATION, POST AND TELECOMMUNICATION

第十二篇　交通运输、邮电通信业

2013年，我市机动车保有量为144.5万辆，比上年增加13.2辆，增长10.1%，其中：个人机动车保有量为124.9万辆，比上年增加12.1万辆，增长10.7%。在总计中：新注册16.4万辆，比上年增加0.4万辆，增长2.5%。在总计中：运营车辆23.1万辆，比上年增加0.9万辆，增长4%，非运营车辆121.3万辆，比上年增加12.3万辆，增长11.3%。

2013年末全市民用汽车保有量101.9万辆，增长16.2%。其中，私人汽车保有量83.8万辆，增长18.6%。全年公路货物周转量346.9亿吨公里，增长11%；旅客周转量为53.5亿人公里，增长5.1%。民航完成货邮吞吐量6.8万吨，增长2.8%；完成旅客吞吐量673.3万人，增长15.7%。

2013年完成邮电业务总量74.6亿元，增长2.8%。其中：邮政业务总量5.1亿元，增长13%；电信业务总量69.5亿元，增长2.1%。全年特快专递完成73万件，下降15%；邮政储蓄平均余额227.8亿元，增长12%。全市市话年末达到152.1万户，下降2.5%；农话年末达到25.6万户，下降5.3%。移动电话年末达到1126.1万户，增长0.7%。互联网用户已经达到617.2万户，下降3.6 %，其中宽带用户101.2万户，增长10%。

12-1 2013年长春市机动车辆保有量
NUMBER OF CIVIL MOTOR VEHICLE OWNED (2013)

单位：辆 unit:coach

		机动车保有量Number of civil motor vehicle owned						报废 Ababdibed Non-operating
		总计Total	进口 Import	个人 Individual	新注册 new register	营运 Operating	非营运 Non-operating	
总计	Total	1445417	51457	1249053	164111	231037	1213230	32646
一、汽车	Vehicles	1018968	51304	837726	157311	208471	809347	15306
1、载客汽车	Buses and cars	840438	50966	713769	142152	40416	798872	4605
其中：大型	large	13684	114	953	1727	8144	4469	1053
中型	mudium	6071	199	2025	435	815	5177	875
小型	Smaller	792888	50453	685136	139264	31103	761785	2539
微型	Smaller	27795	200	25655	726	354	27441	138
2、载货汽车	Truck	129690	246	78968	14524	122294	7396	6610
其中：重型	heavy	33836	11	13301	4319	33305	531	4095
中型	Mudium	10271	12	6755	308	9852	419	2036
轻型	light	84000	208	58011	9897	77736	6264	456
微型	Small	1583	15	901		1401	182	23
3、其他汽车	Others	48840	92	44989	635	45761	3079	4091
其中：三轮汽车	Tricar	14101		14082	72	13169	932	1614
低速货车	Low-speed truck/Therein	29557	7	29215	48	28982	575	1482
二、摩托车	Motor cycle	414043	151	409778	5649	10374	403669	17134
1、普通	Ordinary	404096	151	399881	5573	10367	393729	16920
2、轻便	Light	9947		9897	76	7	9940	214
三、挂车	Trailer	12014	1	1292	1091	11884	130	181
1、重型	Heavy	11950	1	1276	1090	11820	130	159
2、中型	Medium-sized	24		10	1	24		21
3、轻型	Dght	40		6		40		1
四、拖拉机	Tractors	53		51				
1、大中型	Large and medium							
2、小型方向盘式	small	5		5				
3、手扶式	Shou fu	48		46				
五、其他类型	others	339	1	206	60	257	82	25

统计资料

STATISTICS

◎ 建筑业

CONSTUCTION

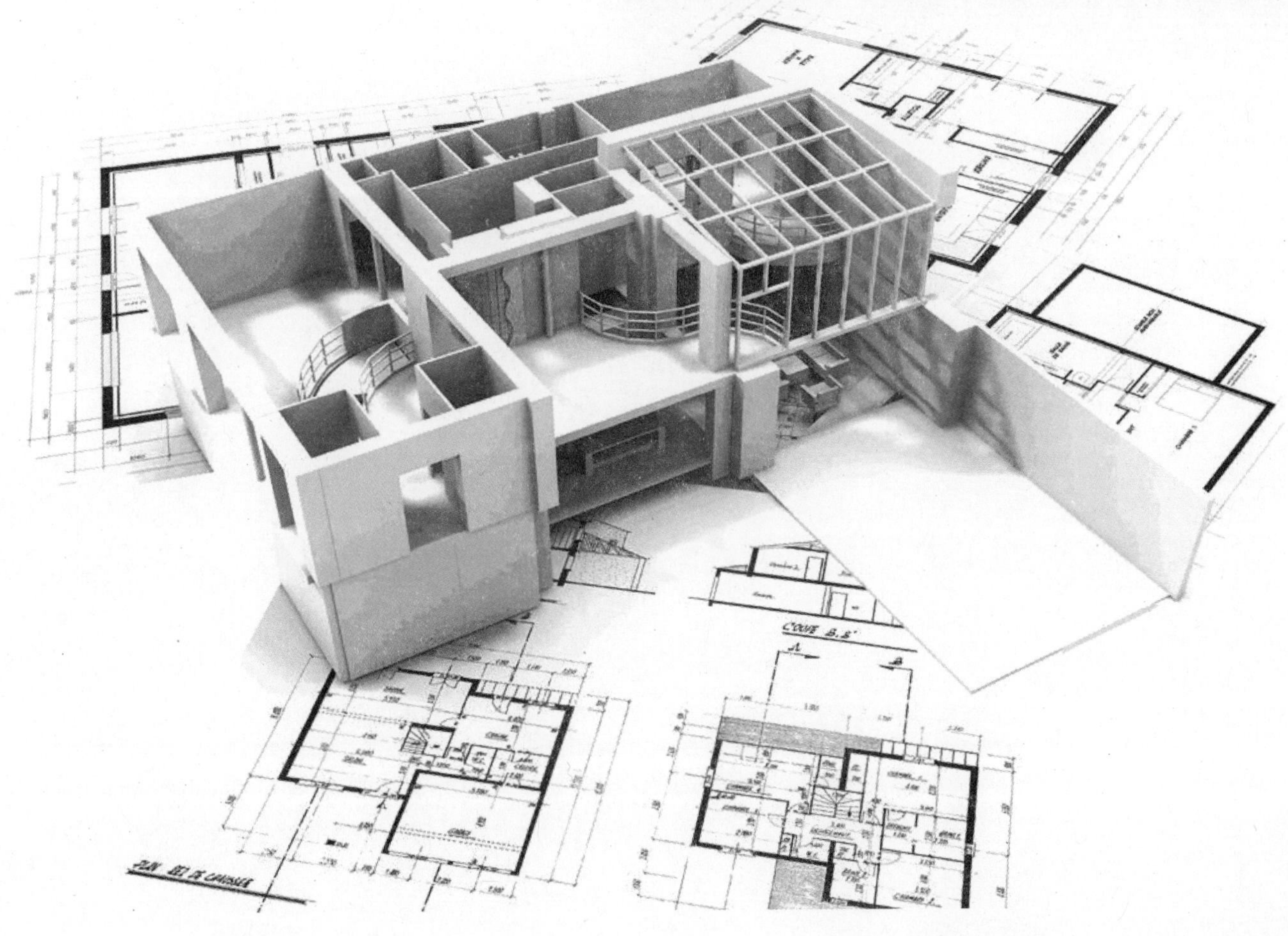

第十三篇　建筑业

2013 年，全市建筑业发展状况良好，其主要经济指标仍保持增长态势。

建筑业产值稳步增长。2013 年全年累计完成建筑业总产值 1018.8 亿元，比去年增长 9.3%；其中装饰装修产值 57.4 亿元，增长 14.2%；在外省完成产值 137.7 亿元，增长 31%；建筑业竣工产值 589.7 亿元，增长 20.6%；房屋施工面积 5752.2 万平方米，下降 18.7%；房屋建筑竣工面积 2402 万平方米，增长 12.2%。

工程结算收入 986.4 亿元，增长 13.5%；工程结算利润 101.9 亿元，增长 57.7%。

13-1 2013年长春市建筑业企业施工房屋竣工面积表

指标名称	Item	建筑业企业个数 Number of construction enterprises	本年实际房屋建筑竣工面积(平方米) Floor space of building completed (sq.m)
总　计	Total	1110	24020185
其中：国有及国有控股企业	State-owned and state-holding enterprise	95	5455735
一、按登记注册类型分组	Grouped by type registered		
内资企业	Domestic funded	1103	24020185
国有企业	State-owned	22	699457
集体企业	Collective-owned	9	
股份合作企业	Cooperative	1	
联营企业	Joint		
国有联营企业	State joint owned		
集体联营企业	Collective joint owned		
国有与集体联营企业	State-collective joint owned		
其他联营企业	Other joint owned		
有限责任公司	Limited liability corporations	575	13116409
国有独资公司	State-owned solely	22	2084729
其他有限责任公司	Other	553	11031680
股份有限公司	Share holding	64	2464558
私营企业	Private	430	7739761
私营独资企业	Private funded	2	
私营合伙企业	Private partner	2	
私营有限责任公司	Private limited company	404	6684164
私营股份有限公司	Private share holding	22	1055597
其他企业	Others	2	
港、澳、台商投资企业	Funded from Hongkong Macao and Taiwan	6	
与港澳台合资经营	joint venture	6	
与港澳台合作经营	Cooperative		
港、澳、台商独资	Solely owned		
港、澳、台商投资股份有限公司	Share holding		
其他港澳台投资	Others		
外商投资企业	Foreign funds	1	
中外合资经营企业	Joint venture	1	
中外合作经营企业	Cooperative		
外资企业	Foreign funded		
外商投资股份有限公司	Share holding		
其他外商投资	Others		
二、按国民经济行业分组	Grouped by sector		
房屋建筑业	Housing industry	302	19616539
土木工程建筑业	Engineering Construction	273	1699349
铁路、道路、隧道和桥梁工程建筑	Railway roads and briages projects	143	1380643
铁路工程建筑	Railway	10	
公路工程建筑	Roads	29	126291
市政道路工程建筑	Municipal road engineering construction	82	59593
其他道路、隧道和桥梁工程建筑	Others	22	1194759
水利和内河港口工程建筑	Water conservation and inland port engineering construction	27	107510
水源及供水设施工程建筑	Water resources and water supply facilities engineering construction	10	
河湖治理及防洪设施工程建筑	The govemance of rivers and lakes and flood control facilities engineering and construction	14	73465

COMPLETED SPACE OF CONSTRUCTION ENTERPRISES IN 2013

指标名称	Item	建筑业企业个数 Number of construction enterprises	本年实际房屋建筑竣工面积(平方米) Floor space of building completed (sq.m)
港口及航运设施工程建筑	Harbor and shipping facilities engineering constructions	3	34045
海洋工程建筑	Marine engineering constructions		
工矿工程建筑	Mining construction	5	
架线及管道工程建筑	Pipe-line construction	27	33418
架线及设备工程建筑	Wiring and equipment engineering constructions	20	33418
管道工程建筑	Pipes engineering constructions	7	
其他土木工程建筑	Others	71	177778
建筑安装业	Construction and installation projects	306	2357240
电气安装	Electrial installation	49	
管道和设备安装	Pipes and equipment installation	188	146521
其他建筑安装业	Others	69	2210719
建筑装饰和其他建筑业	Construction and decoration industry and others	229	347057
建筑装饰业	Construction and decoration industry	156	294057
工程准备活动	Project preparation activities	26	26500
建筑物拆除活动	Building demolition activities	25	26500
其他工程准备活动	Others	1	
提供施工设备服务	Equipment seruices	1	
其他未列明建筑业	Others	46	26500
三、按隶属关系分组	Grouped by administrative		
中央	Central	38	625220
省（自治区、直辖市）	Province	99	2819223
地区（州、盟、省辖市）	Areas(prefectures、leagues、Provincial cities)	151	5389335
县（区、市、旗）	County	36	840467
街道	Street	1	
镇	Town		
乡	Township		
居委会	Resident committee		
村委会	Village committee		
其他	Others	785	14345940
四、按企业资质等级分组	Group according to grades of enterprise qualification		
施工总承包	General construction contract	478	23370567
特别	Superfine	1	1823940
一级	First class	37	6274093
二级	Second class	173	8266692
三级及以下	Third class and below	267	7005842
专业承包	Responsibility contracts on specialties	632	649618
一级	First class	51	
二级	Second class	128	202877
三级及以下	Third class and below	453	446741
五、按控股情况分	Grouped by owned		
国有控股	State-owned	95	5455735
集体控股	Collective-owned	28	325634
私人控股	Private-owned	747	15158266
港澳台控股	HongKong Macao and Taiwan-owned	4	
外商控股	Foreign-owned		
其他	Others	236	3080550

13-2 2013年长春市建筑业企业主要财务状况表

单位：千元

指标名称	Item	固定资产原价 Original value of fixed assets
总　　计	Total	12948769
其中：国有及国有控股企业	State-owned and state-holding enterprise	4113744
一、按登记注册类型分组	Grouped by type registered	
内资企业	Domestic funded	12609079
国有企业	State-owned	1017050
集体企业	Collective-owned	108636
股份合作企业	Cooperative	6733
联营企业	Joint	
国有联营企业	State joint owned	
集体联营企业	Collective joint owned	
国有与集体联营企业	State-collective joint owned	
其他联营企业	Other joint owned	
有限责任公司	Limited liability corporations	7350457
国有独资公司	State-owned solely	1889389
其他有限责任公司	Other	5461068
股份有限公司	Share holding	682602
私营企业	Private	3443572
私营独资企业	Private funded	87
私营合伙企业	Private partner	342
私营有限责任公司	Private limited company	3296194
私营股份有限公司	Private share holding	146949
其他企业	Others	29
港、澳、台商投资企业	Funded from Hongkong Macao and Taiwan	339690
与港澳台合资经营	joint venture	339690
与港澳台合作经营	Cooperative	
港、澳、台商独资	Solely owned	
港、澳、台商投资股份有限公司	Share holding	
其他港澳台投资	Others	
外商投资企业	Foreign funds	
中外合资经营企业	Joint venture	
中外合作经营企业	Cooperative	
外资企业	Foreign funded	
外商投资股份有限公司	Share holding	
其他外商投资	Others	
二、按国民经济行业分组	Grouped by sector	
房屋建筑业	Housing industry	2231166
土木工程建筑业	Engineering Construction	8985687
铁路、道路、隧道和桥梁工程建筑	Railway roads and briages projects	5506488
铁路工程建筑	Railway	516536
公路工程建筑	Roads	2402820
市政道路工程建筑	Municipal road engineering construction	1506521
其他道路、隧道和桥梁工程建筑	Others	1080611
水利和内河港口工程建筑	Water conservation and inland port engineering construction	902257
水源及供水设施工程建筑	Water resources and water supply facilities engineering construction	221995
河湖治理及防洪设施工程建筑	The govemance of rivers and lakes and flood control facilities engineering and construction	672346
港口及航运设施工程建筑	Harbor and shipping facilities engineering constructions	7916

MAIN FINANCIAL CONDITIONS OF CONSTRUCTION ENTERPRISES IN 2013

unit:1000yuan

资产合计 Current assets	流动负债合计 Current liabilites	非流动负债合计 Non-current liabilities	负债合计 Liabilities	所有者权益合计 Ownership interests
107170050	59655625	2617570	68541157	38628892
25897377	15077543	259505	16060841	9836536
104516463	57861028	2427570	66556559	37959903
4003407	3461669	70380	4232050	-228643
260223	223936	1400	225337	34886
8062	1390		1390	6672
57337170	29997595	955775	32870968	24466201
5827559	3510512	159375	3669891	2157668
51509611	26487083	796400	29201077	22308533
10609285	5025123	6770	8233302	2375983
32275773	19132472	1393245	20974669	11301104
10696	1351		1392	9304
20749	2201		2201	18548
30272310	17910569	1337092	19597697	10674613
1972018	1218351	56153	1373379	598639
22543	18843		18843	3700
2651686	1794597	190000	1984598	667088
2651686	1794597	190000	1984598	667088
1901				1901
1901				1901
35271744	25934934	437509	26872106	8399638
53431359	24892078	2025447	31445149	21986209
41228667	17297248	1635654	22700491	18528175
4687415	2704673		2704961	1982454
7190994	2399556	344143	2744200	4446794
21095770	10555939	1000192	11934768	9161001
8254488	1637080	291319	5316562	2937926
6040570	4453134	117985	4605827	1434743
1601136	1275289	30706	1329136	272000
4317496	3105379	87279	3204225	1113271
121938	72466		72466	49472

13-2续表1 continued1

指标名称	Item	固定资产原价 Original value of fixed assets
海洋工程建筑	Marine engineering constructions	
工矿工程建筑	Mining construction	536349
架线及管道工程建筑	Pipe-line construction	1859378
架线及设备工程建筑	Wiring and equipment engineering constructions	1833589
管道工程建筑	Pipes engineering constructions	25789
其他土木工程建筑	Others	181215
建筑安装业	Construction and installation projects	1155716
电气安装	Electrial installation	165119
管道和设备安装	Pipes and equipment installation	687075
其他建筑安装业	Others	303522
建筑装饰和其他建筑业	Construction and decoration industry and others	576200
建筑装饰业	Construction and decoration industry	409329
工程准备活动	Project preparation activities	27308
建筑物拆除活动	Building demolition activities	27294
其他工程准备活动	Others	14
提供施工设备服务	Equipment seruices	1000
其他未列明建筑业	Others	138563
三、按隶属关系分组	Grouped by administrative	
中央	Central	1851736
省（自治区、直辖市）	Province	2133738
地区（州、盟、省辖市）	Areas(prefectures、leagues、Provincial cities)	2124672
县（区、市、旗）	County	264823
街道	Street	
镇	Town	
乡	Township	
居委会	Resident committee	
村委会	Village committee	
其他	Others	6573800
四、按企业资质等级分组	Group according to grades of enterprise qualification	
施工总承包	General construction contract	11047585
特别	Superfine	195080
一级	First class	4686054
二级	Second class	5036335
三级及以下	Third class and below	1130116
专业承包	Responsibility contracts on specialties	1901184
一级	First class	469936
二级	Second class	508427
三级及以下	Third class and below	922821
五、按控股情况分	Grouped by owned	
国有控股	State-owned	4113744
集体控股	Collective-owned	239533
私人控股	Private-owned	6301814
港澳台控股	HongKong Macao and Taiwan-owned	317872
外商控股	Foreign-owned	
其他	Others	1975806

单位：千元 unit:1000yuan

资产合计 Current assets	流动负债合计 Current liabilites	非流动负债合计 Non-current liabilities	负债合计 Liabilities	所有者权益合计 Ownership interests
1046475	968270		1668270	-621795
3916730	1748726	263825	2013120	1903610
3747055	1639615	248825	1889008	1858047
169675	109111	15000	124112	45563
1198917	424700	7983	457441	741476
13344701	6557533	131427	6938461	6406240
1345736	640190	57810	760569	585167
4959858	2311062	32408	2400933	2558925
7039107	3606281	41209	3776959	3262148
5122246	2271080	23187	3285441	1836805
2757906	1434358	13275	1458509	1299397
132855	16931		17545	115310
127609	14685		15299	112310
5246	2246		2246	3000
22350	2350		2350	20000
2209135	817441	9912	1807037	402098
9554911	7771885	118842	8590852	964059
23883462	8651695	94727	11775415	12108047
15433750	8395722	294865	9185421	6248329
1878769	1069063	80	1205488	673281
27379	481		481	26898
56391779	33766779	2109056	37783500	18608278
90426341	53318116	2447164	60748545	29677795
2935510	2413680	5000	2418680	516830
40429483	24974788	1571257	30254476	10175007
30696209	20113301	472281	21621268	9074940
16365139	5816347	398626	6454121	9911018
16743709	6337509	170406	7792612	8951097
4283560	1582555	17543	2647237	1636323
3493393	1772141	28489	1864362	1629031
8966756	2982813	124374	3281013	5685743
25897377	15077543	259505	16060841	9836536
2310299	1856236	17308	1952038	358261
57398393	31469901	1818417	37642312	19756080
2403928	1689304	190000	1879305	524623
19160053	9562641	332340	11006661	8153392

13-2续表2 continued2

指标名称	Item	主营业务收入 Main business revenue
总　　计	Total	98644255
其中：国有及国有控股企业	State-owned and state-holding enterprise	22116615
一、按登记注册类型分组	Grouped by type registered	
内资企业	Domestic funded	96699351
国有企业	State-owned	4374624
集体企业	Collective-owned	460241
股份合作企业	Cooperative	10080
联营企业	Joint	
国有联营企业	State joint owned	
集体联营企业	Collective joint owned	
国有与集体联营企业	State-collective joint owned	
其他联营企业	Other joint owned	
有限责任公司	Limited liability corporations	49656064
国有独资公司	State-owned solely	5670390
其他有限责任公司	Other	43985674
股份有限公司	Share holding	8652001
私营企业	Private	33522532
私营独资企业	Private funded	11626
私营合伙企业	Private partner	8876
私营有限责任公司	Private limited company	30287650
私营股份有限公司	Private share holding	3214380
其他企业	Others	23809
港、澳、台商投资企业	Funded from Hongkong Macao and Taiwan	1944904
与港澳台合资经营	joint venture	1944904
与港澳台合作经营	Cooperative	
港、澳、台商独资	Solely owned	
港、澳、台商投资股份有限公司	Share holding	
其他港澳台投资	Others	
外商投资企业	Foreign funds	
中外合资经营企业	Joint venture	
中外合作经营企业	Cooperative	
外资企业	Foreign funded	
外商投资股份有限公司	Share holding	
其他外商投资	Others	
二、按国民经济行业分组	Grouped by sector	
房屋建筑业	Housing industry	47106723
土木工程建筑业	Engineering Construction	31861082
铁路、道路、隧道和桥梁工程建筑	Railway roads and briages projects	21414521
铁路工程建筑	Railway	2568457
公路工程建筑	Roads	5224978
市政道路工程建筑	Municipal road engineering construction	9865581
其他道路、隧道和桥梁工程建筑	Others	3755505
水利和内河港口工程建筑	Water conservation and inland port engineering construction	5724657
水源及供水设施工程建筑	Water resources and water supply facilities engineering construction	1256944
河湖治理及防洪设施工程建筑	The govemance of rivers and lakes and flood control facilities engineering and construction	4328761

单位：千元 unit:1000yuan

主营业务成本 Main operation cost	主营业务税金及附加 Main operation taxes and extra charges	管理费用 Management expenses	利润总额 Total profits	应交所得税 Income taxes payable	应付职工薪酬 (本年贷方累计发生额) Payroll payable (credit accumulated happening this year
85447902	3011278	3311348	3150330	1140567	7436348
20567214	639781	850141	272759	216304	1597661
83687825	2962365	3281692	3085134	1126426	7117501
4049662	115174	201757	-54752	21772	300545
435771	11734	36297	-32497	817	33415
8235	337	1468	23	1	2670
43938275	1587562	1853642	1355740	566807	3434738
5243698	146592	189116	78434	19663	379759
38694577	1440970	1664526	1277306	547144	3054979
7169538	248549	171155	315815	168560	1258126
28065376	998205	1016693	1499447	367993	2086926
7638	452	1644	1895	112	2266
6624	298	683	370	150	2158
26542863	942121	958446	1404620	306797	1905010
1508251	55334	55920	92562	60934	177492
20968	804	680	1358	476	1081
1760077	48913	29642	65233	14141	318746
1760077	48913	29642	65233	14141	318746
		14	-37		101
		14	-37		101
43169533	1592591	922014	1017996	592623	4639651
27287890	879627	1529964	1370061	313698	1599550
17939312	608978	1014920	1115299	248960	866037
2189240	83071	70893	134253	46582	45250
4452191	183364	257329	487212	67529	126894
8652405	244763	573669	283198	78696	516885
2645476	97780	113029	210636	56153	177008
5184218	153471	237229	100230	30923	420598
1140501	40908	66702	11189	6321	88009
3920163	108131	163933	85369	23457	321166

13-2续表3 continued3

指标名称 Item		主营业务收入 Main business revenue
港口及航运设施工程建筑	Harbor and shipping facilities engineering constructions	138952
海洋工程建筑	Marine engineering constructions	
工矿工程建筑	Mining construction	751090
架线及管道工程建筑	Pipe-line construction	2976913
架线及设备工程建筑	Wiring and equipment engineering constructions	2912894
管道工程建筑	Pipes engineering constructions	64019
其他土木工程建筑	Others	993901
建筑安装业	Construction and installation projects	14942668
电气安装	Electrial installation	875600
管道和设备安装	Pipes and equipment installation	4847983
其他建筑安装业	Others	9219085
建筑装饰和其他建筑业	Construction and decoration industry and others	4733782
建筑装饰业	Construction and decoration industry	3048058
工程准备活动	Project preparation activities	57082
建筑物拆除活动	Building demolition activities	51673
其他工程准备活动	Others	5409
提供施工设备服务	Equipment seruices	33390
其他未列明建筑业	Others	1595252
三、按隶属关系分组	Grouped by administrative	
中央	Central	11049777
省（自治区、直辖市）	Province	16099286
地区（州、盟、省辖市）	Areas(prefectures、leagues、Provincial cities)	15332852
县（区、市、旗）	County	1987419
街道	Street	55309
镇	Town	
乡	Township	
居委会	Resident committee	
村委会	Village committee	
其他	Others	54119612
四、按企业资质等级分组	Group according to grades of enterprise qualification	
施工总承包	General construction contract	85018899
特别	Superfine	4563950
一级	First class	38214712
二级	Second class	29140155
三级及以下	Third class and below	13100082
专业承包	Responsibility contracts on specialties	13625356
一级	First class	4138621
二级	Second class	2878651
三级及以下	Third class and below	6608084
五、按控股情况分	Grouped by owned	
国有控股	State-owned	22116615
集体控股	Collective-owned	1904581
私人控股	Private-owned	57950830
港澳台控股	HongKong Macao and Taiwan-owned	1895693
外商控股	Foreign-owned	
其他	Others	14776536

单位：千元 unit:1000yuan

主营业务成本 Main operation cost	主营业务税金及附加 Main operation taxes and extra charges	管理费用 Management expenses	利润总额 Total profits	应交所得税 Income taxes payable	应付职工薪酬 (本年贷方累计发生额) Payroll payable (credit accumulated happening this year
123554	4432	6594	3672	1145	11423
720767	26068	54194	-40753	-4194	99520
2666469	51226	133204	123708	21293	149895
2609952	49193	129811	121637	21115	144367
56517	2033	3393	2071	178	5528
777124	39884	90417	71577	16716	63500
11670442	415451	557705	587318	174092	697878
741855	27191	68345	36990	10314	65701
3975537	132704	342166	289607	83385	397462
6953050	255556	147194	260721	80393	234715
3320037	123609	301665	174955	60154	499269
2595504	99227	148688	190347	50384	287835
41892	2075	10164	2087	694	12009
36972	1893	9952	1993	670	11641
4920	182	212	94	24	368
21000	1150	10200	490	100	10000
661641	21157	132613	-17969	8976	189425
10067110	270897	515380	128010	33158	697384
13644986	490409	599737	576003	176496	632355
14129947	497294	280151	400961	274774	2198058
1550627	78656	120140	94189	17196	250426
77179	1858	628	-24349	1382	2160
45978053	1672164	1795312	1975516	637561	3655965
74933420	2620968	2348179	2368643	945370	6270787
4261390	151020	26020	120140	91470	379160
32580850	1072187	727947	1322308	387745	2290931
26707849	955094	886445	666310	322801	2081442
11383331	442667	707767	259885	143354	1519254
10514482	390310	963169	781687	195197	1165561
2744514	102122	266577	249369	63435	330156
2278635	93414	241239	193383	40006	245712
5491333	194774	455353	338935	91756	589693
20567214	639781	850141	272759	216304	1597661
1752268	60989	90721	18478	15301	150173
49145630	1755323	1737294	2470731	747737	4500987
1730594	47111	23252	53490	11038	307098
12252196	508074	609940	334872	150187	880429

13-3 2013年长春市建筑业企业生产情况指标

单位：千元

项目	Item	建筑业总产值 Output value of construction	按构成分建筑工程产值 By register output value of construction
总　　计	Total	101877358	86297437
其中：国有及国有控股企业	State-owned and state-holding enterprise	19595098	15733108
一、按登记注册类型分组	Grouped by type registered		
内资企业	Domestic funded	99945851	84790836
国有企业	State-owned	3509031	1921793
集体企业	Collective-owned	350808	35798
股份合作企业	Cooperative	10080	10080
联营企业	Joint		
国有联营企业	State joint owned		
集体联营企业	Collective joint owned		
国有与集体联营企业	State-collective joint owned		
其他联营企业	Other joint owned		
有限责任公司	Limited liability corporations	51169869	44563836
国有独资公司	State-owned solely	5903746	4421363
其他有限责任公司	Other	45266123	40142473
股份有限公司	Share holding	9253078	8601458
私营企业	Private	35629876	29657871
私营独资企业	Private funded	11000	3000
私营合伙企业	Private partner	24351	
私营有限责任公司	Private limited company	32715699	27467996
私营股份有限公司	Private share holding	2878826	2186875
其他企业	Others	23109	
港、澳、台商投资企业	Funded from Hongkong Macao and Taiwan	1931507	1506601
与港澳台合资经营	joint venture	1931507	1506601
与港澳台合作经营	Cooperative		
港、澳、台商独资	Solely owned		
港、澳、台商投资股份有限公司	Share holding		
其他港澳台投资	Others		
外商投资企业	Foreign funds		
中外合资经营企业	Joint venture		
中外合作经营企业	Cooperative		
外资企业	Foreign funded		
外商投资股份有限公司	Share holding		
其他外商投资	Others		
二、按国民经济行业分组	Grouped by sector		
房屋建筑业	Housing industry	51328947	47814099
土木工程建筑业	Engineering Construction	31168864	26493020
铁路、道路、隧道和桥梁工程建筑	Railway roads and briages projects	21327453	19451135
铁路工程建筑	Railway	2664824	2664824
公路工程建筑	Roads	5615927	5039363
市政道路工程建筑	Municipal road engineering construction	9602486	8425703
其他道路、隧道和桥梁工程建筑	Others	3444216	3321245
水利和内河港口工程建筑	Water conservation and inland port engineering construction	5680529	5471929
水源及供水设施工程建筑	Water resources and water supply facilities engineering construction	1211916	1172442
河湖治理及防洪设施工程建筑	The govemance of rivers and lakes and flood control facilities engineering and construction	4359958	4215697
港口及航运设施工程建筑	Harbor and shipping facilities engineering constructions	108655	83790

PRODUCTIVE INDICATIONS ABOUT CONSTRUCTION ENTERPRISES IN 2013

unit:1000yuan

项目	Item	建筑业总产值 Output value of construction	按构成分建筑工程产值 By register output value of construction
海洋工程建筑	Marine engineering constructions		
工矿工程建筑	Mining construction	790556	360966
架线及管道工程建筑	Pipe-line construction	2646510	696984
架线及设备工程建筑	Wiring and equipment engineering constructions	2582491	685163
管道工程建筑	Pipes engineering constructions	64019	11821
其他土木工程建筑	Others	723816	512006
建筑安装业	Construction and installation projects	14292846	8065587
电气安装	Electrial installation	703721	56416
管道和设备安装	Pipes and equipment installation	4385549	975169
其他建筑安装业	Others	9203576	7034002
建筑装饰和其他建筑业	Construction and decoration industry and others	5086701	3924731
建筑装饰业	Construction and decoration industry	3182031	2461506
工程准备活动	Project preparation activities	57820	24738
建筑物拆除活动	Building demolition activities	52411	24738
其他工程准备活动	Others	5409	
提供施工设备服务	Equipment seruices	33392	
其他未列明建筑业	Others	1813458	1438487
三、按隶属关系分组	Grouped by administrative		
中央	Central	10867540	7526463
省（自治区、直辖市）	Province	14359720	13236332
地区（州、盟、省辖市）	Areas(prefectures、leagues、Provincial cities)	16241762	14830718
县（区、市、旗）	County	2060449	1683186
街道	Street	55309	
镇	Town		
乡	Township		
居委会	Resident committee		
村委会	Village committee		
其他	Others	58292578	49020738
四、按企业资质等级分组	Group according to grades of enterprise qualification		
施工总承包	General construction contract	89037932	79327917
特别	Superfine	3881800	3881800
一级	First class	37312030	33761888
二级	Second class	31754701	26541770
三级及以下	Third class and below	16089401	15142459
专业承包	Responsibility contracts on specialties	12839426	6969520
一级	First class	4060278	2824755
二级	Second class	2852363	1377769
三级及以下	Third class and below	5926785	2766996
五、按控股情况分	Grouped by owned		
国有控股	State-owned	19595098	15733108
集体控股	Collective-owned	2224972	1200933
私人控股	Private-owned	61366163	52335678
港澳台控股	HongKong Macao and Taiwan-owned	1882296	1504441
外商控股	Foreign-owned		
其他	Others	16808829	15523277

13-3续表1 continued1

项目 Item		房屋建筑施工面积 Construction space	直接从事生产经营活动的人数 Avarage number of directly engaged in production and business operation activities
总 计	Total	57521632	200155
其中：国有及国有控股企业	State-owned and state-holding enterprise	11064116	37319
一、按登记注册类型分组	Grouped by type registered		
内资企业	Domestic funded	57342297	193624
国有企业	State-owned	1083132	7626
集体企业	Collective-owned		1001
股份合作企业	Cooperative		109
联营企业	Joint		
国有联营企业	State joint owned		
集体联营企业	Collective joint owned		
国有与集体联营企业	State-collective joint owned		
其他联营企业	Other joint owned		
有限责任公司	Limited liability corporations	28217883	87369
国有独资公司	State-owned solely	2191322	7199
其他有限责任公司	Other	26026561	80170
股份有限公司	Share holding	7056025	29252
私营企业	Private	20985257	68233
私营独资企业	Private funded		80
私营合伙企业	Private partner		80
私营有限责任公司	Private limited company	18591940	60864
私营股份有限公司	Private share holding	2393317	7209
其他企业	Others		34
港、澳、台商投资企业	Funded from Hongkong Macao and Taiwan	175679	6526
与港澳台合资经营	joint venture	175679	6526
与港澳台合作经营	Cooperative		
港、澳、台商独资	Solely owned		
港、澳、台商投资股份有限公司	Share holding		
其他港澳台投资	Others		
外商投资企业	Foreign funds		5
中外合资经营企业	Joint venture		5
中外合作经营企业	Cooperative		
外资企业	Foreign funded		
外商投资股份有限公司	Share holding		
其他外商投资	Others		
二、按国民经济行业分组	Grouped by sector		
房屋建筑业	Housing industry	44437116	113325
土木工程建筑业	Engineering Construction	3499303	46321
铁路、道路、隧道和桥梁工程建筑	Railway roads and briages projects	2662389	25539
铁路工程建筑	Railway		3586
公路工程建筑	Roads	194504	8294
市政道路工程建筑	Municipal road engineering construction	1216533	8611
其他道路、隧道和桥梁工程建筑	Others	1251352	5048
水利和内河港口工程建筑	Water conservation and inland port engineering construction	107510	12237
水源及供水设施工程建筑	Water resources and water supply facilities engineering construction		4460
河湖治理及防洪设施工程建筑	The govemance of rivers and lakes and flood control facilities engineering and construction	73465	7404
港口及航运设施工程建筑	Harbor and shipping facilities engineering constructions	34045	373

单位：千元 unit:1000yuan

项目 Item		房屋建筑施工面积 Construction space	直接从事生产经营活动的人数 Avarage number of directly engaged in production and business operationa ctivities
海洋工程建筑	Marine engineering constructions		
工矿工程建筑	Mining construction		2594
架线及管道工程建筑	Pipe-line construction	83418	3458
架线及设备工程建筑	Wiring and equipment engineering constructions	83418	3156
管道工程建筑	Pipes engineering constructions		302
其他土木工程建筑	Others	645986	2493
建筑安装业	Construction and installation projects	8347060	29051
电气安装	Electrial installation	40000	2415
管道和设备安装	Pipes and equipment installation	508327	10443
其他建筑安装业	Others	7798733	16193
建筑装饰和其他建筑业	Construction and decoration industry and others	1234497	11458
建筑装饰业	Construction and decoration industry	931818	7444
工程准备活动	Project preparation activities	70681	451
建筑物拆除活动	Building demolition activities	70681	421
其他工程准备活动	Others		30
提供施工设备服务	Equipment seruices		142
其他未列明建筑业	Others	231998	3421
三、按隶属关系分组	Grouped by administrative		
中央	Central	2006265	12308
省（自治区、直辖市）	Province	5877018	18575
地区（州、盟、省辖市）	Areas(prefectures、leagues、Provincial cities)	15177613	45877
县（区、市、旗）	County	1342450	10873
街道	Street		49
镇	Town		
乡	Township		
居委会	Resident committee		
村委会	Village committee		
其他	Others	33114630	112473
四、按企业资质等级分组	Group according to grades of enterprise qualification		
施工总承包	General construction contract	54576689	168945
特别	Superfine	5157044	7913
一级	First class	17697140	65270
二级	Second class	19659534	62620
三级及以下	Third class and below	12062971	33142
专业承包	Responsibility contracts on specialties	2941287	31210
一级	First class	395494	6696
二级	Second class	592909	8371
三级及以下	Third class and below	1952884	16143
五、按控股情况分	Grouped by owned		
国有控股	State-owned	11064116	37319
集体控股	Collective-owned	1088898	6784
私人控股	Private-owned	38313119	126716
港澳台控股	HongKong Macao and Taiwan-owned	175679	6338
外商控股	Foreign-owned		
其他	Others	6876164	22998

统计资料

STATISTICS

◎ 批发零售贸易和住宿餐饮业

WHOLESALE RETAIL TRADES AND HOTELS CATERING

第十四篇　批发零售贸易和住宿餐饮业

2013 年，我市消费品市场保持了较为繁荣活跃的势头，实现社会消费品零售总额 1970.0 亿元，同比增长 13.2%。

分行业看：四大行业均保持了较快的增长幅度。其中批发业实现零售额 161.3 亿元，增长 10.7%。零售业实现零售额 1617.8 亿元，增长 13.8%。住宿业实现零售额 18.1 亿元，增长 4.7%。餐饮业实现零售额 172.8 亿元，增长 11.4%。

从地域上看：城乡消费品市场同步增长。2013 年，我市城镇实现消费品零售额 1860.7 亿元，同比增长 13.3%。乡村实现消费品零售额 109.3 亿元，同比增长 11.8%。

从规模上看：2013 年，全市限额以上批发零售、住宿餐饮企业和个体户实现零售额 853.2 亿元，同比增长 7.6%。限额以下批发零售、住宿餐饮企业和个体户实现零售额 1116.8 亿元，同比增长 17.0%。

14-1 社会消费品零售总额(2013)
TOTAL RETAIL SALES OF CONSUMER GOODS(2013)

单位：万元　　　　unit:10000 yuan

指标名称	Item	2013
社会消费品零售总额	Total	19700409.9
(一)按销售单位所在地分组	Grouped by region	
1、城镇	Urban	18607499.7
2、乡村	Rural	1092910.2
(二)按行业分组	Grouped by sector	
(1)批发、零售贸易业	Wholesale and retail trade	17791567.2
批发业	Wholesale	1613493.4
零售业	Retail trade	16178073.8
限额以上	Above designated size	8273965.8
批发限额以上	Wholesale limit above	1066171.1
零售限额以上	Retail trade limit above	7207794.7
限额以下	Under designated size	9517601.4
批发限额以下企业(单位)及个体户	Wholesale limit below and imdividucl	547322.3
零售限额以下企业(单位)及个体户	Retailtrade limit belon and indroidnal	8970279.1
(2)住宿和餐饮业	Hotels and catering	1908842.7
限额以上企业(单位)及个体户	Enterprises (companies) and self-employed individuals above limits	258090.5
限额以下企业(单位)及个体户	Enterprises (companies) and self-employed individuals under limits	1650752.2

14-2 限额以上批发和零售业法人基本情况(2013)

指标名称	Item	法人企业数(个) Corporate enterprises (unit)
总计	Total	343
一、批发业	Wholesale	126
1.按批发行业小类分组	Grouped by Sector	
农、林、牧产品批发	Farming、Fore、Animal、Husbandry	16
谷物、豆及薯类批发	Cereal beans and Tubers	13
种子批发	Seed	2
饲料批发	Forage	1
棉、麻批发	Cotton and Fiber	
林业产品批发	Forestry	
牲畜批发	Animal	
其他农牧产品批发	Others	
食品、饮料及烟草制品批发业	Food drink and tobaccos	5
米、面制品及食用油批发业	Grain and edible oil	
糕点、糖果及糖批发	Cake Candy and Suger	
果品、蔬菜批发	Fruit and Vegetable	
肉、禽、蛋、奶及水产品批发	Meet fowl egg and marine products	
盐及调味品批发	Salt and condiment	2
营养和保健品批发	The nutrition and health care products retail	
酒、饮料及茶叶批发	Alcohol beverage and tea tobaccos	1
烟草制品批发业	Tobaccos	1
其他食品批发	Others	1
纺织、服装及日用品批发业	Textile garment and daily articles	8
纺织品、针织品及原料批发	Textile knitwear and raw moterial	
服装批发业	Garment	1
鞋帽批发	Shoe and hat	
化妆品及卫生用品批发	Cosmetic and sanitary accessories	
厨房、卫生间用具及日用杂货批发	Kitchen rest room and daily articles	
灯具、装饰物品批发	Lamps and lanterns、decorative items wholesale	
家用电器批发	Electrical household appliances	6
其他家庭用品批发	Others	1
文化、体育用品及器材批发业	Sporting goods and equipment wholesale	3
文具用品批发	Stationery	
体育用品及器材批发	Sporting goods and equipment wholesale	
图书批发	Books	3
报刊批发	Newspaper	
音像制品及电子出版物批发	Audio-visual and E-journal products	
首饰、工艺品及收藏品批发	Jewelry handicraft article and collection	
其他文化用品批发	Others	
医药及医疗器材批发	Medicine and medical appliance	28
西药批发	Western medicine	23
中药批发	Chinese medicine	3
医疗用品及器材批发	Medical component	2
矿产品、建材及化工产品批发	Minerals construction materials	33
煤炭及制品批发	Coal and related products	
石油及制品批发	Petroleum and related products	5
非金属矿及制品批发	Non-metal materials	

GENERAL INFORMATION OF THE ABOVE-NORM WHOLESALE AND RETAIL(2013)

从业人员期末人数（人）(person)		法人所属产业活动单位数（个）The number of legal persons' establishments		
	其中：女性 Female		批发和零售业 Wholesale and retail trade	其他 Others
41952	19682	1175	1045	130
9765	3507	410	374	36
1001	224	16	16	
942	204	13	13	
52	18	2	2	
7	2	1	1	
1145	456	9	7	2
169	80	2	2	
26	20	1	1	
848	289	5	3	2
102	67	1	1	
885	336	10	8	2
34	14	2	1	1
734	262	7	6	1
117	60	1	1	
474	285	3	3	
474	285	3	3	
1689	774	28	28	
1584	718	23	23	
51	33	3	3	
54	23	2	2	
2834	914	308	279	29
2091	664	277	248	29

14-2 续表1

指标名称	Item	法人企业数（个）Corporate enterprises (unit)
金属及金属矿批发业	Metal materials	6
建材批发业	Construction materials	20
化肥批发业	Chemical fertilizers	2
农药批发	Agricultural chemical	
农用薄膜批发	Agricultural film	
其他化工产品批发	Others	
机械设备、五金交电及电子产品批发业	Machinery hardware and electronic equipment	33
农业机械批发	Farm machinery	5
汽车批发	motorcycle	1
汽车零配件批发	motorcycle and parts	5
摩托车及零配件批发	Motor vehicles motorcycle and parts	2
五金产品批发	Hardware products	1
电器设备批发	Appliances	
计算机、软件及辅助设备批发业	Computer software and accessories	2
通讯及广播电视设备批发	Communication and radiated television	1
其他机械设备及电子产品批发	Others	16
贸易经纪与代理	Agency and brokerage	
贸易代理	Trade agency	
拍卖	Auction	
其他贸易经济与代理	Others	
其他批发业	Other wholesale	
再生物资回收与批发	Renewable materials recovery and wholesale	
其他未列明的批发	Others	
2. 按登记注册类型分组	Grouped by type registered	
内资企业	Domestic funds	122
国有企业	State-owned	5
集体企业	Collective-owned	
股份合作企业	Cooperative	
联营企业	Joint	
国有联营企业	State joint owned	
集体联营企业	Collective joint owned	
国有与集体联营企业	State-collective joint owned	
其他联营企业	Other joint owned	
有限责任公司	Limited liability corporations	54
国有独资企业	State-owned solely	6
其他有限责任公司	Limited liability corporations	48
股份有限公司	Share holding	8
私营企业	Private	51
私营独资企业	Private funded	
私营合伙企业	Private partner	
私营有限责任公司	Private limited company	49
私营股份有限公司	Private share holding	2
其他企业	Others	4
港、澳、台商投资企业	Funded from Hongkong Macao and Taiwan	2
与港澳台商合资经营企业	Joint venture	
与港澳台商合作经营企业	Cooperative	

continued 1

从业人员期末人数（人）(person)	其中：女性 Female	法人所属产业活动单位数（个）The number of legal persons' establishments	批发和零售业 Wholesale and retail trade	其他 Others
258	66	6	6	
472	179	20	20	
13	5	5	5	
1737	518	36	33	3
75	16	5	5	
14	5	1	1	
495	203	6	5	1
67	7	2	2	
21	7	1	1	
37	6	2	2	
19	6	1	1	
1009	268	18	16	2
8914	3230	406	370	36
3094	934	279	249	30
3365	1432	58	54	4
772	345	6	6	
2593	1087	52	48	4
425	178	8	8	
1945	665	57	55	2
1914	657	55	53	2
31	8	2	2	
85	21	4	4	
490	135	2	2	

14-2 续表2

指标名称	Item	法人企业数（个）Corporate enterprises (unit)
港、澳、台商独资经营企业	Solefunds	2
港、澳、台商投资股份有限公司	Share holding	
其他港澳台投资企业	Others	
外商投资企业	Foreign funds	2
中外合资经营企业	Joint venture	2
中外合作经营企业	Cooperative	
外资企业	Foreign funded	
外商投资股份有限公司	Share holding	
其他外商投资企业	Others	
3.按控股情况分组	Grouped by owned	
国有控股	State-owned	17
集体控股	Collective-owned	1
私人控股	Private-owned	83
港澳台商控股	Hongkong Macao and Taiwan-Owned	3
外商控股	Foreign-owned	
其他	Others	22
4.按经营形式分组	Grouped by form of management	
独立门店	Substantive store	113
连锁总店（总部）	Chain headquarter	
连锁门店	Chain store	1
其他	Others	12
5.按单位规模分	Grouped by size of enterprises	
大型	Large-sized	6
中型	Medium-sized	56
小型	Small-sized	51
微型	Micro-sized	13
二、零售业	Retail trade	217
1.按零售行业小类分组	Grouped by sectors	
综合零售业	Retail trade	29
百货零售业	Consumer goods	16
超级市场零售业	Supermarket	11
其他综合零售业	Other comprehensive retail business	2
食品、饮料及烟草制品专门零售业	Food beverage and tobaccos	5
粮油零售	Food and Oil	
糕点、面包零售	Cake and bread	1
果品、蔬菜零售	Fruit and Vegetable	
肉、禽、蛋及水产品零售	Meet,fowl,egg and marine products	1
营养和保健品零售	Nutrition and health care	
酒、饮料及茶叶零售	Alcohol beverage and tea	1
烟草制品零售	Tobaccos	2
其他食品零售	Others	
纺织、服装及日用品专门零售业	Textile,garment and daily articles	12
纺织品及针织品零售	Textile and knitwear	
服装零售业	Garments	7
鞋帽零售	Shoe and hat	
化妆品级卫生用品零售	Cosmetic and sanitary accessories	1

continued 2

从业人员期末人数（人）(person)	其中：女性 Female	法人所属产业活动单位数（个）The number of legal persons' establishments	批发和零售业 Wholesale and retail trade	其他 Others
490	135	2	2	
361	142	2	2	
361	142	2	2	
4508	1529	291	261	30
		1	1	
3392	1311	89	87	2
490	135	3	3	
1375	532	26	22	4
8751	3117	394	358	36
402	218	1	1	
612	172	15	15	
4109	1337	280	250	30
4536	1708	63	57	6
924	379	54	54	
196	83	13	13	
32187	16175	765	671	94
14319	7899	64	62	2
9506	6155	20	19	1
2783	1572	42	41	1
2030	172	2	2	
646	455	61	57	4
120	90	17	13	4
13	7	1	1	
10	6	1	1	
503	352	42	42	
1450	944	45	39	6
1132	694	23	20	3
43	27	2	1	1

14-2 续表3

指标名称	Item	法人企业数(个) Corporate enterprises (unit)
钟表、眼镜零售	Clock and spectacles	4
箱、包零售	Bags and suitcases retail	
厨房用具及日用杂品零售	Kitchenware and daily commodities retail	
自行车零售	Bicycle	
其他日用品零售	Others	
文化、体育用品及器材专门零售	Cultural and sport goods	10
文具用品零售	Stationery	
体育用品零售业	Cultural and sports goods	
图书、报刊零售	Books、Newspaper	7
音像制品及电子出版物零售	Audio-visual and E-journal products	
珠宝首饰零售	Jewelry	2
工艺美术品及收藏品零售	Handicraft article and collection	1
乐器零售	Musical instruments retail	
照相器材零售	Photogrphic apparatus retail	
其他文化用品零售	Others	
医药及医疗器材专门零售业	Medicine and medical appliance	13
药品零售业	Medicine	13
医疗用品及器材零售	Medical component	
汽车、摩托车、燃料及零配件专门零售业	Vehicles,motorcycle and part	113
汽车零售业	Vehicles	96
汽车零配件零售	Installation kit	6
摩托车及零配件零售	Motoreycle	1
机动车燃料零售业	Fuel	10
家用电器及电子产品专门零售业	Electrical household equipment	12
家用视听设备零售	Household audio and video equipment	3
日用家电设备零售	Household applianeces retail	4
计算机、软件及辅助设备零售业	Computer software and accessories	2
通信设备零售业	Teleconmmunicational equipment	2
其他电子产品零售	Others	1
五金、家具及室内装修材料专门零售业	Hardware funiture and indoor hareware fitting	7
五金零售	Hardware	
灯具零售	Lamps	1
家具零售	Funiture	1
涂料零售	Coating	
卫生洁具零售	Sanitary ware retail	
木质装饰材料零售	Wooden decorative materials retail	
陶瓷、石材装饰材料零售	Ceramics、decorative stone materials retail	1
其他室内装修材料零售	Others	4
货摊、无店铺及其他零售业	Other retail trade	16
货摊食品零售	Food	
货摊纺织、服装及鞋零售	Booth textile、clothing and shoes retail	
货摊日用品零售	Booth commodity retail	
互联网零售	Internet retail	
邮购及电视、电话零售	Mail-order and TV and phone retail	
旧货零售	Second hand	
生活用燃料零售	Fuel for life	12

continued 3

从业人员期末人数（人）(person)	其中：女性 Female	法人所属产业活动单位数（个）The number of legal persons' establishments	批发和零售业 Wholesale and retail trade	其他 Others
275	223	20	18	2
769	416	17	14	3
673	342	9	8	1
70	55	6	5	1
26	19	2	1	1
3094	2331	349	285	64
3094	2331	349	285	64
9822	3027	143	130	13
8152	2516	106	95	11
224	66	6	6	
15	6	1	1	
1431	439	30	28	2
1158	742	55	53	2
136	93	3	3	
806	514	28	26	2
59	20	2	2	
141	112	21	21	
16	3	1	1	
244	126	9	9	
93	48	3	3	
35	13	1	1	
81	56	1	1	
35	9	4	4	
685	235	22	22	
621	211	18	18	

14-2 续表4

指标名称	Item	法人企业数（个）Corporate enterprises (unit)
其他未列明的零售	Others	4
2.按登记注册类型分组	Grouped by type registered	
内资企业	Domestic funds	208
国有企业	State-owned	2
集体企业	Collective-owned	1
股份合作企业	Cooperative	2
联营企业	Joint	
国有联营企业	State joint owned	
集体联营企业	Collective joint owned	
国有与集体联营企业	State-collective joint owned	
其他联营企业	Other joint owned	
有限责任公司	Limited liability corporations	92
国有独资公司	State-owned solely	3
其他有限责任公司	Limited liability corporations	89
股份有限公司	Share holding	7
私营企业	Private	100
私营独资企业	Private funded	4
私营合伙企业	Private partner	
私营有限责任公司	Private limited company	92
私营股份有限公司	Private share holding	4
其他企业	Others	4
港、澳、台商投资企业	Funded from Hongkong,Macao and Taiwan	4
合资经营企业(港或澳、台资)	Joint venture	3
合作经营企业(港或澳、台资)	Cooperative	
港、澳、台商独资经营企业	Solefunds	1
港、澳、台商投资股份有限公司	Share holding	
其他港澳台投资企业	Others	
外商投资企业	Foreign funds	5
中外合资经营企业	Joint venture	4
中外合作经营企业	Cooperative	
外资企业	Foreign funded	
外商投资股份有限公司	Share holding	
其他外商投资股份有限公司	Others	
3.按控股情况分组	Grouped by owned	
国有控股	State-owned	15
集体控股	Collective-owned	2
私人控股	Private-owned	161
港澳台商控股	Hongkong, Macao and Taiwan-Owned	3

continued 4

从业人员期末人数（人）(person)	其中：女性 Female	法人所属产业活动单位数（个）The number of legal persons' establishments	批发和零售业 Wholesale and retail trade	其他 Others
64	24	4	4	
29975	14829	736	642	94
142	67	2	3	-1
1806	1326	2	2	
13746	5498	260	240	20
169	70	3	3	
13577	5428	257	237	20
6209	4511	239	184	55
7900	3310	226	206	20
161	87	4	4	
7492	3109	218	198	20
247	114	4	4	
172	117	7	7	
1429	980	23	23	
1316	893	8	8	
113	87	15	15	
783	366	6	6	
715	334	5	5	
7573	5127	285	231	54
1786	1314	1	1	
14044	5789	353	327	26
394	199	17	17	

14-2 续表5

指标名称	Item	法人企业数（个） Corporate enterprises (unit)
外商控股	Foreign-owned	2
其他	Others	34
4.按经营形式分组	Grouped by form of management	
独立门店	Substantive store	194
连锁总店（总部）	Chain headquarter	14
连锁门店	Chain store	4
其他	Others	5
5.按单位规模分	Grouped by size of enterprises	
大型	Large-sized	21
中型	Medium-sized	103
小型	Small-sized	73
微型	Micro-sized	20
6.按零售业态分组	Grouped by form of retail	
有店铺零售	Retail trade	217
食杂店	Traditional grocery store	
便利店	Convenience store	
折扣店	Discount store	
超市	Market	5
大型超市	Super market	6
仓储会员店	Warehouse store	1
百货店	Consumer goods	22
专业店	Specialty store	103
专卖店	Exclusive shop	74
家居建材商店	Household items hall	2
购物中心	Shopping center	2
厂家直销中心	Direct sales by manufacturers	2
无店铺零售	Other retail trade	
电视购物	TV shopping	
邮购	Purchase by mail	
网上商店	Store on line	
自动售货亭	Vending machine	
电话购物	Call shopping	

continued 5

从业人员期末人数（人）(person)	其中：女性 Female	法人所属产业活动单位数（个）The number of legal persons' establishments	批发和零售业 Wholesale and retail trade	其他 Others
289	178	3	3	
8101	3568	106	92	14
21057	8093	309	285	24
8355	6143	423	354	69
836	581	28	27	1
1939	1358	5	5	
18307	9684	359	304	55
11724	5516	303	269	34
1855	869	84	79	5
301	106	19	19	
32187	16175	765	671	94
692	562	22	21	1
2319	1230	34	34	
10	2	1	1	
11781	6430	26	25	1
10876	5322	523	450	73
5839	2284	151	132	19
35	13	2	2	
568	308	4	4	
67	24	2	2	

14-3 限额以上批发和零售法人企业财务状况综合表(2013)

单位：万元

指标名称		法人企业数(个) Corporate enterprises (unit)	执行《2006年企业会计准则》企业个数（个） Number of enterprises implmenting Accounting Standards for Business Enterprises 2006
总计	Total	272	342
一、批发业	Whole sale enterprises	126	97
1.按批发行业小类分组	Grouped by Sector		
农、林、牧产品批发	Farming、Fore、animal husbandry	16	16
谷物、豆及薯类批发	Cereal beans and Tubers	13	13
种子批发	Seed	2	2
饲料批发	Forage	1	1
棉、麻批发	Cotton and Fiber		
林业产品批发	Forestry		
牲畜批发	Animal		
其他农牧产品批发	Others		
食品、饮料及烟草制品批发	Food, drink and tobaccos	5	2
米、面制品及食用油批发	Grain and edible oil		
糕点、糖果及糖批发	Cake, Candy and Suger		
果品、蔬菜批发	Fruit and Vegetable		
肉、禽、蛋、奶及水产品批发	Meat fowl egg and marine products		
盐及调味品批发	Salt and condiment	2	1
营养和保健品批发	The nutrition and health care products retail		
酒、饮料机茶叶批发	Alcohol beverage and tea tobaccos	1	
烟草制品批发	Tobaccos	1	
其他食品批发	Others	1	1
纺织、服装及家庭用品批发	Textiles, garments and daily articles	8	6
纺织品、针织品及原料批发	Textile, knitwear and raw moterial		
服装批发	Garments	1	1
鞋帽批发	Shoe and hat		
化妆品及卫生用品批发	Cosmetic and sanitary accessories		
厨房、卫生间用具及日用杂货批发	Kitchen, rest room and daily articles		
灯具、装饰物品批发	Iamps and lanterns、decorative items wholesale		
家用电器批发	Electrical household appliances	6	4
其他家庭用品批发	Others	1	1
文化、体育用品及器材批发	Cultural and sports goods	3	2
文具用品批发	Stationery		
体育用品及器材批发	Sporting goods and equipment wholeasale		
图书批发	Books	3	2
报刊批发	Newspaper		
音像制品及电子出版物批发	Audio-visual and E-journal products		
首饰、工艺品及收藏品批发	Jewelry, handicraft article and collection		
其他文化用品批发	Others		
医药及医疗器材批发	Medicines and medical appliances	28	15
西药批发	Western medicine	23	11
中药批发	Chinese medicine	3	2
医疗用品及器材批发	Medical component	2	2
矿产品、建材及化工产品批发	Minerals and construction materials	33	28

LIMITATION ABOVE WHOLESALE AND RETAIL BUSINESS AS A LEGAL PERSON ENTERPRISE COMPREHENSIVE TABLE OF CHANGES IN FINANCIAL POSITION (2013)

unit:10000 yuan

一、年初存货 Inventory	二、期末资产负债 The final balance sheet						
	流动资产合计 Circulating funds	应收帐款 Receivables	存货 Inventery	固定资产合计 Total fixed assets	固定资产原价 Original Value of fixed assets	累计折旧 Total depreciation	本年折旧 Depreciationg in this year
851785.9	4907998.7	1216038.3	1011660.5	1110517.3	1479781.7	433801.2	66360.4
441671.1	2750147.7	937225.3	440525.0	244564.6	285845.6	107179.8	16985.1
130522.9	462838.6	177555.8	106084.7	25971.2	43808.7	17711.3	1727.8
130148.4	460780.2	176142.7	106081.9	25135.0	42748.3	17487.1	1706.6
332.8	1748.5	1286.5	2.8	812.5	970.7	158.2	5.0
41.7	309.9	126.6		23.7	89.7	66.0	16.2
38574.6	196203.4	5748.3	32545.1	25064.1	44332.8	19268.7	2450.9
1405.9	7929.3	1936.4	3902.1	3058.5	3854.0	795.5	154.5
894.6	2071.1	386.2	1047.3	489.2	489.2		
36134.4	185282.8	2686.5	27414.7	21502.6	39969.4	18466.8	2296.4
139.7	920.2	739.2	181.0	13.8	20.2	6.4	
7055.7	22705.5	4936.4	7505.5	363.6	734.5	370.9	256.8
3012.1	4399.6	109.6	4290.0	41.7	100.5	58.8	47.3
1572.6	14269.6	4307.8	1190.8	120.3	253.3	133.0	30.4
2471.0	4036.3	519.0	2024.7	201.6	380.7	179.1	179.1
12016.8	47652.8	10027.9	12265.0	13535.5	19668.0	6132.5	722.6
12016.8	47652.8	10027.9	1265.0	13535.5	19668.0	6132.5	722.6
56271.8	475629.8	179192.8	86038.9	10577.6	19574.5	9003.5	1127.8
54630.3	458224.0	165649.7	85152.1	10096.8	18923.2	8831.9	1103.0
101.6	9747.4	7005.5	184.3	302.8	368.7	67.0	24.8
1539.9	7658.4	6537.6	702.5	178.0	282.6	104.6	
116479.3	1221515.7	468817.7	126019.1	146948.6	126387.4	45447.3	8005.2

14-3续表1 continued1

指标名称 Item		在建工程 Circulating funds	资产总计 Total assets
总计	Total	139009.3	6752751.9
一、批发业	Whole sale enterprises	31488.8	3174130.7
1.按批发行业小类分组	Grouped by Sector		
农、林、牧产品批发	Farming、Fore、animal husbandry	647.1	537907.7
谷物、豆及薯类批发	Cereal beans and Tubers	647.1	525702.4
种子批发	Seed		11871.7
饲料批发	Forage		333.6
棉、麻批发	Cotton and Fiber		
林业产品批发	Forestry		
牲畜批发	Animal		
其他农牧产品批发	Others		
食品、饮料及烟草制品批发	Food, drink and tobaccos		223281.7
米、面制品及食用油批发	Grain and edible oil		
糕点、糖果及糖批发	Cake, Candy and Suger		
果品、蔬菜批发	Fruit and Vegetable		
肉、禽、蛋、奶及水产品批发	Meat fowl egg and marine products		
盐及调味品批发	Salt and condiment		11358.9
营养和保健品批发	The nutrition and health care products retail		
酒、饮料机茶叶批发	Alcohol beverage and tea tobaccos		2560.3
烟草制品批发	Tobaccos		208419.5
其他食品批发	Others		943.0
纺织、服装及家庭用品批发	Textiles, garments and daily articles		23523.9
纺织品、针织品及原料批发	Textile, knitwear and raw moterial		
服装批发	Garments		4441.3
鞋帽批发	Shoe and hat		
化妆品及卫生用品批发	Cosmetic and sanitary accessories		
厨房、卫生间用具及日用杂货批发	Kitchen, rest room and daily articles		
灯具、装饰物品批发	Iamps and lanterns、decorative items wholesale		
家用电器批发	Electrical household appliances		14844.7
其他家庭用品批发	Others		4237.9
文化、体育用品及器材批发	Cultural and sports goods		82846.1
文具用品批发	Stationery		
体育用品及器材批发	Sporting goods and equipment wholeasale		
图书批发	Books		82846.1
报刊批发	Newspaper		
音像制品及电子出版物批发	Audio-visual and E-journal products		
首饰、工艺品及收藏品批发	Jewelry, handicraft article and collection		
其他文化用品批发	Others		
医药及医疗器材批发	Medicines and medical appliances	837.5	500072.7
西药批发	Western medicine	583.2	481936.0
中药批发	Chinese medicine	254.3	10300.3
医疗用品及器材批发	Medical component		7836.4
矿产品、建材及化工产品批发	Minerals and construction materials	25548.5	1442940.9

单位：万元 unit:10000 yuan

二、期末资产负债 The final balance sheet

流动负债合计 Total current liabilities	应付账款 Inventory	非流动负债合计 Non-current liabilities	负债合计 Total liabilities	所有者权益 Creditor's equity
4481365.9	1053572.2	1001561.7	5476637.4	1276114.5
2382183.4	597154.7	187190.7	2566516.3	607614.4
453398.6	25735.5	7476.6	460875.2	77032.5
453046.7	25735.5	7476.6	460523.3	65179.1
196.3			196.3	11675.4
155.6			155.6	178.0
26382.4	9713.2		26382.4	196899.3
7496.0	3992.0		7496.0	3862.9
2204.6	2204.6		2204.6	355.7
16178.4	3516.6		16178.4	192241.1
503.4			503.4	439.6
22399.5	14565.2	1950.0	24349.5	-825.6
8585.4	8585.4		8585.4	-4144.1
14103.9	6642.5		14103.9	740.8
-289.8	-662.7	1950.0	1660.2	2577.7
53203.9	28864.2	1854.5	55058.4	27787.7
53203.9	28864.2	1854.5	55058.4	27787.7
339382.6	156890.8	98163.7	435822.8	64249.9
325750.7	146430.4	98163.7	422190.9	59745.1
9828.8	9319.0		9828.8	471.5
3803.1	1141.4		3803.1	4033.3
1208070.9	262463.8	68452.4	1275324.6	167616.3

14-3续表2 continued2

指标名称	Item	实收资本 Original Value of fixed assets	国家资本 State owned	集体资本 Collective
总计	Total	677775.3	95654.1	8137.0
一、批发业	Whole sale enterprises	328799.7	70763.1	1813.5
1.按批发行业小类分组	Grouped by Sector			
农、林、牧产品批发	Farming、Fore、animal husbandry	68910.0	5850.0	
谷物、豆及薯类批发	Cereal beans and Tubers	58360.0	5850.0	
种子批发	Seed	10500.0		
饲料批发	Forage	50.0		
棉、麻批发	Cotton and Fiber			
林业产品批发	Forestry			
牲畜批发	Animal			
其他农牧产品批发	Others			
食品、饮料及烟草制品批发	Food, drink and tobaccos	2046.5	366.4	
米、面制品及食用油批发	Grain and edible oil			
糕点、糖果及糖批发	Cake, Candy and Suger			
果品、蔬菜批发	Fruit and Vegetable			
肉、禽、蛋、奶及水产品批发	Meat fowl egg and marine products			
盐及调味品批发	Salt and condiment	366.4	366.4	
营养和保健品批发	The nutrition and health care products retail			
酒、饮料机茶叶批发	Alcohol beverage and tea tobaccos	100.0		
烟草制品批发	Tobaccos	1450.5		
其他食品批发	Others	129.6		
纺织、服装及家庭用品批发	Textiles, garments and daily articles	3010.0		
纺织品、针织品及原料批发	Textile, knitwear and raw moterial			
服装批发	Garments	1000.0		
鞋帽批发	Shoe and hat			
化妆品及卫生用品批发	Cosmetic and sanitary accessories			
厨房、卫生间用具及日用杂货批发	Kitchen, rest room and daily articles			
灯具、装饰物品批发	Iamps and lanterns、decorative items wholesale			
家用电器批发	Electrical household appliances	1610.0		
其他家庭用品批发	Others	400.0		
文化、体育用品及器材批发	Cultural and sports goods	22195.2	21851.2	
文具用品批发	Stationery			
体育用品及器材批发	Sporting goods and equipment wholeasale			
图书批发	Books	22195.2	21851.2	
报刊批发	Newspaper			
音像制品及电子出版物批发	Audio-visual and E-journal products			
首饰、工艺品及收藏品批发	Jewelry, handicraft article and collection			
其他文化用品批发	Others			
医药及医疗器材批发	Medicines and medical appliances	27961.0	3000.0	
西药批发	Western medicine	25061.0	3000.0	
中药批发	Chinese medicine	1400.0		
医疗用品及器材批发	Medical component	1500.0		
矿产品、建材及化工产品批发	Minerals and construction materials	173469.0	32195.5	1752.5

单位：万元 unit:10000 yuan

二、期末资产负债 The final balance sheet				三、损益及分配 Gains and losses and distribution			
法人资本 Corporate	个人资本 Private	港澳台资本 Funded from Hongkong, Macao and Taiwan	外商资本 Foreign funds	营业收入 Operation revenue	主营业务收入 Operating revenue	营业成本 Operating costs	主营业务成本 Operating costs
322856.5	180815.1	44593.8	25718.8	13206225.0	13043079.9	12097092.3	12074673.4
155281.4	59941.7	36000.0	5000.0	7675845.4	7668267.4	7203659.2	7201546.9
11130.0	16930.0	35000.0		891389.7	889390.3	884074.9	884035.2
11080.0	6430.0	35000.0		884751.1	882751.7	877501.4	877461.7
	10500.0			3852.9	3852.9	3526.0	3526.0
50.0				2785.7	2785.7	3047.5	3047.5
1450.5	229.6			632196.6	630715.5	480755.4	479540.4
				20896.1	19595.2	14751.4	13547.9
	100.0			8549.6	8549.6	8283.7	8283.7
1450.5				593332.2	593152.1	449155.8	449144.3
	129.6			9418.7	9418.6	8564.5	8564.5
1960.0	50.0	1000.0		175154.2	173641.0	160479.4	159932.5
1000.0				5082.0	5082.0	3430.5	3430.5
560.0	50.0	1000.0		149351.3	148799.9	139759.9	139213.0
400.0				20720.9	19759.1	17289.0	17289.0
68.0	276.0			32427.4	30732.4	25302.5	25302.5
68.0	276.0			32427.4	30732.4	25302.5	25302.5
14566.0	10395.0			586988.5	586802.7	534843.5	534843.5
13226.0	8835.0			541683.8	541498.0	493579.6	493579.6
840.0	560.0			24932.6	24932.6	23473.1	23473.1
500.0	1000.0			20372.1	20372.1	17790.8	17790.8
120052.0	19469.0			3568194.1	3567709.6	3484753.1	3484555.1

14-3续表3 continued3

指标名称	Item	营业税金及附加 Business taxes and extra charges
总计	Total	65294.3
一、批发业	Whole sale enterprises	42419.7
1.按批发行业小类分组	Grouped by Sector	
农、林、牧产品批发	Farming、Fore、animal husbandry	74.1
谷物、豆及薯类批发	Cereal beans and Tubers	74.1
种子批发	Seed	
饲料批发	Forage	
棉、麻批发	Cotton and Fiber	
林业产品批发	Forestry	
牲畜批发	Animal	
其他农牧产品批发	Others	
食品、饮料及烟草制品批发	Food,drink and tobaccos	35495.6
米、面制品及食用油批发	Grain and edible oil	
糕点、糖果及糖批发	Cake,Candy and Suger	
果品、蔬菜批发	Fruit and Vegetable	
肉、禽、蛋、奶及水产品批发	Meat fowl egg and marine products	
盐及调味品批发	Salt and condiment	64.9
营养和保健品批发	The nutrition and health care products retail	
酒、饮料机茶叶批发	Alcohol beverage and tea tobaccos	6.2
烟草制品批发	Tobaccos	35407.8
其他食品批发	Others	16.7
纺织、服装及家庭用品批发	Textiles,garments and daily articles	410.2
纺织品、针织品及原料批发	Textile, knitwear and raw moterial	
服装批发	Garments	26.9
鞋帽批发	Shoe and hat	
化妆品及卫生用品批发	Cosmetic and sanitary accessories	
厨房、卫生间用具及日用杂货批发	Kitchen, rest room and daily articles	
灯具、装饰物品批发	Iamps and lanterns、decorative items wholesale	
家用电器批发	Electrical household appliances	275.7
其他家庭用品批发	Others	107.6
文化、体育用品及器材批发	Cultural and sports goods	177.1
文具用品批发	Stationery	
体育用品及器材批发	Sporting goods and equipment wholeasale	
图书批发	Books	177.1
报刊批发	Newspaper	
音像制品及电子出版物批发	Audio-visual and E-journal products	
首饰、工艺品及收藏品批发	Jewelry, handicraft article and collection	
其他文化用品批发	Others	
医药及医疗器材批发	Medicines and medical appliances	1010.0
西药批发	Western medicine	921.0
中药批发	Chinese medicine	17.9
医疗用品及器材批发	Medical component	71.1
矿产品、建材及化工产品批发	Minerals and construction materials	2308.8

单位：万元 unit:10000 yuan

三、损益及分配 Gainsay and losses and distribution

主营业务税金及附加 Main operation taxes and extra charges	其他业务利润 Other business profit	销售费用 Marketing expenses	管理费用 Management expenses	税金 Taxes	财务费用 Financial expenses	利息收入 Interest income	利息支出 Interest expenditure
63186.5	78797.7	435328.5	342941.5	13887.4	90464.9	16674.2	45862.0
42364.2	9230.7	242682.5	84424.3	4350.0	27653.2	10238.8	23898.2
42.2	1390.0	20834.7	7221.5	146.1	10110.3	494.6	9454.0
42.2	1651.8	20792.4	6921.9	142.2	10108.2	494.5	9451.8
		24.6	227.4		2.1	0.1	2.2
	-261.8	17.7	72.2	3.9			
35495.6	266.1	16710.9	22193.8	915.5	75.9	487.5	0.3
64.9	97.5	2088.3	2000.6	44.9	-2.5	2.9	0.3
6.2		33.1	160.3		39.9		
35407.8	168.6	13685.0	20032.8	870.6	36.0	482.1	
16.7		904.5	0.1		2.5	2.5	
410.2	963.5	8142.4	2005.1	54.0	117.9	7.9	94.6
26.9		1330.1	464.8		1.9	1.9	
275.7	4.5	4971.5	1105.9	15.5	-30.8	4.9	-50.3
107.6	959.0	1840.8	434.4	38.5	146.8	1.1	144.9
177.1	3556.0	2551.1	5493.7	338.6	11.2	6.2	
177.1	3556.0	2551.1	5493.7	338.6	11.2	6.2	
1010.0	1273.5	5242.9	23619.7	127.2	10484.7	609.5	522.1
921.0	351.4	5184.7	21450.1	119.1	10499.1	607.0	522.1
17.9	922.1		1336.3		-0.5	0.9	
71.1		58.2	833.3	8.1	-13.9	1.6	
2285.2	292.8	57357.1	8699.2	2296.8	6581.8	7094.4	12640.8

14-3续表4 continued4

指标名称	Item	资产减值损失 Lost	公允价值变动收益 Revenue	投资收益 Investment income
总计	Total	5079.3	13.7	36476.2
一、批发业	Whole sale enterprises	3830.2	12.4	34329.2
1.按批发行业小类分组	Grouped by Sector			
农、林、牧产品批发	Farming、Fore、animal husbandry	-6.1	12.4	28923.8
谷物、豆及薯类批发	Cereal beans and Tubers	-6.8	12.4	28923.8
种子批发	Seed	0.7		
饲料批发	Forage			
棉、麻批发	Cotton and Fiber			
林业产品批发	Forestry			
牲畜批发	Animal			
其他农牧产品批发	Others			
食品、饮料及烟草制品批发	Food, drink and tobaccos			72.6
米、面制品及食用油批发	Grain and edible oil			
糕点、糖果及糖批发	Cake, Candy and Suger			
果品、蔬菜批发	Fruit and Vegetable			
肉、禽、蛋、奶及水产品批发	Meat fowl egg and marine products			
盐及调味品批发	Salt and condiment			
营养和保健品批发	The nutrition and health care products retail			
酒、饮料机茶叶批发	Alcohol beverage and tea tobaccos			
烟草制品批发	Tobaccos			
其他食品批发	Others			72.6
纺织、服装及家庭用品批发	Textiles, garments and daily articles	1666.4		
纺织品、针织品及原料批发	Textile, knitwear and raw moterial			
服装批发	Garments	1342.5		
鞋帽批发	Shoe and hat			
化妆品及卫生用品批发	Cosmetic and sanitary accessories			
厨房、卫生间用具及日用杂货批发	Kitchen, rest room and daily articles			
灯具、装饰物品批发	Iamps and lanterns、decorative items wholesale			
家用电器批发	Electrical household appliances	323.9		
其他家庭用品批发	Others			
文化、体育用品及器材批发	Cultural and sports goods			
文具用品批发	Stationery			
体育用品及器材批发	Sporting goods and equipment wholeasale			
图书批发	Books			
报刊批发	Newspaper			
音像制品及电子出版物批发	Audio-visual and E-journal products			
首饰、工艺品及收藏品批发	Jewelry, handicraft article and collection			
其他文化用品批发	Others			
医药及医疗器材批发	Medicines and medical appliances	105.8		301.3
西药批发	Western medicine	105.8		301.3
中药批发	Chinese medicine			
医疗用品及器材批发	Medical component			
矿产品、建材及化工产品批发	Minerals and construction materials	2114.3		4106.3

单位：万元 unit:10000 yuan

三、损益及分配 Gains and losses and distribution					四、人工成本及增值税 Labor cost and VAT	
营业利润 Business profit	营业外收入 Norbusiness revenue	补贴收入 Subsidies revenue	利润总额 Total profit	应交所得税 Income taxes payable	应付职工薪酬（本年贷方累计发生额）payroll payable (credit accumulated happening this year)	应交增值税 VAT payableinput
216833.8	15524.7	5965.2	216148.4	83033.0	220750.6	125761.7
108501.0	7543.8	4229.7	113732.5	26180.3	87610.6	64792.2
-1983.5	5639.5	3427.5	4296.4	572.0	5182.8	-61.7
-1703.9	5277.4	3427.5	4213.9	561.4	4967.9	-75.2
72.1			72.1	8.0	187.4	13.5
-351.7	362.1		10.4	2.6	27.5	
77037.7	68.9	58.8	76588.8	19379.2	22363.0	23631.5
1993.5	59.8	58.8	2053.1	512.3	939.5	540.7
26.4			26.4	6.7	65.5	28.6
75014.8	9.1		74433.9	18825.6	21327.4	22915.8
3.0			75.4	34.6	30.6	146.4
2332.8	52.2	37.8	3662.3	274.8	3573.8	2252.6
-1514.7					753.3	
2945.2	14.4		2959.3	40.5	2210.1	1791.1
902.3	37.8	37.8	703.0	234.3	610.4	461.5
752.8	153.6		903.2	33.4	4661.6	155.1
752.8	153.6		903.2	33.4	4661.6	155.1
12000.6	445.0		11651.6	2465.5	5357.9	6477.0
10262.2	439.4		9920.0	2103.5	5021.9	6038.4
105.8			96.8	8.4	94.4	149.8
1632.6	5.6		1634.8	353.6	241.6	288.8
11526.5	797.4	435.6	11556.3	1411.1	30296.0	10185.2

14-3续表5 continued5

指标名称		法人企业数（个）Corporate enterprises (unit)	执行《2006年企业会计准则》企业个数（个）Number of enterprises implmenting Accounting Standards for Business Enterprises 2006
煤炭及制品批发	Coal and related products		
石油及制品批发	Petroleum and related products	5	3
非金属矿及制品批发	Non-metal materials		
金属及金属矿批发	Metal materials	6	5
建材批发	Constructional materials	20	18
化肥批发	Chemical fertilizer	2	2
农药批发	Agricultural chemical		
农用薄膜批发	Agricultural film		
其他化工产品批发	Others		
机械设备、五金产品及电子产品批发	Machinery, hardware and electric equipment	33	28
农业机械批发	Farm machinery	5	5
汽车批发	motorcycle	1	1
汽车零件批发	motorcycle and parts	5	5
摩托车及零件批发	Motor vehicles, motorcycle and parts	2	2
五金产品批发	Hardware products	1	
电气设备批发	Electrical household appliances		
计算机、软件及辅助设备批发	Computer software and accessories	2	
通讯及广播电视设备批发	Communication and radiated television	1	
其他机械设备及电子产品批发	Others	16	15
贸易经纪与代理	Agency and brokerage		
贸易代理	Trade agency		
拍卖	Auction		
其他贸易经济与代理	Other		
其他批发业	Other		
再生物资回收与批发	Renewable materials recovery and wholesale		
其他未列明的批发	Others		
2. 按登记注册类型分组	Grouped by type registered		
内资企业	Domestic funds	122	93
国有企业	State-owned	5	3
集体企业	Collective-owned		
股份合作企业	Cooperative		
联营企业	Joint		
国有联营企业	State joint owned		
集体联营企业	Collective joint owned		
国有与集体联营企业	State-collective joint owned		
其他联营企业	Others joint owned		
有限责任公司	Limited liability corporations	54	41
国有独资企业	State-owned solely	6	4
其他有限责任公司	Limited liability corporations	48	37
股份有限公司	Share holding	8	5
私营企业	Private	51	40
私营独资企业	Private funded		
私营合伙企业	Private partner		

单位：万元 unit:10000 yuan

一、年初存货 Inventory	二、期末资产负债 The final balance sheet						
	流动资产合计 Current assets	应收帐款 Receivables	存货 Inventery	固定资产合计 Total fixed assets	固定资产原价 Original Value of fixed assets	累计折旧 Total depreciation	本年折旧 Depreciationg in this year
20951.1	44122.9	9669.8	16475.1	114056.9	91661.2	38550.1	5688.2
70941.1	758899.3	369390.6	80270.1	30346.1	30271.9	4988.5	2105.2
24184.7	327679.2	62517.0	24204.6	1726.9	2717.7	990.8	199.8
402.4	90814.3	27240.3	5069.3	818.7	1736.6	917.9	12.0
80750.0	323601.9	90946.4	70066.7	22104.0	31339.7	9245.6	2694.0
2860.7	13588.4	5551.7	6501.9	5068.6	5730.2	661.6	29.8
93.4	438.0	309.9	104.4	6.4	57.2	50.8	4.4
38345.6	153977.7	11498.6	29256.7	3936.1	8433.6	4497.5	1493.3
3358.6	6492.9		1269.9	3453.8	4368.0	914.2	4.8
30.7	255.4	103.4	89.4	125.3	164.0	38.7	
20.5	8396.3	1067.1	1298.9	257.7	289.6	41.8	2.4
37.9	131.1	52.4	65.5	211.1	240.9	29.8	
36002.6	140322.1	72363.3	31480.0	9045.0	12056.2	3011.2	1159.3
406022.5	2583919.8	932980.6	417336.4	240434.5	275188.2	100778.7	16165.0
61244.0	255453.4	14841.2	67776.0	134736.3	137862.6	64072.1	8188.3
216606.9	1496193.0	732235.6	200266.3	66364.3	91414.3	25050.0	6466.1
73742.2	555364.6	321589.9	86397.4	36118.9	48157.4	12038.5	3283.5
142864.7	940828.4	410645.7	113868.9	30245.4	43256.9	13011.5	3182.6
45015.5	231331.8	71018.6	65456.2	930.5	2138.5	1208.1	170.0
81716.3	596469.4	113751.6	83453.5	37968.9	43217.3	10327.5	1311.0

14-3续表6 continued6

指标名称 Item		在建工程 Circulating funds	资产总计 Total assets
煤炭及制品批发	Coal and related products		
石油及制品批发	Petroleum and related products	20399.1	161199.7
非金属矿及制品批发	Non-metal materials		
金属及金属矿批发	Metal materials	5149.4	840140.1
建材批发	Constructional materials		349207.5
化肥批发	Chemical fertilizer		92393.6
农药批发	Agricultural chemical		
农用薄膜批发	Agricultural film		
其他化工产品批发	Others		
机械设备、五金产品及电子产品批发	Machinery, hardware and electric equipment	4455.7	363557.7
农业机械批发	Farm machinery	252.8	18937.0
汽车批发	motorcycle		452.9
汽车零件批发	motorcycle and parts	54.0	164428.6
摩托车及零件批发	Motor vehicles, motorcycle and parts	635.4	11931.2
五金产品批发	Hardware products		700.8
电气设备批发	Electrical household appliances		
计算机、软件及辅助设备批发	Computer software and accessories		8959.7
通讯及广播电视设备批发	Communication and radiated television		841.5
其他机械设备及电子产品批发	Others	3513.5	157306.0
贸易经纪与代理	Agency and brokerage		
贸易代理	Trade agency		
拍卖	Auction		
其他贸易经济与代理	Other		
其他批发业	Other		
再生物资回收与批发	Renewable materials recovery and wholesale		
其他未列明的批发	Others		
2.按登记注册类型分组	Grouped by type registered		
内资企业	Domestic funds	30841.7	2991881.2
国有企业	State-owned	19380.3	394856.3
集体企业	Collective-owned		
股份合作企业	Cooperative		
联营企业	Joint		
国有联营企业	State joint owned		
集体联营企业	Collective joint owned		
国有与集体联营企业	State-collective joint owned		
其他联营企业	Others joint owned		
有限责任公司	Limited liability corporations	140.8	1682330.9
国有独资企业	State-owned solely	86.8	664001.8
其他有限责任公司	Limited liability corporations	54.0	1018329.1
股份有限公司	Share holding		242392.3
私营企业	Private	11320.6	667242.7
私营独资企业	Private funded		
私营合伙企业	Private partner		

单位：万元 unit:10000 yuan

二、期末资产负债 The final balance sheet

流动负债合计 Total current liabilities	应付账款 Inventory	非流动负债合计 Non-current liabilities	负债合计 Total liabilities	所有者权益合计 Creditor's equity
140643.7	23944.3	1767.6	141212.4	19987.3
651754.5	97000.1	48584.8	700339.4	139800.7
326305.2	100171.5	18100.0	344405.3	4802.2
89367.5	41347.9		89367.5	3026.1
279345.5	98922.0	9293.5	288703.4	74854.3
13486.9	-6482.7	333.4	13820.3	5116.7
307.4	281.3		307.4	145.5
110335.9	16726.7	7843.1	118179.0	46249.6
8846.6	1181.4		8846.6	3084.6
149.7			182.2	518.6
6194.5	488.4		6194.6	2765.1
234.2			237.7	603.8
139790.3	86726.9	1117.0	140935.6	16370.4
2270520.9	580937.0	172898.6	2440561.7	551319.5
192965.8	30343.5	2134.5	193901.4	200954.9
1369059.7	355562.7	55475.9	1422192.0	260138.9
468716.9	83982.9	38021.5	506738.4	157263.4
900342.8	271579.8	17454.4	915453.6	102875.5
210662.1	53377.2	11000.0	222142.2	20250.1
495772.3	141168.9	104288.2	600265.1	66977.6

14-3续表7 continued7

指标名称	Item	实收资本 Original Value of fixed assets	国家资本 State owned	集体资本 Collective
煤炭及制品批发	Coal and related products			
石油及制品批发	Petroleum and related products	14397.7	12013.5	1534.2
非金属矿及制品批发	Non-metal materials			
金属及金属矿批发	Metal materials	132082.0	20082.0	
建材批发	Constructional materials	23771.0	100.0	
化肥批发	Chemical fertilizer	3218.3		218.3
农药批发	Agricultural chemical			
农用薄膜批发	Agricultural film			
其他化工产品批发	Others			
机械设备、五金产品及电子产品批发	Machinery, hardware and electric equipment	31208.0	7500.0	61.0
农业机械批发	Farm machinery	1800.0		
汽车批发	motorcycle	120.0		61.0
汽车零件批发	motorcycle and parts	15558.0	7500.0	
摩托车及零件批发	Motor vehicles, motorcycle and parts	1700.0		
五金产品批发	Hardware products	500.0		
电气设备批发	Electrical household appliances			
计算机、软件及辅助设备批发	Computer software and accessories	2550.0		
通讯及广播电视设备批发	Communication and radiated television	500.0		
其他机械设备及电子产品批发	Others	8480.0		
贸易经纪与代理	Agency and brokerage			
贸易代理	Trade agency			
拍卖	Auction			
其他贸易经济与代理	Other			
其他批发业	Other			
再生物资回收与批发	Renewable materials recovery and wholesale			
其他未列明的批发	Others			
2.按登记注册类型分组	Grouped by type registered			
内资企业	Domestic funds	279299.7	63263.1	1813.5
国有企业	State-owned	14264.0	12813.5	
集体企业	Collective-owned			
股份合作企业	Cooperative			
联营企业	Joint			
国有联营企业	State joint owned			
集体联营企业	Collective joint owned			
国有与集体联营企业	State-collective joint owned			
其他联营企业	Others joint owned			
有限责任公司	Limited liability corporations	191544.4	43417.6	1595.2
国有独资企业	State-owned solely	138267.6	38267.6	
其他有限责任公司	Limited liability corporations	53276.8	5150.0	1595.2
股份有限公司	Share holding	21171.0	3000.0	
私营企业	Private	50902.0	4032.0	
私营独资企业	Private funded			
私营合伙企业	Private partner			

单位：万元 unit:10000 yuan

二、期末资产负债 The final balance sheet				三、损益及分配 Gains and losses and distribution			
法人资本 Corporate	个人资本 Private	港澳台资本 Funded from Hongkong, Macao and Taiwan	外商资本 Foreign funds	营业收入 Operation revenue	主营业务收入 Operating revenue	营业成本 Operating costs	主营业务成本 Operating costs
450.0	400.0			1060038.1	1059972.1	998468.9	998468.9
112000.0				1455035.1	1454907.2	1443154.9	1442956.9
7602.0	16069.0			985485.4	985194.8	976638.4	976638.4
	3000.0			67635.5	67635.5	66490.9	66490.9
6054.9	12592.1		5000.0	1789494.9	1789275.9	1633450.4	1633337.7
1000.0	800.0			17815.8	17815.8	14328.3	14328.3
	59.0			4371.9	4371.9	4083.3	4083.3
	3058.0		5000.0	1586038.1	1586017.6	1453725.9	1453720.7
100.0	1600.0			15859.7	15859.7	14375.7	14375.7
500.0				5794.2	5794.2	5528.2	5528.2
500.0	2050.0			30379.0	30292.5	29616.5	29607.2
500.0				5422.9	5422.9	5174.4	5174.4
3454.9	5025.1			123813.3	123701.3	106618.1	106519.9
153781.4	59941.7	500.0		6087627.1	6080136.6	5742145.4	5740038.3
1450.5				1656793.8	1655197.1	1451854.2	1451803.0
119983.9	26047.7	500.0		3256745.0	3251286.0	3191666.2	3189610.3
100000.0				1182652.9	1179186.9	1161533.4	1160131.9
19983.9	26047.7	500.0		2074092.1	2072099.1	2030132.8	2029478.4
15742.0	2429.0			461098.6	460684.7	437677.1	437677.1
16605.0	30265.0			701375.1	701354.2	650795.3	650795.3

14-3续表8 continued8

指标名称	Item	营业税金及附加 Business taxes and extra charges
煤炭及制品批发	Coal and related products	
石油及制品批发	Petroleum and related products	839.5
非金属矿及制品批发	Non-metal materials	
金属及金属矿批发	Metal materials	1320.5
建材批发	Constructional materials	135.8
化肥批发	Chemical fertilizer	13.0
农药批发	Agricultural chemical	
农用薄膜批发	Agricultural film	
其他化工产品批发	Others	
机械设备、五金产品及电子产品批发	Machinery, hardware and electric equipment	2943.9
农业机械批发	Farm machinery	147.4
汽车批发	motorcycle	4.9
汽车零件批发	motorcycle and parts	2129.0
摩托车及零件批发	Motor vehicles, motorcycle and parts	15.8
五金产品批发	Hardware products	11.9
电气设备批发	Electrical household appliances	
计算机、软件及辅助设备批发	Computer software and accessories	22.2
通讯及广播电视设备批发	Communication and radiated television	9.8
其他机械设备及电子产品批发	Others	602.9
贸易经纪与代理	Agency and brokerage	
贸易代理	Trade agency	
拍卖	Auction	
其他贸易经济与代理	Other	
其他批发业	Other	
再生物资回收与批发	Renewable materials recovery and wholesale	
其他未列明的批发	Others	
2. 按登记注册类型分组	Grouped by type registered	
内资企业	Domestic funds	40329.1
国有企业	State-owned	36224.1
集体企业	Collective-owned	
股份合作企业	Cooperative	
联营企业	Joint	
国有联营企业	State joint owned	
集体联营企业	Collective joint owned	
国有与集体联营企业	State-collective joint owned	
其他联营企业	Others joint owned	
有限责任公司	Limited liability corporations	2531.7
国有独资企业	State-owned solely	1452.6
其他有限责任公司	Limited liability corporations	1079.1
股份有限公司	Share holding	222.1
私营企业	Private	1330.0
私营独资企业	Private funded	
私营合伙企业	Private partner	

单位：万元 unit:10000 yuan

三、损益及分配 Gainsay and losses and distribution							
主营业务税金及附加 Main operation taxes and extra charges	其他业务利润 Other business profit	销售费用 Marketing expenses	管理费用 Management expenses	税金 Taxes	财务费用 Financial expenses	利息收入 Interest income	利息支出 Interest expenditure
839.2	65.0	45893.5	263.9	1282.2	2768.8	53.3	2807.3
1304.9	-71.7	3744.9	4502.0	840.1	2505.5	5602.6	7776.5
128.1	245.8	7513.7	3844.3	174.5	722.2	1438.5	2051.0
13.0	53.7	205.0	89.0		585.3		6.0
2943.9	1488.8	131843.4	15191.3	471.8	271.4	1538.7	1186.4
147.4		2830.1	1269.8		257.9		
4.9		187.5	78.3		0.4	0.1	
2129.0	448.0	118641.7	6093.2	92.4	-1360.1	1460.7	
15.8	103.9	401.2	656.4	0.7	269.9		154.2
11.9		0.7	21.3		0.4		0.4
22.2	141.4	1.1	143.3		10.1	1.8	0.4
9.8		5.5	35.5		0.3		0.3
602.9	795.5	9775.6	6893.5	378.7	1092.5	76.1	1031.1
40280.3	9230.7	123827.8	77005.4	4282.7	28889.2	8743.1	23698.1
36198.9	168.6	61397.4	20210.5	2104.7	3240.5	518.0	3222.3
2515.8	7072.6	32998.6	27459.6	1726.7	9507.0	7525.0	14544.3
1437.0	3524.7	7485.7	9527.1	902.4	2154.1	4507.2	6384.8
1078.8	3547.9	25512.9	17932.5	824.3	7352.9	3017.8	8159.5
214.4	0.4	13860.4	2747.4	11.5	5958.4	234.2	3482.9
1330.0	1989.1	14800.1	26441.1	431.8	10163.0	465.9	2428.6

14-3续表9 continued9

指标名称	Item	资产减值损失 Lost	公允价值变动收益 Revenue	投资收益 Investment income
煤炭及制品批发	Coal and related products			
石油及制品批发	Petroleum and related products	6.4		57.9
非金属矿及制品批发	Non-metal materials			
金属及金属矿批发	Metal materials	1930.5		4006.8
建材批发	Constructional materials	177.4		41.6
化肥批发	Chemical fertilizer			
农药批发	Agricultural chemical			
农用薄膜批发	Agricultural film			
其他化工产品批发	Others			
机械设备、五金产品及电子产品批发	Machinery, hardware and electric equipment	-50.2		925.2
农业机械批发	Farm machinery			
汽车批发	motorcycle	0.5		
汽车零件批发	motorcycle and parts			925.2
摩托车及零件批发	Motor vehicles, motorcycle and parts			
五金产品批发	Hardware products			
电气设备批发	Electrical household appliances			
计算机、软件及辅助设备批发	Computer software and accessories			
通讯及广播电视设备批发	Communication and radiated television			
其他机械设备及电子产品批发	Others	-50.7		
贸易经纪与代理	Agency and brokerage			
贸易代理	Trade agency			
拍卖	Auction			
其他贸易经济与代理	Other			
其他批发业	Other			
再生物资回收与批发	Renewable materials recovery and wholesale			
其他未列明的批发	Others			
2. 按登记注册类型分组	Grouped by type registered			
内资企业	Domestic funds	3827.0	12.4	33218.2
国有企业	State-owned	6.4		57.9
集体企业	Collective-owned			
股份合作企业	Cooperative			
联营企业	Joint			
国有联营企业	State joint owned			
集体联营企业	Collective joint owned			
国有与集体联营企业	State-collective joint owned			
其他联营企业	Others joint owned			
有限责任公司	Limited liability corporations	3714.1	12.4	31569.2
国有独资企业	State-owned solely	1930.5		2182.0
其他有限责任公司	Limited liability corporations	1783.6	12.4	29387.2
股份有限公司	Share holding	105.8		1549.5
私营企业	Private			41.6
私营独资企业	Private funded			
私营合伙企业	Private partner			

单位：万元 unit:10000 yuan

三、损益及分配 Gains and losses and distribution					四、人工成本及增值税 Labor cost and VAT	
营业利润 Business profit	营业外收入 Norbusiness revenue	补贴收入 Subsidies revenue	利润总额 Total profit	应交所得税 Income taxes payable	应付职工薪酬（本年贷方累计发生额） payroll payable (credit accumulated happening this year)	应交增值税 VAT payableinput
11861.1	469.8	335.6	11566.8	989.4	26609.1	7198.4
2883.6	247.0	100.0	3130.6	396.3	1661.6	1980.9
-3524.2	79.3		-3446.4	25.4	1981.0	1005.9
306.0	1.3		305.3		44.3	
6834.1	387.2	270.0	5073.9	2044.3	16175.5	22152.5
-1017.7	17.6		-1000.1		96.5	
17.0			17.0	4.2	65.4	47.3
7733.6	331.6	270.0	5452.7	1444.4	11181.9	17213.6
140.7	0.2		244.5		240.2	5.0
231.7			231.7		21.9	0.8
650.0	1.2		471.6	30.6	121.6	3901.9
197.4			197.4	5.5	35.5	1.0
-1118.6	36.6		-540.9	559.6	4412.5	982.9
107816.9	6052.2	3006.7	111870.3	26177.3	75673.6	47604.4
83924.7	1644.1	1610.1	84907.5	19485.9	48834.8	29745.3
22392.1	2300.9	1396.6	23320.1	4797.4	18536.4	12254.9
2612.6	626.4	158.8	3235.7	905.2	6743.5	2091.1
19779.5	1674.5	1237.8	20084.4	3892.2	11792.9	10163.8
2076.9	1391.0		3461.8	1063.1	1220.9	1043.6
-1078.5	716.2		-320.8	720.4	6717.5	4492.1

14-3 续表10 continued10

指标名称		法人企业数（个）Corporate enterprises (unit)	执行《2006年企业会计准则》企业个数（个）Number of enterprises implmenting Accounting Standards for Business Enterprises 2006
私营有限责任公司	Private limited company	49	38
私营股份有限公司	Private share holding	2	2
其他企业	Others	4	4
港、澳、台商投资企业	Funded from HongKong, Macao and Taiwan	2	2
与港澳台商合资经营企业	Joint venture		
与港澳台商合作经营企业	Cooperative		
港、澳、台商独资经营企业	Sole funds	2	2
港、澳、台商投资股份有限公司	Share holding		
其他港、澳、台投资企业	Others		
外商投资企业	Foreign funded	2	2
中外合资经营企业	Joint venture	2	2
中外合作经营企业	Cooperative		
外资企业	Foreign funded		
外商投资股份有限公司	Share holding		
其他外商投资企业	Others		
3. 按控股情况分组	Grouped by owned		
国有控股	State-owned	17	13
集体控股	Collective-owned	1	1
私人控股	Private-owned	83	63
港澳台商控股	Hongkong, Macao and Taiwan-Owned	3	2
外商控股	Foreign-owned		
其他	Others	22	18
4. 按经营形式分组	Grouped by form of management		
独立门店	Substantive store	113	86
连锁总店（总部）	Chain headquarter		
连锁门店	Chain store	1	
其他	Others	12	11
5. 按单位规模分	Gruoped by size of enterprises		
大型	Large-sized	6	5
中型	Medium-sized	56	43
小型	Small-sized	51	38
微型	Micro-sized	13	11
二、零售业	Retail trade	216	175
1. 按零售行业小类分组	Grouped by sectors		
综合零售	Retail trade	28	24
百货零售	Consumer goods	16	14
超级市场零售	Supermarket	10	8
其他综合零售	Others comprehensive retail business	2	2
食品、饮料及烟草制品专门零售	Food, beverage and tobaccos	5	3
粮油零售	Food and Oil		
糕点、面包零售	Cake and bread	1	
果品、蔬菜零售	Fruit and Vegetable		
肉、禽、蛋及水产品零售	Meat, fowl, egg and marine products	1	1
营养和保健品零售	Nutrition and health care		

单位：万元 unit:10000 yuan

一、年初存货 Inventory	二、期末资产负债 The final balance sheet						
	流动资产合计 Circulating funds	应收帐款 Receivables	存货 Inventery	固定资产合计 Total fixed assets	固定资产原价 Original Value of fixed assets	累计折旧 Total depreciation	本年折旧 Depreciationg in this year
80490.7	585371.2	111348.7	80366.4	29300.6	34216.2	9994.7	1281.0
1225.6	11098.2	2402.9	3087.1	8668.3	9001.1	332.8	30.0
1439.8	4472.2	1133.6	384.4	434.5	555.5	121.0	29.6
228.8	37772.9	114.6	574.0	3335.1	6950.3	3489.0	401.9
228.8	37772.9	114.6	574.0	3335.1	6950.3	3489.0	401.9
35419.8	128455.0	4130.1	22614.6	795.0	3707.1	2912.1	418.2
35419.8	128455.0	4130.1	22614.6	795.0	3707.1	2912.1	418.2
267475.4	1513116.5	579573.8	271919.7	177613.4	197721.7	81054.1	12232.4
33.0	771.2	115.6					
145665.4	885725.3	255361.3	140356.0	47065.6	58011.7	16025.3	2456.3
308.3	40660.7	257.6	574.0	3335.1	6950.3	3489.0	401.9
28189.0	309874.0	101917.0	27675.3	16550.5	23161.9	6611.4	1894.5
416906.9	2511290.5	883158.5	403903.0	209877.5	225613.7	81761.2	13429.2
8682.7	40118.1	7748.4	8682.7	12472.2	17486.1	5013.9	635.6
16081.5	198739.1	46318.4	27939.3	22214.9	42745.8	20404.7	2920.3
90282.5	640225.0	58675.9	60886.1	126059.5	118327.4	53213.7	7349.4
294030.8	1687123.4	786996.2	313150.6	83358.8	124884.8	41526.1	7819.9
53153.8	324074.0	87969.2	63612.8	21590.0	29259.3	7684.6	1281.5
4204.0	98725.3	3584.0	2875.5	13556.3	13374.1	4755.4	534.3
410114.8	2157851.0	278813.0	571135.5	865952.7	1193936.1	326621.4	49375.3
92416.3	782044.3	6971.7	168859.9	671357.8	886641.2	213196.7	31505.4
79506.4	723520.3	929.8	154322.0	640548.5	836421.8	195851.3	29755.5
12690.3	55998.9	6041.9	14537.9	22599.4	41763.4	17099.3	1503.8
219.6	2525.1			8209.9	8456.0	246.1	246.1
15780.9	18574.2	231.1	13980.6	3963.5	6964.3	2979.1	458.4
155.6	774.3	103.3	252.7	387.9	689.9	302.0	70.6
229.2	415.8	122.7	293.1	11.4	13.8	2.4	1.9

14-3 续表11 continued11

指标名称 Item		在建工程 Circulating funds	资产总计 Total assets
私营有限责任公司	Private limited company	11320.6	647224.6
私营股份有限公司	Private share holding		20018.1
其他企业	Others		5059.0
港、澳、台商投资企业	Funded from HongKong, Macao and Taiwan	647.1	48598.5
与港澳台商合资经营企业	Joint venture		
与港澳台商合作经营企业	Cooperative		
港、澳、台商独资经营企业	Sole funds	647.1	48598.5
港、澳、台商投资股份有限公司	Share holding		
其他港、澳、台投资企业	Others		
外商投资企业	Foreign funded		133651.0
中外合资经营企业	Joint venture		133651.0
中外合作经营企业	Cooperative		
外资企业	Foreign funded		
外商投资股份有限公司	Share holding		
其他外商投资企业	Others		
3.按控股情况分组	Grouped by owned		
国有控股	State-owned	19467.1	1790481.8
集体控股	Collective-owned		771.2
私人控股	Private-owned	11320.6	986603.2
港澳台商控股	Hongkong, Macao and Taiwan-Owned	647.1	51486.3
外商控股	Foreign-owned		
其他	Others	54.0	344788.2
4.按经营形式分组	Grouped by form of management		
独立门店	Substantive store	29820.1	2864278.3
连锁总店（总部）	Chain headquarter		
连锁门店	Chain store		74150.8
其他	Others	1668.7	235701.6
5.按单位规模分	Gruoped by size of enterprises		
大型	Large-sized	18412.7	773638.1
中型	Medium-sized	7112.1	1890031.9
小型	Small-sized	254.3	379590.5
微型	Micro-sized	5709.7	130870.2
二、零售业	Retail trade	107520.5	3578621.2
1.按零售行业小类分组	Grouped by sectors		
综合零售	Retail trade	82659.8	1812629.1
百货零售	Consumer goods	82225.2	1714956.7
超级市场零售	Supermarket	380.5	86883.3
其他综合零售	Others comprehensive retail business	54.1	10789.1
食品、饮料及烟草制品专门零售	Food, beverage and tobaccos	7333.2	31828.6
粮油零售	Food and Oil		
糕点、面包零售	Cake and bread		1277.6
果品、蔬菜零售	Fruit and Vegetable		
肉、禽、蛋及水产品零售	Meat, fowl, egg and marine products		500.2
营养和保健品零售	Nutrition and health care		

单位：万元 unit:10000 yuan

二、期末资产负债 The final balance sheet				
流动负债合计 Total current liabilities	应付账款 Inventory	非流动负债合计 Non-current liabilities	负债合计 Total liabilities	所有者权益合计 Creditor's equity
486302.2	131698.8	104288.2	590795.0	56429.6
9470.1	9470.1		9470.1	10548.0
2061.0	484.7		2061.0	2998.0
8303.2	218.4	6537.9	14841.1	33757.4
8303.2	218.4	6537.9	14841.1	33757.4
103359.3	15999.3	7754.2	111113.5	22537.5
103359.3	15999.3	7754.2	111113.5	22537.5
1319013.3	211493.9	59045.0	1376859.4	413622.4
244.0	7.5		244.0	527.2
750045.5	245699.8	109381.9	857768.4	128834.8
9291.0	218.4	6537.9	15828.9	35657.4
303589.6	139735.1	12225.9	315815.6	28972.6
2179674.4	517206.1	177229.5	2354046.1	510232.2
45973.2	23734.5	1854.5	47827.7	26323.1
156535.8	56214.1	8106.7	164642.5	71059.1
452835.3	141654.0	104157.9	555794.3	217843.8
1532674.4	314410.9	62566.0	1595781.4	294250.5
308605.2	131141.0	12178.9	318584.1	61006.4
88068.5	9948.8	8287.9	96356.5	34513.7
2099182.5	456417.5	814371.0	2910121.1	668500.1
812984.4	212037.9	676907.9	1489892.3	322736.8
727303.1	191971.0	672319.7	1399622.8	315333.9
82707.4	20066.9	2500.0	85207.4	1675.9
2973.9		2088.2	5062.1	5727.0
23123.6	4843.9	47.4	23171.0	8657.6
367.7	263.0		367.7	909.9
253.5	253.5	47.4	300.9	199.3

14-3 续表12 continued12

指标名称	Item	实收资本 Original Value of fixed assets	国家资本 State owned	集体资本 Collective
私营有限责任公司	Private limited company	47602.0	4032.0	
私营股份有限公司	Private share holding	3300.0		
其他企业	Others	1418.3		218.3
港、澳、台商投资企业	Funded from HongKong, Macao and Taiwan	35500.0		
与港澳台商合资经营企业	Joint venture			
与港澳台商合作经营企业	Cooperative			
港、澳、台商独资经营企业	Sole funds	35500.0		
港、澳、台商投资股份有限公司	Share holding			
其他港、澳、台投资企业	Others			
外商投资企业	Foreign funded	14000.0	7500.0	
中外合资经营企业	Joint venture	14000.0	7500.0	
中外合作经营企业	Cooperative			
外资企业	Foreign funded			
外商投资股份有限公司	Share holding			
其他外商投资企业	Others			
3.按控股情况分组	Grouped by owned			
国有控股	State-owned	184965.8	66631.1	1534.2
集体控股	Collective-owned	50.0		
私人控股	Private-owned	85414.6	4032.0	
港澳台商控股	Hongkong, Macao and Taiwan-Owned	36000.0		
外商控股	Foreign-owned			
其他	Others	22369.3	100.0	279.3
4.按经营形式分组	Grouped by form of management			
独立门店	Substantive store	250599.5	37697.1	279.3
连锁总店（总部）	Chain headquarter			
连锁门店	Chain store	21851.2	21851.2	
其他	Others	56349.0	11214.8	1534.2
5.按单位规模分	Gruoped by size of enterprises			
大型	Large-sized	21099.2	8648.7	
中型	Medium-sized	216995.2	57782.4	1534.2
小型	Small-sized	47543.3	200.0	279.3
微型	Micro-sized	43162.0	4132.0	
二、零售业	Retail trade	348975.6	24891.0	6323.5
1.按零售行业小类分组	Grouped by sectors			
综合零售	Retail trade	102109.9	6017.2	6073.5
百货零售	Consumer goods	82866.1	6017.2	1500.0
超级市场零售	Supermarket	15887.3		1573.5
其他综合零售	Others comprehensive retail business	3356.5		3000.0
食品、饮料及烟草制品专门零售	Food, beverage and tobaccos	7307.0	6570.0	
粮油零售	Food and Oil			
糕点、面包零售	Cake and bread	208.0		
果品、蔬菜零售	Fruit and Vegetable			
肉、禽、蛋及水产品零售	Meat, fowl, egg and marine products	200.0		
营养和保健品零售	Nutrition and health care			

单位：万元 unit:10000 yuan

二、期末资产负债 The final balance sheet				三、损益及分配 Gains and losses and distribution			
法人资本 Corporate	个人资本 Private	港澳台资本 Funded from Hongkong, Macao and Taiwan	外商资本 Foreign funds	营业收入 Operation revenue	主营业务收入 Operating revenue	营业成本 Operating costs	主营业务成本 Operating costs
14605.0	28965.0			693801.6	693780.7	643686.8	643686.8
2000.0	1300.0			7573.5	7573.5	7108.5	7108.5
	1200.0			11614.6	11614.6	10152.6	10152.6
		35500.0		81054.5	80987.5	77994.6	77994.6
		35500.0		81054.5	80987.5	77994.6	77994.6
1500.0			5000.0	1507163.8	1507143.3	1383519.2	1383514.0
1500.0			5000.0	1507163.8	1507143.3	1383519.2	1383514.0
111800.5			5000.0	5246341.5	5240952.9	4898758.4	4897300.5
50.0				5001.2	5001.2	4835.6	4835.6
30448.9	50933.7			1295592.0	1294552.1	1209008.4	1209008.4
		36000.0		98553.6	98486.6	92963.2	92963.2
12982.0	9008.0			1030357.1	1029274.6	998093.6	997439.2
153351.4	53271.7	1000.0	5000.0	7230233.5	7224426.4	6784435.4	6782323.1
				24100.5	22462.6	18100.0	18100.0
1930.0	6670.0	35000.0		421511.4	421378.4	401123.8	401123.8
6950.5		500.0	5000.0	3774355.1	3774154.5	3428249.5	3428232.8
135601.0	22077.6			3235394.3	3228483.6	3137359.7	3135264.1
11549.9	35514.1			581829.3	581429.6	557390.6	557390.6
1180.0	2350.0	35500.0		84266.7	84199.7	80659.4	80659.4
167575.1	120873.4	8593.8	20718.8	5530379.6	5374812.5	4893433.1	4873126.5
24792.7	46747.7	7700.5	10778.3	1925506.9	1792449.2	1602193.9	1590214.9
14142.2	45727.9	7700.5	7778.3	1711511.3	1587086.6	1425502.7	1413562.0
10294.0	1019.8		3000.0	184824.1	176191.1	157303.4	157265.1
356.5				29171.5	29171.5	19387.8	19387.8
523.0	214.0			54838.0	54745.1	45340.9	45339.8
208.0				3761.6	3761.6	2300.5	2300.5
	200.0			841.2	826.9	726.9	726.9

14-3 续表13 continued13

指标名称	Item	营业税金及附加 Business taxes and extra charges
私营有限责任公司	Private limited company	1320.3
私营股份有限公司	Private share holding	9.7
其他企业	Others	21.2
港、澳、台商投资企业	Funded from HongKong, Macao and Taiwan	111.4
与港澳台商合资经营企业	Joint venture	
与港澳台商合作经营企业	Cooperative	
港、澳、台商独资经营企业	Sole funds	111.4
港、澳、台商投资股份有限公司	Share holding	
其他港、澳、台投资企业	Others	
外商投资企业	Foreign funded	1979.2
中外合资经营企业	Joint venture	1979.2
中外合作经营企业	Cooperative	
外资企业	Foreign funded	
外商投资股份有限公司	Share holding	
其他外商投资企业	Others	
3.按控股情况分组	Grouped by owned	
国有控股	State-owned	39912.2
集体控股	Collective-owned	0.9
私人控股	Private-owned	1762.7
港澳台商控股	Hongkong,Macao and Taiwan-Owned	204.7
外商控股	Foreign-owned	
其他	Others	539.2
4.按经营形式分组	Grouped by form of management	
独立门店	Substantive store	41936.9
连锁总店（总部）	Chain headquarter	
连锁门店	Chain store	113.4
其他	Others	369.4
5.按单位规模分	Gruoped by size of enterprises	
大型	Large-sized	38663.9
中型	Medium-sized	3075.1
小型	Small-sized	574.0
微型	Micro-sized	106.7
二、零售业	Retail trade	22874.6
1.按零售行业小类分组	Grouped by sectors	
综合零售	Retail trade	15566.5
百货零售	Consumer goods	14461.2
超级市场零售	Supermarket	840.8
其他综合零售	Others comprehensive retail business	264.5
食品、饮料及烟草制品专门零售	Food,beverage and tobaccos	230.5
粮油零售	Food and Oil	
糕点、面包零售	Cake and bread	29.3
果品、蔬菜零售	Fruit and Vegetable	
肉、禽、蛋及水产品零售	Meat,fowl,egg and marine products	1.4
营养和保健品零售	Nutrition and health care	

单位：万元 unit:10000 yuan

三、损益及分配 Gainsay and losses and distribution

主营业务税金及附加 Main operation taxes and extra charges	其他业务利润 Other business profit	销售费用 Marketing expenses	管理费用 Management expenses	税金 Taxes	财务费用 Financial expenses	利息收入 Interest income	利息支出 Interest expenditure
1320.3	1989.1	14522.6	26344.5	422.7	10094.0	465.9	2428.6
9.7		277.5	96.6	9.1	69.0		
21.2		771.3	146.8	8.0	20.3		20.0
104.7		754.4	3067.2	67.3	-36.5	44.5	
104.7		754.4	3067.2	67.3	-36.5	44.5	
1979.2		118100.3	4351.7		-1199.5	1451.2	200.1
1979.2		118100.3	4351.7		-1199.5	1451.2	200.1
39871.1	3875.9	190031.3	38258.6	3325.7	10570.6	7897.2	14554.0
0.9		140.0	100.1		0.6		
1762.7	3222.6	35891.6	32837.0	647.4	14940.2	1134.0	6790.6
198.0		1694.4	3316.5	67.3	-34.3	44.5	
531.5	2132.2	14925.2	9912.1	309.6	2176.1	1163.1	2553.6
41888.4	5203.0	234505.8	72387.8	3693.9	26683.9	10122.3	23422.8
113.4	3498.9	2129.0	5014.2	268.7	5.8		
362.4	528.8	6047.7	7022.3	387.4	963.5	116.5	475.4
38663.9	168.6	176239.7	39871.1	1942.7	7003.7	2969.7	2906.0
3026.3	7913.4	50610.6	33598.9	1953.7	18089.8	6762.7	18889.2
574.0	1148.7	11918.1	7338.6	382.8	2204.3	434.2	1681.2
100.0		3914.1	3615.7	70.8	355.4	72.2	421.8
20822.3	69567.0	192646.0	258517.2	9537.4	62811.7	6435.4	21963.8
13915.4	47659.1	72294.9	138930.9	6448.8	26523.1	1445.1	1819.9
13070.4	39761.2	53650.4	125315.1	6167.9	24981.4	1253.2	1168.1
580.5	7897.9	16368.4	11585.6	280.9	1445.0	191.9	646.4
264.5		2276.1	2030.2		96.7		5.4
229.7	82.2	2256.2	6545.1	35.2	104.7	31.6	99.9
29.3	7.9	638.1	703.9	32.8	21.3	0.6	
0.6	14.3	78.6	33.1	2.4	-0.2	0.2	

14-3 续表14 continued14

指标名称	Item	资产减值损失 Lost	公允价值变动收益 Revenue	投资收益 Investment income
私营有限责任公司	Private limited company			41.6
私营股份有限公司	Private share holding			
其他企业	Others	0.7		
港、澳、台商投资企业	Funded from HongKong, Macao and Taiwan	3.2		1111.0
与港澳台商合资经营企业	Joint venture			
与港澳台商合作经营企业	Cooperative			
港、澳、台商独资经营企业	Sole funds	3.2		1111.0
港、澳、台商投资股份有限公司	Share holding			
其他港、澳、台投资企业	Others			
外商投资企业	Foreign funded			
中外合资经营企业	Joint venture			
中外合作经营企业	Cooperative			
外资企业	Foreign funded			
外商投资股份有限公司	Share holding			
其他外商投资企业	Others			
3.按控股情况分组	Grouped by owned			
国有控股	State-owned	2042.7	12.4	30930.6
集体控股	Collective-owned			
私人控股	Private-owned	0.7		1492.4
港澳台商控股	Hongkong, Macao and Taiwan-Owned	3.2		1111.0
外商控股	Foreign-owned			
其他	Others	1783.6		795.2
4.按经营形式分组	Grouped by form of management			
独立门店	Substantive store	3829.9	12.4	32423.0
连锁总店（总部）	Chain headquarter			
连锁门店	Chain store			
其他	Others	0.3		1906.2
5.按单位规模分	Gruoped by size of enterprises			
大型	Large-sized	176.7		57.9
中型	Medium-sized	3661.7	12.4	33118.7
小型	Small-sized	1.2		41.6
微型	Micro-sized	-9.4		1111.0
二、零售业	Retail trade	1249.1	1.3	2147.0
1.按零售行业小类分组	Grouped by sectors			
综合零售	Retail trade	175.9		164.5
百货零售	Consumer goods	177.2		164.5
超级市场零售	Supermarket	-1.3		
其他综合零售	Others comprehensive retail business			
食品、饮料及烟草制品专门零售	Food, beverage and tobaccos			
粮油零售	Food and Oil			
糕点、面包零售	Cake and bread			
果品、蔬菜零售	Fruit and Vegetable			
肉、禽、蛋及水产品零售	Meat, fowl, egg and marine products			
营养和保健品零售	Nutrition and health care			

单位：万元 unit:10000 yuan

三、损益及分配 Gains and losses and distribution					四、人工成本及增值税 Labor cost and VAT	
营业利润 Business profit	营业外收入 Norbusiness revenue	补贴收入 Subsidies revenue	利润总额 Total profit	应交所得税 Income taxes payable	应付职工薪酬（本年贷方累计发生额） payroll payable (credit accumulated happening this year)	应交增值税 VAT payableinput
-1090.7	716.2		-333.0	717.3	6658.3	4492.1
12.2			12.2	3.1	59.2	
501.7			501.7	110.5	364.0	68.5
271.2	1451.4	1223.0	1698.9		1533.8	680.8
271.2	1451.4	1223.0	1698.9		1533.8	680.8
412.9	40.2		163.3	3.0	10403.2	16507.0
412.9	40.2		163.3	3.0	10403.2	16507.0
99577.9	3756.3	2698.9	102350.9	22160.0	67251.3	49633.8
-76.0	4.4		-71.6			27.5
3695.5	2193.7	307.8	5781.9	2439.1	11415.8	6667.6
1516.9	1452.9	1223.0	2946.1	31.6	1533.8	1078.0
3786.7	136.5		2725.2	1549.6	7409.7	7385.3
99951.5	5564.3	2679.4	104965.5	23901.8	78433.8	62554.9
599.1	153.2		749.1		4425.7	
7950.4	1826.3	1550.3	8017.9	2278.5	4751.1	2237.3
84208.4	654.2	335.6	83191.0	18781.3	59713.0	49461.1
24061.7	4856.3	2671.1	28154.2	6521.6	23497.3	13997.0
2514.5	575.9		3237.3	841.7	2972.5	930.5
-2283.6	1457.4	1223.0	-850.0	35.7	1427.8	403.6
108332.8	7980.9	1735.5	102415.9	56852.7	133140.0	60969.5
74128.3	3162.0	536.6	73717.4	47606.3	59847.9	17876.7
71730.0	2330.0		71260.3	46522.7	50092.9	15132.5
-2717.9	832.0	536.6	-2502.3	82.6	9070.5	1327.7
5116.2			4959.4	1001.0	684.5	1416.5
368.5	1.4		294.2	209.2	3420.7	249.6
76.4	0.2		68.3	17.0	670.3	244.5
1.4			1.4	0.4	35.6	5.1

14-3 续表15 continued15

指标名称		法人企业数（个）Corporate enterprises (unit)	执行《2006年企业会计准则》企业个数（个）Number of enterprises implmenting Accounting Standards for Business Enterprises 2006
烟、饮料及茶叶零售	Alcohol、beverage and tea	1	
烟草制品零售	Tobaccos	2	2
其他食品零售	Others		
纺织、服装及日用品专门零售	Textile, garment and daily articles	12	11
纺织品及针织品零售	Textile and knitwear		
服装零售	Garments	7	7
鞋帽零售	Shoe and hat		
化妆品及卫生用品零售	Cosmetic and sanitary accessories	1	1
钟表、眼镜零售	Clock and spectacles	4	3
箱、包零售	Bags and suitcases retail		
厨房用具及日用杂品零售	Kitchenware and daily commodities retail		
自行车零售	Bicycle		
其他日用品零售	Others		
文化、体育用品及器材专门零售	Cultural and sport goods and equipment	10	9
文具用品零售	Stationery		
体育用品零售	Cultural and sports goods		
图书、报刊零售	Books、Newspaper	7	6
音像制品及电子出版物零售	Audio-visual and E-journal products		
珠宝首饰零售	Jewelry	2	2
工艺美术品及收藏品零售	Handicraft, article and collection	1	1
乐器零售	Musical instrument appliance		
照相器材零售	Photographic equipment retail		
其他文化用品零售	Others		
医药及医疗器材专门零售	Medicines and medical equipment	13	12
药品零售	Medicines	13	12
医疗用品及器材零售	Medical component		
汽车、摩托车、燃料及零配件专门零售业	Vehicles, motorcycle and parts	113	86
汽车零售	Vehicles	96	75
汽车零配件零售	Installation kit	6	3
摩托车及零配件零售	Motoreycle	1	1
机动车燃料零售业	Fuels	10	7
家用电器及电子产品专门零售	Electrical household applicances and electronic	12	11
家用视听设备零售	Household audio and video equipment	3	3
日用家电设备零售	Household appliances retail	4	4
计算机、软件及辅助设备零售	Computer software and accessories	2	2
通信设备零售	Telecommunication equipment	2	1
其他电子产品零售	Others	1	1
五金、家具及室内装修材料专门零售	Hardware, furniture and indoor hardware fitting	7	6
五金零售	Hardware		
灯具零售	Lamps	1	1
家具零售	Funiture	1	1
涂料零售	Coating		
卫生洁具零售	Sanitary ware retail		

单位：万元 unit:10000 yuan

一、年初存货 Inventory	二、期末资产负债 The final balance sheet						
	流动资产合计 Circulating funds	应收帐款 Receivables	存货 Inventery	固定资产合计 Total fixed assets	固定资产原价 Original Value of fixed assets	累计折旧 Total depreciation	本年折旧 Depreciationg in this year
124.1	187.1		187.1		434.1	412.4	30.6
15272.0	17197.0	5.1	13247.7	3564.2	5826.5	2262.3	355.3
30177.3	93693.1	26298.5	27889.9	33789.7	53634.2	19844.5	1479.5
18020.9	66281.0	25011.8	14255.9	30891.8	48944.0	18052.2	1149.2
2842.3	8127.0	1147.4	4042.7	183.8	293.8	110.0	33.8
9314.1	19285.1	139.3	9591.3	2714.1	4396.4	1682.3	296.5
12134.2	22397.2	3775.3	10309.3	6724.9	10231.8	3506.9	708.9
6751.3	15307.4	3676.3	5125.2	6628.6	9967.9	3339.3	665.8
3009.2	3501.4	19.7	2689.3	7.5	47.3	39.8	4.2
2373.7	3588.4	79.3	2494.8	88.8	216.6	127.8	38.9
37207.5	242740.6	152585.6	45885.1	15134.1	21303.9	6169.8	1058.1
37207.5	242740.6	152585.6	45885.1	15134.1	21303.9	6169.8	1058.1
201929.1	901605.1	67462.9	284714.5	124370.3	201470.6	77194.1	13089.6
183855.7	811322.7	62060.1	266129.2	111741.7	173748.6	62084.6	10185.5
3125.9	16525.3	819.1	10114.0	1270.2	2915.7	1649.5	23.7
172.0	120.9		120.9	173.9	197.0	23.1	8.9
14775.5	73636.2	4583.7	8350.4	11184.5	24609.3	13436.9	2871.5
10420.6	61102.2	10384.9	9428.1	2322.5	3536.8	1420.5	679.2
1654.0	1385.4	16.8	559.5	253.5	373.6	120.1	12.6
2350.3	48406.6	8833.2	2232.5	1219.9	1772.5	552.6	187.2
902.5	3218.1	1104.8	429.3	330.1	818.4	488.3	441.3
4909.2	6906.1	25.4	5456.1	498.6	535.5	243.1	29.8
604.6	1186.0	404.7	750.7	20.4	36.8	16.4	8.3
3013.4	18568.3	6704.0	3112.4	2642.7	2786.0	589.7	114.1
1324.3	1895.8	150.3	1595.2	100.4	156.8	56.4	56.4
	5564.9			41.7	105.9	64.2	15.7

14-3 续表16 continued16

指标名称	Item	在建工程 Circulating funds	资产总计 Total assets
烟、饮料及茶叶零售	Alcohol、beverage and tea		187.1
烟草制品零售	Tobaccos	7333.2	29863.7
其他食品零售	Others		
纺织、服装及日用品专门零售	Textile, garment and daily articles	495.6	133056.4
纺织品及针织品零售	Textile and knitwear		
服装零售	Garments	495.6	102532.0
鞋帽零售	Shoe and hat		
化妆品及卫生用品零售	Cosmetic and sanitary accessories		8311.6
钟表、眼镜零售	Clock and spectacles		22212.8
箱、包零售	Bags and suitcases retail		
厨房用具及日用杂品零售	Kitchenware and daily commodities retail		
自行车零售	Bicycle		
其他日用品零售	Others		
文化、体育用品及器材专门零售	Cultural and sport goods and equipment		34543.9
文具用品零售	Stationery		
体育用品零售	Cultural and sports goods		
图书、报刊零售	Books、Newspaper		27357.7
音像制品及电子出版物零售	Audio-visual and E-journal products		
珠宝首饰零售	Jewelry		3509.0
工艺美术品及收藏品零售	Handicraft, article and collection		3677.2
乐器零售	Musical instrument appliance		
照相器材零售	Photographic equipment retail		
其他文化用品零售	Others		
医药及医疗器材专门零售	Medicines and medical equipment	6089.3	272038.1
药品零售	Medicines	6089.3	272038.1
医疗用品及器材零售	Medical component		
汽车、摩托车、燃料及零配件专门零售业	Vehicles, motorcycle and parts	10695.2	1181393.1
汽车零售	Vehicles	8134.9	1027969.2
汽车零配件零售	Installation kit		17803.6
摩托车及零配件零售	Motoreycle		353.7
机动车燃料零售业	Fuels	2560.3	135266.6
家用电器及电子产品专门零售	Electrical household applicances and electronic	118.7	65710.4
家用视听设备零售	Household audio and video equipment		1638.9
日用家电设备零售	Household appliances retail	118.7	50659.6
计算机、软件及辅助设备零售	Computer software and accessories		3550.7
通信设备零售	Telecommunication equipment		8654.5
其他电子产品零售	Others		1206.7
五金、家具及室内装修材料专门零售	Hardware, furniture and indoor hardware fitting	54.4	23154.9
五金零售	Hardware		
灯具零售	Lamps		2803.2
家具零售	Funiture		6743.4
涂料零售	Coating		
卫生洁具零售	Sanitary ware retail		

单位：万元 unit:10000 yuan

二、期末资产负债 The final balance sheet				
流动负债合计 Total current liability	应付账款 Inventory	非流动负债合计 Total non-current liability	负债合计 Total Investment	所有者权益合计 Creditor's equity
179.3	179.3		179.3	7.8
22323.1	4148.1		22323.1	7540.6
101834.2	42932.0	43049.2	144924.8	-11868.4
78625.4	38576.8	42693.8	121319.2	-18787.2
3100.1	1895.6		3100.1	5211.5
20108.7	2459.6	355.4	20505.5	1707.3
23012.8	11254.4	9599.3	32612.1	1931.8
20195.6	11067.1	9599.3	29794.9	-2437.2
1073.2	20.3		1073.2	2435.8
1744.0	167.0		1744.0	1933.2
222315.3	101017.0	6600.0	228915.3	43122.8
222315.3	101017.0	6600.0	228915.3	43122.8
849707.2	68412.9	73457.7	920700.4	260692.7
774936.6	56399.0	45679.3	820011.9	207957.3
12805.3	722.9	1825.0	14630.3	3173.3
303.7	115.3		303.7	50.0
61661.6	11175.7	25953.4	85754.5	49512.1
38240.2	4938.4		38240.4	27470.0
1099.1	599.7		1099.2	539.7
31317.0	4068.8		31317.0	19342.6
2738.2	68.9		2738.2	812.5
2103.9	95.8		2104.0	6550.5
982.0	105.2		982.0	224.7
16623.9	6811.4	3700.0	20323.9	2831.0
2703.2	1373.0		2703.2	100.0
4295.4		2700.0	6995.4	-252.0

14-3 续表17 continued17

指标名称	Item	实收资本 Original Value of fixed assets	国家资本 State owned	集体资本 Collective
烟、饮料及茶叶零售	Alcohol、beverage and tea	30.0		
烟草制品零售	Tobaccos	6869.0	6570.0	
其他食品零售	Others			
纺织、服装及日用品专门零售	Textile, garment and daily articles	17483.3		250.0
纺织品及针织品零售	Textile and knitwear			
服装零售	Garments	11750.0		250.0
鞋帽零售	Shoe and hat			
化妆品及卫生用品零售	Cosmetic and sanitary accessories	4000.0		
钟表、眼镜零售	Clock and spectacles	1733.3		
箱、包零售	Bags and suitcases retail			
厨房用具及日用杂品零售	Kitchenware and daily commodities retail			
自行车零售	Bicycle			
其他日用品零售	Others			
文化、体育用品及器材专门零售	Cultural and sport goods and equipment	9837.7	2403.8	
文具用品零售	Stationery			
体育用品零售	Cultural and sports goods			
图书、报刊零售	Books、Newspaper	5837.7	2403.8	
音像制品及电子出版物零售	Audio-visual and E-journal products			
珠宝首饰零售	Jewelry	2500.0		
工艺美术品及收藏品零售	Handicraft, article and collection	1500.0		
乐器零售	Musical instrument appliance			
照相器材零售	Photographic equipment retail			
其他文化用品零售	Others			
医药及医疗器材专门零售	Medicines and medical equipment	13675.1	3500.0	
药品零售	Medicines	13675.1	3500.0	
医疗用品及器材零售	Medical component			
汽车、摩托车、燃料及零配件专门零售业	Vehicles, motorcycle and parts	157806.3	6400.0	
汽车零售	Vehicles	116241.5	600.0	
汽车零配件零售	Installation kit	3710.0		
摩托车及零配件零售	Motoreycle	50.0		
机动车燃料零售业	Fuels	37804.8	5800.0	
家用电器及电子产品专门零售	Electrical household applicances and electronic	26389.5		
家用视听设备零售	Household audio and video equipment	216.8		
日用家电设备零售	Household appliances retail	19972.7		
计算机、软件及辅助设备零售	Computer software and accessories	800.0		
通信设备零售	Telecommunication equipment	5200.0		
其他电子产品零售	Others	200.0		
五金、家具及室内装修材料专门零售	Hardware, furniture and indoor hardware fitting	4050.0		
五金零售	Hardware			
灯具零售	Lamps	100.0		
家具零售	Funiture	2000.0		
涂料零售	Coating			
卫生洁具零售	Sanitary ware retail			

单位：万元 unit:10000 yuan

二、期末资产负债 The final balance sheet				三、损益及分配 Gains and losses and distribution			
法人资本 Corporate	个人资本 Private	港澳台资本 Funded from Hongkong, Macao and Taiwan	外商资本 Foreign funds	营业收入 Operation revenue	主营业务收入 Operating revenue	营业成本 Operating costs	主营业务成本 Operating costs
16.0	14.0			233.3	233.3	185.9	185.9
299.0				50001.9	49923.3	42127.6	42126.5
6100.0	10200.0	893.3	40.0	128376.7	120153.5	94605.4	94415.5
5400.0	6000.0	60.0	40.0	89415.6	81192.4	61813.5	61623.6
	4000.0			19554.6	19554.6	17547.8	17547.8
700.0	200.0	833.3		19406.5	19406.5	15244.1	15244.1
5433.9	2000.0			50654.4	49427.4	41214.2	41179.6
3433.9				28560.9	27333.9	20757.2	20722.6
500.0	2000.0			11928.0	11928.0	11053.6	11053.6
1500.0				10165.5	10165.5	9403.4	9403.4
6616.5	3558.6			380866.9	379457.0	328642.3	328625.5
6616.5	3558.6			380866.9	379457.0	328642.3	328625.5
90287.8	51218.0		9900.5	2622676.3	2612006.5	2453388.1	2445333.3
55693.0	50048.0		9900.5	2185175.9	2175862.4	2041731.3	2034491.3
3500.0	210.0			85958.7	85958.7	80682.6	80682.6
50.0				512.5	512.5	494.3	494.3
31044.8	960.0			351029.2	349672.9	330479.9	329665.1
20391.7	5997.8			206318.3	205439.2	179249.2	179218.8
50.0	166.8			3144.3	3144.3	2872.8	2872.8
19541.7	431.0			170024.0	169185.3	144858.3	144850.2
800.0				9390.0	9390.0	8915.6	8915.6
	5200.0			21422.4	21422.4	20540.4	20540.4
	200.0			2337.6	2297.2	2062.1	2039.8
3800.0	250.0			16620.3	16620.3	13776.2	13776.2
100.0				4730.6	4730.6	4121.2	4121.2
2000.0				1292.5	1292.5		

14-3 续表18 continued18

指标名称 Item		营业税金及附加 Business taxes and extra charges
烟、饮料及茶叶零售	Alcohol、beverage and tea	0.1
烟草制品零售	Tobaccos	199.7
其他食品零售	Others	
纺织、服装及日用品专门零售	Textile, garment and daily articles	1341.6
纺织品及针织品零售	Textile and knitwear	
服装零售	Garments	1221.8
鞋帽零售	Shoe and hat	
化妆品及卫生用品零售	Cosmetic and sanitary accessories	25.1
钟表、眼镜零售	Clock and spectacles	94.7
箱、包零售	Bags and suitcases retail	
厨房用具及日用杂品零售	Kitchenware and daily commodities retail	
自行车零售	Bicycle	
其他日用品零售	Others	
文化、体育用品及器材专门零售	Cultural and sport goods and equipment	291.2
文具用品零售	Stationery	
体育用品零售	Cultural and sports goods	
图书、报刊零售	Books、Newspaper	123.9
音像制品及电子出版物零售	Audio-visual and E-journal products	
珠宝首饰零售	Jewelry	156.7
工艺美术品及收藏品零售	Handicraft, article and collection	10.6
乐器零售	Musical instrument appliance	
照相器材零售	Photographic equipment retail	
其他文化用品零售	Others	
医药及医疗器材专门零售	Medicines and medical equipment	1092.1
药品零售	Medicines	1092.1
医疗用品及器材零售	Medical component	
汽车、摩托车、燃料及零配件专门零售业	Vehicles, motorcycle and parts	3403.2
汽车零售	Vehicles	2957.5
汽车零配件零售	Installation kit	77.4
摩托车及零配件零售	Motoreycle	0.3
机动车燃料零售业	Fuels	368.0
家用电器及电子产品专门零售	Electrical household applicances and electronic products	487.4
家用视听设备零售	Household audio and video equipment	25.5
日用家电设备零售	Household appliances retail	385.1
计算机、软件及辅助设备零售	Computer software and accessories	53.5
通信设备零售	Telecommunication equipment	12.4
其他电子产品零售	Others	10.9
五金、家具及室内装修材料专门零售	Hardware, furniture and indoor hardware fitting	101.3
五金零售	Hardware	
灯具零售	Lamps	5.4
家具零售	Funiture	71.4
涂料零售	Coating	
卫生洁具零售	Sanitary ware retail	

单位：万元 unit:10000 yuan

三、损益及分配 Gainsay and losses and distribution							
主营业务税金及附加 Main operation taxes and extra charges	其他业务利润 Other business profit	销售费用 Marketing expenses	管理费用 Management expenses	税金 Taxes	财务费用 Financial expenses	利息收入 Interest income	利息支出 Interest expenditure
0.1		31.1	15.5		0.1		
199.7	60.0	1508.4	5792.6		83.5	30.8	99.9
1058.0	8003.5	14279.5	15344.8	594.3	3456.2	1112.8	3760.9
938.2	8003.5	12452.5	11963.4	519.2	2827.8	1100.1	3345.4
25.1		1172.8	495.1	5.0	117.0	1.0	118.0
94.7		654.2	2886.3	70.1	511.4	11.7	297.5
282.7	828.7	2526.4	6075.5	186.8	411.1	70.8	288.5
115.4	821.1	2411.1	4869.4	186.5	108.8	68.2	0.9
156.7	7.5		728.9	0.2	151.9	0.7	145.7
10.6	0.1	115.3	477.2	0.1	150.4	1.9	141.9
1018.5	1339.9	18711.1	10624.8	400.7	4545.2	2883.3	871.7
1018.5	1339.9	18711.1	10624.8	400.7	4545.2	2883.3	871.7
3369.6	9252.3	64345.5	71009.3	1545.3	26631.0	868.5	14408.1
2945.9	7281.8	51763.7	63218.8	1407.3	22660.4	831.1	10867.8
77.4	1478.7	2127.4	1976.4	1.1	740.7	9.2	708.6
0.3		19.3	25.2	0.5	0.1		0.1
346.0	491.8	10435.1	5788.9	136.4	3229.8	28.2	2831.6
487.4	2401.3	13014.2	5819.3	60.9	412.9	1.0	176.2
25.5		173.3	51.2	19.3	13.1		12.9
385.1	830.6	12006.8	3623.8	1.8	239.5		40.0
53.5	503.4	777.4	337.0	39.8	120.7		120.7
12.4	1049.1	56.7	1561.4		39.6	1.0	2.6
10.9	18.2		245.9				
101.3		462.0	2114.5	192.9	321.4	5.1	294.6
5.4		124.4	426.6		21.7		
71.4			1376.4	142.6	201.4		201.4

14-3 续表19 continued19

指标名称	Item	资产减值损失 Lost	公允价值变动收益 Revenue	投资收益 Investment income
烟、饮料及茶叶零售	Alcohol、beverage and tea			
烟草制品零售	Tobaccos			
其他食品零售	Others			
纺织、服装及日用品专门零售	Textile, garment and daily articles			620.4
纺织品及针织品零售	Textile and knitwear			
服装零售	Garments			620.4
鞋帽零售	Shoe and hat			
化妆品及卫生用品零售	Cosmetic and sanitary accessories			
钟表、眼镜零售	Clock and spectacles			
箱、包零售	Bags and suitcases retail			
厨房用具及日用杂品零售	Kitchenware and daily commodities retail			
自行车零售	Bicycle			
其他日用品零售	Others			
文化、体育用品及器材专门零售	Cultural and sport goods and equipment	133.0		6.8
文具用品零售	Stationery			
体育用品零售	Cultural and sports goods			
图书、报刊零售	Books、Newspaper	133.0		6.8
音像制品及电子出版物零售	Audio-visual and E-journal products			
珠宝首饰零售	Jewelry			
工艺美术品及收藏品零售	Handicraft, article and collection			
乐器零售	Musical instrument appliance			
照相器材零售	Photographic equipment retail			
其他文化用品零售	Others			
医药及医疗器材专门零售	Medicines and medical equipment	656.5		
药品零售	Medicines	656.5		
医疗用品及器材零售	Medical component			
汽车、摩托车、燃料及零配件专门零售业	Vehicles, motorcycle and parts	283.7	1.3	1355.3
汽车零售	Vehicles	275.4		1360.7
汽车零配件零售	Installation kit		1.3	
摩托车及零配件零售	Motoreycle			
机动车燃料零售业	Fuels	8.3		-5.4
家用电器及电子产品专门零售	Electrical household applicances and electronic			
家用视听设备零售	Household audio and video equipment			
日用家电设备零售	Household appliances retail			
计算机、软件及辅助设备零售	Computer software and accessories			
通信设备零售	Telecommunication equipment			
其他电子产品零售	Others			
五金、家具及室内装修材料专门零售	Hardware, furniture and indoor hardware fitting			
五金零售	Hardware			
灯具零售	Lamps			
家具零售	Funiture			
涂料零售	Coating			
卫生洁具零售	Sanitary ware retail			

单位：万元 unit:10000 yuan

三、损益及分配 Gains and losses and distribution					四、人工成本及增值税 Labor cost and VAT	
营业利润 Business profit	营业外收入 Norbusiness revenue	补贴收入 Subsidies revenue	利润总额 Total profit	应交所得税 Income taxes payable	应付职工薪酬（本年贷方累计发生额） payroll payable (credit accumulated happening this year)	应交增值税 VAT payableinput
0.6			0.4	0.1	22.8	
290.1	1.2		224.1	191.7	2692.0	
-30.4	2080.4	215.0	1859.1	81.8	8549.3	2345.6
-243.0	2066.3	215.0	1576.9	5.7	7462.6	1979.2
196.8			194.7	52.6	192.0	250.4
15.8	14.1		87.5	23.5	894.7	116.0
9.8	245.2	182.8	246.4	40.6	3475.2	708.1
164.3	245.2	182.8	395.6	32.6	3039.6	503.6
-163.1			-156.3	3.4	229.1	116.9
8.6			7.1	4.6	206.5	87.6
16789.1	566.5	350.1	17090.3	4300.0	11291.4	7202.3
16789.1	566.5	350.1	17090.3	4300.0	11291.4	7202.3
6916.2	1833.3	401.0	6355.4	4076.5	40514.6	29746.8
5734.8	1772.5	401.0	5236.0	3893.0	34422.4	27321.2
354.2	19.3		373.5	62.5	929.0	180.1
-26.7			-26.7		23.4	0.2
853.9	41.5		772.6	121.0	5139.8	2245.3
8383.6	89.8	50.0	1140.6	492.2	3287.6	1576.0
7.6			7.6	0.8	219.6	66.7
8910.5	35.7		810.2	418.8	2467.5	1387.0
-814.2	54.1	50.0	43.2	11.4	163.7	33.5
261.0			260.9	56.5	373.5	8.9
18.7			18.7	4.7	63.3	79.9
-155.1	1.8		-172.5	31.5	799.8	222.8
31.3			21.1	8.9	221.7	98.3
-356.7	0.1		-365.6		188.3	

14-3 续表20 continued20

指标名称		法人企业数(个) Corporate enterprises (unit)	执行《2006年企业会计准则》企业个数(个) Number of enterprises implmenting Accounting Standards for Business Enterprises 2006
木质装饰材料零售	Wooden decorative materials retail		
陶瓷、石材装饰材料零售	Ceramics、decorative stone materials retail	1	1
其他室内装修材料零售	Others	4	3
货摊、无店铺及其他零售业	Other retail trade	16	13
货摊食品零售	Food		
货摊纺织、服装及鞋零售	Booth textile、clothing and shoes retail		
货摊日用品零售	Booth commodity retail		
互联网零售	Internet retailer		
邮购及电子销售	Mail order and electronic sales		
旧货零售	Second hand		
生活用燃料零售	Fuel for life	12	10
其他未列明的零售	Others	4	3
2.按登记注册类型分组	Grouped by type registered		
内资企业	Domestic funds	207	168
国有企业	State-owned	2	2
集体企业	Collective-owned		
股份合作企业	Cooperative	2	2
联营企业	Joint		
国有联营企业	State joint owned		
集体联营企业	Collective joint owned		
国有与集体联营企业	State-collective joint owned		
其他联营企业	Others joint owned		
有限责任公司	Limited liability company	92	78
国有独资公司	State owned solely	3	3
其他有限责任公司	Limited liability company	89	75
股份有限公司	Share holding	7	5
私营企业	Private	100	77
私营独资企业	Private funded	4	2
私营合伙企业	Private partner		
私营有限责任公司	Private limited company	92	72
私营股份有限公司	Private share holding	4	3
其他企业	Others	4	4
港、澳、台商投资企业	Funded from HongKong, Macao and Taiwan	4	3
与港澳台商合资经营企业	Joint venture	3	3
与港澳台商合作经营企业	Cooperative		
港、澳、台商独资经营企业	Solefunds	1	
港、澳、台商投资股份有限公司	Share holding		
其他港澳台投资企业	others		
外商投资企业	Foreign funded	5	4
中外合资经营企业	Joint venture	4	3
中外合作经营企业	Cooperative		
外资企业	Foreign funds		
外商投资股份有限公司	Share holding		

单位：万元 unit:10000 yuan

一、年初存货 Inventory	二、期末资产负债 The final balance sheet						
	流动资产合计 Circulating funds	应收帐款 Receivables	存货 Inventery	固定资产合计 Total fixed assets	固定资产原价 Original Value of fixed assets	累计折旧 Total depreciation	本年折旧 Depreciationg in this year
520.4	1546.2	176.3	1369.9	44.8	63.4	18.6	6.4
1168.7	9561.4	6377.4	147.3	2455.8	2459.9	450.5	35.6
7035.5	17126.0	4399.0	6955.7	5647.2	7367.3	1720.1	282.1
4031.1	12546.4	3313.6	3562.6	5416.4	6977.3	1560.9	227.3
3004.4	4579.6	1085.4	3393.1	230.8	390.0	159.2	54.8
394186.7	1765762.3	275276.8	540434.0	749377.0	1000806.7	252056.4	44220.7
1865.4	4279.8	2553.3	1358.3	1845.8	2599.5	753.7	427.1
3043.6	3851.0	147.6	3071.0	1600.7	2306.2	705.5	97.0
225057.8	767205.9	195767.2	165904.6	119112.9	202858.3	83875.6	11799.8
196.3	3026.9	815.8	249.2	2448.7	3157.2	708.5	76.5
224861.5	764179.0	194951.4	165655.4	116664.2	199701.1	83167.1	11723.3
26983.4	364471.9	7744.4	160841.0	512685.0	620471.3	107764.3	22494.9
133335.3	600276.8	68805.4	205506.8	113027.3	171238.4	58729.6	9318.7
7158.1	15233.7	536.8	4803.4	2505.3	4092.1	1590.8	1350.7
119567.9	543728.3	67619.4	179945.9	100850.5	155831.9	55495.9	7433.7
6609.3	41314.8	649.2	20757.5	9671.5	11314.4	1642.9	534.3
3901.2	25676.9	258.9	3752.3	1105.3	1333.0	227.7	83.2
8275.0	324464.0	547.1	16383.6	52663.0	113128.3	60465.3	3008.5
5440.3	320825.0	517.3	13102.0	51129.2	110445.8	59316.6	2858.0
2834.7	3639.0	29.8	3281.6	1533.8	2682.5	1148.7	150.5
7653.1	67624.7	2989.1	14317.9	63912.7	80001.1	14099.7	2146.1
5762.2	58486.8	2753.8	11313.1	59838.5	75670.6	13843.4	1980.2

14-3 续表21 continued21

指标名称	Item	在建工程 Circulating funds	资产总计 Total assets
木质装饰材料零售	Wooden decorative materials retail		
陶瓷、石材装饰材料零售	Ceramics、decorative stone materials retail		1591.0
其他室内装修材料零售	Others	54.4	12017.3
货摊、无店铺及其他零售业	Other retail trade	74.3	24266.7
货摊食品零售	Food		
货摊纺织、服装及鞋零售	Booth textile、clothing and shoes retail		
货摊日用品零售	Booth commodity retail		
互联网零售	Internet retailer		
邮购及电子销售	Mail order and electronic sales		
旧货零售	Second hand		
生活用燃料零售	Fuel for life	74.3	18724.6
其他未列明的零售	Others		5542.1
2.按登记注册类型分组	Grouped by type registered		
内资企业	Domestic funds	107360.3	2875286.8
国有企业	State-owned		6515.8
集体企业	Collective-owned		
股份合作企业	Cooperative		5451.8
联营企业	Joint		
国有联营企业	State joint owned		
集体联营企业	Collective joint owned		
国有与集体联营企业	State-collective joint owned		
其他联营企业	Others joint owned		
有限责任公司	Limited liability company	22994.4	1008757.8
国有独资公司	State owned solely		6491.1
其他有限责任公司	Limited liability company	22994.4	1002266.7
股份有限公司	Share holding	78220.1	1027185.2
私营企业	Private	6145.8	799616.5
私营独资企业	Private funded		17759.2
私营合伙企业	Private partner		
私营有限责任公司	Private limited company	6124.3	730627.8
私营股份有限公司	Private share holding	21.5	51229.5
其他企业	Others		27759.7
港、澳、台商投资企业	Funded from HongKong,Macao and Taiwan	123.8	564454.9
与港澳台商合资经营企业	Joint venture	123.8	559068.7
与港澳台商合作经营企业	Cooperative		
港、澳、台商独资经营企业	Solefunds		5386.2
港、澳、台商投资股份有限公司	Share holding		
其他港澳台投资企业	others		
外商投资企业	Foreign funded	36.4	138879.5
中外合资经营企业	Joint venture	19.4	121848.1
中外合作经营企业	Cooperative		
外资企业	Foreign funds		
外商投资股份有限公司	Share holding		

单位：万元 unit:10000 yuan

二、期末资产负债 The final balance sheet

流动负债合计 Total current liabilities	应付账款 Inventory	非流动负债合计 Non-current liabilities	负债合计 Total liabilities	所有者权益合计 Creditor's equity
218.7		1000.0	1218.7	372.3
9406.6	5438.4		9406.6	2610.7
11340.9	4169.6	1009.5	11340.9	12925.8
6442.0	1156.6		6442.0	12282.6
4898.9	3013.0	1009.5	4898.9	643.2
1695491.8	379577.0	617803.8	2309821.8	565465.0
4884.4	3829.7	1237.0	6121.4	394.4
2867.4	321.1		2867.4	2584.4
698022.6	188127.0	133588.0	831006.5	177751.3
2157.4	431.5	835.0	2992.4	3498.7
695865.2	187695.5	132753.0	828014.1	174252.6
363616.7	109768.8	436050.0	799666.7	227518.5
601298.6	76490.4	46928.8	645357.6	154258.9
6580.4	992.1		6580.4	11178.8
547190.0	69345.7	46928.8	591249.0	139378.8
47528.2	6152.6		47528.2	3701.3
24802.1	1040.0		24802.2	2957.5
284634.8	72904.8	160913.8	445590.0	118864.9
279881.5	71433.8	160913.8	440795.3	118273.4
4753.3	1471.0		4794.7	591.5
119055.9	3935.7	35653.4	154709.3	-15829.8
107390.6	3935.7	32860.0	140250.6	-18402.5

14-3 续表22 continued22

指标名称	Item	实收资本 Original Value of fixed assets	国家资本 State owned	集体资本 Collective
木质装饰材料零售	Wooden decorative materials retail			
陶瓷、石材装饰材料零售	Ceramics、decorative stone materials retail	200.0		
其他室内装修材料零售	Others	1750.0		
货摊、无店铺及其他零售业	Other retail trade	10316.8		
货摊食品零售	Food			
货摊纺织、服装及鞋零售	Booth textile、clothing and shoes retail			
货摊日用品零售	Booth commodity retail			
互联网零售	Internet retailer			
邮购及电子销售	Mail order and electronic sales			
旧货零售	Second hand			
生活用燃料零售	Fuel for life	9766.8		
其他未列明的零售	Others	550.0		
2.按登记注册类型分组	Grouped by type registered			
内资企业	Domestic funds	301513.0	24891.0	5323.5
国有企业	State-owned	1170.2	1170.2	
集体企业	Collective-owned			
股份合作企业	Cooperative	2408.0		1500.0
联营企业	Joint			
国有联营企业	State joint owned			
集体联营企业	Collective joint owned			
国有与集体联营企业	State-collective joint owned			
其他联营企业	Others joint owned			
有限责任公司	Limited liability company	158535.0	19703.6	3250.0
国有独资公司	State owned solely	1908.9	1233.6	
其他有限责任公司	Limited liability company	156626.1	18470.0	3250.0
股份有限公司	Share holding	48060.8	4017.2	573.5
私营企业	Private	90002.2		
私营独资企业	Private funded	6560.0		
私营合伙企业	Private partner			
私营有限责任公司	Private limited company	81042.2		
私营股份有限公司	Private share holding	2400.0		
其他企业	Others	1336.8		
港、澳、台商投资企业	Funded from HongKong,Macao and Taiwan	26412.1		
与港澳台商合资经营企业	Joint venture	25578.8		
与港澳台商合作经营企业	Cooperative			
港、澳、台商独资经营企业	Solefunds	833.3		
港、澳、台商投资股份有限公司	Share holding			
其他港澳台投资企业	others			
外商投资企业	Foreign funded	21050.5		1000.0
中外合资经营企业	Joint venture	17150.0		1000.0
中外合作经营企业	Cooperative			
外资企业	Foreign funds			
外商投资股份有限公司	Share holding			

单位：万元 unit:10000 yuan

二、期末资产负债 The final balance sheet				三、损益及分配 Gains and losses and distribution			
法人资本 Corporate	个人资本 Private	港澳台资本 Funded from Hongkong, Macao and Taiwan	外商资本 Foreign funds	营业收入 Operation revenue	主营业务收入 Operating revenue	营业成本 Operating costs	主营业务成本 Operating costs
	200.0			1562.0	1562.0	1016.7	1016.7
1700.0	50.0			9035.2	9035.2	8638.3	8638.3
9629.5	687.3			144521.8	144514.3	135022.9	135022.9
9429.5	337.3			122193.6	122186.1	113768.4	113768.4
200.0	350.0			22328.2	22328.2	21254.5	21254.5
151325.1	119973.4			5083690.3	4948507.5	4528635.2	4512115.6
				8045.9	7805.7	6578.3	6547.2
200.0	708.0			30480.7	30480.7	29197.6	29197.6
93046.3	42535.1			2100968.1	2066896.0	1877257.8	1875831.5
675.3				6868.0	6720.7	4580.9	4578.3
92371.0	42535.1			2094100.1	2060175.3	1872676.9	1871253.2
10449.6	33020.5			1235279.8	1144239.4	1029666.1	1021357.0
47629.2	42373.0			1651513.7	1641788.7	1531988.8	1525235.7
400.0	6160.0			77980.4	77980.4	71894.7	71894.7
46029.2	35013.0			1528710.4	1518985.4	1418737.4	1411984.3
1200.0	1200.0			44822.9	44822.9	41356.7	41356.7
	1336.8			57402.1	57297.0	53946.6	53946.6
4000.0		8593.8	13818.3	314579.2	297459.8	248518.7	244742.1
4000.0		7760.5	13818.3	312236.6	295117.2	247424.1	243647.5
		833.3		2342.6	2342.6	1094.6	1094.6
12250.0	900.0		6900.5	132110.1	128845.2	116279.2	116268.8
12250.0	900.0		3000.0	114273.4	111070.1	99691.7	99681.3

14-3 续表23 continued23

指标名称	Item	营业税金及附加 Business taxes and extra charges
木质装饰材料零售	Wooden decorative materials retail	
陶瓷、石材装饰材料零售	Ceramics、decorative stone materials retail	6.3
其他室内装修材料零售	Others	18.2
货摊、无店铺及其他零售业	Other retail trade	360.8
货摊食品零售	Food	
货摊纺织、服装及鞋零售	Booth textile、clothing and shoes retail	
货摊日用品零售	Booth commodity retail	
互联网零售	Internet retailer	
邮购及电子销售	Mail order and electronic sales	
旧货零售	Second hand	
生活用燃料零售	Fuel for life	342.5
其他未列明的零售	Others	18.3
2.按登记注册类型分组	Grouped by type registered	
内资企业	Domestic funds	19175.5
国有企业	State-owned	18.5
集体企业	Collective-owned	
股份合作企业	Cooperative	287.6
联营企业	Joint	
国有联营企业	State joint owned	
集体联营企业	Collective joint owned	
国有与集体联营企业	State-collective joint owned	
其他联营企业	Others joint owned	
有限责任公司	Limited liability company	6018.6
国有独资公司	State owned solely	12.3
其他有限责任公司	Limited liability company	6006.3
股份有限公司	Share holding	9585.9
私营企业	Private	3223.9
私营独资企业	Private funded	227.6
私营合伙企业	Private partner	
私营有限责任公司	Private limited company	2863.2
私营股份有限公司	Private share holding	133.1
其他企业	Others	41.0
港、澳、台商投资企业	Funded from HongKong, Macao and Taiwan	3271.4
与港澳台商合资经营企业	Joint venture	3259.3
与港澳台商合作经营企业	Cooperative	
港、澳、台商独资经营企业	Solefunds	12.1
港、澳、台商投资股份有限公司	Share holding	
其他港澳台投资企业	others	
外商投资企业	Foreign funded	427.7
中外合资经营企业	Joint venture	426.0
中外合作经营企业	Cooperative	
外资企业	Foreign funds	
外商投资股份有限公司	Share holding	

单位：万元 unit:10000 yuan

三、损益及分配 Gainsay and losses and distribution							
主营业务税金及附加 Main operation taxes and extra charges	其他业务利润 Other business profit	销售费用 Marketing expenses	管理费用 Management expenses	税金 Taxes	财务费用 Financial expenses	利息收入 Interest income	利息支出 Interest expenditure
6.3		299.2	117.1	10.8	67.1	0.1	67.2
18.2		38.4	194.4	39.5	31.2	5.0	26.0
359.7		4756.2	2053.0	72.5	406.1	17.2	244.0
341.4		4203.6	1586.5	69.7	397.5	17.2	235.6
18.3		552.6	466.5	2.8	8.6		8.4
18514.0	52279.6	172814.6	229904.9	8946.0	49982.6	5893.1	10590.3
18.4	209.0	457.2	916.8	42.8	19.8	6.7	0.9
287.6		205.6	312.6	16.9	148.7		
5434.2	34563.8	82859.7	82914.7	2324.8	18968.8	4893.1	11946.0
3.9		634.4	1362.6		-0.3	15.8	
5430.3	34563.8	82225.3	81552.1	2324.8	18969.1	4877.3	11946.0
9583.7	4925.8	44602.6	87794.3	5224.6	12944.9	403.7	-10063.4
3149.1	12581.0	44247.0	55906.2	1292.4	17852.8	589.2	8706.8
227.6	369.7	2821.2	2238.8	78.0	60.4	0.1	17.6
2788.4	11282.9	40206.0	51999.3	1078.2	16936.6	574.4	7908.6
133.1	928.4	1219.8	1668.1	136.2	855.8	14.7	780.6
41.0		442.5	2060.3	44.5	47.6	0.4	
1880.6	16859.3	12847.1	18392.3	547.9	5769.1	541.6	6360.8
1868.5	16859.3	12389.5	17834.2	538.8	5562.8	530.2	6155.9
12.1		457.6	558.1	9.1	206.3	11.4	204.9
427.7	428.1	6984.3	10220.0	43.5	7060.0	0.7	5012.7
426.0	366.5	6304.5	9337.3	43.5	6409.0	0.7	5012.7

14-3 续表24 continued24

指标名称 Item		资产减值损失 Lost	公允价值变动收益 Revenue	投资收益 Investment income
木质装饰材料零售	Wooden decorative materials retail			
陶瓷、石材装饰材料零售	Ceramics、decorative stone materials retail			
其他室内装修材料零售	Others			
货摊、无店铺及其他零售业	Other retail trade			
货摊食品零售	Food			
货摊纺织、服装及鞋零售	Booth textile、clothing and shoes retail			
货摊日用品零售	Booth commodity retail			
互联网零售	Internet retailer			
邮购及电子销售	Mail order and electronic sales			
旧货零售	Second hand			
生活用燃料零售	Fuel for life			
其他未列明的零售	Others			
2.按登记注册类型分组	Grouped by type registered			
内资企业	Domestic funds	871.4	1.3	1752.1
国有企业	State-owned	44.4		6.8
集体企业	Collective-owned			
股份合作企业	Cooperative			
联营企业	Joint			
国有联营企业	State joint owned			
集体联营企业	Collective joint owned			
国有与集体联营企业	State-collective joint owned			
其他联营企业	Others joint owned			
有限责任公司	Limited liability company	525.1	1.3	833.1
国有独资公司	State owned solely	39.6		
其他有限责任公司	Limited liability company	485.5	1.3	833.1
股份有限公司	Share holding	315.8		164.5
私营企业	Private	-13.9		747.7
私营独资企业	Private funded			
私营合伙企业	Private partner			
私营有限责任公司	Private limited company	-13.9		600.0
私营股份有限公司	Private share holding			147.7
其他企业	Others			
港、澳、台商投资企业	Funded from HongKong, Macao and Taiwan	377.7		
与港澳台商合资经营企业	Joint venture	377.7		
与港澳台商合作经营企业	Cooperative			
港、澳、台商独资经营企业	Solefunds			
港、澳、台商投资股份有限公司	Share holding			
其他港澳台投资企业	others			
外商投资企业	Foreign funded			394.9
中外合资经营企业	Joint venture			394.9
中外合作经营企业	Cooperative			
外资企业	Foreign funds			
外商投资股份有限公司	Share holding			

单位：万元 unit:10000 yuan

三、损益及分配 Gains and losses and distribution					四、人工成本及增值税 Labor cost and VAT	
营业利润 Business profit	营业外收入 Norbusiness revenue	补贴收入 Subsidies revenue	利润总额 Total profit	应交所得税 Income taxes payable	应付职工薪酬（本年贷方累计发生额）payroll payable (credit accumulated happening this year)	应交增值税 VAT payableinput
55.6			55.6	13.9	266.0	65.7
114.7	1.7		116.4	8.7	123.8	58.8
1922.8	0.5		1885.0	14.6	1953.5	1041.6
1895.1	0.3		1857.4	6.4	1729.4	924.3
27.7	0.2		27.6	8.2	224.1	117.3
91253.2	7426.7	1334.5	84514.4	49217.8	122172.4	53424.1
17.7	0.1		10.8		698.5	99.0
328.6			12.5	6.5	3455.1	96.3
34467.6	3725.8	797.9	27965.5	6051.4	46837.4	20712.8
238.5	39.2	19.2	272.9		669.5	82.5
34229.1	3686.6	778.7	27692.6	6051.4	46167.9	20630.3
50728.9	2238.6		52330.8	39919.5	39171.8	16465.6
4847.1	1462.2	536.6	3331.5	3033.5	31533.5	15773.9
1107.4	17.9		1066.7	245.5	423.1	772.7
3253.5	1429.8	536.6	2497.9	2787.3	30091.6	14815.0
486.2	14.5		-233.1	0.7	1018.8	186.2
863.3			863.3	206.9	476.1	276.5
25545.9	94.5		26173.1	6887.7	9387.9	6516.4
25532.0	86.5		26147.5	6883.0	9076.9	6415.1
13.9	8.0		25.6	4.7	311.0	101.3
-8466.3	459.7	401.0	-8271.6	747.2	1579.7	1029.0
-7500.3	46.8		-7644.2	747.2	1090.8	1029.0

14-3 续表25 continued25

指标名称		法人企业数（个）Corporate enterprises (unit)	执行《2006年企业会计准则》企业个数（个）Number of enterprises implmenting Accounting Standards for Business Enterprises 2006
其它外商投资企业公司	Others	1	1
3.按控股情况分	Grouped by owned		
国有控股	State-owned	15	13
集体控股	Collective-owned	1	1
私人控股	Private-owned	161	131
港澳台商控股	Hongkong, Macao and Taiwan-Owned	3	2
外商控股	Foreign-owned	2	1
其他	Others	34	27
4.按经营形式分	Grouped by form of management		
独立门店	Substantive store	193	156
连锁总店(总部)	Chain headquarter	14	10
连锁门店	Chain store	4	4
其他	Others	5	5
5.按单位规模分	Gruoped by size of enterprises		
大型	Large-sized	21	18
中型	Medium-sized	103	85
小型	Small-sized	73	58
微型	Micro-sized	19	14
6.按零售业态分组	Grouped by form of retail		
有店铺零售	Retail trade	216	175
食杂店	Traditional grocery store		
便利店	Convenience store		
折扣店	Discount store		
超市	Market	5	4
大型超市	Super market	5	4
仓储会员店	Warehouse store	1	1
百货店	Consumer goods	22	20
专业店	Specialty store	103	84
专卖店	Exclusive shop	74	56
家居建材商店	Household items hall	2	2
购物中心	Shopping center	2	2
厂家直销中心	Direct sales by manufacturers	2	2
无店铺零售	)ther retail trade		
电视购物	TV shopping		
邮购	Purchase by mail		
网上商店	Store on line		
自动售货亭	Vending machine		
电话购物	Call shopping		

单位：万元 unit:10000 yuan

一、年初存货 Inventory	二、期末资产负债 The final balance sheet						
	流动资产合计 Circulating funds	应收帐款 Receivables	存货 Inventery	固定资产合计 Total fixed assets	固定资产原价 Original Value of fixed assets	累计折旧 Total depreciation	本年折旧 Depreciationg in this year
1890.9	9137.9	235.3	3004.8	4074.2	4330.5	256.3	165.9
63699.4	533925.6	139681.9	198909.6	507006.7	607261.8	100233.1	22587.6
2156.0	2658.0		2100.3	1506.1	2188.5	682.4	95.8
236733.4	1025081.5	108939.5	305896.6	184529.1	302161.5	118357.1	16822.1
3693.2	24660.8	2742.5	17981.8	11572.1	14508.2	2936.1	394.3
3159.0	10710.2	235.3	4076.6	4074.2	9346.7	3283.8	221.9
100673.8	560814.9	27213.8	42170.6	157264.5	258469.4	101128.9	9253.6
335373.5	1680032.8	235021.3	365314.9	344549.4	560086.2	216261.5	25778.1
65578.7	426271.4	33379.1	195648.5	504907.4	609218.0	102223.9	22458.4
5470.4	24977.9	295.6	6143.5	11133.5	15781.5	4648.0	628.4
3692.2	26568.9	10117.0	4028.6	5362.4	8850.4	3488.0	510.4
98246.3	1152662.4	160164.6	255937.3	643882.5	882457.5	238477.0	31850.4
255812.2	768143.7	82997.6	254755.7	131421.9	201796.9	67188.1	12478.3
53306.2	178952.5	28720.2	56074.5	33847.1	44261.3	12333.1	2987.4
2750.1	58092.4	6930.6	4368.0	56801.2	65420.4	8623.2	2059.2
410114.8	2157851.0	278813.0	571135.5	865952.7	1193936.1	326621.4	49375.3
3740.7	13245.8	2092.6	4895.4	10163.2	12182.6	2019.4	473.3
9951.8	46525.6	5890.9	10738.8	16767.4	33958.3	15126.2	1059.7
332.2	556.0	130.0	426.0	246.5	246.5		
79873.9	727488.5	1200.4	154442.5	655475.6	853316.8	197819.2	30377.0
165951.7	717538.4	103840.9	215572.3	83932.1	142295.9	59991.0	9211.7
147660.5	615692.9	165024.8	182081.8	69252.1	104475.4	34320.8	7079.6
	5564.9			41.7	105.9	64.2	15.7
1656.4	19494.5	211.8	1886.2	28095.0	45094.6	16999.6	1017.8
947.6	11744.4	421.6	1092.5	1979.1	2260.1	281.0	140.5

14-3 续表26 continued26

指标名称	Item	在建工程 Circulating funds	资产总计 Total assets
其它外商投资企业公司	Others	17.0	17031.4
3.按控股情况分	Grouped by owned		
国有控股	State-owned	88407.5	1195643.2
集体控股	Collective-owned		4164.1
私人控股	Private-owned	10844.8	1389981.9
港澳台商控股	Hongkong,Macao and Taiwan-Owned	59.1	42521.5
外商控股	Foreign-owned	30.2	18619.3
其他	Others	8178.9	927691.2
4.按经营形式分	Grouped by form of management		
独立门店	Substantive store	21747.2	2427276.2
连锁总店(总部)	Chain headquarter	84680.7	1080493.7
连锁门店	Chain store	192.3	37717.1
其他	Others	900.3	33134.2
5.按单位规模分	Gruoped by size of enterprises		
大型	Large-sized	97864.3	2216615.8
中型	Medium-sized	7037.2	1016187.1
小型	Small-sized	2619.0	229594.0
微型	Micro-sized		116224.3
6.按零售业态分组	Grouped by form of retail		
有店铺零售	Retail trade	107520.5	3578621.2
食杂店	Traditional grocery store		
便利店	Convenience store		
折扣店	Discount store		
超市	Market	115.3	25595.9
大型超市	Super market	380.5	69597.5
仓储会员店	Warehouse store		802.5
百货店	Consumer goods	82349.2	1734305.0
专业店	Specialty store	7433.9	890914.3
专卖店	Exclusive shop	16815.9	786645.0
家居建材商店	Household items hall		6743.4
购物中心	Shopping center	425.7	49547.1
厂家直销中心	Direct sales by manufacturers		14470.5
无店铺零售	Other retail trade		
电视购物	TV shopping		
邮购	Purchase by mail		
网上商店	Store on line		
自动售货亭	Vending machine		
电话购物	Call shopping		

单位：万元 unit:10000 yuan

二、期末资产负债 The final balance sheet

流动负债合计 Total current liabilities	应付账款 Inventory	非流动负债合计 Non-current liabilities	负债合计 Total liabilities	所有者权益合计 Creditor's equity
11665.3		2793.4	14458.7	2572.7
515681.9	177545.4	436870.3	952552.2	243091.0
1811.4			1811.4	2352.7
1017865.2	152461.9	111549.5	1125940.8	264041.1
26833.6	7970.9		26875.0	15646.5
31924.3	1080.0	2793.4	34717.7	-16098.4
505066.1	117359.3	263157.8	768224.0	159467.2
1617010.5	288523.4	384206.2	1997742.9	429533.3
432461.6	152861.0	430143.8	862646.8	217846.9
26307.4	3524.6		26307.4	11409.7
23403.0	11508.5	21.0	23424.0	9710.2
1083621.8	275130.7	696058.6	1779680.4	436935.4
747631.7	141015.8	77358.6	825031.9	191155.2
177253.0	27375.4	7489.5	181872.8	47721.2
90676.0	12895.6	33464.3	123536.0	-7311.7
2099182.5	456417.5	814371.0	2910121.1	668500.1
20468.1	9108.4	6000.0	26468.1	-872.2
67700.9	15361.5	2500.0	70200.9	-603.4
345.6	180.6		345.6	456.9
733030.1	192032.4	674594.9	1407625.0	326680.0
638315.9	120654.8	39525.4	675012.8	215901.5
584508.4	111313.8	48650.7	632555.2	154089.8
4295.4		2700.0	6995.4	-252.0
38373.1	7639.3	40400.0	78773.1	-29226.0
12145.0	126.7		12145.0	2325.5

14-3 续表27 continued27

指标名称	Item	实收资本 Original Value of fixed assets	国家资本 State owned	集体资本 Collective
其它外商投资企业公司	Others	3900.5		
3. 按控股情况分	Grouped by owned			
国有控股	State-owned	46040.8	21703.8	
集体控股	Collective-owned	2208.0		1500.0
私人控股	Private-owned	203657.0	387.2	
港澳台商控股	Hongkong, Macao and Taiwan-Owned	13083.3		
外商控股	Foreign-owned	7900.5		1000.0
其他	Others	76086.0	2800.0	3823.5
4. 按经营形式分	Grouped by form of management			
独立门店	Substantive store	283682.2	9641.0	3823.5
连锁总店(总部)	Chain headquarter	46735.4	10200.0	1000.0
连锁门店	Chain store	10100.0		
其他	Others	8458.0	5050.0	1500.0
5. 按单位规模分	Gruoped by size of enterprises			
大型	Large-sized	155600.8	14087.2	4500.0
中型	Medium-sized	139005.1	10079.8	1823.5
小型	Small-sized	43769.2	674.0	
微型	Micro-sized	10600.5	50.0	
6. 按零售业态分组	Grouped by form of retail			
有店铺零售	Retail trade	348975.6	24891.0	6323.5
食杂店	Traditional grocery store			
便利店	Convenience store			
折扣店	Discount store			
超市	Market	2443.5		573.5
大型超市	Super market	13890.0		1000.0
仓储会员店	Warehouse store	200.0		
百货店	Consumer goods	88586.0	6576.8	4750.0
专业店	Specialty store	148116.4	7694.2	
专卖店	Exclusive shop	90339.7	10620.0	
家居建材商店	Household items hall	2000.0		
购物中心	Shopping center	1200.0		
厂家直销中心	Direct sales by manufacturers	2200.0		
无店铺零售	Other retail trade			
电视购物	TV shopping			
邮购	Purchase by mail			
网上商店	Store on line			
自动售货亭	Vending machine			
电话购物	Call shopping			

单位：万元 unit:10000 yuan

二、期末资产负债 The final balance sheet				三、损益及分配 Gains and losses and distribution			
法人资本 Corporate	个人资本 Private	港澳台资本 Funded from Hongkong, Macao and Taiwan	外商资本 Foreign funds	营业收入 Operation revenue	主营业务收入 Operating revenue	营业成本 Operating costs	主营业务成本 Operating costs
			3900.5	17836.7	17775.1	16587.5	16587.5
9047.4	15289.6			1443249.6	1359461.9	1211731.0	1203419.9
	708.0			27824.0	27824.0	26758.9	26758.9
114153.8	89116.0			2951096.5	2927856.5	2735625.3	2727879.0
5350.0	900.0	833.3	6000.0	75546.0	74625.8	66975.9	66407.3
			6900.5	24703.2	24275.0	22298.1	22298.1
39023.9	14859.8	7760.5	7818.3	1007960.3	960769.3	830043.9	826363.3
148840.6	95997.8	7700.5	17678.8	4191940.9	4125838.4	3792849.6	3781029.8
11632.5	19969.6	893.3	3040.0	1226201.8	1137852.5	999161.7	990731.8
6000.0	4100.0			52243.9	51330.1	45386.4	45348.1
1102.0	806.0			59993.0	59791.5	56035.4	56016.8
79208.3	42326.5	7700.5	7778.3	2985437.6	2859237.9	2576153.1	2563617.6
53522.2	59745.8	893.3	12940.5	2036275.2	2010567.4	1848441.0	1841629.3
25414.1	17681.1			464640.5	463014.8	429050.6	428100.2
9430.5	1120.0			44026.3	41992.4	39788.4	39779.4
167575.1	120873.4	8593.8	20718.8	5530379.6	5374812.5	4893433.1	4873126.5
1200.0	670.0			30276.0	28516.2	24384.1	24384.1
9794.0	96.0		3000.0	154041.5	145854.6	130719.5	130681.2
50.0	150.0			1068.3	1068.3	838.7	838.7
15798.7	45981.7	7700.5	7778.3	1753219.9	1628781.1	1455309.7	1443366.4
106603.0	32985.9	833.3		2032329.4	2024854.1	1846071.1	1844882.2
30929.4	38789.8	60.0	9940.5	1501325.7	1494828.3	1396471.4	1389357.6
2000.0				1292.5	1292.5		
1200.0				43248.8	36080.3	27096.5	27096.5
	2200.0			13577.5	13537.1	12542.1	12519.8

14-3 续表28 continued28

指标名称	Item	营业税金及附加 Business taxes and extra charges
其它外商投资企业司	Others	1.7
3.按控股情况分	Grouped by owned	
国有控股	State-owned	9722.1
集体控股	Collective-owned	285.0
私人控股	Private-owned	5657.5
港澳台商控股	Hongkong,Macao and Taiwan-Owned	182.0
外商控股	Foreign-owned	50.3
其他	Others	6977.7
4.按经营形式分	Grouped by form of management	
独立门店	Substantive store	12421.4
连锁总店(总部)	Chain headquarter	9904.4
连锁门店	Chain store	228.8
其他	Others	320.0
5.按单位规模分	Gruoped by size of enterprises	
大型	Large-sized	16534.7
中型	Medium-sized	4715.0
小型	Small-sized	1453.9
微型	Micro-sized	171.0
6.按零售业态分组	Grouped by form of retail	
有店铺零售	Retail trade	22874.6
食杂店	Traditional grocery store	
便利店	Convenience store	
折扣店	Discount store	
超市	Market	279.4
大型超市	Super market	604.1
仓储会员店	Warehouse store	3.6
百货店	Consumer goods	14840.7
专业店	Specialty store	3816.6
专卖店	Exclusive shop	2405.5
家居建材商店	Household items hall	71.4
购物中心	Shopping center	824.0
厂家直销中心	Direct sales by manufacturers	29.3
无店铺零售	Other retail trade	
电视购物	TV shopping	
邮购	Purchase by mail	
网上商店	Store on line	
自动售货亭	Vending machine	
电话购物	Call shopping	

单位：万元 unit:10000 yuan

三、损益及分配 Gainsay and losses and distribution							
主营业务税金及附加 Main operation taxes and extra charges	其他业务利润 Other business profit	销售费用 Marketing expenses	管理费用 Management expenses	税金 Taxes	财务费用 Financial expenses	利息收入 Interest income	利息支出 Interest expenditure
1.7	61.6	679.8	882.7		651.0		
9713.6	1190.1	54830.5	93303.7	5170.9	14795.8	3233.6	-11849.7
285.0		205.6	110.2	16.9	148.5		
5520.8	26010.0	86879.0	93386.8	2658.9	30126.7	787.1	16921.4
182.0		3884.8	2012.6	35.4	361.4	11.6	336.2
50.3	428.1	2470.6	2741.8		1305.1		
5070.6	41938.8	44375.5	66962.1	1655.3	16074.2	2403.1	16555.9
10629.4	66867.8	118758.9	162881.6	4485.8	49240.8	5836.5	32434.2
9644.1	1618.3	68916.4	91658.7	4920.6	12778.0	578.4	-11079.2
228.8	878.1	3206.8	2994.1	106.1	409.0	2.4	385.7
320.0	202.8	1763.9	982.8	24.9	383.9	18.1	223.1
14606.4	39588.5	103511.3	153935.9	6914.0	33264.0	5356.3	4616.0
4602.2	28271.7	77834.0	82477.8	1977.0	20970.7	1000.8	10208.7
1452.0	1293.0	9915.2	16948.0	544.8	3412.7	77.4	2020.9
161.7	413.8	1385.5	5155.5	101.6	5164.3	0.9	5118.2
20822.3	69567.0	192646.0	258517.2	9537.4	62811.7	6435.4	21963.8
177.4	1662.6	2629.3	3416.0	196.2	882.5	5.9	810.6
372.2	7549.0	13739.1	9427.6	139.3	1057.7	191.9	334.1
3.6		81.0	71.0	5.0	3.0		1.5
13449.1	39761.2	56091.3	128924.9	6220.2	25083.9	1257.4	1183.1
3785.0	8521.2	80791.0	60694.5	1543.0	17563.2	654.5	10061.2
2393.9	4883.6	38858.1	44393.4	797.6	15749.6	3229.1	6192.3
71.4			1376.4	142.6	201.4		201.4
540.4	7168.5	124.4	9767.5	479.1	2270.4	1096.6	3179.6
29.3	20.9	331.8	445.9	14.4			

14-3 续表29 continued29

指标名称	Item	资产减值损失 Lost	公允价值变动收益 Revenue	投资收益 Investment income
其它外商投资企业业司	Others			
3.按控股情况分	Grouped by owned			
国有控股	State-owned	906.7		-93.2
集体控股	Collective-owned			
私人控股	Private-owned	-29.6		1619.8
港澳台商控股	Hongkong, Macao and Taiwan-Owned	306.2		
外商控股	Foreign-owned			
其他	Others	65.8	1.3	620.4
4.按经营形式分	Grouped by form of management			
独立门店	Substantive store	916.4	1.3	1636.1
连锁总店(总部)	Chain headquarter	324.4		510.9
连锁门店	Chain store			
其他	Others	8.3		
5.按单位规模分	Gruoped by size of enterprises			
大型	Large-sized	837.2		168.6
中型	Medium-sized	403.0		1978.4
小型	Small-sized	26.2		
微型	Micro-sized	-17.3	1.3	
6.按零售业态分组	Grouped by form of retail			
有店铺零售	Retail trade	1249.1	1.3	2147.0
食杂店	Traditional grocery store			
便利店	Convenience store			
折扣店	Discount store			
超市	Market	-0.4		
大型超市	Super market	-1.3		
仓储会员店	Warehouse store			
百货店	Consumer goods	183.9		164.5
专业店	Specialty store	273.7	1.3	1754.7
专卖店	Exclusive shop	793.2		218.3
家居建材商店	Household items hall			
购物中心	Shopping center			9.5
厂家直销中心	Direct sales by manufacturers			
无店铺零售	Other retail trade			
电视购物	TV shopping			
邮购	Purchase by mail			
网上商店	Store on line			
自动售货亭	Vending machine			
电话购物	Call shopping			

单位：万元 unit:10000 yuan

三、损益及分配 Gains and losses and distribution					四、人工成本及增值税 Labor cost and VAT	
营业利润 Business profit	营业外收入 Norbusiness revenue	补贴收入 Subsidies revenue	利润总额 Total profit	应交所得税 Income taxes payable	应付职工薪酬（本年贷方累计发生额） payroll payable (credit accumulated happening this year)	应交增值税 VAT payableinput
-966.0	412.9	401.0	-627.4		488.9	
58060.8	2468.7	532.9	59993.8	42303.4	47731.5	19614.8
315.8					3359.6	78.5
7931.5	2601.1	586.6	6721.5	4670.6	53928.4	26954.8
1823.1	37.6		2246.9	535.2	672.9	7512.3
-4162.8	425.1	401.0	-3820.5		641.4	302.2
44364.4	2448.4	215.0	37274.2	9343.5	26806.2	6506.9
63644.2	3629.1	1198.9	54725.3	16574.0	76321.5	41307.3
44171.1	3780.7		47035.4	40116.6	49783.8	18590.7
18.8	569.3	536.6	505.1	122.6	2638.4	561.3
498.7	1.8		150.1	39.5	4396.3	510.2
103009.0	3691.5	1101.7	95578.8	49970.5	80562.9	28320.6
8999.4	4035.2	583.8	10016.2	5360.8	44636.4	27046.7
3856.7	202.1	50.0	4427.9	1462.7	6801.0	5614.2
-7532.3	52.1		-7607.0	58.7	1139.7	-12.0
108332.8	7980.9	1735.5	102415.9	56852.7	133140.0	60969.5
-1314.9	167.7		-1246.1	56.4	1437.1	28.8
-1505.3	737.2	536.6	-1326.8	8.1	7824.5	1298.9
71.0			71.0		33.0	13.0
77092.2	2332.0		76460.8	47547.5	51388.1	16621.3
27692.9	2915.2	152.8	20566.3	5295.6	42463.3	23057.7
3249.7	1607.6	831.1	4741.2	3888.0	27504.2	19393.5
-356.7	0.1		-365.6		188.3	
3175.5	215.7	215.0	3328.7	8.9	2233.8	340.9
228.4	5.4		186.4	48.2	67.7	215.4

14-4 限额以上批发和零售业法人企业商品购进、销售和库存 (2013)

单位：万元

指标名称	Item	法人企业数(个) Corporate enterprises (unit)	从业人员期末人数(人) (person)	商品购进额 Amount
总计	Total	342	41952	11616628.8
一、批发业	Wholesale	126	9765	7758242.9
1.按批发行业小类分组	Grouped by Sector			
农、林、牧产品批发	Farming、Fore、Animal、Husbandry	16	1001	870948.1
谷物、豆及薯类批发	Cereal beans and Tubers	13	942	864684.4
种子批发	Seed	2	52	3257.9
饲料批发	Forage	1	7	3005.8
棉、麻批发	Cotton and Fiber			
林业产品批发	Forestry			
牲畜批发	Animal			
其他农牧产品批发	Others			
食品、饮料及烟草制品批发业	Food drink and tobaccos	5	1145	547773.7
米、面制品及食用油批发业	Grain and edible oil			
糕点、糖果及糖批发	Cake Candy and Suger			
果品、蔬菜批发	Fruit and Vegetable			
肉、禽、蛋、奶及水产品批发	Meet fowl egg and marine products			
盐及调味品批发	Salt and condiment	2	169	14322.5
营养和保健品批发	The nutrition and health care products retail			
酒、饮料及茶叶批发	Alcohol beverage and tea tobaccos	1	26	8834.2
烟草制品批发业	Tobaccos	1	848	515447.1
其他食品批发	Others	1	102	9169.9
纺织、服装及日用品批发业	Textile garment and daily articles	8	885	173232.2
纺织品、针织品及原料批发	Textile knitwear and raw moterial			
服装批发业	Garment	1	34	6821.9
鞋帽批发	Shoe and hat			
化妆品及卫生用品批发	Cosmetic and sanitary accessories			
厨房、卫生间用具及日用杂货批发	Kitchen rest room and daily articles			
灯具、装饰物品批发	Lamps and lanterns、decorative items wholesale			
家用电器批发	Electrical household appliances	6	734	149396.6
其他家庭用品批发	Others	1	117	17013.7
文化、体育用品及器材批发业	Sporting goods and equipment wholesale	3	474	36920.5
文具用品批发	Stationery			
体育用品及器材批发	Sporting goods and equipment wholesale			
图书批发	Books	3	474	36920.5
报刊批发	Newspaper			
音像制品及电子出版物批发	Audio-visual and E-journal products			
首饰、工艺品及收藏品批发	Jewelry handicraft article and collection			
其他文化用品批发	Others			
医药及医疗器材批发	Medicine and medical appliance	28	1689	571606.6
西药批发	Western medicine	23	1584	530610.9
中药批发	Chinese medicine	3	51	24263.2
医疗用品及器材批发	Medical component	2	54	16732.5
矿产品、建材及化工产品批发	Minerals construction materials	33	2834	3914079.3
煤炭及制品批发	Coal and related products			
石油及制品批发	Petroleum and related products	5	2091	1138443.9
非金属矿及制品批发	Non-metal materials			

TOTAL PURCHASE, SALES AND INVENTORY IN WHOLESALE AND RETAIL TRADE ABOVE DESIGNATED SIZE(2013)

unit: 10000yuan

进口额 Imports	商品销售额 Commodity sales				期末商品库存额 Inventory	年末零售营业面积 (平方米) Business areas (m^2)
		批发额 Wholesale	出口额 Exports	零售额 Retail		
483841.2	15795023.3	7660416.1	23804.8	8134607.2	1030455.7	2940506
389473.2	8259853.2	7205972.8	23804.8	1053880.4	426455.4	207874
369423.9	880413.6	846286.8	18130.2	34126.8	93257.5	96027
369423.9	873513.2	839386.4	18130.2	34126.8	92904.7	95957
	3852.9	3852.9			352.8	
	3047.5	3047.5				70
	732316.5	730841.6		1474.9	36770.3	309
	20452.2	20452.2			3503.1	234
	8549.6	7074.7		1474.9	1047.3	75
	693988	693988			32075.2	
	9326.7	9326.7			144.7	
	180887.1	180887.1			8186.3	1453
	5945.9	5945.9			4291.9	1000
	155182.1	155182.1			1871.3	453
	19759.1	19759.1			2023.1	
	46850	45428.3		1421.7	14146.7	5000
	46850	45428.3		1421.7	14146.7	5000
	635789.8	567731.6		68058.2	65164.6	2410
	591301	523242.8		68058.2	63834.8	1410
	24116.6	24116.6			627.3	460
	20372.2	20372.2			702.5	540
	3986648	3067491.6		919156.4	130275	97595
	1220982.3	385749.7		835232.6	18312.4	20115

14-4 续表1 continued1

指标名称	Item	法人企业数（个）Corporate enterprises (unit)	从业人员期末人数（人）(person)	商品购进额 Amount
金属及金属矿批发业	Metal materials	6	258	1583190.4
建材批发业	Construction materials	20	472	1121325
化肥批发业	Chemical fertilizers	2	13	71120
农药批发	Agricultural chemical			
农用薄膜批发	Agricultural film			
其他化工产品批发	Others			
机械设备、五金交电及电子产品批发业	Machinery hardware and electronic equipment	33	1737	1643682.5
农业机械批发	Farm machinery	5	75	11977
汽车批发	motorcycle	1	14	4097.5
汽车零配件批发	motorcycle and parts	5	495	1469206
摩托车及零配件批发	Motor vehicles motorcycle and parts	2	67	14692.9
五金产品批发	Hardware products	1	21	5797.9
电器设备批发	Appliances			
计算机、软件及辅助设备批发业	Computer software and accessories	2	37	30573.8
通讯及广播电视设备批发	Communication and radiated television	1	19	5397.5
其他机械设备及电子产品批发	Others	16	1009	101939.9
贸易经纪与代理	Agency and brokerage			
贸易代理	Trade agency			
拍卖	Auction			
其他贸易经济与代理	Others			
其他批发业	Other wholesale			
再生物资回收与批发	Renewable materials recovery and wholesale			
其他未列明的批发	Others			
2.按登记注册类型分组	Grouped by type registered			
内资企业	Domestic funds	122	8914	6296579.8
国有企业	State-owned	5	3094	1668499.2
集体企业	Collective-owned			
股份合作企业	Cooperative			
联营企业	Joint			
国有联营企业	State joint owned			
集体联营企业	Collective joint owned			
国有与集体联营企业	State-collective joint owned			
其他联营企业	Other joint owned			
有限责任公司	Limited liability corporations	54	3365	3427303.2
国有独资企业	State-owned solely	6	772	1250749.7
其他有限责任公司	Limited liability corporations	48	2593	2176553.5
股份有限公司	Share holding	8	425	505940.1
私营企业	Private	51	1945	686986
私营独资企业	Private funded			
私营合伙企业	Private partner			
私营有限责任公司	Private limited company	49	1914	676701.8
私营股份有限公司	Private share holding	2	31	10284.2
其他企业	Others	4	85	7851.3
港、澳、台商投资企业	Funded from Hongkong Macao and Taiwan	2	490	77980
与港澳台商合资经营企业	Joint venture			
与港澳台商合作经营企业	Cooperative			

单位：万元unit：10000yuan

进口额 Imports	商品销售额 Commodity sales	批发额 Wholesale	出口额 Exports	零售额 Retail	期末商品库存额 Inventory	年末零售营业面积（平方米） Business areas (m^2)
	1569977.3	1569977.3			81280.9	36247
	1128026	1044102.2		83923.8	25612.4	41183
	67662.4	67662.4			5069.3	50
20049.3	1796948.2	1767305.8	5674.6	29642.4	78655	5080
	15148.8	15148.8			3104.5	1288
	4371.9	4371.9			104.3	60
20049.3	1590611	1590611	5674.6		38665.4	2268
	15859.7	15839.8		19.9	4064.1	
	5833.5	5716.8		116.7	35.6	27
	29939.3	28419		1520.3	704.5	
	5422.3	4339.5		1082.8	24.8	19
	129761.7	102859		26902.7	31951.8	1418
389473.2	6671722.4	5617842	23804.8	1053880.4	403200.8	207574
	1918236.8	1085002.5		833234.3	63981.1	16000
389473.2	3525981.7	3434539.5	23804.8	91442.2	213539.2	114285
	1255118.9	1255118.9			87131.8	100424
389473.2	2270862.8	2179420.6	23804.8	91442.2	126407.4	13861
	473503.5	377745.2		95758.3	42752.5	40300
	742358.9	708913.3		33445.6	82193.6	36859
	734785.4	701339.8		33445.6	78786.3	20268
	7573.5	7573.5			3407.3	16591
	11641.5	11641.5			734.4	130
	80987.5	80987.5			668	

14-4 续表2 continued2

指标名称 Item		法人企业数（个） Corporate enterprises (unit)	从业人员期末人数（人） (person)	商品购进额 Amount
港、澳、台商独资经营企业	Solefunds	2	490	77980.0
港、澳、台商投资股份有限公司	Share holding			
其他港澳台投资企业	Others			
外商投资企业	Foreign funds	2	361	1383683.1
中外合资经营企业	Joint venture	2	361	1383683.1
中外合作经营企业	Cooperative			
外资企业	Foreign funded			
外商投资股份有限公司	Share holding			
其他外商投资企业	Others			
3.按控股情况分组	Grouped by owned			
国有控股	State-owned	17	4508	5275285.8
集体控股	Collective-owned	1		4835.6
私人控股	Private-owned	83	3392	1241157.8
港澳台商控股	Hongkong Macao and Taiwan-Owned	3	490	92948.6
外商控股	Foreign-owned			
其他	Others	22	1375	1144015.1
4.按经营形式分组	Grouped by form of management			
独立门店	Substantive store	113	8751	7292187.8
连锁总店（总部）	Chain headquarter			
连锁门店	Chain store	1	402	24699.2
其他	Others	12	612	441355.9
5.按单位规模分	Grouped by size of enterprises			
大型	Large-sized	6	4109	3742261.9
中型	Medium-sized	56	4536	3315957.9
小型	Small-sized	51	924	610214.8
微型	Micro-sized	13	196	89808.3
二、零售业	Retail trade	216	32187	3858385.9
1.按零售行业小类分组	Grouped by sectors			
综合零售业	Retail trade	28	14319	608406.5
百货零售业	Consumer goods	16	9506	414221.8
超级市场零售业	Supermarket	10	2783	163706.9
其他综合零售业	Other comprehensive retail business	2	2030	30477.8
食品、饮料及烟草制品专门零售业	Food beverage and tobaccos	5	646	41631.1
粮油零售	Food and oil			
糕点、面包零售	Cake and bread	1	120	3761.5
果品、蔬菜零售	Fruit and vegetable			
肉、禽、蛋及水产品零售	Meet, fowl, egg and marine products	1	13	790.8
营养和保健品零售	Nutrition and health care			
酒、饮料及茶叶零售	Alcohol beverage and tea	1	10	332.8
烟草制品零售	Tobaccos	2	503	36746
其他食品零售	Others			
纺织、服装及日用品专门零售业	Textile, garment and daily articles	12	1450	91228.9
纺织品及针织品零售	Textile and knitwear			
服装零售业	Garments	7	1132	56528.9
鞋帽零售	Shoe and hat			
化妆品及卫生用品零售	Cosmetic and sanitary accessories	1	43	18748.2
钟表、眼镜零售	Clock and spectacles	4	275	15951.8

单位：万元unit：10000yuan

进口额 Imports	商品销售额 Commodity sales	批发额 Wholesale	出口额 Exports	零售额 Retail	期末商品库存额 Inventory	年末零售营业面积（平方米）Business areas (m^2)
	80987.5	80987.5			668.0	
	1507143.3	1507143.3			22586.6	300
	1507143.3	1507143.3			22586.6	300
369423.9	5656246.3	4761644.5	17566.4	894601.8	247419.3	119881
	5001.2	5001.2			39.9	
20049.3	1334361.6	1237598.2	5674.6	96763.4	141168.1	45036
	98486.6	98486.6			988.0	
	1165757.5	1103242.3	563.8	62515.2	36840.1	42957
389473.2	7783952.2	6730071.8	23241.0	1053880.4	377624.3	205234
	38211.0	38211.0			10564.4	
	437690.0	437690.0	563.8		38266.7	2640
	4157789.9	3262304.4		895485.5	67474.8	16765
389473.2	3389116.9	3255276.1	23241.0	133840.8	288697.8	103584
	618326.7	593772.6		24554.1	66863.0	86660
	94619.7	94619.7	563.8		3419.8	865
94368.0	7535170.1	454443.3		7080726.8	604000.3	2732632
	3837740.6	1208.0		3836532.6	166164.7	2159882
	3631748.0			3631748.0	151641.2	2011159
	170619.3			170619.3	14295.6	133523
	35373.3	1208.0		34165.3	227.9	15200
	61328.0			61328.0	13893.0	7439
	3761.5			3761.5	252.7	1100
	726.9			726.9	293.1	1500
	233.3			233.3	99.5	97
	56606.3			56606.3	13247.7	4742
	121474.5	7632.5		113842.0	28318.5	123324
	85968.9	7632.5		78336.4	14389.7	118373
	19554.6			19554.6	4042.7	1000
	15951.0			15951.0	9886.1	3951

14-4 续表3 continued3

指标名称	Item	法人企业数（个）Corporate enterprises (unit)	从业人员期末人数（人）(person)	商品购进额 Amount
箱、包零售	Bags and suitcases retail			
厨房用具及日用杂品零售	Kitchenware and daily commodities retail			
自行车零售	Bicycle			
其他日用品零售	Others			
文化、体育用品及器材专门零售	Cultural and sport goods	10	769	46640.7
文具用品零售	Stationery			
体育用品零售业	Cultural and sports goods			
图书、报刊零售	Books、Newspaper	7	673	34900.1
音像制品及电子出版物零售	Audio-visual and E-journal products			
珠宝首饰零售	Jewelry	2	70	3665.6
工艺美术品及收藏品零售	Handicraft article and collection	1	26	8075
乐器零售	Musical instruments retail			
照相器材零售	Photogrphic apparatus retail			
其他文化用品零售	Others			
医药及医疗器材专门零售业	Medicine and medical appliance	13	3094	317243.2
药品零售业	Medicine	13	3094	317243.2
医疗用品及器材零售	Medical component			
汽车、摩托车、燃料及零配件专门零售业	Vehicles, motorcycle and part	113	9822	2577702.8
汽车零售业	Vehicles	96	8152	2178649
汽车零配件零售	Installation kit	6	224	27272.4
摩托车及零配件零售	Motoreycle	1	15	496.1
机动车燃料零售业	Fuel	10	1431	371285.3
家用电器及电子产品专门零售业	Electrical household equipment	12	1158	127991.8
家用视听设备零售	Household audio and video equipment	3	136	2680.2
日用家电设备零售	Household applianeces retail	4	806	96033.8
计算机、软件及辅助设备零售业	Computer software and accessories	2	59	5192.3
通信设备零售业	Teleconmmunicational equipment	2	141	21899.5
其他电子产品零售	Others	1	16	2186
五金、家具及室内装修材料专门零售业	Hardware funiture and indoor hareware fitting	7	244	15740.5
五金零售	Hardware			
灯具零售	Lamps	1	93	4392.1
家具零售	Funiture	1	35	1500.3
涂料零售	Coating			
卫生洁具零售	Sanitary ware retail			
木质装饰材料零售	Wooden decorative materials retail			
陶瓷、石材装饰材料零售	Ceramics、decorative stone materials retail	1	81	1866.2
其他室内装修材料零售	Others	4	35	7981.9
货摊、无店铺及其他零售业	Other retail trade	16	685	31800.4
货摊食品零售	Food			
货摊纺织、服装及鞋零售	Booth textile、clothing and shoes retail			
货摊日用品零售	Booth commodity retail			
互联网零售	Internet retail			
邮购及电视、电话零售	Mail-order and TV and phone retail			
旧货零售	Second hand			
生活用燃料零售	Fuel for life	12	621	12667.8
其他未列明的零售	Others	4	64	19132.6
2.按登记注册类型分组	Grouped by type registered			
内资企业	Domestic funds	207	29975	3685279

单位：万元 unit：10000yuan

进口额 Imports	商品销售额 Commodity sales	批发额 Wholesale	出口额 Exports	零售额 Retail	期末商品库存额 Inventory	年末零售营业面积(平方米) Business areas (m^2)
	56162.4	2009.0		54153.4	15353.2	16210
	33380.3			33380.3	10169.2	15595
	12616.6	2009.0		10607.6	2689.2	550
	10165.5			10165.5	2494.8	65
	354651.8	210949.0		143702.8	42992.1	61232
	354651.8	210949.0		143702.8	42992.1	61232
94368	2719111.4	225190.6		2493920.8	315043.4	223899
94337.2	2232200.6	57990.3		2174210.3	302961.6	199601
30.8	87051.9			87051.9	3494.9	6190
	835.6			835.6	167.4	580
	399023.3	167200.3		231823.0	8419.5	17528
	205138.9	600.0		204538.9	9961.2	81202
	3144.3	600.0		2544.3	595.6	2958
	169185.3			169185.3	2963.8	74320
	9347.1			9347.1	186.8	104
	21422.4			21422.4	5464.3	3760
	2039.8			2039.8	750.7	60
	15493.7	3745.9		11747.8	3952.8	9416
	4030.7	3030.0		1000.7	1595.2	300
	1457.6			1457.6	46.8	116
	1016.7			1016.7	1369.9	7800
	8988.7	715.9		8272.8	940.9	1200
	164068.8	3108.3		160960.5	8321.4	50028
	141316.6			141316.6	4598.3	49718
	22752.2	3108.3		19643.9	3723.1	310
38342.2	7074380.5	454443.3		6619937.2	533915.4	2634400

14-4 续表4 continued4

指标名称 Item		法人企业数（个） Corporate enterprises (unit)	从业人员期末人数（人） (person)	商品购进额 Amount
国有企业	State-owned	2	142	10187.5
集体企业	Collective-owned			
股份合作企业	Cooperative	2	1806	2896.5
联营企业	Joint			
国有联营企业	State joint owned			
集体联营企业	Collective joint owned			
国有与集体联营企业	State-collective joint owned			
其他联营企业	Other joint owned			
有限责任公司	Limited liability corporations	92	13746	1882831.5
国有独资公司	State-owned solely	3	169	7633.6
其他有限责任公司	Limited liability corporations	89	13577	1875197.9
股份有限公司	Share holding	7	6209	204613.9
私营企业	Private	100	7900	1531029.5
私营独资企业	Private funded	4	161	84396.9
私营合伙企业	Private partner			
私营有限责任公司	Private limited company	92	7492	1384014.4
私营股份有限公司	Private share holding	4	247	62618.2
其他企业	Others	4	172	53720.1
港、澳、台商投资企业	Funded from Hongkong,Macao and Taiwan	4	1429	54971.1
与港澳台商合资经营企业	Joint venture	3	1316	53429.7
与港澳台商合作经营企业	Cooperative			
港、澳、台商独资企业	Solefunds	1	113	1541.4
港、澳、台商投资股份有限公司	Share holding			
其他港澳台投资企业	Others			
外商投资企业	Foreign funds	5	783	118135.8
中外合资经营企业	Joint venture	4	715	98543.5
中外合作经营企业	Cooperative			
外资企业	Foreign funded			
外商投资股份有限公司	Share holding			
其他外商投资股份有限公司	Others	1	68	19592.3
3.按控股情况分组	Grouped by owned			
国有控股	State-owned	15	7573	376097.6
集体控股	Collective-owned	1	1786	2799.3
私人控股	Private-owned	161	14044	2801672.3
港澳台商控股	Hongkong, Macao and Taiwan-Owned	3	394	112109.7
外商控股	Foreign-owned	2	289	26191.9
其他	Others	34	8101	539515.1
4.按经营形式分组	Grouped by form of management			
独立门店	Substantive store	193	21057	3613563.3
连锁总店（总部）	Chain headquarter	14	8355	170788.5
连锁门店	Chain store	4	836	39980.2

单位：万元 unit：10000 yuan

进口额 Imports	商品销售额 Commodity sales	批发额 Wholesale	出口额 Exports	零售额 Retail	期末商品库存额 Inventory	年末零售营业面积（平方米）Business areas (m^2)
	10668.1			10668.1	2300.9	2096
						6000
	31008.7	3108.3		27900.4	3291.7	743
20855.1	2212018.5	386202.8		1825815.7	176731.8	543047
	7406.8			7406.8	307.3	2730
20855.1	2204611.7	386202.8		1818408.9	176424.5	540317
	3070706.2			3070706.2	152137.7	1783245
17487.1	1692716	64532.2		1628183.8	195553.6	291865
	80151.1			80151.1	9939	4679
17487.1	1563956.7	64532.2		1499424.5	166880.1	255020
	48608.2			48608.2	18734.5	32166
	57263	600		56663	3899.7	7404
25552.2	336741.5			336741.5	54254.1	61798
25552.2	335646.9			335646.9	50972.5	58600
	1094.6			1094.6	3281.6	3198
30473.6	124048.1			124048.1	15830.8	36434
30473.6	107460.6			107460.6	12826	25879
	16587.5			16587.5	3004.8	10555
125.5	3260961.7	209973.3		3050988.4	193663.4	1748887
	27900.4			27900.4	2156	6683
68690.3	3056475.6	238561		2817914.6	300361.9	574140
25552.2	69451.6			69451.6	57123.2	4198
	23454			23454	4076.6	25534
	1096926.8	5909		1091017.8	46619.2	373190
83743	4363291.8	444896.5		3918395.3	405476.3	932863
	3059786.2	7632.5		3052153.7	187219.4	1780352
10625	49956.2	1914.3		48041.9	6888.2	18184

14-4 续表5 continued5

指标名称	Item	法人企业数（个） Corporate enterprises (unit)	从业人员期末人数（人） (person)	商品购进额 Amount
其他	Others	5	1939	34053.9
5. 按单位规模分	Grouped by size of enterprises			
大型	Large-sized	21	18307	1390442.6
中型	Medium-sized	103	11724	2000663.7
小型	Small-sized	73	1855	427271.6
微型	Micro-sized	19	301	40008
6. 按零售业态分组	Grouped by form of retail			
有店铺零售	Retail trade	216	32187	3858385.9
食杂店	Traditional grocery store			
便利店	Convenience store			
折扣店	Discount store			
超市	Market	5	692	27444.1
大型超市	Super market	5	2319	133655.6
仓储会员店	Warehouse store	1	10	1015.7
百货店	Consumer goods	22	11781	457159.3
专业店	Specialty store	103	10876	1811226.2
专卖店	Exclusive shop	74	5839	1384790.6
家居建材商店	Household items hall	2	35	1500.3
购物中心	Shopping center	2	568	28783.1
厂家直销中心	Direct sales by manufacturers	2	67	12811
无店铺零售	Other retail trade			
电视购物	TV shopping			
邮购	Purchase by mail			
网上商店	Store on line			
自动售货亭	Vending machine			
电话购物	Call shopping			

单位：万元 unit：10000yuan

进口额 Imports	商品销售额 Commodity sales	批发额 Wholesale	出口额 Exports	零售额 Retail	期末商品库存额 Inventory	年末零售营业面积（平方米） Business areas (m^2)
	62135.9			62135.9	4416.4	1233
	4907115.7	412429.8		4494685.9	239083.8	2151946
84263.4	2119169.4	28517.7		2090651.7	295255.9	414145
10104.6	466369.7	13490.1		452879.6	65431.1	141821
	42515.3	5.7		42509.6	4229.5	24720
94368	7535170.1	454443.3		7080726.8	604000.3	2732632
	29421.2	975.7		28445.5	4558.4	10660
	140364.6			140364.6	10834.5	88663
	1068.3			1068.3	134.1	8000
	3679410.3	1208		3678202.3	152144.8	2073538
41123.5	2154764.9	216321.4		1938443.5	222206.9	311178
42619.5	1477778.3	232908.2		1244870.1	210340.8	144027
	1457.6			1457.6	46.8	156
	38965.1	3030		35935.1	2108.3	91300
10625	11939.8			11939.8	1625.7	5110

14-5 限额以上住宿业和餐饮业法人企业基本情况(2013)

指标名称	Item	法人企业数（个）Corporate enterprises (unit)
总计	Total	106
一、住宿业	Hotels	53
1.按住宿行业小类分组	Grouped by sectors	
旅游饭店	Tourism restaurant	40
一般旅馆	Hotels	10
其他住宿服务	Other accommomodation services	3
2.按登记注册类型分组	Grouped by type registered	
内资企业	Domestic funds	48
国有企业	State-owned	20
集体企业	Collective-owned	1
股份合作企业	Cooperative	1
联营企业	Joint	
国有联营企业	State joint owned	
集体联营企业	Collective joint owned	
国有与集体联营企业	State-collective joint owned	
其他联营企业	Other joint owned	
有限责任公司	Limited liability corporations	18
国有独资企业	State-owned soely	1
其他有限责任公司	Others	17
股份有限公司	Share holding	4
私营企业	Private	4
私营独资企业	Private funded	
私营合伙企业	Private partner	
私营有限责任公司	Private limited company	3
私营股份有限公司	Private share holding	1
其他企业	Others	
港、澳、台商投资企业	Funded from Hongkong, Macao and Taiwan	1
与港澳台商合资经营企业	Joint venture	
与港澳台商合作经营企业	Cooperative	1
港、澳、台商独资经营企业	Solefunds	
港、澳、台商投资股份有限公司	Share holding	
其他港澳台投资企业	Others	

GENERAL INFORMATION OF THE ABOVE-NORM HOTELS AND CATERING(2013)

从业人员期末人数（人）(person)	其中：女性 Female	法人所属产业活动单位个数（个）The number of legal persons' establishments	住宿业和餐饮业 Hotels and catering	其它 Others
14665	8046	135	128	7
8588	5071	58	53	5
7787	4559	42	40	2
315	174	13	10	3
486	338	3	3	
7081	4145	52	48	4
3549	2088	21	20	1
60	34	1	1	
72	59	1	1	
2887	1718	18	18	
307	157	1	1	
2580	1561	17	17	
279	129	7	4	3
234	117	4	4	
215	110	3	3	
19	7	1	1	
280	187	2	1	1
280	187	2	1	1

14-5 续表1 continued1

指标名称	Item	法人企业数（个） Corporate enterprises (unit)
外商投资企业	Foreign funded	4
中外合资经营企业	Joint venture	3
中外合作经营企业	Cooperative	1
外资企业	Foreign funds	
外商投资股份有限公司	Share holding	
其他外商投资企业	Others	
3. 按控股情况分组	Grouped by owned	
国有控股	State-owned	24
集体控股	Collective-owned	1
私人控股	Private-owned	9
港澳台商控股	Hongkong, Macao and Taiwan-Owned	1
外商控股	Foreign-owned	1
其他	Others	17
4. 按经营形式分组	Grouped by form of management	
独立门店	Substantive store	49
连锁总店(总部)	Chain headquarter	
连锁门店	Chain store	1
其他	Others	3
5. 按单位规模分	Gruoped by size of enterprises	
大型	Large-sized	3
中型	Medium-sized	17
小型	Small-sized	31
微型	Micro-sized	2
6. 按星级分组	Grouped by star	
五星	Five-star	2
四星	Four-star	15
三星	Three-star	17
二星	Two-star	2
一星	One-star	
其他	Others	17
二、餐饮业	Catering	53
1. 按餐饮行业小类分组	Grouped by sector	
正餐服务	Dinner	53
快餐服务	Fast food	
饮料及冷饮服务	Beverage and cold drink	
茶馆服务	The teahouse service	
咖啡馆服务	Coffee shops serve	
酒吧服务	Abar Service	
其他饮料及冷饮服务	Others	
其他餐饮服务	Others	
小吃服务	Anack service	
餐饮配送服务	Food and beverage distribution service	
其他未列明餐饮业	Others	
2. 按登记注册类型分组	Grouped by type registered	
内资企业	Domestic funds	53
国有企业	State owned	3

单位:万元 unit:10000yuan

从业人员期末人数（人）(person)	其中：女性 Female	法人所属产业活动单位个数（个）The number of legal persons' establishments	住宿业和餐饮业 Hotels and catering	其它 Others
1227	739	4	4	
1046	637	3	3	
181	102	1	1	
4161	2405	25	24	1
60	34	1	1	
509	312	9	9	
280	187	2	1	1
320	158	1	1	
3258	1975	20	17	3
7666	4564	54	49	5
95	35	1	1	
827	472	3	3	
1681	1052	3	3	
4714	2703	19	17	2
2178	1308	34	31	3
15	8	2	2	
942	574	2	2	
4120	2404	17	15	2
1614	982	17	17	
93	49	2	2	
1819	1062	20	17	3
6077	2975	77	75	2
6077	2975	77	75	2
6077	2975	77	75	2
692	40	3	3	

14-5 续表2 continued2

指标名称	Item	法人企业数（个） Corporate enterprises (unit)
集体企业	Collective owned	3
股份合作企业	Cooperative	
联营企业	Joint	
国有联营企业	State joint owned	
集体联营企业	Collective joint owned	
国有与集体联营企业	State-collective joint owned	
其他联营企业	Other joint owned	
有限责任公司	Limited liability corporations	24
国有独资企业	State owned solely	1
其他有限责任公司	Others	23
股份有限公司	Share holding	3
私营企业	Private	18
私营独资企业	Private funded	3
私营合伙企业	Private partner	
私营有限责任公司	Private limited company	14
私营股份有限公司	Private share holding	1
其他企业	Others	2
港、澳、台商投资企业	Funded from Hongkong, Macao and Taiwan	
与港澳台商合资经营企业	Joint venture	
与港澳台商合作经营企业	Cooperative	
港、澳、台商独资经营企业	Solefunds	
港、澳、台商投资股份有限公司	Share holding	
其它港澳台投资企业	Others	
外商投资企业	Foreign funded	
中外合资经营企业	Joint venture	
中外合作经营企业	Cooperative	
外资企业	Foreign funds	
外商投资股份有限公司	Share holding	
其他外商投资企业	Others	
3. 按控股情况分组	Grouped by owned	
国有控股	State-owned	6
集体控股	Collective-owned	3
私人控股	Private-owned	34
港澳台商控股	Hongkong, Macao and Taiwan-Owned	
外商控股	Foreign-owned	
其他	Others	10
4. 按经营形式分组	Grouped by form of retail	
独立门店	Substantive store	51
连锁总店（总部）	Chain headquarter	
连锁门店	Chain store	
其他	Others	2
5. 按单位规模分	Grouped by size of enterprises	
大型	Large-sized	2
中型	Medium-sized	6
小型	Small-sized	43
微型	Micro-sized	2

单位:万元 unit:10000yuan

从业人员期末人数（人）(person)	其中：女性 Female	法人所属产业活动单位个数（个）The number of legal persons' establishments	住宿业和餐饮业 Hotels and catering	其它 Others
186	120	3	3	
2751	1257	26	24	2
190	100	1	1	
2561	1157	25	23	2
96	65	3	3	
2257	1428	40	40	
240	170	3	3	
1997	1249	36	36	
20	9	1	1	
95	65	2	2	
1000	178	6	6	
186	120	3	3	
3463	2175	58	56	2
1428	502	10	10	
5810	2756	75	73	2
267	219	2	2	
1269		2	2	
2445	1562	28	28	
2343	1404	45	43	2
20	9	2	2	

14-6 限额以上住宿业和餐饮业法人企业经营情况(2013)

单位：万元

		法人企业数(个) Corporate enterprises (unit)	从业人员期末人数(人) (person)	营业额 Turnover
总计	Total	106	14665	257905.3
一、住宿业	Hotels	53	8588	151315.6
1.按住宿行业小类分组	Grouped by sectors			
旅游饭店	Tourism restaurant	40	7787	132692.4
一般旅馆	Hotels	10	315	4755.9
其他住宿服务	Other accommomodation services	3	486	13867.3
2.按登记注册类型分组	Grouped by type registered			
内资企业	Domestic funds	48	7081	114870.0
国有企业	State-owned	20	3549	48339.1
集体企业	Collective-owned	1	60	637.6
股份合作企业	Cooperative	1	72	4152.6
联营企业	Joint			
国有联营企业	State joint owned			
集体联营企业	Collective joint owned			
国有与集体联营企业	State-collective joint owned			
其他联营企业	Other joint owned			
有限责任公司	Limited liability corporations	18	2887	47796.5
国有独资企业	State-owned soely	1	307	4152.8
其他有限责任公司	Others	17	2580	43643.7
股份有限公司	Share holding	4	279	5185.3
私营企业	Private	4	234	8758.9
私营独资企业	Private funded			
私营合伙企业	Private partner			
私营有限责任公司	Private limited company	3	215	8183.1
私营股份有限公司	Private share holding	1	19	575.8
其他企业	Others			
港、澳、台商投资企业	Funded from Hongkong, Macao and Taiwan	1	280	4806.8
与港澳台商合资经营企业	Joint venture			
与港澳台商合作经营企业	Cooperative	1	280	4806.8
港、澳、台商独资经营企业	Solefunds			
港、澳、台商投资股份有限公司	Share holding			
其他港澳台投资企业	Others			
外商投资企业	Foreign funded	4	1227	31638.8
中外合资经营企业	Joint venture	3	1046	27198.1
中外合作经营企业	Cooperative	1	181	4440.7
外资企业	Foreign funds			
外商投资股份有限公司	Share holding			
其他外商投资企业	Others			
3.按控股情况分组	Grouped by owned			
国有控股	State-owned	24	4161	60990.8
集体控股	Collective-owned	1	60	637.6
私人控股	Private-owned	9	509	12484.3
港澳台商控股	Hongkong, Macao and Taiwan-Owned	1	280	4806.8
外商控股	Foreign-owned	1	320	4616.2
其他	Others	17	3258	67779.9
4.按经营形式分组	Grouped by form of management			

COMPREHENSIVE CONDITIONS OF ENTERPRISES ABOVE DESIGNATED SIZE IN HOTELS AND RESTAURANTS IN 2013

unit: 10000 yuan

客房收入 Guestroom income	餐费收入 Food bill	商品销售收入 Goodssale income	其他收入 Other income	客房间数(间) Rooms	床位数(个) Beds	餐位数(位) Seats	年末餐饮营业面积(平方米) Businessareas(m^2)
91907.1	145498.9	2348.1	18151.2	10922	18396	53732	315010
68138.6	68233.7	1731.6	13211.7	7884	13270	25786	172710
60611.3	58300.5	1574.2	12206.4	6567	10929	22374	142070
3273.3	944.6	157.4	380.6	802	1436	1714	22940
4254.0	8988.6		624.7	515	905	1698	7700
53623.4	51659.5	733.3	8853.8	6615	11367	21917	144803
21872.1	20838.4	327.9	5300.7	2745	4358	11487	74719
121.4	516.2			82	166	120	300
2565.8	1566.7		20.1	80	110	280	1000
21565.8	23605.2	345.9	2279.6	2875	5249	7672	50734
1405.4	2322.8		424.6	211	348	245	500
20160.4	21282.4	345.9	1855.0	2664	4901	7427	50234
2603.0	1354.5	11.7	1216.1	410	732	770	9450
4895.3	3778.5	47.8	37.3	423	752	1588	8600
4535.2	3611.1	6.0	30.8	377	650	1380	5600
360.1	167.4	41.8	6.5	46	102	208	3000
1237.0	2721.7	541.7	306.4	182	305	802	8000
1237.0	2721.7	541.7	306.4	182	305	802	8000
13278.2	13852.5	456.6	4051.5	1087	1598	3067	19907
12387.0	10519.5	450.0	3841.6	955	1348	2949	18907
891.2	3333.0	6.6	209.9	132	250	118	1000
27655.3	26058.4	330.0	6947.1	3224	5150	12752	84219
121.4	516.2			82	166	120	300
6903.9	5105.9	127.3	347.2	1128	2769	2979	18875
1237.0	2721.7	541.7	306.4	182	305	802	8000
2248.2	1789.7		578.3	265	382	1610	15557
29972.8	32041.8	732.6	5032.7	3003	4498	7523	45759

14-6 续表1 continued1

		法人企业数(个) Corporate enterprises (unit)	从业人员期末人数(人) (person)	营业额 Turnover
独立门店	Substantive store	49	7666	132625.8
连锁总店(总部)	Chain headquarter			
连锁门店	Chain store	1	95	5834.4
其他	Others	3	827	12855.4
5.按单位规模分	Gruoped by size of enterprises			
大型	Large-sized	3	1681	42732.9
中型	Medium-sized	17	4714	71972.0
小型	Small-sized	31	2178	36578.7
微型	Micro-sized	2	15	32.0
6.按星级分组	Grouped by star			
五星	Five-star	2	942	23425.0
四星	Four-star	15	4120	69515.2
三星	Three-star	17	1614	28891.6
二星	Two-star	2	93	1663.8
一星	One-star			
其他	Others	17	1819	27820.0
二、餐饮业	Catering	53	6077	106589.7
1.按餐饮行业小类分组	Grouped by sector			
正餐服务	Dinner	53	6077	106589.7
快餐服务	Fast food			
饮料及冷饮服务	Beverage and cold drink			
茶馆服务	The teahouse service			
咖啡馆服务	Coffee shops serve			
酒吧服务	Abar Service			
其他饮料及冷饮服务	Others			
其他餐饮服务	Others			
小吃服务	Anack service			
餐饮配送服务	Food and beverage distribution service			
其他未列明餐饮业	Others			
2.按登记注册类型分组	Grouped by type registered			
内资企业	Domestic funds	53	6077	106589.7
国有企业	State owned	3	692	12639.4
集体企业	Collective owned	3	186	2599.3
股份合作企业	Cooperative			
联营企业	Joint			
国有联营企业	State joint owned			
集体联营企业	Collective joint owned			
国有与集体联营企业	State-collective joint owned			
其他联营企业	Other joint owned			
有限责任公司	Limited liability corporations	24	2751	44332.1
国有独资企业	State owned solely	1	190	2101.1

单位：万元 unit：10000yuan

客房收入 Guest roomincome	餐费收入 Food bill	商品销售收入 Goods saleincome	其他收入 Other income	客房间数(间) Rooms	床位(个) Beds	餐位数(位) Seats	年末餐饮营业面积(平方米) Business areas(m^2)
57743.8	60297.7	1529.3	13055.0	7222	12434	24006	159197
2938.6	2895.8			62	119	380	4500
7456.2	5040.2	202.3	156.7	600	717	1400	9013
18925.8	19925.0	652.3	3229.8	1232	1697	1159	5213
29551.2	34024.6	844.2	7552.0	3360	5243	14499	95621
19639.6	14274.1	235.1	2429.9	3282	6315	10103	71211
22.0	10.0			10	15	25	665
10324.3	9517.4	450.8	3132.5	756	1052	1565	8819
28073.9	34963.0	698.8	5779.5	2892	4478	11585	81902
12643.2	13293.2	124.7	2830.5	1795	3131	8362	50822
820.8	332.7		510.3	220	371	781	4764
16276.4	10127.4	457.3	958.9	2221	4238	3493	26403
23768.5	77265.2	616.5	4939.5	3038	5126	27946	142300
23768.5	77265.2	616.5	4939.5	3038	5126	27946	142300
23768.5	77265.2	616.5	4939.5	3038	5126	27946	142300
6296.3	4698.9	265.3	1378.9	345	702	2480	5660
773.1	1587.6		238.6	183	397	1315	11000
9781.5	32033.8	117.2	2399.6	1180	1916	10174	72999
787.9	1152.5		160.7	89	156	910	3412

14-6 续表2 continued2

		法人企业数(个) Corporate enterprises (unit)	从业人员期末人数(人) (person)	营业额 Turnover
其他有限责任公司	Others	23	2561	42231.0
股份有限公司	Share holding	3	96	1806.5
私营企业	Private	18	2257	42304.8
私营独资企业	Private funded	3	240	3286.9
私营合伙企业	Private partner			
私营有限责任公司	Private limited company	14	1997	38737.9
私营股份有限公司	Private share holding	1	20	280.0
其他企业	Others	2	95	2907.6
港、澳、台商投资企业	Funded from Hongkong, Macao and Taiwan			
与港澳台商合资经营企业	Joint venture			
与港澳台商合作经营企业	Cooperative			
港、澳、台商独资经营企业	Solefunds			
港、澳、台商投资股份有限公司	Share holding			
其它港澳台投资企业	Others			
外商投资企业	Foreign funded			
中外合资经营企业	Joint venture			
中外合作经营企业	Cooperative			
外资企业	Foreign funds			
外商投资股份有限公司	Share holding			
其他外商投资企业	Others			
3.按控股情况分组	Grouped by owned			
国有控股	State-owned	6	1000	17165.0
集体控股	Collective-owned	3	186	2599.3
私人控股	Private-owned	34	3463	60503.1
港澳台商控股	Hongkong, Macao and Taiwan-Owned			
外商控股	Foreign-owned			
其他	Others	10	1428	26322.3
4.按经营形式分组	Grouped by form of retail			
独立门店	Substantive store	51	5810	95046.1
连锁总店(总部)	Chain headquarter			
连锁门店	Chain store			
其他	Others	2	267	11543.6
5.按单位规模分	Gruoped by size of enterprises			
大型	Large-sized	2	1269	24334.5
中型	Medium-sized	6	2445	28420.9
小型	Small-sized	43	2343	53802.7
微型	Micro-sized	2	20	31.6

单位：万元 unit：10000yuan

				客房间数(间) Rooms	床位(个) Beds	餐位数(位) Seats	年末餐饮营业面积(平方米) Business areas(m^2)
客房收入 Guest roomincome	餐费收入 Food bill	商品销售收入 Goods saleincome	其他收入 Other income				
8993.6	30881.3	117.2	2238.9	1091	1760	9264	69587
679.8	1126.7			183	239	935	4465
5138.8	36104.6	139.0	922.4	926	1440	12072	46216
527.1	2759.8			160	263	2000	10700
4431.7	33244.8	139.0	922.4	746	1147	10022	34716
180.0	100.0			20	30	50	800
1099.0	1713.6	95.0		221	432	970	1960
7498.6	7861.5	265.3	1539.6	484	958	4240	15872
773.1	1587.6		238.6	183	397	1315	11000
10589.7	48369.8	351.2	1192.4	1844	3005	18456	84443
4907.1	19446.3		1968.9	527	766	3935	30985
23419.8	66070.3	616.5	4939.5	2993	5036	26601	136800
348.7	11194.9			45	90	1345	5500
10386.3	10414.2	256.2	3277.8	711	1054	2264	7782
6809.7	20415.8		1195.4	1047	1643	10651	32999
6572.5	46403.6	360.3	466.3	1280	2429	15016	101249
	31.6					15	270

14-7限额以上住宿和餐饮业法人企业主要财务状况综合表(2013)

单位：万元

指标名称	Item	法人企业数(个) Corporate enterprises (unit)	执行《2006年企业会计准则企业个数》 Number of enterprises implmenting Accounting Standards for Business Enterprises 2006	一、年初存货 Inventory
总计	Total	106	78	10884.3
一、住宿业	Hotels	53	42	6277
1.按住宿行业小类分组	Grouped by sectors			
旅游饭店	Tourism restaurant	40	33	5580
一般旅馆	Hotels	10	6	380.2
其他住宿业	Other	3	3	316.8
2.按登记注册类型分组	Grouped by type registered			
内资企业	Domestic funds	48	38	4205.1
国有企业	State-owned	20	17	2369
集体企业	Collective-owned	1	1	51.8
股份合作企业	Cooperative	1	1	107.9
联营企业	Joint			
国有联营企业	State joint owned			
集体联营企业	Collective joine owned			
国有与集体联营企业	State-collective joint owned			
其他联营企业	Other joint owned			
有限责任公司	Limited liability corporations	18	14	1138.5
国有独资企业	State-owned solely	1	1	155
其他有限责任公司	Limited liability corporations	17	13	983.5
股份有限公司	Share holding	4	1	372.4
私营企业	Private	4	4	165.5
私营独资企业	Private funded			
私营合伙企业	Private partner			
私营有限责任公司	Private limited company	3	3	146
私营股份有限公司	Private share holding	1	1	19.5
其他企业	Others			
港、澳、台商投资企业	Funded from Hongkong, Macao and Taiwan	1	1	374.6
与港澳台商合资经营企业	Joint venture			
与港澳台商合作经营企业	Cooperative	1	1	374.6
港、澳、台商独资经营企业	Solefunds			
港、澳、台商投资股份有限公司	Share holding			
其它港澳台投资企业	Others			

MAIN FINANCIAL INDICATIONS OF ENTERPRISES ABOVE DESIGNATED SIZE IN HOTELS AND RESTAURANTS IN 2013

unit:10000 yuan

流动资产合计 Circulating funds	应收帐款 Receivables	存货 Inventery	固定资产合计 Total fixed assets	固定资产原价 Original Valueof fixed assets	累计折旧 Total depreciation	本年折旧 Depreciation in this year
161335.8	12453.1	10942.8	327500.3	538073.3	211762.7	14680.2
106898.2	7606.6	5818.8	231025.7	407574.8	174940.7	10739.7
98860.6	8075.3	5412.1	228254.5	403482.5	173577.5	10590.9
4649.0	-657.7	137.2	2424.4	2934.5	552.2	33.4
3388.6	189.0	269.5	346.8	1157.8	811	115.4
82749.0	5753.7	3664	161526.5	256256.7	93121.8	9443.4
27968.9	4142.2	2115.2	75422.1	121701.9	46743.6	3557.7
277.0	0.4	49.7	16.5	90.8	74.3	10.3
936.1		107.9	637.9	2873.5	2235.6	756.2
50257.6	1027.5	1101	73565.6	110049.5	36526	4286.5
2839.7	349.6	374.6	13763.8	15622.8	1859	793.5
47417.9	677.9	726.4	59801.8	94426.7	34667	3493
1640.2	460.9	149.5	10260.2	16535.4	6275.2	599.4
1659.2	122.7	140.7	1624.2	5005.6	1267.1	233.3
1623.2	102.1	139	1112.2	4493.6	1267.1	233.3
36.0	20.6	1.7	512	512		
8820.9	103.3	328.3	2910.6	6480.8	3570.2	344
8820.9	103.3	328.3	2910.6	6480.8	3570.2	344

14-7 续表1 continued1

指标名称	Item	在建工程 Circulationg funds	资产总计 Total assets
总计	Total	54903.7	633325.3
一、住宿业	Hotels	35213.8	403324.0
1.按住宿行业小类分组	Grouped by sectors		
旅游饭店	Tourism restaurant	33948.5	387835.0
一般旅馆	Hotels	1195.3	8835.5
其他住宿业	Other	70.0	6653.5
2.按登记注册类型分组	Grouped by type registered		
内资企业	Domestic funds	34408.9	301853.8
国有企业	State-owned	21667.7	138356.5
集体企业	Collective-owned		293.5
股份合作企业	Cooperative	109.6	1936.3
联营企业	Joint		
国有联营企业	State joint owned		
集体联营企业	Collective joine owned		
国有与集体联营企业	State-collective joint owned		
其他联营企业	Other joint owned		
有限责任公司	Limited liability corporations	11991.0	142623.6
国有独资企业	State-owned solely	4544.2	21150.2
其他有限责任公司	Limited liability corporations	7446.8	121473.4
股份有限公司	Share holding	640.6	12569.2
私营企业	Private		6074.7
私营独资企业	Private funded		
私营合伙企业	Private partner		
私营有限责任公司	Private limited company		5526.7
私营股份有限公司	Private share holding		548.0
其他企业	Others		
港、澳、台商投资企业	Funded from Hongkong, Macao and Taiwan		13717.6
与港澳台商合资经营企业	Joint venture		
与港澳台商合作经营企业	Cooperative		13717.6
港、澳、台商独资经营企业	Solefunds		
港、澳、台商投资股份有限公司	Share holding		
其它港澳台投资企业	Others		

单位：万元 unit:10000 yuan

二、期末资产负债 The final balance sheet				
流动负债合计 Total current liabilities	应付帐款 Inventory	非流动负债合计 Non-current liabilities	负债合计 Total liabilities	所有者权益 Creditor's equity
256705.9	52719.7	93430.0	357017.8	276307.5
156806.4	42111.7	62981.0	224857.0	178467.0
143967.8	36654.5	62981.0	206948.8	180886.2
4709.9	1268.3		9779.5	-944.0
8128.7	4188.9		8128.7	-1475.2
118350.6	25937.5	30945.0	154365.2	147488.6
49601.5	18123.0	6911.1	56512.6	81843.9
37.2	5.8		37.2	256.3
602.9	213.1		602.9	1333.4
59675.0	6862.0	24033.9	88210.9	54412.7
8613.0	486.1	4050.0	12663.0	8487.2
51062.0	6375.9	19983.9	75547.9	45925.5
6807.1	632.0		7374.7	5194.5
1626.9	101.6		1626.9	4447.8
1596.6	101.6		1596.6	3930.1
30.3			30.3	517.7
3207.7	627.5	11423.0	14630.7	-913.1
3207.7	627.5	11423.0	14630.7	-913.1

14-7 续表2 continued2

指标名称	Item	实收资本 Original Value of fixed assets	国家资本 State owned
总计	Total	204212.2	122825.9
一、住宿业	Hotels	163550.4	103499.6
1.按住宿行业小类分组	Grouped by sectors		
旅游饭店	Tourism restaurant	161933.3	102940.9
一般旅馆	Hotels	1381.3	548.7
其他住宿业	Other	235.8	10.0
2.按登记注册类型分组	Grouped by type registered		
内资企业	Domestic funds	120955.1	97481.5
国有企业	State-owned	83180.8	81932.8
集体企业	Collective-owned	20.0	
股份合作企业	Cooperative	1132.6	
联营企业	Joint		
国有联营企业	State joint owned		
集体联营企业	Collective joine owned		
国有与集体联营企业	State-collective joint owned		
其他联营企业	Other joint owned		
有限责任公司	Limited liability corporations	29930.4	15000.0
国有独资企业	State-owned solely	15000.0	15000.0
其他有限责任公司	Limited liability corporations	14930.4	
股份有限公司	Share holding	3643.6	548.7
私营企业	Private	3047.7	
私营独资企业	Private funded		
私营合伙企业	Private partner		
私营有限责任公司	Private limited company	2530.0	
私营股份有限公司	Private share holding	517.7	
其他企业	Others		
港、澳、台商投资企业	Funded from Hongkong, Macao and Taiwan	1800.0	
与港澳台商合资经营企业	Joint venture		
与港澳台商合作经营企业	Cooperative	1800.0	
港、澳、台商独资经营企业	Solefunds		
港、澳、台商投资股份有限公司	Share holding		
其它港澳台投资企业	Others		

单位：万元 unit:10000 yuan

集体资本 Collective	法人资本 Corporate	个人资本 Private	港澳台资本 Funded from Hongkong, Macao and Taiwan	外商资本 Foreign funds
245.9	32934.9	14633.1	1347.8	32224.6
109.9	25928.5	440.0	1347.8	32224.6
20.0	25080.0	320.0	1347.8	32224.6
89.9	622.7	120.0		
	225.8			
109.9	22923.7	440.0		
	1248.0			
20.0				
	1132.6			
	14490.4	440.0		
	14490.4	440.0		
89.9	3005.0			
	3047.7			
	2530.0			
	517.7			
	452.2		1347.8	
	452.2		1347.8	

14-7 续表3 continued3

指标名称	Item	营业收入 Operation revenue	主营业务收入 Operating revenue
总计	Total	259023.0	255169.5
一、住宿业	Hotels	150787.1	147152.6
1.按住宿行业小类分组	Grouped by sectors		
旅游饭店	Tourism restaurant	132110.6	128698.8
一般旅馆	Hotels	4803.2	4584.1
其他住宿业	Other	13873.3	13869.7
2.按登记注册类型分组	Grouped by type registered		
内资企业	Domestic funds	114506.7	111582.3
国有企业	State-owned	48364.9	47353.0
集体企业	Collective-owned	637.7	637.7
股份合作企业	Cooperative	4152.6	2893.3
联营企业	Joint		
国有联营企业	State joint owned		
集体联营企业	Collective joine owned		
国有与集体联营企业	State-collective joint owned		
其他联营企业	Other joint owned		
有限责任公司	Limited liability corporations	47777.3	47264.2
国有独资企业	State-owned solely	4152.7	3728.2
其他有限责任公司	Limited liability corporations	43624.6	43536.0
股份有限公司	Share holding	5229.4	5095.3
私营企业	Private	8344.8	8338.8
私营独资企业	Private funded		
私营合伙企业	Private partner		
私营有限责任公司	Private limited company	7769.0	7763.0
私营股份有限公司	Private share holding	575.8	575.8
其他企业	Others		
港、澳、台商投资企业	Funded from Hongkong,Macao and Taiwan	4806.8	4791.8
与港澳台商合资经营企业	Joint venture		
与港澳台商合作经营企业	Cooperative	4806.8	4791.8
港、澳、台商独资经营企业	Solefunds		
港、澳、台商投资股份有限公司	Share holding		
其它港澳台投资企业	Others		

单位：万元 unit:10000 yuan

营业成本 Operation costs	主营业务成本 Operation cost	营业税金及附加 Business taxes and extra charges	主营业务税金及附加 Operating taxes and extra harges	其他业务利润 Other profits	销售费用 Marking expenses
110656.3	110431.0	14033.0	14024.3	3537.9	69233.2
57203.9	57076.0	8520.9	8512.3	1377.4	46091.3
49177.5	49147.7	7431.4	7427.4	1071.2	41970.8
3528.4	3432.4	328.6	324.0	304.2	627.6
4498.0	4495.9	760.9	760.9	2.0	3492.9
46404.9	46280.1	6599.2	6590.6	1365.5	35783.3
17625.9	17623.0	2911.9	2911.9	188.1	17108.8
374.9	374.9	28.2	28.2		150.5
2135.9	2135.9	253.1	253.1	312.5	531.7
18677.3	18616.4	2760.3	2756.9	752.1	14515.1
1145.0	1121.2	209.3	209.3	351.6	2296.9
17532.3	17495.2	2551.0	2547.6	400.5	12218.2
1571.1	1510.1	425.6	424.4	112.8	2228.5
6019.8	6019.8	220.1	216.1		1248.7
5516.7	5516.7	219.1	215.1		1195.7
503.1	503.1	1.0	1.0		53.0
1675.8	1672.7	249.9	249.9	11.9	1479.9
1675.8	1672.7	249.9	249.9	11.9	1479.9

14-7 续表4 continued4

指标名称	Item	管理费用 Management expenses	税金 Taxes
总计	Total	68036.6	2654.8
一、住宿业	Hotels	44250.6	2232.3
1.按住宿行业小类分组	Grouped by sectors		
旅游饭店	Tourism restaurant	38783.4	2135.0
一般旅馆	Hotels	1085.2	95.9
其他住宿业	Other	4382.0	1.4
2.按登记注册类型分组	Grouped by type registered		
内资企业	Domestic funds	32803.4	2044.0
国有企业	State-owned	15651.7	860.0
集体企业	Collective-owned	172.3	
股份合作企业	Cooperative	492.9	
联营企业	Joint		
国有联营企业	State joint owned		
集体联营企业	Collective joine owned		
国有与集体联营企业	State-collective joint owned		
其他联营企业	Other joint owned		
有限责任公司	Limited liability corporations	14644.0	961.9
国有独资企业	State-owned solely	1481.0	188.9
其他有限责任公司	Limited liability corporations	13163.0	773.0
股份有限公司	Share holding	1094.8	115.0
私营企业	Private	747.7	107.1
私营独资企业	Private funded		
私营合伙企业	Private partner		
私营有限责任公司	Private limited company	735.2	107.1
私营股份有限公司	Private share holding	12.5	
其他企业	Others		
港、澳、台商投资企业	Funded from Hongkong, Macao and Taiwan	1512.8	53.6
与港澳台商合资经营企业	Joint venture		
与港澳台商合作经营企业	Cooperative	1512.8	53.6
港、澳、台商独资经营企业	Solefunds		
港、澳、台商投资股份有限公司	Share holding		
其它港澳台投资企业	Others		

单位：万元 unit:10000 yuan

三、损益及分配 Gains and losses and distribution

财务费用 Financial expenses	利息收入 Interest income	利息支出 Interest expenditure	资产减值损失 Lost	公允减值变动收益 Revenue
7158.5	214.1	5145.2	40.8	
4832.3	208.3	3500.7	30.5	
4163.5	207.0	3411.3	30.5	
153.1		89.4		
515.7	1.3			
2796.2	180.1	1692.5	30.5	
434.8	171.4	80.1	0.3	
3.5				
0.9	0.9			
2280.0	4.0	1612.4	0.2	
225.2		203.3		
2054.8	4.0	1409.1	0.2	
63.1	3.4			
13.9	0.4		30.0	
10.5	0.4		30.0	
3.4				
1033.6	1.4	998.0		
1033.6	1.4	998.0		

14-7续表5 continued5

指标名称	Item	投资收益 Investment income	营业利润 Business profits
总计	Total	18.1	-10027.4
一、住宿业	Hotels	18.1	-10035.9
1.按住宿行业小类分组	Grouped by sectors		
旅游饭店	Tourism restaurant	22.5	-9424.0
一般旅馆	Hotels	-4.4	-835.7
其他住宿业	Other		223.8
2.按登记注册类型分组	Grouped by type registered		
内资企业	Domestic funds	18.1	-9804.3
国有企业	State-owned	22.5	-5346.0
集体企业	Collective-owned		-91.7
股份合作企业	Cooperative		738.1
联营企业	Joint		
国有联营企业	State joint owned		
集体联营企业	Collective joine owned		
国有与集体联营企业	State-collective joint owned		
其他联营企业	Other joint owned		
有限责任公司	Limited liability corporations		-4944.1
国有独资企业	State-owned solely		-1204.7
其他有限责任公司	Limited liability corporations		-3739.4
股份有限公司	Share holding	-4.4	-225.2
私营企业	Private		64.6
私营独资企业	Private funded		
私营合伙企业	Private partner		
私营有限责任公司	Private limited company		61.8
私营股份有限公司	Private share holding		2.8
其他企业	Others		
港、澳、台商投资企业	Funded from Hongkong, Macao and Taiwan		-1145.2
与港澳台商合资经营企业	Joint venture		
与港澳台商合作经营企业	Cooperative		-1145.2
港、澳、台商独资经营企业	Solefunds		
港、澳、台商投资股份有限公司	Share holding		
其它港澳台投资企业	Others		

单位：万元 unit:10000 yuan

营业外收入 Norbusiness revenue	补贴收入 Subsidies revenue	利润总额 Total profits	应交所得税 Income taxes payable	四、人工成本 Workers cost 应付职工薪酬 （本年贷方计发生额） Payroll payable (credit accumulated happening this year)
2808.5	1500.3	-12610.3	2206.4	43957.2
2381.5	1500.1	-7768.8	1051.2	30215.7
2275.2	1500.1	-7126.1	970.6	27932.2
105.9		-429.3	75.7	730.3
0.4		-213.4	4.9	1553.2
2366.3	1500.1	-7450.2	136.6	27597.9
2091.5	1500.1	-2959.2	7.0	12682.7
5.5		-86.2	9.6	83.3
115.7				226.6
117.2		-4554.8	56.1	12634.3
3.8		-1200.9		1280.4
113.4		-3353.9	56.1	11353.9
36.0		113.0	42.7	1038.2
0.4		37.0	21.2	932.8
0.4		34.2	21.2	896.8
		2.8		36.0
		-1166.5		788.3
		-1166.5		788.3

14-7 续表6 continued6

指标名称	Item	法人企业数(个) Corporate enterprises (unit)	执行《2006年企业会计准则企业个数》 Number of enterprises implmenting Accounting Standards for Business Enterprises 2006	一、年初存货 Inventory
外商投资企业	Foreign funded	4	3	1697.3
中外合资经营企业	Joint venture	3	2	1015.0
中外合作经营企业	Cooperative	1	1	682.3
外资企业	Foreign funds			
外商投资股份有限公司	Share holding			
其他外商投资企业	Others			
3.按控股情况分组	Grouped by owned			
国有控股	State-owned	24	19	3004.3
集体控股	Collective-owned	1	1	51.8
私人控股	Private-owned	9	7	366.8
港澳台商控股	Hongkong,Macao and Taiwan-Owned	1	1	374.6
外商控股	Foreign-owned	1	1	340.8
其他	Others	17	13	2138.7
4.按经营形式分组	Grouped by form of management			
独立门店	Substantive store	49	38	6004.6
连锁总店(总部)	Chain headquarter			
连锁门店	Chain store	1	1	97.2
其他	Others	3	3	175.2
5.按单位规模分	Gruoped by size of enterprises			
大型	Large-sized	3	3	934.3
中型	Medium-sized	17	12	3477.0
小型	Small-sized	31	25	1865.7
微型	Micro-sized	2	2	
6.按星级分组	Grouped by star			
五星	Five-star	2	2	1059.1
四星	Four-star	15	11	3165.0
三星	Three-star	17	14	1071.2
二星	Two-star	2	1	38.2
一星	One-star			
其他	Others	17	14	943.5
二、餐饮业	Catering	53	36	4607.3
1.按餐饮行业小类分组	Grouped by sector			

单位：万元 unit:10000 yuan

流动资产合计 Circulating funds	应收帐款 Receivables	存货 Inventery	固定资产合计 Total fixed assets	固定资产原价 Original Valueof fixed assets	累计折旧 Total depreciation	本年折旧 Depreciation in this year
15328.3	1749.6	1826.5	66588.6	144837.3	78248.7	952.3
11470.7	760.3	1070.7	56651.0	124770.0	68119.0	543.5
3857.6	989.3	755.8	9937.6	20067.3	10129.7	408.8
32924.1	4619.8	2747.2	99972.4	156569.3	57060.7	5699.3
277.0	0.4	49.7	16.5	90.8	74.3	10.3
6863.5	260.8	364.1	5079.6	6657.1	1619.6	302.6
8820.9	103.3	328.3	2910.6	6480.8	3570.2	344.0
877.9	128.1	319.5	13317.7	29411.8	16094.1	
57134.8	2494.2	2010.0	111843.2	208365.0	96521.8	4383.5
85883.8	7028.0	5527.0	200607.7	362793.4	162691.6	8467.0
815.1	7.0	109.9	1112.2	1443.9	331.7	103.7
20199.3	571.6	181.9	31420.1	43337.5	11917.4	2169.0
30884.9	1282.4	790.1	59472.2	111466.1	51993.9	2180.4
51898.1	3167.9	3575.4	140547.1	243905.7	103822.4	6732.5
24105.2	3156.3	1453.3	33120.7	52203.0	19124.4	1826.8
10.0						
17778.7	1273.8	838.3	45799.5	101672.9	55873.4	607.1
41114.3	2600.7	3290.4	108666.3	186236.2	77954.6	4670.0
11581.4	3141.4	978.5	35511.6	56632.4	21199.9	2578.9
522.8	324.7	46.3	61.2	236.1	174.9	15.4
35901.0	266.0	665.3	43101.4	62797.2	19737.9	2868.3
54437.6	4846.5	5124.0	96474.6	130498.5	36822.0	3940.5

14-7 续表7 continued7

指标名称	Item	在建工程 Circulationg funds	资产总计 Total assets
外商投资企业	Foreign funded	804.9	87752.6
中外合资经营企业	Joint venture	650.8	73623.3
中外合作经营企业	Cooperative	154.1	14129.3
外资企业	Foreign funds		
外商投资股份有限公司	Share holding		
其他外商投资企业	Others		
3.按控股情况分组	Grouped by owned		
国有控股	State-owned	26962.1	173439.7
集体控股	Collective-owned		293.5
私人控股	Private-owned	775.6	13466.1
港澳台商控股	Hongkong, Macao and Taiwan-Owned		13717.6
外商控股	Foreign-owned		16648.1
其他	Others	7476.1	185759.0
4.按经营形式分组	Grouped by form of management		
独立门店	Substantive store	35213.8	348154.7
连锁总店(总部)	Chain headquarter		
连锁门店	Chain store		1927.3
其他	Others		53242.0
5.按单位规模分	Gruoped by size of enterprises		
大型	Large-sized	650.8	95139.8
中型	Medium-sized	26987.6	240330.2
小型	Small-sized	7575.4	67842.0
微型	Micro-sized		12.0
6.按星级分组	Grouped by star		
五星	Five-star	701.8	65635.3
四星	Four-star	26216.9	197920.7
三星	Three-star	7099.8	56373.1
二星	Two-star		587.4
一星	One-star		
其他	Others	1195.3	82807.5
二、餐饮业	Catering	19689.9	230001.3
1.按餐饮行业小类分组	Grouped by sector		

单位：万元 unit:10000 yuan

二、期末资产负债 The final balance sheet				
流动负债合计 Total current liabilities	应付帐款 Inventory	非流动负债合计 Non-current liabilities	负债合计 Total liabilities	所有者权益 Creditor's equity
35248.1	15546.7	20613.0	55861.1	31891.5
15366.0	1983.0	20613.0	35979.0	37644.3
19882.1	13563.7		19882.1	-5752.8
65212.9	19097.3	10961.1	76675.6	96764.1
37.2	5.8		37.2	256.3
5476.5	1165.8	76.3	10052.8	3413.3
3207.7	627.5	11423.0	14630.7	-913.1
10487.1	1180.2	5500.0	15987.1	661.0
72385.0	20035.1	35020.6	107473.6	78285.4
153451.8	41326.4	43073.4	201594.8	146559.9
1279.7	37.0		1279.7	647.6
2074.9	748.3	19907.6	21982.5	31259.5
10879.9	3252.7	33695.6	44575.5	50561.3
118145.4	30030.1	29201.5	147346.9	92983.3
27781.1	8828.9	83.9	32932.6	34909.4
			2.0	10.0
13231.0	1692.3	13795.6	27026.6	38608.7
87668.3	30429.1	29171.5	116839.8	81080.9
22409.4	3779.5	37.6	22447.0	33926.1
756.7	540.4		756.7	-169.3
32741.0	5670.4	19976.3	57786.9	25020.6
99899.5	10608.0	30449.0	132160.8	97840.5

14-7 续表8 continued8

指标名称 Item		实收资本 Original	国家资本 State owned
外商投资企业	Foreign funded	40795.3	6018.1
中外合资经营企业	Joint venture	36660.0	4000.0
中外合作经营企业	Cooperative	4135.3	2018.1
外资企业	Foreign funds		
外商投资股份有限公司	Share holding		
其他外商投资企业	Others		
3.按控股情况分组	Grouped by owned		
国有控股	State-owned	102862.1	97481.5
集体控股	Collective-owned	20.0	
私人控股	Private-owned	3557.7	
港澳台商控股	Hongkong, Macao and Taiwan-Owned	1800.0	
外商控股	Foreign-owned	9960.0	
其他	Others	45350.6	6018.1
4.按经营形式分组	Grouped by form of management		
独立门店	Substantive store	160800.6	103499.6
连锁总店(总部)	Chain headquarter		
连锁门店	Chain store	50.0	
其他	Others	2699.8	
5.按单位规模分	Gruoped by size of enterprises		
大型	Large-sized	19499.8	
中型	Medium-sized	112316.3	79216.3
小型	Small-sized	31724.3	24283.3
微型	Micro-sized	10.0	
6.按星级分组	Grouped by star		
五星	Five-star	25700.6	
四星	Four-star	105150.2	85073.0
三星	Three-star	25768.7	15818.1
二星	Two-star	287.3	277.3
一星	One-star		
其他	Others	6643.6	2331.2
二、餐饮业	Catering	40661.8	19326.3
1.按餐饮行业小类分组	Grouped by sector		

单位：万元 unit:10000 yuan

集体资本 Collective	法人资本 Corporate	个人资本 Private	港澳台资本 Funded from Hongkong, Macao and Taiwan	外商资本 Foreign funds
	2552.6			32224.6
	1494.0			31166.0
	1058.6			1058.6
	5380.6			
20.0				
	3197.7	360.0		
	452.2		1347.8	
	1494.0			8466.0
89.9	15404.0	80.0		23758.6
109.9	23188.7	430.0	1347.8	32224.6
	50.0			
	2689.8	10.0		
	2799.8			16700.0
	16227.6		1347.8	15524.6
109.9	6901.1	430.0		
		10.0		
	9000.6			16700.0
	3204.8		1347.8	15524.6
20.0	9870.6	60.0		
		10.0		
89.9	3852.5	370.0		
136.0	7006.4	14193.1		

14-7 续表9 continued9

指标名称 Item		营业收入 Operation revenue	主营业务收入 Operating revenue
外商投资企业	Foreign funded	31473.6	30778.5
中外合资经营企业	Joint venture	27032.9	26337.8
中外合作经营企业	Cooperative	4440.7	4440.7
外资企业	Foreign funds		
外商投资股份有限公司	Share holding		
其他外商投资企业	Others		
3.按控股情况分组	Grouped by owned		
国有控股	State-owned	61016.5	58320.8
集体控股	Collective-owned	637.7	637.7
私人控股	Private-owned	12070.4	12064.4
港澳台商控股	Hongkong,Macao and Taiwan-Owned	4806.8	4791.8
外商控股	Foreign-owned	4722.2	4027.1
其他	Others	67533.5	67310.8
4.按经营形式分组	Grouped by form of management		
独立门店	Substantive store	132457.8	128823.3
连锁总店(总部)	Chain headquarter		
连锁门店	Chain store	5420.3	5420.3
其他	Others	12909.0	12909.0
5.按单位规模分	Gruoped by size of enterprises		
大型	Large-sized	42461.7	42458.1
中型	Medium-sized	72123.3	70988.7
小型	Small-sized	36167.1	33693.8
微型	Micro-sized	35.0	12.0
6.按星级分组	Grouped by star		
五星	Five-star	23153.7	23153.7
四星	Four-star	69654.9	68516.7
三星	Three-star	28523.3	27202.0
二星	Two-star	1663.9	1635.9
一星	One-star		
其他	Others	27791.3	26644.3
二、餐饮业	Catering	108235.9	108016.9
1.按餐饮行业小类分组	Grouped by sector		

单位：万元 unit:10000 yuan

营业成本 Operation costs	主营业务成本 Operation cost	营业税金及附加 Business taxes and extra charges	主营业务税金及附加 Operating taxes and extra harges	其他业务利润 Other profits	销售费用 Marking expenses
9123.2	9123.2	1671.8	1671.8		8828.1
7503.3	7503.3	1422.3	1422.3		8379.4
1619.9	1619.9	249.5	249.5		448.7
22016.7	21990.0	3751.5	3751.5	852.2	21699.4
374.9	374.9	28.2	28.2		150.5
7927.4	7927.4	493.2	489.2	187.1	1753.1
1675.8	1672.7	249.9	249.9	11.9	1479.9
512.2	512.2	261.9	261.9		2760.3
24696.9	24598.8	3736.2	3731.6	326.2	18248.1
46554.3	46426.4	7754.4	7745.8	1377.4	41605.1
4785.3	4785.3	68.1	68.1		41.7
5864.3	5864.3	698.4	698.4		4444.5
15518.9	15516.8	2257.0	2257.0	2.0	11831.3
21924.5	21897.6	4367.9	4367.9	363.5	26109.2
19747.5	19651.6	1879.0	1870.4	1011.9	8150.8
13.0	10.0	17.0	17.0		
7809.6	7809.6	1197.0	1197.0		6125.4
20735.2	20706.2	4106.8	4106.8	365.5	23598.7
14301.8	14269.8	1506.2	1502.8	682.6	7770.5
663.3	660.4	88.9	88.9	25.1	392.3
13694.0	13630.0	1622.0	1616.8	304.2	8204.4
53452.4	53355.0	5512.1	5512.0	2160.5	23141.9

14-7续表10 continued10

指标名称	Item	管理费用 Management expenses	税金 Taxes
外商投资企业	Foreign funded	9934.4	134.7
中外合资经营企业	Joint venture	7612.1	
中外合作经营企业	Cooperative	2322.3	134.7
外资企业	Foreign funds		
外商投资股份有限公司	Share holding		
其他外商投资企业	Others		
3.按控股情况分组	Grouped by owned		
国有控股	State-owned	18548.1	1162.7
集体控股	Collective-owned	172.3	
私人控股	Private-owned	2314.8	149.6
港澳台商控股	Hongkong, Macao and Taiwan-Owned	1512.8	53.6
外商控股	Foreign-owned	1634.7	
其他	Others	20067.9	866.4
4.按经营形式分组	Grouped by form of management		
独立门店	Substantive store	41159.2	1814.1
连锁总店(总部)	Chain headquarter		
连锁门店	Chain store	460.9	
其他	Others	2630.5	418.2
5.按单位规模分	Gruoped by size of enterprises		
大型	Large-sized	10168.9	418.2
中型	Medium-sized	26164.9	1513.3
小型	Small-sized	7916.8	283.8
微型	Micro-sized		17.0
6.按星级分组	Grouped by star		
五星	Five-star	6356.5	159.0
四星	Four-star	26162.5	1139.4
三星	Three-star	4588.9	247.5
二星	Two-star	425.0	
一星	One-star		
其他	Others	6717.7	686.4
二、餐饮业	Catering	23786.0	422.5
1.按餐饮行业小类分组	Grouped by sector		

单位：万元 unit:10000 yuan

三、损益及分配 Gains and losses and distribution				
财务费用 Financial expenses			资产减值损失 Lost	公允减值变动收益 Revenue
	利息收入 Interest income	利息支出 Interest expenditure		
1002.5	26.8	810.2		
517.7	25.3	738.0		
484.8	1.5	72.2		
721.3	175.7	283.4	0.3	
3.5				
92.0	0.4	78.1	30.0	
1033.6	1.4	998.0		
738.0		738.0		
2243.9	30.8	1403.2	0.2	
3456.5	206.8	2185.9	30.3	
10.1				
1365.7	1.5	1314.8	0.2	
1674.8	1.5	1314.8	0.2	
2822.2	33.6	2091.6		
335.3	173.2	94.3	30.3	
-164.4	1.2			
3242.4	49.1	2091.6	0.3	
66.7	6.6	16.2		
-0.1	0.1			
1687.7	151.3	1392.9	30.2	
2326.2	5.8	1644.5	10.3	

14-7 续表11 continued11

指标名称	Item	投资收益 Investment income	营业利润 Business profits
外商投资企业	Foreign funded		913.6
中外合资经营企业	Joint venture		1598.1
中外合作经营企业	Cooperative		-684.5
外资企业	Foreign funds		
外商投资股份有限公司	Share holding		
其他外商投资企业	Others		
3.按控股情况分组	Grouped by owned		
国有控股	State-owned	22.5	-5698.3
集体控股	Collective-owned		-91.7
私人控股	Private-owned		-353.0
港澳台商控股	Hongkong, Macao and Taiwan-Owned		-1145.2
外商控股	Foreign-owned		-1184.9
其他	Others	-4.4	-1562.8
4.按经营形式分组	Grouped by form of management		
独立门店	Substantive store	18.1	-7995.5
连锁总店(总部)	Chain headquarter		
连锁门店	Chain store		54.2
其他	Others		-2094.6
5.按单位规模分	Gruoped by size of enterprises		
大型	Large-sized		1010.6
中型	Medium-sized		-9265.4
小型	Small-sized	18.1	-1781.1
微型	Micro-sized		
6.按星级分组	Grouped by star		
五星	Five-star		1829.6
四星	Four-star	22.5	-8168.5
三星	Three-star		262.6
二星	Two-star		94.5
一星	One-star		
其他	Others	-4.4	-4054.1
二、餐饮业	Catering		8.5
1.按餐饮行业小类分组	Grouped by sector		

单位：万元 unit:10000 yuan

营业外收入 Norbusiness revenue	补贴收入 Subsidies revenue	利润总额 Total profits	应交所得税 Income taxes payable	四、人工成本 Workers cost 应付职工薪酬（本年贷方计发生额）Payroll payable (credit accumulated happening this year)
15.2		847.9	914.6	1829.5
12.3		1544.8	914.6	1311.8
2.9		-696.9		517.7
2247.0	1500.1	-4042.1	7.0	15102.6
5.5		-86.2	9.6	83.3
40.5		462.8	23.3	1651.5
		-1166.5		788.3
		-1184.9		250.6
88.5		-1751.9	1011.3	12339.4
2377.8	1500.1	-5642.3	1016.5	24868.4
0.4		54.6	13.7	251.5
3.3		-2181.1	21.0	5095.8
15.6		516.6	914.6	6699.3
1809.5	1500.1	-7231.6		17006.6
556.4		-1053.8	136.6	6499.8
				10.0
17.4		1791.2	914.6	2334.4
2020.5	1433.5	-6345.5		14318.2
262.3	66.6	-423.2	63.2	4693.0
33.6		127.0	2.7	232.4
47.7		-2918.3	70.7	8637.7
427.0	0.2	-4841.5	1155.2	13741.5

14-7 续表12 continued12

指标名称 Item		法人企业数(个) Corporate enterprises (unit)	执行《2006年企业会计准则企业个数》 Number of enterprises implmenting Accounting Standards for Business Enterprises 2006	一、年初存货 Inventory
正餐服务业	Dinner	53	36	4607.3
快餐服务业	Fast food			
饮料及冷饮服务业	Beverage and cold drink			
茶馆服务	The teahouse services			
咖啡馆服务	Coffee shaop serve			
酒吧服务	Bar Service			
其他饮料及冷饮服务	Others			
其他餐饮业	Others			
小吃服务	Snack service			
餐饮配送服务	Food and beverage distribution services			
其他未列明餐饮业	Others			
2.按登记注册类型分组	Grouped by type registered			
内资企业	Domestic funds	53	36	4607.3
国有企业	State-owned	3	2	586.6
集体企业	Collective-owned	3	1	43.8
股份合作企业	Cooperative			
联营企业	Joint			
国有联营企业	State joint owned			
集体联营企业	Collective joine owned			
国有与集体联营企业	State-collective joint owned			
其他联营企业	Other joint owned			
有限责任公司	Limited liability corporations	24	15	1439.2
国有独资公司	State-owned solely	1	1	195.5
其他有限责任公司	Limited liability corporations	23	14	1243.7
股份有限公司	Share holding	3	3	13.8
私营企业	Private	18	14	2376.8
私营独资企业	Private funded	3		87.1
私营合伙企业	Private partner			
私营有限责任公司	Private limited company	14	13	2284.7
私营股份有限公司	Private share holding	1	1	5.0
其他企业	Others	2	1	147.1
港、澳、台商投资企业	Funded from Hongkong, Macao and Taiwan			

单位：万元 unit:10000 yuan

二、期末资产负债 THEfinal balance sheet						
流动资产合计 Circulating funds	应收帐款 Receivables	存货 Inventery	固定资产合计 Total fixed assets	固定资产原价 Original Valueof fixed assets	累计折旧 Total depreciation	本年折旧 Depreciation in this year
54437.6	4846.5	5124.0	96474.6	130498.5	36822.0	3940.5
54437.6	4846.5	5124.0	96474.6	130498.5	36822.0	3940.5
16215.2	1443.6	408.0	27410.4	38569.9	11159.5	11.0
723.0	375.3	53.8	138.0	314.9	176.9	9.7
29471.5	2226.5	1600.2	40102.1	51483.0	14178.8	672.7
1446.0	108.7	190.6	177.8	497.5	319.7	46.7
28025.5	2117.8	1409.6	39924.3	50985.5	13859.1	626.0
106.7		8.0	314.2	488.5	174.3	12.5
7165.1	750.9	2780.4	23090.1	33935.8	10845.9	3096.6
424.7	7.8	122.9	162.9	240.5	77.8	23.1
6725.4	733.1	2652.5	22564.2	33330.3	10766.1	3073.0
15.0	10.0	5.0	363.0	365.0	2.0	0.5
756.1	50.2	273.6	5419.8	5706.4	286.6	138.0

14-7 续表13 continued13

指标名称	Item	在建工程 Circulationg funds	资产总计 Total assets
正餐服务业	Dinner	19689.9	230001.3
快餐服务业	Fast food		
饮料及冷饮服务业	Beverage and cold drink		
茶馆服务	The teahouse services		
咖啡馆服务	Coffee shaop serve		
酒吧服务	Bar Service		
其他饮料及冷饮服务	Others		
其他餐饮业	Others		
小吃服务	Snack service		
餐饮配送服务	Food and beverage distribution services		
其他未列明餐饮业	Others		
2.按登记注册类型分组	Grouped by type registered		
内资企业	Domestic funds	19689.9	230001.3
国有企业	State-owned	14992.7	83917.5
集体企业	Collective-owned		861.0
股份合作企业	Cooperative		
联营企业	Joint		
国有联营企业	State joint owned		
集体联营企业	Collective joine owned		
国有与集体联营企业	State-collective joint owned		
其他联营企业	Other joint owned		
有限责任公司	Limited liability corporations	16.2	86422.2
国有独资公司	State-owned solely		1654.3
其他有限责任公司	Limited liability corporations	16.2	84767.9
股份有限公司	Share holding		540.0
私营企业	Private	4681.0	52084.7
私营独资企业	Private funded		829.5
私营合伙企业	Private partner		
私营有限责任公司	Private limited company	4681.0	50875.2
私营股份有限公司	Private share holding		380.0
其他企业	Others		6175.9
港、澳、台商投资企业	Funded from Hongkong,Macao and Taiwan		

单位：万元 unit:10000 yuan

二、期末资产负债 The final balance sheet

流动负债合计 Total current liabilities	应付帐款 Inventory	非流动负债合计 Non-current liabilities	负债合计 Total liabilities	所有者权益 Creditor's equity
99899.5	10608.0	30449.0	132160.8	97840.5
99899.5	10608.0	30449.0	132160.8	97840.5
43231.0	2563.1	14512.0	57743.0	26174.5
813.9	593.8	5.0	818.9	42.1
25781.2	5537.5	5304.4	32229.4	54192.8
620.9	60.2		620.9	1033.4
25160.3	5477.3	5304.4	31608.5	53159.4
162.5			162.5	377.5
23789.0	1710.0	10541.0	35085.1	16999.6
313.0	117.7		313.0	516.5
23446.0	1562.3	10541.0	34742.1	16133.1
30.0	30.0		30.0	350.0
6121.9	203.6	86.6	6121.9	54.0

14-7 续表14 continued14

指标名称	Item	实收资本 Driginal	国家资本 State owned
正餐服务业	Dinner	40661.8	19326.3
快餐服务业	Fast food		
饮料及冷饮服务业	Beverage and cold drink		
茶馆服务	The teahouse services		
咖啡馆服务	Coffee shaop serve		
酒吧服务	Bar Service		
其他饮料及冷饮服务	Others		
其他餐饮业	Others		
小吃服务	Snack service		
餐饮配送服务	Food and beverage distribution services		
其他未列明餐饮业	Others		
2.按登记注册类型分组	Grouped by type registered		
内资企业	Domestic funds	40661.8	19326.3
国有企业	State-owned	16876.3	16876.3
集体企业	Collective-owned	106.0	
股份合作企业	Cooperative		
联营企业	Joint		
国有联营企业	State joint owned		
集体联营企业	Collective joine owned		
国有与集体联营企业	State-collective joint owned		
其他联营企业	Other joint owned		
有限责任公司	Limited liability corporations	5768.0	2450.0
国有独资公司	State-owned solely	800.0	
其他有限责任公司	Limited liability corporations	4968.0	2450.0
股份有限公司	Share holding	330.8	
私营企业	Private	17369.7	
私营独资企业	Private funded	471.4	
私营合伙企业	Private partner		
私营有限责任公司	Private limited company	16548.3	
私营股份有限公司	Private share holding	350.0	
其他企业	Others	211.0	
港、澳、台商投资企业	Funded from Hongkong,Macao and Taiwan		

单位：万元 unit:10000 yuan

集体资本 Collective	法人资本 Corporate	个人资本 Private	港澳台资本 Funded from Hongkong, Macao and Taiwan	外商资本 Foreign funds
136.0	7006.4	14193.1		
136.0	7006.4	14193.1		
106.0				
30.0	2936.5	351.5		
	800.0			
30.0	2136.5	351.5		
	163.1	167.7		
	3695.8	13673.9		
		471.4		
	3345.8	13202.5		
	350.0			
	211.0			

14-7 续表15 continued15

指标名称 Item		营业收入 Operation revenue	主营业务收入 Operating revenue
正餐服务业	Dinner	108235.9	108016.9
快餐服务业	Fast food		
饮料及冷饮服务业	Beverage and cold drink		
茶馆服务	The teahouse services		
咖啡馆服务	Coffee shaop serve		
酒吧服务	Bar Service		
其他饮料及冷饮服务	Others		
其他餐饮业	Others		
小吃服务	Snack service		
餐饮配送服务	Food and beverage distribution services		
其他未列明餐饮业	Others		
2.按登记注册类型分组	Grouped by type registered		
内资企业	Domestic funds	108235.9	108016.9
国有企业	State-owned	12639.4	12639.4
集体企业	Collective-owned	2606.6	2606.6
股份合作企业	Cooperative		
联营企业	Joint		
国有联营企业	State joint owned		
集体联营企业	Collective joine owned		
国有与集体联营企业	State-collective joint owned		
其他联营企业	Other joint owned		
有限责任公司	Limited liability corporations	44050.5	43976.7
国有独资公司	State-owned solely	2101.1	2101.1
其他有限责任公司	Limited liability corporations	41949.4	41875.6
股份有限公司	Share holding	1773.5	1773.5
私营企业	Private	43593.3	43448.1
私营独资企业	Private funded	3259.2	3259.2
私营合伙企业	Private partner		
私营有限责任公司	Private limited company	40054.1	39908.9
私营股份有限公司	Private share holding	280.0	280.0
其他企业	Others	3572.6	3572.6
港、澳、台商投资企业	Funded from Hongkong, Macao and Taiwan		

单位：万元 unit:10000 yuan

营业成本 Operation costs	主营业务成本 Operation cost	营业税金及附加 Business taxes and extra charges	主营业务税金及附加 Operating taxes and extra harges	其他业务利润 Other profits	销售费用 Marking expenses
53452.4	53355.0	5512.1	5512.0	2160.5	23141.9
53452.4	53355.0	5512.1	5512.0	2160.5	23141.9
3176.6	3176.6	708.2	708.2		224.3
1452.1	1452.1	141.0	141.0		483.0
21571.5	21565.9	2473.6	2473.5	221.1	10274.9
1399.8	1399.8	117.7	117.7		316.2
20171.7	20166.1	2355.9	2355.8	221.1	9958.7
1347.1	1347.1	99.0	99.0	150.1	58.7
24454.2	24362.4	1865.4	1865.4	53.3	10700.0
1655.4	1655.4	125.0	125.0		943.1
22630.8	22539.0	1724.8	1724.8	53.3	9690.9
168.0	168.0	15.6	15.6		66.0
1450.9	1450.9	224.9	224.9	1736.0	1401.0

14-7 续表16 continued16

指标名称	Item	管理费用 Management expenses	税金 Taxes
正餐服务业	Dinner	23786.0	422.5
快餐服务业	Fast food		
饮料及冷饮服务业	Beverage and cold drink		
茶馆服务	The teahouse services		
咖啡馆服务	Coffee shaop serve		
酒吧服务	Bar Service		
其他饮料及冷饮服务	Others		
其他餐饮业	Others		
小吃服务	Snack service		
餐饮配送服务	Food and beverage distribution services		
其他未列明餐饮业	Others		
2.按登记注册类型分组	Grouped by type registered		
内资企业	Domestic funds	23786.0	422.5
国有企业	State-owned	10870.6	10.0
集体企业	Collective-owned	363.9	1.2
股份合作企业	Cooperative		
联营企业	Joint		
国有联营企业	State joint owned		
集体联营企业	Collective joine owned		
国有与集体联营企业	State-collective joint owned		
其他联营企业	Other joint owned		
有限责任公司	Limited liability corporations	8350.5	27.9
国有独资公司	State-owned solely	243.0	0.1
其他有限责任公司	Limited liability corporations	8107.5	27.8
股份有限公司	Share holding	226.9	75.8
私营企业	Private	3406.7	305.5
私营独资企业	Private funded	746.7	7.5
私营合伙企业	Private partner		
私营有限责任公司	Private limited company	2646.0	297.0
私营股份有限公司	Private share holding	14.0	1.0
其他企业	Others	567.4	2.1
港、澳、台商投资企业	Funded from Hongkong,Macao and Taiwan		

单位：万元 unit:10000 yuan

三、损益及分配 Gains and losses and distribution

财务费用 Financial expenses	利息收入 Interest income	利息支出 Interest expenditure	资产减值损失 Lost	公允减值变动收益 Revenue
2326.2	5.8	1644.5	10.3	
2326.2	5.8	1644.5	10.3	
81.2	0.1	12.7		
0.4				
668.6	4.6	515.2	0.1	
10.3	1.4	0.3		
658.3	3.2	514.9	0.1	
14.0				
1399.0	3.6	951.1	10.2	
9.1	2.5	6.6		
1389.9	1.1	944.5	10.2	
163.0	-2.5	165.5		

14-7 续表17 continued17

指标名称	Item	投资收益 Investment income	营业利润 Business profits
正餐服务业	Dinner		8.5
快餐服务业	Fast food		
饮料及冷饮服务业	Beverage and cold drink		
茶馆服务	The teahouse services		
咖啡馆服务	Coffee shaop serve		
酒吧服务	Bar Service		
其他饮料及冷饮服务	Others		
其他餐饮业	Others		
小吃服务	Snack service		
餐饮配送服务	Food and beverage distribution services		
其他未列明餐饮业	Others		
2.按登记注册类型分组	Grouped by type registered		
内资企业	Domestic funds		8.5
国有企业	State-owned		-2421.3
集体企业	Collective-owned		166.2
股份合作企业	Cooperative		
联营企业	Joint		
国有联营企业	State joint owned		
集体联营企业	Collective joine owned		
国有与集体联营企业	State-collective joint owned		
其他联营企业	Other joint owned		
有限责任公司	Limited liability corporations		712.6
国有独资公司	State-owned solely		14.1
其他有限责任公司	Limited liability corporations		698.5
股份有限公司	Share holding		27.8
私营企业	Private		1757.8
私营独资企业	Private funded		-220.1
私营合伙企业	Private partner		
私营有限责任公司	Private limited company		1961.5
私营股份有限公司	Private share holding		16.4
其他企业	Others		-234.6
港、澳、台商投资企业	Funded from Hongkong, Macao and Taiwan		

单位：万元 unit:10000 yuan

营业外收入 Norbusiness revenue	补贴收入 Subsidies revenue	利润总额 Total profits	应交所得税 Income taxes payable	四、人工成本 Workers cost 应付职工薪酬（本年贷方计发生额） Payroll payable (credit accumulated happening this year)
427.0	0.2	-4841.5	1155.2	13741.5
427.0	0.2	-4841.5	1155.2	13741.5
		-7609.8		2359.1
0.8		66.4	9.1	386.4
355.7		1181.6	596.8	7697.2
348.7		361.2	44.6	573.9
7.0		820.4	552.2	7123.3
		54.7	11.1	184.9
70.5	0.2	1622.6	538.2	2927.8
		-220.1	7.7	191.0
70.5	0.2	1826.3	524.9	2666.8
		16.4	5.6	70.0
		-157.0		186.1

14-7 续表18 continued18

指标名称	Item	法人企业数（个）Corporate enterprises (unit)	执行《2006年企业会计准则企业个数》Number of enterprises implmenting Accounting Standards for Business Enterprises 2006	一、年初存货 Inventory
与港澳台商合资经营企业	Joint venture			
与港澳台商合作经营企业	Cooperative			
港、澳、台商独资经营企业	Solefunds			
港、澳、台商投资股份有限公司	Share holding			
其他港澳台投资企业	Others			
外商投资企业	Foreign funded			
中外合资经营企业	Joint venture			
中外合作经营企业	Cooperative			
外资企业	Foreign funds			
外商投资股份有限公司	Share holding			
其他外商投资企业	Others			
3.按控股情况分组	Grouped by owned			
国有控股	State-owned	6	4	835.6
集体控股	Collective-owned	3	1	43.8
私人控股	Private-owned	34	28	2991.7
港澳台商控股	Hongkong,Macao and Taiwan-Owned			
外商控股	Foreign-owned			
其他	Others	10	3	736.2
4.按经营形式分组	Grouped by form of management			
独立门店	Substantive store	51	35	4363.4
连锁总店（总部）	Chain headquarter			
连锁门店	Chain store			
其他	Others	2	1	243.9
5.按单位规模分	Gruoped by size of enterprises			
大型	Large-sized	2	1	677.0
中型	Medium-sized	6	5	1821.7
小型	Small-sized	43	28	2090.8
微型	Micro-sized	2	2	17.8

单位：万元 unit:10000 yuan

流动资产合计 Circulating funds	应收帐款 Receivables	存货 Inventery	固定资产合计 Total fixed assets	固定资产原价 Original Valueof fixed assets	累计折旧 Total depreciation	本年折旧 Depreciation in this year
18020.0	1601.3	638.4	27747.1	39639.3	11892.2	144.8
723.0	375.3	53.8	138.0	314.9	176.9	9.7
18033.4	1528.1	3734.6	29347.9	41651.6	12303.9	3416.5
17661.2	1341.8	697.2	39241.6	48892.7	12449.0	369.5
53310.7	4728.2	4842.1	96307.5	130227.5	36718.1	3921.8
1126.9	118.3	281.9	167.1	271.0	103.9	18.7
25073.8	1223.8	515.3	58786.9	80145.7	21358.8	
9985.3	989.6	2621.2	20531.8	29924.4	9392.6	3082.1
19259.3	2538.3	1968.2	16993.8	20225.8	6030.1	845.6
119.2	94.8	19.3	162.1	202.6	40.5	12.8

14-7 续表19 continued19

指标名称	Item	在建工程 Circulationg funds	资产总计 Total assets
与港澳台商合资经营企业	Joint venture		
与港澳台商合作经营企业	Cooperative		
港、澳、台商独资经营企业	Solefunds		
港、澳、台商投资股份有限公司	Share holding		
其他港澳台投资企业	Others		
外商投资企业	Foreign funded		
中外合资经营企业	Joint venture		
中外合作经营企业	Cooperative		
外资企业	Foreign funds		
外商投资股份有限公司	Share holding		
其他外商投资企业	Others		
3. 按控股情况分组	Grouped by owned		
国有控股	State-owned	14992.7	86423.1
集体控股	Collective-owned		861.0
私人控股	Private-owned	4697.2	69695.1
港澳台商控股	Hongkong, Macao and Taiwan-Owned		
外商控股	Foreign-owned		
其他	Others		73022.1
4. 按经营形式分组	Grouped by form of management		
独立门店	Substantive store	19689.9	227395.8
连锁总店（总部）	Chain headquarter		
连锁门店	Chain store		
其他	Others		2605.5
5. 按单位规模分	Grouped by size of enterprises		
大型	Large-sized	14992.7	133664.0
中型	Medium-sized	4678.7	44173.7
小型	Small-sized	18.5	51841.8
微型	Micro-sized		321.8

单位：万元 unit:10000 yuan

二、期末资产负债 The final balance sheet

流动负债合计 Total current liabilities	应付帐款 Inventory	非流动负债合计 Non-current liabilities	负债合计 Total liabilities	所有者权益 Creditor's equity
44693.3	3349.3	14722.0	59415.3	27007.8
813.9	593.8	5.0	818.9	42.1
36363.0	3571.3	13115.4	50377.3	19317.8
18029.3	3093.6	2606.6	21549.3	51472.8
98933.5	9970.0	30108.0	130853.8	96542.0
966.0	638.0	341.0	1307.0	1298.5
48943.6	1928.2	13962.0	62905.6	70758.4
18306.0	2115.9	10200.0	28506.0	15667.7
32528.1	6556.3	6287.0	40627.4	11214.4
121.8	7.6		121.8	200.0

14-7 续表20 continued20

指标名称	Item	实收资本 Driginal	国家资本 State owned
与港澳台商合资经营企业	Joint venture		
与港澳台商合作经营企业	Cooperative		
港、澳、台商独资经营企业	Solefunds		
港、澳、台商投资股份有限公司	Share holding		
其他港澳台投资企业	Others		
外商投资企业	Foreign funded		
中外合资经营企业	Joint venture		
中外合作经营企业	Cooperative		
外资企业	Foreign funds		
外商投资股份有限公司	Share holding		
其他外商投资企业	Others		
3. 按控股情况分组	Grouped by owned		
国有控股	State-owned	18229.3	17326.3
集体控股	Collective-owned	106.0	
私人控股	Private-owned	18595.5	
港澳台商控股	Hongkong, Macao and Taiwan-Owned		
外商控股	Foreign-owned		
其他	Others	3731.0	2000.0
4. 按经营形式分组	Grouped by form of management		
独立门店	Substantive store	40279.3	19326.3
连锁总店（总部）	Chain headquarter		
连锁门店	Chain store		
其他	Others	382.5	
5. 按单位规模分	Gruoped by size of enterprises		
大型	Large-sized	18653.4	18653.4
中型	Medium-sized	14090.0	
小型	Small-sized	7718.4	672.9
微型	Micro-sized	200.0	

单位：万元 unit:10000 yuan

集体资本 Collective	法人资本 Corporate	个人资本 Private	港澳台资本 Funded from Hongkong, Macao and Taiwan	外商资本 Foreign funds
	820.0	83.0		
106.0				
	4587.9	14007.6		
30.0	1598.5	102.5		
106.0	6706.4	14140.6		
30.0	300.0	52.5		
30.0	1200.0	12860.0		
106.0	5706.4	1233.1		
	100.0	100.0		

14-7 续表21 continued21

指标名称	Item	营业收入 Operation revenue	主营业务收入 Operating revenue
与港澳台商合资经营企业	Joint venture		
与港澳台商合作经营企业	Cooperative		
港、澳、台商独资经营企业	Solefunds		
港、澳、台商投资股份有限公司	Share holding		
其他港澳台投资企业	Others		
外商投资企业	Foreign funded		
中外合资经营企业	Joint venture		
中外合作经营企业	Cooperative		
外资企业	Foreign funds		
外商投资股份有限公司	Share holding		
其他外商投资企业	Others		
3. 按控股情况分组	Grouped by owned		
国有控股	State-owned	17165.0	17165.0
集体控股	Collective-owned	2606.6	2606.6
私人控股	Private-owned	62443.8	62225.0
港澳台商控股	Hongkong, Macao and Taiwan-Owned		
外商控股	Foreign-owned		
其他	Others	26020.5	26020.3
4. 按经营形式分组	Grouped by form of management		
独立门店	Substantive store	96751.4	96532.4
连锁总店（总部）	Chain headquarter		
连锁门店	Chain store		
其他	Others	11484.5	11484.5
5. 按单位规模分	Gruoped by size of enterprises		
大型	Large-sized	24048.1	24048.1
中型	Medium-sized	30107.0	29890.5
小型	Small-sized	54049.2	54046.7
微型	Micro-sized	31.6	31.6

单位：万元 unit:10000 yuan

营业成本 Operation costs	主营业务成本 Operation cost	营业税金及附加 Business taxes and extra charges	主营业务税金及附加 Operating taxes and extra harges	其他业务利润 Other profits	销售费用 Marking expenses
5835.9	5835.9	961.0	961.0		1446.8
1452.1	1452.1	141.0	141.0		483.0
32199.8	32102.4	3006.6	3006.5	2160.5	17600.0
13964.6	13964.6	1403.5	1403.5		3612.1
45096.4	44999.0	5045.0	5044.9	2160.5	22386.2
8356.0	8356.0	467.1	467.1		755.7
7193.7	7193.7	1338.3	1338.3		456.4
12282.4	12186.1	1651.7	1651.7	120.2	12013.5
33960.5	33959.4	2520.4	2520.3	2040.3	10638.7
15.8	15.8	1.7	1.7		33.3

14-7 续表22 continued22

指标名称	Item	管理费用 Management expenses	税金 Taxes
与港澳台商合资经营企业	Joint venture		
与港澳台商合作经营企业	Cooperative		
港、澳、台商独资经营企业	Solefunds		
港、澳、台商投资股份有限公司	Share holding		
其他港澳台投资企业	Others		
外商投资企业	Foreign funded		
中外合资经营企业	Joint venture		
中外合作经营企业	Cooperative		
外资企业	Foreign funds		
外商投资股份有限公司	Share holding		
其他外商投资企业	Others		
3. 按控股情况分组	Grouped by owned		
国有控股	State-owned	11199.3	10.5
集体控股	Collective-owned	363.9	1.2
私人控股	Private-owned	5460.9	400.0
港澳台商控股	Hongkong, Macao and Taiwan-Owned		
外商控股	Foreign-owned		
其他	Others	6761.9	10.8
4. 按经营形式分组	Grouped by form of management		
独立门店	Substantive store	23578.4	422.5
连锁总店（总部）	Chain headquarter		
连锁门店	Chain store		
其他	Others	207.6	
5. 按单位规模分	Gruoped by size of enterprises		
大型	Large-sized	15738.0	
中型	Medium-sized	2520.9	222.4
小型	Small-sized	5518.9	200.1
微型	Micro-sized	8.2	

单位：万元 unit:10000 yuan

三、损益及分配 Gains and losses and distribution

财务费用 Financial expenses	利息收入 Interest income	利息支出 Interest expenditure	资产减值损失 Lost	公允减值变动收益 Revenue
106.3	2.3	19.8	0.1	
0.4				
1922.1	1.9	1430.3	10.2	
297.4	1.6	194.4		
2324.3	4.5	1642.6	10.3	
1.9	1.3	1.9		
146.3				
1092.0	4.0	661.8	10.2	
1087.6	1.8	982.7	0.1	
0.3				

14-7 续表23 continued23

指标名称	Item	投资收益 Investment income	营业利润 Business profits
与港澳台商合资经营企业	Joint venture		
与港澳台商合作经营企业	Cooperative		
港、澳、台商独资经营企业	Solefunds		
港、澳、台商投资股份有限公司	Share holding		
其他港澳台投资企业	Others		
外商投资企业	Foreign funded		
中外合资经营企业	Joint venture		
中外合作经营企业	Cooperative		
外资企业	Foreign funds		
外商投资股份有限公司	Share holding		
其他外商投资企业	Others		
3.按控股情况分组	Grouped by owned		
国有控股	State-owned		-2384.1
集体控股	Collective-owned		166.2
私人控股	Private-owned		2244.2
港澳台商控股	Hongkong, Macao and Taiwan-Owned		
外商控股	Foreign-owned		
其他	Others		-17.8
4.按经营形式分组	Grouped by form of management		
独立门店	Substantive store		-1688.9
连锁总店（总部）	Chain headquarter		
连锁门店	Chain store		
其他	Others		1697.4
5.按单位规模分	Gruoped by size of enterprises		
大型	Large-sized		-824.6
中型	Medium-sized		537.5
小型	Small-sized		323.3
微型	Micro-sized		-27.7

单位：万元 unit:10000 yuan

营业外收入 Norbusiness revenue	补贴收入 Subsidies revenue	利润总额 Total profits	应交所得税 Income taxes payable	四、人工成本 Workers cost 应付职工薪酬（本年贷方计发生额） Payroll payable (credit accumulated happening this year)
348.7		-7203.7	58.4	3356.9
0.8		66.4	9.1	386.4
73.5	0.2	1895.0	636.6	6151.6
4.0		400.8	451.1	3846.6
427.0	0.2	-6433.7	797.9	12897.5
		1592.2	357.3	844.0
0.3		-6012.8	398.1	4452.8
388.7		917.9	166.5	4216.0
38.0	0.2	281.1	590.6	5064.3
		-27.7		8.4

统计资料

STATISTICS

◎ 对外经济贸易和旅游业

FOREIGN TRADE AND TOURISM

第十五篇　对外经济贸易和旅游业

据长春海关统计:2013 年,长春市实现进出口总额 204 亿美元,同比增长 3.7%,其中实现进口额 171.1 亿美元,同比增长 2.0%。实现出口额 32.9 亿美元,增长 13.4%。

从进出口的贸易方式看,长春市的进出口以一般贸易为主。2013 年,一般贸易实现进出口额为 194.5 亿美元,占全部进出口额的 95.3%,超过了九成,进出口额同比增长 8.6%。其次是加工贸易实现进出口额 8.7 亿美元,占全部进出口额的 4.3%,同比下降 19.0%。外商投资企业作为投资进口的设备和物品进出口额为 0.54 亿美元,下降 91.6%。

从 2013 年进出口市场情况看,除对拉丁美洲进出口 6.2 亿美元,下降 10.7%外,对其他各大洲的进出口均呈现良好的增长态势,且有的增幅较大。其中:对亚洲进出口 43.2 亿美元,增长 12.6%。对非洲实现进出口额 4.3 亿美元,同比增长 45.3%。对欧洲进出口 139.3 亿美元,增长 0.3%。对北美洲进出口 6.5 亿美元,增长 17.7%,对大洋洲进出口 4.4 亿美元,增长 12.2%。

受益于中国—东盟自由贸易区的正式运行,我市与东盟的双边贸易也迅猛发展,2013 年,双边贸易总值达 7.6 亿美元,增长 46.6%。其中,对东盟出口 5.5 亿美元,增长 79.5%;自东盟进口 2.2 亿美元,增长与去年持平。

2013 年,在我市的主要出口贸易伙伴中,出口贸易额前 10 的国家分别是澳大利亚、日本、美国、印度、香港、印度尼西亚、韩国、泰国、马来西亚和德国,出口贸易额分别为 3.9 亿美元、3.2 亿美元、2.7 亿美元、1.5 亿美元、1.5 亿美元、1.3 亿美元、1.3 亿美元、1.2 亿美元、1.1 亿美元和 1.1 亿美元。

在长春市 2013 年的主要出口商品中,粮食、塑料制品、服装及衣着附件、家具及其零件、汽车(包括整套散件)和汽车零件出口额较大,均超过了 5000 万美元。其中传统劳动密集型产品的粮食、塑料制品、服装及衣着附件、家具及其零件较好,均呈现增长态势。其中:粮食实现出口额 5781 万美元,增长 8.4%。塑料制品实现出口额 8043 万美元,增长 365.0%。服装及衣着附件实现出口额 1.7 亿美元,增长 60.5%。家具及其零件实现出口额 1.2 亿美元,增长 187.2%。汽车零件实现出口额 1.3 亿美元,增长 1.2%。汽车(包括整套散件)下降,实现出口额达到 2.2 亿美元,下降 10.3%。

据海关统计,2013 年,我市的主要进口商品为汽车(包括整套散件)、汽车零件、大豆、计量检测分析自控仪器及器具、通断保护电路装置及零件,进口总值均在 2.5 亿美元以上。其中居全市进口总值首位的汽车零件实现进口额为 52.7 亿美元,增长 19.5%。计量检测分析自控仪器及器具进口额 9.4 亿美元,增长 1.7%。大豆进口额 5.6 亿美元,增长 11.5%。通断保护电路装置及零件进口额 3.1 亿美元,增长 21.9%。汽车(包括整套散件)进口额 50.6 亿美元,增长 0.1 %。

2013 年,我市实际利用外资 44.4 亿美元,同比增长 20.6%。其中:外商直接投资 9.4 亿美元,增长 10.4%。外商间接投资 35.0 亿美元,增长 23.6%。新设立外商投资企业 35 户,比去年同期减少 16.7%。合同外资金额 3.8 亿美元,减少 55.2%。

从新批外资的投资领域看,外商直接投资以二产投资为主,二产投资 11 户,直接利用外资 6.0 亿美元,占全部外商直接投资总额的 64.0%,同比减少 20.0%。三产投资 24 户,外商直接投资额 2.9 亿美元,占全部外商直接投资总额的 30.9%,同比增长 261.2%。

从投资来源看,共有 19 个国家和地区来我市投资建厂,其中,合同外资金额排在前 3 位的分别是:香港(14162.8 万美元),德国(11218.2 万美元)和荷兰(6020.7 万美元)。

15-1 对外经济贸易指标
FOREIGN TRADE AND ECONOMIC COOPERATION

		单位 Unit	2012	2013
进出口总额(一)	Total import and export(Ⅰ)	万美元 $10000	1968046	2039892
其中：进口	Imports	万美元 $10000	1677694	1710572
出口	Exports	万美元 $10000	290352	329320
1.国有企业	State owned	万美元 $10000	897119	908333
其中：进口	Imports	万美元 $10000	753131	785832
出口	Exports	万美元 $10000	143988	122500
2.集体企业	Collective owned	万美元 $10000	445	514
其中：进口	Imports	万美元 $10000	5	1
出口	Exports	万美元 $10000	440	513
3.三资企业	Foreign funded	万美元 $10000	976066	958096
其中：进口	Imports	万美元 $10000	905720	903452
出口	Exports	万美元 $10000	70346	54644
4.私营企业	Private	万美元 $10000	94243	172809
其中：进口	Imports	万美元 $10000	18809	21270
出口	Exports	万美元 $10000	75434	151539
进出口总额(二)	Total import and export(Ⅱ)	万美元 $10000	1858746	1907826
其中：进口	Imports	万美元 $10000	1592033	1686658
出口	Exports	万美元 $10000	266716	221168
新批项目(企业)数	Number of new registered enterprises	个 unit	42	35
投资总额	Total investment	万美元 $10000	557791.8	138532.9
合同利用外资额	Contract foreign investment	万美元 $10000	84955	38072.4
其中：直接利用外资额	Direct foreign investments	万美元 $10000	84955	38072.4
实际利用外资额	Total of foreign funds actu a lly used	万美元 $10000	368236	443995
其中：直接利用外资额	Direct foreign investment	万美元 $10000	85003.6	93868.4

注：进出口总额(一)中进出口总额是指在长春行政区域内工商注册、并在长春海关登记、赋予代码为“2201”的全部有外贸经营权的企业(公司)进出口总额。它是衡量我市有外贸经营权的企业(公司)经营规模和总体水平的标志。

进出口总额(二)中进出口总额是指在全国各地工商注册，并在当地海关登记的赋予相应代码的有外贸经营权的企业(公司)，进口商品目的地为长春市、出口产品货源地产自长春市的进出口总额。它是衡量我市进口市场需求(包括项目)及出口生产质量、能力的标志。

Note:

★lmport-export value(Ⅰ) by changchun foreign trade managing units refer to actul value of imports and exports carried out by corporation which have been registered by changchun customhouse and vested with right to run import,export business. It is a measure of trade rights to the city and the overall level of the enterprise size.

★★lmport value of commodities by the places of their destination and export value of commodities by the place of their origin in china:The places of their consumption,utilization or the place of their final destination.The latter indicator refers to the value of export commodities of the places of their origin or the place of the commodities dispatched,changchun.

15-2 2001-2013长春市旅游经济情况

		2001	2002	2003
海外旅游者(人次)	International tourists(person-time)	66853	76146	68877
外国人(人次)	Foreigners(person-time)	45720	55064	51523
华侨(人次)	Overseas Chinese(person-time)			
港澳同胞(人次)	Compatriots from Hongkong and Macao(person-time)	7280	5861	8546
台湾同胞(人次)	Compatriots from Taiwan(person-time)	13853	1522	8808
海外旅游者(人天)	International tourists(person-day)	193350	246356	215277
外国人(人天)	Foreigners(person-day)	153382	196813	178884
华侨(人天)	Overseas Chinese(person-day)			
港澳同胞(人天)	Compatriots from Hongkong and Macao(person-day)	17327	15691	18188
台湾同胞(人天)	Compatriots from Taiwan(person-day)	22641	33852	18205
国内旅游者(万人次)	Domestic tourists(10000person-time)	1001	1085.5	1031
旅游外汇收入(万美元)	Foreign exchange earnings from tourism($10000)	3072	4204	3671
旅游业总收入(亿元)	Revenue of tourism(100 millon yuan)	48	67	83

DEVELOPMENT OF TOURISM(2001-2013)

2004	2005	2006	2007	2008	2009	2010	2011	2012	2013
87201	110000	151100	200248	217008	217000	249824	301639	356627	378261
70249	87100	117200	164834	187702	183251	219780	248034	286961	305616
8378	12100	17500	19210	13905	23326	20475	28809	36828	39554
8574	10700	16200	16204	10399	10534	9569	24796	32838	33091
258627	330000	420600	459611	595025	670934	806995	998963	1146277	1253593
220862	276000	340200	409052	510417	583681	722157	838729	935851	1058121
20187	28700	40800	50559	54444	57799	57121	85530	109363	112040
17578	24800	39500	47440	30164	29454	27717	74706	101063	100924
1100	1218.4	1366.7	1587.2	1896.6	2246.5	2612.64	3084.17	3620.21	4191.67
4295	5103.3	6665	8930	10680	11625	13747.87	16974.46	22379.05	24305.89
96.7	120.2	148.2	182.84	228.31	276.6	350.42	431.65	548.28	685.79

15-3 主要出口商品情况
MAIN EXPORT GOODS

商品名称	Item	出口金额（万美元） Export ($10000)	占出口总额比重(%) Proportion(%)
合计	Total	329320	
粮食	Food	5781	1.8
汽车(包括整套散件)	Automobile	21574	6.6
汽车零件	Vehicle parts	13387	4.1
服装及衣着附件	Garments and accessories	17425	5.3
新的充气橡胶轮胎	New pneumaticrubber tire	8646	2.6
塑料制品	Plastic products	8043	2.4
肉及杂碎	Meat	2233	0.7
胶合板及类似多层板	Veneer and multiply wood	7147	2.2
家具及其零件	Furniture	11743	3.6
摩托车	Motorcycles	1474	0.4
通断保护电路装置及零件	Hardware	659	0.2
医药品	Medicine materials	3859	1.2
箱包及类似容器	Bags and similar containers	4321	1.3
纺织纱线、织物及制品	Weave and products	3168	1.0
家用或装饰用木制品	Timeber products for household or decoration	580	0.2
医疗仪器及器械	Medical apparatus and appliance	437	0.1
灯具照明装置及其零件	Lighting installation and its spares	7166	2.2
手用或机用工具	Manual or machine tools	2766	0.8
玻璃制品	Glasswares	1981	0.6
钢 材	Steel products	928	0.3

15-4 主要进口商品情况
MAIN IMPORT GOODS

商品名称	Item	进口金额(万美元) Import ($10000)	占进口总额比重(%) Proportion (%)
合计	Total	1710572	
汽车零件	Vehicles parts	526908	30.8
汽车(包括整套散件)	Vehicles	506001	29.6
计量检测分析自控仪器及器具	Analysis of measurement control equipment and appliance	93608	5.5
大豆	Soybean	56441	3.3
金属加工机床	Metal-cutling machine tools	24477	1.4
通断保护电路装置及零件	Hardware	30506	1.8
活塞式内燃机的零件	Parts of piston eagine	13320	0.8
钢材	Steel products	8505	0.5
钢铁制标准坚固件	Standard strong steel products	19992	1.2
收音设备	Recording equipment	15971	0.9
集成电路	Integrated circuit	10898	0.6
电动机及发电机	Electromotor and dynamo	9569	0.6
电视、收音机及无线电讯装置的零附件	Electrical apparatus and parts	37165	2.2
初级形状的塑料	Initial shape plastics	7426	0.4
液泵及液体提升机	Pump and liquid elevator	7970	0.5
变压、整流、电感器及零件	Transformer rectifier inductor and parts	5521	0.3
机械提升搬运装卸设备及零件	Mechanical handling equipmeat and parts to upgrade handing	4172	0.2
医疗仪器及器械	Medical apparatus and appliance	4513	0.3
合成橡胶(包括乳胶)	Synthetic rubber (include emulsoid)	4723	0.3
电线和电缆	Wire and cable	5339	0.3
制冷设备用压缩机	Compressor for refrigeration facility	5513	0.3
塑料制品	Plastic products	4671	0.3
纺织纱线、织物及制品	Weave and products	4812	0.3
空气调节器	Air conditioners	5973	0.3
阀门	Valve	2017	0.1
棉 花	Conton		

15-5 外贸进出口总值分国别(地区)出口情况(2013)
BASIC CONDITIONS OF FOREIGN TRADE BY COUNTRY (2013)

国家(地区)	Country or region	出口额(万美元) Exports($10000)
总 值	Total	329320
日本	Japan	31744
韩国	Korea	12645
美国	United States	26933
德国	Germany	11351
印度	India	15448
香港	HongKong	15111
越南	Vietnam	5178
台湾	Taiwan	3098
比利时	France	2843
加 拿 大	Canada	3322
伊朗	Iran	3194
巴基斯坦	Pakistan	5156
英国	United Kingdom	5897
墨西哥	Mexico	3220
荷兰	Netherland	9107
澳大利亚	Australia	38905
俄罗斯	Russia	6808
菲 律 宾	Philippines	4185
尼日利亚	Nigeria	2352
意 大 利	Italy	3016
阿拉伯联合酋长国	United Arab Emirates	2571
马来西亚	Malaysia	11372
沙特阿拉伯	Saudi Arabia	2915
印度尼西亚	Indonesia	13189
埃及	Egypt	894
法国	France	1548
约旦	Jordan	436
西班牙	Spain	3513
南非(阿扎尼亚)	South Africa	8856
柬埔寨	Cambodia	1085
巴西	Brazil	4724
丹麦	Denmark	1119
乌克兰	Ukraine	1604
土耳其	Turkey	1117
泰国	Algeria	11548

15-6 外贸进出口总值分国别(地区)进口情况(2013)
BASIC CONDITIONS OF IMPORT IN FOREIGN TRADE BY COUNTRY(2013)

国家(地区)	Country or region	进口额(万美元) Imports ($10000)
德国	Germany	859966
日本	Japan	225240
匈牙利	Hungary	89203
美国	United States	34095
意大利	Italy	18917
韩国	Korea	12682
捷克共和国	Czech	38207
比利时	Belgium	54156
法国	France	15874
瑞典	Sweden	2829
马来西亚	Malaysia	9237
墨西哥	Mexico	3551
西班牙	Spain	39159
奥地利	Austria	89203
巴西	Brazil	34931
英国	Britain	4143
俄罗斯	Russia	295
泰国	Thailand	5994
台湾	Taiwan	3723
澳大利亚	Australia	4162
波兰	Poland	4128
瑞士	Switzerland	4800
荷兰	Netherlands	10394
菲律宾	Philippines	2465
新 加 坡	Singapore	1818
印度尼西亚	Indonesia	1039
香港	HongKong	425
挪威	Norway	1697
印度	India	1173
以色列	Israel	715
越南	Vietnam	1038
土耳其	Turkey	2878
加 拿 大	Canada	984
丹麦	Denmark	1949
爱尔兰	Ireland	403

15-7 2013年新批外商项目(企业)分类表
NEW REGISTERED FOREIGN PROJECTS (ENTERPRISES) BY CATEGORY IN 2013

		户数(个) Enterprises (unit)	合同外资 (万美元) Investment ($10000)	比重 (%) Percentage (%)
总计	Total	35	38072.4	100.0
1. 按行业类别分	Grouped by sector			
第一产业	Primary industry		275	0.7
第二产业	Secondary industry	11	24098	63.3
第三产业	Terinary industry	24	13699	36.0
2. 按国别、地区分	Grouped by country or region			
香港	Hongkong	12	14162.8	37.2
韩国	Korea	4	508.2	1.3
日本	Japan	2	681	1.8
荷兰	Holland		6020.7	15.8
德国	Germany	3	11218.2	29.5
新加坡	Singapore	1	518.4	1.4
3. 按经济类型分	Grouped by ownership			
中外合资企业	Sino-foreign joint ventures	14	20309.4	53.3
中外合作企业	Sino-foreign cooperative enterprises	2	1131.9	3.0
外商独资企业	Exclusively foreign-owned enterprises	18	14240.2	37.4
外商股份制企业	Foreign investment share enterprises	1	2390.9	6.3
投资性公司	Investment compani			

统计资料
STATISTICS

◎ 金融保险业

BANKING AND INSURANCE

第十六篇　金融保险业

2013年，在市委、市政府的重视支持下，全市银行业金融机构着力优化信贷结构，努力增加对实体经济的信贷投放，主要金融指标实现较快增长，为地方经济发展提供了有力的资金保障。保险行业发展稳中向好，为保障人民群众的生命和财产安全提供了巨大的资金支持。

（一）各项存款持续较快增长。2013年末，全市人民币存款余额7808.3亿元，比年初新增1225.5亿元，增长18.6%。

分结构看：个人存款余额3206.6亿元，比年初新增391.0亿元，增长13.9%。其中，储蓄存款余额3107.2亿元，比年初新增338.2亿元，增长12.2%；单位存款余额为4082.3亿元，比年初新增724.9亿元，增长21.6%。其中，单位活期存款1728.6亿元，比年初新增100.3亿元，增长6.2%，单位定期存款1097.1亿元，比年初新增277.9亿元，增长33.9%。单位存款较快的增长速度及单位存款定期化在一定程度上表明宏观经济偏冷，部分企业投资欲望降低，生产经营活跃度有所下降。

（二）贷款总量增长平稳，贷款投放节奏相对均衡。2013年末，全市人民币贷款余额6453.4亿元，比年初增加721.3亿元，增长12.6%，同比多增150.1亿元。从信贷运行的主要特点看：

1、贷款投放节奏稳中趋缓，贷款期限呈短期化趋势。为平衡资金成本与收益，缓解资金流动性压力，金融机构加大短期类贷款的投放力度，提高贷款周转速度和收益率。2013年末，全市金融机构短期贷款余额1760.1亿元，比年初增加334.6亿元，增长23.5%；中长期贷款余额4541.2亿元，比年初增加401.1亿元，增长9.7%；短期贷款增幅高于中长期贷款增幅13.8个百分点。贷款期限结构的“短增长减”模式在一定程度上也反映出企业经营情况仍处在低谷，投资意愿不足，企业及银行对实体经济预期低迷。

2、信贷支持重点突出。一是对企业生产经营支持力度较大。2013年末，全市单位经营贷款、贸易融资合计新增255.7亿元，同比多增149.2亿元，较好地满足了企业合理流动资金需求。二是发挥金融合力，支持经济发展。2013年末，全市银团贷款新增191.7亿元，同比多增92.8亿元，较好满足实体经济发展的金融需求。三是积极支持居民扩大消费。2013年末，全市个人消费贷款新增214亿元，同比多增71.7亿元。

三、保险事业进一步发展

2013年，长春市保险业继续深入贯彻落实科学发展观，支持深化改革，开拓创新，着力转变发展方式，推动业务结构调整，积极拓展保险服务领域，提升服务水平，行业发展稳中向好。2013年全市保险业实现保费收入106.6亿元，在全省保险市场中占比达到40.0%，同比增长19.1%，高于全省平均增速4.52个百分点，其中财产险公司保费收入46.0亿元，人身险公司保费收入60.6亿元；承担风险保障82688亿元，全年赔付支出44.8亿元，同比增长41.8%，其中财产险公司赔付支出26.4亿元，人身险公司赔付支出18.4亿元，为保障人民群众的生命和财产安全提供了巨大的资金支持。

16-1 主要年份城乡居民储蓄存款（人民币）
DEPOSITS OF URBAN AND RURAL RESIDENTS(RMB)

单位：万元 unit:10000yuan

		2007	2008	2009	2010	2011	2012	2013
年末储蓄存款余额	Balance of deposits at year-end	12020796	15073851	18341564	20627232	23377845	27673822	31071578
按地区分	Grouped by region							
市辖区	District	10214788	12704620	15512984	17316468	19352550	22643743	25569503
榆树市	Yushu	441694	574939	676928	779902	893225	1090981	1278789
农安县	Nong' an	486593	603493	722512	846674	1072861	1296227	1526672
德惠市	Dehui	487249	643234	765246	865048	1039702	1339419	1489145
九台市	Jiutai	390472	547565	663894	819140	1019507	1303452	1207469

16-2 1994-2013年保险费收入和赔款支出
PREMIUM AND CLAIM OF INSURANCE(1994-2013)

单位：千元 unit:1000yuan

年份 Year	保险费收入 Premium	赔款支出 Claim	赔付率(%) Payment rate
1994	208195	132679	63.7
1995	242880	156920	64.6
1996	243165	27898	11.5
1997	834330	216260	25.9
1998	467423	288599	61.7
1999	840370	234360	27.9
2000	897800	284490	31.7
2001	1203345	404926	33.7
2002	1870688	484611	25.9
2003	2871260	562650	19.6
2004	3212130	579940	18.1
2005	2986980	665300	22.3
2006	3513544	902754	25.7
2007	4521397	1687103	37.3
2008	5685661	2069416	36.4
2009	6810096	2234097	32.8
2010	9325866	2259205	24.2
2011	8443132	2505617	29.7
2012	8953946	3167895	35.4
2013	10664214	4484021	42.0

注：因执行新会计准则，保费收入计算口径发生变化，2011年保费收入为新口径。

Note:the calculating calibers of premium income have been changed,due to new accounting standards.New calibers were adopted for premium income of year 2011.

16-3 2013年全市金融机构信贷收支(人民币)
CREDIT FUNDS BALANCE SHEET OF FINANCIAL INSTITUTIONS (RMB) IN 2013

单位：亿元　　unit:100million yuan

来源项目名称 Item of sources	金额 Amount	运用项目名称 Item of uses	金额 Amount
一、各项存款 Deposits	7808.31	一、各项贷款 Loans	6453.35
1.单位存款 Deposits of enterprises	4082.34	(一) 境内贷款 Domestic loans	6452.93
其中:活期存款 Current deposits	1728.63	1、短期贷款 Short term loans	1760.11
定期存款 Fixed deposits	1097.09	(1) 个人贷款及透支 Personal loans and overdrafts	235.37
通知存款 deposit at notice	371.16	其中：个人消费贷款 Individual consumption loans	71.73
保证金存款 margin deposit	312.70	(2) 单位普通贷款及透支 Non-personal and overdrafts	1376.83
2、个人存款 personal deposit	3206.61	其中：经营贷款 business loans	1333.99
储蓄存款 savings deposit	3107.16	固定资产贷款 Fixed asset loans	7.87
保证金存款 margin deposit for security	3.07	(3) 普通并购贷款 General M & A payment	
结构性存款 structured deposit	96.38	(4) 银团贷款 Syndicated loans	19.63
3.财政性存款 Treasury deposits	358.07	(5) 贸易融资 Trade financing	128.28
4.临时性存款 Government and organization	10.41	(6) 境外筹资转贷款 On-lending of overseas financing	
5.委托存款 Precative deposits	56.62	2、中长期贷款 Medium and long-term loans	4541.16
6.其他存款 Others	94.25	(1) 个人贷款 Personal loans	1072.82
二、金融债券 Bonds	26.97	其中：个人消费贷款 Individual consumption loans	868.92
三、中长期借款 Payable		(2) 单位普通贷款 Non-personal loans	2855.19
四、应付及暂收款 Interbank loan	227.96	其中：经营贷款 business loans	352.97
其中:应付利息of which:interest payable	113.28	固定资产贷款 Fixed asset loans	2502.22
五、同业往来(来源方) Interbank loan	100.38	(3) 普通并购贷款 General M & A payment	3.18
六、系统内资金往来(来源方) Pooling currency	405.37	(4) 银团贷款 Syndicated loans	609.97
七、外汇买卖(来源方)foreign exchange trading (sources)	292.35	(5) 贸易融资 Trade financing	
其中:结售汇 of which: exchange settlement	292.23	(6) 境外筹资转贷款 On-lending of overseas financing	
八、各项准备 Creditor's equity	158.66	3、融资租赁 Lease	0.18
其中:贷款损失准备金 of which: loan loss reserves	147.83	4、票据融资 Bill financing	149.01
九、所有者权益 Creditor's equity	436.08	其中:贴现 of which: discount	149.01
其中:实收资本	161.3	5、各项垫款 Delay loans	2.46
十、其他 Others	-1335.99	(二) 境外贷款 Foreign loans	0.42
		二、有价证券 securities	232.55
		三、股权及其他投资 Equities and other investments	589.92
		四、应收及预付款 Recceivable and payable	102.0
		其中:应收利息 of which: interest payable	44.78
		五、同业往来(运用方) Interbank account	294.61
		六、系统内资金往来 (运用方)Within account	
		七、金银占款 Funds outstanding for gold and silver	
		八、外汇买卖(运用方)foreign exchange trading (users)	298.01
		其中:结售汇 of which: exchange settlement	297.22
		九、固定资产 Fixed assets	107.42
		十、库存现金 Cash in vault	40.01
		十一、投资性房地产 Investment real estate	2.23
资金来源总计 Total of sources	8120.09	资金运用总计 Total of uses	8120.09

16-4 2013年全市金融机构年末储蓄存款余额(人民币)
DEPOSITS BALANCE SHEET OF FINANCE INSTITUTIONS IN 2013(RMB)

单位：万元 unit:10000yuan

		金额 Amount
全市金融机构年末储蓄存款余额	Total	31071578
按地区划分	Grouped by object	
市辖区	District	25569503
榆树	Yushu	1278789
农安	Nong' an	1526672
德惠	Dehui	1489145
九台	Jutai	1207469

16-5 2013年全市保险业务状况
BASIC STATISTICS ON INSURANCE IN 2013

单位：千元 unit:1000yuan

		保费收入 Premium	赔款支出 Claim	赔付率(%) Loss ratio
总计	Total	10664214	4484021	42.0
一、财产险合计	Property	4605998	2643221	57.4
企财险	Enterprises property insurance	300020	109813	
家财险	Family property insurance	34657	11320	
机动车险	Motor vehicle insurance	3408696	2157202	
工程保险	Engineering insurance	79545	8350	
责任险	Liability insurance	127384	39930	
保证保险	Guarantee insurance	208980	19358	
货运险	Freight transport insurance	199920	160128	
农业保险	Agriculture insurance	213754	114433	
其他	Other life insurance	33042	22687	
二、人身险合计	Life insurance	6058216	1840800	30.4
人寿保险	Life insurance	4805509	1340020	
意外伤害险	Accident injury insurance	212502	43916	
健康险	Health insurance	1040205	456864	

统计资料

STATISTICS

◎ 教育、科技及文化事业

EDUCATION,SCIENCE AND TECHNOLOGY CULTURE

第十七篇　教育、科技及文化事业

事业整体水平得到进一步提升。年末全市拥有各级各类教育学校2575所(含学前教育,以下同),其中:在长普通高校37所(含专修学院),成人高校8所,中等职业学校104所,普通高中68所,普通初中264所,职业初中3所,小学1345所,特殊教育学校10所,幼儿园735所,工读学校1所;全市各级各类教育学校招生43.5万人,其中再读研究生1.6万人,普通高校招收本专科生11.3万人,成人高校招收本专科生4.8万人,中等职业学校招生1.8万人,普通高中招生4.6万人,普通初中招生6.3万人,小学招生6.5万人,幼儿园招生6.6万人;全市各级各类教育学校拥有在校生145.1万人(含在园儿童),其中在读研究生4.9万人,普通高校本专科在校生40.2万人,成人高校本专科在校生10人,中等职业在校生6.2万人,普通高中在校生14万人,普通初中在校生18.6万人,小学在校生39.5万人,特殊教育在校生0.11万人,在园儿童11.6万人。

2013年,文化事业得到进一步发展。年末全市共有文化(文物)事业机构228家,其中:艺术表演团体3家,艺术表演场馆6家,公共图书馆12家,艺术馆、文化馆12家,文化站161家,文化艺术科技、科研机构2家,文物保护研究机构1家,文物保护管理机构4家,博物馆7家,公共图书馆总藏量474万册。全市拥有各类文化经营场所1160家,其中,互联网上网服务营业场所705家,(连锁67家),文化娱乐场所247家,演出场所26家,古玩(美术品)经营店1家。市区(含开发区)文化经营场所710家,其中,互联网上网服务营业场所413家(连锁67家),文化娱乐场所158家,演出场所14家(市直6家),古玩(美术品)经营店1家。

长春电影制片场全年共生产故事片17部,科教片12部。

2013年,全市有广播电台5座,节目10套,中波发射台和转播台2座,广播人口覆盖率为100%;电视台5座,节目9套,电视人口覆盖率为100%。

17-1长春市各级各类教育基本情况
BASIC STATISTICS ON EDUCATION

		校数（所）Schools	毕业生（人）Graduates (person)	在校生数（人）Student enrollment (person)	教职工（人）Teacher and staff(person)	
					合计 Total	#:专职教师 Full time teacher
一、高等教育	Higher education	45	150100	551256	43429	26809
1.研究生培养机构	Graduate cultivation mechanism		15040	48674		
普通高校	Instituions of higher education		14639	46722		
科研机构	Scientific research institution		401	1952		
2.普通高等教育	Regular higher education	37	96425	401823	41064	25323
本科	Undergraduate		73090	323701		
专科	Specialty		23335	78122		
3.成人高等教育	Adult Higher Education	8	38635	100759	2026	1294
普通高校	Instituions of higher education		31804	86196		
成人高校	Adult eduction shcolls		6831	14563		
4.民办其他高等教育机构	Other private institutions of higher education				339	192
二、高中段教育	High school education	172	79076	202104	20199	15077
1.中等职业	Secondary vocation	104	30859	62254	8177	5557
其中:普通中专	Special education schools	12	6589	17529	1717	1314
成人中专	Special secondary schools for adults	12	4957	5307	1786	1328
职业高中	Vocational senior middle schools	80	14466	20732	4093	2601
其他机构	Others		4847	18686	581	314
2.普通高中	Senior secondary schools	68	48217	139850	12022	9520
三、义务教育	Compulsory education	1612	134431	581153	57627	47506
(一)初中阶段	Junior high school education	267	69429	186068	25486	19942
1.职业初中	Vocational middle schools	3	115	306	79	63
2.普通初中	Junior secondary schools	264	69314	185762	25407	19879
(二)小　学	Primary shools	1345	65002	395085	32141	27564
四、特殊教育	Special education schools	10	228	1051	414	334
五、工读学校	Approved shcools	1			43	31
六、幼儿园	Kindergartens	735	41356	115893	14266	8156

17-2 中学概况
BASIC STATISTICS ON SECONDARY SCHOOLS

		校数(所) Schools	班数(个) Classes (unit)	毕业生数(人) Graduates (person)	在校学生数(人) Student enrollment (person)	教职工数(人) Teacher and staff (person)	
						合计 Total	#:专职教师 Full time teacher
长春市	Changchun	335	6673	117531	325612	37429	29399
城区	District	146	3403	55930	162554	17196	14368
市辖区	District	29	979	16503	51708	3892	3350
南关区	Nanguan	10	144	2531	5788	938	815
宽城区	Kuancheng	10	207	3469	9407	946	766
朝阳区	Chaoyang	12	228	3708	9605	1239	1057
二道区	Erdao	10	266	4605	12330	1725	1415
绿园区	Lvyuan	9	201	3146	8840	1063	935
高新开发区	High-technical developing area	4	47	777	2050	375	321
经济开发区	Economic technical developing area	3	33	437	1089	208	201
净月开发区	Jingyue developing area	4	48	703	1705	241	213
汽车区	Automobile area	13	221	3392	9055	1364	1173
省直	Directly under province	13	675	11760	36024	3173	2711
双阳区	Shuangyang	26	113	4663	14272	1865	1260
莲花山区	lianhuashan	3	241	236	681	167	151
四县(市)区	Four counties(cities)	186	3270	61601	163058	20233	15031
农安县	Nong' an	53	863	16144	42364	5824	4103
九台市	Jiutai	35	578	11105	28260	5988	4163
榆树市	Yushu	56	1044	18822	53298	4786	3781
德惠市	Dehui	42	785	15530	39136	3635	2984

注：各项指标中不含职业初中 Note: junior high school exclueded

17-3 小学概况
BASIC STATISTICS ON PRIMARY SCHOOLS

		校数(所) Schools	班数(个) Class (unit)	毕业生数(人) Graduates (person)	在校学生数(人) Student enrollment (person)	教职工数(人) Teacher and staff(person)	
						合计 Total	#:专职教师 Full time teacher
长春市	Changchun	1345	12284	65002	395085	32141	27564
城区	District	291	4762	29203	177917	12388	10777
市辖区	District	6	277	2025	13118	717	649
南关区	Nanguan	25	452	2985	16317	1248	1142
宽城区	Kuancheng	27	529	3324	20400	1615	1439
朝阳区	Chaoyang	26	553	3746	21052	1705	1527
二道区	Erdao	15	429	2891	18418	912	773
绿园区	Lvyuan	27	481	3416	18635	1385	1237
高新开发区	Economic technical developing area	2	90	413	3824	44	38
经济开发区	Economic developing area	14	235	1166	9153	578	534
净月开发区	Jingyue developing area	12	181	939	5892	433	404
省直	Directly under province	5	403	2903	17991	676	566
汽车区	Automobile Disttict	8	298	1687	12174	463	401
双阳区	Shuangyang	111	770	3292	18797	2406	1878
莲花山	lianhuashan	13	64	419	2146	206	189
四县(市)区	Four counties(cities)	1054	7522	35799	217168	19753	16787
农安县	Nong' an	304	2165	9053	55685	6411	5275
九台市	Jiutai	200	1071	6359	38124	2101	1729
榆树市	Yushu	320	2500	11021	68355	6502	5677
德惠市	Dehui	230	1786	9366	55004	4739	4106

17-4 幼儿园
BASIC STATISTICS ON KINDERGARTENS

		园数(所) Kindergartens (unit)	在园幼儿数(人) Children (person)	教职工数(人) Teacher and staff(person)	
				合计 Total	#:专职教师 Full time teacher
长春市	Changchun	735	115893	14266	8156
城区	District	432	64175	10548	5393
市辖区	District	1	436	67	44
南关区	Nanguan	30	5178	1009	597
宽城区	Kuancheng	51	7068	1388	672
朝阳区	Chaoyang	78	12053	2312	1193
二道区	Erdao	48	7247	1146	659
绿园区	Lvyuan	95	11786	1939	1056
高新开发区	Economic technical developing area	8	2141	382	177
经济开发区	Economic developing area	28	2986	481	306
净月开发区	Jingyue developing area	17	1974	400	226
汽车区	Automobile Disttict	13	3218	604	286
双阳区	Shuangyang	56	8083	786	459
莲花山	lianhuashan	7	829	34	18
四县(市)区	Four counties(cities)	303	51718	3718	2463
农安县	Nong' an	69	12979	647	529
九台市	Jiutai	72	10825	1250	727
榆树市	Yushu	36	11302	474	378
德惠市	Dehui	126	16612	1347	829

17-5 文化事业基本情况
BASIC STATISTICS ON CULTURAL INSTITUTIONS

		单位	Unit	全市 Total	市区 District	县(市) County
一、座席个数	Seats	个	sets	3064	2164	900
1. 电影院、开放礼堂俱乐部	Cinema music hall	个	unit			
2. 艺术表演场所	Theater	个	unit	3064	2164	900
二、演(映)出场次	Performances	场	shous	1505	2022	183
1. 电影院、开放礼堂俱乐部	Cinema music hall	场	shows			
2. 艺术表演场所	Theater	场	shows	567	285	140
其中：艺术演出	Performancing	场	shows	140	282	
3. 艺术表演团体	Art performance group	场	shows	938	1737	43
三、观众人次	Spectators	千人次	1000person-time	1843	1504	339
1. 电影院、开放礼堂俱乐部	Cinema music hall	千人次	1000person-time			
2. 艺术表演场所	Theater	千人次	1000person-time	574	321	253
其中：艺术演出	Performancing	千人次	1000person-time	135	136	
3. 艺术表演团体	Art performance group	千人次	1000person-time	1269	1183	86
四、举办展览个数	Number of exhibition	个	unit	215	181	34
1. 群众艺术馆	Mass art centres	个	unit	14	14	
2. 文化馆(站)	Cultural centers	个	unit	149	121	28
3. 博物馆	Museums	个	unit	52	46	6
其中：文化部门	Cultural department	个	unit	52	46	6
4. 文物商店	Arts store	个	unit			
五、参观人次	Visitors	千人次	1000person-time	2244	1874	370
1. 文物保护管理机构	Agency of historical relics	千人次	1000person-time			
2. 博物馆	Museums	千人次	1000person-time	2244	1874	370
其中：文化部门	Cultural department	件	pcs	2244	1874	370
六、文物藏品	Number of collection	件	pcs	145900	140144	5756
1. 文物保护管理机构	Agency of historical relics	件	pcs	482		482
2. 博物馆	Museums	件	pcs	145418	140144	5274
其中：文化部门	Cultural department	件	pcs	145418	140144	5274
七、总藏量	Number of collections	千册(件)	1000 pcs	8550	8124	425
1. 群众艺术馆	Mass art centres	千册	1000 pcs	10	10	
2. 文化馆(站)	Cultural centers	千册	1000 pcs	390	364	26
3. 公共图书馆	Public libraries	千册	1000 pcs	8150	7750	400

17-6 文化事业机构 、人数

INSTITUTIONS AND PERSONNEL INCULTURE AND ART

		机构数(个) Institutions			职工数(人) Workers and staff		
		总计 Total	市区 District	县(市) County	总计 Total	市区 District	县(市) County
一、电影事业	Film						
1.电影发行放映管理机构	Film renting units						
2.电影制片厂	Film studios						
3.电影院、影剧院	Cinemas						
4.开放礼堂、俱乐部	Music hall						
5.对内礼堂、俱乐部	Theatre						
6.电影队	Film team						
二、艺术业	Art institutions	16	11	5	1236	1151	85
1.艺术表演团体	Art performance troups	7	6	1	1013	990	23
2.艺术表演场所	Theatre	6	5	1	206	161	45
3.艺术创作机构	Art creation institution	3		3	17		17
三、文化科技科研机构	Institutions of S&R	4	4		104	104	
四、出版事业	Published						
1、报社	Newspapers						
2、出版	Published						
3、画报社	Painting						
4、杂志社	Magazine						
五、文物事业	Cultural relics	18	12	6	611	521	90
1.文物保护管理机构	Agency of historical relics	4	1	3	45		45
2.文物研究机构	Research historical relics agency	2	2		64	64	
3.博物馆	Museums	11	8	3	491	446	45
其中：文化部门	Cultural department	11	8	3	491	446	45
4.文物商店	Arts store	1	1		11	11	
六、图书馆	Public libraries	13	9	4	645	503	142
其中：少儿公共图书馆	Public libraries	2	2		253	253	
七、群众文化	Mass culture	173	81	92	806	400	406
1.群众艺术馆	Mass art centres	3	3		148	148	
2.文化馆	Culture centres	10	6	4	273	100	173
3.文化站	Culture department and stations	160	72	88	385	152	233
其中：乡镇文化站	Township cultural stations	96	20	76	222	48	174

17-7　2013年全部工业企业基本情况

指标名称	Item	企业数（个） Enterprises (unit)
总计	Total	1109
一、按企业规模分组	Grouped by size of enterprises	
大型企业	Large-sized enterprises	49
中型企业	Medium-sized enterprises	162
小型企业	Small-sized enterprises	849
微型企业	Micro-sized enterprises	49
二、按隶属关系分组	Grouped by administrative	
中央	Central	27
省(自治区、直辖市)	Province (autonomous region, municipality)	32
地(区、市、州、盟)	Region (district, city, prefecture, league)	106
县(区、市、旗)	County (district, city, banner)	85
街道	Street	4
镇	Town	20
乡	Township	2
（社区）居委会	Residents committee	
村委会	Village committee	4
其他	Others	829
三、按登记注册类型分组	Grouped by type registered	
内资企业	Domestic funds	951
国有企业	State-owned	15
集体企业	Collective-owned	7
股份合作企业	Share holding cooperative	1
联营企业	Joint ownership	
国有联营企业	State joint ownership enterprises	
集体联营企业	Joint ownership	
国有与集体联营企业	Joint ownership	
其他联营企业	Others	
有限责任公司	Limited company	323
国有独资公司	State-owned	15
其他有限责任公司	Others	308
股份有限公司	Share holding	61
私营企业	Private	524
私营独资企业	Solely Owned	21
私营合伙企业	Private partnership	1
私营有限责任公司	Limited company	485
私营股份有限公司	Private Share holding	17
其他企业	Others	20
港、澳、台商投资企业	Funded from Hongkong, Macao and Taiwan	28
合资经营企业(港或澳、台资)	Funded from Hongkong, Macao and taiwan	16
合作经营企业(港或澳、台资)	Cooperative	1
港、澳、台商独资经营企业	Solely owned	9
港、澳、台商投资股份有限公司	Company invested by Hong Kong, Macau or Taiwan	2
其他港澳台商投资企业	Others	

BASIC CONDITIONS OF ALL INDUSTRIAL ENTERPRISES IN 2013

#有R&D活动 With R&D activities	#有科技机构 With S&T institutions	从业人员期末人数（人） Employees at year-end (person)	从业人员平均人数（人） Average number of employees (person)	工业总产值（万元） Total industrial output value (10000yuan)	主营业务收入（万元） Main business revenue (10000yuan)
90	54	501526	490719	92280427	96153693
18	8	312524	304142	65833106.7	71303597.1
27	16	93207	91347	9668282.4	9364363.5
45	30	94956	94248	16352682.1	15112363.5
		839	982	426355.8	373368.9
9	5	220271	213234	49868331.3	55910402.5
10	5	25840	25609	5672494	5060104
23	8	61134	59742	6816976.6	6694988.6
3	1	19234	18875	2349462.1	2285329.4
		201	193	27782.9	28371
		2584	2525	389128.7	382962
1		444	426	21791.2	19280
		518	498	36594.2	38977.7
44	35	171300	169617	27097866	25733277.8
65	48	412897	403393	73806613.2	77899773.7
3	2	155794	147885	42780681.2	48688469.7
		966	924	57126.1	58160.7
		346	346	1321.7	2113.1
30	19	119101	118390	10564438.4	10165147.4
3	3	45262	45461	3984911.2	3996792.1
27	16	73839	72929	6579527.2	6168355.3
15	6	66164	66337	11686679.5	10974510.3
17	20	68661	67656	8530232.9	7826614.7
		1468	1446	192187.7	171649.2
		21	21	8181.9	7520
16	20	63648	62782	8017856.4	7348092.5
1		3524	3407	312006.9	299353
	1	1865	1855	186133.4	184757.8
8	2	18891	18768	7001860.3	6812195.9
6	2	7015	6803	478957.7	507058.9
		459	430	4520.1	6917.3
1		11024	11144	6430349.9	6214609.7
1		393	391	88032.6	83610

17-7续表1

指标名称	Item	利润总额（万元）Profit (10000yuan)
总计	Total	7531489.4
一、按企业规模分组	Grouped by size of enterprises	
大型企业	Large-sized enterprises	5858809.2
中型企业	Medium-sized enterprises	739101.5
小型企业	Small-sized enterprises	911874.1
微型企业	Micro-sized enterprises	21704.6
二、按隶属关系分组	Grouped by administrative	
中央	Central	5178411.6
省(自治区、直辖市)	Province (autonomous region, municipality)	214168.5
地(区、市、州、盟)	Region (district, city, prefecture, league)	510986
县(区、市、旗)	County (district, city, banner)	126925.3
街道	Street	769
镇	Town	16138.6
乡	Township	406.9
(社区) 居委会	Residents committee	
村委会	Village committee	1309.1
其他	Others	1482374.4
三、按登记注册类型分组	Grouped by type registered	
内资企业	Domestic funds	6587921
国有企业	State-owned	5033998
集体企业	Collective-owned	4113.5
股份合作企业	Share holding cooperative	-412
联营企业	Joint ownership	
国有联营企业	State joint ownership enterprises	
集体联营企业	Joint ownership	
国有与集体联营企业	Joint ownership	
其他联营企业	Others	
有限责任公司	Limited company	502089.1
国有独资公司	State-owned	47764.4
其他有限责任公司	Others	454324.7
股份有限公司	Share holding	370888.2
私营企业	Private	671166.9
私营独资企业	Solely Owned	9832.8
私营合伙企业	Private partnership	510
私营有限责任公司	Limited company	647749.7
私营股份有限公司	Private Share holding	13074.4
其他企业	Others	6077.3
港、澳、台商投资企业	Funded from Hongkong, Macao and Taiwan	130326.8
合资经营企业(港或澳、台资)	Funded from Hongkong, Macao and taiwan	38651.7
合作经营企业(港或澳、台资)	Cooperative	121
港、澳、台商独资经营企业	Solely owned	78678.6
港、澳、台商投资股份有限公司	Company invested by Hong Kong, Macau or Taiwan	12875.5
其他港澳台商投资企业	Others	

continued1

主营业务税金及附加（万元）Taxes and Other Charges on Principal Business (10000yuan)	管理费用中的税金（万元）Taxes in management expenses (10000yuan)	应交增值税（万元）Value Added Tax Payable (10000yuan)	资产总计（万元）Tatal Assets (10000yuan)	出口交货值（万元）Delivery Value for Export (10000yuan)
2806725.9	139826.7	3244835.6	66714405.7	1362109.6
2619365.1	81033.1	2662130.6	46168238.8	1120609.8
91460.2	27935.8	274741.7	8413224.7	113106.6
89026.6	30155.4	302165.6	11839432.1	128393.2
6874	702.4	5797.7	293510.1	
2324111.2	67218.7	2270338.2	39161677	583687.6
37506.2	14439.4	76766.8	6175538.5	25083
271774.8	18058.8	263928.1	5313109.9	29937.8
12660.3	4910.1	43958.6	1265446.4	2157.2
101.3	89.1	33.3	14059.2	
4038.8	2680.4	6611.7	58001	
20.3	40.6	188.1	12059	
348	798.2	842.7	16972	
156165	31591.4	582168.1	14697542.7	721244
2485152.3	116802.4	2689333.6	56191251.5	797173
2259310	58791.9	1935055.3	29158838.8	279146.1
403	804.3	1690.8	32936.5	
23.9		184	9827.7	
53853.2	20386.7	263863.4	10390260.8	50466.3
14475.6	4982.5	137779.3	4903290.6	1899.1
39377.6	15404.2	126084.1	5486970.2	48567.2
91733.7	26738	291930.3	12925648.9	381912.8
79158.1	9940.2	195337.3	3594276	85647.8
1356.2	129.1	1829.1	51030.1	
75.2	71		1199	
76631.9	9188.2	187646.2	3312273.1	77703
1094.8	551.9	5862	229773.8	7944.8
670.4	141.3	1272.5	79462.8	
28278.1	3860	202847.7	2744886.3	297021
2846.5	1774.8	20385	597286	17882.3
55.1	97.1	459.2	5071.8	
24774.8	1776.7	179049.7	2053856.1	279138.7
601.7	211.4	2953.8	88672.4	

17-7续表2

指标名称 Item		企业数 (个) Enterprises (unit)
外商投资企业	Foreign funded	130
中外合资经营企业	Joint Venture	78
中外合作经营企业	Cooperative	3
外资企业	Solely owned	46
外商投资股份有限公司	Company invested by foreign businessmen	2
其他外商投资企业	Others	1
四、按国民经济行业大类分组	Grouped by sector	
采矿业	Mining Industry	15
煤炭开采和洗选业	Coal mining and dressing	9
石油和天然气开采业	Extraction of petroleum and natural gas	1
黑色金属矿采选业	Minging and dressing of ferrous metals	
有色金属矿采选业	Mining and dressing of nonferrous metals	
非金属矿采选业	Mining and dressing of nonmetal mineral products	3
开采辅助活动	Mining auxiliary activities	2
其他采矿业	Others	
制造业	Manufacturing	1059
农副食品加工业	Farm sideline food processing	148
食品制造业	Food manufacturing	37
酒、饮料和精制茶制造业	Alcohol, drink and fine tea manufacturing industries	32
烟草制品业	Tobacco processing	1
纺织业	Textile industry	6
纺织服装、服饰业	Textile clothing industry	11
皮革、毛皮、羽毛及其制品和制鞋业	Leather, fur, feather and related products and footwear industry	1
木材加工和木、竹、藤、棕、草制品业	Timber, bamboo, cane, palm and straw products	18
家具制造业	Furniture	19
造纸和纸制品业	Paper making and paper products	10
印刷和记录媒介复制业	Printing and record medium reproduction	24
文教、工美、体育和娱乐用品制造业	Education, arts and crafts, PE, and entertainment products	4
石油加工、炼焦和核燃料加工业	Petroleum processing coking and nuclear processing	8
化学原料和化学制品制造业	Raw chemical material and chemical products	46
医药制造业	Medical and pharmaceutical products	56
化学纤维制造业	Chemical fiber manufacturing	1
橡胶和塑料制品业	Rubber and plastic products	41
非金属矿物制品业	Nonmetal mineral products	74
黑色金属冶炼和压延加工业	Smelting and pressing of ferrous metals	11
有色金属冶炼和压延加工业	Smelting and pressing of non-ferrous metals	1
金属制品业	Metal products	54

continued2

#有R&D活动 With R&D activities	#有科技机构 With S&T institutions	从业人员期末人数（人） Employees at year-end (person)	从业人员平均人数（人） Average number of employees (person)	工业总产值（万元） Total industrial output value (10000yuan)	主营业务收入（万元） Main business revenue (10000yuan)
17	4	69738	68558	11471953.5	11441723.4
15	4	42685	41835	8396835	8270080
		677	675	174288.6	215427
2		21215	20932	2075775.8	2128370.2
		3916	3875	665931.8	667296.8
		1245	1241	159122.3	160549.4
		13067	13286	558010.3	505286.4
		10490	10379	239244.3	173583.4
		37	37	2363.7	2363.7
		339	342	70861.7	80884.4
		2201	2528	245540.6	248454.9
88	53	428371	417728	86575433	90543414.2
5	10	37697	37293	11586612.9	11190917.1
1	1	9435	9503	1276836.5	1058186.1
1		7544	7672	700875.3	675172.3
		1456	1436	442082.9	437883.2
		1363	1300	77127	69253.4
	1	4712	4605	189909.4	149693.2
		131	130	18690.6	16486.8
1		8979	8962	424762.2	361676
		2445	2408	241744.4	229405.5
		1165	1151	138104.3	126571.8
		2812	2773	226338.6	215004.8
		1080	1075	73447.4	70282.7
		1208	1334	457723	440289.8
2		7855	7698	1312861.9	1192052.2
17	9	15042	14861	1048197.2	860746.3
		120	110	6068.2	2023.9
		6822	6850	804800.8	755230.3
1	1	8537	8517	5294302.1	4782792.9
		1405	1390	543833.8	442149.2
		53	60	21725.7	22767.2
1		7427	7485	789553.7	755203.3

17-7续表3

指标名称	Item	利润总额（万元）Profit (10000yuan)
外商投资企业	Foreign funded	813241.6
中外合资经营企业	Joint Venture	572172.9
中外合作经营企业	Cooperative	23500.5
外资企业	Solely owned	159560.6
外商投资股份有限公司	Company invested by foreign businessmen	54068.9
其他外商投资企业	Others	3938.7
四、按国民经济行业大类分组	Grouped by sector	
采矿业	Mining Industry	-5943.3
煤炭开采和洗选业	Coal mining and dressing	13725.7
石油和天然气开采业	Extraction of petroleum and natural gas	63.4
黑色金属矿采选业	Minging and dressing of ferrous metals	
有色金属矿采选业	Mining and dressing of nonferrous metals	
非金属矿采选业	Mining and dressing of nonmetal mineral products	1331.7
开采辅助活动	Mining auxiliary activities	-21064.1
其他采矿业	Others	
制造业	Manufacturing	7574212.2
农副食品加工业	Farm sideline food processing	381824.6
食品制造业	Food manufacturing	-12473.1
酒、饮料和精制茶制造业	Alcohol, drink and fine tea manufacturing industries	18628
烟草制品业	Tobacco processing	57059.2
纺织业	Textile industry	2868.3
纺织服装、服饰业	Textile clothing industry	18496
皮革、毛皮、羽毛及其制品和制鞋业	Leather, fur, feather and related products and footwear industry	1813.6
木材加工和木、竹、藤、棕、草制品业	Timber, bamboo, cane, palm and straw products	17042.1
家具制造业	Furniture	20142.5
造纸和纸制品业	Paper making and paper products	12736.4
印刷和记录媒介复制业	Printing and record medium reproduction	14672.1
文教、工美、体育和娱乐用品制造业	Education, arts and crafts, PE, and entertainment products	8113.7
石油加工、炼焦和核燃料加工业	Petroleum processing coking and nuclear processing	30940.1
化学原料和化学制品制造业	Raw chemical material and chemical products	114062.5
医药制造业	Medical and pharmacutical products	140584
化学纤维制造业	Chemical fiber manufacturing	45
橡胶和塑料制品业	Rubber and plastic products	43586.8
非金属矿物制品业	Nonmetal mineral products	121979.3
黑色金属冶炼和压延加工业	Smelting and pressing of ferrous metals	23525.1
有色金属冶炼和压延加工业	Smelting and pressing of non-ferrous metals	492
金属制品业	Metal products	44851

continued3

主营业务税金及附加（万元）Taxes and Other Charges on Principal Business (10000yuan)	管理费用中的税金（万元）Taxes in management expenses (10000yuan)	应交增值税（万元）Value Added Tax Payable (10000yuan)	资产总计（万元）Total Assets (10000yuan)	出口交货值（万元）Delivery Value for Export (10000yuan)
293295.5	19164.3	352654.3	7778267.9	267915.6
270069	12410.3	292299.8	4890445.9	17747.4
1224.7	425	10372.6	398440.3	
17035.6	5874.2	33624.9	1835146.7	151136
4658.9	67.5	14648.7	509256.2	99032.2
307.3	387.3	1708.3	144978.8	
28520.6	1745.9	24471.9	1187353.6	
3012.9	953.6	21286.5	312604.5	
5	25.3	50.3	1677.4	
357.1	86.3	413.7	10730	
25145.6	680.7	2721.4	862341.7	
2753685	129428.1	3035276.7	57619053.2	1362109.6
34330.1	5528	144475.6	2795717.4	363801.2
3970.7	1820.2	19359.9	1186309.8	13416.9
19230.5	2951.3	10715.1	447944.9	
200554.7	1279	45924.5	437591.2	
171.1	109.8	1051.8	88906.7	
627.1	226.2	4090.1	287033.3	7995.1
65.9		659.5	11512	16486.8
3995.8	1523.8	9407.9	414366.4	2631.5
2598.2	409.5	6840.5	96817	6730.9
563.2	36.5	3794.9	31000.8	
903.4	748.8	4592.9	122728.9	
262.3	7.8	2899.7	23102.7	14059.6
34453	340.7	7586.8	216045	
4953.1	2145.3	48811.3	1238317.5	20834.6
6104.9	2990.1	45014	1649167.2	72957.3
1.5	2.5	1.2	2543.4	
4143.1	3360.2	15113.4	580309.6	2241.8
36521.1	11355.2	40459.6	4938747.9	
1782.5	729.4	8956.8	214191.1	
43.5	125.2	369.7	5615.1	
4644.5	1543.8	21315.1	447060.6	

17-7续表4

指标名称 Item		企业数 (个) Enterprises (unit)
通用设备制造业	Ordinary machinery	56
专用设备制造业	Special purpose equipment	41
汽车制造业	Automobile industry	246
铁路、船舶、航空航天和其他运输设备制造业	Railway, water way, aviation and other transportation equipment	24
电气机械和器材制造业	Electric equipment and machinery	52
计算机、通信和其他电子设备制造业	Telecommunication equipment computer and other electronic equipment	16
仪器仪表制造业	Instrument manufacturing	13
其他制造业	Others	6
废弃资源综合利用业	Waste resources comprehensive utilization industry	2
电力、热力、燃气及水生产和供应业	Production and supply of electric power and heat power and gas and water	35
电力、热力生产和供应业	Production and supply of electric power and heat power	31
燃气生产和供应业	Production and supply of gas	2
水的生产和供应业	Production and supply of water	2
五、按企业控股情况分组	Grouped by owned	
国有控股	State-owned	97
集体控股	Collective-owned	32
私人控股	Private-owned	761
港澳台商控股	Hongkong, Macao and Taiwan-owned	20
外商控股	Foreign-owned	83
其他	Others	116
六、按地区分组	Grouped by sector	
市辖区	District	
南关区	Nanguan	120
宽城区	Kuangcheng	130
朝阳区	Chaoyang	176
二道区	Erdao	280
绿园区	Lvyuan	98
双阳区	Shuangyang	39
农安县	nong' an	52
九台市	Jiutai	49
榆树市	Yushu	65
德惠市	Dehui	100

continued4

#有R&D活动 With R&D activities	#有科技机构 With S&T institutions	从业人员期末人数（人） Employees at year-end (person)	从业人员平均人数（人） Average number of employees (person)	工业总产值（万元） Total industrial output value (10000yuan)	主营业务收入（万元） Main business revenue (10000yuan)
3	2	7481	7406	950394.2	914343.4
9	3	7243	7219	708321.1	666137.4
29	20	249920	240074	55268484.4	61106871.8
4	2	22922	23093	2723209.5	2794848.2
5	1	5739	5658	707026.6	690373
4	1	4012	3945	257505.7	228294
5	2	2986	2960	138963.1	140805.7
		398	375	71460.8	66534.7
		382	385	74469.7	81418
2	1	60088	59705	5146983.7	5104992.4
2	1	54742	54247	4894867.8	4874820
		1961	1864	182284.2	161701.8
		3385	3594	69831.7	68470.6
24	11	278392	270264	58892753.5	64043316.7
6	3	12808	12724	2901568.7	2889254
34	28	112312	110598	13286753.7	12296240.7
3	2	15007	15145	6727954.6	6489848.1
6	2	40449	40157	6322930.3	6323259.1
17	8	42558	41831	4148466.2	4111774.4
11	9	56911	56301	4852560.3	4811136.8
6	2	28221	27372	7794555.5	7501473.9
47	18	109016	108241	12217684.1	11801795.5
14	11	61707	61414	12174653.2	11497179.4
7	6	187803	179927	47954757.3	53924826.8
		6971	6948	395796.2	382236.2
2	1	9090	9141	1525681.1	1347228.9
1		9983	9767	944978.5	933301.2
1		13978	13730	1646497.7	1616147.9
1	7	17846	17878	2773263.1	2338366.4

17-7续表5

指标名称	Item	利润总额（万元）Profit (10000yuan)
通用设备制造业	Ordinary machinery	111908
专用设备制造业	Special purpose equipment	72663.1
汽车制造业	Automobile industry	6006444.8
铁路、船舶、航空航天和其他运输设备制造业	Railway, water way, aviation and other transportation equipment	207132.7
电气机械和器材制造业	Electric equipment and machinery	48737.5
计算机、通信和其他电子设备制造业	Telecommunication equipment computer and other electronic equipment	33999.4
仪器仪表制造业	Instrument manufacturing	22720.7
其他制造业	Others	7955.9
废弃资源综合利用业	Waste resources comprehensive utilization industry	1660.9
电力、热力、燃气及水生产和供应业	Production and supply of electric power and heat power and gas and water	-36779.5
电力、热力生产和供应业	Production and supply of electric power and heat power	-14452.6
燃气生产和供应业	Production and supply of gas	1400.8
水的生产和供应业	Production and supply of water	-23727.7
五、按企业控股情况分组	Grouped by owned	
国有控股	State-owned	5581119
集体控股	Collective-owned	81951.3
私人控股	Private-owned	972939.2
港澳台商控股	Hongkong,Macao and Taiwan-owned	80769
外商控股	Foreign-owned	480653.4
其他	Others	334057.5
六、按地区分组	Grouped by sector	
市辖区	District	
南关区	Nanguan	376666.4
宽城区	Kuangcheng	179818.2
朝阳区	Chaoyang	669157.1
二道区	Erdao	774998.2
绿园区	Lvyuan	5297417.6
双阳区	Shuangyang	11409.2
农安县	nong'an	132705.7
九台市	Jiutai	38231.6
榆树市	Yushu	12277.8
德惠市	Dehui	38807.6

continued5

主营业务税金及附加 （万元） Taxes and Other Charges on Principal Business (1000yuan)	管理费用中的税金 （万元） Taxes in management expenses (10000yuan)	应交增值税 （万元） Value Added Tax Payable (10000yuan)	资产总计 （万元） Total Assets (10000yuan)	出口交货值 （万元） Delivery Value for Export (10000yuan)
4647.9	1726.3	38882.3	588409.8	870
4597.7	2154.4	27309.6	391814.1	22695.2
2352240.4	77941.9	2308032.9	36707285	462742.3
24777	7879.5	177595.6	3640104.9	308830.9
4411.7	1312.6	24524.6	495504.9	20947.4
1055.9	649.7	9634.9	238812.5	7120.9
920.1	371.6	4971.5	253682.7	17747.2
960.6	39	1431	30018.1	
153.5	119.8	1454	38392.7	
24520.3	8652.7	185087	7907998.9	
23111.6	6786	176778.6	7351956.1	
915.5	326.1	4027.5	352693.6	
493.2	1540.6	4280.9	203349.2	
2621017.6	94010.2	2472801.6	48131862.7	615186.8
3273.5	2758.5	39342.8	1594477	54291.3
104307.2	20757.3	267908.3	6803960.1	105402.4
30868.1	2710.8	190351.1	2514703.4	279164.2
27574.3	10890.9	151016.6	4429352.3	257628.1
19685.2	8699	123415.2	3240050.2	50436.8
25486.3	10993.5	188508.1	5031312.1	101391.5
38857.8	4843.2	180176.5	2982511.4	263930
308921	16755.4	408954.1	12091318.6	118554.8
266589.5	22669.3	327532.8	9376995.6	173943.7
2086078.8	69097.2	2079652.1	33069031.1	637074.2
6057.5	1726.5	15074.7	536210.3	
42223.8	1444.1	21833.8	591532.1	1782
7131.8	982	26503.3	998348.2	
17422.8	6828.1	18116.6	935603.1	11880.3
7956.6	4487.4	-21516.4	1101543.2	53553.1

17-8 2013年全部工业企业R&D人员

指标名称	Item	R&D人员合计（人）Personnel	#1.参加项目人员 Personnel in S&T project	2.管理和服务人员 S&t Management and service
总计	Total	19584	15498	4086
一、按企业规模分组	Grouped by size of enterprises			
大型	Large-sized enterprises	16256	12537	3719
中型	Medium-sized enterprises	2123	1889	234
小型	Small-sized enterprises	1205	1072	133
微型	Micro-sized enterprises			
二、按隶属关系分组	Grouped by administrative			
中央	Central	12896	9413	3483
省(自治区、直辖市)	Province (autonomous region, municipality)	953	862	91
地(区、市、州、盟)	Region (district, city, prefecture, league)	2435	2293	142
县(区、市、旗)	County (district, city, banner)	93	84	9
街道	Street			
镇	Town			
乡	Township	8	7	1
(社区)居委会	Residents committee			
村委会	Village committee			
其他	Others	3199	2839	360
三、按登记注册类型分组	Grouped by type registered			
内资企业	Domestic funds	17771	13818	3953
国有企业	State-owned	10044	7018	3026
集体企业	Collective-owned			
股份合作企业	Share holding cooperative			
联营企业	Joint ownership			
国有联营企业	State joint ownership enterprises			
集体联营企业	Joint ownership			
国有与集体联营企业	Joint ownership			
其他联营企业	Others			
有限责任公司	Limited company	3745	3200	545
国有独资公司	State-owned	1174	1123	51
其他有限责任公司	Others	2571	2077	494
股份有限公司	Share holding	3560	3229	331
私营企业	Private	422	371	51
私营独资企业	Solely Owned			
私营合伙企业	Private partnership			
私营有限责任公司	Limited company	401	350	51
私营股份有限公司	Private Share holding	21	21	
其他企业	Others			
港、澳、台商投资企业	Funded from Hongkong, Macao and Taiwan	876	805	71
合资经营企业(港或澳、台资)	Funded from Hongkong, Macao and Taiwan	327	276	51
合作经营企业(港或澳、台资)	Cooperative			
港、澳、台商独资经营企业	Solely owned	544	524	20
港、澳、台商投资股份有限公司	Company invested by Hong Kong, Macau or Taiwan businessmen	5	5	
其它港澳台投资企业	Others			
外商投资企业	Foreign funded	937	875	62
中外合资经营企业	Joint Venture	769	721	48
中外合作经营企业	Cooperative			
外资企业	Solely owned	168	154	14
外商投资股份有限公司	Company invested by foreign businessmen			
其他外商投资企业	Others			

BASIC STATISTICS ON R&D PERSONNEL OF ALL INDUSTRIAL ENTERPRISE IN 2013

#女性 Female	#研究人员 Researcher	#1. 全时人员 Full-time	2. 非全时人员 Part-time	R&D人员折合全时当量合计（人年） Full-time equivalent of R&D staff	#研究人员 Researcher	#1. 基础研究人员 fundamental research	2. 应用研究人员 Application research	3. 试验发展人员 Experimental developing
5339	8362	8441	11143	14734.6	6266.7		2510.4	12224.2
4397	7276	6074	10182	12555.5	5630		2508.1	10047.4
482	605	1479	644	1309.2	314.2		2.2	1307
460	481	888	317	869.9	322.5			869.9
3727	6017	4097	8799	10437.4	4901.9		2316.9	8120.5
282	315	742	211	494.6	165.7			494.6
312	764	1303	1132	1906.9	558.6		192.9	1714
37	58	85	8	40.4	25.9			40.4
2	2		8	1.6	0.4			1.6
979	1206	2214	985	1853.8	614.2		0.6	1853.2
4798	7413	6965	10806	13626.4	5741.8		2508.1	11118.3
3074	4289	3006	7038	9228.8	3940.5		2314	6914.8
915	1441	1579	2166	1509.9	477.4		3	1506.9
358	821	188	986	313.8	212.3			313.8
557	620	1391	1180	1196.1	265.1		3	1193.1
668	1491	2075	1485	2649.5	1249.4		191.2	2458.3
141	192	305	117	238.3	74.5			238.3
136	192	290	111	219.3	74.5			219.3
5		15	6	19				19
241	443	739	137	506.1	221.3			506.1
53	46	195	132	240.7	30.7			240.7
184	396	544		260.4	189.6			260.4
4	1		5	5	1			5
300	506	737	200	602.1	303.6		2.2	599.8
221	416	633	136	543.7	270.1		2.2	541.5
79	90	104	64	58.4	33.5			58.4

17-8续表1

指标名称	Item	R&D人员合计（人）Personnel	#参加项目人员 Personnel in S&T project
四、按国民经济行业大类分组	Grouped by sector		
制造业	Manufacturing	18527	14488
农副食品加工业	Farm sideline food processing	601	574
食品制造业	Food manufacturing	5	4
酒、饮料和精制茶制造业	Alcohol, drink and fine tea manufacturing industries	8	7
烟草制品业	Tobacco processing		
纺织业	Textile industry		
纺织服装、服饰业	Textile clothing industry		
皮革、毛皮、羽毛及其制品和制鞋业	Leather, fur, feather and related products and footwear industry		
木材加工和木、竹、藤、棕、草制品业	Timber, bamboo, cane, palm and straw products	103	84
家具制造业	Furniture		
造纸和纸制品业	Paper making and paper products		
印刷和记录媒介复制业	Printing and record medium reproduction		
文教、工美、体育和娱乐用品制造业	Education, arts and crafts, PE, and entertainment products		
石油加工、炼焦和核燃料加工业	Petroleum processing coking and nuclear processing		
化学原料和化学制品制造业	Raw chemical material and chemical products	463	340
医药制造业	Medical and pharmaceutical products	1212	1077
化学纤维制造业	Chemical fiber manufacturing		
橡胶和塑料制品业	Rubber and plastic products		
非金属矿物制品业	Nonmetal mineral products	44	37
黑色金属冶炼和压延加工业	Smelting and pressing of ferrous metals		
有色金属冶炼和压延加工业	Smelting and pressing of non-ferrous metals		
金属制品业	Metal products	23	22
通用设备制造业	Ordinary machinery	143	85
专用设备制造业	Special purpose equipment	240	229
汽车制造业	Automobile industry	13164	9971
铁路、船舶、航空航天和其他运输设备制造业	Railway, water way, aviation and other transportation equipment	1599	1202
电气机械和器材制造业	Electric equipment and machinery	184	174
计算机、通信和其他电子设备制造业	Telecommunication equipment computer and other electronicequipment	194	184
仪器仪表制造业	Instrument manufacturing	544	498
其他制造业	Others		
废弃资源综合利用业	Waste resources comprehensive utilization industry		
金属制品、机械和设备修理业	Metal products、machinery、Equipment repair industry		
电力、热力、燃气及水生产和供应业	Production and supply of electric power and heat power and gas	1057	1010
电力、热力生产和供应业	Production and supply of electric power and heat power	1057	1010
燃气生产和供应业	Production and supply of gas		
水的生产和供应业	Production and supply of water		
五、按企业控股情况分组	Grouped by owned		
国有控股	State-owned	15212	11599
集体控股	Collective-owned	675	505
私人控股	Private-owned	1081	925
港澳台商控股	Hongkong, Macao and Taiwan-owned	573	552
外商控股	Foreign-owned	456	433
其他	Others	1587	1484
六、按地区分组	Grouped by sector		
市辖区	District		
南关区	Nanguan	1912	1785
宽城区	Kuangcheng	697	641
朝阳区	Chaoyang	4145	3732
二道区	Erdao	928	827
绿园区	Lvyuan	11800	8416
双阳区	Shuangyang		
农安县	nong'an	13	12
九台市	Jiutai	78	75
榆树市	Yushu	4	4
德惠市	Dehui	7	6

continued1

#管理和服务人员 S&t Management and service	#女性 Female	#研究人员 Researcher	#1. 全时人员 Full-time	2. 非全时人员 Part-time	R&D人员折合全时当量合计(人年) Full-time equivalent of R&D staff	#研究人员 Researcher	#1. 基础研究人员 fundamental research	2. 应用研究人员 Application research	3. 试验发展人员 Experimental developing
4039	5028	7548	8324	10203	14466.3	6057.1		2510.4	11955.9
27	203	423	589	12	298.7	212.7			298.7
1	1	3	3	2	0.7	0.4			0.7
1	2	2		8	1.6	0.4			1.6
19	30	26	69	34	76.8	19.4			76.8
123	192	118	4	459	32.2	7.1			32.2
135	517	357	797	415	867.2	227.7			867.2
7	21	31	44		34.4	24.2			34.4
1		23	21	2	19.6	19.6			19.6
58	34	78	76	67	42.5	27.2			42.5
11	50	73	161	79	142.8	32.1			142.8
3193	3544	5239	4919	8245	11532.5	4604.1		2507.4	9025
397	277	830	875	724	867.8	689.5		3	864.8
10	60	75	113	71	60.5	25.1			60.5
10	44	87	186	8	116.4	42.7			116.4
46	53	183	467	77	372.7	124.9			372.7
47	311	814	117	940	268.3	209.5			268.3
47	311	814	117	940	268.3	209.5			268.3
3613	4022	6727	5376	9836	12118.1	5415.5		2509.8	9608.3
170	261	192	149	526	51.3	17.6		0.6	50.7
156	294	382	733	348	651.9	177.2			651.9
21	191	400	553	20	289.4	193.6			289.4
23	138	315	352	104	206.5	147			206.5
103	433	346	1278	309	1417.4	315.8			1417.4
127	233	581	922	990	1458.8	408.9		191.2	1267.6
56	232	510	657	40	356.8	259.8			356.8
413	1277	1812	2239	1906	1911.7	720.7		2.2	1909.5
101	160	325	581	347	707.5	215.8			707.5
3384	3404	5103	3977	7823	10215.7	4638.7		2316.9	7898.7
1	3	7		13	3.3	2.1			3.3
3	30	19	55	23	78	19			78
		4	4		1.5	1.5			1.5
1		1	6	1	1.3	0.2			1.3

17-9 2013年全部工业企业R&D经费情况

指标名称	Item	R&D经费内部支出合计（万元） Internal expenses of R&D (10000 yuan)
总计	Total	450119.1
一、按企业规模分组	Grouped by size of enterprises	
大型	Large-sized enterprises	403076.7
中型	Medium-sized enterprises	31492.1
小型	Small-sized enterprises	15550.3
微型	Micro-sized enterprises	
二、按隶属关系分组	Grouped by administrative	
中央	Central	306142.4
省(自治区、直辖市)	Province (autonomous region, municipality)	15087.6
地(区、市、州、盟)	Region (district, city, prefecture, league)	52967.9
县(区、市、旗)	County (district, city, banner)	1917.3
街道	Street	
镇	Town	
乡	Township	70
(社区)居委会	Residents committee	
村委会	Village committee	
其他	Others	73933.9
三、按登记注册类型分组	Grouped by type registered	
内资企业	Domestic funds	359745.1
国有企业	State-owned	234555.2
集体企业	Collective-owned	
股份合作企业	Share holding cooperative	
联营企业	Joint ownership	
国有联营企业	State joint ownership enterprises	
集体联营企业	Joint ownership	
国有和集体联营企业	Joint ownership	
其他联营企业	Others	
有限责任公司	Limited company	38125.8
国有独资公司	State-owned	6030.4
其他有限责任公司	Others	32095.4
股份有限公司	Share holding	79726.8
私营企业	Private	7337.3
私营独资企业	Solely Owned	
私营合伙企业	Private partnership	
私营有限责任公司	Limited company	7323.6
私营股份有限公司	Private Share holding	13.7
其他企业	Others	
港、澳、台商投资企业	Funded from Hongkong, Macao and Taiwan	32643.4
合资经营企业(港或澳、台资)	Funded from Hongkong, Macao and taiwan	3079.5
合作经营企业(港或澳、台资)	Cooperative	
港、澳、台商独资经营企业	Solely owned	29513.9
港、澳、台商投资股份有限公司	Company invested by Hong Kong, Macau or Taiwan businessmen	50
外商投资企业	Foreign funded	57730.6
中外合资经营企业	Joint Venture	53452
中外合作经营企业	Cooperative	
外商企业	Solely owned	4278.6
外商投资股份有限公司	Company invested by foreign businessmen	
其他外商投资企业	Others	

EXPENDITURE FOR R&D FUNDS OF ALL INDUSTRIAL ENTERPRISES IN 2013

(一)按活动类型分组 Grouped by activity type			(二)按支出用途分组 Grouped by objects of expenditure				
①基础研究支出 fundamental research	②应用研究支出 Application research	③试验发展支出 Experimental developing	1.经常费支出 Regular expenses	#人员劳务费 personnel	2.资产性支出 Assets	#①土建工程 Civil engineering	②仪器设备 Equipment
	147498.3	302620.8	420601.7	103073.7	29517.4	382.9	29134.5
	147151.9	255924.8	380776.2	90125.8	22300.5	316.4	21984.1
	346.4	31145.7	26460.2	8061.1	5031.9	52.7	4979.2
		15550.3	13365.3	4886.8	2185	13.8	2171.2
	143720.6	162421.8	286089.4	68816.4	20053	297.5	19755.5
		15087.6	12834	2922.8	2253.6	4.8	2248.8
	3777.5	49190.4	51570.3	12447.3	1397.6	74.6	1323
		1917.3	1026.1	522.9	891.2		891.2
		70	70	25			
	0.2	73933.7	69011.9	18339.3	4922	6	4916
	147151.9	212593.2	334695.3	84627.1	25049.8	379.9	24669.9
	141146.1	93409.1	214711.8	53618.1	19843.4	247.6	19595.8
	2574.5	35551.3	36552.2	11839.3	1573.6	93.8	1479.8
		6030.4	5903.4	2907.4	127	50.9	76.1
	2574.5	29520.9	30648.8	8931.9	1446.6	42.9	1403.7
	3431.3	76295.5	77118.5	17545.4	2608.3	32.5	2575.8
		7337.3	6312.8	1624.3	1024.5	6	1018.5
		7323.6	6299.1	1622.1	1024.5	6	1018.5
		13.7	13.7	2.2			
		32643.4	32351.6	1601	291.8	3	288.8
		3079.5	2787.7	1194.9	291.8	3	288.8
		29513.9	29513.9	403.2			
		50	50	2.9			
	346.4	57384.2	53554.8	16845.6	4175.8		4175.8
	346.4	53105.6	49276.2	14083.7	4175.8		4175.8
		4278.6	4278.6	2761.9			

17-9续表1

指标名称	Item	1.政府资金 Government funds
总计	Total	11993.4
一、按企业规模分组	Grouped by size of enterprises	
大型	Large-sized enterprises	7579.6
中型	Medium-sized enterprises	3489.9
小型	Small-sized enterprises	923.9
微型	Micro-sized enterprises	
二、按隶属关系分组	Grouped by administrative	
中央	Central	4978.3
省(自治区、直辖市)	Province (autonomous region, municipality)	236.6
地(区、市、州、盟)	Region (district, city, prefecture, league)	1464.5
县(区、市、旗)	County (district, city, banner)	49.2
街道	Street	
镇	Town	
乡	Township	
(社区)居委会	Residents committee	
村委会	Village committee	
其他	Others	5264.8
三、按登记注册类型分组	Grouped by type registered	
内资企业	Domestic funds	9922.7
国有企业	State-owned	1280.2
集体企业	Collective-owned	
股份合作企业	Share holding cooperative	
联营企业	Joint ownership	
国有联营企业	State joint ownership enterprises	
集体联营企业	Joint ownership	
国有和集体联营企业	Joint ownership	
其他联营企业	Others	
有限责任公司	Limited company	1818.7
国有独资公司	State-owned	66.1
其他有限责任公司	Others	1752.6
股份有限公司	Share holding	5216.2
私营企业	Private	1607.6
私营独资企业	Solely Owned	
私营合伙企业	Private partnership	
私营有限责任公司	Limited company	1607.6
私营股份有限公司	Private Share holding	
其他企业	Others	
港、澳、台商投资企业	Funded from Hongkong, Macao and Taiwan	2070.7
合资经营企业(港或澳、台资)	Funded from Hongkong, Macao and taiwan	
合作经营企业(港或澳、台资)	Cooperative	
港、澳、台商独资经营企业	Solely owned	2070.7
港、澳、台商投资股份有限公司	Company invested by Hong Kong, Macau or Taiwan businessmen	
外商投资企业	Foreign funded	
中外合资经营企业	Joint Venture	
中外合作经营企业	Cooperative	
外商企业	Solely owned	
外商投资股份有限公司	Company invested by foreign businessmen	
其他外商投资企业	Others	

continued1

(三)按资金来源分组 Grouped by capital sources			R&D经费外部支出 Exterior outlays of R&D			
2.企业资金 Enterprises funds	3.境外资金 Offshore funds	4.其他资金 Other funds		对境内研究机构支出 Expenses on domestic research institues	对境内高等学校支出 Expenses on domestic colleges	对境外支出 Expenses offshore
435381.8	751.4	1992.5	150704.8	73471.6	54342.1	5040.6
394268.4	659.9	568.8	147468.8	70733.4	54214.8	4868.6
26487	91.5	1423.7	939	741.6	20.5	0.6
14626.4			2297	1996.6	106.8	171.4
300773.1	91.5	299.5	145040.5	68315.7	54204.2	4868.6
13809.9		1041.1	1929.7	1895.5	12	
50934.6		568.8	1922.5	1692.1	13.2	40.9
1868.1			7.5		7.5	
70						
67926.1	659.9	83.1	1804.6	1568.3	105.2	131.1
347738.4	91.5	1992.5	146824.4	69913.8	54327.5	4908.9
233183.5	91.5		130446	65359.6	51039.3	2696.2
36307.1			3389.3	2348.4	1000.6	40.3
5964.3			2420	1450	970	
30342.8			969.3	898.4	30.6	40.3
72601.2		1909.4	12805.9	2104.7	2205.5	2172.4
5646.6		83.1	183.2	101.1	82.1	
5632.9		83.1	183.2	101.1	82.1	
13.7						
30572.7						
3079.5						
27443.2						
50						
57070.7	659.9		3880.4	3557.8	14.6	131.7
52792.1	659.9		3880.4	3557.8	14.6	131.7
4278.6						

17-9续表2

指标名称 Item		R&D经费内部支出合计 Internal expenses of R&D
四、按国民经济行业大类分组	Grouped by sector	
制造业	Manufacturing	446436.8
农副食品加工业	Farm sideline food processing	30725.9
食品制造业	Food manufacturing	56
酒、饮料和精制茶制造业	Alcohol, drink and fine tea manufacturing industries	70
烟草制品业	Tobacco processing	
纺织业	Textile industry	
纺织服装、服饰业	Textile clothing industry	
皮革、毛皮、羽毛及其制品和制鞋业	Leather, fur, feather and related products	
木材加工和木、竹、藤、棕、草制品业	Timber, bamboo, cane, palm and straw products	198
家具制造业	Furniture	
造纸和纸制品业	Paper making and paper products	
印刷和记录媒介复制业	Printing and record medium reproduction	
文教、工美、体育和娱乐用品制造业	Education, arts and crafts, PE, and entertainment products	
石油加工、炼焦和核燃料加工业	Petroleum processing coking and nuclear processing	
化学原料和化学制品制造业	Raw chemical material and chemical products	1814
医药制造业	Medical and pharmacutical products	14510.9
化学纤维制造业	Chemical fiber manufacturing	
橡胶和塑料制品业	Rubber and plastic products	
非金属矿物制品业	Nonmetal mineral products	608.4
黑色金属冶炼和压延加工业	Smelting and pressing of ferrous metals	
有色金属冶炼和压延加工业	Smelting and pressing of non-ferrous metals	
金属制品业	Metal products	248.3
通用设备制造业	Ordinary machinery	287.3
专用设备制造业	Special purpose equipment	2628.8
汽车制造业	Automobile industry	316731.5
铁路、船舶、航空航天和其他运输设备制造业	Railway, water way, aviation and other transportation equipment	63022.3
电气机械和器材制造业	Electric equipment and machinery	6745.5
计算机、通信和其他电子设备制造业	Telecommunication equipment computer and other electronic equipment	3206.3
仪器仪表制造业	Instrument manufacturing	5583.6
其他制造业	Others	
废弃资源综合利用业	Waste resources comprehensive utilization industry	
金属制品、机械和设备修理业	Metal products、machinery、Equipment repair industry	
电力、热力、燃气及水生产和供应业	Production and supply of electric power and heat power and gas and water	3682.3
电力、热力生产和供应业	Production and supply of electric power and heat power	3682.3
燃气生产和供应业	Production and supply of gas	
水的生产和供应业	Production and supply of water	
五、按企业控股情况分组	Grouped by owned	
国有控股	State-owned	333047.5
集体控股	Collective-owned	5767.5
私人控股	Private-owned	17363.1
港澳台商控股	Hongkong,Macao and Taiwan-owned	29988.5
外商控股	Foreign-owned	35208
其他	Others	28744.5
六、按地区分组	Grouped by sector	
市辖区	District	
南关区	Nanguan	30018.7
宽城区	Kuangcheng	32988.3
朝阳区	Chaoyang	76516.1
二道区	Erdao	9367.2
绿园区	Lvyuan	300475.2
双阳区	Shuangyang	
农安县	nong'an	140
九台市	Jiutai	162.5
榆树市	Yushu	416.7
德惠市	Dehui	34.4

continued2

(一)按活动类型分组 Grouped by activity type			(二)按支出用途分组 Grouped by objects of expenditure				
①基础研究支出 fundamental research	②应用研究支出 Application research	③试验发展支出 Experimental developing	1.经常费支出 Regular expenses	#人员劳务费 personnel	2.资产性支出 Assets	#①土建工程 Civil engineering	②仪器设备 Equipment
	147498.3	298938.5	416919.4	100636.8	29517.4	382.9	29134.5
		30725.9	30456.9	576	269	6	263
		56	36	34	20		20
		70	70	25			
		198	128	23.8	70		70
		1814	1536.1	679.7	277.9		277.9
		14510.9	13980.1	4363.8	530.8	89.2	441.6
		608.4	281.2	74	327.2		327.2
		248.3	234.4	130.4	13.9		13.9
		287.3	246.3	125.5	41	1	40
		2628.8	2206.1	736.7	422.7	1.8	420.9
	144923.8	171807.7	291130.6	76925.5	25600.9	281.1	25319.8
	2574.5	60447.8	62888.5	11415.2	133.8	3.8	130
		6745.5	6734.8	3001	10.7		10.7
		3206.3	3187.6	1034.6	18.7		18.7
		5583.6	3802.8	1491.6	1780.8		1780.8
		3682.3	3682.3	2436.9			
		3682.3	3682.3	2436.9			
	147498.1	185549.4	310464.3	77323	22583.2	331	22252.2
	0.2	5767.3	4637	1865.9	1130.5	3.8	1126.7
		17363.1	15136.3	4535.2	2226.8	9.8	2217
		29988.5	29782.3	507	206.2		206.2
		35208	34140.2	5765.6	1067.8		1067.8
		28744.5	26441.6	13077	2302.9	38.3	2264.6
	3431.3	26587.4	27149.4	16010.2	2869.3	32.5	2836.8
		32988.3	32977.6	835	10.7		10.7
	346.4	76169.7	73138.5	18192.5	3377.6	42.3	3335.3
		9367.2	6663.5	2140.5	2703.7	11.6	2692.1
	143720.6	156754.6	279949.6	65691.6	20525.6	296.5	20229.1
		140	140	40			
		162.5	149	100.3	13.5		13.5
		416.7	416.7	52.6			
		34.4	17.4	11	17		17

17-9续表3

指标名称	Item	1.政府资金 Government funds
四、按国民经济行业大类分组	Grouped by sector	
制造业	Manufacturing	11993.4
农副食品加工业	Farm sideline food processing	2188.4
食品制造业	Food manufacturing	
酒、饮料和精制茶制造业	Alcohol, drink and fine tea manufacturing industries	
烟草制品业	Tobacco processing	
纺织业	Textile industry	
纺织服装、服饰业	Textile clothing industry	
皮革、毛皮、羽毛及其制品和制鞋业	Leather, fur, feather and related products	
木材加工和木、竹、藤、棕、草制品业	Timber, bamboo, cane, palm and straw products	
家具制造业	Furniture	
造纸和纸制品业	Paper making and paper products	
印刷和记录媒介复制业	Printing and record medium reproduction	
文教、工美、体育和娱乐用品制造业	Education, arts and crafts, PE, and entertainment products	
石油加工、炼焦和核燃料加工业	Petroleum processing coking and nuclear processing	
化学原料和化学制品制造业	Raw chemical material and chemical products	
医药制造业	Medical and pharmacutical products	2257.4
化学纤维制造业	Chemical fiber manufacturing	
橡胶和塑料制品业	Rubber and plastic products	
非金属矿物制品业	Nonmetal mineral products	125
黑色金属冶炼和压延加工业	Smelting and pressing of ferrous metals	
有色金属冶炼和压延加工业	Smelting and pressing of non-ferrous metals	
金属制品业	Metal products	
通用设备制造业	Ordinary machinery	20
专用设备制造业	Special purpose equipment	205
汽车制造业	Automobile industry	1788.1
铁路、船舶、航空航天和其他运输设备制造业	Railway, water way, aviation and other transportation equipment	3043.5
电气机械和器材制造业	Electric equipment and machinery	36
计算机、通信和其他电子设备制造业	Telecommunication equipment computer and other electronic equipment	1541.1
仪器仪表制造业	Instrument manufacturing	788.9
其他制造业	Others	
废弃资源综合利用业	Waste resources comprehensive utilization industry	
金属制品、机械和设备修理业	Metal products、machinery、Equipment repair industry	
电力、热力、燃气及水生产和供应业	Production and supply of electric power and heat power and gas and water	
电力、热力生产和供应业	Production and supply of electric power and heat power	
燃气生产和供应业	Production and supply of gas	
水的生产和供应业	Production and supply of water	
五、按企业控股情况分组	Grouped by owned	
国有控股	State-owned	6102
集体控股	Collective-owned	55.2
私人控股	Private-owned	1790.9
港澳台商控股	Hongkong, Macao and Taiwan-owned	2070.7
外商控股	Foreign-owned	
其他	Others	1974.6
六、按地区分组	Grouped by sector	
市辖区	District	
南关区	Nanguan	665
宽城区	Kuangcheng	2148.4
朝阳区	Chaoyang	4229.3
二道区	Erdao	560.2
绿园区	Lvyuan	4250.8
双阳区	Shuangyang	
农安县	nong'an	
九台市	Jiutai	
榆树市	Yushu	136.7
德惠市	Dehui	3

continued3

(三)按资金来源分组 Grouped by capital sources						
2. 企业资金 Enterprises funds	3. 境外资金 Offshore funds	4. 其他资金 Other funds	R&D经费外部支出 Exterior outlays of R&D	对境内研究机构支出 Expenses on domestic research instituties	对境内高等学校支出 Expenses on domestic colleges	对境外支出 Expenses offshore
431699.5	751.4	1992.5	148284.8	72021.6	53372.1	5040.6
28537.5			90	10	80	
56						
70						
198						
1814						
12253.5			2259.5	2204.6	14.6	40.3
483.4			517.7	495.5		
248.3						
175.8	91.5					
2423.8			93.2	91.1	2.1	
313631.6	659.9	651.9	133132.4	67714.3	51063	2827.9
59978.8			12184.5	1506.1	2204.9	2172.4
6709.5						
1665.2						
3454.1		1340.6	7.5		7.5	
3682.3			2420	1450	970	
3682.3			2420	1450	970	
324944.6	91.5	1909.4	145568.8	68811.2	54214.8	4868.6
5712.3			10.1		10.1	
15489.1		83.1	496.3	401.1	95.2	
27917.8						
35208			2975.3	2832.2	12	131.1
26110	659.9		1654.3	1427.1	10	40.9
28125	659.9	568.8	2148.2	2125.6	22.6	
30839.9						
71904.2		382.6	4966.2	3777.9	984.8	40.9
7674.4	91.5	1041.1	742.5	495.5	80	131.1
296224.4			142837.9	67062.6	53254.7	4868.6
140						
162.5						
280						
31.4			10	10		

17-10 2013年工业企业全部R&D项目情况

指标名称	Item	项目数（项）Projects (unit)
总计	Total	5389
一、按企业规模分组	Grouped by size of enterprises	
大型	Large-sized enterprises	753
中型	Medium-sized enterprises	351
小型	Small-sized enterprises	4285
微型	Micro-sized enterprises	
二、按隶属关系分组	Grouped by administrative	
中央	Central	487
省(自治区、直辖市)	Province (autonomous region, municipality)	196
地(区、市、州、盟)	Region (district, city, prefecture, league)	307
县(区、市、旗)	County (district, city, banner)	16
街道	Street	
镇	Town	
乡	village	1
居委会	Neighborhood	
村委会	village	
其他	Others	4382
三、按登记注册类型分组	Grouped by type registered	
内资企业	Domestic funds	949
国有企业	State-owned	334
有限责任公司	Limited company	375
国有独资公司	State-owned	57
其他有限责任公司	Others	318
股份有限公司	Share holding	188
私营企业	Private	52
私营独资企业	Solely Owned	
私营有限责任公司	Limited company	50
私营股份有限公司	Private Share holding	2
其他企业	Others	
港、澳、台商投资企业	Funded from Hongkong, Macao and Taiwan	33
合资经营企业(港或澳、台资)	Funded from Hongkong, Macao and taiwan	28
港、澳、台商独资经营企业	Solely owned	4
港、澳、台商投资股份有限公司	Company invested by Hong Kong, Macau or Taiwan businessmen	1
外商投资企业	Foreign funded	4407
中外合资经营企业	Joint Venture	290
中外合作经营企业	Cooperative enterprises	
外资企业	Solely owned	4117
外商投资有限股份公司	Company invested by foreign businessmen	
其它外商投资企业	Others	

SUMMARY OF ALL R&D PROJECTS OF ALL INDUSTRIAL ENTERPRISES IN 2013

参加项目人员 (人) Personnel	项目人员折合全时当量 (人年) Full-time equivalent of engaged project personnel (person year)	全部项目经费内部支出 (万元) Internal expenpenses of all projects (10000 yuan)
15498	11630.3	429036.7
12537	9617.1	389785
1889	1210.6	26139.6
1072	802.6	13112.1
9413	7634.6	295181.5
862	451.5	14558.3
2293	1797.4	52111
84	37.1	698.6
7	1.4	70
2839	1708.3	66417.3
13818	10589.2	343063.8
7018	6468.7	225598.1
3200	1409.4	36495.5
1123	300.7	5957.1
2077	1108.7	30538.4
3229	2488.9	75673.9
371	222.2	5296.3
350	203.2	5282.7
21	19	13.6
805	474.8	31652.4
276	218.9	2632.7
524	250.8	28969.7
5	5	50
875	566.3	54320.5
721	513.5	50041.9
154	52.9	4278.6

17-10 续表1

指标	Item	项目数（项）Projects (unit)
四、按国民经济大类分组	Grouped by new sector	
制造业	Manufacturing	5341
农副食品加工业	Farm sideline food processing	13
食品制造业	Food manufacturing	5
酒、饮料和精制茶制造业	Alcohol, drink and fine tea manufacturing industries	1
纺织服装、服饰业	Textile clothing industry	2
木材加工和木、竹、藤、棕、草制品业	Timber, bamboo, cane, palm and straw products	5
化学原料和化学制品制造业	Raw chemical material and chemical products	4244
医药制造业	Medical and pharmacutical products	
橡胶和塑料制品业	Rubber and plastic products	
非金属矿物制品业	Nonmetal mineral products	4
金属制品业	Nonmetal mineral products	5
通用设备制造业	Ordinary machinery	5
专用设备制造业	Special purpose equipment	14
汽车制造业	Automobile industry	877
铁路、船舶、航空航天和其他运输设备制造业	Railway, water way, aviation and other transportation equipment	66
电气机械和器材制造业	Electric equipment and machinery	30
计算机、通信和其他电子设备制造业	Telecommunication equipment computer and other electronic equipment	9
仪器仪表制造业	Instrument manufacturing	61
电力、热力、燃气及水生产和供应业	Production and supply of electric power and heat power and gas and water	48
电力、热力生产和供应业	Production and supply of electric power and heat power	48
五、按企业控股情况分组	Grouped by owned	
国有控股	State-owned	723
集体控股	Collective-owned	72
私人控股	Private-owned	143
港澳台商控股	Hongkong, Macao and Taiwan-owned	9
外商控股	Foreign-owned	4202
其他	Others	240
六、按地区分组	Grouped by sector	
市辖区	District	
南关区	Nanguan	96
宽城区	Kuangcheng	4141
朝阳区	Chaoyang	609
二道区	Erdao	124
绿园区	Lvyuan	414
双阳区	Shuangyang	
农安县	nong'an	2
九台市	Jiutai	1
榆树市	Yushu	1
德惠市	Dehui	1

continued1

参加项目人员 （人） Personnel	项目人员折合全时当量 （人年） Full-time equivalent of engaged project personnel (person year)	全部项目经费内部支出 （万元） Internal expenpenses of all projects (10000 yuan)
14488	11373.5	425354.4
574	285.8	29580.8
4	0.6	56
7	1.4	70
84	62.7	150
340	28.8	814
1077	792	13188.3
37	28.9	606.3
22	18.7	248.3
85	37.1	172.6
229	134.1	1747.9
9971	8634	303499.3
1202	833.6	61573.8
174	56.8	6579.5
184	108.6	2241.7
498	350.4	4825.9
1010	256.8	3682.3
1010	256.8	3682.3
11599	9220.6	321173.4
505	37	3494.7
925	569.8	14681
552	278.8	29273.6
433	198.5	34029.3
1484	1325.6	26384.7
1785	1380.8	27782.6
641	323.1	32237.4
3732	1763.2	70310.4
827	663.3	8106.7
8416	7419.2	290013.6
12	3.1	140
75	75	149
4	1.5	280
6	1.1	17

17-11 2013年全部工业企业办科技机构情况

		机构数 (个) Institutions
总计	Total	54
一、按企业规模分组	Grouped by size of enterprises	
大型	Large-sized enterprises	8
中型	Medium-sized enterprises	16
小型	Small-sized enterprises	30
微型	Micro-sized enterprises	
二、按隶属关系分组	Grouped by administrative	
中央	Central	5
省(自治区、直辖市)	Province (autonomous region, municipality)	5
地(区、市、州、盟)	Region (district, city, prefecture, league)	8
县(区、市、旗)	County (district, city, banner)	1
其他	Others	35
三、按登记注册类型分组	Grouped by type registered	
内资企业	Domestic funds	48
国有企业	State-owned	2
有限责任公司	Limited company	19
国有独资公司	State-owned	3
其他有限责任公司	Others	16
股份有限公司	Share holding	6
私营企业	Private	20
私营独资企业	Solely Owned	
私营有限责任公司	Limited company	20
私营股份有限公司	Private Share holding	
其他企业	Others	1
港、澳、台商投资企业	Funded from Hongkong, Macao and Taiwan	2
合资经营企业(港或澳、台资)	Funded from Hongkong, Macao and taiwan	2
港、澳、台商独资经营企业	Solely owned	
港、澳、台商投资股份有限公司	Company invested by Hong Kong, Macau or Taiwan businessmen	
外商投资企业	Foreign funded	4
中外合资经营企业	Joint Venture	4
中外合作经营企业	Cooperative enterprises	
外资企业	Solely owned	
外商投资有限股份公司	Company invested by foreign businessmen	
其它外商投资企业	Others	
四、按国民经济行业大类分组	Grouped by sector	
制造业	Manufacturing	53
农副食品加工业	Farm sideline food processing	10
食品制造业	Food manufacturing	1
酒、饮料和精制茶制造业	Alcohol, drink and fine tea manufacturing industries	
烟草制品业	Tobacco processing	
纺织业	Textile industry	
纺织服装、服饰业	Textile clothing industry	1
皮革、毛皮、羽毛及其制品和制鞋业	Leather, fur, feather and related products and footwear industry	
木材加工和木、竹、藤、棕、草制品业	Timber, bamboo, cane, palm and straw products	
家具制造业	Furniture	
造纸和纸制品业	Paper making and paper products	
印刷和记录媒介复制业	Printing and record medium reproduction	
文教、工美、体育和娱乐用品制造业	Education, arts and crafts, PE, and entertainment products	

BASIC CONDITIONS OF R&D INSTITUTIONS OF ALL INDUSTRIAL ENTERPRISES IN 2013

机构人员合计(人) Personnel	#博士毕业 Doctors	硕士毕业 Postgraduates	本科毕业 Bachelor	机构经费支出(万元) Institutions' expenses (10000yuan)	仪器和设备原价(万元) Prices of instruments and equipment (10000yuan)	进口 Import	境外机构数(个) Offshore institutions
10732	187	1816	6738	266250.8	233790.6	100636.2	2
8729	145	1539	5450	243813.7	190499.3	99505.2	
1377	21	151	985	12688	32888.7	117.8	
626	21	126	303	9749.1	10402.6	1013.2	2
8072	141	1482	4983	216064.4	185138	99526.2	
435	12	106	301	3559.7	4026.4	879.1	
952	12	53	757	10256.6	24783.4	154	
71	2	1	31	53.2	35.8		
1202	20	174	666	36316.9	19807	76.9	2
10222	184	1748	6387	236944.4	221090.6	100636.1	1
7643	122	1419	4636	212427.2	181467.6	98676.2	
1548	39	207	1163	13578	28426	1024	
608	27	77	504	4228	7875.4	850	
940	12	130	659	9350	20550.6	174	
599	10	63	364	5451.8	5271	859.1	
398	12	56	221	5484.4	5726	76.8	1
398	12	56	221	5484.4	5726	76.8	1
34	1	3	3	3	200		
41		1	29	791.9	2260.2		
41		1	29	791.9	2260.2		
469	3	67	322	28514.5	10439.8	0.1	1
469	3	67	322	28514.5	10439.8	0.1	1
10476	168	1769	6548	262805.8	230223.6	99786.2	2
86	3	8	31	1556.8	3191.3		1
4			4	0.5	0.4		
12			12	142.2	53.4		

17-11 续表1

		机构数 (个) Institutions
石油加工、炼焦和核燃料加工业	Petroleum processing coking and nuclear processing	
化学原料和化学制品制造业	Raw chemical material and chemical products	
医药制造业	Medical and pharmacutical products	9
化学纤维制造业	Chemical fiber manufacturing	
橡胶和塑料制品业	Rubber and plastic products	
非金属矿物制品业	Nonmetal mineral products	1
黑色金属冶炼和压延加工业	Smelting and pressing of ferrous metals	
有色金属冶炼和压延加工业	Smelting and pressing of non-ferrous metals	
金属制品业	Metal products	
通用设备制造业	Ordinary machinery	2
专用设备制造业	Special purpose equipment	3
汽车制造业	Automobile industry	20
铁路、船舶、航空航天和其他运输设备制造业	Railway, water way, aviation and other transportation	2
电气机械和器材制造业	Electric equipment and machinery	1
计算机、通信和其他电子设备制造业	Telecommunication equipment computer and other electronic equipment	1
仪器仪表制造业	Instrument manufacturing	2
其他制造业	Others	
废弃资源综合利用业	Waste resources comprehensive utilization industry	
金属制品、机械和设备修理业	Metal products、machinery、Equipment repair industry	
电力、热力、燃气及水生产和供应业	Production and supply of electric power and heat power	1
电力、热力生产和供应业	Production and supply of electric power and heat power	1
燃气生产和供应业	Production and supply of gas	
水的生产和供应业	Production and supply of water	
五、按企业控股情况分组	Grouped by owned	
国有控股	State-owned	11
集体控股	Collective-owned	3
私人控股	Private-owned	28
港澳台商控股	Hongkong, Macao and Taiwan-owned	2
外商控股	Foreign-owned	2
其他	Others	8
六、按地区分组	Grouped by sector	
市辖区	District	
南关区	Nanguan	9
宽城区	Kuangcheng	2
朝阳区	Chaoyang	18
二道区	Erdao	11
绿园区	Lvyuan	6
双阳区	Shuangyang	
农安县	nong'an	1
九台市	Jiutai	
榆树市	Yushu	
德惠市	Dehui	7

continued1

机构人员合计(人) Personnel	博士毕业 Doctors	硕士毕业 Postgraduates	本科毕业 Bachelor	机构经费支出(万元) Institutions' expenses (10000yuan)	仪器和设备原价(万元) Prices of instruments and equipment (10000yuan)	进口 Import	境外机构数(个) Offshore institutions
434	11	50	177	3997.2	3002.3	154	1
42	3	18	19	606.3	1346	859.1	
191	6	41	135	1391.1	635	21	
164	3	29	127	1093.5	332.9	20	
9101	137	1545	5698	249608	219223.3	98732.1	
187		18	163	537.1	298		
34		2	28	2254	275		
79	2	25	52	397	60		
142	3	33	102	1222.1	1806		
256	19	47	190	3445	3567	850	
256	19	47	190	3445	3567	850	
8921	159	1605	5685	220471.8	194822.4	100385.3	
226	6	61	145	3866.9	7103	20	
972	12	68	543	12152.9	24693.9	76.8	1
89	2	1	46	496.1	395.5		
203		6	167	5934.9	977.4	0.1	
321	8	75	152	23328.2	5798.4	154	1
705	16	119	490	29416.6	6213.2		
68	1	5	31	2257	475		
1287	28	151	823	14762.9	32629.7	1080.8	
797	19	105	637	5379.5	11642.1	900.2	2
7819	123	1430	4751	213786	182250.3	98655.2	
5		5		55	15		
51		1	6	593.8	565.3		

17-12 2013年全部工业企业自主知识产权保护情况

指标名称	Item	专利申请数（件）Patent application (piece)	发明专利（件）Inventions (piece)
总计	Total	1628	488
一、按企业规模分组	Grouped by size of enterprises		
大型	Large-sized enterprises	1162	308
中型	Medium-sized enterprises	238	97
小型	Small-sized enterprises	228	83
微型	Micro-sized enterprises		
二、按隶属关系分组	Grouped by administrative		
中央	Central	836	237
省(自治区、直辖市)	Province (autonomous region, municipality)	55	27
地(区、市、州、盟)	Region (district, city, prefecture, league)	279	75
县(区、市、旗)	County (district, city, banner)	49	19
街道	Street		
镇	Town		
乡	Township		
(社区)居委会	Residents committee		
村委会	Village committee		
其他	Others	409	130
三、按登记注册类型分组	Grouped by type registered		
内资企业	Domestic funds	1478	442
国有企业	State-owned	462	33
集体企业	Collective-owned		
股份合作企业	Share holding cooperative		
联营企业	Joint ownership		
国有联营企业	State joint ownership enterprises		
集体联营企业	Joint ownership		
国有与集体联营企业	Joint ownership		
其他联营企业	Others		
有限责任公司	Limited company	425	187
国有独资公司	State-owned	228	115
其他有限责任公司	Others	197	72
股份有限公司	Share holding	476	177
私营企业	Private	115	45
私营独资企业	Solely Owned		
私营合伙企业	Private partnership		
私营有限责任公司	Limited company	86	44
私营股份有限公司	Private Share holding	29	1
其他企业	Others		
港、澳、台商投资企业	Funded from Hongkong, Macao and Taiwan	25	17
合资经营企业(港或澳、台资)	Funded from Hongkong, Macao and taiwan	23	15
合作经营企业(港或澳、台资)	Cooperative		
港、澳、台商独资经营企业	Solely owned	2	2
港、澳、台商投资股份有限公司	Company invested by Hong Kong, Macao or Taiwan businessmen		
其它港澳台投资企业	Others		
外商投资企业	Foreign funded	125	29
中外合资经营企业	Joint Venture	103	29
中外合作经营企业	Cooperative		
外商企业	Solely owned	22	
外商投资股份有限公司	Company invested by foreign businessmen		
其他外商投资企业	Others		

INDEPENDENT INTELLECTUAL PROPERTY RIGHTS OF ALL INDUSTRIAL ENTERPRISES AND RELEVANT CONDITIONS IN 2013

有效发明专利数（件）Effective patent inventions (piece)	境外授权 Offshore authorization	专利所有权转让及许可数（项）Number of patent ownership transferred and licensed	专利所有权转让与许可收入（万元）Income of patent ownership transferred and licensed (10000yuan)	发表科技论文（篇）Science and technology papers published	拥有注册商标数（件）Registered trademarks owned (piece)	境外注册 Overseas registration	形成国家或行业标准数（项）national standards or trade standards
1972	17	8		9434	1614	715	17
1647	2			584	1165	706	2
131	4			8837	175		4
191	11	8		12	273	9	11
3				1	1		
1610	3			606	1170	706	3
24				8	72		
101	3			8795	109		3
48	1				1		1
189	10	8		25	262	9	10
1811	15	8		630	1528	706	15
1518				384	1114	706	
159	6	8		214	144		6
41	3			179	37		3
118	3	8		35	107		3
83				25	134		
51	9			7	136		9
51	9			7	136		9
38					66	9	
29					66	9	
9							
123	2			8804	20		2
98	2			8804	20		2
25							

17-12 续表1

指标名称 Item		专利申请数（件） Patent application (piece)	发明专利（件） Inventions (piece)
四、按国民经济行业大类分组	Grouped by sector		
制造业	Manufacturing	1407	376
农副食品加工业	Farm sideline food processing	9	9
食品制造业	Food manufacturing		
酒、饮料和精制茶制造业	Alcohol, drink and fine tea manufacturing industries		
烟草制品业	Tobacco processing		
纺织业	Textile industry		
纺织服装、服饰业	Textile clothing industry	3	3
皮革、毛皮、羽毛及其制品和制鞋业	Leather, fur, feather and related products and footwear industry		
化学原料和化学制品制造业	Raw chemical material and chemical products	38	16
医药制造业	Medical and pharmacutical products	228	80
化学纤维制造业	Chemical fiber manufacturing		
橡胶和塑料制品业	Rubber and plastic products	14	2
非金属矿物制品业	Nonmetal mineral products	5	4
黑色金属冶炼和压延加工业	Smelting and pressing of ferrous metals		
有色金属冶炼和压延加工业	Smelting and pressing of non-ferrous metals		
金属制品业	Metal products	15	2
通用设备制造业	Ordinary machinery	20	2
专用设备制造业	Special purpose equipment	64	21
汽车制造业	Automobile industry	719	110
铁路、船舶、航空航天和其他运输设备制造业	Railway, water way, aviation and other transportation equipment	163	75
电气机械和器材制造业	Electric equipment and machinery	18	5
计算机、通信和其他电子设备制造业	Telecommunication equipment computer and other electronic equipment	75	36
仪器仪表制造业	Instrument manufacturing	36	11
其他制造业	Others		
废弃资源综合利用业	Waste resources comprehensive utilization industry		
金属制品、机械和设备修理业	Metal products、machinery、Equipment repair industry		
电力、热力、燃气及水生产和供应业	Production and supply of electric power and heat power and gas and water	221	112
电力、热力生产和供应业	Production and supply of electric power and heat power	221	112
燃气生产和供应业	Production and supply of gas		
水的生产和供应业	Production and supply of water		
五、按企业控股情况分组	Grouped by owned		
国有控股	State-owned	989	300
集体控股	Collective-owned	58	17
私人控股	Private-owned	194	58
港澳台商控股	Hongkong, Macao and Taiwan-owned	43	21
外商控股	Foreign-owned	45	6
其他	Others	299	86
六、按地区分组	Grouped by sector		
市辖区	District		
南关区	Nanguan	134	29
宽城区	Kuangcheng	66	10
朝阳区	Chaoyang	711	286
二道区	Erdao	59	20
绿园区	Lvyuan	629	125
双阳区	Shuangyang	16	5
农安县	nong'an		
九台市	Jiutai	3	3
榆树市	Yushu	10	10
德惠市	Dehui		

continued1

有效发明专利数（件）Effective patent inventions (piece)	境外授权 Offshore authorization	专利所有权转让及许可数（项）Number of patent ownership transferred and licensed	专利所有权转让与许可收入（万元）Income of patent ownership transferred and licensed (10000yuan)	发表科技论文（篇）Science and technology papers published	拥有注册商标数（件）Registered trademarks owned (piece)	境外注册 Overseas registration	形成国家或行业标准数（项）national standards or trade standards
1950	17	8		9251	1614	715	190
13				2	45		
					1		
					1		
					3	9	
116	6			21	365		54
14							
2					35		7
15					2		
13	9			1	2		1
31				2	4	706	
1659	1	8		9182	1138		49
27				31			61
				1	1		
5				5	2		2
55	1			6	15		16
22				183			4
22				183			4
						706	
1651	3			618	1276		112
62	1			2	3	9	19
84	9			8	210		7
9							
63				8795	9		
103	4	8		11	116		56
						9	
73				3	152		4
17				1	6		
282	4			8983	168		92
24	10	8		25	114	706	8
1558	3			422	1119		88
15					47		
3					8		2

17-13 2013年全部工业企业新产品开发、生产及销售情况

指标名称		新产品开发项目数（项）Number of new product development
总计	Total	5403
一、按企业规模分组	Grouped by size of enterprises	
大型	Large-sized enterprises	470
中型	Medium-sized enterprises	455
小型	Small-sized enterprises	4478
微型	Micro-sized enterprises	
二、按隶属关系分组	Grouped by administrative	
中央	Central	154
省(自治区、直辖市)	Province (autonomous region, municipality)	216
地(区、市、州、盟)	Region (district, city, prefecture, league)	410
县(区、市、旗)	County (district, city, banner)	16
街道	Street	
镇	Town	
乡	Township	1
(社区）居委会	Residents	
村委会	Village committee	
其他	Others	4606
三、按登记注册类型分组	Grouped by type registered	
内资企业	Domestic funds	781
国有企业	State-owned	4
集体企业	Collective-owned	
股份合作企业	Share holding cooperative	
联营企业	Joint ownership	
国有联营企业	State joint ownership enterprises	
集体联营企业	Joint ownership	
国有与集体联营企业	Joint ownership	
其他联营企业	Others	
有限责任公司	Limited company	407
国有独资公司	State-owned	17
其他有限责任公司	Others	390
股份有限公司	Share holding	260
私营企业	Private	110
私营独资企业	Solely owned	
私营合伙企业	Private partnership	
私营有限责任公司	Limited company	86
私营股份有限公司	Private share holding	24
其他企业	Others	
港、澳、台商投资企业	Funded from Hongkong, Macao and taiwan	93
合资经营企业（港或澳、台资）	Funded from Hongkong, Macao and taiwan	70
合作经营企业（港或澳、台资）	Cooperative	
港、澳、台商独资经营企业	Solely owned	21
港、澳、台商投资股份有限公司	Company invested by Hongkong, Macao or Taiwan businessment	2
其他港澳台投资企业	Others	
外商投资企业	Foreign funded	4529
中外合资经营企业	Joint venture	394
中外合作经营企业	Cooperative enterprises	
外资企业	Solely owned	4135
外商投资股份有限公司	Company invested by foreign businessmen	
其他外商投资企业	Others	

NEW PRODUCT DEVELOPMENT, MANUFACTURING AND SALE OF ALL INDUSTRIAL ENTERPRISES IN 2013

新产品开发经费支出 (万元) Expenses on new product development (10000yuan)	新产品产值 (万元) Production value of new product (10000yuan)	新产品销售收入 (万元) Sales income of new product (10000yuan)	出口 Export
466509.6	3871311.1	3912385.6	325440.3
391312.0	3059638.9	3123375.0	310937.8
43100.9	525041.3	517655.7	13714.6
32096.7	286239.9	271124.9	787.9
	391.0	230.0	
136399.5	2199991.6	2276303.2	303467.8
21114.6	204649.9	182628.0	7830.0
67981.8	690806.2	672090.9	2115.2
3504.2	3862.5	2965.6	
70.0			
237439.5	772000.9	778397.9	12027.3
217425.1	3023581.6	3092720.0	323228.4
464.8	870.0	796.0	180.0
53137.7	479285.8	474682.6	11857.2
5326.2	24612.0	23604.5	781.2
47811.5	454673.8	451078.1	11076.0
151244.3	2427089.0	2502610.5	303287.8
12578.3	116336.8	114630.9	7903.4
10296.1	62517.0	62996.5	593.3
2282.2	53819.8	51634.4	7310.1
174527.6	93098.0	91734.6	1334.0
5922.9	93098.0	91734.6	1334.0
168469.7			
135.0			
74556.9	754631.5	727931.0	877.9
67605.1	747441.5	720263.0	787.9
6951.8	7190.0	7668.0	90.0

17-13续表1

指标名称 Item		新产品开发项目数（项） Number of new product development
四、按新国民经济行业大类分组	Grouped by new sector	
制造业	Manufacturing	5402
农副食品加工业	Farm sideline food processing	31
食品制造业	Food manufacturing	5
酒、饮料和精制茶制造业	Alcohol, drink and fine tea manufacturing industries	1
烟草制品业	Tobacco processing	
纺织业	Textile industry	
纺织服装、服饰业	Textile clothing industry	
皮革、毛皮、羽毛及其制品和制鞋业	Leather, fur, feather and related products and footwear industry	
木材加工和木、竹、藤、棕、草制品业	Timber, bamboo, cane, palm and straw products	2
化学原料和化学制品制造业	Raw chemical material and chemical products	3
医药制造业	Medical and pharmacutical products	4299
橡胶和塑料制品业	Rubber and plastic products	2
非金属矿物制品业	Nonmetal mineral products	4
黑色金属冶炼和压延加工业	Smelting and pressing of ferrous metals	1
有色金属冶炼和压延加工业	Smelting and pressing of non-ferrous metals	
金属制品业	Nonmetal mineral products	5
通用设备制造业	Ordinary machinery	19
专用设备制造业	Special purpose equipment	55
汽车制造业	Automobile industry	749
铁路、船舶、航空航天和其他运输设备制造业	Railway, water way, aviation and other transportation equipment	104
电气机械和器材制造业	Electric equipment and machinery	42
计算机、通信和其他电子设备制造业	Telecommunication equipment computer and other electronic equipment	24
仪器仪表制造业	Instrument manufacturing	56
其他制造业	Others	
废弃资源综合利用业	Waste comprehensive utilization of resources industry	
金属制品、机械和设备修理业	Metal products、machinery、Equipment repair industry	
电力、热力、燃气及水生产和供应业	Production and supply of electric power and heat power and gas and water	1
电力、热力生产和供应业	Production and supply of electric power and heat power	1
燃气生产和供应业	Production and supply of gas	
水的生产和供应业	Water production and supply	
五、企业控股情况分组	Grouped by owned	
国有控股	State-owned	445
集体控股	Collective-owned	102
私人控股	Private-owned	250
港澳台商控股	Hongkong, Macao and Taiwan-owned	28
外商控股	Foreign-owned	4255
其他	Others	323
六、按地区分组	Grouped by Region	
市辖区	District	
南关区	Nanguan	147
宽城区	Kuancheng	4185
朝阳区	Chaoyang	749
二道区	Erdao	176
绿园区	Lvyuan	115
双阳区	Shuangyang	25
农安县	Nong'an	2
九台市	Jiutai	1
榆树市	Yushu	2
德惠市	Dehui	1

continued1

新产品开发经费支出(万元) Expenses on new product development (10000yuan)	新产品产值(万元) Production value of new product (10000yuan)	新产品销售收入(万元) Sales income of new product (10000yuan)	出口 Export
466389.6	3871311.1	3912385.6	325440.3
169709.7	19146.3	20146.3	
56.0			
70.0			
	586.0	586.0	
198.0	1585.0	1487.0	
1305.0	898.0	2966.0	
27264.6	147027.1	129496.7	787.9
39.4	98027.0	98021.3	
608.4			
18.0			
248.3			
2363.2	4570.9	4672.3	180.0
3260.3	11674.8	12020.8	180.0
106467.0	1248234.9	1228097.7	9855.2
132705.3	2231919.9	2317205.9	310597.9
8751.3	43729.1	40782.2	
7583.1	41021.2	38354.0	3827.3
5742.0	22890.9	18549.4	12.0
120.0			
120.0			
168967.7	2663808.6	2736032.6	316467.0
8804.5	91865.9	97291.3	180.0
27412.9	399553.9	391236.4	7903.4
169345.4	3940.3	3367.8	
47541.7	306669.3	275608.5	90.0
44437.4	405473.1	408849.0	799.9
42456.4	717334.8	687702.9	
173399.5	37178.4	36542.5	7310.1
97040.8	772192.4	761811.2	12913.3
14953.3	75237.3	74698.7	1929.1
135566.7	2234375.4	2314678.6	303287.8
2186.0	18543.9	16557.0	
140.0			
162.5	16448.9	20394.7	
570.0			
34.4			

17-14　2013年全部工业企业政府相关政策落实情况

指标名称 Item		来自政府部门的科技活动资金（万元） Science and technology activity fund from government	研究开发费用加计扣除减免税（万元） Research and development expenses with additional deduction of tax reduction and exemption	高新技术企业减免税（万元） High tech enterprise tax reduction and exemption
总计	Total	20508.7	183102.7	30534.5
一、按企业规模分组	Grouped by size of enterprises			
大型	Large-sized enterprises	14506.5	179483.6	20568.7
中型	Medium-sized enterprises	4114.8	2069.5	5833.8
小型	Small-sized enterprises	1887.4	1549.6	4132.0
微型	Micro-sized enterprises			
二、按隶属关系分组	Grouped by administrative			
中央	Central	10626.4	178151.1	18400.9
省(自治区、直辖市)	Province (autonomous region, municipality)	246.0	98.4	706.9
地(区、市、州、盟)	Region (district, city, prefecture, league)	2019.6	1984.3	2977.3
县(区、市、旗)	County (district, city, banner)	169.0	13.9	74.9
街道	Street			
镇	Town			
乡	Township			
(社区）居委会	Residents			
村委会	Village committee			
其他	Others	7447.7	2855.0	8374.5
三、按登记注册类型分组	Grouped by type registered			
内资企业	Domestic funds	17350.7	182494.4	27347.4
国有企业	State-owned	2546.2	173565.1	
集体企业	Collective-owned			
股份合作企业	Share holding cooperative			
有限责任公司	Limited company	1928.3	2897.1	6672.3
国有独资公司	State-owned	71.2		442.6
其他有限责任公司	Others	1857.1	2897.1	6229.7
股份有限公司	Share holding	10437.1	5309.7	19304.6
私营企业	Private	2439.1	722.5	1370.5
私营独资企业	Solely owned			
私营合伙企业	Private partnership			
私营有限责任公司	Limited company	2339.1	658.9	1115.3
私营股份有限公司	Private share holding	100.0	63.6	255.2
其他企业	Others			
港、澳、台商投资企业	Funded from Hongkong, Macao and taiwan	3154.0	158.2	74.2
合资经营企业（港或澳、台资）	Funded from Hongkong, Macao and taiwan	48.0	158.2	74.2
合作经营企业（港或澳、台资）	Cooperative			
港、澳、台商独资经营企业	Solely owned	3106.0		
港、澳、台商投资股份有限公司	Company invested by Hongkong, Macao or Taiwan businessment			
其他港澳台投资企业	Others			
外商投资企业	Foreign funded	4.0	450.1	3112.9
中外合资经营企业	Joint venture	4.0	450.1	3112.9
中外合作经营企业	Cooperative enterprises			
外资企业	Solely owned			
外商投资股份有限公司	Company invested by foreign businessmen			

IMPLEMENTATION OF GOVERNMENT'S RELEVANT POLICIES OF ALL INDUSTRIAL ENTERPRISES SIZE IN 2013

指标名称	Item	来自政府部门的科技活动资金（万元）Science and technology activity fund from government	研究开发费用加计扣除减免税（万元）Research and development expenses with additional deduction of tax reduction and exemption	高新技术企业减免税（万元）High tech enterprise tax reduction and exemption
其他外商投资企业	Others			
四、按国民经济行业大类分组	Grouped by sectors			
制造业	Manufacturing	20508.7	183102.7	30091.9
农副食品加工业	Farm sideline food processing	3660.5		13.2
食品制造业	Food manufacturing			
酒、饮料和精制茶制造业	Alcohol, drink and fine tea manufacturing industries			
烟草制品业	Tobacco processing			
医药制造业	Medical and pharmacutical products	2675.4	3479.1	8036.5
化学纤维制造业	Chemical fiber manufacturing			
橡胶和塑料制品业	Rubber and plastic products			
非金属矿物制品业	Nonmetal mineral products	125.0		
黑色金属冶炼和压延加工业	Smelting and pressing of ferrous metals			
有色金属冶炼和压延加工业	Smelting and pressing of non-ferrous metals			
金属制品业	Metal products		124.2	9.2
通用设备制造业	Ordinary machinery	100.0	87.2	232.8
专用设备制造业	Special purpose equipment	327.6	53.8	288.2
汽车制造业	Automobile industry	3472.2	174290.2	4857.2
铁路、船舶、航空航天和其他运输设备制造业	Railway, water way, aviation and other transportation equipment	7217.3	4280.7	15759.0
电气机械和器材制造业	Electric equipment and machinery	36.0	466.6	510.2
计算机、通信和其他电子设备制造业	Telecommunication equipment computer and other electronic equipment	1580.1	307.0	310.7
仪器仪表制造业	Instrument manufacturing	1314.6	13.9	74.9
电力、热力、燃气及水生产和供应业	Production and supply of electric power and heat power and gas and water			442.6
电力、热力生产和供应业	Production and supply of electric power and heat power			442.6
五、企业控股情况分组	Grouped by owned			
国有控股	State-owned	12059.5	178199.0	18460.2
集体控股	Collective-owned	95.0	180.1	701.8
私人控股	Private-owned	2662.4	1568.8	3164.4
港澳台商控股	Hongkong, Macao and Taiwan-owned	3186.0		
外商控股	Foreign-owned			
其他	Others	2505.8	3154.8	8208.1
六、按地区分组	Grouped by Region			
市辖区	District			
南关区	Nanguan	1044.0	115.2	2810.0
宽城区	Kuancheng	3568.8	163.3	301.0
朝阳区	Chaoyang	5043.2	4525.2	10376.7
二道区	Erdao	990.3	36.5	68.5
绿园区	Lvyuan	9672.4	177745.7	15435.3
双阳区	Shuangyang		505.6	1068.9
农安县	Nong'an			
九台市	Jiutai		11.2	474.1
榆树市	Yushu	187.0		
德惠市	Dehui	3.0		

17-15 2013年全部工业企业技术获取和技术改造情况

指标名称	Item	引进技术经费支出（万元）Expenses on technology introduction (10000yuan)
总计	Total	7941.3
一、按企业规模分组	Grouped by size of enterprises	
大型	Large-sized enterprises	6809.9
中型	Medium-sized enterprises	200.8
小型	Small-sized enterprises	930.6
微型	Micro-sized enterprises	
二、按隶属关系分组	Grouped by administrative	
中央	Central	6809.9
省(自治区、直辖市)	Province (autonomous region, municipality)	
地(区、市、州、盟)	Region (district, city, prefecture, league)	
县(区、市、旗)	County (district, city, banner)	
其他	Others	1131.4
三、按登记注册类型分组	Grouped by type registered	
内资企业	Domestic funds	6809.9
国有企业	State-owned	5569.5
有限责任公司	Limited company	
有限责任公司·		
国有独资公司	State-owned	
其他有限责任公司	Others	
股份有限公司	Share holding	1240.4
私营企业	Private	
私营独资企业	Solely owned	
私营合伙企业	Private partnership	
私营有限责任公司	Limited company	
私营股份有限公司	Private Share holding	
其他企业	Others	
港、澳、台商投资企业	Funded from Hongkong, Macao and taiwan	
合资经营企业（港或澳、台资）	Funded from Hongkong, Macao and taiwan	
合作经营企业（港或澳、台资）	Cooperative	
港、澳、台商独资经营企业	Solely owned	
港、澳、台商投资股份有限公司	Company invested by Hongkong, Macao or Taiwan businessment	
其他港澳台投资企业	Others	
外商投资企业	Foreign funded	1131.4
中外合资经营企业	Joint venture	920.5
中外合作经营企业	Cooperative enterprises	
外资企业	Solely owned	210.9
外商投资股份有限公司	Company invested by foreign businessmen	
其他外商投资企业	Others	
四、按国民经济行业大类分组	Grouped by sectors	
制造业	Manufacturing	7941.3
农副食品加工业	Farm sideline food processing	
食品制造业	Food manufacturing	
纺织服装、服饰业	Textile clothing industry	
木材加工和木、竹、藤、棕、草制品业	Timber, bamboo, cane, palm and straw products	
化学原料和化学制品制造业	Raw chemical material and chemical products	
医药制造业	Medical and pharmacutical products	626.7
非金属矿物制品业		

BASIC STATISTICS ON TECHNOLOGICAL TRANSFORMATION TECHNOLOGY DEVELOPING OF ALL INDUSTRIAL ENTERPRISES SIZE IN 2013

消化吸收经费支出 （万元） Expenses on training (10000yuan)	购买国内技术经费支出 （万元） Technology developing (10000yuan)	技术改造经费支出 （万元） Innovation (10000yuan)
5481.2	1549.4	197604.7
4719.3	996.9	188734.3
		7326.5
761.9	552.5	1543.9
4356.2	996.9	186190.9
	507.5	74.0
363.1		9359.9
761.9	45.0	1979.9
4356.2	1537.4	194791.8
4356.2	756.9	157879.5
	240.0	15819.4
	240.0	2581.2
		13238.2
	495.5	20913.0
	45.0	179.9
	45.0	179.9
1125.0	12.0	2812.9
1125.0	12.0	2812.9
5481.2	1309.4	182561.5
		100.0
		16.2
626.7	12.0	14.0
	495.5	

17-15续表1

指标名称	Item	引进技术经费支出（万元）Expenses on technology introduction (10000yuan)
通用设备制造业	Ordinary machinery	
专用设备制造业	Special purpose equipment	
汽车制造业	Automobile industry	6074.2
铁路、船舶、航空航天和其他运输设备制造业	Railway, water way, aviation and other transportation equipment	1240.4
计算机、通信和其他电子设备制造业	Telecommunication equipment computer and other electronic equipment	
仪器仪表制造业	Instrument manufacturing	
电力、热力、燃气及水生产和供应业	Production and supply of electric power and heat power and gas and water	
电力、热力生产和供应业	Production and supply of electric power and heat power	
燃气生产和供应业	Production and supply of gas	
水的生产和供应业	Water production and supply	
五、按企业控股情况分组	Grouped by owned	
国有控股	State-owned	6809.9
集体控股	Collective-owned	200.8
私人控股	Private-owned	
港澳台商控股	Hongkong, Macao and Taiwan-owned	
外商控股	Foreign-owned	93.0
其他	Others	837.6
六、按地区分组	Grouped by Region	
市辖区	District	
南关区	Nanguan	
宽城区	Kuancheng	
朝阳区	Chaoyang	411.7
二道区	Erdao	719.7
绿园区	Lvyuan	6809.9
双阳区	Shuangyang	
农安县	Nong'an	
九台市	Jiutai	
榆树市	Yushu	
德惠市	Dehui	

continued1

消化吸收经费支出（万元）Expenses on training (10000yuan)	购买国内技术经费支出（万元）Technology developing (10000yuan)	技术改造经费支出（万元）Innovation (10000yuan)
		116.9
4854.5	756.9	163333.4
		17358.0
	45.0	1623.0
	240.0	15043.2
	240.0	15043.2
4356.2	1492.4	191587.9
		60.0
	45.0	1529.9
498.3	12.0	2812.9
626.7		1614.0
363.1	57.0	8289.8
	240.0	4165.0
761.9	495.5	11248.4
4356.2	756.9	173887.5
		14.0

17-16 2013年全部工业企业限额以上R&D项目情况

指标名称	Item	项目数合计(项) Projects (unit)	参加科技项目人员(人) science and technology personnel	本年度项目经费内部支出(万元) Internal expenpenses of all projects (10000 yuan)
总计	Total	856	9549	408411.7
一、按项目来源分组	Grouped by projects			
国家科技项目	National at projects	16	368	36531.4
地方科技项目	Local projects	14	256	1962.8
其他企业委托科技项目	Other enterprises projects	87	467	42583.3
本企业自选科技项目	Enterprises projects	729	8234	323581.3
来自境外的科技项目	Foreign projects	3	39	897.4
其他科技项目	Others	7	185	2855.5
二、按项目合作形式分组	Grouped by cooperation type			
与境外机构合作	With foreign countries	20	209	8236.2
与境内高校合作	With higher education	78	828	17475.3
与境内独立研究院所合作	With institution	71	984	50292.3
与境内注册的外商独资企业合作	With foreign cooperate enterprises	3	24	996.6
与境内注册的其他企业合作	With others enterprises registered in China	24	344	3759.4
独立研究	Independent studies	656	7108	327058.7
其他	Others	4	52	593.2
三、按项目活动类型分组	Grouped by active type			
基础研究	Fundamental research			
应用研究	Application research	219	2957	142074.8
试验发展	Experimental development	637	6592	266336.9
四、按项目成果形式分组	Grouped by forms of projects achievements			
论文或专著	Papers or monograph	43	666	4051.3
自主研制的新产品原型或样机样件、样品、配方、新装置	Prototype or sample machine, sample article, recipe, new device of self-developed product	326	2931	110831.5
自主开发的新技术或新工艺、新工法	Self-developed new technology, new process, or new method	467	5663	288117.7
发明专利	Inventions and patents	20	289	5411.2
五、按项目技术经济目标分组	Grouped by goals			
科学原理的探索、发现	Exploration and discovery of scientific principles	6	231	2574.5
技术原理的研究	Technology principal research	308	4011	213960.6
开发全新产品	New products	319	2894	137694.6
增加产品功能或提高性能	Product function and performance improvement	146	1410	22481.7
提高劳动生产率	Raising productivity	10	128	19759.8
减少能源消耗或提高能源使用效率	Reducting energy consumption, or improving engergy usage effectiveness	8	80	854.2
节约原材料	Saving material	4	11	663.2
减少环境污染	Reducing environment waste	4	34	1223.4
其他	Others	51	750	9199.7
六、企业规模分组	Grouped by size of enterprises			
大型	Large-sized enterprises	562	7445	374126.1
中型	Medium-sized enterprises	165	1281	22896.1
小型	Small-sized enterprises	129	823	11389.5
微型	Micro-sized enterprises			
七、隶属关系分组	Grouped by administrative			
中央	Central	405	5639	294504.5
省(自治区、直辖市)	Province (autonomous region, municipality)	39	552	11690.9
地(区、市、州、盟)	Region (district, city, prefecture, league)	200	1562	51800.8
县(区、市、旗)	County (district, city, banner)	5	37	268
乡		1	7	70
其他	Others	206	1752	50077.5

R&D PROJECTS STATUS ABOVE NORM OF ALL INDUSTRIAL ENTERPRISES IN 2013

17-16续表1 continued1

指标名称	Item	项目数合计(项) Projects (unit)	参加科技项目人员(人) science and technology personnel	本年度项目经费内部支出(万元) Internal expenpenses of all projects (10000 yuan)
八、登记注册类型分组	Grouped by type registered			
内资企业	Domestic funds	661	8385	339021.9
国有企业	State-owned	293	3720	225530.6
集体企业	Collective-owned			
有限责任公司	Limited company	172	2239	34772.6
国有独资公司	State-owned	54	820	5957.1
其他有限责任公司	Others	118	1419	28815.5
股份有限公司	Share holding	147	2081	73742.9
私营企业	Private	49	345	4975.8
私营独资企业	Solely owned			
私营合伙企业	Private partnership			
私营有限责任公司	Limited company	47	328	4962.2
私营股份有限公司	Private Share holding	2	17	13.6
其他企业	Others			
港、澳、台商投资企业	Funded from Hongkong, Macao and Taiwan	25	440	16320.8
合资经营企业(港或澳、台资)	Funded from Hongkong, Macao and taiwan	21	229	1783.8
合作经营企业(港或澳、台湾)	Cooperative			
港、澳、台商独资经营企业	Solely owned	3	206	14487
港、澳、台商投资股份有限公司	Company invested by Hong Kong, Macau or Taiwan businessmen	1	5	50
其他港澳台投资企业	Others			
外商投资企业	Foreign funded	170	724	53069
中外合资经营企业	Joint venture	164	613	48790.4
中外合作经营企业	Cooperative enterprises			
外资企业	Solely owned	6	111	4278.6
外商投资股份有限公司	Company invested by foreign business			
其他外商投资企业	Others			
九、按国民经济行业大类分组	Grouped by sectors			
制造业	Manufacturing	808	8841	404729.4
农副食品加工业	Farm sideline food processing	10	247	15098.1
食品制造业	Food manufacturing	1	2	0.5
酒、饮料和精制茶制造业	Alcohol, drink and fine tea manufacturing industries	1	7	70
烟草制品业	Tobacco processing			
纺织业	Textile industry			
纺织服装、服饰业	Textile clothing industry			
皮革、毛皮、羽毛及其制品和制鞋业	Leather, fur, feather and related products and footwear industry			
木材加工和木、竹、藤、棕、草制品业	Timber, bamboo, cane, palm and straw products	2	72	150
家具制造业	Furniture manufacturing			
造纸和纸制品业	Paper making and paper products			
印刷和记录媒体介复制业	Printing and record medium reproduction			
文教、工美、体育和娱乐用品制造业	Education, arts and craft, PE, and entertainmengt products			
石油加工、炼焦和核燃料加工业	Petroleum processing coking and nuclear processing			
化学原料和化学制品制造业	Raw chemical material and chemical products	5	75	760
医药制造业	Medical and pharmacutical products	121	898	12775

17-16续表2 continued2

指标名称	Item	项目数合计(项) Projects (unit)	参加科技项目人员(人) science and technology personnel	本年度项目经费内部支出(万元) Internal expenpenses of all projects (10000 yuan)
化学纤维制造业	Chemical fiber manufacturing			
橡胶和塑料制品业	Rubber and plastic products			
非金属矿物制品业	Nonmetal mineral products	4	37	102.3
黑色金属冶炼和压延加工业	Smelting and pressing of ferrous metals			
有色金属冶炼和压延加工业	Smelting and pressing of non-ferrous metals			
金属制品业	Metal products	5	22	248.3
通用设备制造业	Ordinary machinery	5	58	172.6
专用设备制造业	Special purpose equipment	13	141	1726.2
汽车制造业	Automobile industry	533	5594	300238
铁路、船舶、航空航天和其他运输设备制造业	Railway, water way, aviation and other transportation equipment	66	1199	61573.8
电气机械和器材制造业	Electric equipment and machinery	22	127	6539.6
计算机、通信和其他电子设备制造业	Telecommunication equipment computer and other electronic equipment	5	110	1890.6
仪器仪表制造业	Instrument manufacturing	15	252	3384.4
其他制造业	Others			
废弃资料综合利用	Waste resources comprehensive utilization industry			
金属制品、机械和设备修理业	Metal products、machinery、Equipment repair industry			
电力、热力、燃气及水生产和供应业	Production and supply of electric power and heat power and gas and water	48	708	3682.3
电力、热力生产和供应业	Production and supply of electric power and heat power	48	708	3682.3
燃气生产和供应业	Production and supply of gas			
水的生产和供应业	Water production and supply			
十、企业控股情况分组	Grouped by owned			
国有控股	State-owned	487	6829	317868.8
集体控股	Collective-owned	31	187	2364.1
私人控股	Private-owned	101	826	14250.5
港澳台商控股	Hongkong, Macao and Taiwan-owned	8	220	14790.8
外商控股	Foreign-owned	77	354	33598.6
其他	Others	152	1133	25538.9
十一、按地区分组	Grouped by Region			
市辖区	District			
南关区	Nanguan	96	1083	27437.6
宽城区	Kuancheng	21	319	17714.7
朝阳区	Chaoyang	323	2406	66121.9
二道区	Erdao	41	566	6605.5
绿园区	Lvyuan	370	5081	289946
双阳区	Shuangyang			
农安县	Nong'an	2	12	140
九台市	Jiutai	1	75	149
榆树市	Yushu	1	4	280
德惠市	Dehui	1	3	17

统计资料

STATISTICS

◎ 体育、卫生及其他事业

SPORTS, PUBLIC HEALTH AND OTHERS

第十八篇 体育、卫生及其他事业

2013年，我市成功承办了国际乒联世界巡回赛中国乒乓球公开赛、瓦萨国际越野滑雪赛、世界杯自由式滑雪赛等国际国内大型体育赛事10项次。举办了市青少年短道、速滑、篮球等省市各级各类体育赛事200项次。我市代表团参加了十二届全国冬季运动会3大项9分项91小项角逐，夺得金牌29枚、银牌16枚、铜牌20枚、金牌总数列全国第二的优异成绩，继续保持了我市冬季项目全国前列位置。

以“健康长春——体育伴随你我他”为主题，开展全民健身活动1300项次，公布了《长春市体质状况报告》。投入资金900万元，为城区安装94套健身路径，为10乡镇、100个行政村安装健身器材。全年体育彩票销售14.4亿元，占全省销售比例的43.5%。

2013年末，全市卫生医疗机构4224个，增长3.28%。其中：医院、卫生院299所，下降0.99%，拥有医疗、疗养床位4.49万张，比上年增长6.15%。卫生技术人员4.35万人，比上年增长1.4%。每千人拥有执业医师和执业助理医师2.45人。

截止2013年末，市辖区建成社区卫生服务中心53家，城区人员覆盖率达到95%，377.4万农民参加了新型合作医疗，参合率达到99.7%，共筹集资金13.2亿元，已有132万参合农民受益，支付补偿金12.9亿元，占筹资总额的97.7%。

18-1 公共体育场
STADIUMS AND GYMNASIUMS

	实际数（个）Number		实际数（个）Number		实际数（个）Number
体育场 stadium	20	体育馆 Gymnasiums	22	室内游泳池 Swimming pool	7
室外游泳池 Outdoor swimming pools	6	运动场 Stadiums	75	足球场 Football court	45
室内游泳馆 Swimming pools	16	室内网球场 Indoor tennis court	7	保龄球房 Bowling ball room	5

18-2 卫生机构床位、人员数
BEDS AND PERSONNEL IN HEALTH INSTITUTIONS

机构分类 Institutions		机构数（个）Institutions	床位数（张）beds	人员数(人) Personnel				
				合计 Total	#卫生技术员 Medical technical personnel			注册护士 Registered nurses
					合计 Total	执业医师 Certified doctors	执业助理医师 Assistant doctors	
总计	Total	4225	44944	60896	43463	17068	1396	16433
一.医院	Hospitals	164	40035	39249	30872	11804	549	13011
二.社区卫生服务中心(站)	Community health ceve canters	92	915	3257	2645	916	140	919
三、卫生院	Clinics	135	3226	4004	2911	933	321	659
四.门诊部	Policlinic	233	91	1459	1414	779	77	460
五.诊所、卫生所、医务室	Clinique meadical institute infirmary	1230		2359	2351	1305	33	827
六.急救中心(站)	First-aid centre	1		137	88	51		37
七.村卫生室	Village clinic	2320		6861	550	308	164	78
八.采供血机构	Blood bank	1		255	178	32	10	93
九.妇幼保健院(所站)	Maternity and child care centers	11	405	996	765	375	43	205
十.专科疾病防治院(所站)	Specialized prevention & treatment centers or station	7	272	417	272	118	19	62
十一.疾病预防控制中心	Sanitation and antiepidemic agencies	14		1237	935	431	40	74
十二.卫生监督所(中心)	Health care centre	11		499	377			
十三.健康教育所(站中心)	Health training centre	2		56	30	5		1
十四.其他卫生机构	Other institutions	4		110	75	11		7

18-3 计划生育情况
BASIC STATISTICS ON BIRTH CONTROL

		育龄妇女人数(人) Birth-aged women (person)	其中：已婚 Married	20周岁以前结婚人数(人) Married before 20 years old	23周岁以后结婚人数(人) Married after 23 years old	晚婚率(%) Rate of married at mature age (%)	晚育率(%) Rate of late child birth (%)	计划内出生(人) Plan birth (person)	计划生育率(%) Birthcontrolrate (%)	领证率(%) Link card rate (%)
总计	Total	2083114	1426354	7488	12782	51.6	68.07	40769	95.78	35.69
南关区	Nanguan	127783	83141		787	65.2	95.69	1885	100	61.63
宽城区	Kuancheng	144200	101624	6	797	69.55	92.55	3267	99.79	29.29
朝阳区	Chaoyang	188347	118385	76	727	72.27	92.48	3184	99	28.63
二道区	Erdao	87951	60569	6	445	75.17	94.01	1350	100	59.08
绿园区	Lvyuan	140324	97769		365	76.04	92.56	1561	99.87	39.47
榆树市	Yushu	343133	236641	2045	1619	40.48	46.61	6163	92.11	49.32
农安县	Nong' an	306327	215194	1696	2730	51.65	54.86	6768	93.24	29.13
德惠市	Dehui	265459	163699	1755	1533	40.03	50.85	5559	96.73	20.55
九台市	Jiutai	208330	151665	1408	2000	50.04	52.64	5698	92.76	25.91
双阳区	Shuangyang	93462	68964	466	821	46.23	55.81	1946	95.25	37.38
经开区	Developing area	65125	48509		366	70.38	93.89	1603	100	8.64
净旅区	Tourism area	33745	24926	25	102	58.96	82.02	368	98.66	20.34
高新区	High-technical area	21253	16175	4	240	67.99	83.7	612	100	29.88
汽开区	Motor vehicle development zone	44846	31076		163	67.36	90.78	671	99.85	47.96
莲花山区	Lianhua mountain area	12829	8077	1	87	53.37	67.74	134	100	37.92

18-4 节育情况
BASIC CONDITION OF CONTRACEPTION

		避孕人数(人) Persons of contraception (person)	避孕率(%) Rate of contraception(%)	手术例数(个) Number of operation
总计	Total	1283771	90	38011
南关区	Nanguan	71511	86.01	852
宽城区	Kuancheng	90580	89.13	2157
朝阳区	Chaoyang	108143	91.35	1496
二道区	Erdao	56693	93.6	1086
绿园区	Lvyuan	88000	90.01	873
榆树市	Yushu	203128	85.84	5725
农安县	Nong′an	196261	91.2	8326
德惠市	Dehui	152776	93.33	4727
九台市	Jiutai	139511	91.99	9075
双阳区	Shuangyang	64021	92.91	1543
经开区	Developing area	40601	83.7	1044
净月区	Tourism area	23007	92.3	343
高新区	High-technical area	14752	91.2	462
汽开区	Motor vehicles development zone	27505	88.51	194
莲花山区	Lianhua mountain area	7282	90.16	108

18-5 火灾基本情况
BASIC STATISTICS ON FIRES

		全市 Total
次数(次)	Cases	2918
死人(人)	Deaths(person)	125
伤人(人)	Injuries(person)	76
直接损失(元)	Direct losses (yuan)	191021222

18-6 交通事故情况
BASIC STATISTICS ON TRAFFIC ACCIDENTS

		次数 Times	死亡(人) Death (person)	伤人(人) Injuries (person)	直接折款(元) Loss(yuan)
总计	Total	1082	548	1042	17723094
市区合计	Total district	726	275	771	15913444
南关交警大队	Nanguan traffic police department	20	17	9	71102
宽城交警大队	Kuancheng traffic police department	223	28	279	6353200
朝阳交警大队	Chao yang traffic police department	70	17	64	318209
二道交警大队	Erdao traffic police department	34	35	25	594000
汽车厂交警大队	Automobile factory traffic police department	19	7	16	391722
双阳交警大队	Shuangyang traffic police department	137	43	147	936450
绿园交警大队	Lvyuan traffic police department	51	26	51	3817600
经济开发区交警大队	Econmic development zone traffic police department	19	8	19	92500
净月开发区交警大队	Jing yue development zone traffic police department	48	21	69	427300
高新交警大队	High-tech traffic police department	33	20	27	2611111
公路治安巡逻大队	Road peace and patrol department	72	53	65	300250
站前治安管理分局	Zhanqian public security and management office				
榆树交警大队	Yushu traffic police department	169	96	158	606800
农安交警大队	Nong'an traffic police department	52	55	25	294800
九台交警大队	Jiutai traffic police department	63	60	36	659850
德惠交警大队	Dehui traffic police department	72	62	52	248200

18-7 刑事案件情况
BASIC STATISTICS ON PUBLIC ORDER

<table>
<tr><td>立案
Put on record</td><td>合计(起)
Total(case)</td><td>30709</td><td>破案
Break cases</td><td>合计(件)
Total(case)</td><td>9520</td></tr>
<tr><td rowspan="5">发案地域
Put on recordArea of Cases happened</td><td>城区 City zone</td><td>23891</td><td colspan="2">破获年前案件
Break cases before the year</td><td>3717</td></tr>
<tr><td>郊区 Suburb</td><td>388</td><td colspan="2">破获外省、区市案件
Break cases in other provinces and cities</td><td>526</td></tr>
<tr><td>镇 Town</td><td>6342</td><td rowspan="3">直接受害人Direct victims</td><td>死亡(人)Death (person)</td><td>494</td></tr>
<tr><td rowspan="2">其他 Others</td><td rowspan="2">88</td><td>受伤(人)Injury (person)</td><td>1678</td></tr>
<tr><td>其他(人)Others (person)</td><td>13099</td></tr>
<tr><td colspan="2">补立年前案件
Makeup case before the year</td><td>3509</td><td colspan="2">财物、损失总价值(万元)
Total value of property and loss(10000yuan)</td><td>20353.51</td></tr>
</table>

主要统计指标解释

EXPLANATORY NOTES ON MAIN STATISTICAL INDICATORS

主 要 统 计 指 标 解 释

自然资源

森林覆盖率 通常是指森林面积占土地总面积之比，一般用百分数表示。但国家规定在计算森林覆盖率时，森林面积还包括灌木林面积、农田林网树占地面积以及四旁树木的覆盖面积。森林覆盖率，是反映一个国家或地区森林资源和绿化水平的重要指标。计算公式：

$$森林覆盖率(\%) = \frac{森林面积}{土地总面积} \times 100\%$$

本《年鉴》内所列森林覆盖率是按有林地面积计算的。

森林蓄积量 指森林面积上生长着的林木树干材积总量。它是反映一个国家或地区森林资源总规模和水平的重要指标。

矿产保有储量 指探明的矿产储量(包括工业储量和远景储量)扣除已开采部分和地下损失量后的年末实有储量。它反映国家矿产资源的现状。

综 合

国内生产总值 是按市场价格计算的国内生产总值的简称。它是一个国家(地区)所有常住单位在一定时期内生产活动的最终成果。国内生产总值有三种表现形态，即价值形态、收入形态和产品形态。从价值形态看，它是所有常住单位在一定时期内所生产的全部货物和服务价值超过同期投入的全部非固定资产货物和服务价值的差额，即所有常住单位的增加值之和；从收入形态看，它是所有常住单位在一定时期内所创造并分配给常住单位和非常住单位的初次分配收入之和；从产品形态看，它是最终使用的货物和服务减去进口货物和服务。在实际核算中，国内生产总值的三种表现形态表现为三种计算方法，即生产法、收入法和支出法。三种方法分别从不同的方面反映国内生产总值及构成。

国民生产总值 是按市场价格计算的国民生产总值的简称。它是一个国家所有常住单位在一定时期内收入初次分配的最终成果。一国常住单位从事生产活动所创造的增加值在初次分配过程中主要分配给该国的常住单位，但也有一部分以劳动者报酬和财产收入等形式分配给该国的非常住单位，同时，国外生产所创造的增加值也有一部分以劳动者报酬和财产收入等形式分配给该国的常住单位。从而产生了国民生产总值概念，它等于国内生产总值加上来自国外的劳动者报酬和财产收入减去付给国外的劳动者报酬和财产收入。与国内生产总值不同，国内生产总值是一个生产概念，而国民生产总值则是个收入概念。

国民生产总值同社会总产值、国民收入的区别，从核算范围看，社会总产值和国民收入都只计算物质生产部门的劳动成果，而国民生产总值除计算物质生产部门劳动成果外，还计算非物质生产部门的劳动成果。从这三个指标的价值构成看，社会总产值计算了社会产品的全部价值；国民生产总值计算在生产产品和提供劳务过程中增加的价值，即增加值不计算中间产品和中间劳务投入的价值；而国民收入除了不计算中间产品价值外，还不包括固定资产折旧价值，即只计算净产值。

三次产业 根据社会生产活动历史发展的顺序对产业结构的划分，产品直接取自自然界的部门称为第一产业，对初级产品进行再加工的部门称为第二产业，为生产和消费提供各种服务的部门称为第三产业。它是世界上通用的产业结构分类，但各国的划分不尽一致。我国的三次产业划分是：

第一产业：农业(包括种植业、林业、牧业、副业和渔业)。

第二产业:工业(包括采掘工业、制造业、自来水、电力、蒸汽、热水、煤气)和建筑业。

第三产业:除第一、第二产业以外的其他各业。由于第三产业包括的行业多、范围广,根据我国的实际情况,第三产业可分为两大部分,一是流通部门,二是服务部门。具体又可分为四个层次:

第一层次:流通部门,包括交通运输业、邮电通讯业、商业、饮食业、物资供销和仓储业。

第二层次:为生产和生活服务的部门,包括金融、保险业,地质普查业,房地产、公用事业,居民服务业,咨询服务业和综合技术服务业,农、林、牧、渔、水利服务业和水利业,公路、内河(湖)航道养护业等。

第三层次:为提高科学文化水平和居民素质服务的部门,包括教育、文化、广播电视,科学研究、卫生、体育和社会福利事业等。

第四层次:为社会公共需要服务的部门,包括国家机关、政党机关、社会团体,以及军队和警察等。

支出法国内生产总值　指一个国家(或地区)所有常住单位在一定时期内用于最终消费、资本形成总额,以及货物和服务的净出口总额,它反映本期生产的国民生产总值的使用构成。

最终消费　指常住单位在一定时期内对于货物和服务的全部最终消费支出,也就是常住单位为满足物质、文化和精神生活的需要,从本国经济领土和国外购买的货物和服务的支出,它不包括非常住单位在本国经济领土内的消费支出。最终消费分为居民消费和政府消费。

(一)居民消费:指常住住户在一定时期内对于货物和服务的全部最终消费支出。居民关于货物的最终消费支出在货物的所有权发生变化时记录,关于服务的最终消费支出在服务提供的时候记录。居民消费支出按市场价格计算,即按居民支付的购买者价格计算,货物的购买者价格是购买者取得交货所支付的价格,它包括购买者支付的运输和商业费用。居民消费支出除了直接以货币形式购买的货物和服务的消费支出外,还包括以其他方式获得的货物和服务的消费支出,即所谓的虚拟消费支出。居民虚拟消费支出包括如下几种类型:单位以实物报酬及实物转移的形式提供给劳动者的货物和服务;住户生产并由本住户消费了的货物和服务,其中的服务仅指住户的自有住房服务;金融机构提供的金融媒介服务;保险公司提供的保险服务。

(二)政府消费:指政府部门为全社会提供的公共服务的消费支出和免费或以较低的价格向居民住户提供的货物和服务的净支出,前者等于政府服务的产出价值减去政府单位所获得的经营收入的价值,政府服务的产出价值等于它的经常性业务支出加上固定资产折旧;后者等于政府部门向居民住户提供的货物和服务的市场价值减去向居民住户收取的价值。

资本形成总额　指常住单位在一定时期内获得减去处置的固定资产和存货的净额,包括固定资产形成总额和存货增加两项。

(一)固定资产形成总额:指常住单位在一定时期内购置、转入和自产自用的固定资产价值,扣除固定资产的销售和转出后的价值。可分为有形固定资产形成总额和无形固定资产形成总额。有形固定资产形成总额包括一定时期内完成的建筑工程、安装工程和设备工器具购置(减处置)价值,以及土地改良、新增役、种、奶、毛、娱乐用牲畜和新增经济林木价值。无形固定资产形成总额包括矿藏的勘探、计算机软件、娱乐和文学艺术品原件等获得减处置。

(二)存货增加:指常住单位在一定时期内存货实物量变动的市场价值即期末价值减期初价值的差额。存货增加可以是正值,也可以是负值,正值表示存货上升,负值表示存货下降。它包括生产单位购进的原材料、燃料和储备物资等存货,以及生产单位生产的产成品、在制品和半成品等存货等。

人　口

人口数　指一定时点、一定地区范围内的有生命的个人的总和。年度统计的年末人口数是指每年12月31日24时的人口数。

出生率(又称粗出生率)　指在一定时期内(通常为一年)平均每千人所出生的人数的比率,一般用千分率表示。计算公式:

$$出生率 = \frac{年出生人数}{年平均人数} \times 1000‰$$

出生人数是指活婴儿，即胎儿脱离母体时(不管怀孕月数)，有过呼吸或其他生命现象。

年平均人数是年初、年底人口数的平均数，也可用年中人口数代替。

死亡率(又称粗死亡率)　指在一定时期内(通常为一年)一定地区的死亡人数与同期平均人数(或期中人数)之比，一般用千分率表示。计算公式为：

$$死亡率=\frac{年死亡人数}{年平均人数}\times 1000‰$$

人口自然增长率　指在一定时期内(通常为一年)人口自然增加数(出生人数减死亡人数)与该时期内平均人数(或期中人数)之比，一般用千分率表示。计算公式：

$$人口自然增长率=\frac{本年出生人数-本年死亡人数}{年平均人数}\times 1000‰$$

$$人口自然增长率=人口出生率-人口死亡率$$

从业人员和职工工资

从业人员　指从事一定社会劳动并取得劳动报酬或经营收入的人员。包括：

(1)全部职工

(2)再就业的离退休人员

(3)私营业主

(4)个体户主

(5)私营和个体从业人员

(6)乡镇企业从业人员

(7)农村从业人员

(8)其他从业人员(包括民办教师、宗教职业者、现役军人等)

这一指标反映了一定时期内全部劳动力资源的实际利用情况，是研究我国基本国情国力的重要指标。

各单位的从业人员是指在各级国家机关、政党机关、社会团体及企业、事业单位中工作，并取得劳动报酬的全部人员。包括职工、再就业的离退休人员、民办教师以及在各单位中工作的外方人员和港、澳、台方人员。

各单位的从业人员反映了各单位实际参加生产或工作的全部劳动力。

经济活动人口　指在16岁以上，有劳动能力，参加或要求参加社会经济活动的人口。包括：从业人员和失业人员。

城镇登记失业人员及失业率　指有非农业户口，在一定的劳动年龄内，有劳动能力，无业而要求就业，并在当地就业服务机构进行求职登记的人员。城镇登记失业率指城镇登记失业人数同城镇从业人数与城镇登记失业人数之和的比。计算公式为：

$$城镇登记失业率=\frac{城镇登记失业人数}{(城镇从业人数+城镇登记失业人数)}\times 100\%$$

职工工资总额　指各单位在一定时期内直接支付给本单位全部职工的劳动报酬总额。

工资总额的计算原则应以直接支付给职工的全部劳动报酬为根据。各单位支付给职工的劳动报酬以及其他根据有关规定支付的工资，不论是计入成本的还是不计入成本的，不论是按国家规定列入计征奖金税项目的，还是未列入计征奖金税项目的，不论是以货币形式支付的还是以实物形式支付的，均包括在工资总额内。

职工平均工资　指企业、事业、机关单位的职工在一定时期内平均每人所得的货币工资额。它表明一定时期职工工资收入的高低程度，是反映职工工资水平的主要指标。计算公式为：

$$职工平均工资=\frac{报告期实际支付的全部职工工资总额}{报告期全部职工平均人数}$$

职工平均实际工资　指扣除物价变动因素后的职工平均工资。计算公式为：

$$职工平均实际工资 = \frac{报告期职工平均工资}{报告期城镇居民消费价格指数}$$

固定资产投资

全社会固定资产投资 固定资产投资是社会固定资产再生产的主要手段。通过建造和购置固定资产的活动,国民经济不断采用先进技术装备,建立新兴部门,进一步调整经济结构和生产力的地区分布,增强经济实力,为改善人民物质文化生活创造物质条件。这对我国的社会主义现代化建设具有重要意义。

固定资产投资额是以货币表现的建造和购置固定资产活动的工作量,它是反映固定资产投资规模、速度、比例关系和使用方向的综合性指标。全社会固定资产投资按经济类型可分为国有、集体、个体、联营、股份制、外商、港澳台商、其他等。按照管理渠道,全社会固定资产投资总额分为基本建设、更新改造、房地产开发投资和其他固定资产投资四个部分。

基本建设投资 基本建设是企业、事业、行政单位以扩大生产能力或工程效益为主要目的新建、扩建工程及有关工作。其综合范围为总投资50万元以上(含50万元,下同)的基本建设项目。具体包括:(1)列入中央和各级地方本年基本建设计划的建设项目,以及虽未列入本年基本建设计划,但使用以前年度基建计划内结转投资(包括利用基建设备材料)在本年继续施工的建设项目;(2)本年基本建设计划内投资与更新改造计划内投资结合安排的新建项目和新增生产能力(或工程效益)达到大中型项目标准的扩建项目,以及为改变生产力布局而进行的全厂性迁建项目;(3)国有单位既未列入基建计划,也未列入更新改造计划的总投资在50万元以上的新建、扩建、恢复项目和为改变生产力布局而进行的全厂性迁建项目,以及行政、事业单位增建业务用房和行政单位增建生活福利设施的项目。

更新改造投资 更新改造是指企业、事业单位对原有设施进行固定资产更新和技术改造,以及相应配套的工程和有关工作(不包括大修理和维护工程)。其综合范围为总投资50万元以上的更新改造项目。具体包括:(1)列入中央和各级地方本年更新改造计划的投资单位(项目)和虽未列入本年更新改造计划,但使用上年更新改造计划内结转的投资在本年继续施工的项目;(2)本年更新改造计划内投资与基本建设计划内投资结合安排的对企、事业单位原有设施进行技术改造或更新的项目和增建主要生产车间、分厂等其新增生产能力(或工程效益)未达到大中型项目标准的项目,以及由于城市环境保护和安全生产的需要而进行的迁建工作;(3)国有企、事业单位既未列入基建计划也未列入更新改造计划,总投资在50万元以上的属于改建或更新改造性质的项目,以及由于城市环境保护和安全生产的需要而进行的迁建工程。

房地产开发投资 指房地产开发公司、商品房建设公司及其他房地产开发法人单位和附属于其他法人单位实际从事房地产开发或经营的活动单位统一开发的包括统代建、拆迁还建的住宅、厂房、仓库、饭店、宾馆、度假村、写字楼、办公楼等房屋建筑物和配套的服务设施、土地开发工程(如道路、给水、排水、供电、供热、通讯、平整场地等基础设施工程)的投资。不包括单纯的土地交易活动。

其他固定资产投资 指全社会固定资产投资中未列入基本建设、更新改造和房地产开发投资的建造和购置固定资产的活动。具体包括:

(1)国有单位按规定不纳入基本建设计划和更新改造计划管理,计划总投资(或实际需要总投资)在50万元以上的以下工程:①用油田维护费和石油开发基金进行的油田维护和开发工程;②煤炭、铁矿、森工等采掘采伐业用维简费进行的开拓延伸工程;③交通部门用公路养路费对原有公路、桥梁进行改建的工程;④商业部门用简易建筑费建造的仓库工程。

(2)城镇集体固定资产投资:指所有隶属城市、县城和经国务院及省、自治区、直辖市批准建制的镇领导的集体单位(乡镇企业局管理的除外)建造和购置固定资产计划总投资(或实际需要总投资)在50万元以上的项目。

(3)除上述以外的其他各种企、事业单位、个体建造和购置固定资产总投资在50万元以上的、未列入基本建设计划和更新改造计划的项目。

城镇和工矿区私人建房投资和农村个人投资 城镇和工矿区私人建房包括市、县城、镇、工矿区所辖范围内的全部私人建房,不论其房主是否系本地的常住户口均应包括。农村个人投资包括农村个人建房及购置生产性固定资产的投资。

新增生产能力 指通过固定资产投资活动而增加的设计能力或工程效益,它是用实物形态表示的固定资产投资的成果。新增生产能力的计算,是以能独立发挥生产能力或效益的单项工程(或项目)为对象。当单项工程(或项目)建成,经有关部门鉴定合格,正式移交投入生产,即可计算新增生产能力。

新增生产能力或工程效益有以下几种表现形式:

(1)以建设项目或单位工程建成后的年产能力表示,如煤炭开采、石油开采等。

(2)以建设项目或单项工程建成后处理原料的能力表示,如选矿工程的年处理矿石能力,洗煤厂年洗原煤能力等。

(3)以新增的主要设备数量或容量表示。如棉纺锭枚数,发电机组容量等。

(4)以建筑物容积、容量、面积或长度表示。如水库容量、铁路公路里程等。

新增生产能力的数量一般按设计能力计算。设计能力是指设计文件中规定的在正常情况下能够达到的生产能力,而不论投产后的实际产量如何。以设备数量、建筑物容积、面积、长度等表示的新增生产能力(或效益),则按建成的实际数量计算。

房屋建筑面积 指从房屋外墙线算起的各层平面面积的总和,包括可供使用的有效面积和房屋结构(如柱、墙)占用面积。多层建筑按各层(包括地下室)面积总和计算。

住宅建筑面积 指施工和竣工房屋建筑面积中供居住用的施工和竣工房屋建筑面积。

施工面积 指报告期内施工的全部房屋建筑面积。包括本期新开工的面积、上期跨入本期继续施工的房屋面积、上期停缓建在本期恢复施工的房屋面积、本期竣工的房屋面积及本期施工后又停缓建的房屋面积。

竣工面积 指在报告期内房屋建筑按照设计要求已全部完工,达到住人和使用条件,经验收鉴定合格,正式移交使用单位的建筑面积。

房屋建筑面积竣工率 指一定时期内房屋竣工面积占同期房屋施工面积的比率。它是从房屋建筑施工速度的角度反映投资效果和建筑业经济效益的指标。

新增固定资产 指通过投资活动所形成的新的固定资产价值。包括已经建成投入生产或交付使用的工程价值和达到固定资产标准的设备、工具、器具的价值及有关应摊入的费用。它是以价值形式表示的固定资产投资成果的综合性指标,可以综合反映不同时期、不同部门、不同地区的固定资产投资成果。

建设项目投产率 指一定时期内全部建成投入生产项目个数与同期正式施工项目个数的比率。它是从项目建设速度的角度反映投资效果的指标。

固定资产交付使用率 指一定时期新增固定资产与同期完成投资额的比率。它是反映各个时期固定资产动用速度,衡量建设过程中投资效果的一个综合性指标。

能源和原材料消费

能源生产总量 指一定时期内全国(地区)一次能源生产量的总和,是观察全国(地区)能源生产水平、规模、构成和发展速度的总量指标。一次能源生产量包括原煤、原油、天然气、水电及其他动力能(如风能、地热能等)发电量。不包括低热值燃料生产量、生物质能、太阳能等的利用和由一次能源加工转换而成的二次能源产量。

能源消费总量 指一定时期内全国(地区)物质生产部门、非物质生产部门和生活消费的各种能源的总和,是观察能源消费水平、构成和增长速度的总量指标,能源消费总量包括原煤和原油及其制品、天然气、电力。不包括低热值燃料、生物质能和太阳能等的利用。能源消费总量分为三部分,即终端能源消费量、能源加工转换损失量和损失量。

(1)终端能源消费量 指一定时期内全国(地区)物质生产部门、非物质生产部门和生活消费的各种能源在扣除了用于加工转换二次能源消费量和损失量以后的数量。

(2)能源加工转换损失量 指一定时期内全国(地区)投入加工转换的各种能源数量之和与产出各种能源

产品之和的差额。它是观察能源在加工转换过程中损失量变化的指标。

(3)能源损失量 指一定时期内能源在输送、分配、储存过程中发生的损失和由客观原因造成的各种损失量。包括各种气体能源放空、放散量。

财　政

财政收入　国家财政参与社会产品分配所取得的收入，是实现国家职能的财力保证。财政收入所包括的内容几经变化，目前主要包括：

(1)各项税收　包括增值税、营业税、消费税、土地增值税、城市维护建设税、资源税、城市土地使用税、印花税、固定资产投资方向调节税、个人所得税、企业所得税、关税、农牧业税和耕地占用税等。

(2)专项收入　包括征收排污费、征收城市水资源费收入，教育费附加收入等。

(3)其他收入　包括基本建设贷款归还收入、国家能源交通重点建设基金收入、国家预算调节基金等。

(4)国有企业计划亏损补贴　这项为负收入，冲减财政收入。

财政支出　国家财政将筹集起来的资金进行分配使用，以满足经济建设和各项事业的需要，主要包括：

(1)基本建设支出　指按国家有关规定，属于基本建设范围内的基本建设有偿使用、拨款、资本金支出以及经国家批准对专项和政策性基建投资贷款，在部门的基建投资额中统筹支付的贴息支出。

(2)企业挖潜改造资金　指国家预算内拨给的用于企业挖潜、革新和改造方面的资金。包括各部门企业挖潜改造资金和企业挖潜改造贷款资金，为农业服务的县办"五小"企业技术改造补助，挖潜改造贷款利息支出。

(3)地质勘探费用　国家预算用于地质勘探单位的勘探工作费用，包括地质勘探管理机构及其事业单位经费、地质勘探经费。

(4)科技三项费用　国家预算用于科技支出的费用，包括新产品试制费、中间试验费、重要科学研究补助费。

(5)支援农村生产支出　国家财政支援农村集体(户)各项生产的支出。包括对农村举办的小型农田水利和打井、喷灌等的补助费；对农村水土保持措施的补助费；对农村举办的小水电站的补助费；特大抗旱的补助费；农村开荒补助费；扶持乡镇企业资金；农村农技推广和植保补助费；农村草场和畜禽保护补助费；农村造林和林木保护补助费；农村水产补助费；发展粮食生产专项资金。

(6)农林水利气象等部门的事业费用　国家财政用于农垦、农场、农业、畜牧、农机、林业、森工、水利、水产、气象、乡镇企业的技术推广、良种推广(示范)、植物(畜禽、森林)保护、水质监测、勘探设计、资源调查、干部训练等项费用，园艺特产补助费，中等专业学校经费，飞播牧草试验补助费，营林机构、气象机构经费，渔政费以及农业管理事业费等。

(7)工业交通商业等部门的事业费　国家预算支付给工交商各部门用于事业发展的经费。包括勘探设计费、中等专业学校经费、技术学校经费、干部训练费。

(8)文教科学卫生事业费　国家预算用于文化、出版、文物、教育、卫生、中医、公费医疗、体育、档案、地震、海洋、通讯、电影电视、计划生育、党政群干部训练、自然科学、社会科学、科协等项事业的经费支出和高技术研究专项经费。主要包括工资、补助工资、福利费、离退休费、助学金、公务费、设备购置费、修缮费、业务费、差额补助费。

(9)抚恤和社会福利救济费　国家预算用于抚恤和社会福利救济事业的经费，包括由民政部门开支的烈士家属和牺牲病残人员家属的一次性、定期抚恤金，革命伤残人员的抚恤金，各种伤残补助费、烈军属、复员退伍军人生活补助费、退伍军人安置费，优抚事业单位经费，烈士纪念建筑物管理、维修费，自然灾害救济事业费和特大自然灾害后重建补助费等。

(10)国防支出　国家预算用于国防建设和保卫国家安全的支出，包括国防费、国防科研事业费、民兵建设以及专项工程支出等。

(11)行政管理费　包括行政管理支出，党派团体补助支出，外交支出，公安安全支出，司法支出，法院支出，检察院支出和公检法办案费用补助。

(12)价格补贴支出　经国家批准，由国家财政拨给的政策性补贴支出，主要包括粮食加价款，粮、棉、油差价补贴，棉花收购价外奖励款，副食品风险基金，市镇居民的肉食价格补贴，平抑市价肉食、蔬菜价差补贴等以及经国家批准的教材课本、报刊新闻纸等价格补贴。

物　　价

零售价格指数　是反映城乡商品零售价格变动趋势的一种经济指数。零售物价的调整变动直接影响到城乡居民的生活支出和国家的财政收入，影响居民购买力和市场供需平衡，影响消费与积累的比例。因此，计算零售价格指数，可以从一个侧面对上述经济活动进行观察和分析。

居民消费价格指数　是反映一定时期内城乡居民所购买的生活消费品价格和服务项目价格变动趋势和程度的相对数。是综合了城市居民消费价格指数和农民消费价格指数计算取得。利用居民消费价格指数，可以观察和分析消费品的零售价格和服务价格变动对城乡居民实际生活费支出的影响程度。

城市居民消费价格指数　是反映城市职工及其家庭所购买的生活消费品和服务项目价格变动趋势及其程度的相对数。编制城市居民消费价格指数，可以观察和分析消费品的零售价格和服务项目价格变动对职工货币工资的影响，作为研究职工生活和确定工资政策的依据。

农村居民消费价格指数　是反映农村居民家庭所购买的生活消费品的价格和服务项目价格变动趋势和程度的相对数。用它可以观察农村消费品的零售价格和服务项目价格变动对农村居民生活消费支出的影响，直接反映农民生活水平的实际变化情况，为分析和研究农村居民生活问题提供依据。

农产品收购价格指数　是反映国有商业、集体商业、个体商业、外贸部门、国家机关、社会团体等各种经济类型的商业企业和有关部门收购农产品价格的变动趋势和程度的相对数。农产品收购价格指数可以观察和研究农产品收购价格总水平的变化情况，以及对农民货币收入的影响，作为制订和检查农产品价格政策的依据。计算指数所选的商品有 11 个大类、包括 276 种农副土特产品。采用加权倒数平均公式(即按报告期实际收购金额加权综合法)计算。

农村工业品零售价格指数　是反映农村市场工业品零售价格水平变动趋势和程度的相对数。通过农村工业品零售价格指数，可以观察工业品零售价格变动对农民货币支出的影响。

工业品出厂价格指数　是反映全部工业产品出厂价格总水平的变动趋势和程度的相对数。其中除包括工业企业售给商业、外贸、物资部门的产品外，还包括售给工业和其他部门的生产资料以及直接售给居民的生活消费品。通过工业生产价格指数能观察出厂价格变动对工业总产值的影响。

固定资产投资价格指数　是反映固定资产投资额价格变动趋势和程度的相对数。固定资产投资额是由建筑安装工程投资完成额、设备、工器具购置投资完成额和其他费用投资完成额三部分组成的。编制固定资产投资价格指数应首先分别编制上述三部分投资的价格指数，然后采用加权算术平均法求出固定资产投资价格总指数。

编制固定资产投资价格指数可以准确地反映固定资产投资中涉及的各类商品和取费项目价格变动趋势和变动幅度，消除按现价计算的固定资产投资指标中的价格变动因素，真实地反映固定资产投资的规模、速度、结构和效益，为国家科学地制定、检查固定资产投资计划并提高宏观调控水平，为完善国民经济核算体系提供科学的，可靠的依据。

人民生活

城镇居民家庭就业人口　指城镇居民从事社会劳动并取得劳动报酬或经营收入的人口。就业人口包括通过国家统筹规划和指导由劳动部门介绍就业，自愿组织起来就业和自谋职业等方式，在国有制、集体所有制、中外合资、中外合作、外资在华独资的企事业单位和私营企业单位工作或从事个体劳动的有固定性职业或临时性职业的人口。被聘用和留用的离退休人员也计人就业人口。本指标可以反映城镇居民的就业情况,是计算就业面、负担系数的重要资料。

城镇居民家庭全部收入 指被调查城镇居民家庭全部的实际现金收入,包括经常或固定得到的收入和一次性收入。不包括周转性收入,如提取银行存款、向亲友借入款、收回借出款以及其他各种暂收款。

城镇居民家庭可支配收入 指被调查的城镇居民家庭在支付个人所得税之后,所余下的实际收入。

城镇居民家庭消费性支出 指被调查的城镇居民家庭用于日常生活的全部支出,包括购买商品支出和文化生活、服务等非商品性支出。不包括罚没、丢失款和缴纳的各种税款(如个人所得税、牌照税、房产税等),也不包括个体劳动者生产经营过程中发生的各项费用。

城镇居民家庭购买商品支出 指被调查的城镇居民家庭购买商品的全部支出,包括从商店、工厂、饮食业、工作单位食堂、集市以及直接从农民购买各种商品的开支。共分九类:食品、衣着品、日用品、文化娱乐用品、书报杂志、药及医疗用品、房屋及建筑材料、燃料、其他商品。不论自用的或赠送亲友的都包括在内。

农村居民家庭纯收入 指农村常住居民家庭总收入中,扣除从事生产和非生产经营费用支出、缴纳税款和上交承包集体任务金额以后剩余的,可直接用于进行生产性、非生产性建设投资、生活消费和积蓄的那一部分收入。它是反映农民家庭实际收入水平的综合性的主要指标。农民家庭纯收入,既包括从事生产性和非生产性的经营收入,又包括取自在外人口寄回带回和国家财政救济、各种补贴等非经营性收入;既包括货币收入,又包括自产自用的实物收入。但不包括向银行、信用社和向亲友借款等属于借贷性的收入。

农村居民家庭整半劳动力 指农村常住居民家庭成员中有劳动能力并经常参加实际劳动的人员。是生产的基本要素指标之一,是发展生产增加农民家庭收入的重要源泉。按规定,农村男 18 周岁至 50 周岁、女 18 周岁至 45 周岁为整劳动力;男 16 周岁到 17 周岁、51 周岁到 60 周岁,女 16 周岁到 17 周岁、46 周岁到 55 周岁为半劳动力。农民家庭整半劳动力,既包括在上述规定劳动年龄内和在劳动年龄以外有劳动能力并经常参加实际劳动的男女整半劳动力;也包括农民家庭常住人员中属于职工的劳动力。但不包括在劳动年龄内已丧失劳动能力的人员。

农村居民家庭生活消费支出 指农村常住居民家庭年内用于日常生活的全部开支。它是用来反映和研究农民家庭实际生活消费水平高低的重要指标。农民家庭生活消费支出,包括用于吃、穿、住、烧、用等生活消费品开支和文化、生活服务费用开支两大部分。

农村居民家庭商品性生活消费支出 指农村常住居民家庭用其货币收入,在市场上购买食品、衣着、家庭用家具器皿、日用杂品、燃料、耐用消费品、以及文教卫生用品等生活消费总量。包括向国有商店、集体商店和集市贸易市场以及其他流通渠道购买的全部生活消费品。农民家庭商品性生活消费支出,是农民家庭生活消费支出的一个重要组成部分,是用来反映和分析农民家庭生活消费水平的商品化程度,及其由自给性经济向商品经济发展趋势的重要指标,也是研究和预测农民家庭对市场消费品需求,制定商品供应计划的重要依据。

城乡居民储蓄存款余额 城乡居民储蓄存款,包括城镇居民储蓄存款和农民个人储蓄存款两部分。不包括居民的手存现金和工矿企业、部队、机关团体等集团存款。储蓄存款余额,是指城乡居民存入银行及农村信用社储蓄的时点数(存入数扣除取出数的余额),如月末、季末或年末数额。

市政公用事业

年底自来水生产能力 指年底城建部门管理的自来水厂和自备水源的社会单位取水、净化、送水、出厂输水干管等环节的实际生产能力。

年底供水管道长度 指从送水泵到用户水表之间所有管道的长度。

全年供水总量 指公用自来水厂和自备水源的社会单位全年的供水总量,包括有效供水量及损失水量。

生活用水量 指居民日常生活与公共福利设施的用水量。包括居民、饮食店、旅馆、医院、理发店、浴池、洗衣店、游泳池、商店、学校、机关、部队等单位的用水量。

城市人口用水普及率 指城市用水的非农业人口数(不包括临时人口和流动人口)与城市非农业人口总数之比。计算公式:

$$用水普及率=(城市用水的非农业人口数\div城市非农业人口数)\times100\%$$

人工煤气生产能力 指城市煤气厂制气、净化、输送等环节的综合实际生产能力。

输气管道长度 指由压缩机、鼓风机、储气罐的出口到用户立管之间的全部管道长度。

全年供气总量 指全年售给各类用户的全部煤气量。包括工业用量、家庭用量和其他用量。

城市用气普及率 指使用煤气(包括人工煤气、液化石油气、天然气)的城市非农业人口数(不包括临时人口和流动人口)与城市非农业人口总数之比。计算公式:

$$城市煤气普及率=\frac{城市用气的非农业人口}{城市非农业人口总数}\times100\%$$

城市供热能力 指热电厂、热力公司和达到标准的集中采暖锅炉房向城市输送的供热源的设计能力。每小时向城市输送的蒸汽、热水能力。

城市供热总量 指热电厂、热力公司和达到标准的集中采暖锅炉房全年向城市输送的全部蒸汽、热水量。

城市供热管道长度 指热电厂、热力公司和达到标准的集中采暖锅炉房管理的集中供热热源到用户之间的全部供气、供热水的管道长度。

年底实有铺装道路长度 指除土路外,路面经过铺装宽度在3.5米以上的道路,包括高级、次高级道路和普通道路。

城市桥梁 指城市范围内,修建在河道上的桥梁和道路与道路立交、道路跨越铁路的立交桥,以及人行天桥。包括永久性桥和半永久性桥,不包括临时性桥、铁路桥、涵洞。

城市下水道总长度 指所有排水总管、干管、支管及暗渠、检查井、连接井进出水口等长度之和。

城市污水日处理能力 指污水处理厂每昼夜处理污水量的设计能力。

年末实有公共汽(电)车 指年底可参加营运的全部车辆数,包括年底营运车辆数和库存查封未参加营运的车辆,不包括非营运车辆,如架线车、油罐车、工程车、货车及其他专用车辆和借人客运车辆。

营运线路长度 指设置的固定营运线路长度,包括郊区营运线路长度。不包括临时行驶的线路长度。

城市园林绿地面积 指城市公共绿地、专用绿地、生产绿地、防护绿地、郊区风景名胜区的全部面积。

公共绿地 指供游览休息的各种公园、动物园、植物园、陵园以及花园、游园和供游览休息用的林荫道绿地、广场绿地。不包括一般栽植的行道树及林荫道的面积。

农 业

农林牧渔业总产值 是以货币表现的农、林、牧、渔业全部产品的总量,它反映一定时期内农业生产总规模和总成果。

农、林、牧、渔业的统计范围包括国有经济的各种专业农(农、林、牧、渔)场以及国家各级机关团体学校、部队、集体所有制的乡、镇、村各级办农场;工矿企业经营的农、林、牧、渔业,农村各种经济组织和农户经营的农林牧渔业和农民家庭兼营的商品性工业等。

(1)农业 包括种植业和其他农业。

种植业 包括谷物、豆类、薯类、棉、油料、糖料、麻类、烟叶、蔬菜、药材、瓜类和其他农作物的种植,以及茶园、桑园、果园的生产经营。

其他农业 包括采集野生植物的果实、纤维、树胶、树脂、油料以及柴草、野生药材、菌类以及农民家庭兼营的商品性工业。

(2)林业 包括林木的栽培(不包括茶园、桑园和果园的栽培、管理和收获等活动)、林产品的采集和村及村以下合作经济组织和农户的竹木采伐。

(3)牧业 包括除渔业养殖以外的一切动物饲养和放牧以及野生动物的捕猎和饲养。

(4)渔业 包括水生动物和海藻类植物的养殖和捕捞。

农业总产值的计算方法通常是按农林牧渔业产品及其副产品的产量分别乘以各自单位产品价格求得,少数生产周期较长,当年没有产品或产品产量不易统计的,则采用间接方法匡算其产值,然后将四业产品产值相加即为农业总产值。

1957年以前的农业总产值中包括了厩肥和农民自给性手工业(如农民自制衣服、鞋、袜、自己从事粮食初步加工等)。1958年及以后的农业总产值,林业中增加了村及村以下竹木采伐产值;牧业中取消了厩肥产值;副业中取消了农民自给性手工业产值,增加了村及村以下办的工业产值;渔业中增加了海洋捕捞水产品产值。1980年及以后的农业总产值,在副业中增加了农民家庭兼营工业商品部分的产值。从1984年起村及村以下办工业产值划归工业。从1993年起,取消副业。将野生动物的捕猎划入牧业,野生植物采集和农民家庭兼营商品性工业划归农业。

粮食产量 指全社会的产量。包括国有经济经营的、集体统一经营的和农民家庭经营的粮食产量,还包括工矿企业办的农场和其他生产单位的产量。粮食除包括稻谷、小麦、玉米、高粱、谷子及其他杂粮外,还包括薯类和豆类。其产量计算方法,豆类按去豆荚后的干豆计算;薯类(包括甘薯和马铃薯,不包括芋头和木薯)1963年以前按每4公斤鲜薯折1公斤粮食计算,从1964年开始及以后改为按5公斤鲜薯折1公斤粮食计算。城市郊区作为蔬菜的薯类(如:马铃薯等)按鲜品计算,并且不做为粮食统计。其他粮食一律按脱粒后的原粮计算。

油料产量 指全部油料作物的生产量。包括花生、油菜籽、芝麻、向日葵籽、胡麻籽(亚麻籽)和其他油料。不包括大豆,也不包括木本油料和野生油料。花生以带壳干花生计算。

水产品产量 指人工养殖的水产品和天然生长的水产品的捕捞量。包括海水的鱼类、虾蟹类、贝类和藻类以及内陆水域的鱼类、虾蟹类和贝类,不包括淡水生殖物。

猪、牛、羊肉产量 指当年出栏并已屠宰后除去头蹄下水后带骨肉(即胴体重)的重量。

耕地面积 指年初可以用来种植农作物、经常进行耕锄的田地,除包括熟地、当年新开荒地、连续撂荒未满三年的耕地和当年的休闲地(轮歇地)外,还包括以种植农作物为主并附带种植桑树、茶树、果树和其他林木的土地,以及沿海、沿湖地区已围垦利用的"海涂"、"湖田"等面积。但不包括属于专业性的桑园、茶园、果园、果木苗圃、林地、芦苇地、天然或人工草地面积。

农作物播种面积 指实际播种或移植有农作物的面积。凡是实际种植有农作物的面积,不论种植在耕地上还是种植在非耕地上,均包括在农作物播种面积中。在播种季节基本结束后,因遭灾而重新改种和补种的农作物面积,也包括在内。

有效灌溉面积 指具有一定的水源,地块比较平整,灌溉工程或设备已经配套,在一般年景下当年能够进行正常灌溉的耕地面积。

农用化肥施用量 指本年内实际用于农业生产的化肥数量。包括氮肥、磷肥、钾肥和复合肥。化肥施用量要求按折纯量计算数量。折纯法化肥施用量是把氮肥、磷肥和钾肥分别按含氮、含五氧化二磷、含氧化钾的百分之一百成份折算后的数量。复合肥按其所含主要成分折算。

农业机械总动力 指主要用于农、林、牧、渔业的各种动力机械的动力总和。包括耕作机械、排灌机械、收获机械、农用运输机械、植物保护机械、牧业机械、林业机械、渔业机械和其他农业机械〔内燃机按引擎马力折成瓦(特)计算,电动机按功率折成瓦(特)计算〕。不包括专门用于乡、镇、村、组办工业、基本建设、非农业运输、科学试验和教学等非农业生产方面的动力机械与作业机械。

农林牧渔业劳动力 指直接参加农林牧渔业生产劳动的劳动力。

期初(末)畜禽存栏头(只)数 指本期期初(末)农村各种合作经济组织和国营农场、农民个人、机关、团体、学校、工矿企业、部队等单位以及城镇居民饲养的大牲畜、猪、羊、家禽等畜禽的存栏头(只)数。

谷物 指籽实主要供作粮食的作物。这类作物包括稻谷、小麦、玉米、谷子、高粱和其他谷物,不包括豆类和薯类作物。

工　业

工业 指从事自然资源的开采,对采掘品和农产品进行加工和再加工的物质生产部门。具体包括:(1)对自然资源的开采,如采矿、晒盐、森林采伐等(但不包括禽兽捕猎和水产捕捞);(2)对农副产品的加工、再加工,如粮油加工、食品加工、轧花、缫丝、纺织、制革等;(3)对采掘品的加工、再加工,如炼铁、炼钢、化工生产、石油加工、机器制造、木材加工等,以及电力、自来水、煤气的生产和供应等;(4)对工业品的修理、翻新,如机器设备的修理、交通运输工具(包括小卧车)的修理等。

1984年以前农村的村及村以下办工业归属农业,1984年以后划归工业。

本年鉴中涉及的企业登记注册类型:

(1)国有及国有控股企业。国有企业(即过去的全民所有制工业或国营工业) 是指企业全部资产归国家所有,并按《中华人民共和国企业法人登记管理条例》规定登记注册的非公司制的经济组织。包括国有企业、国有独资公司和国有联营企业。1957年以前的公私合营和私营工业,后均改造为国营工业,1992年改为国有工业,这部分工业的资料不单独分列时,均包括在国有企业内。国有控股企业是对混合所有制经济的企业进行的"国有空股"分类。它是指这些企业的全部资产中国有资产(股份)相对其他所有者中的任何一个所有者占资(股)最多的企业。该分组反映了国有经济控股情况。

(2)集体企业 指企业资产归集体所有,并按《中华人民共和国企业法人登记管理条件》规定登记注册的经济组织。是社会主义公有制经济的组成部分。包括城乡所有使用集体投资举办的企业,以及部分个人通过集资自愿放弃所有权并依法经工商行政管理机关认定为集体所有制的企业。

(3)股份有限公司 指根据《中华人民共和国企业法人登记管理条例》规定登记注册,其全部注册资本由等额股份构成并通过发行股票筹集资本,股东以其认购的股份对公司承担有限责任,公司以其全部资产对其债务承担责任的经济组织。

(4)港、澳、台商投资企业 指企业注册登记类型中的港、澳、台合资、合作、独资经营企业和股份有限公司之和。

(5)外商投资企业 指企业注册登记类型中的中外资、合作经营企业、外资企业和外商投资股份有限公司之和。

(6)本年鉴中涉及的名为"其他"的企业均指除国有企业、集体企业、个体经营以外的其他类型工业企业(单位)。包括联营企业、私营企业、股份有限公司、有限责任公司;外商投资企业(中外合资经营、中外合作经营、外资企业)港、澳、台投资企业(与大陆合资经营与大陆合作经营,港、澳、台独资企业)及其它企业。

轻工业 指主要提供生活消费品和制作手工工具的工业。按其所使用的原料不同,可分为两大类:(1)以农产品为原料的轻工业,是指直接或间接以农产品为基本原料的轻工业。主要包括食品制造、饮料制造、烟草加工、纺织、缝纫、皮革和毛皮制作、造纸以及印刷等工业;(2)以非农产品为原料的轻工业,是指以工业品为原料的轻工业。主要包括文教体育用品、化学药品制造、合成纤维制造、日用化学制品、日用玻璃制品、日用金属制品、手工工具制造、医疗器械制造、文化和办公用机械制造等工业。

重工业 是指为国民经济各部门提供物质技术基础的主要生产资料的工业。按其生产性质和产品用途,可以分为下列三类:(1)采掘(伐)工业,是指对自然资源的开采,包括石油开采、煤炭开采、金属矿开采、非金属矿开采和木材采伐等工业;(2)原材料工业,指向国民经济各部门提供基本材料、动力和燃料的工业。包括金属冶炼及加工、炼焦及焦炭化学、化工原料、水泥、人造板以及电力、石油和煤炭加工等工业;(3)加工工业,是指对工业原材料进行再加工制造的工业,以及为农业提供的生产资料如化肥、农药等工业。

根据上述划分原则,修理业中以重工业产品为修理作业对象的划为重工业,反之划为轻工业。

工业总产值 是以货币表现的工业企业在一定时期内生产的已出售或可供出售工业产品总量,它反映一定时间内工业生产的总规模和总水平。它包括:在本企业内不再进行加工,经检验、包装入库(规定不需包装的产品除外)的成品价值,工业性作业价值,自制半成品、在产品期末期初差额价值。工业总产值采用"工厂法"计算,即以工业企业作为一个整体,按企业工业生产活动的最终成果来计算,企业内部不允许重复计算,不能把企业内部各个车间(分厂)生产的成果相加。但在企业之间、行业之间、地区之间存在着重复计算。

轻重工业总产值的划分也是按"工厂法"计算的,即一个工业企业在正常情况下生产的主要产品的性质属于轻工业,则该企业的全部总产值作为轻工业总产值;一个工业企业生产的主要产品的性质属于重工业,则该企业的全部总产值作为重工业总产值。

工业增加值 是指工业行业在报告期内以货币表现的工业生产活动的最终成果。

固定资产原价　固定资产原价指企业在建造、购置、安装、改建、扩建、技术改造某项固定资产时所支出的全部货币总额。它一般包括买价、包装费、运杂费和安装费等。

固定资产净值　是指固定资产原价减去历年已提折旧额后的净额。

流动资产　流动资产是指可以在一年或者超过一年的一个营业周期内变现或者耗用的资产，包括现金及各种存款、短期投资、应收及预付货款、存货等。

利税总额　指企业利润总额、产品销售税金及附加和应交增值税之和。

资金利税率　指在一定时期内已实现的利润、税金总额与同期的资产(固定资产净值和流动资产)之比。计算公式：

$$资金利税率(\%)=\frac{报告期累计实现利税总额}{固定资产净值平均余额+流动资产平均余额}\times 100\%$$

资金利税率反映每单位(通常是每万元)资金所提供的利润税金额。它是考察和评价部门或企业资金运用的经济效益，分析资金投入效果的主要分析指标。

工业成本费用利润率　指在一定时期内实现的利润与成本费用之比，是反映工业生产成本及费用投入的经济效益指标，同时也是反映降低成本的经济效益的指标。计算公式：

$$工业成本费用利润率(\%)=\frac{利润总额}{成本费用总额}\times 100\%$$

工业增加值率　指在一定时期内工业增加值占同期工业总产值的比重，反映降低中间消耗的经济效益。计算公式：

$$工业增加值率(\%)=\frac{工业增加值(现价)}{工业总产值(现价)}\times 100\%$$

流动资金周转次数　指在一定时期内流动资产完成的周转次数，反映流动资产的周转速度。计算公式：

$$流动资金周转次数=\frac{产品销售收入}{全部流动资产平均余额}$$

产品销售率　指一定时期内销售产值与同期全部工业总产值之比，反映工业产品生产已实现销售的程度。计算公式：

$$工业产品销售率(\%)=\frac{报告期现价工业销售产值}{报告期现价工业总产值}\times 100\%$$

产品销售收入　指企业销售产品的销售收入和提供劳务等主要经营业务取得的业务总额。

产品销售成本　指企业销售产品和提供劳务等主要经营业务的实际成本。

产品销售税金及附加　指企业销售产品和提供工业性劳务等主要经营业务应负担的城市维护建设税、消费税、资源税和教育费附加。

产品销售利润　指企业销售产品和提供工业性劳务等主要经营业务收入扣除其成本、费用、税金后的利润。

利润总额　指企业实现的利润。

应交增值税　指企业在报告期内应交纳的增值税额。

产值利税率　指报告期已实现的利润、税金总额(包括利润总额、产品销售税金及附加和应交增值税)占同期全部工业总产值的百分比，计算公式为：

$$产值利税率(\%)=\frac{利税总额}{工业总产值}\times 100\%$$

全员劳动生产率　指根据产品的价值量指标计算的平均每一个职工在单位时间内的产品生产量。是考核企业经济活动的重要指标，是企业生产技术水平、经营管理水平、职工技术熟练程度和劳动积极性的综合表现。目前我国的全员劳动生产率是将工业企业的工业增加值除以同一时期全部职工的平均人数来计算的。计算公式：

$$全员劳动生产率=\frac{工业增加值}{全部职工平均人数}$$

资本金　指企业在工商行政管理部门登记的注册资金合计。企业资本金按投资主体可分为国家资本金、法人资本金、个人资本金和外商资本金等。资本金合计包括企业各种投资主体注册的全部资本金。

总资产 指企业拥有或控制的全部资产。包括流动资产、长期投资、固定资产、无形及递延资产、其他长期资产、递延税项等，即为企业资产负债表的资产总计项。

(1)流动资产 指企业可以在一年内或者超过一年的一个生产周期内变现或耗用的资产合计。包括现金及各种存款、短期投资、应收及预付款项、存货等。

(2)固定资产 指企业固定资产净值、固定资产清理、在建工程、待处理固定资产损失所占用的资金合计。

(3)无形资产 指企业长期使用而没有实物形态的资产。包括专利权、非专利技术、商标权、著作权、土地使用权、商誉等。

总负债 指企业承担并需要偿还的全部债务。包括流动负债和长期负债、递延税项等，即为企业资产负债表的负债合计项。

(1)流动负债 指企业在一年内或者超过一年的一个营业周期内需要偿还的债务合计，其中包括短期借款，应付及预收款项、应付工资、应交税金和应交利润等。

(2)长期负债 指企业在一年以上或者超过一年的一个生产周期以上需要偿还的债务合计，其中包括长期借款、应付债务、长期应付款项等。

所有者权益 指企业投资人对企业净资产的所有权。企业净资产等于企业全部资产减去全部负债后的余额，其中包括投资者对企业的最初投入，以及资本公积金、盈余公积金和未分配利润，对股份制企业即为股东权益。

交通运输和邮电通讯业

铁路营业里程 又称营业长度，指办理客货运输业务的铁路正线总长度。凡是全线或部分建成双线及以上的线路，以第一线的实际长度计算；复线、站线、段管线、岔线和特殊用途线以及不计算运费的联络线都不计算营业里程。铁路营业里程是反映铁路运输业基础设施发展水平的重要指标，也是计算客货周转量、运输密度和机车车辆运用效率等指标的基础资料。

铁路正线延展里程 是正线第一线、第二线、第三线和其他正线建筑里程之和，不包括站线、段管线、岔线及特殊用途线的延展里程。它是作为计算铁路线上钢轨、枕木及路基砂石需要量的主要依据。

公路里程 指在一定时期内实际达到《公路工程技术标准 JTJ01－88》规定的等级公路，并经公路主管部门正式验收交付使用的公路里程数。其计算单位为：km。它包括大中城市的郊区公路以及通过小城镇街道部分的公路里程，也包括桥梁、渡口的长度，但不包括大中城市的街道、厂矿、林区生产用道和农业生产用道的里程。两条或多条公路共同经由一路段，只计算一次，不得重复计算里程长度。公路里程是反映公路建设发展规模的重要指标，也是计算运输网密度等指标的基础资料。

内河航道里程 也称“内河通航里程”，是反映内河水运网规模、水平和发展情况的主要指标；是指在一定时期内，能通航运输船舶及排筏的天然河流、湖泊水库、运河及通航渠道的长度。包括全年季节性通航累计三个月以上的航道，但不包括仅供零散流放竹、木排的河道。

民用航空航线里程 指民航运输定期班机飞行的航线长度的总和。航线长度按机场之间的距离计算，通常有两种计算方法：将每条航线长度相加称为重复计算航线里程；如将两条或两条以上航线经过同一区段里程，只计算一次航线长度称为不重复计算航线里程。一般常用的是后者，它能确切反映民航运输网的规模，表明民航事业为国民经济服务和方便人民生活程度的主要指标。

货(客)运量 指在一定时期内，各种运输工具实际运送的货物(旅客)数量。是反映运输业为国民经济和人民生活服务的数量指标，也是制定和检查运输生产计划，研究运输发展规模和速度的重要指标。货运按吨计算，客运按人计算。货物不论运输距离长短，货物类别，均按实际重量统计；旅客不论行程远近或票价多少，均按一人一次作为客运量统计。半价票、小孩票也按一人统计。

货物(旅客)周转量 指在一定时期内，由各种运输工具运送的货物(旅客)数量与其相应运输距离的乘积之总和，是反映运输业生产总成果的重要指标，也是编制和检查运输生产计划，计算运输效率、劳动生产率以及核算运输单位成本的主要基础资料。通常以吨公里和人公里为计算单位。计算货物周转量通常按发出站与到达站之间的最短距离,也就是计费距离计算。

邮电业务总量 指以货币表现的邮电部门用于传递信息和提供其他邮电服务的总数量。它综合反映了一定时期邮电工作的总成果,是研究邮电业务量构成和发展趋势的重要指标。根据邮电管理体制不同,分为中央国营业务总量和地方国营业务总量。它用各种邮电分类业务量,如函件件数、电报份数、长话张数、市内电话和农村电话的年均户数、订销报刊累计份数等,分别乘以相应的平均单价(不变价),加总后再加上出租电路和设备的收入、代用户维护电话交换机和线路等设备的收入、其他业务收入求得。

市内电话 指接入县城(包括个别城镇)及县以上城市的市内电话网上,并按市内电话进行经营管理的电话。按计费办法分为包月制和计次制两种。

(1)住宅电话 指话机装在居民住宅里的电话。它包括私人付费、公费和免费三个部分。

(2)私人付费电话 指住宅居民自费安装并自己缴纳通话费的电话。

无线寻呼电话用户 指携带小型寻呼机,接收市话用户通过无线寻呼中心,在规定范围内向其发出声音、数字或文字显示信息的用户。目前在邮电部门办理登记手续的无线寻呼电话用户,每一部寻呼机按一户计算。

移动电话用户 指在邮电部门登记,通过移动电话交换机进入移动电话网、占有移动电话号码的电话用户。用户数量以实际办理登记手续进入邮电部门移动电话网的户数进行计算,一部或一台移动电话统计为一户。

建筑业

建筑业总产值(即自行完成施工产值) 指建筑业企业或附营建筑施工单位自行完成的按工程进度计算的建筑安装生产总值。建筑业产值包括:

① 建筑工程产值:指列入建筑工程预算内的各种工程价值。

② 设备安装工程产值:指设备安装工程价值。

③ 房屋、构筑物修理产值:指房屋、构筑物修理所完成的价值,但不包括被修理房屋、构筑物本身的价值和生产设备的修理价值。

④ 非标准设备制造产值:指加工制造没有定型的、非标准的生产设备的加工费和原材料价值,不论是现场还是附属加工厂为本单位承建工程制造的非标准设备的价值,都应计算产值。

建筑业增加值 指建筑业企业在报告期内以货币表现的建筑业生产经营活动的最终结果。目前建筑业增加值采用分配法(收入法)计算,即从收入的角度出发,根据生产要素在生产过程中应得的收入份额计算。具体计算公式为:

建筑业增加值=本年提取的固定资产折旧+应付工资+应付福利费+管理费中的劳动待业保险金、税金+工程结算税金及附加+工程结算利润。

房屋建筑施工面积 指在报告期内施工的全部房屋建筑面积。包括本期内新开工的、上期施工跨入本期继续施工、上期停建本期复工的房屋建筑面积;不包括上期开工后又停工,本期未施工的房屋建筑面积。

房屋建筑竣工面积 指在报告期内,按照设计所规定的工程内容全部完成,达到了设计规定的交工条件,经有关部门检查验收鉴定合格的房屋建筑面积。

自有机械设备年末总台数 指归本企业(或单位)所有,属于本企业固定资产的生产性机械设备年末总台数。包括施工机械、生产设备、运输设备以及其他设备。

自有机械设备年末总功率 指本企业(或单位)自有施工机械、生产设备、运输设备以及其他设备等列为在册固定资产的生产性机械设备年末总功率,按设定能力或查定能力计算。包括机械本身的动力和为该机械服务的单独动力设备,如电动机等。计算单位用千瓦,动力换算可按1马力=0.735千瓦折合成千瓦数。电焊机、变压器、锅炉不计算动力。

工程结算收入 指企业(或单位)按工程的分部分项自行完成的建筑产品价值并已与甲方在报告期内办理结算手续的工程价款收入,以及向甲方收取的除工程价款以外的按规定列作营业收入的各种款项,如临时设施费、劳动保险费、施工机械调迁费等以及向甲方收取的各种索赔款。

工程结算利润 指已结算工程实现的利润。如为亏损以“-”号表示。其计算公式为:

工程结算利润=工程结算收入-工程结算成本-工程结算税金及附加

企业总收入 指与企业生产经营直接有关的各项收入,包括工程结算收入和其他业务收入,即:

企业总收入=工程结算收入+其他业务收入

批发零售贸易和餐饮业

社会消费品零售额 指各种经济类型的批发零售贸易业、餐饮业、制造业和其他行业对城乡居民和社会集团的消费品零售额。这个指标反映通过各种商品流通渠道向居民和社会集团供应的生活消费品来满足他们生活需要,是研究人民生活,社会消费品购买力、货币流通等问题的重要指标。社会消费品零售额包括:(1)售给城乡居民作为生活用的商品和修建房屋用的建筑材料;(2)售给机关、团体、学校、部队、企业、事业单位的职工食堂和旅店(招待所)附设专门供本店旅客食用,不对外营业的食堂的各种食品、燃料;企业、单位和国营农场直接售给本单位职工和职工食堂的自己生产的产品;(3)售给部队干部、战士生活用的粮食、副食品、衣着品、日用品、燃料;(4)售给来华的外国人、华侨、港澳台同胞的消费品;(5)居民自费购买的中、西药品、中药材及医疗用品;(6)报社、出版社直接售给居民和社会集团的报纸、图书、杂志、集邮公司出售的新、旧纪念邮票、特种邮票、首日封、集邮册、集邮工具等;(7)旧货寄售商店自购、自销部分的商品;(8)煤气公司、液化石油气站售给居民和社会集团的煤气灶具和罐装液化石油气;(9)农民售给非农业居民和社会集团的商品。不包括售给国民经济各部门企业、事业单位(包括国有经济的农场)生产经营用的各种原材料、燃料、设备、工具等和售给批发零售贸易业、餐饮业作为转卖用的商品、旧货寄售商店受托寄售卖出的商品、服务业的营业收入、邮局出售邮票的收入、自来水、电力、煤气生产(供应)单位的产品供应收入,也不包括农民之间的商品销售。

批发零售贸易业商品购、销、存总额 指以各种经济类型的批发、零售贸易业(不包括个体)为总体的商品购、销、存。

商品购进总额 指从本企业(单位)以外的单位和个人购进(包括从国外直接进口)作为转卖或加工后转卖的商品。这个指标反映批发零售贸易业从国内、国外市场上购进商品的总量。商品购进总额包括:(1)从工农业生产者购进的商品;(2)从出版社、报社的出版发行部门购进的图书、杂志和报纸;(3)从各种经济类型的批发零售贸易企业(单位)购进的商品;(4)从其他单位购进的商品,如从机关、团体、企业、单位购进的剩余物资,从餐饮业、服务业购进的商品,从海关、市场管理部门购进的缉私和没收的商品,从居民收购的废旧商品等;(5)从国(境)外直接进口的商品。不包括企业(单位)为自身经营用,和未通过买卖行为而收入的商品以及销售退回、商品升溢等。

商品销售总额 指对本企业(单位)以外的单位和个人出售(包括对国(境)外直接出口)的商品。这个指标反映批发零售贸易业在国内市场上销售商品以及出口商品的总量。商品销售总额包括:(1)售给城乡居民和社会集团消费用的商品;(2)售给工业、农业、建筑业、运输邮电业、批发零售贸易业、餐饮业、服务业等作为生产、经营使用的商品;(3)售给批发零售贸易业作为转卖或加工后转卖的商品;(4)对国(境)外直接出口的商品。不包括:出售本企业(单位)自用的废旧包装用品,未通过买卖行为付出的商品,经本单位介绍,由买卖双方直接结算,本单位只收取手续费的业务,购货退出的商品以及商品损耗和损失等。

批发零售贸易业年末库存 指年末各种经济类型的批发零售贸易企业(单位)已取得所有权的商品。它反映各地区、各批发零售贸易企业(单位)的商品库存情况,和对市场商品供应的保证程度。期末库存包括:(1)存放在批发零售贸易业经营单位(如门市部、批发站、经营处)仓库、货场、货柜和货架中的商品;(2)挑选、整理、包装中的商品;(3)已记入购进而尚未运到本单位的商品,即发货单或银行承兑凭证已到而货未到部分;(4)寄放他处的商品,如因购货方拒绝承付而暂时存放在购货方的商品和已办完加工成品收回手续而货未提回的商品;(5)委托其他单位代销(未作销售或调出)尚未售出的商品;(6)代其他单位购进尚未交付的商品。不包括所有权不属于本单位的商品、拨付除批发零售贸易业以外的其他行业所属独立核算加工厂等加工生产尚未收回成品的商品、代国家物资储备部门保管的商品等。期末库存总额计算方法是:农副产品采购单位按购进价计算,批发单位按进货价计算,零售单位按什么价格核算就按什么价格计算。

城乡集市贸易成交额 指在农村集市和城市集市上买卖双方(包括农民、非农业居民、机关、团体、工商企业、个体商贩)成交的全部商品金额,是反映集市贸易规模的综合性指标。

对外经济贸易和旅游业

利用外资 指我国各级政府、部门、企业和其他经济组织通过对外借款、吸收外商直接投资以及用其他方式筹措的境外现汇、设备、技术等。

对外借款 是我国利用外资的主要部分。包括我国通过外国政府贷款,国际金融组织贷款,外国银行商业贷款,出口信贷以及对外发行债券,股票等方式,从境外筹措的资金。

外商直接投资 是指外国企业和经济组织或个人(包括华侨、港澳台胞以及我国在境外注册的企业)按我国有关政策、法规、用现汇、实物、技术等在我国境内开办外商独资企业、与我国境内的企业或经济组织共同举办中外合资经营企业、合作经营企业或合作开发资源的投资(包括外商投资收益的再投资)以及经政府有关部门批准的项目投资总额内,企业从境外借入的资金。

旅游人数 指来我国参观、访问、旅行、探亲、访友、休养、考察、参加会议和从事经济、科技、文化、教育、体育、宗教等活动的外国人、华侨、港澳和台湾同胞的人数。不包括外国在我国的常驻机构,如使领馆、通讯社、企业办事处的工作人员;来我国常驻的外国专家、留学生以及在岸逗留不过夜人员。

国际旅游(外汇)收入 指人境旅游的外国人、华侨、港澳台同胞在中国大陆旅游过程中发生的一切旅游支出,对于国家来说就是国际旅游(外汇)收入。

进出口总额 海关进出口总额指实际进出我国国境的货物总金额。包括对外贸易实际进出口货物,来料加工装配进出口货物,国家间、联合国及国际组织无偿援助物资和赠送品,华侨、港澳台同胞和外籍华人捐赠品,租赁期满归承租人所有的租赁货物,进料加工进出口货物,边境地方贸易及边境地区小额贸易进出口货物(边民互市贸易除外),中外合资经营企业、中外合作经营企业、外商独资经营企业进出口货物和公用物品,到、离岸价格在规定限额以上的进出口货样和广告品(无商业价值、无使用价值和免费提供出口的除外),从保税仓库提取在中国境内销售的进口货物,以及其他进出口货物。进出口总额用以观察一个国家在对外贸易方面的总规模。我国规定出口货物按离岸价格统计,进口货物按到岸价格统计。

金融和保险

存款 企业、机关、团体或居民根据可以收回的原则,把货币资金存人银行或其他信用机构保管并取得一定利息的一种信用活动形式。根据存款对象的不同可划分为企业存款、财政存款、机关团体存款、基本建设存款、城镇储蓄存款、农村存款等科目。它是银行信贷资金的主要来源。

贷款 银行或其他信用机构根据必须归还的原则,按一定利率,为企业、个人等提供资金的一种信用活动形式。我国银行贷款分为流动资金贷款、固定资产贷款、城乡个体工商户贷款以及农业贷款等科目。

承保额 又叫保险金额。它是保险人对被保险人负担损失补偿或约定给付的金额。它是保险合同上的最高责任额,也是计算保费的依据。

保费 又叫保险费。是保险人根据保险合同的有关规定,为被保险人取得因约定危险事故发生所造成的经济损失补偿(或给付)权利,付给保险人的代价。包括财产险和人身险储金收入。

赔款 保险事故发生后,经查证确属保险责任范围以内的保险标的损失,保险人根据保险合同的规定履行赔偿义务,给矛被保险人的款项叫做赔款。赔款可分为已决赔款和未决赔款两种。

教育、科技和文化事业

普通高等学校 指按照国家规定的设置标准和审批程序批准举办，通过国家统一招生考试，招收高中毕业生为主要培养对象，实施高等教育的全日制大学、独立设置的学院和高等专科学校、短期职业大学。

成人高等学校 指按照国家有关规定审批，招收通过全国成人高教统一招生考试的具有高中毕业或同等学历的在职从业人员利用脱产、半脱产、业余或函授等多种形式对其实施高等学历教育，培养高等教育专科或本科毕业水平的专门人才，修业年限、课程设置和总学时数均按高等学历教育要求付诸实施的学校。包括广播电视大学、职工高等学校、农民高等学校、管理干部学院、教育学院、独立设置的函授学院等。

小学学龄儿童入学率 指调查范围内已入小学学习的学龄儿童占校内外学龄儿童总数(包括弱智儿童在内，但不包括盲聋哑儿童)的比重。计算公式：

$$\text{小学学龄儿童入学率}=\frac{\text{已入学的小学学龄儿童数}}{\text{校内外小学学龄儿童总数}}\times 100\%$$

独立研究与开发机构 指有明确的任务和研究方向，有一定学术水平的业务骨干和一定数量的研究人员，具有研究、开发、开展学术工作的基本条件，主要进行科学研究与技术开发活动，并且在行政上有独立的组织形式财务上独立核算盈亏，有权与其他单位签订合同，在银行有单独户头的单位。包括国务院各部门、中国科学院、中国社会科学院和各省、自治区、直辖市以及地(市)以上〔含地(市)〕各部门所属的国有独立的科学研究与技术开发机构。

独立研究与开发机构职工 指在科学研究与技术开发机构工作，并由其支付工资的各种人员。包括长期职工和临时职工，不包括编制以外的离休、退休人员和停薪留职人员，但包括招聘人员。

研究与发展经费支出 指报告期内用于研究与实验发展课题活动(基础研究、应用研究、实验发展)的全部实际支出。包括用于研究与发展课题活动的直接支出，还包括间接用于研究与发展活动的一切支出(院、所管理费、维持院、所正常运转的必需费用和与研究发展有关的基本建设支出)。

科学家和工程师 指具有大学本科及以上学历的和不具备上述学历但有高、中级职称的人员。

其他科技人员 指大专、中专毕业和具有初级职称的从事科技活动人员。

发明 指专利法及其实施细则所称的发明，指对有关产品、方法或其改进所提出的新的技术方案。

实用新型 指专利法及其实施细则所称的实用新型，指对产品的形状、构造或者其结合所提出的适于实用的新的技术方案。

外观设计 专利法及其实施细则所称的外观设计是指对产品的形状、图案、色彩或者其结合所作出的富有美感并适于工业上应用的新设计。

文化事业机构 指从事专业文化工作和为专业文化工作服务的独立建制的单独核算的单位。不包括这些单位另外举办独立核算的其他机构和各部门的业余文化组织。

艺术表演团体 指从事戏曲、音乐、舞蹈、杂技等专业艺术表演，有独立帐户，实行单独核算的团体。不包括半工半艺、半农半艺和民间职业剧团。

电影放映单位 指具有放映机器设备、固定或不固定的放映场所与专职或兼职的放映技术人员，经有关部门登记批准，经常为一定的观众对象放映电影的机构。包括经批准对外开放进行营业，并与电影发行放映管理机构分帐的专用放映单位和军委系统租片单位。

艺术表演观众人数(人次) 指售票、包场演出或民族地区免费演出的艺术表演观众人次数。不包括彩排审查和内部观摩演出的观看人次数。

体育、卫生和其他事业

等级运动员人数 指经考核正式批准授予等级运动员称号的人数。运动员等级分为国际级运动健将、运动健将、一级运动员、二级运动员、三级运动员、少年级运动员。

等级裁判员人数 指经考核正式批准授予等级裁判员称号的人数。裁判员等级分为国际裁判、国家级裁判、一级裁判、二级裁判、三级裁判。

体育场 指有400米跑道(中心含足球场),有固定道牙,跑道6条以上,并有固定看台的室外田径场地。以看台容纳观众人数分:甲级25000人以上,乙级15000-25000人,丙级5000-15000人,丁级5000人以下。

体育馆 指有固定看台,可借篮球、排球、羽毛球、乒乓球、体操等项目训练比赛活动用的室内运动场地。以看台容纳观众人数分:甲级6000人以上,乙级4000-6000人,丙级2000-4000人,丁级2000人以下。

医院 指名称为医院,设有固定床位能收容病人住院并能为病人提供医疗、护理服务的医疗机构。包括县及县以上医院、农村乡卫生院、其他医院三部分。按所属性质分为卫生部门、工业及其他部门,集体经济单位三类。其中县及县以上医院按业务性质分为综合医院和专科医院。

卫生技术人员 指卫生事业机构支付工资的全部固定职工和合同制职工中现任职务为卫生技术工作的专业人员。包括中医师、西医师、中西医结合高级医师、护师、中药师、西药师、检验师、其他技师、中医士、西医士、护士、助产士、中药剂士、西药剂士、检验士、其他技士、其他中医、护理员、中药剂员、西药剂员、检验员,其他初级卫生技术人员。

医生 指经卫生部门审查合格,从事医疗工作的专业人员。分为中医医生和西医医生。包括卫生技术人员中的中医师、西医师、中西结合高级医师、中医士、西医士和其他中医。

社会福利事业单位 指集中收养社会孤老、残、幼的机构。包括由民政部门管理的社会福利院、儿童福利院、精神病人福利院和城镇集体办的福利院,以及农村集体举办的敬老院。

社会福利事业单位收养人数 包括民政部门管理的和城镇及农村集体举办的社会福利事业单位中收养的老人、少年儿童、缺乏生活自理能力的残疾人员和精神病人。

社会福利企业单位 指以安置城镇有一定劳动能力的盲、聋、哑和肢体残疾人员就业为目的,享受国家减免税待遇的国有或集体经济性质的企业。包括福利工厂、福利商业服务业、假肢厂和安置农场等单位。

律师 指受聘参加法律顾问处工作,担任法律顾问、刑(民)事代理人、刑事辩护人,办理非诉讼事件、解答法律询问,代写法律事务文书等主要从事律师业务的专职法律工作者和兼职律师。

公证人员 指在国家公证机关依法办理公证事务的司法人员。包括公证员、助理公证员和在公证处工作的其他人员。

办理公证文书 指公证处在一定时期内办结的公证文书件数。公证文书系按司法部规定或批准的格式制作。包括国内公证和涉外公证两部分。其中国内公证分为经济合同公证和民事法律关系公证两大类。

调解人员 在人民调解委员会担负调解民间一般民事纠纷和轻微违法行为所引起的纠纷的工作人员。包括调解委员会的委员和调解小组的调解员。

调解民间纠纷 指调解委员会依照法律规定,根据自愿原则,用说服教育的方法调解民间发生的有关民事权利和义务的争执,促成当事双方达到协议和谅解,解决纠纷。包括婚姻家庭纠纷,财产权益纠纷等。不包括法院受理调解的民事案件数。

离休、退休、退职人员 指正式办理了离休、退休、退职手续,并享受相应的离休、退休、退职待遇的人员。

保险福利费用 指企业、事业、机关单位在工资以外实际支付给职工和离休、退休、退职人员个人以及用于集体的劳动保险和福利费用。

(1)职工保险福利费用具体包括:

①**医疗卫生费** 指实行公费医疗企业的职工及其供养的直系亲属的医疗费、医务经费、职工因工负伤就医路费以及住院伙食补助费等;卫生部门开支的事业及机关单位职工的公费医疗经费;未参加公费医疗的企业、事业和机关单位职工的医药费。

②**丧葬抚恤救济费** 指职工死亡的丧葬费、丧葬补助费和所遗供养直系亲属的抚恤费、救济费、生活补助费以及职工供养直系亲属死亡时的丧葬补助费等。

③生活困难补助 指对生活困难的职工实际支付的定期补助和临时性补助。

④**文体宣传费** 指企业、事业和机关单位实际支付的文体宣传费。不包括学习费。

⑤**集体福利事业补贴费** 指对职工浴室、理发室、洗衣房、哺乳室、托儿所等集体福利设施各项支出与收入相抵后的差额补助费。

⑥集体福利设施费　指按照国家规定开支的集体福利设施费用。如职工食堂炊事用具的购置费、修理费、职工宿舍的修缮费用。不包括由企业、事业、机关单位自筹经费开支的职工福利设施的基本建设费用。

⑦计划生育补贴　指发给职工独生子女的补贴费和保健费。

⑧其他　指上述费用以外,单位支付给职工的保险福利费。

(2)离休、退休、退职人员保险福利费用具体包括:

①离休金　指发给离休人员的工资和按 1982 年国务院发布的“关于老干部离职休养制度的几项规定”发给符合规定的离休干部相当于 1 - 2 个月标准工资的生活补贴和国务院〔1989〕82、83 号文件规定提高离休人员的待遇所增加的费用及粮油价格补贴等。

②退休金　指按照国家有关规定发给退休人员的退休费和国务院〔1989〕82、83 号文件规定提高退休人员的待遇所增加的费用及粮油价格补贴等。

③退职生活费　指按照 1978 年国务院《关于工人退休、退职的暂行办法》规定定期发给退职人员的生活费用和国务院〔1989〕82、83 号文件规定提高退职人员的待遇所增加的费用及粮油价格补贴等。

④医疗卫生费　离休、退休、退职人员的医疗费、住院费以及住院伙食补助等费用。

⑤护理费　因工致残、饮食起居需人扶助的离休、退休人员的护理费以及因病不能自理的离休人员的护理费。

⑥生活补贴　按照 1985 年国务院《关于发给离休退休人员生活补贴费的通知》规定,发给离休、退休人员的生活补贴费。

⑦交通费补贴　指按月发给离休人员的交通费补贴。

⑧丧葬抚恤救济费　指离休、退休、退职人员死亡的丧葬费、丧葬补助费和所遗供养直系亲属的抚恤费、救济费、生活补助费以及供养直系亲属死亡时的丧葬补助费等。

⑨其他　包括易地安置的离休、退休、退职人员的安家补助费;离休、退休、退职人员的生活困难补助费、书报费、洗理费、副食品价格补贴、房租价格补贴、水电补贴、少数民族补贴以及老干部活动经费开支的旅游费用等。

工业废水排放量　指经过企业厂区所有排放口排到企业外部的工业废水量。包括生活废水、外排的直接冷却水、超标排放的矿井地下水和与工业废水混排的厂区生活污水,不包括外排的间接冷却水(清污不分流的间接冷却水应计算在内)。

工业废水排放达标量　指各项指标都达到国家或地方排放标准的外排工业废水量,包括未经处理外排达标的和经过处理后外排达标的两部分。国家排放标准见 GB8978 - 88。

工业废水处理量　指报告期内各种水治理设施实际处理的工业废水量,包括处理后外排的和处理后回用的工业废水量。虽然处理但未达到国家或地方排放标准的废水量也应计算在内。计算时,如遇有车间和厂排放口均有治理设施,并对同一废水分级处理时,不应重复计算工业废水处理量。

工业废气排放量　指企业厂区内燃料燃烧和生产工艺过程中产生的各种排入空气的含有污染物的气体的总量,以标准状态〔273K,101325Pa〕计。

二氧化硫排放量　指企业在燃料燃烧和生产工艺过程中排入大气的二氧化硫量。

工业烟尘排放量　指企业厂区内的燃料燃烧产生的烟气中夹带的颗粒物的量。

工业粉尘排放量　指企业在生产工艺过程中排放的颗粒物重量。如钢铁企业的耐火材料粉尘、焦化企业的筛焦系统粉尘、烧结机的粉尘、石灰窑的粉尘、建材企业的水泥粉尘等。不包括电厂排入大气的烟尘。

工业固体废物产生量　指企业在生产过程中产生的固体状、半固体状和高浓度液体状废弃物的总量,包括危险废物、冶炼废渣、粉煤灰、炉渣、煤矸石、尾矿、放射性废物和其他废物等;不包括矿山开采的剥离废石和掘进废石(煤矸石和呈酸性或碱性的废石除外)。酸性或碱性废石是指采掘的废石其流经水、雨淋水的 pH 值小于 4 或 pH 值大于 10.5 者。

环境污染与破坏事故　指由于违反环境保护法规的经济、社会活动与行为,以及意外因素的影响或不可抗拒的自然灾害等原因,致使环境受到污染,国家重点保护的野生动植物、自然保护区受到破坏,人体健康受到危害,社会经济和人民财产受到损失,造成不良社会影响的突发性事件。

Explanatory Notes on Main Statistical Indicators

ADMINISTRATIVE DIVISION AND NATURAL RESOURCE

Forest Coverage – Rate refers to the ratio of area of afforested land to total area of land (measured in percentage). According to regulations of the government , calculation forest coverage – rate, in addition to afforested land, the area of bush forest, the area of forest land inside farm land and the area of trees planted by the side of farm houses and along the roads, rivers and fields should be included in the area of afforested land in the calculation of the forest coverage – rate. This indicator shows the forest resources and afforestation progress of a country or a region. The formula for calculating forest coverage – rate is as follows:

$$\text{Forestry Coverage - rate}(\%) = \frac{\text{Area of Afforested Land}}{\text{Area of Total Land}} \times 100\%$$

Stock Volume of Forest refers to total stock volume of wood growing in forest area, which shows the total size and level of forest resources of a country or a region.

Ensured Mineral Reserves refer to the actual mineral reserves , which equal to the proven mineral reserves (including industrial reserves and prospective reserves) minus extracted parts and underground losses. This indicator shows the current condition of the mineral resources of a country.

GENERAL SURVEY

Gross Domestic Product refers to gross domestic product calculated at market prices, which is the final products of all resident units in a country (or region) during a certain period of time. Gross domestic product is expressed in three different forms, i. e. value added, income, and products respectively. The form of value added refers to the total value of all products and suervices produced by all resident units during a certain period of time minus total value of input of materials and services of the nature of non – fixed assets or the summation of the value added of all resident and non – resedent units; the form of products refers to all final goods and services minus imports of goods and services. In the practice of national accounting, gross domestic product is calculated with three approaches, i. e. product approach, income approach, and expenditure approach respectively to reflect gross domestic product and its composition from different aspects.

Gross National Product refers to gross national product calculated at market price, which is the final result of the primary distribution of the income created by all the resident units of a country during a certain period of time. The value added created by the resident units of a country engaged in production activities is mainly distributed to the resident units of that country while a part of it is distributed to the non – resident units of the country in the form of remuneration for the labourers and property income. Simultaneously a part of the value added created abroad is distributed to the resident units of the country in the form of remuneration for the labourers and property income. Thus the concept of gross national product is formed, which equals to gross domestic product plus overseas incomeas remuneration for the labourers and property in come minus payment abroad as remuneration for the labourers and property income. Unlike gross domestic product which is a comcept of production, gross national product is a concept of income.

The difference among gross national product and total value of society and notional income is that the total value of society and national income only take into account products of material production sectors, while the gross national product, in addition to products of material production sectors, also takes into account of products of non – material production sectors . in terms of the value composition of the three conceptions, the total value of society includes the total value of all products of the society; the gross national product includes only the newly created value in the process of producing goods and services, i.e. the value added and excludes the value of the input of intermediate goods and services; National income excludes both the intermediate input and depreciation of fixed assets and includes only the net value of output.

Three Industries Industry structure has been classified according to the historical sequence of development. Primary industry refers to estraction of natural resources; secondary industry involves processing of primary products ; and tertiary industry provides services of various kinds for production and consumption. The above classification is universal although it varies to some extent form country to country. Industry in China comprises:

Primary industry: agriculture (including farming, forestry, animal husbandry, sideline production and fishery).

Secondary industry: industry (including mining and quarrying, manufacturing, water supply, electricity generation and supply, steam , hot water, gas) and construction.

Tertiary industry: all other industries not included in primary or secondary .

Due to the fact that tertiary industry involves in a large variety of industries in China, it is divided into two sectors: circulation sector and service sector and further into four levels:

The first level: circulation sector, including transportation, postal and telecommunications, services, commerse, catering trade, material supply and marketing, and storage.

The second level: service sector providing services for production and consumption, including banking, insurance, geological survey, real estate, puglic utilities, service for residents, consultancy service, and comprehensive technical services, and service for agriculture, forestry, animal husbandry, fishery, water conservancy, and maintenance of roads and inland water ways, etc.

The third level : service sector for up grading scientific, educational and cultural level of thepeople, including education, culture, broadcasting, televiseon, scientific research, public health, sports, and social welfare, etc.

The fourth level: sector ptoviding services for public needs, including government agencies, political and party organizations, social organizations, armies, and policemen.

GDP Calculated With Expenditure Approach refers to total expenditure on final comsumption, total capital formation and net export of goods and services by resident units of a country in a certain period of time. It reflects the composition of GDP by its use.

Final Consumption refers to the total expenditure of resident units on final consumption of goods and services in a certain period, namely the expenditure of the resident units for purchases of goods and services from domestic economic territory and abroad to meet the requirements of material, cultural and spiritual life. It excludes the expenditure of non – resedent units on consumption in the economic territory of the country. The final consumption is classi fied into resident consumption and government consumption.

(1)Resident consumption refers to the total expenditure of resident housen olds on the final consumption of goods and services in a certain period of time. The expenditure of residents on final consumption of goods is recorded when the change of the ownership of goods happens. The expenditure of residents on final consumption of services is recorded when the services are provided. The expenditure of the residents on consumption is calculated at market prices, namely the purchasers' privices which the residents pay; the purchasers' prices of goods are the prices the resedents pay when they obtain the goods, including the transport and commercial expenses paided by the residents. In addition to the expenditure on consumption of goods and services bought by the residents directly with money, the expenditure on goods and services obtained by the residents in other ways, i.e. the so - called fictitious expenditure on consumption, is also included in the expenditure of the residents on consumption. The fictitious expenditure of the residents on consumption includes the following types: (a) the goods and services provided to the residenrs by the units in the form of payment in kind and transfer in kind; (b) the goods and services produced and consumed by the households themselves, in which the services refer only to the services provided by the residential buildings owned by the households; (c) the ser vices of financial intermediary provided by the fiancial institutions; (d) the insurance services provided by the insurance companies.

(2) Government consumption refers to the expenditure on the consumption of the public services provided by the government to the whole society and the net expenditure on the goods and services provided by the government to the households free charge or at lower prices. The former equals tothe output value of the govenment services minus the value of operating in come obtained by the government departments. (The output value of the government serveces equa ls to its current operating expenditure plus depreciation of fixed assets). The latter equals to the market value of the goods and services provided by the government to the households minus the value received by the government from the households.

Total Capital Formation refers to the net amount of the fixed assets and stock acquired minus those disposed, including the total fixed assets formation and the increase in stock.

(1) Total Fixed Capital Formation refers to the value of fixed assets purchased, transferred in by the resident units and those produced and used by themselves in a certain period deducting the value of fixed assets sold and transferred out. It can be classified into total tangible assets formation and total intangible assets formation. The total tangible assers formation include the valus of the construction projects, installation projects completed and the equipment, apparatus and instruments purchased as well as the value of land improved, the value of draught animals, breeding stock, milk, wool and recreational animals and the newly increased economic forest in acertain period. The total intangible assets formation includes the prospecting of minerals, the acquisition of computer soft wares, the originals of recreational works and works of literature and arts minus the disposal of them.

(2) Increase in stock refers to market value of the change in a certain period, i. e. the difference of value between the begining and the end of the period. The increase in stock can depositive. A positive valus indicates the increase in stock while a negative value indicates the decrease in stock. The stock includes the raw materials, fuels and reserve mate rials purchased by the production units as well as the stock of finished products, semi - finished products, work - in - progress, etc.

POPULATION

Total Population refers to the total number of people alive at a certain point of time within agiven area.

The annual statistics on total population is taken at mid night, the 31st of December.

Birth Rate (or Crude Birth Rate) refers to the ratio of the number of births to the average population during a certain period of time (usually a year), which is often expressed in ‰. The following formula is used:

$$\text{Birth Rate} = \frac{\text{Number of Births}}{\text{Average Number of Population}} \times 1000‰$$

Number of Births refers to live births, i.e. the births when babies had showed any vital phenomena regardless of the length of pregnancy.

Annual Average Number of Population is the average of the number of population at the baginning of the year and that at the end of the year. sometimes it is substituted for with the mid - year population.

Death Rate (or Crude Death Rate) refers to the ratio of the number of deaths to the average population (or mid - year population) during a certain period of time(usually a year), which is often expressed in ‰. The following formula is used:

$$\text{Birth Rate} = \frac{\text{Number of Deaths}}{\text{Annual Average Numger of Po pulation}} \times 1000‰$$

Natural Growth Rate of Population refers to the ratio of natur al increase in population (number of births minus number of deaths) in a certain period of time (usually a year) to the average population (or mid - year population) of the same period, which is often expressed in ‰. The following formulas are applied:

$$\text{Natural Growth of Population} = \frac{\text{Number of Births} - \text{Number of Deaths}}{\text{Average Number of Population}} \times 1000‰$$

$$\text{Natural Growth Rate of Population} = \text{Birth Rate} - \text{Death Rate}$$

EMPLOYMENT AND WAGE

Employed Persons refers to the persons who are engaged in social labour and receivere muneration payment or earn business income, including:

(1) total staff and workers,

(2) reemployed retirees,

(3) employers of private enterprises,

(4) employers of individual economy,

(5) employed persons in private enterprises and individual economy,

(6) employed persons in the enterprises in the urban areas,

(7) employed persons in the rural areas,

(8) other employed persons (including teachers in the schools run by the local people engaged in religious profession and the servicemen, etc.)

This indicator reflects the actual utilization of total labour force during a certain period of time and is often used for the research on China's economic affairs and national power.

Persons employed in various units refer to all the persons working in government agencies of various levels, political and party organizations, social organizations, and enterprises and institutions and reciving payment, including staff and workers, reemployed retirees, teachers in schools run by the local people, foreigners, and Chinese compatriots from Hong Kong, Macao, and Taiwan working in various units. This indicator reflects the total number of laborers actually engaged in production or other operations in various units.

Economically Active Population refers to the population, th e members of which are aged 16 and over, capable to labour, participating in or desitous to participate in the social and economic activities, including employed persons and unemployed persons.

Registered Unemployed Persons And Registered Unemployent Rate in Urban Areas: The registered unemployed persons in urban areas refer to the persons who are registered as permanent residents in the urban areas engaged in non-agricultural activities, aged within the range of working age, capable to labour, unemployed but desirous to be employed and have been registered at the local employment service agencies to apply for a job. Registered unemployment rate in persons and the registered unemployed persons. The formula is as follows:

Registered unemployment rate in urban areas = the number of the registered unemployed persons ÷ (the number of employed persons + the number of the registered unemployed persons) × 100‰

Total Wages of Staff And Workers refer to the total remunera tion payment to staff and workersin various units during a certain period of time.

The calculation of total wages is based on the total remuneration payment to the staff and workers. Therefore, all the wages and salaries and other payments to staff and workers are included in the total wages regardless of their sources, category, and forms(in kind or cash).

Average Wage of Staff And Workers refers to the average wage in money terms per person during acertain period of time for staff and workers in enterprises, insitutions, and government agencies, which reflects the general level of wage income during a certain period of time and is calculated as follows:

$$\text{Average wage of staff and workers} = \frac{\text{Total Wages of Staff and Workers in Reference Period}}{\text{AverageNumber of Staff and Workers in Reference Period}}$$

Average Real Wage of Staff and Workers refers to average wage of sraff and workers after removing the effects of price changes, whichis calculated as follows:

Average Real Wage of Staff and Workers = Average Wage of Staff and Workers in Reference Period ÷ Consumer Price Index of Urban Residents in Reference Period

INVESTMENT IN FIXED ASSETS

Total Investment in Fixed Assets in the Whole Country Investment in fixed assets is the essential means for social reproductuion of fixed assets. By means of construction and purchase of fixed assets, more advanced technonlogies and equipment are adopted in the national economy, and new sectors are established, which promote the adjustment of economic structure and the regional distribution of productive forces and enhance the economic strengths so as to provide the material conditions for improving prople's livelihood. This is significant for speeding up the drive of socialist modernization in China.

Amount of investment in fixed assets refers to the volume of activities in construction and purchases of fixed assets in monetary terms. It is a comprehensive indicator which shows the size, pace, proportional relations and use orientation of the investment in fixed assets. Total investment in fixed assets in the whole country includes, by status of economic ownership, the investment by the state-owned units, collective units, individuals, joint ownership units, share-holding units, as well as investment by businessmen from foreign countries and from Hong Kong, Macau and Taiwan, and by other units. According to China's current management system, the investment in fixed assets in the whole country is classified into the following four parts: investment in capital construction, investment in innoation, investment in real estates development and other investment in fixed assets.

Investment in Capital Construction Capital construction refers to the new construction projects or extension projects and the related work of the enterprises, institutions or administrative units mainly for the purpose of expanding production capacity or improving project efficiency covering only projects each with a total investment of 500000 RMB yuan and over. It includes(1)projects listed in the capital construction plan of the current year of the central government and the local governments at various levels as well as the projects, though not listed in the capital construction plan of the current year, but continued to be constructed in this year, using the investment listed in the plan of capital construction of previous years and carried forward to this year(also using the equipment and materials kept in stock of the capital construction);(2)new construction projects arranged both in the plan of capital construction and the plan of innovation;extension projects with the newly increased production capacity (or project efficiency)up to the standard of a large and mediumsized project; and the projects of moving the whole factory to a new site so as to improve the distribution of productive forces; (3)new construction projects, extension projects or restoration projects or restoration projects with the total investment of 500000RMB yuan and over by the state - owned units, though listed neither in the plan of capital construction nor in the plan of innovation; the projects in the state - owned units of moving the whole factory to a nes site so as to improve thd distribution of productive forces;and the projects of building additional business houses by the administrative units and institutions and building welfare facilities by the administrative units.

Investment in Innovation Innovation refers to the renewal of fixed assets and technolical innovation of the original facilities by the enterpriese and institutions as well as the corresponding supplementary projects and the related work(excluding majoroverhaul and maintenance projects) covering only projects each with a total investment of 500000RMB yuan and over. It includes(1)projects listed in the innocvation plan of the current year of the central government and the local governments at various levels as well as the projects, though not listed in the innovation plan of the current year, but continued to be constructed in this year, using the investment listed in the plan of innovation of previous years and crarried forward to this year;(2)projects of technological innovation or renewal of the original facilitiews, arranged both in the plan of innovation and in the plan of capital construction;extension projects(main workshops ora branchof the factory) with the newly increased production capacity (or project efficiency) not up to the standard of a large and mediumsized project; and the projects of moving the whole factory to a new site so as to meet the requirements of urban environmental protection or safe production;(3) projects of reconstruction or technological innovation with the total investment of 500000 RMB yuan and over by the state - owned units, though listed neither in the plan of capital construction nor in the plan of innovation; the projects in the state - owened units of moving the whole factory to a new site so as to meet the requirements of urban environmental protection or safe production.

Investment in Real Estate Development It includes the investment by the real estate development companies, commercial buildings construction companies and other real estate development units of various types of ownership in the construction of house buildings, such as residential buildings, factory buildings, warehouses, hotels, guesthouses, holiday villages, office buildings, and the complementary service facilities and land development projects, such as roads, water supply, water drainage, power supply, heating, telecommunications, land leveling and other projects of infrastructure. It excludes the activities in simple land transactions.

Other Investment in Fixed Assets refers to the construction and purchases of fixed assets not listed in the investment in capital construction, investment in innovation and investment in real estate development. It includes:

A) The following projects of the state – owned units with the total planned (or actually needed) investment of 500000 yuan and over, which are not included in the plan of capital construction and the plan of innovation(1) projects of oil fields maintenance and exploitation with the oil fields maitenance funds and petroleum development funds; (2) opening and extending projects with the maintenance funds in coal, ore and other mining enterprises and logging enterprises; (3) project of reconstruction of the original highways and bridges with the highway maintenance funds in the department of communication; (4) projects of construction of warehouses with the funds of simple construction in the commercial department.

B) The investment in fixed assets by urban collective units: refer to projects of construction and purchases of fixed assets with the planned total investment of 500000 yuan and over by all collective units in cities and county towns and in townships which are approved by the State Council or provincial governments, excluding investment by collective units under township enterprise administration offices.

C) The projects of construction and purchases of fixed assets by the enterprises, institutions or individuals other than those mentioned above with total investment of 500000 yuan and over, which are not included in the plan of capital construction and the plan of innovation.

Private Investment in House Construction in Urban Areas, Industrial and Mining Areas and Individual Investment in Rural Areas The private house construction in the urban areas and industrial and mining areas includes all the private house construction under the jurisdiction of cities, counties, towns and industrial and mining areas, no matter whether the owner of the house is registered as the permanent resident in the locality or not. The individual investment in the rural areas includes the investment in house construction and purchase of productive fixed assets by the individuals in the rural areas.

Newly Increased Production Capacity refers to the increase of designed capacity and project efficiency through investment in fixed assets, which reflects the accomplishment of investment in fixed assets, which reflects the accomplishment of investment in fixed assets in kind. The calculation of newly increased production capacity is based on individual project which operates independently and efficiently. When an individual project is completed and checked and accepted and put into production, it is counted as newly increased production capacity.

The newly increased production capacity and project efficiency are usually expressed in one of the following forms:

(1)annual production capacity, such as extraction of coal and petroleum;

(2)raw material processing capacity, such as ore dressing capacity of ore dressing projects, the dressing capacity of a coal washery;

(3)number or capacity of major equipment increased, such as the number of cotton spindles increased and the capacity of generating sets increased;

(4)physical measures of construction, such as volume, capacity, area, and length, for instance, the capacity of reservoire, the length of railways of highways.

Newly increased production capacity in terms of quantity is calculated in designed capacity of a capacity in general, which refers to the production capacity of a project under normal conditions designed capacity in general, which refers to the production capacity of a project under normal conditions designed in construction documents regardless of the actual output.

Foor Space of Buildings Under Construction and Completed refers to total floor space in each story of buildings calculated from the outside line of building walls, including both usable space and the space occupied by constructions like pillars or walls, The floor space of multi – story buildings includes the total floor space of each story(including basement).

Floor Space of Residential Buildings refers to the floor space of the residential buildings under construction and completed among the total space of buildings under construction and completed.

Floor Space Under Construction refers to total floor space of all buildings under construction during the reference period, including floor space of newly started buildings during the reference period, floor space of construction extended from the previous period to the current period, floor space of construction suspended during the previous period and resumed in the current period, floor space of construction completed in the current period, and floor space of construction started and then suspended in the current period.

Floor Space of Buildings Completed refers to the floor space of buildings completed in the reference period, which have come up to the designed standards and have been put into use.

Completion Rate of Floor Space of Buildings refers to the ratio of the floor space of buildings completed in certain period of time to the floor space of buildings under construction in the same period, which reflects the investment result and economic efficiency of the construction industry from the angle of the speed of project construction.

Newly Increased Fixed Assets refer to the newly increased value of fixed assets through investment, including the value of equipment, tools, and vessels considered as fixed assets, as well as the relevant expenses as investment in fixed assets. This is a comprehensive indicator of investment in fixed assets, reflecting the achievements of investment in fixed assets in fifferent periods, different sectors, and different regions.

Rate of Construction Projects Completed and Put into Use refers to the ratio of the number of construction projects completed and put into use in certain period of time to the number of projects under construction in the same period. This reflects the investment efficiency from the angle of the speed of projects construction.

Rate of Projects of Fixed Assets Completed and Put into Operation refers to the ratio of the newly increased fixed assets to the total investment made in the same period. This is a comprehensive indicator, reflecting the speed of the employment of fixed assets and the investment efficiency.

ENERGY AND MATERIAL

Total Eneray Production refers to the total production of primary energy by all energy producing enterprises in the country (region) in a given period of time. It is a comprehensive indicator to show the capacity, scale, composition and development of energy production of the country(region) .The production of primary energy includes that of coal, crude oil, natural gas, hydro – power and electricity generated by other means such as wind power and geothermal power. However, it excludes the production of fuels of low calorific value, bioenergy, solar energy and the secondary energy converted from the primary energy.

Total Domestic Energy Consrmpionrefers to the total consumption of energy of various kinds by material production sectors, non – material production sectors and households in the country(region)in a given period of time. It is a comprehensive indicator to show the scale, composition and development of energy consumption. The total energy consumption includes that of coal, crude oil and their products, natural gas and electricity, However, it excludes the consumption of fuel of low calorific value, bioenergy and solar energy. Total domestic energy consumption can be divided intothree parts:

(1) Final Energy Consumption: It refers to the total energy consumption by material production sectors, non – material production sectors and households in the country(region) in a given period of time, but excludes the consumption in conversion of the primary energy into th e secondary energy and the loss in the process of energy conversion.

(2) Loss During the Process of Energy Conversion: It refers to the total input of various kinds of energy for conversion, minus the total output of various kinds of energy in the country in agiven period of time. It is an indicator to show the loss that occurs during the process of energy conversion.

(3) Loss: It refers to the total of the loss of energy during the course of energy transport, distribution and storage and the loss caused by any objective reason in a given period of time. Theloss of vareous kinds of gas due to gas discharges and stock taking is excluded.

PUBLIC FINANCE

Government Revenue refers to the revenue of the government finance by means of participating in the distribution of the social products, which is the financial resources for ensuring the government to function. The contents of government revenue have been changed several times. Now itincludes the following main items:

(1) Various tax revenues, including value added tax, business tax, consumption tax, land value added tax , tax on city maintenance and construction, resources tax, tax on use of urban land, stamp tax, tax on adjustment of the orientation of investment in fixed assets, personal income tax, enterprise income tax, tariff, tax on agriculture and animal husbandry and ta x on occupancy of cultivated land etc.

(2) Special revenues, including revenue collected from imposing fee on sewage treatment, revenue collected from imposing fee on urban water resources, and extra – charges for education, etc.

(3) Other revenues, including revenue from the repayment of capital construction loan, the funds for the state key construction projects in energy industry and transportation, and the funds foustate budget adjustment, etc.

(4)Planned subsidies for the losses of the state – owned enterprises. This is an item of negativerevenue, used to eat up part of the government revenue.

Government Expenditure refers to the distribution and use of the funds the government financehas raised, so as to meet the needs of economic construction and various causes. It includes the following main items:

(1) Expenditure for capital construction: It refers to the non – gratuitous use and appropriation of funds for capital construction in the range of capital construction, outlay of capital as well as the loans on capital construction approved by the government for special purpose or policy purpose and the expenditure with discount paid in an overall way within the amount of the funds appropriated to the departments for capital construction.

(2) Innovation funds of the enterprises: They refer to the funds appropriated from the government budget for the enterprises to tap the latent power, upgrade the technology and carry out innovation, including the innovation fund of the departments, loan of the enterprises for innovation, subsidies on the innovation of the small fertilizer plant, small cement plant, small coal mines, small machinery plant and small steel plant, the expenditure of interest for the loan for innovation.

(3) Geological prospecting expenses: They refer to the expenses appropriated from the government budget to the geological prospecting units for the expenditure of the prospecting: work, including the expenditures of the administrative agencies for geological prospecting and their institutional units as well as the geological prospecting expenditure.

(4) Expenditures for science and technology promotion: They refer to the expenses appropriated from the government budget for the scientific and technological expenditure, including new products development expenditure, expenditure for intermediate trial and subsidies on important scientific researches.

(5) Expenditure for supporting rural production: It refers to the expenditure s appropriated from the government budget for supporting the various expenditures of the rural collective units or households for production, including the subsidies to the small water conservancy projects and well drilling, sprinkling irrigation projects run by the villages; subsidies on the rural water and soilcon serving measures; subsidies to the small power stations run by the villages; subsidies to the expenditure for fighting against particularly severe draughts; subsidies on the rural waste land exclamation; fund for supportin the township enterprises; subsidies to the expenditure for popularization of the agricultural technologies and plant protection in the rural areas; subsidies to the expenditure for the protection of grass lands and cattle and rowls; subsidies on afforestation and forest protection in rural areas; subsidies on the rural aquatic products industry; special fund for developing grain prodrction.

(6) Operating expenses of the departments of farming, forestry, water conservancy and meteorologyetc.: They refer to the expenses apprlpriated from the government budget for the expenditures of agricultural exclamation, farms, agriculture, animal husbandry, agricultural machinery, forsetry, timber industry, water conservancy, aquatic products industry, meteorology, technology popularization in township enterprises, popularization (demonstration) of improved varieties, plant (cattle and fowls, forest) protection, water quality monitoring, prospecting and designing, resources investigation, cadres training, subsidies to horticulture gardens, expenditures of afforestation agencies and meteorology agencies, expenses for fishery administration and operating expenses for agricultural administration, etc.

(7) Operating expenses of the departments of industry, transport and commerce: They refer to the expenses appropriated form the government budget to the departments of industry, transport and commerce for the expenditure of buseness development, including expenses for prospecting and designing, expenditures of specialized secondary schools, expenditures of the technical training schools and expenditures for cadres training, etc.

(8) Operating expenses of the departments of culture, education, science and public health: Theyrefer to the expens-

es appropriated from the government budget for the expenditures of the causes of culture, publication, cultural relics, education, public health, traditional Chinese medical science, free medical services, sports, archives, earthquake, ocean, communications, broadcasting, film and television, family planning; expenditure for training of cadres of government, party and mass organization; expenditures for natural sciences, social sciences, association s for science and technology and the special expenditure for the high - tech researches. They include mainly wages, extra wages, welfare funds, pension for the retirees, stipend, expenses for official business, expenses for equipment purchases, expenses for repairs, business expenses and subsidies to theunits which are unable to support their expenditures by their own earnings.

(9) Pension for the disabled or for the families of the bereaved and relief funds for social welfard: They refer to the funds appropriated from the government budget for the expenditures of penseon for the disabled or for the families of the bereaved and relief funds for social welfare, including the lump - sum or regular pinsion paid by the departments of civil affairs to the members of martyrs' families and families of those who died for the public interest, pension to the revolutionary disabled, subsidies for permanent disability of various kinds, subsidies to the military martyrs' dependents and the demobilized armymen, expenditure for settling down the demobilized armymen, operating expenses of the consoling institutions, expenses for management and repair of the commemorative buildings for the martyrs, the expenses managed by the departments of civil affairs for the retirees and those who have quitted their work, expenses for social relief inrural and urban areas, operating expenses for providing relief to the areas of matural calmity andsubsidies on the reconstruction after the particularly severe natural calamities ,etc.

(10) Expenditures for national defence: They refer to the funds appropriated form the government budget for the expenditures for building up national defence and safeguarding national security, including expenses fo national defence, expenses of scientific researches on national defence, expenses for building up people's militia and expenditure for special projects, etc.

(11) Administrative expenses: They include expenditrue for administration, subsidies to the parties and mass organizations ,diplomatic expenditure, expenditure for public security, judicial expenditure, law court expenditure, procuratorial expenditure and srbsidies to the expenses fortreating the cases by the public security departments, procuratorial organs and law courts.

(12) Expenditure for price subsidies: It refers to the expenditure appropriated, with the approval of the government, form the government budget for the policy subsidies to price adjustment, including the fund for the increase of grain prices, the subsidies to the difference between the selling prices and purchasing prices of grain ,cotton and edible oil, awards in addition to thepurchasing prices of cotton, risk fund for mom - staple food, siubsidies on the prices of meat and meat products, subsidies on the price difference for curbing the high market prices of meat, meatproducts and vegetables and the subsidies approved by the government on the prices of textbooks andnewaprint of newspapers and perodicals.

PRICE

Retail Price Index reflects the general change in retail prices of commodities. The change and adjustment in retail prices directly affect the living expenditure of urban an d rural residents, government revenue, purchasing power of resedents and the equilibrium of market supply and demand, amd the ratio of consumption to aceumulation. Therefore, the clalculation of retail price index isuseful to analyze the changes of the above economic acivities.

Consumer Price Index reflects the relative change in prices of consumer goods and services purchased by urban and rural resedents, and is a composite index derived from the urban consumer price index and the rural consumer price index. Consumer price index can be used to analyze the impact of consumer price change on actual expenditure for living cost of urban and rural residents.

Urban Consumer Price Index reflects the relative change in prices of consumer goods and services purchased by urban and staff and worders and their families and can be used to observe and analyze the impact of price changes in consumer goods and services on money wages of staff and workers, andprovide bases for policy making concerning the living cost and wages of staff and workers.

Rural Consumer Price Index reflects the relative change in prices of consumer goods and services purchased by rural households and can be used to observe the impact of change in prices of consumer goods and services on living expenditure and actual change in peasants' living cost. It providesbases for analysis and research on peasants' living cost and welfare.

Index of Purchasing Prices of Farm Products reflets the relative change in purchasing prices of farm products purchased by state – owned, collective – owned, and individual commercial enteprises, foreign trade sectors, government agencies, social orgazinations and other units of various types of ownership. It is used to observe the impact of change in purchasing prices of farm products on money income of peasants and is calculated with the method of weighted harmonic mean, taking theamount of purchases during a given period as the weight. Number of products involved in the current calculation totalled 276 in 11 categories.

Retail Price Index of Rural Industrial Products reflects the relative change in prices of industrial prodrcts in rural market and can be used to observe the impact of the price change on farmers' money expenditure.

Ex – factory Price Index of Industrial Products reflects the change in general ex – factory prices ofall industrial products, including sales of industrial products to commercial enterpeises, foreign trade sectors, materials supplying and distributing sectors as well as sales of production means to industry and other sectors and sales of consumer goods to residents. It can be used to analyze theimpact of ex – factory prices on gross industrial output value.

Price Index of Investment in Fixed Assets reflects th e change in prices of investment in fixedassets. The investment in fixed assests consists of three components, namely the investment inconstruction and installation, the investment in purchases of equipment and instrument, and the investment in other items. Price index of investment in fixed assets in calculated as the weighted arithmetic mean of the price indices of the three components of investment in fixed assets.

Price index of investmint in fixed assets reflects the changes of prices in various goods and services involved in investmetn in fixed assets and therefore can be used to observe the actual size, speed, structure, and efficiency of investment in rixed assets and provides reliable and scientific data for government planning, management, decision making, and further improving the current national accounting system.

PEOPLE'S LIVELIHOOD

Employed Population in Urban Households rfefers to urban residnts engagd in certain work and receiving payment for their labour or income from their business operation, including those who work in state – owned or collective units, joint ventures, foreign – owned units and private units with permanent or temporary jobs. The self – employed individuals and reemployed retires are also included. This indicator reflects the situation of urban employment and is the basic data for calculating employment rate and dependency ratio.

Total Income of Urban Households refers to the total actual cash income of the same holds, including regular or fixed income and occasional income. The income of a circulating nature such as withdrawal from band deposits, loans borrowed from relatives or friends, repayment of loans received and various temporary collection of money is excluded.

Disposable Income refers to the income of the sample horseholds which can be used for daily expenses, i.e. total income minus income tax.

Expenditure For Consumption refers to total expenditure of th e sample hoseholds for consumptionin daily life, including expenditure for various commodities and expenses for non – commodity items such as culture and service, etc., but excluding fines and confiscation, loss, tax payments (such asincome tax, license tax, real estates tax, etc.) and various espenses by individual laborers for business purposes.

Expenditure For Purchases of Commodities refers to total expense s of the sample households for the purchases of commodities from shops, factories, catering trade, canteens, markets and the peasants. This expenditure is classified into nine itims: food, clothing, daliy – life necessities, culturaland recreational articles, newspapers and magazines, medicines and medical appliances, housing and building materials, fuels and other commodities. No matter whether the commodities are purchased for their own consumption or for gifts to relatives and friends, they are all included.

Net Income of Rural Households refers to the total income of the permanet residents of the rural households during a year after the eduction of the expenses for productive and non – productive business operation, the payment ofr taxes and the payment for collective units for their contracted taskd. The net income can be spent for investments in productive and non – productive construction, for consumption in daily life and for savings deposit. It is a comprehensive indicator to show the actual level of the income of the peasants' household. The net income of the rural householdaincludes not only the income from the productive and non – productive business operation, but also the income from the non – business operation, such as the money remitted or brought back by the members of the bousehold who are in other places, the government relief payment and various subsidies. It includes not only the money income, but also the income inkind. But the income from borrowing frombanks, friends and relatives is excluded.

Able – bodied and Semi – Ablebodied Laborers of Rural Households refer to permanent residents of rural horseholds who are able to work and actually engaged in social labour, which are one factor of production and sources of rural household income. According to the relevant regulations, maleaged 18 – 50, female aged 18 – 45 are considered as able – bodied laborers; male aged 1 6 – 17 and actually engaged in social labour are also considered as able – bodied or semi – ablebodied laborers, while those who are within the above ahe range but unaboe to work are not counted as able – bodied or semi – ablebodied laborers.

Expenditure of Rural Households For Consumption refers to total expenses of rural households on daily life, including expenses on food, clthing, housing, fuel, articles for daily use, and expecnseson cultural life and services. This indicator in used to show the actual consumption level of peasants.

Expenditure of Rural Households on Commodities refers tototal expenses of the permanent residents of the rural households on purchases of food, clothing, furniture, household appliances, articles for daily use, fuels, durable foodes, and cultural, educational and medicinal articles, including purchases from state – owned shops, collective shops, free mardets, and etc. Expenditure of peasants for purchase of commodities is an important part of peasants' consumption expenditure, which reflects the extent of commercialization of peasants' consumption and the developingprocess from self - sufficient economy toward commodity economy. It provides basis for the analysis and research of peasants' market demand and for the formulation of the plan of commodity supply.

The Outstanding Amount of Savings Deposits of Urban and Rural Residents includes two parts: the band savings deposit of urban residents and the band savings deposit of rural re sidents. The cashhold by residents and the deposits of organizations such as enterprises, etc. are not included. The outstanding amount of saving deposits is the amount of saving deposits at a certain point of time such as the end of month, quarter, or year.

General Survey of Cities(Prefecture)

Production Capacity of Tap Water at The Year - End refers to the actual comprehensive production capacity of the waterworks administered by the urban construction department and those owned by enterprises or institutions, taking the capacity of the main links, such as water inflow, purification, conveyance and outflow of the trunk pipelines into account.

Length of Water Supply Pipelines at The Year - end refers to the total length of all the pipelines between the water pumps and the users' water meters.

Annual Volume of Water Supply refers to the total volume of water supplied by the public water - works and those owned by individual enterprises and institutions during the whole year, including both the effective water supply and loss during the water supply.

Consumption of Water For Residental Use refers to the water consumption of householes for daily life and the water consumption of public welfare facilities, including the consumption of restaurants, hotels, hospitals, barber shops, public bathhouses, laundries, swimming pools, shops, schools, institutions, army units and other units.

Percentage of Urban Population With Access to Tap Water refers to the ratio of the urban non - agricultural population (excluing temporary and mobile population) with access to tap water to the total urban non - agricultural population. The formula is:

$$\text{Percentage of Population with Access to Tap Water} = \frac{\text{Urban Non - agrecultural Population with Access to Tap Water}}{\text{Urban Non - agricultural Population}} \times 100\%$$

Production Capacity of Gaswork Gas refers to the actual comprehe nsive production capacity of theurban gasworkd in gas generation, purification and delivery.

Length of Gas Pipelines refers to the total pipeline length between the outlet of the compressor, blower or gas tank and the shaft pipe of users.

Volume of Gas Supply refers to the total volume of gas sold to users in a year, including the volume for industrial use, residential use and other uses.

Percentage of Urban Population With Access Gas refers to the ratio of the urban non - agricrltural population with access to gas (including gas, liquefied petroleum gas and natural gas) to the urbannon - agricultural population (excluding temporary and mobile population). The formual is:

$$\text{Percentage of Population with Access to Gas} = \frac{\text{Urban Non - agriculotural Population with Access to Gas}}{\text{Urban Non - agricultural Population}} \times 100\%$$

Heating Capacity in Urban Area refers to the capacity of hourly supply of steam and hot water tocities by thermal power plants, beating corporations and centralized neating boiler rooms which meet certain standard.

Feating Volume in Urban Area refers to the total volume of steam and hot water supplied to cities every year by therual power plants, heating corporations and centralized heating boiler rooms whichmeet certain standard.

Length of Heating Pipelines refers to the total length of pipelines for centralized supply of steam and hot water from the thermal power plants, heating corporations and centralized heatingboiler rooms which met certain standard to the users.

Length of Paved Roads at The Year - end refers to the length of r oads with a paved surface, and with a width of more than 3.5 meters, including high - quality, medium - quality and ordinary roads.

Urban Bridgesrefer to bridges over river courses, great separated junctions and overpasses inurban areas. Permanent bridges and semi - permanent bridges are included. Temporary bridges, railwaybridges and culverts are excluded.

Length of Urban Sewage Pipes refers to the total length of gener al drainage, trunks. branch and blind drainage, inspection wells, connection wells, inlets and outlets, etc.

Daily Disposal Capacity of Urban Sewage refers to the designed 24 - hour capacity of sewage disposal at the sewage treatment works.

Number of Public Vehicles (Buses and Trolley - Buses) at The Year - end refers to the total number of operational buses available at the year - end, including the year - end operational vehicles andvehicles in stock. Non - operational vehicles such as stringing cars, tank cars, m achine - shop cars, trucks and other special vehicles and the borrowed passenger vehicles are excluded.

Length of Routes in Operation refers to the length of designated regular routes in operation, including the length of suburbanroutes in operation. The length of temporary op erational lines is not included.

Area of Urban Gardens and Green Areasrefers to the total area of urban public green land, specialgreen land, production green land, protection green land and suburban scenic spots.

Public Green Arearefers to green areas of varions parks, zoos, botanical gardens, cemeterise, amusement parks, tree - flanked boulevards green - land squares for tourism and relaxing. Areas withtrees planted along - side the streets and boulevards are excluded.

AGRICULTURE

Gross Output Value of Farming, Forestry, Animal Husbandry and Fishery refers to the total volume of products of farming, forestry, animal husbandry and fishery in value terms, which reflects the total scale and total result of anricultural production during a hiven period of time. The statistical coverage of farming, forestry, animal husbandry and rishery are as follows: In terms of ownership, China's agreculture includes specialized state farms (farming, forestry, animal husbandry, fishery), farms managed by various government agencies, organ ezations, schools, research institutions, and army; farms managed by rural collective organizatons at levels of township, town, and village; farming, forestry, animal husbandry, fishery run by various rural collective organizations and individual farmers.

(1) Farming includes cultivation of farm crops and other agricultural activities. Cultivation includes the cultivation of grain crops, beans, tubers, cotton, oil – bearing crops, sugarcrops, fiber crops tobacco, vegetables, medicinal herbs, melons and gourds, a nd cultivation andmanagement of tea plantations, mulberryficlds and orchards. Other agricultural activities includes gathering fruits, fiber, gum and resin of wild plants, oil – bearing plants, grass, wild medicinal herbs, fungus plants, and commodity industries of the rural households.

(2) Forestry refers to planting trees of various kinds (excluding tea plantations, mulberryfields and orchards), gathering of forest products, and cutting and felling of bamboo and trees by villages and other cooperative organizations under villages. (3) Animal husbandry refers to raising and grazing of all animals except fishe ry and aquaculture, and hunting and raising of wild animals.

(4) Fishery refers to cultivationand catching of fish and other aquatic animals and cultivationand collection of seaweed and other aquatic plants. Gross output value of agriculture is obtained by first multiplying the output of each product orby – product by its price, resulting in the output value of each single item. For a small number of products, annual output of which is not available or difficult to get due to the long production/growing process involved, the output value is estimated through an indirect approach. The sum of output value of all products of farming, forestry, animal husbandry, and fishery is then equal to the gross output value of agriculture.

Prior to 1957, China's gross agricultural output value included barn yard men ure and handicraft products for self – con – sumption (clothes, shoes, stockings, and initial grain proce ssing undertaken bypeasants). Since 1958, cutting and felling of bamboo and trees by villages and other cooperative organizations under villages have been included in forestry; value of barnyar d manure has been excluded from animal husbandry; self – consumed handicrafts has been excluded from sidelineoccupations, while the output value of industries run by villages and cooperative orhanizationsunder village had been included in sideline occupations and the output value of fish catches bymotou fishing boats has been added to fishery. Since 1980, the value of handicraft products made forsale by individuals in households had been added to sideline occupations. Since 1984, industries run by villages and cooperative organizations under villages haue been included in the sector ofindustry. Since 1993, the subdivision of sideline occupations has been canceled, and the hunting of wild animals has been classified into animal husbandry, and the gathering of wild plants and commodity industry run by rural househole have been included in farming.

Grain Yield refers to the yield in the whole country including g rains produced by state farms, collectine units, indrstrial enterprises and mines. Grain includes rice, wheat, corn, sorghum, millet and other miscellaneous grains as well as tubers and beans. Output of beans re fers to dry beanswithout pods. The output of tubers (sweet potatoes and potatoes, not including ta ros and cassava) was converted into that of grain at the ratio 4:1 ,i. e. four dilograms of fresh tub ers was equivalentto one kilogram of grain up to 1963. Since 1964 the ratio for conversion has been 5: 1. Tuberssupplied as vegetables(such as potatoes) in cities and suburbs are calculated as fresh vegetables and their output is not included in the output of grain. Ouptut of all other grains refers to husked grain.

Yield of Oil - Bearing Crops refers to the total yield of oil - bearing crops of various kinds, including peanuts, (dry, inshell) rapeseeds, sesame, sun flower seeds, flax seeds, and other oil - bearing crops. Ssybeans, oil - bearing woody plants, and wild oil - bearing crops are not included.

Output of Aquatic Products refers to catches of both artificially cultured and naturally grown aquatic products, including fish, shrimps, crabs and shellfish in sea and inland water as well asseaweed. Freshwater plants are not included.

Output of Pork, Beef and Mutton refers to the meat of slaughtered hogs, cattle, sheep and goatswith head, feet, and offal taken away.

Cultivated Area (Area Under Cultivation) refers to farm land which is plowed constantly for growing crops, including cultivated land, newly cultivated land in the current year, farmland left without cultivation for less than three years and fallow land in the current year, rotation land, rotation land of grass and crops, farmland with some fruit trees, mulberry trees and other trees andcultivated seashore land, lake land, and etc. The land of mulberry ficlds, tea pl antations, orchards, nurseries of young plants, forest land, reed land, natural and man - made grassla nd and other landare not included in cultivated land.

Sown Area of Crops refers to area of land sown or trans planted with crops regard less of being incultivated area of non - cultivated area. Area of land resown due to natural disast ers is also included.

Irrigated Arearefers to areas that are effectively irrigated, i . e. level land which has water source and complete sets of irrigation facilities to lift and move adequate water for irrigation purpose under normal conditions.

Consumption of Chemical Fertilizers in Agriculture refers to the quantity of chemical fertilizersapplied in agriculture in the year, including nitrogenous fertilizer, phosphate ferttilizer, potashferilier, and compound fertilizer. The consumptiohn of chemical fertilizers is required incalcration to convert the gross weight into weight containing 100% effective component(eg. 100% nitrogen content in nitrogenous fertilizer, 100% phosphorous pentoxide contem in phosphatefertilizer, 100% potasium oxide content in potash fertilizer). Compound fertilizer is converted with its major compoment.

Total Power of Farm Machinery refers to total mechanical power of machinery used in farning, forestry, animal husbandry, and fishery, including ploughing, irrigation and dra inage, harvesting, transport, plant protection, stock breeding, forestry and fishery. The power of internal combustionengines is required to convert horsepowers into watts and the power of electric motors is required to be converted into watts. Machinery employed for non - agricultural purposes, such as the machines used in township - run and village - run industry, construction, non - agricultural transport, scientific experiments and teaching, is excluded.

Laborers Engaged in Farming, Forestry, Animal Husbandry And Fishery refers to the total laborers who are directly engaged in production of farming, forestry, animal husbandry and fishery.

Number of Livestock or Poultry on Hand at Teh Beginning (or end) Of The Reference Perild refers to the total number of large animals, pigw, sheep, fowls, ets. raised by rural cooperative organizations, state farms, rural individuals, government agencies, schools, industrial and mining enterprises, army, and urban residents at the beginning (or end) of the reference period.

Cerealsrefer to seeds of various kinds of crops which are used mainly for grain. Cereals include paddy, wheat, maize, millet, Chinese sorghum, etc., escept beans and tubers.

INDUSTRY

Industryrefers to the material production sector which is engaged in extraction of natural resources and proce ssing and reprocesseing of minerals and agricultural products, including (1)extraction of natural resources, such as mining, salt production, logging (but not includinghunting and fishing); (2) processing and reprocessing of farm and sideline produces, such as ricehusking, flour milling, wine making, oil pressing, cotton ginning, silk reeling, spinning and weaving, and leather making; (3) manufacture of industrial products, such as steel making, iron smelting, chemicals manufacturing, petroleum processing, machine building, timber processing; water and gasproduction and electricity generation and supply; (4) repairing of industrial products such as therepairing of machinery and means of transport (including cars).

Prior to 1984, the rural industry run by villages and cooperative organiza tions under village wasclassified into agriculture. Since 1984, it has been grouped into industry.

(1)**State - owned and state holding majority shares enterprises** refer to state - owned enterprises and the enterprises which state holds majority shares. State - owned enterprises(industry ownership by the whole people or state - run industry) refers to non - corporation economic units, where the entire assets are owned by the state and which have registered in accordance with the Regulation of the People's Republic of China on the Management of Registration of Corporate Enterprises, including the state - owned enterprise, sole stae - funded corporation and state - owned joint ownership enterprise. Joint state - private industries and private industries, which existed before 1957, have been transformed into state - run industrics. Since 1992, those were named state - owned industries. Statistics on these enterprises has been included in the state - industries since 1957 when separation of data was no longer necessary.

(2)**Collective - owned Enterprises** refers to industrial enterprises where the means of production are owned collectives and some enterprises which were formerly owned privately but have been registered in industrial and commercial administration agency as collective units through raising fund from the public.

(3)**Share - holding Corporations Ltd**. Refer to economic units registered in accordance with the Regulation of the People' sRepublic of China on the Management of Registration of Corporate Enterprises, with total registered capitals divided into equal shares and raised throught issuing stocks. Each investor hears limited liability to the corporationdepending on the holding of shares, and the corporation bears liability to its debt to the maximum of its total assets.

Light Industry refers to the industry that produces consummer goods and hand tools. It consists of two categories, depending on the materials used:

(1)Industries using farm products as raw materials. These are branches of light industry which directly or indirectly use farm products as basic raw materials, including the manufacture of food and beverages, tobacco processing, textile, clothing, fur and leather manufacturing, paper making, printing, etc.

(2)Industries using non farm products as raw materials. These are branches of light industry which use manufactured goods as raw materials, including the manufacture of cultural, educational articles and sports goods, chemicals, synthetic fiber, chemical products for daily use, glass products for daily use, metal products for daily use, hand tools, medical apparatus and instruments, and the manufacture of cultural and clerical machinery.

Heavy Industry refers to the industry which produces capital goo ds, and provides various sectorsof the national economy with necessary material and technical basis. It consists of the following three branches according to the purpose of production or the use of products:

(1) Mining, quarrying and logging industry refers to the industry that extracts natural resources, including extraction of petroleum, coal, metal and non - metal ores and logging.

(2) Raw materials industry refers to the industry that provides various sector s of the national economy with raw materials, fuels and power. It includes smelting and processing of metals, coking and coke chemistry, chemical materials and building materials such as cement, plywood, and power, petroleum refining and coal dressing.

(3) Manufacturing industry refers to the industry that processes raw materials. It includes machine - builiding industry which equips sectors of the national economy, industries of metal structure and cement products, industries producing means of agricultural production, such as chemical fertilizers and pesticides.

According to the above principle of classification, the rpeairing trades which are engaged primarity in repairing products of heavy industry are classified into heavy in dustry while these engaged in repairing products of light industry are classified into light indrstry.

Gross Industrial Output Value is the total volume of indrstrial products sold or available forsale in value terms which reflects the total achievements and overall scale of industrial production during a given period. It includes the value of the finished products, which are not tobe further processed in the enterprises and have been inspected, packed and prt in storage, the value of industrial services rendered to other units and the changes in the value of the semi - finihed products and products in process between the behinning and closing of th e period(only theenterprises with long ptoduction cycle are required to calculatc the changes). The gross industrial output value is calculated with "factory method". Nodouble calculations are to be made within the same enterprise. However, double counting does occur among different enterprises.

Output value of light and heavy industries is also classified with the "factory" method. Undernormal conditions, if the major products of an industrial enterprise belong to light industry products, the gross output value of that enterprise is classified whohhy into light industry; thesame principle applies to heavy industry.

Value Added of Industryrefers to the final results of industrial production of the industrial trade in money terms during the reference pereod.

Original Value of Fixed Assets refers to the original value of all fixed assets owned by industrial enterpreses, calculated at the cost paid at the time of purch ase, installation, reconstruction, expansion, and technical innoivation and transformation of the said assets, which includes expenses on purchase, package, transportation, and installation, etc.

Net Value of Fixed Assetsis obtained by deducting depreciation over years from the original value of fixed assets.

Working Capital (Circulating Assets) refers to assets which can be cashed in or spent or consumed in an operating cycle of one year or over one year, which includes cash, various deposits, shortterm investment, and receivable payments, and advance payments, stock, etc.

Total Value of Profit and Tax (Pre - Tax Profits)refers to the sum of the total profits, products sales tax and surcharges and the value added tax payable of industrial enterprises. It is alsocalled pre - tax profits.

Ration of Pre - Tax Profits to Assets refers to the ration of pre - tax profits realized in a givenperiod to total assets (net fixed assets plus working capital), which reflects the economic efficiency of the assets utilization and is calculated as follows:

$$\text{Ratio of Pre - tax Profits to Assets}(\%) = \frac{\text{Pre - tax Profits in Reference Per iod}}{\text{Average Net Fixed Asses + Average Balance of Working Capital}} \times 100\%$$

Ration of Profits to Total Industrial Costs refers to the ratil of profits realized in a given period to the total costs in the same period, which reflects the economec efficiency of input cost and is calculoated as follows:

$$\text{Ratio of Profits to Total Industrial Cost } (\%) = \frac{\text{Total Profits}}{\text{Tota l Costs}} \times 100\%$$

Value Added Rate of Industry refers to the ratio of value added of industry in a given period of the gross output value in the same period, which reflects the economic efficiency of cutting down the intermediate input and is calculated as follows:

$$\text{Value added Rate of Industry}(\%) = \frac{\text{Calue Added of Industry (at Current Prices)}}{\text{Gross Output Value (at Current Prices)}} \times 100\%$$

Number of Times of The Turnover or Working Capital refers to the number of times of turnover of work in capital in a given period of time, which reflects the speed of the turnover of working capital and is calculated as follows:

$$\text{Turnover of Working Capital } (\%) = \frac{\text{Sales Revenue of Products}}{\text{Average Balance of total Working Capital}} \times 100\%$$

Sales Rate of Industrial Products refers to the ratio of total sales in a given period to the gross output value in the same period, which reflects the extent of industrial output sold and is calculated as follows:

$$\text{Sales Rate of Industrial Products}(\%) = \frac{\text{Total Sales (at Current Prices)}}{\text{Gross Output Value (at Current Prices)}} \times 100\%$$

Sales Revenue of Industrial Productsrefers to the revenre from the sales of products by industrial enterprises and the revenre from services provided and etc.

Sales Cost of Industrial Products refers to the actual cost of products of industrial enterprises and industrial enterprises and industrial services provided, etc.

Tax and Extra Charger on Sales of Products refer to the tax on c ity maintenance and construction, consumption tax, resources tax and extracharges for education, which should be borne by the enteprises in selling products and providing industrial services.

Sales Profit of Products refers to the profit gained by the enter prises by deducting cost, chargesand taxes from the business income of the enterprises obtained in selling prod ucts and providing industrial services.

Total Profits refer to the profits gained by the enterprises.

Value Added Tax Payable refers to the amount of the value added tax which should be paid by the eterprises in the reporting period.

Ratio of Per - Tax Profits to Gross Output Value refers to the rat io of the total amount of pre - tax profits gained (including total profits, sales tax and extra charges of prod ucts as well as thevalue added tax payable) in the reporting period to the gross output value in th e samd period (theratio is expressed in percentage). The formula is as follows:

$$\text{Ratio of Pre - tax Profits to Gross Output Value}(\%) = \frac{\text{Total Amount of Pr e - tax Profits}}{\text{Gross Output Value}} \times 100\%$$

Overall Labour Productivity of Industrial Enterprises refers to the average output per staff and worker in industrial enterprises in value terms. At present, the value added and the average number of staff and workers of an industrial enterprises in a given period are used to calculate the overall labour productivity. The formula used is:

$$\text{Overall Labour Productivity} = \frac{\text{Value Added of Industry}}{\text{Average Number of Staff and Workers}}$$

For the purpose of comparison of the overall labour productivity among different years, the data on the overall labour productivity of the years prior to 1990 have beeh adjusted on the bases of 1990 constant prices.

Capital refers to the corporation's capital registered in the departments of administration for industry and commerce. According to the different nature of investors, corporations' capital can be divided into state capital, legal person's capital, personal capital, foreign capital, etc. Total capital includes total registered capital of all investors in the corporation.

Total Assetsrefer to all assets which are owned or controlled by enterprises, including circulating assets, long-term investmint, fixed assets, intangible assets and deferred assets, other long-term assets, and dererred taxes, etc. The summation of above items is equal to total assets shown in the balance sheets of the enterprises.

(1) Circulating assets (working capital) refer to assets which can be cashed in or spent or consumed in an operating cycle of one year or over one year, including cash, all kings of deposits, short term investmint, receivables, advance payment, stock, etc.

(2) Fixed assets refer to the net value of fixed assets, clearance of fixed as sets, project under construction, fised assets losses in suspense. These are corporations' fund holdings.

(3) Intangible assets refer to the assets without matereial form used by enter prises over a longtime, such as patints, non-patent technolohies, trade marks, copy right, land use right, business reputation, etc.

Total Liabilities refer to the debts that enterprises are respon sible for repayment, including liquid liabilitier, long-term liabilities and deferred taxes, etc. Total liabilities correspond to the summation item of liabilities shown in the balance sheets of rhe enterprises .

(1) Liquid liabilities (also called quick liabilities or immediate liab ilities) refer to enterprises total debt payable within an operating cycle of one year or over on e year, includingshort term loans, payables and advance payments, wages payable, taxes payable and profit payable, etc.

(2) Long-term liabilities refers to total debt payable within an operating cycle of one year orover one yera, including long-tem loans, payable liabilities, long-term payables, etc.

Creditors' Equityrefers to investors' ownership of net assets of the enterprise. It is equal to the total assets of the enterprise minus its total liabilities, including the primary input from investors, capital accumulation fund, surplus accumulation fund and undistributed profit. It is the stock nolders' equity in stock companies.

TRANSPORTATION, POSTAL AND TELECOMMUNICATIONS SERVICES

Length of Railwaus in Operationrefers to the total length of the trunk line under passenger and freight transportation. The calculation is based on the actual length of the first line even if this line has a full or partial double track or more tracks, excluding double tracks, stationsidings, tracks under the charge of stations, branch lines, special purpose lines and the non- payable connecting lines. The length of railways in operation is an important indi cator to show the development of the intra-structure for the railway transport, and also the essential data to calculate volume of passenger freight transport, traffic density and utilization efficiency of the locomotives and carriages.

Extention Length of Trunk Lines refers to the sum of the first, the second, the third lines and other constructed length of the trunk railways, excluding the extention length of the station lines, lines under the jurisdiction of depots, sidings and lines for special purpose. It provide simportant information for the calculation of the needs for rails, sleepers, sand and stone for the construction of railways.

Length of Highways refers to the length of highways which are built in conformity with the grades specified by the bighway engineering standard formulated by the Ministry of Communications, and have been fomally checked and accepted by the departments of highways and put into use. The lengthof highways includes that of the suburb highways at large and medium - sized cities, highways passingthrough streets at small cities and towns, and also the length of bridges and fe rries. It does notinclude the length of streets in big and medium - sixed cities and highways built for the production purpose at factories, mines, forest areas and agricultural areas. If two or more highways go the semesaction of the way, the length of the section is only calculated for once and on duplication isallowed. The length of highways is an important indicator to show the development of the highway construction and to provide essential information to calculate the transport net work density.

Length of Navigable Inland Waterways refers to the length of the natural rivers, lakes, reservoirs, canals, and ditches open to navigation during a given period, which enables the transport byships and rafts. It includes the channels open to navigation for over 3 months a ccumulatively in ayear, yet this does not include the river courses which are only used to float o dd logs and bamboorafts.

Length of Civil Aviation Routes refers to the length of all rou tes for regular civil aviationflights. There are usually two ways to calculate the distance between airports connected by theroute length: One is to put the length of all air routes together ,called duplic ated calculation ofthe length of the routes; the other is not to allow the duplication in calculati on when two or moreroutes passing the same section. The latter is usually used, as it can precisely show the size ofthe civil aviation network and indicate the extent of civil aviation serving th e national economyand the people.

Freight (Passenger) Traffic refers to the volume of freight (pas senger) transported with various means. Freight transport is calculated in tons and passenger traffic is calculated in the number of persons. Despite the type of freight and travelling distance, the freight transport is calculated in the actual weight of the goods: and despite the travelling distance and ticket price, the apassenger traffic is calculated by the principle that one person can be counted only once in onetravel. The passenger who travel with a half - price ticket or a child ticket is also calculated asalso calculated as one person. The freight (passenger) traffic provides a quant itative measure to show how the transport industry serves the national economy and people, and is also an important indicator for planning the transport industry and for studying the development scale and speed of the transport industry.

Freight Ton - Kilometers(Passenger - Kilometers) refer to the sum of the products of the volume of transported cargo(passengers) multiplying ty the transport distance, usually using ton - kilometer and passenger - kilometere as units for measurmement. Normally, the shortest distance between thedeparture station and the desination station (i.e., the payable distance) is the basis to calculatethe freight ton - kilometers. This is an important indicator to show the total results of thetranspor industry, to prepare and examine the transport plan and to measure th e efficiency, thelabour productivity and the unit cost of transport.

Business Volume of Post and Telecommunications refers to the inf ormation delivered and other post and telecommunications services provided by the post and telecommunications departments for the customers. It is derived by first multiplying busindss volume of different types , such as number of letters, telegrams, long distance calls, city and rural telephone subscribers and accumulated number of newspapers and jounals subscribed and sold, etc. by their respective average unit price (fixedprice) and then adding these products together: plus the income from mainte nance of telephone exchanges and lines, and the income from other business operations. The business volume of post and telecommunitations indicates the total achievements made by the post and telecommunications deparment during a given period of time in a comprehensive way, and is an important indicator to study the composition and development of the post and telecommunications busines s.

Local (Urban) Telephone refers to telephones connected to urban telephone network (at and abovework (at and above county level). The telephone charge is either monthly fixed rate or numerical rate.

(1) Resident telephones refer to telephones installed in resident dwellings, in cluding those withtelephone charges paid by individuals, by public units and free of charge.

(2) Personal telephones refer to telephones instlled and paid at one's own expe nse.

Subscriber of Pagding Services refer to subscribers who carry small size pagers and receive audiosignals, digital signals or literal signals sent out by city telephone through wireless pagingcenter within assigned area. Each pager is counted as a subscriber.

Mobile Thlephone Subscribers rerfer to the persons who own mobil e belephone number connected withthe mobile telephone communicaiton network and registered by post and telecommunications organization. The number of subscribers is calculated only when the subscribers who bave gone through all the register formalities and entered into the mobile telephone ne twork. One mobile telephone is treated as a subscriber.

CONSTRUCTION

Gross Output Value of Construction (Output Value of Projeots Under Cons truction) refers to the gross output value of construction and installation projects that are undertaken by construction enterpreses or affiliated constructing units, calculated in line with the planned schedule. It includes;

(1) Output value of construction projects, that is the value of projects covered by the project budgets;

(2) Output value of installation projects, that is the value of the installation of equipment;

(3) Output value of repair of buidings and structures, that is the value created through therepairs of buildings or structures, but does not include the value of buildings or structures being repaired and the value of the repair of production equipmint;

(4) Output value of manufactured non - standard equipment, that is the valu e of non - standard production equipment (including raw materials and manufacturing cost) made for the construction project, irrespective of whether the equipment is manufactured on the construction site or by subsidiary owrkshops.

Value - added of Construction refers to the final result of the activities of production and management of construction in monetary terms in the reference period. At present, the vcalue added of construction is calculated with the income approach. In other words, it is the sum of income of various production factors in the production process. The formula is as follows:

Value - added of construction = depreciation of fixed assets in the year + wages payable + welfare expenses payable + insurance premium and tax for wait in for employment in the administrative expenses + taxes and sturcharges on project settlement + profit gained from project settlement.

Floor Space of Buildings Under Construction refer to floor space of building under construction during the reference period, in cluding newly started buildings, buildings started earlier and continued during the reference period, and buildings suspended earlier but restarted during thereference period. Excluded are buildings started and then suspended earlier that have not been restarted during the reference time.

Floor Space of Buildings Completed refers to the floor space of buildings that are completed in the reference period in accordance with the requirements of the design, up to the standard for putting them into use, and have been checked and accepted by concerned departments as qualified ones.

Total Number of Machinery and Equipment Owned by The Construction Ente rprises(or Units) By TheEnd of Year refers to the number of machines and equipment owned by the enterprises (or units, andlisted as the fixed assets of the enterprises (or units) by the end of the year, including machinery and equipment for construction, production and transportation.

Total Power of Machinery and Equipment Owned By The Construction Enterprises (Or Untits) By The End of Year refers to the total power of machinery and equipment owned by the enterprises (or nuits), and listed as the fixed assets of the enterprises (of units) by the end of the year, including machinery and equipment for construction, production and transportation. The power of the machineryis calculated on basis of the designed or verifide capacity, covering the power of the machinery/equipment and the separate power equipment serving the machinery/equipment (such aselectric motors), but excluding welders, transformers and boilers. The unit used for the calcuation of power is kilowatt, with horsepower converted to kilowatt by 1 horsepower = 0.73 5 kilowatt.

Income From Settlement of Projects refers to the incom e received by the construction enterprise/unit from the commpleted portion of the project through settlement procedures with the contracte during the reference preiod, and other charges to the contractee as operational costs, such as facility fee, labour insurance premium, moving cost of construction unit, as well as various types of claims to the contractee.

Profit From Settlement of Projects refers to profit realized th rough settled projects. It is calculated with the following formula:

Profit from Settlement of Projects = Income from Settlement of Projects – Stlled Cost – Settled Taxes and Other Cost

Total Revenys of Enterprisesrefers to the sum of income from production and operation of enterprises, including income from settlement of projects and other operational income, namely:

Total Revenue of Enterprises = Income from Settlement of Projects + Other Operational Income

WHOLESALE, RETAIL SALES AND CATERING TRADE

Total Retail Sales of Consumer Goods refer to the sum of retail sales of consumer goods by the establishments in wholesale trade, retail sale trade, catering trade, manufacturing industry and other industries of different types of ownership, to urban and rural residents and social groups. This indicator is used to show the supply of consumers goods through various channels to households and institutions to meet their demands, and is therefore very important for the study of the issues on people's livelihood, on the purchasing power of consumer goods and on the circulation of money. The retail sales of consumer goods include: (1) commodities sold to urban and rural residents forresidential use and building materials sold to them for the construction of repair of houses; (2)food and fuels sold to canteens of institutions, enterprises, schools, military units and to canteens of hotels and hostels that only serve their guests, and commodities produced by enterprises, institutions of state farms and sold directly to their employees of their canteens; (3) grain and non – staple food, clothing, daily articles and fuels sold to military personnel; (4) cosumer goods sold to foreigners, overseas Chinese, and Chinese compatriots from Taiwan, Hong Kong and Macao during their stay in the mainland of China; (5) Chinese and western medicines, herbs and medicalfacilities purchased by residents; (6) newspapers, books and magazines directly sold to residentsand social groups by publishers, new and old commemorative stamps, special stamps , first – day covers, stamp albums and other stamp – collection articles sold by stamp companies; (7) consumer goods purchased and then sold by second – hand shops; (8) stoves and other heating facilities and liquified gas sold by gas companies to households and institutions; and (9) commodities sold by farmers to non – agricultural residents and social groups. Excluded under this heading are: raw materials, fuels, epuipment, tools sold to enterprises, institutions and state farms for production purpose; commodities sold to trade establishments for re – selling; commissioned sales at second – hand shops; operational income of urban public utilities; stamps sold at post offices; income of water, power, gas production and supply establishmets from the supply of their products; and sales of commodities among farmers.

Pruchase, Sales and Stock of Commodities by Wholesale and Retail Trade refer to the purchase, sales and stock of commodities by wholesale and retail estabilshments of different ownership (excluding individual sellers).

Total Purchasses of Commodities refer to the purchases of commodities by the establishments fromother establishments or individuals (including direct import from abroad) for the purpose of re – selling, either with or without further processing of the commodities purchased.

This indicator isused to show the total value of purchases of commodities by wholesale and retail establishmentsfrom domestic and overseas markets. The total purchases include: (1) agricultual and industrial products purchased from producers; (2) books, magazines and newspapers purchased from distribution departments of the publishers; (3) commodities purchased from wholesale and retail establishments; (4) commodities purchased from other units, such as surplus materials purchased from govermnent agencies, enterprises or institutions, commodities purchased from cate ring and service establishments, confiscated goods purchased from customs authorities or market m anagement agencies, second – hand goods and wastes purchased from residents; and (5) commodities directly imported from abroad. Excluded are commodities purchased by establishments (units) for use in their own businessoperation, commodities obtained without buying or selling procedures, rejected commodities, etc.

Total Sales of Commodities refer to selling of commodities by the establishments to other establishments and individuals (including direct export). This indicator is used to show the total value of sales of commodities at domestic markets and export. The total sales include: (1) commodities sold to urban and rural residents and social groups for their consumption; (2) commodities sold to establishments in industry, agriculture, construction, transportation, post and telecommunications, wholesale and retail trades, catering trade and public utility for their production and operation; (3) commodities sold to wholesale and retail establishments for re – selling, with or without further processing; and (4) commodities for direct to other countries. Excluded are selling of waste packaging materials used by the establishments (units) themselves, commoditie stransferred without buying of selling procedures, commission income from brokerage in transcationswhose settlement is directly handled by buyers and sellers, rejected commodities in the purchase, loss in commodities, etc.

Commodity Stock of Wholesale and Retail Enterprices at Year – End refers to total commodities possessed by wholesale and retail enterprises (units) of various types of owners hip, which reflects the commodity stock level of various wholesale and retail enterprises and the potential for market supply. It includes: (1) commodites located in storage, garages, counters, and shelves of operating units (such as sale stores, wholesale centers, and operating offices) of wholesale and retail enterprises; (2) commodities in the process of selecting, sorting, and packing; (3) commodities not arrived but recorded as purchase in the account, i.e. commodities not arrived but payment receiptsfor the commodities from the sellers or the banks arrived; (4) commodities deposited in other places rather than places mentioned above, for instance: commodities in the hold of purchasers temporarily due to the refusal of payment and commodities not taken back after going through the formalities; (5) commodities entrusted entrusted to other units to sell but not sold yet; (6) commodities purchased for other units but not delivered yet. Commodities not included as stock are thos e not owned by theenterprises (units), those allocated to financially independent factories rather than wholesale and retail enterprises for processing but not taken back yet, and finally those put in stock bywholesale and retail enterprises on behalf of the state material reserves units. In the calculation of the value of commodities stock at the end of period, the value is calculated at purchasing prices in agricultural goods purchasing units and wholesale units, and at the a ccunting prices in retail units.

Volume of Business (Transaction Value) at Urban and Rural Free Market refers to the value of all goods changed hands between sellers and buyers, includiug farmers, non - agricultural residents, institutions, organizations, enterprises and private, at urban and rural free markets. It is a comprehensive indicator used to show the size of the transaction at the free trade markets.

FOREIGN ECONOMY TRADE AND INTERNATIONAL TOURISM

Utilization of Forcign Capital refers to remittance, equipment and technology financed from abroad, by loans, foreign direct investment and other forms undertaken by the Chinese governments at alllevel, by various departments, enterprises and other economic units.

Foreing Loansa major part of China's utilization of foreign capital, refer to funds borrowed from abroad, including loans of foreign governments, loans of international financial institutions, commercial loans of foreign bands, export credit, and funds raised by Chinese bonds and shares issued abroad.

Direct Investment By Foreing Entrepreneurs refers to the investments inside China by foreign enterprises and economic organizations or individuals (including overseas Chinese, compatriots from Hong Kong and Macao, and Chinese enterprises registered abroad), following the relevant policies and laws of China, for the establishment of ventures exclusively with foreign own investment, Sino - foreign joint ventures and cooperative enterprises or for co - operative exploration of resources with enterprises or economic organizations in China. It includes the re - investment of the foreign entrepreneurs with the profits gained from the investment and the funds that enterprises borrow form abroad in the total investment of projects which are approved by the relevant department of the government.

Number of Tourists refers to the number of foreigners, overseas Chinese, and compatriots from HongKong, Macao and Taiwan coming to China for sight seeing, visits, tours, family reunions, vacations, study tours and other activities of an economic, scientific and technological, cultural, physical cultureand religious nature. This does not include the number of employees of foreign organizations stationed in China such as embassies, consulates, news agencies, the offices of corporations and enterprises and foreign experts and students residing in China and the persons staying briefly inChina but not for passing the night.

Foreing Exchange Earnings From International Tourism refer to the total expenditures of the foreigners, overseas Chinese, compatriots from Hong Kong, Macao and Taiwan in the process of their tourism in the mainland of China. Their expenditures mentioned above are foreign exchange earnings to China.

Total Imports and Exports at Customs refer to the value of commodities imported into and exported from the boundary of China. They include the actual imports and exports through foreign trade, imported and exported goods under the processing and assembling trades and materials, supplies and gifts as aid given gratis between governments and by the United Nations and other internation alorganizations, and contributions donated by overseas Chinese, compatriots in Hong Kong and Macao and Chinese with foreign citizenship, leasing commodities owned by tenant at the expiration of leasing period, the imported and exported commodities processed with imported materials, commodities trading in border areas (excluding mutual exchange goods), the imported and exported commodities and articles for public use of the Sino – foreign joint ventures, cooperatioe enterprises and ventures exclucively with foreign own investment. Also included are import or export of samples and ad vertising goods forwhose CIF or FOB value are beyond the permitted ceiling(excluding goods of no tr ading or use value and free commodities for export), imported goods sold in China from bonded warehoues and other imported or exportde goods. The indicator of the total imports and exports at customs can be used toobserve the total size of external trade in a country. In accordance with the stipulation of theChinese government, imports are calculated at CIF, while exports are calculated at FOB

BANKING AND INSURANCE

Deposit is a form of credit by which enterprises, institutions, or ganizations or residents can putmoney into banks and other credit institutions for safekeeping and interest earning under the principle of free withdrawal. According to different depositors, deposits are divided into enterprise deposits, treasury deposits, deposits of govenment agencies and organizations, capital constructiondeposits, urban savings deposits, rural deposits and other deposits. Deposits are major sources of the credit funds of bands.

Loan is a form of credit by which banks and other credit institutions provide funds at certaininterest rate to enterprises and individuals in the light of the principle of unconditional repayment. Loans from Chinese banks include circulating capital loans, fixed assets loans, loans tourban and rural individuals engaged in industrial and commercial business and agricultural loans.

Amount Insured refers to the amount of compensation for the loss or agreed sum of money to be paid by the insurer to the insurant. It is the maximum amount of liabilities written in thein surance contract and is also used as a basis to calculate the premium.

Premium is the fee paid by the insurant based on a proportion of the benefit he or she may get from the insurance plus the insurance value. It includes the income from the deposit of property insurance and presonal insurance.

Settled Clain is the compensation paid by the insurer to the insurant in accordance with the insurance contract for the loss which has been checked and found to be in the range of liability of the insurance after an accident has happened to the insured property or to a person who has insured his life. It is further divided into settled and unsettled claim.

EDUCATION, SCIENCE AND CULTURE

Regular Institutions of Hegher Learning refer to educational est ablishments set up according to the government evaluation and approval procedures, enrolling graduates from senior secondary schoolsand providing higher education courses and training for senior professionals. They include full – time universities, colleges, high professional schools and short – term professional universities.

Institutions of Higher Learning For Adults refer to educational establishments, set up in line with relevant rules approved by the government, enrolling staff and workers with senior secondary school or equivalent education, and providing higher education courses in many forms of full – time, part – time, spare – time, or correspondence for adults. professionals thus trained receive aqualification equivalent to graduates studying regular courses at regular univer sities, colleges and professional colleges. Institutions of higher learning for adults include Radio and TV universities, schools of high education for staff and workers and peasants, colleges for management cadres, pedagogical colleges, independent correspondence colleges.

Proxlment Rrte of Primary School – Age Children refers to the propor tion of school – age children enrolled at schools to the total number of school – age children both in and outside schools (including regarded children, but excluding blind, deaf and mute children). The formula is:

$$\text{Enrollment Rate of Primary School – age Children} = \frac{\text{Total Primary School – age Children at Schools}}{\text{Total Primary school – age Children Both at and Outside Schools}} \times 100\%$$

Independent Research and Development Institutions refer to the state – owned insitutions which havederect mission and research purpose, a certain number of core member with higher research level and a certain number of research personnel, favorable conditions for R&D and engaging in scientific research and technological development. The institutions also have their own independent organization and finance, authority to sign contracts with other units, with their own accounts inbands. Independent research and development institutions include the institutions attached tocentral governmert agencies, Chinese Academy of Sciences. Chinses Academy of Social Sciences and the institutions attached to local governments.

Presonnel of Independent Research and Development Institutions refers to the persons who work and receive payment in research and development institutions. It includes regular full – time and temporary staff and workers, but excludes retirees and persons who leave their work temporarily without payment but still retain their posts.

Total Expenditure on Research and Development refers to all actual expenditure made for R&D (basic research, applied research and experimental development) in reference period. It includes direct expenditure on R&D and indirect expenditure on R&D (including m anagement expenses, administrative expense and investment in capital construction ralating to R & D.

Scientists and Engineers refer to persons who have completed university or higher education orobtained titles of senior and middle – level professional positions.

Other Technical Personnel refers to persons involved in science and technology with secondary specialized education or three – year college education and persons with junior professional titles.

Inventions refer to the inventions as specified by the patent law and its detailed rules and regulations for implementation. They refer to the new technical proposals to the products ormethods or their modifications.

Utility Models refer to the utility models as specified by the patent law and its detailed rulesand regulations for implementation. They refer to the practical and new technical proposals on the shape and structure of the product or the combination of both.

Desings refer to the designs as specified by the patent law and its detailed rules and regulationfor implementation. They refer to the aesthetics and industry - applicable new designs for the shape, pattern and color of the product, of their combinations.

Cultural Institutions refer to units which have their own organizatinal system and independent accounting system and specialize in or serve cultural development. They exclude other establishments run by these cultural institutions and amateur cultural groups established by various departments.

Art Troupe refers to the troupe which is engaged in drama, opera, music, dance, acrobatics or other art performance, opens independent accounts with banks annd has self - supporting accounting system; excluding the troupes which are engaged partly in industrial or agricultural activities, partly art performance and the professional troupes organized by the people.

Film Projection Units refer to units with film projection equipment, full or part - time projectionists, permanent or non - permanent places, approved by related administrative departments to show films regularly for certain groups of audience, includinng those film projection units whichhave been approved to give commercial shows and run business with independent accounting system aswell as those film - renting units of the military system.

Number or Spectators at art Performance refers to the number of attendants at commercial shows, completely booked shows or free shows given in minority national areas, and does not include thenumber of spectators at rehearsals for examination and internal shows for study.

SPORTS, PUBLIC HEALTY AND OTHERS

Number or Athletes in Grades refers to the number of athletes who have been given titles through examination. The titles of athletes include international masters of sports, masters of sports, first - grade, second - grade and third - grade sportsmen and young athletes.

Number of Referees in Grades refers to the number of referees who have been given titles after examination. They are classified as international referees, national referecs and referees of the first, second and third grades.

Stadiums refer to stadiums for track annd field events with six - lane 400 - meter tracks around soccer felds, permanent track marks and permanent bleachers. stadiums are classified according toseating capacity. They inclrde Class A stadiums seating 25000 people each. Class B stadiums seating15000 to 25000 people each. Class C stadiums seating 5000 to 15000 people each, and Class D stadiums seating fewer than 5000 people.

Gymnasiums refer to indoor sports grounds with permanent seats in which basketball, volleyball. badminton, tabble tennis and gymnastics competitions can be held. Gymnasiums are classified according to seating capacity. They include Class A gymnasiums seating over 6000people. Class B gymnasiums seating 4000 to 6000 people. Class C gymnasiums seating 2000 to 4000 people, and Class D gymnasiums seating fewer than 2000 people.

Hospitals refer to medical institutions named as"hospital"with permanent hospital beds, which areable to take in patients and provid them with medical and nursing services. Hospitals are classified into three categories: hospitals at or above the county level, hospitals of rural townships, and otherhospitals. According to their ownership, hospitals can be classified into three categories: hospitals under the public health departments, hospitals under industrial and other departments and collective - owned hospitals. Hospitals at or above county level are divided into comprehensi ve and specialized hospitals.

Medical Technical Personnel refers to all permanent medical staff and workers employee by medical institutions, including doctors of Chinese and Western medicine, senior doctors who integrate traditional Chinese thrapeutics with Western thrapeutics in practice, senior nurses, pharmacists of Chinese and Western medicine, laboratory specialists, other specilists, paramedics of Chinese and Western medicine, nurses, midwives, druggists in Chinese and Western medicine, laboratory technicians, other technieians, other practitioners of Chinese medicine, nursing attendants, pharmacological workers of Chinese and Western medicine, laboratory workers, and other primary medical personnel.

Doctors refer to qualified professional medical workers approved to practice by public health departments. They are classified into doctors of Chinese medicine, doctors of Western medicine, seniordoctors who integrate traditinal Chinese thrapeutics with Western thrape utics in practice, paramedics of Chinese medicine and Western medicine, annd other specialists of Chinese medicine.

Social Welfare Institutions refer to institutions taking care of old people without children, handicapped people and orphans. They include social welfare institutions run by civil affairs departments, children's welfare institutions, social welfare institutions form ental patients, and collective - owned old people's homes in rural areas.

Number of People Taken in By Social Welfare Institutions refers to the number of old people, children, totally dependent handicapped people and mental patients taken in by scoial welfare institutions run by civil affairs departments and those run by collective units in urban and ruralareas.

Social Welfare Enterprises are collective - owned enterprises which employ the blind, deaf - mute, and other handicapped people who are able to work in cities and towns and enjoy exemption from state taxes, including welfare plants, welfare commercial services, artificial limb plants and farms, etc.

Lawyers are legal workers who are employed full - time by legal counseling firms to act as legal advisers, agents in criminal or civil law suits, or defenders in criminal law suits, or to handle non - litigious legal affairs, to advise on matters of law or to write legal papers for others. Both full - time and part - time lawyers are included.

Notary Personnes refers to judicial workers of the state notary offices handling notarization work according to law. They include notaries, as sistant notaries, and other people working for notary offices.

Notarized Documents refer to the documents settled by notary offices in a year. The notarial documents are drawn up in accordance with the regulations of the Ministry of Justice, including domestic documents and foreign - related documents. Domestic documents are divided into two major categories, documents on economic contracts and documents on civil legal relations.

Mediatorsrefer to workers on people's mediation committees res ponsible for mediating in civil disputed and cases of slight in fraction of the law. They include members of the mediation committees and mediators of mediation groups.

Mediation of Civil Disputes refers to mediation committees' work in mediating in civil disputes concerning civil rights and duties through persuasion and education in a ccordance with the provisions of law on a voluntary basis, so as to solve disputes by helping the parties involved come to an agreement and understanding. These disputes include divorce cases and disputes over property ownership, but exclude the civil cases to be handled by the court.

Retired or Restgned Personnel refers to the persons who have formally gone through the formalities for their retirement or quitting work and enjoy the corresponding treatments.

Insurance and Welfare Funds refers to labour insurannce and welfare fund paid by entrprises, oranizations and institutions to their staff and worders as well as retired and resigned personsin addition to their wages and salaries.

(1) **Insurance and Welfare Funds For Staff and Workess** include:

① Medical Care Allowance: It refers to the cost of medical care of staff and workers and their dependent family members who are covered by the medicare system of enterprises, travellig expenses of injured employees to hospital and their perdiem subsidies during hospita lization, cost of medical care of employees who are covered by the medicare system of institutions and organizations, as well as cost of medicine of employees of enterprises and institutions who are not covered by the medicare system.

② Funeral Expenses and Pensions for family of the Deceased: They refer to funeral expenses of staff and workers, and pensions and allowance for their dependent family members, as well assbsidies to funeral expenses of staff and workers' dependent family members.

③ Subsidies for Living Expenses: They refer to regular or abhoc subsidies to staff and wordersw ho have difficulties in making ends meet.

④ Expenses for Recreational, Sports and Pubilcity Acitivities: They refer to actual payment made by enterprises and institutions in recreational, sports and publicity activities, excluding training cost.

⑤ Subsidies to Collective Welfare Undertakings: They refer to subsidies to the operation of welfare undertakings that can not fully cover their cost, such as public bath rooms, barber shops, laundries, nurseries and kinder gartens.

⑥ Expenses for Collective Welfare Facilities: They refer to expenses for collective welfare facilities that are spent in line with state regulations, such as the purchase and repair of cook ingutensils for canteens, and repair of living quarters of staff and workers, but excluding the expenses for welfare projects that are constructed with self-raised funds.

⑦ Family Planning Subsidy: It refers to subsidy and health allowance paid to the one- child family of staff and workers.

⑧ Others: They refer to other insurance and welfare funds paid to staff and workers.

(2) **Insurance and Welfare Funds For Retired and Resigned Staff and Workers**

① Pensions for retired veteran cadres: They refer to pensions and other subsidies paid toretired in line with relevant government documents.

② Pensions for retirement: They refer to living allowance and other subsidies paid to retired staff and workers in line with the relevant government documents.

③ Resignation Allowances for Living Expenses: They refer to living allowance and subsidies paid to resigned staff and workers in line with relevant government instructions.

④ Expenses for Medical Care: They refer to the costs for medical treatment, hospetalization and food subsidies in hbospitals for retired and resigned staff and workers.

⑤ Nursing Cost: It refers to cost for nursing retired or resigned staff and workers who are unable to take care of themselves and need the help from nurses.

⑥ Living Subsidy: It refers to living subsidy paid to retired employees in line with the instructions in a 1985 State Council document.

⑦ Traffic Subsidy: It refers to the monthly traffic subsidy paid to senior retired staff.

⑧ Funeral Expenses and Pensions for Family of the Deceased: They refer to th e funeral expenses of retired staff and workers, and pensions and allowance for their dependent family members, as wellas subsidies to funeral expenses of retired staff and workers' dependent family members.

⑨ Others: They refer to other expenses, including moving and settlement allow ance, allowance for difficult families, book and newspaper allowance, subsidy for non – staple foods, housing subsidy, water and electricity subsidy, special allowanec for staff and workers of national minorities, travelling cost for senior retired staff, etc.

Volume of Industrial Waste Water Discharged refers to the volume of industrial waste water discharged, through all outlets, to the outside of industrial enterprises, including waste water produced, direct – cooling water, underground water from mines that does not meet the standard of discharge, and the domestic sewage mixed up with industrial waste water when discharged, but excluding discharged indirect – cooling water.

Volume of Waste Water up to The Standard For Discharge refer s to the volume of discharge dindustrial waste water that, with or without treatment, has come up to the national or local standards for discharge.

Volume of Treated Industrial Wasth Waterrefers to the volume of industrial waste water after being treated and purified through various water treatment facilities in the reference period, including the volume discharged or recovered after being treated. The volume of waste water that fails to meet the national or local standards after treatment is also included. If there aretreatment facilities both at the outlets of workshops and at the outlets of the factory, and the same volume of waste water has been treated twice, duplication should be avoided in the calculation of the volume of treated industrial waste water.

Volume of Wasth Gas Emission refers to waste gas emitted from burning of fuels and from production process in the area of the factory, and is measured by 10000 standard cubic metres each year under normal condition.

Volume of Sulphur Dioxide Discharged refers to the volume of sulp hurdioxide discharged to the air in the process of fuel burning or in the production process.

Volume of Industrial Soot Discharged refers to the volume of solid soot in the smoke discharged in the process of fuel burning in the area of the factory.

Industrial Dust Discharged refers to the total weight of solid dust discharged by industrial enterprises in the production process, such as dust of refactory materials from iron plants, dust from coke – screening system or from sintering machines of coking plants, dust from lime kilms, cementdust from building material enterprises, etc., but excluding smoke and dust discharged by powerplants.

Volume of Industrial Solid Wastes Produced refers to the total volume of solid, semi – solid or high concentration liquid residue produced by industrial enterprises in their production process, including dangerous wastes, residues from melting, slag, powdered coal ash, gangue, chemical residues, tailings, radioactive residues and other residues, but excluding stripped or dug stones inmining (except gangue and acid or alkali stones which are stones washed or soaked by water with a pH value smaller than 4 or larger than 10.5.)

Accidents of Environment Pollution and Destruction refer to sudden accidents, due to economic and social behavior or activities in contrast with environment protection legislation, unexpected factors or irresistible natural disasters, that cause the pollution of environment, the destructionof natural protectionzones, wild plants and animals, the danger to the health of people, and theloss in the property of the society and people.

中国统计出版社最新图书简目

(仅供参考,以最后出书为准)

统计资料

综合类: 中国统计年鉴　中国统计摘要　中国发展报告

国际资料类: 国际统计年鉴　金砖国家联合统计手册　世界能源资源年鉴

区域资料类: 中国区域经济统计年鉴　中国县域统计年鉴　中国城市统计年鉴　中国农村统计年鉴　中国地区经济监测报告

经贸与投资类: 中国贸易外经统计年鉴　中国对外直接投资统计公报　中国商品交易市场统计年鉴　大中型批发零售和住宿餐饮企业统计年鉴　中国零售和餐饮连锁企业统计年鉴

住户与物价类: 中国住户调查年鉴　中国价格统计年鉴　中国农产品价格调查年鉴　全国农产品成本收益资料汇编

资源与环境类: 中国环境统计年鉴　中国能源统计年鉴

产业类: 中国工业统计年鉴　中国建筑业统计年鉴　中国房地产统计年鉴　中国第三产业统计年鉴　中国证券期货统计年鉴

科技类: 中国科技统计年鉴　中国高技术产业统计年鉴　工业企业科技活动资料

人口与就业类: 中国劳动统计年鉴　中国人口和就业统计年鉴　中国人才资源统计报告

社会与文化类: 中国社会统计年鉴　中国文化及相关产业统计年鉴

公共管理类: 中国民政统计年鉴　中国民族统计年鉴　中国乡镇街道行政区域简册

省级综合统计年鉴系列

北京 天津 河北 山西 内蒙古 辽宁 吉林 黑龙江 上海 江苏 浙江 安徽 福建 江西 山东 河南 湖北 湖南 广东 广西 海南 重庆 四川 贵州 云南 西藏 陕西 甘肃 青海 宁夏 新疆 新疆生产建设兵团

市(县)级综合统计年鉴系列

天津滨海新区 石家庄 唐山 邯郸 太原 大同 阳泉 长治 晋城 朔州 晋中 运城 忻州 临汾 呼和浩特 鄂尔多斯 包头 沈阳 大连 长春 吉林市 四平 哈尔滨 黑龙江垦区 上海浦东新区 南京 无锡 徐州 常州 苏州 南通 连云港 淮安 盐城 扬州 镇江 泰州 宿迁 江阴 丹阳 杭州 宁波 温州 嘉兴 绍兴 金华 衢州 舟山 台州 丽水 合肥 福州 厦门 宁德 福州经济技术开发区 南昌 济南 青岛 郑州 洛阳 平顶山 三门峡 南阳 武汉 十堰 荆州 宜昌 荆门 咸宁 长沙 广州 深圳 惠州 东莞 南宁 柳州 桂林 来宾 海口 三亚 成都 贵阳 昆明 西安 兰州 庆阳 银川 乌鲁木齐 兵团一师 兵团十师

调查年鉴系列

山西 内蒙古 吉林 辽宁 上海 福建 湖北 广西 重庆 四川 云南 甘肃 宁夏 新疆 南宁 桂林

"十二五"规划教材

统计学（经济管理类专业本科适用，单薇 等）　抽样调查理论与方法（冯士雍 等）

贝叶斯统计（茆诗松 等）　统计学（黄良文 等）　试验设计（茆诗松 等）

统计学：从数据到结论（吴喜之）　医学统计学（于浩）　统计学（经济、管理类专业基础教材，张小斐）

概率论与数理统计三十三讲（魏振军）　概率论与数理统计三十三：学习指导与习题解答（魏振军）

非参数统计（吴喜之 等）　统计学：经济与管理中的数据分析（李慧云 等）

卫生管理统计学（新编医学院校基础课教材，尚磊）医院统计学（新编医学院校基础课教材，徐天和 等）

社会统计学（蒋萍 等）　现代金融投资统计分析（李腊生 等）

国民经济核算初级教程（经济类、统计类、管理类专业适用，蒋萍 等）

重点图书

新中国65年　新编英汉汉英统计大词典　中华医学统计百科全书

挑大学选专业2014—考研择校指南　挑大学选专业2014—高考志愿填报指南